2 在路上

见52页

全面的目的地指南

深入的调研、详细的内容以及贴心的提示

4 生存指南

见413页

重要的实用信息助你旅途顺利

本书作者：

布兰登 · 普雷瑟（Brandon Presser）
赛莱斯特 · 布拉什（Celeste Brash）
奥斯汀 · 布什（Austin Bush）

欢迎来

泰国

岛屿和海滩

史上最棒海滩

泰国的海滩富有传奇色彩：高大的棕榈树在珍珠白的沙滩上投下绿荫，浅海中摇曳的珊瑚有如美丽花园，海滩上的派对充满美酒与欢乐，让人醺醺欲醉。无论是享乐主义者还是清心寡欲的隐士，无论王子还是平民，都能在这条长长的海岸线（事实上是两条海岸线）、丛林遍布的海岛以及蔚蓝色的海水中，找到属于自己的热带天堂。巍峨的石灰石山犹如哨兵耸立于海天之间，梦想一下即将到来的海滨假日吧，它们会像海滩上的景观一样让你印象深刻：攀上甲米（Krabi）的陡峭海崖，在龟岛（阁道岛，Ko Tao）和帕岸岛（阁帕岸岛，Ko Pha-Ngan）与温顺的鲸鲨一起欢腾跳跃，去董里（Trang）与海上吉卜赛人踏浪，流连于华欣（Hua Hin）热气腾腾的小吃摊大嚼海鲜，再到普吉（Phuket）的豪华酒店享受一流的管家服务……美妙的探索之旅在等待着你。

舌尖上的泰国

海滩或许会吸引你来到泰国，但美食绝对会诱惑你重返此地。享誉世界的泰国菜传达出泰国文化的基本特质：丰富而热情，外向又细致，使人耳目一新，愉悦放

GLENN VAN DER KNIJFF/LONELY PLANET IMAGES©

一望无际的白沙滩，棕榈树间恣意摇晃的吊床，奇特的喀斯特峭壁——热带天堂的梦想在这里成为了现实，这里就是泰国南部海岸。

（左）大皮皮岛（Ko Phi-Phi Don）Hat Hin Khom 上的长尾船

（下）甲米（Krabi）海滩的大象

CHRISTIAN ASLUND/LONELY PLANET IMAGES©

松。在泰国本土，所有滋味都更出色，从清新的香茅到炽烈的辣椒，从肥美的海鲜到香酥的炸鸡，每道美食都以当地新鲜食材烹饪而成。总的来说，富有热带气息的菜单始终围绕着辣、甜、咸、酸四种口味，但不同地区也有自己独特的风味，给你边吃边游的动力。不过海岛控们有福了，如今即使寸步不离你的舒适小岛，也能体验到万花筒般精彩的各色泰式料理。

被阳光吻过的笑容

在泰国，你很难不为当地人 wâi（泰式合掌问候）时的盈盈目光或是擦肩而过的愉悦笑颜着迷。这个国度的待客之道犹如美酒般越来越醇，“微笑之国”的外号绝非浪得虚名。泰国一直是东南亚的“妈妈桑”，欢迎四面八方的外国游客享受这里的自然风采。融合了无敌海景、高耸石灰岩与热带阳光的岛屿和海滩，也为满足你各种需求的顶级度假村提供了完美布景。

海拔高度
1000m
500m
200m
100m
0
曼谷
泰国的首都，动感十足，活力四射，绝对值得一去（54页）
华欣
颇受泰国王室青睐的度假胜地（155页）
沙美岛
远离曼谷喧嚣的绝佳周末度假去处（115页）
骨岛
丛林密布，海滩若隐若现（142页）
Sangkhlaburi 桑卡拉武里
Khao Laem Reservoir
Si Nakharin Reservoir
Chainat
Chao Phraya 昭披耶河
Singburi
Lopburi 华富里（塔欣）
Ang Thong
Suphanburi
Saraburi 沙拉武里
Ayuthaya
Nam Tok
Tavoy
Kanchanaburi 北碧（干乍那武里）
Pathum Thani
Nakhon Pathom
Krung Thep(Bangkok) 曼谷
MYANMAR 缅甸
Ratchaburi 叻武里（叻丕）
Samut Songkhram 沙没颂堪
Samut Sakhon 沙没沙空
Phetchaburi 碧武里（佛丕）
Kaeng Krachan 国家公园
Cha-am 差安（七岩）
Hua Hin 华欣
Prachuap Khiri Khan 巴蜀
Thap Sakae
Bang Saphan
ANDAMAN SEA 安达曼海
Nakhon Ratchasima (Khorat) 呵叻（那空叻差是玛）
Phimai 披迈
Buriram 武里南
Si Saket 四色菊
Surin 素林
Pak Thong Chai 巴通猜
Khao Yai National Park 考艾国家公园
Prasat Phanom Rung 帕浓蓝寺
Prachinburi 巴真
Chachoengsao
Aranya Prathet 亚兰
CAMBODIA 柬埔寨
Angkor Wat 吴哥窟
Tonlé Sap
Chonburi 春武里
Si Racha
Pattaya 帕塔亚（芭堤雅）
Sattahip
Rayong 罗勇
Chanthaburi 庄他武里（尖竹汶）
Ko Samet 阁沙滴岛（沙美岛）
Trat 达叻
Ko Chang 阁昌岛（昌岛）
Ko Kut 阁骨岛（骨岛）

缅甸
春蓬
令人心潮澎湃的潜水胜地（217页）
VIET NAM
越南
攀牙湾
奇峰突兀的迷人海湾（309页）
Ranong
拉廊
Isthmus of Kra
克拉地峡
Ko Tao
阁道岛(龟岛)
红统国家海洋公园
被遗忘的群岛（232页）
Ang Thong Marine National Park
红统国家海洋公园
Ko Pha-Ngan
阁帕岸岛(帕岸岛)
Chaiya
Ko Samui
阁沙梅岛(苏梅岛)
帕岸岛
丛林环绕着绝美的海滩（202页）
Surin Islands Marine National Park
素林群岛国家海洋公园
Surin Islands
素林群岛
Surat Thani
素叻他尼
INDIAN OCEAN
印度洋
Khao Sok National Park
GULF OF THAILAND 泰国湾
Similan Islands Marine National Park
锡米兰群岛国家海洋公园
Similan Islands
锡米兰群岛
Khao Lak
蔻立
Phang-Nga
攀牙
Nakhon Si Thammarat
那空是贪玛叻(洛坤)
苏梅岛
独享海滨别墅（181页）
普吉
安达曼海岸的奢华典范（258页）
Thung Song
Krabi 甲米
Railay
莱雷
Phuket
普吉
莱雷
鬼斧神工的石灰岩峭壁，攀岩者的天堂（326页）
皮皮岛
景色美不胜收，夜晚灯红酒绿（332页）
Ko Phi-Phi
阁披披岛(皮皮岛)
Trang 董里
Ranot
Phattalung
Ko Lanta
阁兰达岛(兰塔岛)
Kantang
Thaleh Luang
兰塔岛
朴实的海滩，快乐并非总要张扬（340页）
Songkhla
Thaleh Ban
国家公园
Hat Yai
合艾
Pattani 北大年
0 150 km
0 90 miles
Ko Tarutao Marine National Park
达鲁岛国家海洋公园
Satun
沙敦
Sadao
Yala
也拉
董里群岛
宁静的群岛，恬淡的海滩（353页）
Ko Lipe
里朴岛
Narathiwat
那拉提瓦
Pulau Langkawi
Alor Setar
亚罗士打
Sungai Kolok
Kota Bharu
哥打巴鲁
里朴岛
沙滩洁白，海水蔚蓝（368页）
Betong
Keroh
Sungai Petani
MALAYSIA
马来西亚
中国地图出版社供图

20 TOP
顶级旅行体验

董里跳岛游

1 清晨的阳光洒在又一座蔚蓝海面中升起的墨绿小岛上，投下蜜色的阴影。温暖的微风抚弄着你的头发，耳畔只有长尾船的马达声。沧桑的船头雕刻着花纹，用色彩斑斓的布片装饰起来。你的下一个目的地是远处无数白色沙滩中的一片，在那里你可以探险、徒步或者浮潜，但这段乘船游览的过程本身已是享受（见353页）。右上图为克雷登岛（Ko Kradan）（见358页）。

在龟岛吹泡泡

2 潜水达人专属的龟岛（见217页），是学习潜水最便宜也是最容易到达的地方。这里水温温暖舒适，水下的风景也不容错过。离岸不远就有美丽的岩石海湾和珊瑚礁，各种鱼类常在此嬉戏，是浮潜时的最佳“开胃酒”。因其规模较小，你可以探索海底丛林中的所有隐秘，寻找你心中所想。

MUM62/ SHUTTERSTOCK ©

KRAIG LIEB/LONELY PLANET IMAGES ©

3

KIMBERLEY COOLE/LONELY PLANET IMAGES ©

4

帕岸岛

3 以狂欢的满月派对和彻夜的电子舞曲著称，帕岸岛（见202页）已从一个静静的波西米亚小岛转变为火力全开的派对动物胜地。沙滩上的棚屋变成了一家家精品酒店，喜欢舒适奢华游的旅行者可以找到苏梅岛（阁沙梅岛，Ko Samui）的感觉。在北部和东部海岸，你也能逃离现代生活，挂起清心寡欲的吊床，体验荒岛余生的感觉（当然是在吃饱喝足后）。离岸不远处是船帆岩（Sail Rock），最棒的海湾潜水点之一。

在莱雷（Railay）攀岩

4 无论你是高手还是菜鸟，莱雷的攀岩景色（见326页）都会吸引你快乐地爬向天空。这里大概有500条攀岩线路，有些能俯瞰世界上最壮观的景色——被晶莹海水和洁白沙滩环绕着的垂直灰色山峰。即使是最短的旅途也保证有兴奋点。经验丰富的攀岩者会在这里流连数月。想要更多刺激？试试体验深水抱石，在一片激荡的水花中为攀爬画上句点。

拉塔那古辛岛(Ko Ratanakosin的神庙宝藏

5 人工岛拉塔那古辛岛（见5页）不但是现代曼谷的发源地，也是城市中最有氛围的街区曼谷大多数必看景点都在这里例如玉佛寺（Emerald Buddha Wat Phra Kaew寺及卧佛寺（W Pho）。岛上还有一些低调的“宝”，如忙碌的路边市场和宜人暹罗博物馆（Museum of Siam更棒的是，你可乘坐昭披耶快（Chao Phraya Express）至此，路风景相伴，再根据我们打造步行路线（见66页）游览整个域。右页上图为Wat Phra Ka寺（见55页）。

5

JOHN ELK III/LONELY PLANET IMAGES ©

游览兰塔岛
（阁兰达岛，
Ko Lanta）

6 乘坐摩托车或机动三轮车（发音 dúk dúk）在兰塔岛（见340页）的观光海滩下车，这片由友善的穆斯林渔村和温柔的丛林构成的奇妙之地向你敞开大门。不要错过 Ban Lanta 西部荒原上的古老街道和艺术品商店。继续向东海岸进发，旅游业对那里尚未产生什么影响。兰塔岛国家海洋公园（Ko Lanta Marine National Park）的自然风光确实无与伦比，旅途沿路有许多洞穴和美丽的白色沙滩可以停留。

6

GLENN VAN DER KNIJFF/LONELY PLANET IMAGES ©

在攀牙湾（Ao Phang-Nga）划皮艇

7 当大部分游客挤在快艇上，匆匆一瞥攀牙湾国家海洋公园（Ao Phang-Nga National Marine Park）（见310页）壮观的石灰岩塔时，皮划艇爱好者正在静静、慢慢地享受旅程，与飞行蜥蜴、条纹海蛇以及蓝角犀鸟亲密接触，领略海蚀洞穴中的岩石艺术，在洁白的沙滩上享用美食，畅游在丝缎般的海水中。夜幕降临后，你还可以感受海湾著名的生物荧光。

船潜黎希留岩（Richelieu Rock）

8 素林和锡米兰群岛国家海洋公园（Surin a Similan Islands Marine National Parks）清澈海域是世界知名的潜水地，也是泰国最适宜上潜水面具潜入深海之地。然而，终极大奖是遥的黎希留岩（见300页），只属于那些参与船宿水游（见305页）北上探索所谓缅甸海岸的人。蹄形的岩石也充当饲喂站的角色，吸引着大量的鱼和鲸鲨。

7

8

MARTIN STRMISKA/ALAMY ©

9

OLEGD/ SHUTTERSTOCK ©

华欣的泰式海滩

9 贵为泰国王室度假地，华欣（见155页）对于城市游客或者海岛游客都是好选择。这里的海滩又长又宽，市场上有美味的食物，本土文化气息也很浓郁。探索城市南部的幽静海滩，徒步登上海角圣殿，或者在风筝冲浪课程中学习掌控大海与风浪。当然还要像个真正的泰国人一样，早中晚一顿不落享用大餐。

在苏梅岛计划你的梦想假日

10 苏梅岛（见181页）开发良好的海滩度假村以取悦度假游客为己任，很多人飞机进飞机出，与当地文化几乎没有任何接触。查汶（Chaweng）狭长的沙滩是日光浴爱好者看人和被看的地方。然而，这里仍有寂静的海岸沙嘴，提醒你苏梅岛曾经的外号“椰子岛”。同时也有一些舒适的小海湾，适合时间不多的居家出行者。苏梅岛还以繁荣的健康旅游项目著称，包括瑜伽、禅修、净食排毒营以及各种与岛上的热闹派对截然不同的静心活动。

奢华普吉

11 如果私人泳池、专职服务生和蔚蓝海景还是不够，那就再加入些传统泰国风吧。入住普吉（见258页）的豪华度假村是对自己的极致宠爱。当然，你可以在世界上许多地方找到这种高端度假地，但没有任何一处能复制这里甜蜜的微笑、佛像的金色光辉以及空气中缅栀花的芬芳。在忙于spa的间隙，你还可以潜水、闲逛、徒步、划皮划艇……一切都听你的。

吉姆·汤普森（Jim Thompson）故居

12 美国泰丝大王的故居听上去像个奇怪的目的地，但是曼谷的吉姆·汤普森故居（见61页）确实值得一游。20世纪50年代末，汤普森组装重建了四所古代木屋，在里面摆上精心挑选的亚洲艺术品和古董。高水准的导游会陪同参观者走遍它的各个角落，为你指出那些外行注意不到的细节。你还可以逛逛它的艺术中心，附设的咖啡餐吧和商店出售著名的汤普森泰丝。

昌岛（阁昌岛，Ko Chang）

13 昌岛（见101页）的崎岖地形保藏了一部分东南亚现存最好的荒野。岛上崎岖的山体内部有如动植物界的侏罗纪公园（Jurassic Park）。丰富的生物物种包括极具异域特色的爬行动物和鲜艳的鸟类，甚至还有一些友好的大象。尽管开发商已经圈下了最漂亮的海滩，但东部和南部仍有许多铺满细沙的角落，成为你另辟蹊径的选择。

14

里朴岛（Ko Lipe）海滩大比拼

14 哪个更棒呢：帕塔亚海滩（芭堤雅海滩，Hat Pattaya）还是日出海滩（Sunrise Beach）（见368页）？为了回答这个问题，旅行者们“浪费”了大好时光。芭堤雅有最白的沙滩、摇曳的长尾船和蔚蓝的海湾，不过海鲜烧烤摊和沙滩排球网似乎也多了点，呃……日出海滩更为金光闪闪，一直延伸至雄伟的Ko Adang。总有人无所事事沐浴在阳光下，诱惑你加入他们。对于我们来说，这是个加分项。

探索长岛群岛（Ko Yao Islands）

15 嘘，从普吉出发到这里只需要一个小时！低调的长岛群岛（见311页）就在攀牙湾的中心，宁静的海岸线若隐若现。从姑娘们扎堆的酒吧里和狂欢至深夜的派对中脱身出来吧，体验一下质朴的穆斯林渔业社区，静静地等待日出的光辉照射在这片石灰石群岛之上。虽有极其奢华的度假村，但是岛上大多数的建筑只是为那些经历数日潜水、攀岩和山地自行车的旅行者提供歇脚之地的简单住所。

红统国家海洋公园（Ang Thong Marine National Park）

16 亚历克斯·加兰（Alex Garland）在创作他的另类小说《海滩》（*The Beach*）时一定梦想着红统国家海洋公园（见232页），这部小说后来改编为由影星莱昂纳多·迪卡普里奥（Leonardo DiCaprio）主演的电影。这片美丽的群岛包含4[illegible]个小岛，特色是陡峭的石灰石峭壁、隐蔽的礁湖、蜜桃色的海滩以及有趣的热带生物。最佳游览方式是从苏梅岛出发作一日游。

15

ANGELA MARIA LOBEFARO/GETTY IMAGES ©

16

BLAINE HARRINGTON III/CORBIS ©

17

18

在沙美岛（阁沙湄岛，Ko Samet）过周末

17 沙美岛（见115页）离曼谷这么近又这么美。如果你时间很紧，这里就是最适合你的海滩。此地丛林肆意生长，沙滩和海水按照黄金比例分配，绿荫葱葱的海岸步道蜿蜒在布满岩石的海岬和美丽的海湾间。在热闹的北部沙滩，人们白天观光，晚上派对；你也可以躲到南部沙滩，安安稳稳打个盹。当假期结束，跳上小船回曼谷吃午饭。

美丽的皮皮岛（阁披披岛，Ko Phi-Phi）

18 作为泰国最著名的景点之一，皮皮岛（见332页）名不虚传。蓝得惊艳的海水、丽的海滩和让人叹为观止的石灰石峭壁，使其成潜水、浮潜和攀岩的胜地。夜色降临后，这里变了乱哄哄的享乐园，醉眼惺忪的小年轻们抱着大鸡尾酒买醉，天明之后等待他们的怕是只有头痛了

PANITHANKS/SHUTTERSTOCK ©

CHRISTER FREDRIKSSON/LONELY PLANET IMAGES ©

骨岛（阁骨岛，Ko Kut）的独处时光

19 泰国仅存的大型边界岛屿，浓密的丛林和原始的沙滩犹如一幅绿意盎然的油画。日光浴爱好者会爱上这里不被打扰的午后阳光，寂静的夜晚耳畔只有蝉的鸣唱。尽管骨岛（见142页）的地势和泰国许多其他岛屿类似，但岛内却遍布雨林和瀑布，昌岛群岛顶端的地理位置也使其沿海水域闪耀着独特的翡翠色彩。

芭东（Patong）娱乐秀

20 芭东（见278页）是泰国南部最好也是最坏的地方：海滩沙质细腻却遭受着水上摩托的污染；有鳞次栉比的店铺，价格却在猛涨；一流的卡巴莱歌舞表演伴随着卖淫活动。这里是安达曼（Andaman）海岸的中心地带，有许多潜水中心、酒店优惠及海岸线上最狂野的夜生活，也有繁华的都市风光，让休·海夫纳（Hugh Hefner,《花花公子》杂志创刊人）看了都会脸红的T恤图案，充斥耳旁招徕按摩生意的泰国口音……不过别太惊奇，在海滩上和商店里消磨几天后，你会有点流连忘返。

行前参考

货币

» 泰铢（B）

语言

» 泰语

常见泰语

» Ao ——湾
» Hat ——海滩
» Ko ——岛
» Soi ——巷
» Thànǒn/Th ——路
» Wat ——寺庙

何时去

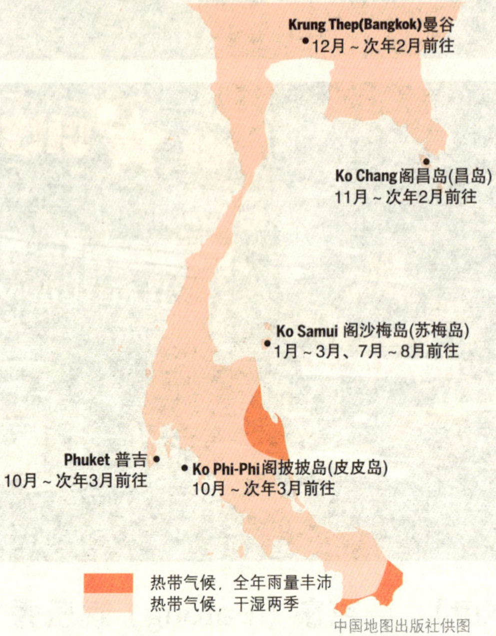

中国地图出版社供图

旺季

（11月～次年3月）

» 这是季风过后凉爽而干燥的季节，景色怡人、温度适宜。

» 西方的圣诞和新年假期将人群和金钱带到了这片海滩。

平季

（4月～6月）

» 尽管4、5、6月炎热干燥，但海风就像自然空调，也给这里带来了舒适。

淡季

（7月～10月）

» 安达曼及海湾沿岸受季风降雨的强烈影响。

» 7、8月份南部海湾的天气大体上还是不错的。

» 暴风雨期间，一些岛屿会关闭，船只航行也将受限。

每日预算

少于 1500B

» 基本的宾馆客房：300～1000B

» 在市场或街边小店进餐

» 一到两次傍晚小酌

» 徒步或乘坐公共交通工具

介于 1500～3000B

» 高端背包客栈或中档酒店房间：1000～2500B

» 西式午餐及海鲜晚餐

» 晚上常常喝点啤酒

» 租用摩托车代步

高于 3000B

» 精品酒店房间：超过2500B

» 正式餐厅就餐

» 私人旅游团

» 租用汽车代步

现金

» ATM机遍布整个国家，部分支持银联，取款会收取手续费（见21页）。高档场所可以刷Visa和MasterCard卡，部分商户支持银联。

签证

» 国际航空进港可获得15天落地签证（注意中国边检要求前往泰国必须有签证才可以出境）。出发前向泰国领事馆申请可以获得60日签证。

手机

» 泰国使用GSM网络，有便宜的预付费智能卡出售。HSPA+技术的3G网络已在主要城市覆盖。

交通

» 有大量的公交车、便宜的国内航空、速度慢但是可以欣赏美景的火车，还可以很方便地租用汽车和摩托车。

网络资源

» **Tourism Authority of Thailand**(TAT; www.tourismthailand.org)泰国旅游局的官方网站为您提供旅游信息和特别活动。

» **泰友营**(www.thailand-fans.com)由香港的泰国达人发起，吃喝玩乐信息齐全、实用。

» **泰华论坛**(www.taihuabbs.com)泰国当地人气很旺的华语论坛。

» **Lonely Planet**(www.lonelyplanet.com/thailand)介绍国家概况及综合信息。

» **Bangkok Post**(www.bangkokpost.com)曼谷邮报：一份英语日报。

汇率

人民币	¥1	4.7B
港币	HK$1	3.8B
新台币	NT$1	1B
英镑	£1	50B
美元	US$1	30B
欧元	€1	44B
新加坡元	S$1	24B
马来西亚林吉特	RM1	10B

欲查询当前汇率请登录www.xe.com。

重要号码

泰国国家代码	☎66
紧急救助电话	☎191
国际接入码	☎001, 007, 008, 009（不同的电信服务供应商）
话务员协调的国际长途	☎100
旅游警察局	☎1155

抵达泰国

» **素万那普国际机场**（**Suvarnabhumi International Airport**）

机场巴士早上6点10分至晚上9点每小时一班（150B）。

机场快轨市内服务（45B；30分钟）：到达帕亚泰站（Phaya Thai station）；特快服务（150B；15分钟）：到达Makkasan站。

出租车计价出租车费用为220～380B，另收50B的机场附加费和通行费。如果交通状况良好，一小时即可到达市区。

飞到群岛

如果你计划在泰国岛屿上度过大部分的旅行时间，可以考虑直接飞到普吉或苏梅岛而无需在曼谷中转。普吉国际机场（HKT）有大量航班往返于安达曼和各大城市之间，如首尔、吉隆坡、香港、新加坡、雅加达、莫斯科、圣彼得堡、斯德哥尔摩、布鲁塞尔、珀斯、布里斯班。苏梅岛机场（USM）很小，但也有直飞香港、吉隆坡和新加坡的航班。

初次到访

每个人第一次去一个陌生的国家时都需要援手，有许多短语需要学习，许多风俗需要适应，还有许多礼节需要了解。下面的段落会为你揭秘泰国，使你的旅程一帆风顺。

语言

不会一丁点泰语？大多数地方你不需要会说泰语。旅游城市中很多人都会说英语，公交司机、市场商贩甚至出租车司机都会说点英语。在一些较小的游客少的城市，知道如何用泰语点餐和算账就可以了。如果你会几个短语，当地人会对你报以灿烂的微笑。

泰国人有自己的字母，但这些字母会让受过良好教育的游客仍然目不识丁。路标通常直译成英语，但是并没有标准的规定，所以拼写混乱，而且不是所有字母的发音都跟它们的拼写对应。是不是有点乱呢？呵呵。

提前预订

虽然在中档预算的景点预订酒店很容易，我们还是建议你提前几天预订。下面的词组可以在预订住宿时用到：

你好	สวัสดี	sà-wàt-dee
我要订一个房间	ขอจองห องหน อย	kŏr jorng hôrng nòy
单人间	ห องเดียว	hôrng dèe•o
双人间	ห องเตียงคู	hôrng đee•ang kôo
我叫……	ผม/ดิฉันชื่อ......	pŏm/dì-chăn chêu ……(男/女)
从……至……	จากวันที่......	jàhk wan têe ……
（日期）	ถึงวันที่......	tĕung wan têe……
……多少钱?	......ละเท าไร	…… lá tôw-rai
每晚	คืน	keun
两个人	สำหรับสองคน	săm•ràp sŏrng kon
谢谢	ขอบคุณ	kòrp kun

穿什么

轻质宽大的衣服一般全年都适合于炎热的热带气候。但最好带件温暖的毛衣以备偶尔凉爽的傍晚（或者飞机上的强劲冷气）。如果计划游览寺庙，你则需要长袖衬衫和长裤。凉鞋当然是在泰国旅游最好的选择，如果偶尔想要晚上外出逛逛曼谷或普吉，就带一双好鞋。

带什么

- » 护照
- » 信用卡
- » 驾驶执照
- » 常用语手册
- » 电源转换器
- » GSM手机
- » 手机充电器
- » 防晒霜
- » 驱蚊器
- » 止痒膏（针对白蛉叮咬）
- » 轻便的长袖衬衫
- » 透气的裤子
- » 帽子
- » 太阳镜
- » 沙滩浴巾
- » 舒适的凉鞋
- » 手电筒/照明灯
- » 相机
- » 抗生素
- » 肠胃药

备忘录

» 确保你的护照的有效期至少还有6个月。

» 买好国际国内航班机票。

» 如果不是从第三国进入泰国，或者在泰国逗留时间多于15天，需要去泰国领事馆办理旅游签证。

» 办好旅游保险和潜水保险。

» 如果打算潜水，需要体检并取得体检合格证。

礼节

泰国人热情好客，但是当地生活中有一些禁忌需要我们注意。接近泰国人的最好方式就是微笑——当面发怒或者争吵都会令人尴尬，当地人称为“丢面子”。不要对皇室使用轻蔑的词汇，并且要对画有国王像的物品（如钱币）表示尊敬。

» **寺庙**

游览寺庙时穿着要整洁合体；进入庙内要脱鞋；坐下时脚不要朝向任何佛像；女性不要触碰僧侣或其物品；为了避免意外触碰，最好与他们保持一定距离。

» **沙滩**

避免在公共场合裸露身体——事实上大部分泰国人穿着衣服游泳。离开沙滩后，男士应当穿上衬衫，女士应当穿着得体（不得只穿比基尼）。

讨价还价

» **什么时候讨价还价**

讨价还价在泰国的商业活动中非常常见，没有特定的规则。如果你要购买旅游纪念品或衣物，最好能大量地买，因为买得越多，价钱越便宜。

» **什么时候不能讨价还价**

很少地方不可以讨价还价。不过最好不要在餐馆、加油站及高端酒店讨价还价。如果是泰国人经营的沙滩旅馆，你不妨和老板砍一下住宿价格。

现金

就餐、喝酒、娱乐及购买纪念品时，付现金一般要比刷卡容易一些。大多数中高端酒店和潜水中心会提供信用卡服务，但是刷 Visa 或 MasterCard 卡（两种比较普遍的卡）时要额外支付手续费（2%~3%）。

大部分自动柜员机支持银联取款，需要注意的是，取款也要收手续费——每个外国账户每次收费 150B，此外发卡行可能会收取 0 到 20 元人民币的网络外费用。你可以先计划一下每日的花销，然后根据需要取款。几乎所有的 7-Eleven 便利店或其附近都有自动柜员机。然而许多岛屿的取款设备有限，所以最好预先阅读有关目的地的详细信息。

新线报

针对《泰国岛屿和海滩》的新版本，我们的作者搜罗到当地最新鲜、最热门的一手线报。以下就是我们的新鲜推荐。欲了解最新的推荐内容，请登录lonelyplanet.com/thailand。

全速前进 冲向沙滩与阳光

1 现在到达你的梦幻天堂要比过去容易得多，因为有大量的航班直飞普吉和苏梅岛。如果你要寻找蔚蓝的海水和洁白的沙滩，不必再在曼谷停留，其他的国内航线也可以让你到达这里。

各种各样的潜水

2 龟岛不再只适合于潜水初学者。有经验的潜水者正在这里探索水下洞穴，甚至还有人摘下水肺在这里自由潜水。（见217页）

曼谷的背包客

3 最近的几年中，曼谷和一些新的旅馆进行了一些改革，如NapPark，加入了一些高科技房间，一些类似酒吧的公共场所还有非常有趣的活动。（见54页）

修复的中葡建筑

4 普吉长久以来便是国际贸易口岸，最近普吉市内的中葡建筑已经恢复了往日的风采——你甚至可以在这样一栋建筑前停下脚步，大喊：到家了！（见266页）

攀登小长岛（Ko Yao Noi）

5 说到攀岩，莱雷无疑是最好的选择，但是它的良好声誉也吸引了过多的游客。那就联系一下Mountain Shop Adventures，在普吉沿海体验一次安静的攀岩吧。（见311页）

酒店式别墅

6 泰国和其他地方一样，富人度假造就了私人别墅。喜欢隐居的游客希望有隐私，在欣赏美景的同时远离那些吵吵嚷嚷的环境。那就去环保的Ko Jum海滩别墅看看吧！（见349页）

点击旅行社

7 在泰国背包旅行者落脚点，你总会发现很多旅行社，但是网络的发展已经让泰国沿海地带的这一行业重新洗牌——因为现在只要点击按钮就可以轻松地预订旅游活动和交通工具。来帕岸岛试试吧！（见216页）

nahm

8 在管理一家伦敦的米其林星级餐馆并创作了两本畅销书后，澳大利亚厨师大卫·汤普森（David Thompson）在曼谷开了一家nahm分店。（见80页）

如果你喜欢

海滩

从密布的小海湾到遍布银沙的海岸线，泰国的海滩当属世界第一，吸引了大批来这里晒太阳的游客。你可以在这里享受天堂生活，但是欣赏美景还是相当重要的哦！

董里群岛：这里是一片寂静的群岛，每个岛屿都似田园般安静。走下吊床，在细软的沙滩上漫步，去礁石旁游个泳，都是不错的选择。（见353页）

骨岛：环绕骨岛有数英里的无人居住的沙湾——不要错过Khlong Chao这片梦幻般的海滩哦！（见142页）

帕岸岛：这里有热闹的满月派对和相当多的吊床。（见202页）

里朴岛：对于那些进行了大量调查后来到这里的游客来说真是不虚此行——水晶般的白沙吸引了芭堤雅海滩的众多游客。（见368页）

锡米兰群岛：散乱的岩石点缀着洁白的沙滩和蔚蓝色的海水，海面上与海底下的景色同样让人惊叹。（见307页）

潜水和浮潜

泰国湾和安达曼海温暖清澈的水下隐藏着各色美景和海洋生物，这使得泰国成为世界顶尖的潜水胜地。安达曼又是其中最知名的景点，虽然这里的港湾只适合初学者。

素林和锡米兰群岛国家海洋公园：安达曼群岛扣人心弦的岩石峡谷、或软或硬的珊瑚礁和大量的海洋生物，使这里成为了世界知名的潜水地点。从蔻立（Khao Lak）出发乘船小游一下不失为一个不错的选择。（见300和307页）

兰塔岛：附近鳐鱼、鲸鲨和其他大型远洋鱼类的供给站为安达曼赢得了高级潜水岛的称号。（见340页）

龟岛：作为泰国的潜水训练基地，龟岛有许多潜水学校。这里水位较浅，终年都有适合潜水的条件。礁石距岸边很近，吃过早餐你就可以进行浮潜了。（见217页）

皮皮岛：崎岖的岩塔也为潜水派对造就了令人惊讶的潜水线路。（见333页）

美食

泰国料理味道独特、方便快捷而且相当便宜。有游客、有夜市的地方就有小吃摊为大家提供可口的美食，而家庭餐馆也为游客准备了色彩斑斓的传统美食。

咖喱：在这里，一碗汤也可以像一餐饭一样。泰国咖喱辣、色泽鲜艳，曼谷将各色美味传遍整个国家。南部地区做咖喱的时候还会使用大量炖鱼。

海鲜：铁扒大虾（Grilled prawns）、麻辣鱿鱼（spicy squid stir-fries）、咖喱蟹（crab curries）、炒贻贝（fried mussels）——带上它们去海边美食一顿吧！

水果：泰国人可以整餐饭都食用各式美味的水果。水果摊贩把这些水果摆在玻璃盒里在市场上售卖。

Isan菜肴：东北部有三样菜值得享用——gài yâhng（烤鸡）、sôm·đam（香辣青木瓜沙拉）和kôw nĕe·o（糯米饭），这可能是南方人经常吃的街边小吃了。

烹饪课程：曼谷（见64页）、普吉（见263页）以及苏梅岛（见187页）都有烹饪学校，游客可以在这里学习制作泰国料理的小诀窍。

如果你喜欢夜生活，一定要在曼谷停留一个晚上（或者12个晚上！）。你还会在普吉和苏梅岛看到许多酒意微醺、肆意漫步于街头的游客；往返于帕岸岛和皮皮岛之间，你也会看到那些脚步匆匆、名副其实的背包客。

五星级殿堂

泰国可谓是世界上最能体现奢华的地方了。这个微笑之国以亚洲人的好客而自豪，一些较大的岛屿也因其向世界提供了这样一个五星级旅游胜地而骄傲（一些地方还相当便宜）。

普吉：普吉西部如丝般柔滑的沙滩沿岸有一排排高档酒店。即使你不打算在这里入住，来这里喝杯鸡尾酒也绝对是个不错的选择。（见258页）

苏梅岛：这里比普吉要安静得多。苏梅懂得如何将奢华与宁静融合在一起——这里的大部分半岛都可以为那些敞开钱包的游客提供私密的人间天堂。（见187页）

曼谷：首都的旅馆鳞次栉比，价格很低，所以你可以在这里找个豪华酒店好好享受一番。（见67页）

蔻立：蔻立因潜水而知名。这里只有很少的五星级设施，所以如果想要大把消费，还是去附近的普吉吧。（见306页）

帕岸岛：因为来帕岸岛的大部分都是些背包客，所以只有在宁静的海岸才有一些高端设施。（见205页）

探险运动

度过了几天慵懒的沙滩假期后，可以考虑一下刺激的泰国探险运动。当然，带上水肺也不错，可是你会发现有比潜水更令你兴奋的活动哦。

在莱雷攀岩：安达曼特有的石灰石地貌为莱雷创造了一个令人赞叹不已的攀登高峰——成百上千的登山者在摇摇晃晃地向上攀爬。（见326页）

在昌岛穿越森林：像小说《黑暗的心》（*Heart of Darkness*）描述的那样穿越昌岛的密林——这里有大片你未曾触碰过的神奇植物。（见131页）

在攀牙划皮艇：舒适地坐在小皮艇上，仰望天空，你会惊奇地发现参差不齐的巨石挺立在你周围，直插云端。（见309页）

在普吉玩高空滑索：像长臂猿一样系上滑索，滑过苍穹，一览身下的密林——这项刺激的体验也许会让你手心出汗哦。（见258页）

在长岛攀岩：虽然比不上莱雷的岩塔，但安静的小长岛却也是熟悉内情的探险者的目的地。（见312页）

返璞归真

放下你的电话——泰国还有很多地方可以让你摆脱世俗的烦恼。吊起吊床，躺下享受这一刻的安宁吧。

Ko Lao Liang岛：Ko Lao Liang岛迷失于董里群岛和阁德鲁道（达鲁）群岛（Ko Tarutao archipelago）之间，这里有一处低调的景点隐匿于巨石双塔之间。（见360页）

金佛岛（Ko Phra Thong）：在拉廊（Ranong）泥泞的地带附近，金佛岛无疑是安达曼海沿岸一颗耀眼的明珠，很多年纪稍长的背包客们在这里故地重游。（见301页）

帕岸岛：万物往往都向着高级的方向发展，但是帕岸岛仍有许多角落至今也没有发展的痕迹。（见202页）

威岛（Ko Wai）：威岛？为什么不去呢？这里是昌岛群岛的一片小小的沙滩，静静地漂浮在海水上，是一日游游客日落前的最好选择。（见140页）

Bang Saphan Yai：Bang Saphan Yai隐藏在整片大陆的海湾地带，这里的生活方式回归到原本的泰式风格——此地有大量的竹棚屋。（见174页）

每月热门

最佳节庆

1 泼水节（Songkran）：4月

2 水灯节（Loi Krathong）：11月

3 满月派对（Full Moon Party）：每月

4 素食节（Vegetarian Festival）：10月

5 国王诞辰日（HM the King's Birthday）：12月

1月

1月的泰国凉爽而干燥，大批欧洲游客为了躲避寒冷的冬日来到泰国度假，所以1月是个旅游旺季。

中国新年（春节）

华裔泰国人都会用一周的时间打扫房间、燃放烟火，以庆祝中国农历新年。普吉、曼谷和芭堤雅都会举行全市的庆祝活动，但是中国新年（drùd jeen）通常是一次家庭聚会。

2月

2月仍是旅游旺季，此时成群的雪鸟飞到泰国来寻找阳光和欢乐。

万佛节（Makha Bucha）

万佛节（mah·ká boo·chah）是三个纪念佛祖一生中重要时刻的宗教节日之一，在每年泰历3月15日举行，是为了纪念佛祖向不宣自来的1250名罗汉讲经说法。这是泰国的一个公共节假日，大部分市民会前往寺院参加活动，机关和学校经常作为团体代表来到当地寺院进行各式佛事。

3月

3月来到，炎热和干燥也随之而至，海滩上也渐渐开始空出来。这是一个放风筝和风筝冲浪的好季节。适逢泰国的学生假期，有大批学生前来观光旅游。

芭堤雅国际音乐节（Pattaya International Music Festival）

在这一音乐盛会上，芭堤雅聚集了亚洲的流行和摇滚乐团，吸引大批来自曼谷的大学生。

4月

4月炎热干燥的天气使得红火的旅游业得到暂时的休息，但是泼水节还是吸引了大批游客。如果要在此时游览泰国，一定要提前预订好酒店，因为整个泰国都在庆祝这个节日。

泼水节（Songkran）

泼水节是泰国的新年（4月12～14日），开始时是一场恭敬的仪式，而后逐渐变成一场水的战争。节日的早晨，人们来到寺庙，向佛祖神像洒水并举行花车游行。年轻的家庭成员将水洒在长辈的手上以示尊敬。然后，泰国人会拿起水枪冲上街头随意泼洒喷淋。曼谷是这场“战役”的中心地带。无辜的旁观者躲进室内，直到弹尽水绝才会出来。

5月

在雨季来临之前，会有一些节日祈求多雨和丰收。5月是一个淡季，旅游价格相对较低，游客也很少。

皇家耕种典礼（Royal Ploughing Ceremony）

这是一场皇家的仪式，以占星术和古婆罗门仪式开始一年的水稻种植季节。仪式上，圣牛将被套上木犁牵到曼谷的皇家田广场（Sanam Luang）上。该仪式由国王于20世纪60年代重新举办起来，而后由王储瓦吉拉隆功

（Maha Vajiralongkorn）主持多年。

6月

在一些地区，雨季只是午后的阵雨，剩下的时间都是音乐和欢乐。

☆ 华欣爵士节（Hua Hin Jazz Festival）

爵士乐团突然造访这片皇室避暑胜地，为国王带来一场音乐盛宴。国王本人也是一名优秀的萨克斯演奏家和爵士乐作曲家。

7月

随着雨季开始，宗教团体开始为守夏节（Buddhist Lent）做准备，在此期间人们要沉思悔过。

守夏节（Khao Phansaa）

佛祖成道讲法之日（Asahna Bucha）的第二天是守夏节（泰历8月16日），标志着斋戒期的开始（泰历8月的第一个月亏之时）。在这个节日里，平民百姓要到寺庙施斋，僧侣禁止外出，在寺内进行禅修。守夏节期间，信徒们会向寺庙供奉香烛和其他必需品，并参与传戒。

8月

连日的阴雨说明这里正处于雨季，加重了这里的湿气。

（上）素食节（见269页）期间信徒在普吉市Jui Tui寺内

（下）泼水节（见25页）期间泰国青少年在曼谷高山路（Th Khao Sar

皇后诞辰日（HM the Queen's Birthday）

皇后诞辰日（8月12日）是泰国的公众假期，该日也被定为母亲节。这一天曼谷沿Th Ratchadamnoen和皇家田广场（Sanam Luang）有各种文化表演。

10 月

10月雨季结束，宗教人士开始为斋戒期的结束做准备。季风结束了它在泰国的行程（泰国的大部分地区）。

素食节（Vegetarian Festival）

素食节通常是在9月末10月初，人们按照中国佛教思想进行身心净化，开始为期9日的素斋（农历九月）。华人较多的城市，如曼谷、华欣、芭堤雅、董里和甲米，大街小巷都是卖素食的商家，还有一些人身穿白衣进行佛事。最热闹的要数普吉了，狂热的人们竟然用铁钎穿过皮肤。

11 月

11月是凉爽干燥的季节。如果你来得够早，可以避开游客高峰。美丽的景色最适合徒步旅行和观赏瀑布。

水灯节（Loi Krathong）

水灯节是泰国人最喜爱的节日之一，于泰历12月15日举行。这个节日是为了向赐予大地和森林生命的河神表示感谢并对人类污染祈求原谅。人们将用香蕉叶折叠而成的水灯船（称为kràthong或grà·tong）以鲜花装饰，点燃香烛，放上硬币，再将其放在水里，随风摇荡。

12 月

在这一个月里，泰国以其晴朗的天空和愉悦的假期气氛回归到了旅游旺季。

国王诞辰日（HM the King's Birthday）

国王诞辰日是12月5日，在这个公共假日里会举行各种游行和纪念活动。这一天也被称为国家父亲节。曼谷的Th Ratchadamnoen Klang以各种彩灯和徽章装饰起来，人人都穿着粉色的衣服。粉色被认为是泰国皇室的颜色。

挑选你自己的海滩探险活动

要走多远才会找到你的完美海滩？根据你的旅游重点选择一个出发点，然后完成你的完美之旅吧！

开始 寻找流行**热点**

我愿意坐一个小时的飞机或者坐一晚上火车，但不想在路上花一整天的时间。

住宿方面，我会选择……

……适合背包客的住所。

……适合家庭的或者奢华的酒店。

潜水……

……听起来不错。

……不适合我。

食物方面……

……我就想吃海鲜。

……泰国主食不错。

……我希望是混搭。

我最想做的就是……

……在沙滩休息。

……攀岩。

完美的旅游胜地应该是……

……带有年轻氛围的安静沙滩。

……达到国际标准的。

兰塔岛
见340页

华欣
见155页

龟岛
见217页

莱雷
见326页

苏梅岛
见181页

普吉
见256页

昌岛（安达曼海岸）
见297页

董里群岛 见353页

开始 从 曼谷 出发很方便

没有飞机和夜间列车。
从曼谷到这里只需几个小时。

我想去……

……参加派对。

……逛逛市场。

我希望遇到……

……过周末的本地游客。

……出游的一大家子人。

……高尔夫爱好者或是退休的朋友。

我理想中的岛屿应该是……

……有可供选择的度假胜地。

……安静、偏僻的。

我要拍照……

……拍灯鱼。

……拍怪异的石灰岩。

……拍满月派对。

在海滩派对上开怀畅饮……

……真讨厌。

……酷毙了！

蔻立
见304页

沙美岛
见115页

昌岛（海湾沿岸）
见128页

皮皮岛
见332页

骨岛
见142页

帕延岛
见295页

遥远的 天堂 开始

飞机、火车、汽车，我要尽一切努力到达我梦想中的旅游目的地。

帕岸岛
见202页

里朴岛
见368页

从吊床上下来，我会…

……探寻红树林。

……去海里游泳。

……在沙滩晒太阳。

我还想……

……和几个寻找寂静的朋友一起。

……签证续期。

……坐上长尾船在喀斯特岩间闲荡。

Ko Bulon Leh
见364页

旅行线路

无论你有6天还是60天的假期，这些旅游线路都只是你一生旅程的起点。想要了解更多吗？登录lonelyplanet.com/thorntree与其他旅行者聊聊吧。

一周
岛屿海滩速游

对于时间并不充裕的旅行者，一周时间也可以足够享受一次泰国的阳光与海滩，以不走回头路的方式来节省我们宝贵的时间，同时尽可能地体验南部的海岛精华。从**曼谷**出发直飞**普吉岛**，在普吉市休整一天，感受泰国富有活力的城市气息后，乘船前往**皮皮岛**，坐在柔软的沙滩上享受迷人的阳光。告别热闹，继续乘船游向清静的潜水地**兰塔岛**体验海底世界，再乘船来到**甲米**跟攀岩爱好者一起融入奇石中。最后从甲米飞回曼谷。

两周
基本岛屿海滩游

“双飞”往返岛屿，换取更多的“海滩时间”吧！从**曼谷**可以直飞**甲米**，欣赏**莱雷**崎岖的石峰（堪称攀岩爱好者的天堂），坐船到**皮皮岛**加入背包客军团，像他们一样静静地坐在海湾柔软的沙滩上。再一次的乘船旅行会带你来到**兰塔岛**，欣赏桃红色的海岸线和蔚蓝色的海浪。在飞回**曼谷**之前你还可以徒步旅行海湾的三个田园般的岛屿——潜水中心**龟岛**、阳光下慵懒的**帕岸岛**和奢华的**苏梅岛**。你还可以将行程安排到热闹的满月派对，帕岸岛东南岸每月举办一次。

一整月的旅行

你有一个月的旅游时间？那么有无数完美的旅游线路在等待着你。但是，为什么不考虑一下非凡的吊床之旅呢？这不只是一次古老的海滩游，你可以有足够的时间了解南部泰国的岛屿、海滩和森林公园。在游览南部海岸线之前你可以从泰国的首都——**曼谷**出发，第一站是**华欣**，这里是泰国国王最钟情的度假胜地，你会看见许多本地人和外国移民穿梭于海鲜市场和一些热闹的小酒馆中。在继续启程去**龟岛**之前，可以到寂静的**三百峰国家公园**（Khao Sam Roi Yot National Park）攀登陡峭的山峰，然后去**帕岸岛**的海滨放松一下，或者可以去水下同鱼儿一起潜水。邻近的**苏梅岛**为游客提供了更多的旅游项目，可以满足游客的各种预算和希望——不要错过去**红统国家海洋公园**小岛一日游的机会（据说这里有亚历克斯·加兰德《海滩》里面的美景哦）。你可以在**考索国家公园**稍作停留，因为这里是世界上最古老的丛林之一。如果时间允许，去**蔻立**开始一段潜水之旅，在缅甸边界附近的**素林**和**锡米兰群岛国家海洋公园**探寻泰国最美的潜水宝藏。然后沿着海岸向下去**普吉**体验泰国的极致奢华和好客。如果你敢于挑战，还可以在芭东停留一个晚上。在寂静的**攀牙**划着小船欣赏壮丽的石灰岩，傍晚可以参加海滩篝火舞会寻欢作乐（喝酒而已，没有别的意思啦），然后可以在**皮皮岛**耸立的峭壁下睡上一觉。去**莱雷**攀登石塔，在悠闲的**兰塔岛**随便逛逛，然后登上开往**董里群岛**的小船前往梦中的天堂，这里是那些准备前往马来西亚的游客游览的最后一个群岛。**里朴岛**是那些寻找社交活动的人的最好选择，但是如果你想远离这一切，就让chow lair（海上吉卜赛人，也拼作chao leh）领你去附近寂静的**Ko Adang**或**Ko Rawi**吧。

FRANK CARTER/LONELY PLANET IMAGES©

»（上）克雷登岛（见358页）

»（左）里朴岛上的小屋（见368页）

两周

安达曼精品游

你可能时常梦想洁白的海滩、如丝般的细沙以及碧绿的海水，如今这一梦想在安达曼海岸实现了，高大的石灰岩峭壁耸立云霄，这里是拍照的绝好地点。直接向**普吉**出发，欣赏世界上最美的海岸线。去**攀牙湾国家公园**里欣赏那些石灰岩溶，这里绝对胜过下龙湾（Halong Bay）。不要错过**皮皮岛**的沙漏型海湾，尤其是当夕阳在小皮皮岛上落下的时候，一切都是那么的美丽。当**莱雷**的石塔将其巨大的身影投向沙滩的时候，向**兰塔岛**出发，你可以在这里骑着摩托车探寻整个岛屿。然后去探寻**董里群岛**的秘密，寻找碧绿的湖泊，还有**克雷登岛**（Ko Kradan）上人迹罕至的礁石。接下来去马来西亚边境转转，你会发现小小的**里朴岛**一直有一个保护者——**Ko Adang**。

三周

探险游

逆潮流而动，独自探寻泰国南部一些鲜为人知的海滩和岛屿是个不错的选择。辗转旅途的第一站是**拉廊**，从这里出发，来到附近的**帕延岛**（Ko Phayam）和“小”**昌岛**（Ko Chang）（不要同柬埔寨附近的“大”昌岛混淆）。在**蔻立**学习一些潜水技巧，向南出发乘船游至缅甸边境，然后转向海岸在**考索国家公园**体验海底洞穴潜水。到达**Khanom**后你可以享受几天慵懒的海滩生活，在回到安达曼海岸进行数日的列岛游之前可以探索富有的遍布寺庙的文化中心——**那空是贪玛叻（洛坤）**（Nakhon Si Thammarat）。在**董里群岛**挑选几个小岛游览——**克雷登岛**或者**Ko Sukorn**都是不错的选择，然后向南漫步，同海上吉卜赛人在寂静的**Ko Adang或Ko Rawi**安营扎寨。

两周

海湾游

比起安达曼地区的天气，泰国的海湾并没有那么富于变化，这里在一年中的任何时候都是海滩度假的最好选择。从**曼谷**出发，经由陆路到达**华欣**（这里是皇家的度假胜地），在去**三百峰国家公园**攀岩之前可以在这里的市场饱食鲜鱼。如塔般的石灰岩、隐匿的寺庙、寂静的沙滩在等待着你。穿过**巴蜀**（Prachuap Khiri Khan）海边的村落，从春蓬（Chumphon）乘船出发，拨弄凉爽的海水，停留的第一站就是**龟岛**——在这里你可以学到各种潜水技巧，然后你就可以去**帕岸岛**——最寂静的海滩之一，体验漂流者的生活。离开之前，你一定要去满月派对上玩个痛快，接着去**苏梅岛**开开眼界，这里无疑是该地区最大的岛屿和最奢华的度假天堂，特有的旅馆和餐馆随处可见。

十日

东部天堂游

泰国的南部宝藏无疑是整个国家最吸引人之处，但是如果你赶时间或者打算去柬埔寨，东部海湾绝对值得一探。从**曼谷**直接去富有乡土气息的**沙美岛**，你会发现很多曼谷人都在这里度周末。沿着海岸来到**达叻**（Trat），可以登上小船游览昌岛群岛众多的岛屿之一，还可以骑上大象在丛林密布的**昌岛**（该地区最大也是发展最快的岛屿）腹地漫步。你可以打破常规去**Ko Mak**和**骨岛**转转，或者像鲁滨逊一样到附近的**Ko Kham**或**Ko Rayang**寻找迷人的珊瑚，抑或去没有主人、摄影师和部落组织的**Ko Rang**体验真正的《幸存者》（*Survivor*）。

潜水和浮潜

最佳学习潜水地

龟岛：这里有最狂热的潜水爱好者，还有大量较浅的潜水地点，经常有吞食浮游生物的鲸鲨出没。这里是泰国最好的（也是最便宜的）潜水地点。船帆岩（靠近帕岸岛）和春蓬尖礁是明星潜水湾。

最佳船宿潜水之旅

蔻立：这里是通往寂静的热带素林和锡米兰群岛的门户。乘上小船探寻各个潜水地点，并去黎希留岩看看，这里是海洋探险家雅克•库斯托（Jacques Cousteau）发现的缅甸边境附近一个极好的潜水地点。

最佳海洋生物观测地

兰塔岛：这里有水晶般清澈的海水以及大量的海洋生物，包括经常出现的鳐鱼以及偶尔到访的鲸鲨。还可以去红岩（Hin Daeng）和紫岩（Hin Muang）看看水下的礁石。

最佳浮潜地

皮皮岛：这是海啸后恢复最好的地方，闪闪发光的礁石在无比清澈的水下摇曳。Ko Mai Phai和Ko Nok是很好的浮潜地点，而Hin Bida和Ko Bida Nok则是本地人最爱的潜水地点。

潜水

那些探寻深海宝藏的人无疑都会同意雅克·库斯托的这句话："大海一旦向你施展了它的魅力，你就会深陷其中，永难自拔。"事实上，当库斯托先生在歌颂大海的同时，他可能是在说这个微笑之国，因为他自己发现了许多潜水地点，得到了很多人的关注。那些潜水爱好者可以轻松到达这片惊人的领域，这里的美景胜过了泰国任何的陆上景观，所以经常被拍成照片或印成明信片，再被寄回家去炫耀。

计划你的行程

季风雨和旅游旺季是决定旅游时间和所选岛屿、海滩的两个因素。雨量在不同季节和不同海岸也会有所不同，所以也有干燥和湿润的小气候。

何时去

一般说来，泰国的海湾全年都适合潜水，而安达曼（Andaman）海岸在12月至次年4月最适合潜水。西南季风对昌岛群岛的影响似乎要大于其他东部海岸潜水地点，所以11月至次年5月初是这里最好的潜水时间。

邂逅水下巨兽

大多数潜水者前往泰国，都希望能够邂逅这种水下巨兽——难得一见的鲸鲨。鲸鲨是海洋中最大的鱼类，嘴部可达两米宽！（所以你可以想象一下它们的身躯有多巨大！）但不用担心：因为鲸鲨是滤食动物，也就是说它们通常以浮游生物、磷虾和其他微生物为食。事实上，很多潜水者认为成年鲸鲨非常友好，它们喜欢在潜水者排出的气泡流中嬉戏。这些温顺的巨兽喜欢在海底的尖峰石阵中游荡，通常会在一个地方盘桓数日再前往别处。所以，如果你听说了它们最近的出没地点，那么，别犹豫，带上你的潜水装备，前往大海去探个究竟吧！我们遇到的大多数潜水教练说他们平均每年能见到鲸鲨3至7次。在过去，有所谓的“观赏季”，但是近年的气候变化使我们能在一年中的任何时候都有机会邂逅水下巨兽！

在主要的潜水季节，安达曼海岸经常有鳐鱼光顾，鲸鲨也常常出现。

12月～次年2月：这段时间大部分都是晴天，安达曼海沿岸的喂养站经常能看见大量的鱼在水下聚集。

4月～6月：此时海湾沿岸相当寂静，天气条件使得水下能见度很高。

尽量避开以下时间：

6月～9月：季风雨此时来到了安达曼海岸，一些旅馆都歇业了，乘船旅行也会因为风暴而随时暂停。

10月～12月：海湾此时正遭受雨季的冲击。

提前预订

在泰国潜水无需提前预订，除非你计划乘船去素林和锡米兰群岛国家海洋公园。尤其是当你寻找那种包含住宿条件的潜水套餐时，潜水装备可以由你选择的操作员提前安排好。然而，在大多数潜水地点，如龟岛（见217页）和皮皮岛（见333页），你会发现即使是在最后一刻决定潜水，这里的潜水设施依然是为你准备好的，你可以联系特别推荐的操作员，咨询潜水相关内容的详细信息。

费用

同世界上其他休闲运动相比，水肺可以说是一项花费较大的器材了。在泰国潜水无疑要比世界上其他国家便宜许多，这使得这里成为初学者或者经验丰富的潜水者度假的好地方。

一般说来，最好对潜水包进行登记，潜水包中包含一定数量的潜水用具。一个包含10种潜水用具的潜水包大概为7000B至10 000B。另一种选择是两日或三日的浅水游，潜水者会被送到该地区最好的潜水地点。潜水一日游的价格很大程度上取决于船航行的距离，因为汽油也是很贵的。从帕岸岛出发的一日游的价格大概为2500B，而从兰塔岛到红岩和紫岩的价格大概为5000B。

潜水费用通常都包含商家提供的免费住宿。要注意只有在潜水的时间里住宿才是免费的。

有关课程价格的信息请见37页，有关船宿旅游价格的细节请见38页。

潜水地点

泰国独特的潜水地形位于两个明显的大洋带交叉点——安达曼水域从西面汇入，而泰国湾海岸区则充分利用了印度尼西亚群岛和中国南海的海水。尽管半岛两岸的海洋生物类似，每个地区还是有一些差别。两岸都有泰国理想的潜水地点。

在安达曼海潜水

天气好的时候，安达曼海是东南亚最好的潜水地点。许多人都认为安达曼的潜水地点比泰国湾的好，其原因是几个月良好的海洋条件造就了极佳的能见度。海啸过后，通过对珊瑚礁的几次评估，大部分潜水者都认为海啸造成的损害是很小的。事实上，一些人还说海水近年来更蓝了。这里有记录的硬珊瑚至少有210种，还有108种珊瑚鱼。在南部省份还经常能遇到大型远洋生物。

乘船潜水旅行定期从蔻立（见305页）和普吉（见258页）出发开往西边安静的群岛，如素林和锡米兰群岛。就南部而言，皮皮岛（见333页）、兰塔岛（见342页）甚至是小小的里朴岛（见368页）都是潜水的好地方。

探索泰国湾

在泰国湾潜水最好之处就是整年的海洋条件都很好。C型的海岸线大约是安达曼沿岸的两倍长，并且富于变化，因为它连接着马来西亚边境和泰国东部的邻居——柬埔寨。西南海湾的海岸有最好的潜水景点，位于龟岛群岛（见217页）和帕岸岛（见204页）。龟岛的潜水者通常比世界上其他地方都多。芭堤雅（见108页）距喧闹的曼谷大约只有两个小时的车程，也有一些难忘的潜水景点，包括探寻几艘沉船。在海岸的最东边，昌岛群岛（见134页）为潜水者提供了一些很好的水肺设施，尽管在11月至次年5月，汹涌的海浪限制了这里的潜水条件。

潜水安全

潜水之前

开始一段深海潜水之前，你要仔细考虑以下几点，以期获得一次安全又愉快的旅程：

» 确保你获得了由潜水教学机构颁发的通用潜水证。如果近六个月你未曾潜水，就要坚持重温教程，回顾如何操纵装置。

» 第一次潜水前务必做一次体检。如果你是一名潜水新手，所有的潜水学校都需要你出具一份健康证明。哮喘病患者是不允许潜水的。

» 确保身体健康，感觉潜水舒适，期间要保证身体有充足的水分。

» 不要独自潜水。如果你是第一次在一个陌生地点潜水，要确保有熟悉该地的教练或监察员陪伴。

» 牢记飞行前24小时内不要进行潜水，不过，下飞机后去潜水却是可行的。

» 确保你的保单中包含潜水伤害险。如果没有，请登录www.diversalertnetwork.org增加此项保险。

减压室

对于泰国大量的潜水活动来说，用于潜水事故的医疗设施却十分有限。

大部分主要的潜水中心，包括曼谷、苏梅（见201页）、芭堤雅和普吉（见264页），都有减压（高压）室。龟岛有一个急救室——大部分受伤人员都在苏梅岛上得到救治。蔻立的受伤者一般会被火速送往其南边的普吉进行救治（大约一小时的车程）。我们建议你提前咨询操作员有关最近的减压室的信息，而且要确保你的潜水船上能够提供急救用的氧气。

课程

泰国是世界上学习潜水最好的地方之一。这里的潜水学校市场趋于饱和，这就意味着你可以得到顶尖的指导，因为每个学校都想从你身上挣到钱。如果你想让你的钱花得值，我们建议你去龟岛（见217页），那里会根据你需要取得的潜水执照收取课程费，大概从9000B到9800B不等。龟岛也是你继续进行潜水深造的好地方——见218页有关“从初学者到潜水英雄”的附加信息。

除了龟岛，还有许多地方能够认证潜水资格，你可以花大概3000～6000B取得开放水域潜水证书。帕岸岛（见204页）、皮皮岛（见333页）、蔻立（见305页）和兰塔岛（见342页）是泰国五个学习潜水最好的地方。

船宿潜水团

泰国船宿旅游业在过去的20年里稳步增长。大部分船宿潜水团都是从安达曼海岸普吉北面的蔻立出发。这些船上旅行包含的服务很广（在船上住宿、饮食、潜水和导游），时间从两晚至五晚不等。欲了解更多信息，请查看305页。需要注意的是，泰国湾没有船宿潜水旅游团。

自由潜水

自由潜水是指潜水员不戴水肺或换气设备在水下进行探险，潜水要靠潜水者屏住呼吸的能力来进行。高级自由潜水者可以形成哺乳动物潜水反射，身体可以改变血流和氧

保护泰国的群礁

泰国的水下王国非常脆弱，参观游览时花点时间学习一下自己应负的责任是必要的。下面是实践可持续发展的一些比较重要的行为，决不是一张恼人的清单。

» 无论是在岛上还是在船上，随身拿好垃圾——即使是能分解的材料，如苹果核，回到陆地上再丢到垃圾桶里。

» 记住在海洋公园破坏或移动珊瑚是违法行为。

» 不要触摸或袭击海洋动物。

» 不要在珊瑚上休息或站立，因为触碰或行走会损害珊瑚，还会形成切口。

» 如果你要开船，注意礁石附近的抛锚规则与提示，比如“不准抛锚的地区”。下锚时要注意不要损害珊瑚。

» 如果你要潜水，在入水之前要检查负重，确保浮力控制台远离礁石，同时保证二级调节阀和仪器不挂住礁石。

» 如果你要浮潜（尤其当你是个初学者），在水下熟练控制设备之前远离珊瑚。

» 租一套潜水服，不要涂防晒霜，因为防晒霜会对珊瑚造成损害。

» 注意观察自己的脚蹼——不要搅动沉积物或打扰珊瑚。

» 在游泳或潜水时不要在儒艮附近下水。

» 不要把贝壳带回家，这是违法行为。

气循环以完成水下行动。自由潜水通常作为一项竞技运动（深度和时间挑战）受到热烈欢迎，游客可以在轻松的环境中尝试这种运动。目前，这项运动最好的景点之一就是南部海湾的龟岛（见221页）。初学者课程（通常两日）大约花费5000B。

欲了解有关自由潜水的更多信息，请查看**AIDA International**（自由潜水者组织；www.aidainternational.org）和**CMAS**（世界潜水联合会；www.cmas.org）。

技术潜水

行业中常常提及的技术潜水是指需要穿戴辅助设备（最明显的是混合呼吸气体罐）的高级深度潜水。技术潜水通常是那些钟情于探索深海残骸和洞穴者的一项娱乐活动。

水下洞穴探险这几年风头正盛，龟岛（见221页）上有许多操作员都提供考索国家公园（Khao Sok National Park）水下洞穴一日或一夜游。

浮潜

浮潜对那些一想起用氧气罐呼吸就害怕的人来说非常受欢迎，而且对预算紧张的人来说也是个不错的选择。许多岛屿，包括董里群岛（见353页）、龟岛（见219页）、帕岸岛（见204页）、皮皮岛（见334页）以及昌岛群岛（见134页）等岛屿，在近海处都有非常好的浮潜点。

旅游团

最近，浮潜之旅像潜水之旅一样受欢迎。事实上，许多潜水经营者现在也开始提供浮潜活动服务。根据寻找有利条件的行程远近，一日浮潜游需花费500～1000B。通常浮潜游是未经开发的处女岛游或者神奇的隐蔽地形游的一部分。

高端的旅行通常会用到快艇和昂贵的设备，而价格低廉的旅行套餐常常更注重旅行的经济要素，带游客去一些平常的礁石。如果你热衷于浮潜，可以考虑租用快艇或长尾船。做了一点调查之后，你会发现去附近寻找未被发现的礁石并不是十分困难。

独自浮潜

精心策划一次属于你自己的浮潜之旅是非常容易的——泰国的岛屿和海滩都有许多浮潜胜地和潜水用品商店，潜水工具的租金大概是每日100～200B。如果你计划独立完成浮潜，最好遵循以下几个简单的规则：

» 带上一个朋友。

» 如果你游泳技术不佳或者对浪潮把握不好，最好穿上一件救生衣。

» 进入深水之前要对浮潜工具进行测试。

» 如果你没有向导，务必要对珊瑚礁生物有个基本了解。

» 确保有人知道你要去浮潜，以防你和你的朋友有危险。

» 在胳膊、膝盖和脖子后面涂上防晒霜。

» 如果你对长时间的水下活动比较敏感，穿一件薄的（3毫米）潜水服。

和当地人吃喝

何时去

夏季：泰国的热季（3月至6月）是一年中水果最好的时间。榴梿、芒果、山竹和荔枝在这几个月里成熟了。

雨季：雨季（6月至10月）中一个假期是泰国的素食节（9月末或10月初）。有大量华人居住的地区，如曼谷、普吉市和董里，会特别庆祝这一节日。值得一提的是，如果你在斋月（8月或9月）去主要的穆斯林区，白天食物会相对匮乏。

去哪吃

曼谷：便宜又美味的街边小吃，泰国每个地区的菜系，还有形形色色的各国菜肴，使得曼谷成为泰国首屈一指的美食城。

董里：备受赞誉的泰国中餐馆、不受时间限制的咖啡馆以及泰国南部最好的泰国菜馆都隐藏在这个寂静的南部城市。

如果你一直梦想着火热的咖喱、大量的面条、新鲜的海鲜和热带水果，那么你将梦想成真了，因为这些泰国全都有。但是许多游客不知道的是，在餐馆和游客经常光顾的小摊所吃到的，其实是经过改良的泰国食物。为了让你体验到真正的泰国风味，我们用一整个章节让你熟悉曼谷和泰国南部的美食。欲了解泰国美食的更多信息，请见399页。

美食体验

顶级当地餐厅

曼谷Krua Apsorn（见78页）：一流的餐馆，有一本有关曼谷和泰国中部美食的厚厚的菜单。

曼谷Poj Spa Kar（见79页）：作为曼谷最古老的餐馆，Poj Spa Kar同样奉上了往日的宫廷菜系。

曼谷Jay Fai（见79页）：这个露天餐馆专注于海鲜炒菜的制作——将泰国菜和中国菜混合在一起。

曼谷Bharani（见83页）：到这里来品尝美味的泰国面条吧。

西昌岛（Ko Si Chang）Pan & David Restauarant（见107页）：泰式美食加上西式风格，如自制的冰淇淋和法式咖啡。

芭堤雅Mum Aroi（见111页）：为中等消费的游客提供美味的泰国食物。

七岩Rang Yen Garden（见154页）：它深处于泰国度假胜地的中心，这个花园边上的餐馆为你奉上当地的美食。

华欣夜市（见163页）：这是皇室钟爱的小城里无可比拟的美味——去尝尝多汁的咖喱蟹吧！

龟岛Kanya（见227页）：龟岛本地人在远离西立（Sairee）中心的丛林小路上开设的美味家常菜馆。

帕岸岛Cookies Salad（见210页）：餐馆的名字听起来不像是泰国的，但是这里的咖喱绝对值得一尝。

普吉Ka Jok See（见268页）：以美味的泰国菜款待你。把盘子放在一边跳个舞吧！

蔻立Mama's Restaurant（见306页）：这里有无与伦比的海鲜经典——不要错过老妈鱼饼（Mama's fishcakes）哦！

兰塔海鲜（Lanta Seafood，见347页）：这里有兰塔岛上最好的海鲜。尝尝姜蒜鲷鱼吧。

廉价的美味

曼谷唐人街（见79页）：在曼谷最喧闹的街边享用汤面、炒菜和可口的小吃。

曼谷Food Plus（见80页）：城市中心一个狭窄的小巷里有无数便宜的咖喱菜式。

背包客食品

奥斯汀·布什（AUSTIN BUSH）

这一切都开始于一份长滩炒饭（Hat Yao fried rice），它是将米饭用番茄酱和鸡胸混合在一起炒制而成，然后用薄薄的煎蛋卷包起来。我几乎在泰国每个地区都吃过许多泰国菜，但却没遇到过类似长滩炒饭的东西。我也没见过这样的绿咖喱：它像汤汁一样，里面满是胡萝卜、菜花和土豆。事实上，一找到它，我就发现了我以前从来没见过的帕岸岛长滩上的所有美食。我把这种当地和外国菜系中不能解释清楚、口味不佳、偏素食、材料和起源都很神秘的复印菜单上的食物称为“背包客食品”。

背包客食品存在的这个简单事实引发了以下问题：游客在路上为什么需要平时吃着顺口的食品？旅行的重点不是尝试新事物吗？无可否认，有些时候肚子可能需要熟悉的味道。呕吐时，一个意大利人可能会点一份奶油培根意大利面，而岛上的本地人可能会选择猪排（我不确定是不是会有人选择Contigi虾、炸鸡蛋黄酱、鸡肉三明治或者干酪花菜）。但是在长滩，这种菜单项目的存在意味着这很普通，并不特别。

背包客早餐看起来尤其不同于地方风味。英国人的正式早餐似乎占据了主导地位。瑞士人的牛奶什锦早餐（仅仅是燕麦粥加上一点玉米片）虽然不那么可口，但也有一定的影响。美式早餐的速溶咖啡、比空气还轻的白面包、温热的热狗以及油油的煎蛋并没有被推广到国外，而且可以肯定的是这并不是开始一天最好的方式。

即便你努力“本土化”，泰式背包客食品与准西式食品一样（甚至更）不同寻常。正宗的泰国南部美食以海鲜为主，即便不在整个世界，至少在整个泰国来说，味道也是最好的，但是长滩餐馆一直以来只推出泰式色拉和不那么可口的炒菜，几乎没有咖喱。说来也怪，虽然是在岛上，这里的海鲜菜式却很少。

如果长岛上缺乏真正的泰国美食，你可以点 kôw pàt à•me•rí•gan，这是一种美式炒饭——将番茄酱、热狗切片、甜葡萄干与米饭一起炒制，然后上面盖一个煎蛋。尽管名称如此，但这道美食在整个泰国都可以找到，尤其受到泰国孩子和大学生的欢迎。在我看来，它是长滩饭馆的菜单上唯一正宗的泰国菜。

我能喝冰饮吗？

初次来泰国的游客最关心的莫过于这个国家冰的安全问题。这听上去有些宿命论，如果你是第一次来泰国，冰可能是你最不会关心的了——但你很可能随时会生病。因为你要面对不同的饮食、陌生的细菌环境以及其他问题，事实上你的身体很难进行调整。

在大多数情况下，这就意味着仅仅是胃不舒服也会让你难受好几个小时。你应该一开始就去一些大众餐馆并且只喝瓶装水，这样就可以避免严重伤害。

那么冰呢？许多年来我们喝东西一直加冰，而且这也是导致我们诸多不适的原因。

曼谷MBK Food Court（见80页）：一家经营泰国菜和泰式中餐的便宜、干净又美味的餐馆。

曼谷Soi 38夜市（见84页）：谁说晚餐需要酒单或者屋顶呢？

苏梅岛Laem Din市场（见194页）：当地人经常在这里选择便宜新鲜的食物。

董里夜市（见352页）：这里是安达曼海岸最好的夜市，你可以在这里享用新鲜咖喱、炸鸡、炸鱼、pàt tai和泰式甜点。

甲米夜市（见318页）：在Khong Kha码头附近的这个市场有美味纯正的泰国美食——尽管用的是英文菜单。

皮皮岛地方小吃市场（见339页）：在这个消费过高的岛上很容易找到这个最便宜的地方。尝尝这里的熏鲶鱼吧。

烹饪课程

标准的一日课程通常是一次去当地市场挑选食材的购物之旅，随后去准备咖喱酱、汤、咖喱、色拉和甜品。

曼谷：Khao（见64页）

曼谷：Helping Hands（见64页）

昌岛：Koh Chang Thai Cookery School（见133页）

昌岛：KaTi（见133页）

华欣：Buchabun Art & Crafts Collection（见160页）

苏梅岛：Samui Institute of Thai Culinary Arts（见187页）

普吉：Mom Tri's Boathouse（见263页）

普吉：Blue Elephant Restaurant & Cookery School（见263页）

普吉：Phuket Thai Cookery School（见263页）

普吉：Pum Thai Cooking School（见263页）

南湾（Ao Nang）：Krabi Thai Cookery School（见323页）

莱雷：Railay Thai Cookery School（见328页）

大皮皮岛：Pum Restaurant & Cooking School（见334页）

兰塔岛：Time for Lime（见342页）

各地特色

在曼谷和泰国南部，地形、主要的少数民族——穆斯林以及华人，对当地饮食都有着不同程度的影响。

曼谷菜

曼谷是泰国的一座大熔炉，各地区、各种族的美食都在这座城市出现不足为奇。严格地说，虽然曼谷菜是根据泰国中部的气候和农作物形成的，但移民和王室美食也起到了一定作用。

曼谷人很喜欢甜味和咸味，许多菜里面都有淡水鱼、猪肉、椰奶和棕榈糖——泰国中部平原的普通原料。因为曼谷靠近泰国湾，这为曼谷的小饭馆提供了多种海鲜。200年前，中国的工人和商人将多种面条和炒菜引入了曼谷，这也影响了曼谷的饮食：曼谷不怎么吃牛肉，因为中国佛教宣称禁止食用“大型”牲畜。最终对曼谷菜影响最大的是王室，近300年间王室制作了许多复杂美味的菜肴。尽管这些菜一开始只在宫墙里才能一见，但是现在已经传遍了曼谷的大街小巷。

必吃的曼谷菜有：

Pàt tai：这是炒米粉加上干虾和/或鲜虾、豆芽、豆腐、鸡蛋和调味品，还会配上半块酸橙、韭菜和香蕉花。

Yam Ƅlah dùk foo：炸碎鲶鱼、辣椒和花生加上一份酸甜芒果酱。

Đôm yam：柠檬草、泰国柠檬叶和酸橙汁让汤汁呈现其特色；鲜辣椒或油辣椒酱则赋予了其传说中的刺激。

Yen đah foh：yen đah foh是将微甜的深红色肉汤加上各种肉球、血块和生菜放在一起，可以说是曼谷最吓人也最受欢迎的面食了。

Kà•nŏm bêuang：这是一种老式的类似玉米卷的小吃，有甜味和咸味两种口味。

Gaang sôm：这是泰国中部著名的"酸汤"，通常由淡水鱼、蔬菜和浓浓的酸肉汤构成。

Mèe gròrp：这是用老式方法做成的甜味或酸味脆面——可能是从前的宫廷配方，非常难得一见。

Gŏoay đĕeo reua：被称为船面，因为它们曾经是泰国中部运河上的食物。这些猪肉或牛肉面是风味最佳的泰国面食。

泰国南部美食

不要说我们没有提醒你，泰国南部的美食无疑是这个以辣菜为主的国度中最辣的。泰国南部省份的食物一般都比较咸，而且海鲜无疑扮演了重要角色，人们将烤好的鲜鱼加到汤里或者把腌好的鱼做成调味酱料。泰国南部两种主要的作物是椰子和腰果，许多菜里都有这两种食材。除此之外，南部泰国人都很喜欢绿叶蔬菜，几乎每顿饭中都有一大盘蔬菜以及一种用虾酱、大蒜和酸橙制成的辣酱。南部特有的蔬菜有sà•đor（一种辛辣的像豆一样的绿色蔬菜，也称为臭豆）、lôok nee•ang（一种深绿色的圆豆）和mét ree•ang（类似于大的深绿色豆芽）。

你在泰国南部可能会遇到这些美食：

Gaang đai Ƅlah：这是一种又辣又咸的咖喱鱼，包含了đai Ƅlah（咸鱼胃），它比听上去要好吃多了。

Kà•nŏm jeen nám yah：这是一种细米粉加上辛辣的咖喱酱，通常会配上一盘新鲜蔬菜。

Kôw yam：是一种受欢迎的早餐，是将菜叶、豆芽、虾干、椰丝和红辣椒末盖在米饭上，另加一份酸甜鱼酱。

Gaang sôm：在泰国中部被称为gaang lĕu•ang（黄咖喱），这种酸辣汤的颜色是从姜黄（泰国南部美食中常用的一种根茎）中得来的。

Ngóp：它在某种程度上是一种烤咖喱，将椰奶、香草酱和海鲜用香蕉叶包起来烤至结实为止。

Gài tôrt hàht yài：合艾（Hat Yai）著名炸鸡的浓郁风味得益于包含着干香料的腌汁。

Kôo•a glîng：用咖喱酱炸肉末配上一大盘新鲜蔬菜，是泰国南部的一种主食。

大排档

读读报纸杂志上有关泰国美食的文章，你肯定会发现许多都是讲述泰国的街边小吃的。虽然手推车和大排档中出售的食物非常好吃，但并不是说只有街边小吃才是最好的。事实上，据我们研究，最好的吃饭的地方可以是在任何地方，而且不是固定的。当然啦，我们向你推荐的是有着悠久历史的中葡家庭餐馆。这些地方可能几十年来一直向客人提供同样的或有限的菜式。这里的食物可能会比街边的稍微贵点，但是环境比较舒适、卫生，而且你是在欣赏一段历史。虽然这类餐馆很少有英文菜单，你还是可以根据照片点菜。如果不行，你可以翻到441页练习一下泰语。

那么到街边的手推车里大饱口福吧，因为这是在泰国旅游最基本的一部分，但是也别忘了去尝尝几家老派餐馆的手艺哦。

AUSTIN BUSH/LONELY PLANET IMAGES ©

» （上）泰国南部菜

» （左）曼谷噢多哥市场（Or Tor Kor Market）的火龙果（见93页）

南部风格的咖啡

几乎在泰国南部的每个城市你都会发现许多旧式的咖啡馆，当地人称其为 ráhn goh•ɓée。这些咖啡馆几乎都是由泰国华人经营的，数十年保持装修和菜单不变。ráhn goh•ɓée 的特色是大理石面的桌子、古老的杯盘以及自开业起就不曾改变的男性顾客。在董里（见 353 页）你会发现有许多 ráhn goh•ɓée。

ráhn goh•ɓée 使用的咖啡豆是在国外种植、在国内烤制的。尽管咖啡豆颜色很深，但是饮品的颜色却并不是很深，这可能是由于烹制方法的不同，这种方法是将热水倒入风筒状的布片包裹的松散咖啡粉末中。goh•ɓée 通常是在一只小的无柄玻璃杯中加入一块加糖炼乳以及一勺（或更多）糖。如果不喜欢甜味，可以试试 goh·ɓée or（黑咖啡），或者只需告诉他们别加糖。所有的热咖啡都配有清口的淡绿茶。

ráhn goh•ɓée 是享用快餐的好地方。来到传统的店里，你马上就可以享用一屉中式小笼包、甜点（如香蕉叶包裹的糯米饭）或者烘焙食品。

Pàt sà•đor：这种用虾、大蒜、辣椒和虾酱炒的臭豆又香又辣，十分受欢迎。

泰国清真美食

穆斯林被认为是14世纪晚期第一批来到泰国南部的人。除了可兰经（Quran），他们还从家乡印度和中东带来了以肉类和干香料为基础的美食。在其后近700年的时间里，这种美食的影响依然存在。

一些清真美食已经有所变化，如ro•ti，一种类似于印度抛饼的炸面包。其他如gaang mát•sà•màn则是将泰国和印度/中东的烹饪方法和原材料混合起来。近几年，其他清真美食通过泰国的南部邻居——马来西亚传播进来。

常见的泰国清真美食有：

Kôw mòk：遍布穆斯林世界的印度炒饭在泰国也有一席之地。这道美食在这里加上了鸡肉、甜/酸酱汁以及一碗鸡汤。

Sà•dé：（加香烤肉）这种烤肉可能是通过马来西亚传到泰国的。这种加入花生酱汁的口味通常被误认为是泰国料理。

Má•đà•bà：被称为马来西亚和印度尼西亚的印度煎饼，是将ro•ti加上甜味馅料煎炸至酥脆的食品。

Súp hăhng woo•a：牛尾汤，可能是马来人的另一贡献，它比泰国佛教的đôm yam更稠更酸。

Sà•làt kàak：被称为“清真色拉”，kàak是一个用来描述印度教或伊斯兰教（也可能二者兼而有之）起源的稍带贬义的词。它是将卷心莴苣、大块豆腐、黄瓜、煮蛋和西红柿混合在一起，上面再盖上甜花生酱。

Gaang mát•sà•màn：“清真咖喱”是一种以椰子汁为主的食品，大部分的味道是由干香料而来，不像泰国咖喱。与大部分泰国清真食品一样，“清真咖喱”主要是甜的。

泰式中餐

中国南部的移民几个世纪以来一直影响着泰国菜。中国工人和商贩将炒菜的锅和几种面条传到了泰国。这些美食在曼谷和泰国南部比较流行，尤其是华人聚居的地方，如董里和普吉市。

值得你跑遍曼谷和泰国南部的泰式中餐美食有：

Mŏo yâhng：烤乳猪——皮、肥肉以及整个猪——作为早午餐的一部分，是南部城市董里的一种特产。

Đìm sam：Yam cha（粤语“饮茶”之意）是董里的华人社区最爱的早餐或早午餐。

Kôw kăh mŏo：红烧猪蹄饭加上蔬菜和卤蛋，是一种中式快餐。

Kôw man gài：从中国海南传来的鸡腿饭现在遍布泰国的各个角落。

Bà·mèe：中式小麦和鸡蛋面，以加入叉烧、蔬菜和馄饨为特色。

Sahlah bow：中式小笼包是泰国南部的老派中式咖啡馆的最爱。

Gŏoay đĕeo kôoa gài：用鸡蛋、鸡肉、鱿鱼和蒜油炸制的宽米粉是曼谷唐人街一种很受欢迎的美食。

Oh đôw：用鸡蛋和小牡蛎炸的小块芋头，上面盖着一块油炸猪皮——这是普吉的特产。

Loh bà：就着微甜蘸料的油炸小吃，是普吉的另一种美食。

Goh·bée：一种中式咖啡，见45页。

带孩子旅行

最适合孩子的地方

苏梅岛与海湾下部

稍大点的孩子可以带上面罩毫无顾忌地在龟岛浮潜。苏梅岛的北部海滩特别受婴幼儿的欢迎，而查汶则吸引了较大点的孩子。

普吉岛和北安达曼海岸

和海滩一样，普吉也有许多消遣项目，但是最好避开芭东（Patong）的派对。沿着海岸线有十多个岛屿，家长可以带着孩子在海里嬉戏。

昌岛和东海岸

所有年龄段儿童的家庭都蜂拥至昌岛。浅海非常适合年轻的游泳者，傍晚的低潮使海滨生活变得很美。大点的孩子喜欢丛林大象营和红树林皮划艇。

华欣和南部海湾

华欣吸引着世界各地的游客，这里有长长的海岸线，适合小型马拉松，还有山坡寺庙，可以观赏猴子。碧武里（Phetchaburi）的洞穴庙宇中常常会有蝙蝠出现。Ban Krut和Bang Saphan Yai都很随便，你可以起床后不刷牙就去海浪中嬉戏。

孩子们的泰国

泰国人是鉴别可爱程度的行家，在他们看来，外国小孩比填充动物玩具和毛绒狗更迷人。为此泰国人会抛开他们害羞的个性，小孩子瞬间就能引起他们“狗仔队”追逐明星般的关注。

出人意料的是，小宝贝们这时都很有明星派头，吸引着人们的关爱，于是甚至连粗暴的出租车司机都变成了想玩躲猫猫（称为já ăir）的可爱大叔。如果你带着孩子，食品摊贩会在你吃东西时帮你抱着孩子，到别的摊贩那里去转转。

孩子到了一定年龄会产生陌生人焦虑，这与泰国人喜欢孩子没有什么关系。对于那些已经开始形成自我意识但仍旧很可爱的学龄前儿童，我们建议去一些旅游中心，而不要去外国人，尤其是小孩子会引起注意的偏远地方。

为了解决将孩子带来带去的不便，请查看Lonely Planet的《带儿童旅行》（*Travel with Children*），里面对如何在路上带孩子给出了许多有用的建议，而且主要集中于在发展中国家的旅行。

带着孩子就餐

在泰国带着孩子尤其是婴儿吃饭，绝对是一次自我解放，因为泰国人很喜欢孩子。餐馆的服务员来抱抱孩子、跟他们玩是很自然的事。就把这当作一次休息吧，不要介意这种自由的文化接触。

因为大部分泰国菜都很辣，所以为孩子们点到“安全的”食品确实是一门技术，绝大部分的泰国餐馆都会乐意帮您这个忙。

一般说来，泰国的孩子直到上小学才开始吃辣的食物。在那之前，他们似乎是靠 kôw něe•o（糯米饭）和果冻零食成长起来的。其他受孩子欢迎的食物有不带辣味的鸡肉——gài yâhng（烧鸡）、gài tôrt（炸鸡）和 gài pàt mét má•môo•ang（腰果炒鸡肉）——还有 kài jee•o（泰式煎蛋卷）。还有一种选择就是 kôw man gài（海南鸡饭）。

孩子们的游览亮点

在泰国众多的游览胜地中，孩子们尤其喜欢海滩，因为大多数海湾很浅、很平静，适合游泳初学者。越往南走，水越清，有许多鱼来到近岸的珊瑚礁旁玩耍。但是要注意离岸流，并且要严肃对待与海有关的各种警示信息。许多海滩景点，如普吉和昌岛，也可能会有野生动物、景观瀑布以及有组织的水上运动，非常适合六岁以上的孩子们。

对于那些喜欢建筑景点的游客来说，曼谷给他们带来了极大的乐趣：这座城市到处是起重机、手提钻和砼浇灌车。地上有架空列车、购物中心以及自动扶梯（学龄前儿童的最爱）。这座城市丰富的购物选择很吸引十来岁的青少年。

孩子们可能会喜欢在火车上通宵旅行。他们可以在车上来回走，还可以躺在卧铺上观赏外面的景色。

甚至寺庙都可能成为吸引孩子们的地方。爬上山顶寺庙是消耗能量的好方法，一些森林小丘上还有猴子和洞穴神殿。令人惊讶的是到佛寺做功德非常受小孩子欢迎——烧香、在佛祖面前鞠躬并且抚摸中间佛像的金叶子，孩子们可以积极地参与这项活动。许多寺庙还可以算命，你可以摇动竹筒，使一根编了号的签子掉出来，上面的数字预示了你的运气。另一种形式是向罐子里做捐赠（有时候是自动的机器），根据你的出生日期，来获取相关运气的信息。

由于有大量欧美人士旅游及定居，泰国也是一个小孩子学习英语的好地方。曼谷和普吉等城市有大量与欧美接轨、设施齐全的英语早教中心和幼儿园，大部分接受按天参加。早教中心一般每小时50~100元人民币，而且可以免费试课一次。幼儿园一天的费用在100~300元人民币之间。

计划与实用物品

为小孩子设立的便利设施——比如车内的儿童安全座椅、餐馆中的高椅子或公共洗手间中换尿布的设施——在泰国几乎没有。所以家长需要想办法寻找替代品，或者学学泰国的家长是怎么做的（他们大部分时间都会把小孩子放到膝盖上）。

大城市中的小型超市和7-Eleven都有婴儿配方奶粉和尿片（尿布）出售，但是号码只有小号、较小号和最小号。如果你的孩子穿3号或者更大的号码，就要去乐购莲花、Big C或Tops Market买了。护臀膏在药店有售。

带着小孩子到处走可能是一次挑战。泰国的人行道通常很挤，所以推手推车很不方便，尤其是现在全尺寸多功能的手推车。相反，选择一款简单的伞推车，就可以穿过拥挤的消防栓和水果车，还可以折叠起来塞到三轮车里。婴儿包也是很有用的，但要确保孩子的头不能比你的高，因为额头的位置经常有许多悬挂的障碍物。

健康与安全

尽管制定一些基本的规则（如正确的洗

手规则）来避免可能发生的病痛是值得的，但是大多数情况下，家长无需过于关心健康问题。家长要告诉孩子不要和动物玩耍，因为狂犬病在泰国还是相当普遍的，许多狗以垃圾为食，吠叫得很厉害，可不像宠物狗那么可爱。

蚊虫叮咬常常会给孩子留下很大的疤痕。如果你的孩子被咬了，当地生产的多种药膏都可以缓解肿胀并止痒。这里有一些常见的健康注意事项（见434页）。

熟悉城市环境的孩子们在泰国的城市里会做得很好，这里的交通比较混乱，人行道也很拥挤。泰国的城市十分喧闹，小孩子可能会感觉感官超载。出发之前要确保孩子遵守安全指南，因为一旦周围很喧闹，再让他们听你的教训就非常难了。

地区速览

曼谷

文化/历史 ✓✓✓
就餐 ✓✓✓
购物 ✓✓✓

传统的暹罗

曼谷皇家佛寺曾经作为与缅甸那场毁灭性的战争后国力的一种展示，现在这里不仅是国家的朝圣地点，还很好地展示了古典的艺术和建筑。

越多越好

这座特大城市各方面都很繁华，从摩天大楼、精品店到永不停息的交通堵塞以及深夜营业的酒吧。到处都有美食。消费者既可以在精致的现代商场又可以去喧闹的街边市场痛快地购物。

灯火辉煌

曼谷夜晚的经典景象仍是围坐在塑料桌旁畅饮象牌啤酒，但在这个重量级的城市里，高楼大厦上的屋顶酒吧也生意兴隆。音乐俱乐部和休闲娱乐城则吸引了年轻人。

见54页

昌岛和东海岸

海滩 ✓✓
潜水 ✓
小城镇 ✓✓

成群的岛屿

要去柬埔寨海边的陆地游客和俄罗斯的背包客因为这里的热带环境、潜水地点和繁荣的聚会场面而来。安静的骨岛是难得的海边隐秘地带，Ko Mak岛则有一种悠闲的氛围，威岛（Ko Wai）则有最迷人的风光。

省镇的精彩

游客常常远眺东部海滨的小城镇庄他武里（尖竹汶，Chanthaburi），它因周末宝石市场而出名，而达叻则是通往昌岛的交通要道。有别于一般岛屿，这些城市以其平凡和中等繁荣吸引着游客。

见101页

华欣和南部海湾

文化/历史 ✓
海滩 ✓✓
小城镇 ✓✓

皇家海岸

泰国王室曾为了躲避曼谷恶劣的气候而来到华欣。现代的曼谷人追随了他们的脚步来到碧武里游览山顶的历史宫殿和洞穴神殿。该地区的海岸线很长、很迷人，不像泰国的其他海滩那样拥挤。家庭游客和来度蜜月的新婚夫妇都抄捷径来到海滩欣赏美景。

冲浪与逛街

这一地区既有大海又是沙滩爱好者寻找本土气息的城市。小小的巴蜀有令人震惊的喀斯特地貌，华欣和碧武里的商业街区都是中国商人定居区。

见146页

苏梅岛和海湾下部

海滩 ✓✓✓
潜水 ✓✓
夜生活 ✓✓

下海潜水

数十年来，苏梅三姐妹群岛迎来了无数的游客。温暖平静的海水以及不高的价格使得龟岛成为世界上学习潜水最好的地方之一。离岸不远就是浮潜地点，很容易就可以看到各种鱼类。

古铜色的身体

帕岸岛因满月派对和海滨闲散的生活而众所周知。茅草屋虽然消失了，但懒散的氛围依然存在。职业化的苏梅岛满足了度假者国际化的品味。梦想中的红统国家海洋公园一日游让你可以观赏到高大的石灰石岩伸入蔚蓝色大海的壮观景象。

见180页

普吉岛和北安达曼海岸

景点 ✓✓✓
潜水 ✓✓
夜生活 ✓✓

库斯托（Cousteau）地带

肥大的海鱼，原始的珊瑚，还有清澈的海水——围绕着世界知名的锡米兰和素林群岛直至缅甸边境，这里有许多潜水和浮潜地点。许多游客都在包里放上潜水设备，准备随时下到水里。登上小船在黎希留岩与鳐鱼、鲸鲨一起尽享欢乐吧。

只选普吉

泰国国际领先的海滩为来这里度假的众多游客提供了舒适的环境。景点进行了专门的设计，便捷的现代设施将时间紧迫的游客更快地带到海边。

见256页

皮皮岛和南安达曼海岸

潜水 ✓✓
就餐 ✓✓
文化 ✓

海底世界

南安达曼的精彩一直被北安达曼和南部海湾所掩盖，但是潜入兰塔岛和皮皮岛周边，你就会想知道原因了。紫岩和红岩的海底尖峰世界一流。皮皮岛也有泰国最好的浮潜设备——不要错过在温顺的礁鲨旁边浮潜的清晨哦。

去市场

董里和甲米的夜市都很棒，你可以在这里饱食可口的面条、烤鱼和辛辣色拉。岛上的海滩烧烤非常有名，你肯定会被那些装满了白天所捕海鲜的冰柜船所吸引的。

见315页

请留心如下标志：

作者推荐 作者的大力推荐　　绿色或环保选择　　免费 不需要任何费用

在路上

曼谷

包括 »

最佳餐饮

» nahm（见80页）

» Krua Apsorn（见78页）

» Bo.lan（见83页）

» Kai Thort Jay Kee（见80页）

» MBK Food Court（见80页）

最佳住宿

» AriyasomVilla（见74页）

» Metropolitan（见72页）

» Siam Heritage（见71页）

» Siam@Siam（见71页）

» Lamphu Tree House（见68页）

为何去

如果你一心想返回安静的海滩，那么乍看起来曼谷就像负担重重、满是水泥柱子而非棕榈树的地方。可是一旦你厌倦了海风，你就会喜欢上曼谷的便利和快节奏。

这座庞大、拥挤、被污染、似乎有点混乱无序的亚洲城市，在每个人的眼里各不相同，然而却从不会让人感到乏味。对于游客来说，这里第一眼就让人印象深刻。无论身在何处，放眼望去，大街上、河流中都是川流不息的人群。学童们无视热带的溽热，尽情地奔跑嬉闹；微笑的小贩在手推餐车旁做着令人垂涎欲滴的食物；和尚们在装有空调的购物广场中赤裸着肩膀与身旁的生意人擦肩接踵……混合着历史与现代，还有令你深陷欲望深渊的购物商场以及地球上最美味及性价比最高的美食——这座“天使之都”确实是亚洲最具活力的城市之一。

何时去

据世界气象组织称，曼谷是全世界最热的城市之一。更糟糕的是，这里的温度几乎没有变化，一直在令人窒息的32℃和34℃之间浮动。每年的5月到10月是雨季，这段时间曼谷每个月的平均降雨量都达到了300毫米。只有到了冬天，曼谷才能从这难耐的酷热和潮湿中喘口气儿，不过也只有12月至次年1月的几个星期而已，相对还凉快点。

历史

在各国的首都之中，曼谷确实是一座很年轻的城市。缅甸人洗劫了大城（见379页）之后，塔可辛国王（King Taksin）在位于Mae Nam Chao Phraya（湄南河，Chao Phraya River）西岸的吞武里建立了泰国的首都。然而在1782年，拉玛一世（Phraphutthayotfa Chulalok国王；1782~1809年在位）建立查克里王朝（见362页）之后，随即将他的都城移到了河对岸的一座安静的小村庄Bang Makok（即今天的曼谷）。

大城（Ayuthaya）、吞武里（Thonburi）和素可泰（Sukhothai）的佛教遗物被放到新建的巍峨的寺庙中重新供奉起来，整个城市以位于拉塔那古辛岛的皇宫为中心迅速扩张。在拉玛四世——蒙库特国王（King Mongkut；1851~1868年在位）和他的儿子拉玛五世——朱拉隆功国王（King Chulalongkorn；1868~1910年在位）统治时期，曼谷连同泰国开始走向现代化，人们开始接受和容纳西方的风俗、习惯和建筑风格。在曼谷，欧洲人蜂拥而至，试图建立起贸易联系，并扩大他们在这一地区的影响。

1932年，曼谷结束君主专制，开始了政治动乱不安的时代。从那时权力的重大转变至今，曼谷经历了19起政变，其中一半以政府更迭告终。最近的一次发生在2006年9月，在数月的首都抗议活动之后，总理他信·西那瓦（Thaksin Shinawatra）在一场没有枪弹的政变中被罢黜。然而，先前的政治骚乱并没有被平息。有几次，大型的示威抗议活动以军队血腥镇压示威者而告终。

20世纪70年代，曼谷成为越战美军的休养与恢复基地，也成就了其“罪恶之城”的名声。在80年代和90年代，泰国和曼谷的经济增长曲线飞速上扬。然而1997年曼谷的股票市场崩溃，泰国与东南亚地区大部分国家都陷入了经济停滞。

曼谷近年的大部分历史都被定义为间歇性的，由和君主制与军队结盟的受过教育的精英组成的黄衫军和支持被流放的总理他信·西那瓦的红衫军之间，不时发生剧烈的政治动荡。2008年，黄衫军抗议者导致泰国的机场关闭两周。2011年，反对派红衫军围堵中央购物区长达两月，抗议活动最终在和军队的暴力冲突中结束。

“红黄冲突”在2011年7月全国大选中再次爆发。由于他信持久的人气，红衫军——为泰党占据统治地位。他们的总理候选人英拉·西那瓦（Yingluck Shinawatra）是他信的妹妹并且是个政治新手，于同年的大选中获胜，并当选泰国总理，她很可能帮助哥哥返回泰国，泰国也可能再次陷入政治动荡。

景点

泰国的海岛和海滩上传统的泰式“景点”并不是特别多，所以当你身在曼谷的时候，游览一下当地的传统景点是很值得的。幸运的是，泰国首都有一些在国内令人印象深刻的wát（寺庙）和宫殿。其中许多集中在拉塔那古辛岛、吞武里和附近的都实（Dusit），它们都与邦兰普（Banglamphu）酒店区域毗邻。

务必记住，寺庙对于泰国人来说是神圣场所，尤其是那些具有王室身份的人。游客应穿戴整齐、举止得体。请穿有袖衬衫、长裤或过膝裙子以及不露脚趾的鞋子。在Wat Phra Kaew寺的进入区，可以借用纱笼和宽松长裤。进入寺庙前应脱掉鞋子。当坐在佛前时，应把脚放在身后，避免被人认为冒犯佛像。

拉塔那古辛岛与邦兰普（KO RATANAKOSIN & BANGLAMPHU）

เกาะรัตนโกสินทร์/บางลำพู

曼谷必看的景点大多布局紧凑。适合步行的前皇家区拉塔那古辛岛，只需要一小段渡轮，经过吞武里的河流，即可到达郑王寺（Wat Arun）。

邦兰普有些地方给人一种缓慢的、古时的感觉。在高山路（Th Khao San）地区众多旅舍、酒店、餐馆和酒吧中，有一种24小时不停歇的节庆氛围。如果你到泰国更注重的是参加派对而不是观景，那么这个地方正适合你。

作者推荐 Wat Phra Kaew寺 寺庙

（วัดพระแก้ว/พระบรมมหาราชวัง；见60页地图；门票350B；⏲8:30am~3:30pm；🚌503路和508路，⛴Tha Chang码头）以玉佛寺而著称

曼谷游览亮点

❶乘坐**昭披耶快船**快速游览景点。(见98页)

❷步行探索老曼谷街道，比如**拉塔那古辛岛**。(见68页)

❸在曼谷众多的烹饪学校中，选择一个学校，学做真正的泰国菜，比如**Khao**。(见64页)

❹在屋顶酒吧顶楼闪烁的星光和摩天大楼的灯光下举杯庆祝，比如**Moon Bar at Vertigo**或者**Sirocco Sky Bar**。(见85页)

❺在这座城市的一个超值的按摩馆和水疗馆里幸福地享受一下，比如**Ruen-Nuad Massage Studio**。(见63页)

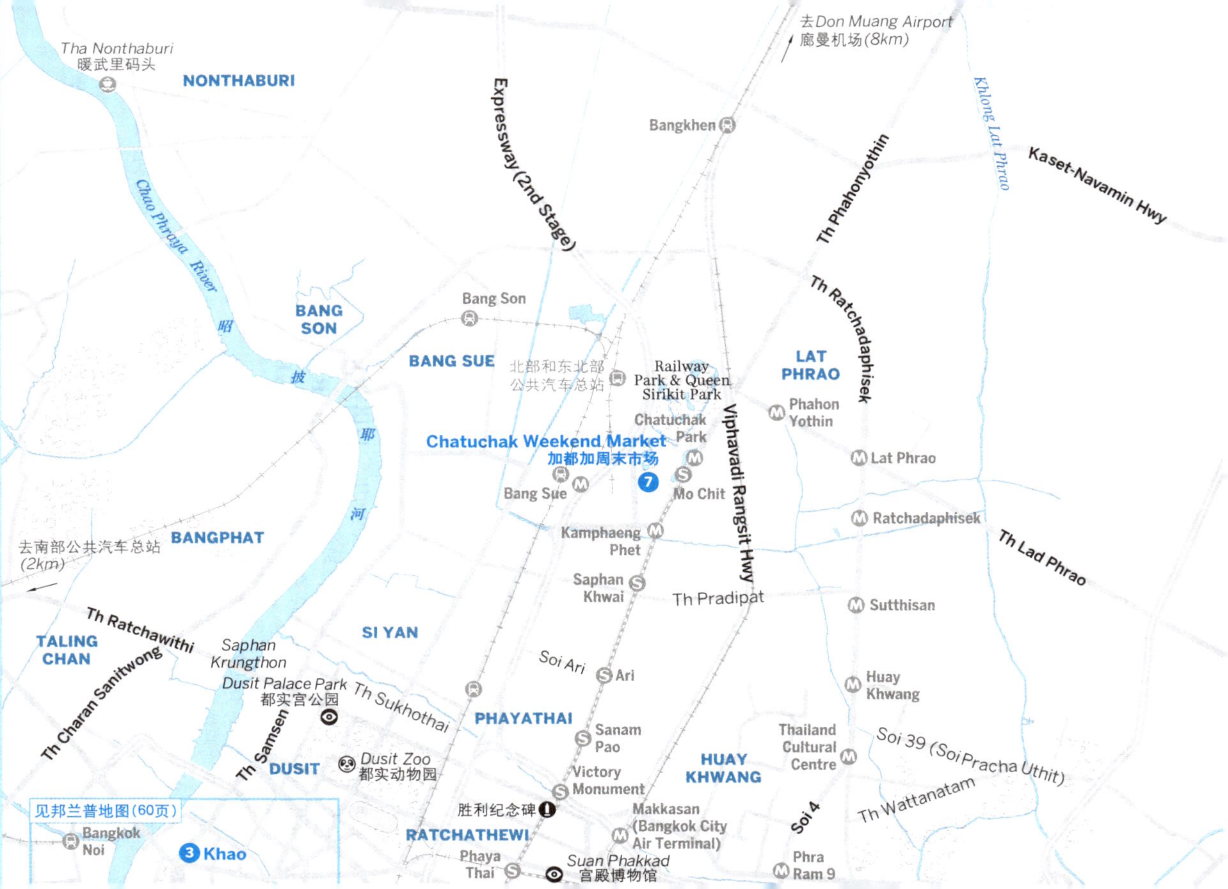

❻在这座城市最美丽的故居**吉姆·汤普森故居**做一次受到款待的访客。(见61页)

❼在世界上最大的市场之一**加都加周末市场**(Chatuchak Weekend Market)里消费泰铢。(见93页)

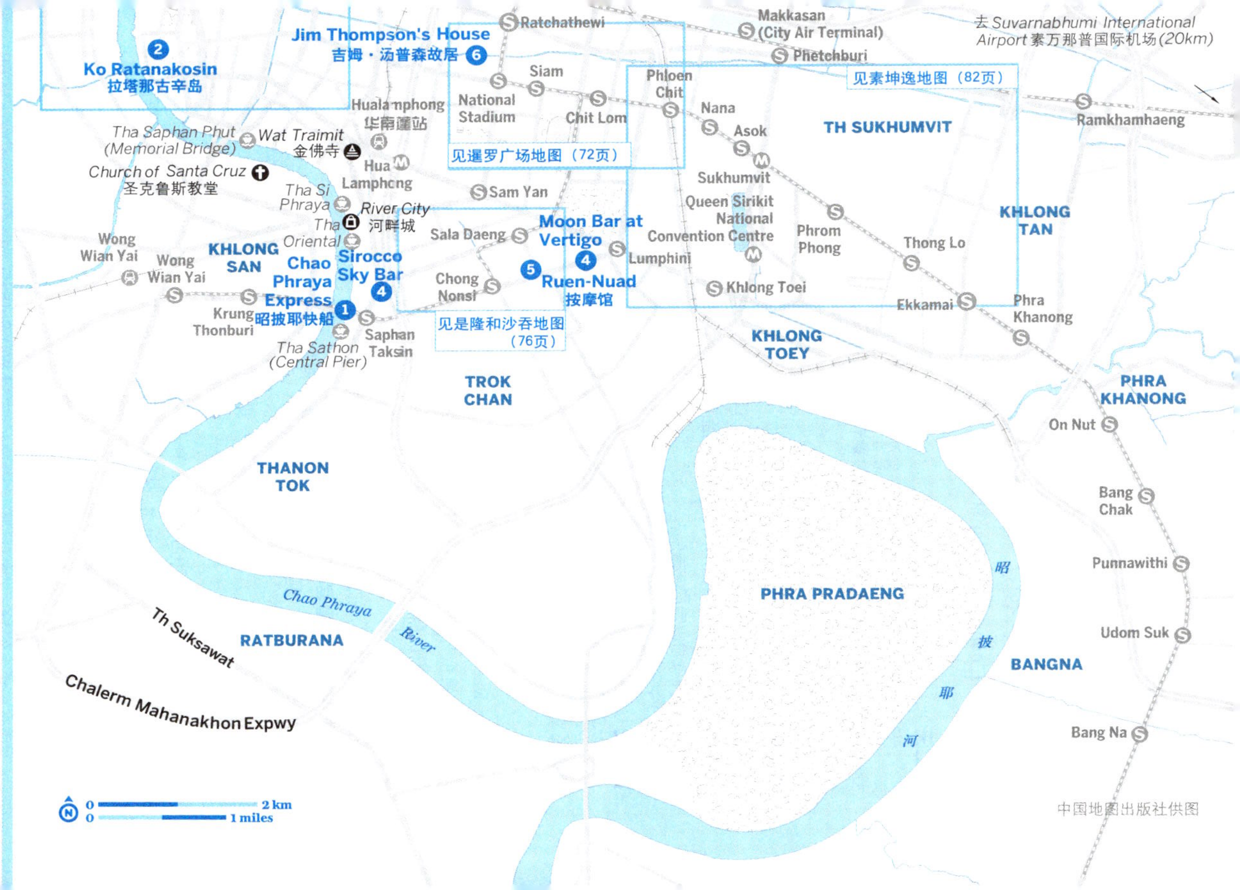

在曼谷的……

第一天

尽早起床，乘坐**昭披耶快船**到达他苍（Tha Chang）参观博物馆和**拉塔那古辛岛**寺庙，然后在**邦兰普**就餐。

梳洗一番后，日落时分，在一个**屋顶酒吧**里喝着鸡尾酒，你会对这座城市有一个全新的认识，然后在**nahm**或者**Bo.lan**享受一顿高档的泰式晚餐。

第二天

允许**BTS**带你去逛各个**购物**场所，参观**吉姆·汤普森故居**，在**MBK Food Court**享受一顿便宜但美味的午餐，做一个**传统的泰式按摩**来结束白天的时间，然后在**RCA**舞蹈俱乐部消耗掉这些能量。

第三天

第三天可以在**加都加周末市场**逛上一天。如果是工作日的话，不妨报个**烹饪学校**。在**Living Room**欣赏现场爵士乐，度过一个有品质的夜晚。如果你想欣赏本土艺术的话，可以去**Raintree**欣赏泰国民间音乐。

第四天

乘坐地铁来到**唐人街**，参观热闹的街市，品尝曼谷最好的老派街头食品，然后到**素坤逸大街**（Th Sukhumvit）泡吧过夜生活。

的Wat Phra Kaew寺是建筑学上的奇迹，内有闪闪发光的镀金舍利塔、镶嵌装饰的支柱以及绮丽的大理石山形墙。寺庙里有在泰国最受人尊敬的佛像玉佛。门票包括都实宫公园（Dusit Palace Park）的门票（见63页）。

和玉佛寺一样，**大皇宫**（Grand Palace）以前也是皇家的居住地，现在仅用来举行某些宗教仪式。

作者推荐 卧佛寺 寺庙

（วัดโพธิ์/วัดพระเชตุพน；见60页地图；Th Sanamchai；门票100B；8am~9pm；508路和512路，Tha Tien码头）卧佛寺包揽了不少"之最"的奖项：始建于16世纪，是曼谷最大、最古老的寺庙。但是，最大的景点是睡佛，长46米，高15米。卧佛寺还是泰式按摩的传统培训基地，其附属学校（见63页）在寺院经营按摩馆。

金山 寺庙

（Golden Mount；ภูเขาทอง；见60页地图；Th Boriphat；门票最多10B；8am~5pm）通过这座人工做成的金山和毗邻的**金山寺**（Wat Saket），可以鸟瞰老城的美景。如果你是一位日落美景爱好者，那就在其关门前步行到这里，它会让你爱上曼谷。如果是在城东，则可乘船前往klorng（运河，经常拼作khlong）西边的终点站Tha Phan Fah。

国家博物馆 博物馆

（National Museum；พิพิธภัณฑสถานแห งชาติ；见60页地图；Th Na Phra That 1；门票 200B；周三至周日9am~3:30pm；32路、123路和503路，Tha Chang码头）国家博物馆提供了泰国艺术和文化的总体概况，如果有讲解员带领**参观**（周三和周四9:30am），你将会从博物馆得到更多的信息。

苏泰寺 寺庙

（Wat Suthat；วัดสุทัศน/เสาชิงชา；见60页地图；Th Bamrung Meuang；门票 20B；8:30am~4:30pm）真正气派的佛像，从地面一直延伸到天花板的五彩缤纷的壁画以及相对安静的环境，使得苏泰寺几近成为曼谷最吸引人的佛教寺庙。其中最吸引人的是泰国最大的wí·h·hn（即大殿），内有8米高的

Phra Si Sakayamuni，是泰国现存最大的素可泰时期的铜像。与它相对的北入口处是很高的红色**大秋千**（Sao Ching-Cha），过去这秋千用于婆罗门宗教仪式上，可想而知那仪式有多“可怕”。从邦兰普出发，走路即可到达苏泰寺，或者乘klorng船到Tha Phan Fah，然后从那里步行。

郑王寺

寺庙

（Wat Arun；วัดอรุณฯ；见60页地图；Thonburi；门票50B；⏲8:30am~4:30pm；⛴从Tha Tien码头乘跨河轮渡）郑王寺是以印度黎明之神Aruna命名的著名寺庙。郑王寺赫然耸立在湄南河西岸，远观好像是由花岗岩雕刻而成，仔细观察，由碎瓷镶嵌成的马赛克图案包裹着壮观的82米高的高棉塔（prang）。

暹罗博物馆

博物馆

（Museum of Siam；สถาบันพิพิธภัณฑ การเรียนรูแหงชาติ；见60页地图；Th Maha Rat；门票300B；⏲周二至周日10am~6pm；🚌32路和524路，⛴Tha Tien码头）暹罗博物馆是皇家区新添加的博物馆，它以令人惊讶的现代手法和迷人的展品探索和展示了泰国人和泰国文化的起源。

护身符市场

市场

（Amulet Market；ตลาดพระเครื่องวัดมหาธาตุ；见60页地图；Th Maha Rat；⏲7am~5pm；⛴Tha Chang码头）神秘又迷人的市场占据了Th Maha Rat和Th Phra Chan的人行道，在Tha Phra Chan附近形成了密集的市场摊位网。交易基于一些小的护身符，这些受到了收藏家、僧侣、出租车司机以及从事危险职业的人们的珍视。

宋干Niyomsane法医博物馆和寄生虫博物馆

博物馆

（Songkran Niyomsane Forensic Medicine Museum & Parasite Museum；พิพิธภัณฑนิติเวชศาสตร สงกรานต นิยมเสน；见60页地图；2nd fl，Forensic Pathology Bldg，Siriraj Hospital，Th Phrannok，Thonburi；门票40B；⏲周一至周六9am~4pm；⛴Tha Wang Lang码头）这个令人恐惧的机构藏有著名谋杀案的各种证物，包括一个受害者的血淋淋的T恤，他被人用人造阴茎捅死。隔壁寄生虫博物馆延续着这个令人反胃的主题。到达这个博物馆的最容易的方法是从Tha Wang Lang（在吞武里那一边）或他苍（Tha Chang）乘坐跨河渡轮。在码头出口右转进入诗丽拉吉医院（Siriraj Hospital），向写有“博物馆”的绿色指示牌走去。

唐人街和帕乎叻（CHINATOWN & PHAHURAT）

เยาวราช (สำเพ็ง)/พาหุรัด

街道两旁，金店、高耸的霓虹灯和各种店面林立——欢迎来到唐人街（也被称为Yaowarat）。家乡的氛围会立刻令人兴奋起来，当然疲惫也会一扫而空。当夜晚像圣诞树一样被点燃时，各种各样的街头食品也开始出售，您的兴趣也会油然而生。乘坐一小段出租车，或者从华南蓬（Hua Lamphong）地铁站出发，经过稍长的步行，即可到达该地区。

高山路

30年前，本地人在位于邦兰普的高山路开始把自己的家改造成旅馆，并出租给一身臭味的背包客——泰国人戏称之为fa·ràngkêengók（即“难闻的外国佬”）——就这样，这里变成了世上独一无二的旅行者落脚地。无论白天夜晚，高山路总是聚集着来自世界各地的旅行者，其中还混杂着乞丐、小贩、易装癖者和街头艺人，四周是各种各样的摊贩，有美发的、文身的，还有卖盗版CD、嬉皮士珠宝、手工艺品、仿冒名牌服饰、泰式快餐、冷啤酒、还有呱呱叫的木青蛙。如果把它当做背包客杂耍表演，在这里你既是观众又是演员。

批评家们说高山路妨碍了旅行者们了解真正的泰国。的确如此，许多人看到这么一小段马路之后，便离开了曼谷；然而这么评论它未免有失公允。今天，邦兰普已成为曼谷年轻一代的主要娱乐区，他们给这条迎合了西方游客口味的街区添加了辛辣的泰式风格。

Banglamphu 邦兰普

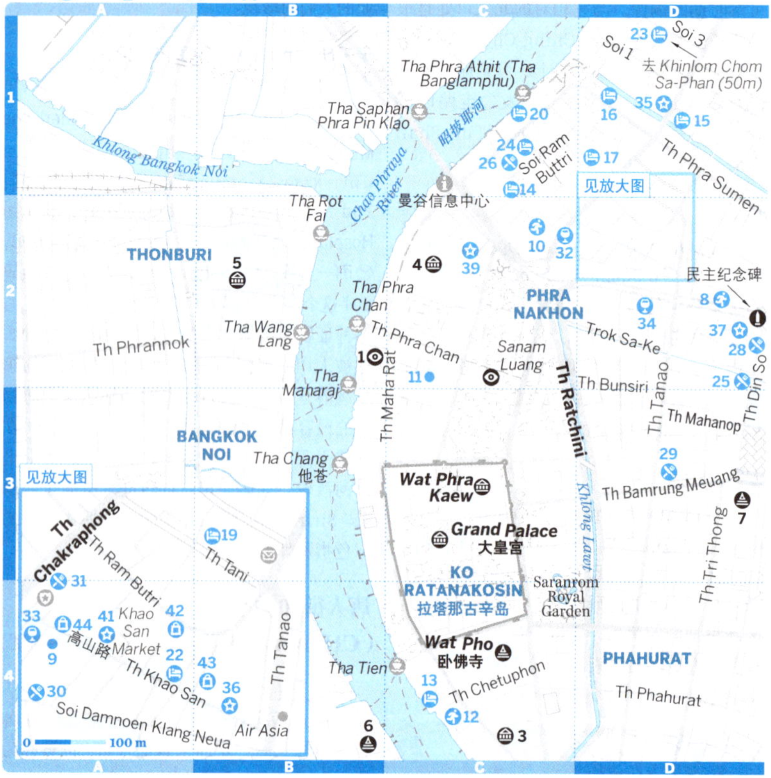

金佛寺 寺庙

（Wat Traimit；วัดไตรมิตร；金佛寺；见56页地图；Th Yaowarat和Th Charoen Krung交叉路口；门票40B；⊙周二至周日8am~5pm；⛴Tha Ratchawong码头，Ⓜ Hua Lamphong）在金佛寺，最吸引人的无疑是令人惊叹的用5.5吨的纯金制作的3米高的佛像，像金子一样闪闪发光。它是用优雅的素可泰（Sukhothai）风格雕刻而成的，大约40年前，当佛像被搬往寺庙群里的一个新建筑时，佛像从起重机上坠落，外边的灰泥和石膏脱落，这时佛像才被"发现"。在素可泰晚期或在大城（Ayuthaya）王朝晚期，当这座城市被缅甸人包围时，佛像被包裹，于是没有遭到缅甸人的掠夺。

此建筑也是**Yaowarat Chinatown Heritage Center**（门票100B；⊙周二至周日8am~5pm）的故乡，在曼谷的唐人街以及居民史上，这是一个虽小但迷人的有多媒体展品的博物馆。

Talat Mai 市场

（Talat Mai；ตลาดใหม่；Soi 6/Trok Itsaranuphap，Th Yaowarat；🚌73路、159路和507路，⛴Tha Ratchawong码头，Ⓜ Hua Lamphong）"新市场"是高楼大厦间一条隐蔽的窄巷。即使你对食物、忙碌的氛围以及别有情调的景致不感兴趣，味觉也会以一种超现实的感官体验让你兴致高涨。在早上高峰时段，大约从6点到10点，该市场最值得参观。

免费 Wat Mangkon Kamalawat 寺 寺庙

（วัดมังกรกมลาวาส；Neng Noi Yee；Th Mangkorn和Th Charoen Krung交叉路口；⊙9am~6pm；

73路、159路和507路，Tha Ratchawong码头，Hua Lamphong）香火缭绕，摇签算命，此起彼伏的诵经声构成了这个中式大乘佛教寺庙的背景。追溯到1871年，这是该地区最大的最重要的宗教建筑。在年度素食节上（见67页），这儿的宗教和烹饪活动相当活跃。

帕乎叻市场 市场

（Phahurat Market；ตลาดพาหุรัด；Th Phahurat和Th Chakraphet交叉路口；82路、169路和507路，Tha Saphan Phut [Memorial Bridge]码头）帕乎叻市场藏身于India Emporium购物商场，这是一个像迷宫一样的集市，把艳丽的宝莱坞织物、销售槟榔（paan）的小贩以及售卖一些北印度甜点的商店聚集到一起。附近的一条紧邻Th Chakraphet的小巷有座**Gurdwara Siri Guru Singh Sabha**（Th Phahurat；9am~5pm），据说是印度以外的第二大锡克庙。

其他地区

作者推荐 吉姆·汤普森故居 博物馆

（Jim Thompson's House；见70页地图；www.jimthompsonhouse.com；6 Soi Kasem San 2；成人/儿童100/50B；9am~5pm，带英语、法语导游的参观团每20分钟出发一次；klorng出租船 Tha Hua Chang码头，National Stadium）这个绿荫覆盖的建筑群是著名的美国丝绸企业家和艺术收藏家的故居。汤普森，1906年出生在特拉华（Delaware）州，二战期间，他在泰国的战略情报局（即中央情报局先驱）短暂服役。战争结束，当他迁入曼谷时，邻居手工制作的丝绸引起了他的注意并激起了他的商业意识。他向米兰、伦敦、巴黎的时装公司寄了样品，逐步建立了稳定的全球客户群。

除了精致的亚洲艺术，汤普森在泰国中部地区收集了各种被遗弃的泰式房屋及架构，于1959年，在现在的位置把它们重新组装。与传统不同的是，每面墙的外侧都对着房屋的内部，裸露了墙的支撑系统。主要房屋也展示了他小而美的亚洲艺术收藏品以及他的私人物品。

作为最适应曼谷的外国人，汤普森的故事并没有因他的非正式离开而结束。1967年的一个下午，当他去马来西亚西部的金马伦高原（Cameron Highlands）散步时，就神秘地失踪了。同年，汤普森的姐姐在美国遭到谋杀，因此引发了各种传闻。他是被中央情报局的情报人员谋杀？是被商业对手谋杀？还是被老虎吃了？没有人知道。关于汤普森的职业生涯、居所以及后来不可思议的神秘失踪，威廉·沃伦（William Warren）所著的《不解之谜》（*Unsolved Mystery*）以及约书亚·库兰齐克（Joshua Kurlantzick）所著的《理想男人》（*The Ideal Man*）提供了好的信息来源。

作者推荐 古城 博物馆

（Ancient City；เมืองโบราณ；www.ancientcity.com；成人/儿童 400/300B；8am~5pm；

Banglamphu 邦兰普

Bearing 和乘出租车或公共汽车到达）古城坐落在曼谷东部的北榄府郊区，有一种非同寻常的吸引力。古城是个占地80公顷的露天博物馆，将泰国109个最著名的历史遗迹缩小比例仿制，包括一些已经消失的古迹。看到这儿，乐高乐园的景象可能立刻浮现在脑海，但是，古城里的仿造建筑十分精致，并绝对值得参观。

先乘坐511路空调公共汽车从素坤逸大街东端驶到北榄府（Samut Prakan）的汽车总站，然后乘坐路过古城入口的36路小型公共汽车。

Suan Phakkad宫殿博物馆 博物馆

（Suan Phakkad Palace Museum；วังสวนผักกาด；见56页地图；Th Sri Ayuthaya；门票100B；9am~4pm；Phaya Thai）这是一个被忽视的宝藏，Suan Phakkad集合了8种传统的木结构泰式房屋，曾是那空沙旺（Nakhon Sawan）的王妃Chumbon的居所，再追溯到以前，这里曾是个生菜园（Suan Phakkad，即生菜菜园）。这些高耸的建筑里陈列有艺术品、古董以及家具，并且是个风景如画的宁静绿洲，里边养有鸭子、天鹅，还有一个半封闭式的花园。

免费 四面佛 神殿

（Erawan Shrine；ศาลพระพรหม；San Phra Phrom；见70页地图；Th Ploenchit和Th Ratchadamri交叉路口；6am~8pm；Chit Lom）在20世纪50年代兴建Erawan酒店（Erawan Hotel）时，发生了一系列的建筑事

故。直到这座供奉印度教的梵天（Brahma）神的神殿修建起来，才没有再发生事故。酒店生意颇为兴隆；从此以后不断有人到这里来祈福。

Ban Kamthieng 博物馆

（บ้านคำเที่ยง；见80页地图；Siam Society, 131 Soi 21/Asoke, Th Sukhumvit；成人/儿童100/50B；⏲周二至周六9am~5pm；Ⓜ Sukhumvit，Ⓢ Asok）这是一个迷人的居所博物馆。Ban Kamthieng把游客带到了泰国的一个北部村庄，这个传统的木质房屋向人们展示了许多有教益的东西，比如日常礼仪、民间信仰以及每日家务。

都实宫公园 宫殿

（Dusit Palace Park；วังสวนดุสิต；见56页地图；bounded by Th Ratchawithi, Th U-Thong Nai & Th Ratchasima；成人/儿童100/50B，Grand Palace门票免费；⏲9:30am~4pm；🚌18路、28路和515路）优雅的都实宫公园以前是皇家宫殿，拥有宁静的绿地和多个工艺品博物馆。建于1868年的**柚木宫**（Vimanmek Teak Mansion）是必游之地，据说是世界上最大的金柚木建筑。

免费 蓝毗尼公园 公园

（Lumphini Park；สวนลุมพินี；见76页地图；以Th Phra Ram IV, Th Witthayu [Wireless Rd], Th Sarasin & Th Ratchadamri路为边界；⏲5am~8pm；Ⓜ Si Lom和Lumphini，Ⓢ Sala Daeng）以佛陀在尼泊尔的出生地命名，是曼谷中部最大最受欢迎的公共公园。这里有交叉的步行小道、宁静的草坪、树木繁多的林地，还有一个很大的可供出租脚踏船游玩的人工湖。这里还是一个观阅曼谷居民生活百态的好地方：有清早打太极的、跑步的、外出工作的、参与户外有氧运动的人或者放任孩子们在草坪上自由玩耍。2月中旬到4月，蓝毗尼是放风筝的最佳地方。一年到头，这里都是在曼谷观看巨蜥的最佳地方。

免费 圣克鲁斯教堂 教堂

（Church of Santa Cruz；โบสถ์ซางตาครูส；见56页地图；Th Kuti Jiin；⏲周六和周日；⛴Tha Pak Talat [Atsadang]码头）建于1913年，除非你在一个周日参观，否则你几乎不会对这个天主教堂感兴趣。附近一带曾是葡萄牙租界，可以追溯到大城时期，它有老派河畔气氛以及具有葡萄牙风味的蛋糕kà·n·m fa·ràng，是个很值得一逛的地方。

活动

曼谷人把传统按摩视为一种重要的保健方式，他们光顾按摩室的次数要多于去健身房的次数。在曼谷，有成千上万的按摩场所，从奢华的水疗到低廉的足疗，一应俱全。警告你，若男士要求“精油按摩”（oil massage），有可能会享受到卧佛寺没有教过的“手法”。如果你不希望有个“快乐的结局”，就不要到按摩师是穿短裙的年轻女性的按摩店去。

根据环境的不同，按摩的价格也比较固定：足部按摩大约是250B，而全身按摩大约为500B。

Ruen-Nuad Massage Studio 按摩

（见76页地图；☎0 2632 2662；42 Th Convent；泰式按摩每小时350B；⏲10am~9pm；Ⓜ Si Lom，Ⓢ Sala Daeng）设在一个翻新的木质房屋里，这样迷人的地方成功摆脱了低级趣味和刻意仿古的弊端，而这两点恰恰显示了大多数曼谷按摩店的特征。价格也相当合理。

请再说一下你的名字？

曼谷这个名称是从Bang Makok衍生出来的，意思是“生产橄榄和李子的地方”，这个村庄的名称比首都于1782年迁来的时间还要久远。首都的官方全称是“Krungthep mahanakhon amon rattanakosin mahintara ayuthaya mahadilok popnopparat ratchathani burirom udomratchaniwet mahasathan amonpiman avatansathit sakkathattiya visnukamprasit”。泰国人把它缩写成Krung Thep（天使之都）。你几乎只能在市政厅（City Hall）（见60页地图）前非常宽的指示牌上才能看到它的全称，记住带着你的广角镜头。

Health Land 水疗、按摩

（健康乐园；www.healthlandspa.com；泰式按摩2小时450B）Ekamai（见82页地图；☎0 2392 2233；96/1 Soi 10，Soi 63/Ekamai，Th Sukhumvit；⏰9am~11pm；Ⓑ Ekkamai）；Sathon（沙吞；见76页地图；☎0 2637 8883；120 Th Sathon Neua；⏰9am~1pm；Ⓑ Chong Nonsi）；Sukhumvit（素坤逸；见80页地图；☎0 2261 1110；55/5 Soi 21/Asoke，Th Sukhumvit；⏰9am~午夜；Ⓜ Sukhumvit，Ⓑ Asok）可以承受的价格、专业熟练的护理以及令人愉悦的设备，这一成功模式营造了一个健康乐园中心的小帝国。

卧佛寺传统泰式医疗按摩学校 按摩

（Wat Pho Traditional Thai Medical and Massage School；见60页地图；☎0 2622 3550；392/25-28 Soi Pen Phat；泰式按摩每小时220B；⏰8am~6pm；Ⓑ 508路和512路，⛴ Tha Tien码头）这是泰国第一所按摩学校，内设空调，服务人员都是在此学习传统泰式医疗的学生。但是寺庙里的亭子气氛更加宜人，也可以学习泰式按摩课程（见65页）。

Divana Massage & Spa 水疗、按摩

（见82页地图；☎0 2261 6784；www.divanaspa.com；7 Soi 25，Th Sukhumvit；水疗护理2500B起；⏰周一至周五11am~11pm & 周六和周日10am~11pm；Ⓜ Sukhumvit，Ⓑ Asok）高档的Divana坐落于一花园洋房中，保持着独一无二的泰式格调，营造了一种私密、舒服的环境。

🎓 课程

Khao 烹饪

（见60页地图；☎08 9111 0947；www.khaocookingschool.com；D&D Plaza，68-70 Th Khao San；课程费用1500B；⏰9:30am~12:30pm和1:30~4:30pm）Khao是由一家泰国料理权威机构所设立的，在这里你能学习如何烹调各种地道的泰餐及其特色。它位于D&D Inn后面的庭院。

Phussapa Thai Massage School 按摩

（见82页地图；☎0 2204 2922；www.thaimassage-bangkok.com/nuat1_egl.htm；25/8 Soi 26，Th Sukhumvit；学费6000B起；⏰9am~4pm；Ⓑ Phrom Phong）由一个长居泰国的日本人所经营，这里提供泰式按摩的基本课程。一般课程为5天，共30个小时，还有较短的足部按摩课程。此外，每小时泰式按摩收费250B。

Helping Hands 烹饪

（☎08 4901 8717；www.cookingwithpoo.com；课程1200B；⏰周一至周六8:30am~1pm）这个受欢迎的烹饪课程是一个住在Khlong Toey贫民区里的当地人开设的，仅在她生活的街区进行。课程必须提前预订，包括四个菜肴、参观Khlong Toey市场和Emporium购物中心的往返费用（见82页地图）。

玛哈泰寺 冥想

（Wat Mahathat；见60页地图；3 Th Maha

ℹ 了解曼谷

湄南河（Mae Nam Chao Phraya）将曼谷从吞武里老城中分开。华南蓬(Hualamphong)站主干火车道进一步把曼谷分为东西两个部分。夹在火车道西侧和湄南河中间的老城区挤满了有历史沧桑感的寺庙，还有熙熙攘攘的唐人街和受旅游者欢迎的邦兰普（著名的高山路所在地）。火车道的东边是新城区，已经奉献给摩天大楼和购物中心，尤以暹罗广场、素坤逸以及是隆（Silom）地区最为热闹。

在本书中，thànǒn（街道）缩写为“Th”。soi是在大街中的一条小街。比如说在soi上的一个地址会被写为33 Soi 3，Th Sukhumvit，意思是素坤逸大街3街33号。比soi更小的街被称为tràwk（小巷）。

Rat；32路、201路和503路，Tha Maharaj码头和Tha Chang码头）这座寺庙是两个独立冥想运营中心的起源地。国际佛教冥想中心（International Buddhist Meditation Center；0 2222 6011；www.centermeditation.org；Section 5，Wat Mahathat；接受捐赠）在早上7点、下午1点和6点提供日常冥想课程。由Phrasuputh以英语授课，课程持续3个小时。冥想学习和静修中心（Meditation Study and Retreat Center；0 223 6878；www.meditation-watmahadhat.com；Wat Mahathat；接受捐赠）提供一个严密的日常冥想计划。

卧佛寺泰式传统医疗按摩学校 按摩

（Wat Pho Thai Traditional Medical and Massage School；见60页地图；0 2622 3550；www.watpomassage.com；392/25-28 Soi Phen Phat；学费5000B起；8am~6pm；508路和512路，Tha Tien码头）提供基本和高级的传统按摩课程。学校在寺庙外边，位于不被人注意的Soi Phen Phat上的修葺了的曼谷店屋里——寻找Coconut Palm restaurant。

Sor Vorapin Gym 泰拳

（见60页地图；0 2282 3551；www.thaiboxings.com；13 Th Kasab，Th Chakraphong；每日/每月学费500/9000B；2路、15路、44路和511路，Tha Phra Athit [邦兰普]码头）专门培训男女外国学生，这是一个在高山路健身的地方。

Baipai Thai Cooking School 烹饪

（0 2561 1404；www.baipai.com；8/91 Soi 54，Th Ngam Wong Wan；课程1800B；周二至周六9:30am~1:30pm和1:30~5:30pm）坐落在一个很漂亮的郊区别墅中，由众多助手授课，Baipai每日提供两节课，每节课指导4道菜。交通也很便利。

团队游

如果你不是随团旅行，但是需要一个导游的话，给你推荐以下几种选择：

Tour with Tong 导游服务

（0 81835 0240；www.tourwithtong.com；一日游1000B起）在曼谷及其周边的带导游的旅行。

Thai私人旅行社 导游服务

（0 81860 9159；www.thaitourguide.com；一日游2000B起）Chob and Mee的导游服务获得不少好评价。

曼谷私人旅行社 导游服务

（Bangkok Private Tours；www.bangkokprivatetours.com；全天徒步旅游3400B）量身定做的曼谷徒步旅游。

曼谷美食之旅 导游服务

（Bangkok Food Tours；08 9126 3657；www.bangkokfoodtours.com；半日游950~1300B）在曼谷的Bang Rak和唐人街区半日美食之旅。

乘船游

河流和运河游

就算是汽车已经成了这座城市的主要运输工具，你今天依旧有机会去感受曼谷为何有“东方威尼斯”之称，一窥它的往昔。沿着河流和运河的是一支混杂的舰队，从划桨独木舟到运米驳船，应有尽有。泰国人仍然认为他们是jôw nám（水之主）。在这些区域，许多家庭、商行以及寺庙都保持着水上的生活状态，让人们略窥迷人的过去。

在河畔景点间通勤最主要的方式是乘坐昭披耶快船（0 2623 6001；www.chaophrayaboat.co.th；票价9~32B）。最北向的船只终点是Tha Nonthaburi，最南向的船只终点是Tha Sathon（也称作中央码头）Saphan Taksin，紧邻沙潘塔克辛（Saphan Taksin）BTS站点，尽管一些船运行至更南边的Wat Ratchasingkhon。关于乘船旅行的更多信息，见第98页。

长尾船是曼谷的象征，可整租在吞武里运河里旅游，尤其是Khlong Bangkok Yai和Khlong Bangkok Noi。你会在他苍（Tha Chang，见60页地图）、Tha Saphan Phut（见56页地图）、Tha Oriental（见56页地图），以及Tha Si Phraya（见56页地图）找到船夫。租用费用大约每小时1000B起（若你在昂贵的酒店附近租船，费用自然比较高）。可以自由协商。

起点：THA CHANG
终点：WAT ARUN郑王寺
距离：约6公里
需时：4～6小时

步行游览
老曼谷

曼谷必看旅游景点分布在前皇家区——拉塔那古辛岛以及邻近的邦兰普。尽早出发，避开高温和人群，记住参观寺庙要着装得体。

从❶**他苍**出发，到达❷**Wat Phra Kaew寺**和❸**大皇宫**的正门。

返回到Th Maha Rat，向北走，左转来到❹ **Trok Tha Wang**，这是一条窄巷，保持着曼谷看似隐蔽的经典街坊。返回到Th Maha Rat，继续向北走，你的右边是❺**玛哈泰寺**（Wat Mahathat），这是泰国最受尊敬的一个佛教大学。穿过街道，左转进入拥挤的Trok Mahathat，你会发现狭窄的❻**护身符市场**。

从Tha Phra Chan出来，穿过Th Maha Rat，继续向东走，穿过更加传统的泰式医疗商店和护身符小贩，直到到达❼**皇家田广场**（Sanam Luang），这才是“皇家领域”（Royal Field）。

穿过Th Ratchadamnoen Nai向北走，右转来到Royal Hotel。你的左边是❽**Th Ratchadamnoen Klang**，这是曼谷的“香榭丽舍大街”（Champs Élysées），继续向东走，你将看到❾**October 14 Memorial**，这是为了纪念1973年10月14日在民主集会中被军队杀害的平民示威者。继续向前，你将看到一个有4根柱子的❿**民主纪念碑**（Democracy Monument）。

右转向下来到Th Din So，继续往南走，直到你到达⓫**苏泰寺**（Wat Suthat）和**Sao Ching-Cha**，它们都是鲜为人知的地标。

穿过⓬**宗教商店**，沿着Th Bamrung Meuang，停在 ⓭**Poj Spa Kar**享受一顿午餐。

午餐后，左转来到Th Phraeng Nara，穿过Khlong Lawt，沿着Th Lak Meuang继续向西走，来到和街道同名的⓮**Lak Meuang**，这是曼谷城市精神家园。

沿着Th Sanam Chai向南走，右转来到Th Thai Wang，有人将护送你来到⓯**卧佛寺**的入口，这是巨大的卧佛之家。

最后，抵达Tha Tien，乘坐跨河轮渡来到受高棉人影响的⓰**郑王寺**。

晚餐巡游

对于浪漫夫妻或家庭来说，这是很美好的体验。晚餐巡游沿着湄南河，欣赏夜晚城市闪烁的灯光，并远离城镇的高温和噪音。可惜无论是乘坐简单的还是精致的游船，食物都一般，甚至让你不愿回忆。

Loy Nava 晚餐巡游

（☎0 2437 4932；www.loynava.com；套餐1766B；⏲6~8pm和8:10~10:10pm；⛴Tha Si Phraya码头）自1970年开始运营，很可能是原始的曼谷晚餐巡游。Loy Nava每日巡游两次，都是从Tha Si Phraya出发，紧邻河畔城（River City）（见56页地图）。提供素食食谱。

Wan Fah巡游 晚餐巡游

（Wan Fah Cruises；☎0 2222 8679；www.wanfah.in.th；套餐1200B；⏲7~9pm；⛴Tha Si Phraya码头）从河畔城出发（见56页地图），Wan Fah经营着一只大的漂浮木船，这条船伴有泰国音乐和传统舞蹈。晚餐有标准或海鲜套餐，酒店可以提供交通换乘服务。

骑车旅行

虽然一些骑车旅行在曼谷附近进行，但很多游客还是选择邻近苍翠的、未开发的被称为Phra Pradaeng的地区，灌溉渠交叉分布在这些区域狭窄的巷道，而小规模的水果种植园和简陋的村庄都靠这些灌溉渠生活。

Grasshopper Adventures 骑车旅行

（见60页地图；☎0 2280 0832；www.grasshopperadventures.com；57 Th Ratchadamnoen Klang；旅行费用750B起；⏲周一至周五8:30am~6:30pm；🚌2路、15路、44路和511路，⛴klorng出租船 Phan Fah码头）这种很赞的方法是在曼谷及其周边进行各种各样独特的骑车旅行，包括夜游以及在城市的绿色地带旅游。

ABC Amazing Bangkok Cyclists 骑车旅行

（见82页地图；☎0 2665 6364；www.realasia.net；10/5-7 Soi 26, Th Sukhumvit；旅行费用1000B起；⏲每日游在8am、10am或者1pm出发；🚇Phrom Phong）ABC经营已超过十年，提供基于自行车的旅行，意在通过跟随城市乡村运河的高架走道，展示"真正的"亚洲。

节日和活动

除了这些主要的节日，曼谷也有一些其他节庆。请登录**TAT**（www.tourismthailand.org）或**曼谷信息中心**（Bangkok Information Center；www.bangkoktourist.com）网站获取准确的日期。

中国新年 新年

泰国华人用一周的舞狮等传统表演和烟火，来庆祝农历新年的到来；2月/3月。

泼水节 新年

这一泰国的新年庆祝最后变成了大规模的水战；4月中旬。

皇家耕种典礼 传统

太子在皇家田广场宣布水稻种植季节的开始；5月上旬。

素食节 素食主义者

华裔泰国人在9月或10月拜访寺庙并禁肉十天。

水灯节 传统

那一天，人们聚在湄南河岸边，将蜡烛置于由香蕉叶做成的莲花状的小船上，使其漂流；11月上旬。

曼谷国际电影节 电影

（www.worldfilmbkk.com）11月中旬。

住宿

曼谷有超过400家酒店和宾馆，由便宜的背包客栈到全球最豪华的住所应有尽有。这些地方分散得很广，尽管某种酒店会趋向于在某个区域集聚。

邦兰普和著名的（或恶名昭彰的）高山路（Th Khao）是背包客无法阻挡的诱惑，很少人能逃离它们的召唤。这一区域位置优越，离河流和纪念碑以及曼谷老城博物馆很近。向北走过一段长路就到了Thewe，这里给人很慵懒的感觉，而且离都实的一些地方很近，这里聚集了一些不错的宾馆。更往南

孩子们的曼谷

在曼谷，专为小朋友设计的、吸引其注意力的地方不多，但是当地并不缺乏孩子们的去处。已经置身曼谷的家长可以从网站www.bambiweb.org获取有用的信息资源。

暹罗博物馆（见59页）尽管不是专为孩子们准备的，但是这里有很多互动式的展览吸引他们。

都实动物园（Dusit Zoo；见56页地图；Th Ratchawithi；成人/儿童100/50B；⏲8am~6pm；🚌18路、28路和515路；🚉Phaya Thai和乘坐出租车到达）占地19公顷，园内的动物都关在笼中，大约有300头哺乳动物、200只爬行动物和800只鸟禽，包括相当稀有的当地物种，诸如爪哇野牛、印度野牛、鬣羚和犀牛。园内有绿树遮阳的地方，园中央有出租脚踏船的湖泊和一处不大的儿童乐园。

在**暹罗海洋世界**（Siam Ocean World；见72页地图；www.siamoceanworld.co.th；地下，Siam Paragon，Th Phra Ram I；成人/儿童900/700B；⏲10am~9pm；🚉Siam）购物中心水族馆，你仿佛置身于一个室内海洋世界。游客可以观看玻璃内深水暗礁区域或者看看每日工作人员给企鹅和鲨鱼喂食。

蓝毗尼公园（见63页）在清晨的凉爽时分和晚间的放风筝时间（要看季节），这里适合舒展身心呼吸新鲜空气，是值得你去的地方。在附近的**Saovabha女王纪念研究所**（Queen Saovabha Memorial Institute；见76页地图；www.saovabha.com；Th Phra Ram IV和Th Henri Dunant交叉路口；成人/儿童200/50B；⏲周一至周五9:30am~3:30pm，周末到1pm；Ⓜ Si Lom，🚉Sala Daeng），孩子们可以看到致命的毒蛇在抗毒剂制造蛇场，不情愿地变成了利他主义者。

MBK中心（MBK Center，见92页）和暹罗百丽宫（Siam Paragon，见92页）内有保龄球馆可以让大孩子们娱乐一下。**Krung Sri IMAX**（见72页地图；☎0 2129 4631；www.imaxthai.com；Siam Paragon，Th Phra Ram I；门票350~450B；🚉Siam）的大屏幕有特殊视觉效果，放映好莱坞动作大片和自然风景片。

的地方是唐人街，一个气氛很活跃的地方，但是经常被忽略。这里有几处合适的住宿选择，更不用提华南蓬火车站对面那些便捷经济的住宿地点了。

唐人街南边的河滨区域有很多大名鼎鼎、超豪华的有着引人入胜风景的酒店，而Th Silom和新建的Th Sathon有几处新颖、时尚和定价合理的中端酒店以及别致的高端住所。暹罗广场附近的区域有几处更庄严的高级酒店，另外也有为数不多的经济型选择。在素坤逸大街，你会发现大量不太整洁的旅馆，这取决于它们位于哪个巷子。这里是一堆新精品酒店以及伪精品酒店的聚集地，不少旅行团也会选择入住这里的中等价位酒店，其中也有少量古怪的经济型及高端房间。关于泰国住宿的更多内容，请参考419页。

拉塔那古辛岛和邦兰普

背包客之街——高山路，就位于邦兰普，总是挤满了来自世界各地的背包客。不过，这并不意味着这里是城内最好的住宿地点，但与它公认的低价格相伴随的却是比较高的标准。邻近的拉塔那古辛岛正见证着一座座河滨精品酒店的兴建。

作者推荐 **Lamphu Tree House** 酒店 $$

（见60页地图；☎ 0 2282 0991；www.lamphutreehotel.com；155 Wanchat Bridge，Th Prachatipatai；房间含早餐1500~2100B；🚌56路、58路和516路，⛴Tha Phra Athit [邦兰普]码头，⛴klorng出租船 Tha Phah Fah码头；❄@📶🏊）忽略它的名字（你不会住在树上），这家酒店物超所值，一直牢牢吸引着中等预算的游客。房间很吸引人，屋顶酒吧、

游泳池、互联网、餐厅以及它靠近河边的位置，保证你来了就不想离开。

Diamond House

酒店 $$

（见60页地图；☎0 2629 4008；www.thaidiamondhouse.com；4 Th Samsen；房间2000~2800B，套3600B；🚌32路和516路，⛴Tha Phra Athit [邦兰普]码头；❄@📶）尽管酒店和一个无甚特别的中国寺庙共用一处土地，但这并不影响这家酒店古怪和时尚的设计感。大多数房间都是阁楼式的，床在加高的平台上，并装饰着彩色玻璃、浓郁的暗色调和时尚的家具。

Arun Residence

酒店 $$$

（见60页地图；☎0 2221 9158；www.arunresidence.com；36-38 Soi Pratu Nok Yung；房间含早餐3500~3800B；🚌123路和508路，⛴Tha Tien码头；❄@📶）这里的六间房屋让人感觉既舒适又现代，有些房间很高像阁楼，而其他的是两个房间连在一起（最好的是顶楼带有阳台的套房）。这里有舒适的公共区域，包括图书馆、屋顶酒吧和餐厅。

NapPark Hostel

青年旅舍 $

（见60页地图；☎0 2282 2324；www.nappark.com；8 Th Tani；铺550~750B；⛴Tha Tien码头；❄@📶）这家经营和装修都非常好的青旅有各种面积的多人间，最小也是最贵的房间是带有电源插头、迷你电视、台灯和Wi-Fi的六人房。

Old Bangkok Inn

酒店 $$$

（见60页地图；☎0 2629 1787；www.oldbangkokinn.com；609 Th Phra Sumen；房间含早餐3190~6590B；⛴klorng出租船 Tha Phan Fah码头；❄@📶）这家翻新自古老商铺的酒店有十间房，房间古老又华丽，是蜜月酒店的完美选择。

在曼谷可期待的地方

曼谷酒店的房间要比泰国其他的地方贵一些，但是别害怕，这里可以有大量的选择和客观的折扣，总体上使住宿更加住有所值。我们将房间分成了以下三个级别：

经济型 1000B以下

中等 1000~3000B

高档 超过3000B

这里列出的价格都是旺季的挂牌价，若你在网上预订就可享受很大的折扣。

那么你准备好如何掏腰包了吗？在经济型级别中，邦兰普那种一张床50B的日子已经过去了，但是那些精打细算的游客仍然可以以150~200B的价格找到一家带有风扇、共用卫生间的床位（或是一个橱柜一样大小的房间）。你花得越多，你享用到毛巾、热水和空调的几率就越大。如果你要求有私人空间和自己的卫生间，那你大约需要花700B，这样你就可以住进一间提供相应服务但是很普通的房间。

中等酒店鱼龙混杂，既有高档宾馆，也有灰色地带的普通客房。花费1000B以上，你住的酒店就有了所有酒店应具备的东西——侍者、穿统一制服的接待人员和收拾得非常光亮的大厅。如果你的预算是较低的中等级别，并且对美的要求不高，那你可以在1500~2000B区间找到一些非常合适的房间。如果你的预算接近更高端的级别，那么提前预订就很划算了，因为网上预订的折扣是很可观的。

曼谷日益增多的顶级酒店拥有诸如游泳池、水疗、健身中心和会议中心以及收费过高的网络等典型设施。著名的酒店品牌，总体上会有更大的空间，而“精品”酒店则强调氛围。这些顶级酒店客房动不动就要价10 000B，但其实大多数价格介于6000~9000B，通过网上预订，还能获得不少折扣。要牢记这一级别的酒店通常会在酒店账单中加收10%的服务费和7%的税。

Fortville Guesthouse 酒店 $

（见60页地图；☎0 2282 3932；www.fortvilleguesthouse.com；9 Th Phra Sumen；房间650~970B；🚌32路、33路、64路和82路，⛴Tha Phra Athit［邦兰普］码头；❄@📶）这家独特的新旅馆的设计理念难以形容，客房带有简约时尚的风格，贵一些的房间拥有冰箱、阳台和Wi-Fi的配置。

Navalai River Resort 酒店 $$$

（见60页地图；☎0 2280 9955；www.navalai.com；45/1 Th Phra Athit；房间含早餐2900~4800B；🚌32路，33路，64路和82路，⛴Tha Phra Athit［邦兰普］码头；❄@📶🏊）在令人惬意的Th Phra Athit路上，这家新建的时尚酒店，共有74间现代房间，很多都能看到湄南河上的风景。

Baan Sabai 酒店 $

（见60页地图；☎0 2629 1599；baansabai@hotmail.com；12 Soi Rongmai；房间190~600B；🚌53路和516路，⛴Tha Phra Athit［邦兰普］码头；❄@）正如它的名字（舒服的房子）一样，这个破旧的老房子有许多不同价格的普通但舒服的房间。

Wild Orchid Villa 酒店 $

（见60页地图；☎0 2629 4378；www.wildorchidvilla.com；8 Soi Chana Songkhram；房间280~1800B；🚌32路、33路、64路和82路，⛴Tha Phra Athit［邦兰普］码头；❄@📶）这里最便宜的房间是我们见过的面积最小的，但是所有的房间既干净又整洁，呈现出明亮友好的气氛。

Lamphu House 酒店 $

（见60页地图；☎0 2629 5861；www.lamphuhouse.com；75-77 Soi Ram Buttri；房间200~950B；⛴Tha Phra Athit［邦兰普］码头；❄@📶）旅馆就在Soi Ram Buttri巷的旁边，当你身在这一安静、舒适的经济型旅馆中时，你将忘记你离高山路有多近。

Rikka Inn 酒店 $$

（见60页地图；☎0 2282 7511；www.rikkainn.com；259 Th Khao San；房间1150~1450B；🚌53路和516路，⛴Tha Phra Athit［邦兰普］码头；❄@📶🏊）Rikka是一家改变了高山路面貌的性价比非常高的中等酒店之一。它位于路中央地段，房间紧凑但是有吸引力，酒店内有屋顶游泳池。

Sam Sen Sam 客栈 $

（见60页地图；☎0 2628 7067；www.samsensam.com；48 Soi 3，Th Samsen；房间590~2400B；⛴Tha Phra Athit［邦兰普］码头；❄@📶）这一翻新过的明亮小屋，因其友好的服务和安静的位置，获得了好的声誉。

唐人街和帕乎叻

曼谷的唐人街不是城内最舒适的地点，但是对于那些想远离繁忙道路的游客来说，这里是他们享受安静生活的地方。

Shanghai Mansion 酒店 $$$

（☎0 2221 2121；www.shanghai-inn.com；479-481 Th Yaowarat；房间1500~3500B，套4000B；⛴Tha Ratchawong码头；❄@📶）这一备受赞誉的精品酒店因其老上海的风格而出名，酒店的装潢运用彩色玻璃和大量灯饰，并大胆用色，酒店内也有搞笑且粗劣的唐人街艺术品。

Baan Hualampong 客栈 $

（☎0 2639 8054；www.baanhualampong.com；336/20-21 Trok Chalong Krung；住宿包括早餐150B，房间含早餐290~800B；Ⓜ Hua Lamphong；❄@📶）这一简单但是舒适的宾馆，离曼谷主要的火车站华南蓬车站，只有很短的一段路。

@Hua Lamphong 经济型酒店 $

（☎0 2639 1925；www.at-hualamphong.com；326/1 Th Phra Ram IV；宿200B，房间690~1000B；⛴Tha Ratchawong码头，Ⓜ Hua Lamphong；❄@📶）位于车站街对面的一家整洁的旅馆。

暹罗广场（SIAM SQUARE）

暹罗广场位置便捷，位于两条BTS线（曼谷轻轨）换乘站。一家低调、DIY式的游客部落安静地坐落在Soi Kasem San 1。

你也来说说

想和世界分享你发现的一家很棒的餐馆？不同意我们的推荐？或只想谈论一下你最近一次的旅程？

不管你的原因是什么，登录lonelyplanet.com网站，在这里你可以发表你的旅行记忆，在Thorntree论坛提问或者回答问题，评论一篇博客或在Groups上分享你的照片和贴士。或者你只是想在网站上和志同道合的旅行者聊聊天。那么登录吧，说出你想说的。

作者推荐 Siam@Siam
酒店 $$$

（见72页地图；☎0 2217 3000；www.siamatsiam.com；865 Th Phra Ram I；房间含早餐5000~7000B；National Stadium；❄@ 🛜 ）酒店内随意组合的颜色和材料带来了一种人们称之为"废物堆积场"的感觉——这自然是赞许的说法。房间延续了主题，位于14层至24层，可以看到很棒的城市风景，Wi-Fi和早餐是免费的。

Lub*d
青年旅舍 $

（见72页地图；☎0 2634 7999；www.lubd.com；Th Pha Ram I；铺550B，房间1350~1800B；National Stadium；❄@🛜）这里有24个铺位（包括女士专用房），每一间大床房只有四个床位，还有一些标间，一些房间设有卫生间。这里有一处吸引人的公共区域，有免费的网络、游戏，还有一间酒吧，体贴的设施包括洗衣机和放映室。

Hansar
酒店 $$$

（见72页地图；☎0 2209 1234；www.hansarbangkok.com；3 Soi Mahadlekluang 2，Th Ratchadamri；房间含早餐5500~24 000B；Ratchadamri；❄@🛜）全新的Hansar可谓时尚和价值的巧妙结合。全部的94个房间都有很大的浴室和桌子，但是最小的（也是最便宜的）房间可能是最划算的选择，因为这类房间内有厨房、洗衣机、独立浴盆、免费Wi-Fi和阳台。酒店的位置离Ratchadamri的BTS有小段路程。

LIT
酒店 $$$

（见72页地图；☎0 2612 3456；www.litbangkok.com；36/1 Soi Kasemsan 1；房间含早餐7000~10 000B；Siam；❄@🛜）这一时尚的酒店有很多以光线为主题的房间。检查一些房间，因为它们差别很大，还有一些房间的淋浴可以从起居室看见，这可不是人人都需要的。也去酒店的网站看看有没有网上折扣。

Asia Hotel
酒店 $$$

（见72页地图；☎0 2217 0808；www.asiahotel.co.th；296 Th Phayathai；房间含早餐3700~4800B，套 含早餐8000~10 000B；klorng出租船 Tha Ratchathewi码头，Ratchathewi；❄@🛜）酒店大堂富有20世纪70年代的感觉，最近一次的整修使这个以旅行团为主要客源的酒店客房看起来更加现代。

Wendy House
酒店 $

（见72页地图；☎0 214 1149；www.wendyguesthouse.com；36/2 Soi Kasem San 1；单/双900/1050B；klorng出租船 Tha Ratchathewi码头，National Stadium；❄@🛜）这里的房间很小，但是很整洁，内有电视、冰箱之类的设施。

是隆、沙吞和河滨（SILOM，SATHON & RIVERSIDE）

Th Silom路上的金融区不是城内最吸引人的地方，但是位置方便，分布有夜店、BTS及MRT。附近的河滨区域聚集了曼谷最著名的奢华酒店。

作者推荐 Siam Heritage
酒店 $$$

（见76页地图；☎0 2353 6101；www.thesiamheritage.com；115/1 Th Surawong；房间含早餐3000~3500B，套 含早餐4500~9000B；M Si Lom，Sala Daeng；❄@🛜）繁华的Th Surawong路旁坐落着这一散发着泰国居家感觉的上等精品酒店——也许是因为酒店主人也住在同一栋楼里吧。房间用丝绸和黑木装饰，房间有着很好的设施。指尖所触之处，体贴的设计质感传于心间。

Siam Square 暹罗广场

Metropolitan

酒店 $$$

（见76页地图箭头所示；☎0 2625 3333；www.metropolitan.como.bz；27 Th Sathon Tai，房间含早餐4951~5768B，套含早餐6945~21 186B；Ⓜ Lumphini；❄@🛜🏊）这家酒店的前身是基督教青年会（Young Men's Christian Association，简称YMCA），现在它的外部也改变甚少，但是只需一窥，就可发现这是曼谷最简约时尚的酒店之一。这里的主题是都市极简主义，除了两层的顶楼套房面积大了一些。供应美式或“有机”早餐，这家酒店附属的nahm（见80页）是曼谷最好的高档泰式餐馆。

Mandarin Oriental

酒店 $$$

（☎0 2659 9000；www.mandarinoriental.com；48 Soi 40/Oriental，Th Charoen Krung；房间含早餐12 799~14 799B，套含早餐23 999~140 999B；发自Tha Sathon/Central Pier的客船可把游客载到酒店；❄@🛜🏊）作为曼谷的第一家豪华酒店，经典的Mandarin Oriental完好地保留着它的根本气质，过去曾接待过不少文化名人和作家。

Baan Saladaeng

酒店 $$

（见76页地图；☎0 2636 3038；www.baansaladaeng.com；69/2 Th Sala Daeng；房间含早餐1300~2300B；Ⓜ Si Lom，🚊Sala Daeng；❄🛜）在Th Sala Daeng路上大量的小型精品酒店中，Baan Saladaeng是最受欢迎的。大厅的颜色主题很活泼，有11间房，其中上层楼面的房间最大，通风条件也最好。

Shangri-La Hotel

酒店 $$$

（☎0 2236 7777；www.shangri-la.com；89 Soi 42/1/Wat Suan Phlu，Th Charoen Krung；

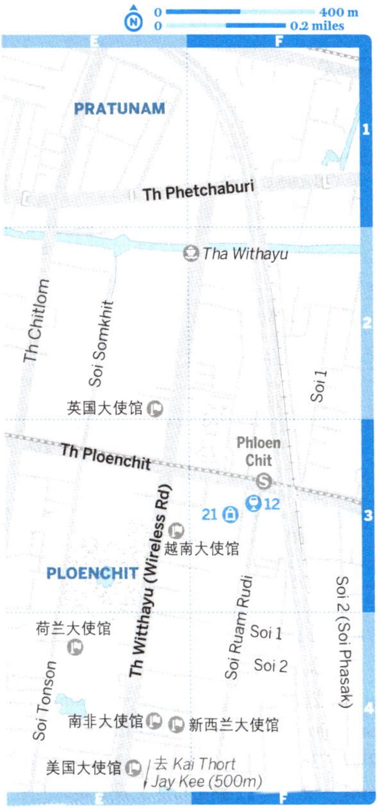

房间含早餐6800~7700B，套 含早餐8500~15 600B；Saphan Taksin；)最近一次的装修，使香格里拉这棵酒店常青树看起来比以往还要好。合理的价格、诱人的河滨位置、度假村式的氛围以及丰富的活动和设施使它成为家庭度假酒店的良好选择。

Swan Hotel 酒店 $$

(0 2235 9271；www.swanhotelbkk.com；31 Soi 36，Th Charoen Krung；单/双 含早餐1200/1500B；Tha Oriental码头；)尽管风格仍停留在20世纪60年代，天鹅宾馆以它宽敞的房间、安静的位置和酒店游泳池成为你的不错选择。

All Seasons Sathorn 酒店 $$

(见76页地图箭头所示；0 2343 6333；www.allseasons-sathorn.com；31 Th Sathon Tai；房间含早餐1800~2500B；Lumphini；)这家酒店的前身是King's Hotel，如今装饰一新，以现代经济型酒店的面貌吸引着游客，它位于使馆区。酒店采用原色和大胆的线条设计，让一些采光不足的客房看起来还颇为舒适。

HQ Hostel 青年旅舍 $

(见76页地图；0 2233 1598；www.hqhostel.com；5/3-4 Soi 3，Th Silom；铺380~599B，房间1300~1700B；Si Lom，Sala Daeng；)这家新青旅的房间结合了简单和时尚的风格，有铺位和标间选择，并设有舒适的公共区域，不起眼地坐落在曼谷的金融区。

New Road Guesthouse 青年旅舍 $

(0 2630 9371；www.newroadguesthouse.com；1216/1 Th Charoen Krung；铺 风扇/空调160/250B，房间900~2500B；Tha Si Phraya码头；)对那些预算很紧的游客来说，这家干净的风扇宿舍是整个曼谷最便宜的一家住宿地点了。

如果你想寻找20世纪70年代亚洲嬉皮潮流的轨迹，那最好去位于Soi Ngam Duphli巷的一家宾馆住一晚。这里的经济型酒店是高山路之外的另一个选择，通地铁后(Lumphini MRT站)，这一带更为便利。

Penguin House 酒店 $

(0 2679 9991；www.penguinhouses.com；27/23 Soi Si Bamphen；房间800~950B；Lumphini；)企鹅这一不同寻常的命名，给这乏味的旧时光区域增添了一丝新鲜空气。后面的客房较为安静，一些房型还能住两对夫妇。

ETZzz Hostel 青年旅舍 $

(0 2286 9424；www.etzhostel.com；Soi Ngam Duphli；铺/房间200/900B；Lumphini；)这家改造自店屋的崭新青旅，空间小价格也贵，但是其整洁的宿舍、新设施和良好的地理位置还是值得你考虑一下。

Siam Square 暹罗广场

重要景点

	吉姆·汤普森故居	A1

景点

1	四面佛	D3
	Krung Sri IMAX	(见24)
	暹罗海洋世界	(见24)

住宿

2	Asia Hotel	B1
3	Hansar	D3
4	LIT	B2
5	Lub*d	A2
6	Siam@Siam	A2
7	Wendy House	B2

就餐

8	Coca Suki	C3
	Crystal Jade La Mian Xiao Long Bao	(见1)
9	Food Plus	C2
	MBK Food Court	(见19)
10	Som Tam Nua	C2

饮品

11	Co-Co Walk	B1
12	Hyde & Seek	F3

娱乐

	Calypso Cabaret	(见2)
13	Lido	B2
14	Rock Pub	B1
15	Scala	B2

购物

16	Central World Plaza	D2
	Doi Tung	(见23)
17	Gaysorn Plaza	D2
	Kinokuniya	(见24)
18	Marco Tailors	B3
19	MBK Center	B3
20	Narai Phand	D2
21	Pinky Tailors	F3
22	Siam Center	B2
23	Siam Discovery Center	B2
24	Siam Paragon	C2
25	Siam Square	B2

素坤逸（SUKHUMVIT）

这一仿佛看不到尽头的都市大街是曼谷的非官方国际区，而且这里也散布着城市的大部分旅店和酒店。这里几乎什么都有一点，从古怪的背包客招待所到情人旅馆以及五星级奢华酒店。前两者大都位于Soi 1和Soi 4之间，而后者直到你到达Soi 12左右才会出现。

一般来说，因为预算比较多的游客会住在素坤逸，这里的游客服务要比邦兰普贵很多。好处是在这儿你能品尝到世界各地的美食，夜生活选择也很多，而且乘坐BTS和MRT很方便。

作者推荐 Ariyasom Villa 酒店 $$$

（见82页地图；☎0 2254 880；www.ariyasom.com；65 Soi 1，Th Sukhumvit；房间含早餐4248~9138B；Phloen Chit；❄@📶🏊）如果你能预订得上，那么就会入住这家酒店24间宽敞房间中的一间，所有的房间都装饰得尽善尽美，从体贴的泰式设计的细节到漂亮的古董家具。酒店有温泉和诱人的热带游泳池，你会在酒店原有的漂亮玻璃餐厅吃上全素的早餐。

72 Ekamai 酒店 $$

（见82页地图；☎02 714 7327；www.72ekamai.com；72 Soi 63/Ekamai，Th Sukhumvit；房间含早餐2100B，套 含早餐2500~2850B；Ekkamai；❄@📶🏊）这一有趣、充满年轻感觉和注重设计的酒店是很棒的选择。酒店的小套房也很大，正如所有的房间一样，内部设施很完善。这里离Ekkamai BTS站很近，周围有丰富的夜生活选择。

Eugenia 酒店 $$$

（见82页地图；☎0 2259 9017-19；www.theeugenia.com；267 Soi 31/Sawatdi，Th Sukhumvit；套 含早餐8107~9911B；Phrom Phong 和乘出租车到达；❄@📶🏊）殖民地庄园风格的别墅不是泰国本地的遗产，但是这一来自遥远年代的12间客房宾馆，沉浸在不一般的氛围里。想想这里的毛绒玩具、四张大床和古董家具，都是那么的时尚和有风格。

Ma Du Zi 酒店 $$$

（见82页地图；☎0 2615 6400；www.maduzihotel.com；Th Ratchadapisek和Soi 16交叉路口，Th Sukhumvit；房间含

深夜着陆

午夜时分，在即将到达曼谷的国际航班上笼罩着令人紧张的焦虑感。到市中心有出租车吗？有房间可以住吗？我的家人还能再见到我吗？不用担心，曼谷有全天候运营的出租车，而且是一座对旅行者很友善的城市。

如果你还没有预订酒店，那么你能找到一个不错房间的区域是下素坤逸——它就位于高速公路旁，而且在Soi Nana附近有酒店，比如**Swiss Park**（见82页地图；☎0 2254 0228；155/23 Soi 11/1，Th Sukhumvit；房间1500~1900B，套2900B；🚇Nana；❄📶🏊）和**Federal**（见82页地图；☎0 2253 0175；www.federalbangkok.com；27 Soi 11，Th Sukhumvit；房间含早餐1050~1500B；🚇Nana；❄@📶🏊），已经很习惯接待深夜的客人，而且住宿也不会贵到让你破产的程度。你也可以去高山路，这里满是营业到深夜的酒店和宾馆，找一家为你这种“初到曼谷的菜鸟”提供服务的酒店。

如果因某些原因你不能去离机场太远的地方，下面这些地方提供的房间可不是只有房顶那么简单。

素万那普国际机场（Suvarnabhumi International Airport）

最近也是最经济的选择是Refill Now!（见77页）。

Grand Inn Come Hotel（☎0 2738 8189-99；www.grandinncome-hotel.com；99 Moo 6，Th Kingkaew, Bangpli；房间含早餐1800B起；❄@📶）这家实实在在的中等宾馆离机场10公里，有机场车辆到达，内有“生动”的卡拉ok。

Novotel Suvarnabhumi Airport Hotel（☎0 2131 1111；www.novotel.com；房间含早餐7146B起；❄@📶）这家机场附近的酒店有超过600间的豪华房。

廊曼机场（Don Muang Airport）

Amari Airport Hotel（☎0 2566 1020；www.amari.com；333 Th Choet Wutthakat；双含早餐 2001~3350B起；❄@📶🏊）就在廊曼对面。

早餐5000~12 000B，套 含早餐12 000B；Ⓜ Sukhumvit，🚇Asok；❄@📶）酒店的名称在泰语里是“过来看一看”的意思，这名字对只接受预订的酒店有点儿不合适。在它那高耸的大门之后，你会发现一家弥漫着黑暗、时尚格调及设计的中型酒店。

Sheraton Grande Sukhumvit 酒店 $$$

（见82页地图；☎0 2649 8888；www.luxurycollection.com/bangkok；250 Th Sukhumvit；房间含早餐3500~10 000B，套含早餐16 500~55 000B；Ⓜ Sukhumvit，🚇Asok；❄@📶🏊）这一位置便捷的商务型酒店有城内最宽敞的房间，房间内有着种类齐全的设施。

Sacha's Hotel Uno 酒店 $$

（见82页地图；☎0 2651 2180；www.sachas.hotel-uno.com；28/19 Soi 19，Th Sukhumvit；房间含早餐1800~2500B；Ⓜ Sukhumvit，🚇Asok；❄@📶）这一看起来精致的酒店却有着令人吃惊的经济型价格，位置也很便捷。

Seven 酒店 $$$

（见82页地图；☎0 2662 0951；www.sleepatseven.com；3/15 Soi 31/Sawatdi，Th Sukhumvit；房间含早餐3290~5290B；🚇Phrom Phong；❄@📶）小小的酒店有着时尚的房间和很容易打成一片的员工。

Stable Lodge 酒店 $$

（见82页地图；☎0 2653 0017；www.stablelodge.com；39 Soi 8，Th Sukhumvit；房间1495~1695B；🚇Nana；❄@📶🏊）最近一次的整修给这里简易的房间增添了几许活

Silom & Sathon 是隆和沙吞

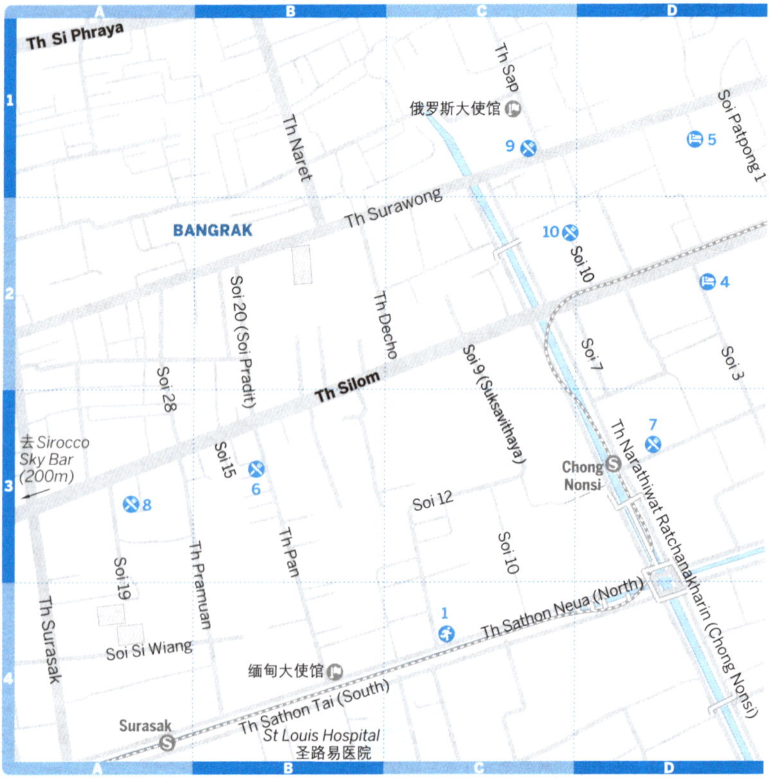

Silom & Sathon 是隆和沙吞

重要景点

蓝毗尼公园 F1

活动、课程和团队游

1 Health Land C4
2 Ruen-Nuad Massage Studio E3

住宿

3 Baan Saladaeng F2
4 HQ Hostel D2
5 Siam Heritage D1

就餐

6 Chennai Kitchen B3
7 FooDie D3
8 Nadimos A3
9 Scoozi C1
10 Soi 10 Food Centres C2
11 Somtam Convent E2

饮品

12 Balcony E1
13 DJ Station E1
14 G.O.D. E1
15 Telephone E1

娱乐

16 Tapas Room E1

购物

17 Jim Thompson E1

力，而且你可以在宽敞的阳台上欣赏到很棒的城市风景。

这一区域除了聚集着高端酒店，还聚集着不少可供背包客选择的旅店：

Suk 11 酒店 $

（见82页地图；☎0 2253 5927；www.suk11.com；1/33 Soi 11, Th Sukhumvit；单 含早餐535~695B，双 含早餐749~963B；Nana；）这一受欢迎的宾馆是素坤逸都市丛林中的一片绿洲。便宜的房间有共用的洗澡间，尽管这里有将近100个房间，你仍须至少提前两周预订。

Bed Bangkok 青年旅舍 $

（见82页地图；☎0 2655 7604；www.bedbangkok.com；11/20 Soi 1, Th Sukhumvit；铺 含早餐390B，房间含早餐800~1200B；Sukhumvit，Asok；）尽管这家全新旅店的主题是工业设计，但是它还是保持了舒适的感觉。友好的服务人员会为你铺好硬硬的住宿床铺。

Nana Chart 青年旅舍 $

（见82页地图；☎0 2259 6908；www.thailandhostel.com；Soi 25和Th Sukhumvit交叉路口；铺 含早餐390~550B，房间含早餐1200~1800B；Sukhumvit，Asok；）这一整洁崭新的背包客旅馆拥有68间普通但设施已经足够的房间，一些比较好的房间设有浴室。

HI-Sukhumvit 青年旅舍 $

（见82页地图；☎0 2391 9338；www.hisukhumvit.com；23 Soi 38, Th Sukhumvit；铺/单 含早餐320/650B，双 含早餐900~1300B；Thong Lo；）这家待客友好的旅店位于一条安静的住宅区大街上，离BTS只有很短的路程，旅店以其整洁的房间和巨大的浴室而取胜。

其他区域

以下的很多酒店都不在我们推荐的住宿区域的范围，你得多费一些工夫才能抵达那里。这也意味着，这些酒店的位置远离城市的忙乱部分，这对那些不想待在密集区域的人来说是完美的选择。

如果你想住在曼谷两个机场其中一个的附近，在75页框内文字中查看一下住宿选择。

Phra-Nakorn Norn-Len 酒店 $$

（☎0 2628 8188；www.phranakorn-nornlen.com；46 Soi Thewet 1, Th Krung Kasem；单 含早餐1800B，双 含早餐2200~2400B；32路和516路，Tha Thewet码头；）酒店位于一片广阔的花园里，装饰得如同昔日的曼谷，明亮又活泼的酒店气氛非常好，是值得居住的地方。房间有简单的设施但是总体上装饰了古董和墙纸，酒店内也有Wi-Fi、按摩和无尽的平静休憩机会。

Refill Now! 青年旅舍 $

（☎0 2713 2044；www.refillnow.co.th；191

Soi Pridi Bhanom Yong 42，Soi 71，Th Sukhumvit；铺/单/双480/928/1215B；Phra Khanong和乘出租车到达；)这家旅店值得称赞的地方是：它给人一种混合了优雅家具店产品指南和库布里克式电影风格的感觉，旅店有非常时尚的区域和一家按摩中心。如果你想离开旅舍，可以乘坐一辆机动三轮车（读作đúk đúk；每人30B）到达Thong Lo和Phra Khanong的BTS车站。

Mystic Place 酒店 $$

（0 2270 3344；www.mysticplacebkk.com；224/5-9 Th Pradiphat；房间含早餐2250~3250B；Saphan Khwai和乘出租车到达；)这家旅店有36间独立且设计得很舒适的房间。经证实，有一间房里面有一把椅子，装有毛绒玩具的坐垫，房内还有满是涂鸦的墙壁。

Pullman Bangkok King Power 酒店 $$$

（0 2680 9999；www.pullmanbangkokkingpower.com；8/2 Th Rang Nam；房间含早餐3861~4331B，套含早餐6803~7274B；Victory Monument；)Pullman对于那些想住在商务型酒店但又不愿住在市中心的游客来说是一个很好的选择。

Th Si Ayuthaya路，位于国家图书馆附近的邦兰普北边的Thewet区，这是一片令背包客展开笑颜的飞地，特别受度假家庭和年龄超过30岁的人群欢迎，这是一处树木茂密的区域，但是雨季容易遭受洪水的侵袭。

Sri Ayuttaya Guest House 酒店 $

（0 2282 5942；23/11 Th Si Ayuthaya；房间400~1000B；32路和516路，Tha Thewet码头；)旅店的砖木结构和曼谷大多数经济型旅馆形成了对照。只有一半的房间有室内浴室。

Shanti Lodge 客栈 $

（0 2281 2497；37 Th Si Ayuthaya；宿250B，房间400~1950B；32路和516路，Tha Thewet码头；)这一家庭经营的旅馆散发着平和的气息。便宜的房间的墙壁是薄薄的瘦竹，但是它还有其他类型的房间。在下决定前多看几间房。

Taewez Guesthouse 酒店 $

（0 2280 8856；www.taewez.com；23/12 Th Si Ayuthaya；房间250~530B；32路和516路，Tha Thewet码头；)这家旅馆很受法国游客的欢迎，最便宜房间很普通且要共用浴室，但是性价比已经不错了。

就餐

在泰国，没有比曼谷更注重食物的地方了。这座城市有一种独特的混合了面条摊位和汽车尾气的气息，在城市的某些地方，餐馆似乎构成了生意的大部分，街边都是些小贩摊档和移动小吃摊位。由于有大量欧美人士旅游及定居，泰国的欧美菜（尤其是法国菜、意大利菜）也相当正宗且价格比中国国内便宜，主要分布在一些大城市的欧美人聚集区，如曼谷的素坤逸大街（Th Sukhumvit）。

在外地人看来，一个普通曼谷人的生活无非就是在做了一些零散工作后，满大街地追寻佳肴和小吃。如果你能把你的胃口调成曼谷模式，我们确信你在曼谷的行程会是一次美味的旅行。

尽管如今全球钟爱泰国美食，但是很多到此的游客，只是不停地从一家中等泰餐馆辗转到另一家。所吃的美食大都是在宾馆厨房和以游客为导向的餐馆内，它们的经营理念更倾向于西方的氛围而不是食物本身。我们强烈敦促你打破思维牢笼去开拓这座伟大城市中的小餐馆和街边摊位。想和当地人一样吃遍曼谷？请翻到40页。

曼谷餐馆的标准营业时间是从早上10点到夜间11点，但是很多中等餐馆关门的时间大概是在下午2点到5点之间。

拉塔那古辛岛和邦兰普

河附近的老城区到处是简易的泰式餐馆，由于旅行者的到访，这里也出现了西餐和素食餐厅。

作者推荐 **Krua Apsorn** 泰国菜 $$

（见60页地图；Th Din So；主菜70~320B；周一至周六午餐和晚餐；2路、25路、44路和511路，klorng出租船 Tha Phan Fah码头；)这一舒适的餐厅为泰国王室服

务。在2006年，它被《曼谷邮报》评为曼谷最佳餐馆。必点菜肴包括：新鲜香草炒贻贝（mussels fried with fresh herbs）、辣椒油炒螃蟹（the decadent crab fried in yellow chilli oil）、西班牙式玉米粉薄烙饼（tortilla Española），类似于蟹肉蛋卷。

Jay Fai 泰国菜 $$$

（见60页地图；327 Th Mahachai；主菜250B起；⏲3pm~2am；⛴klorng出租船 Tha Phan Fah码头）如果你瞥一眼，你不会认为极其简陋的Jay Fai是一家有名的餐厅，但它的确因能做出曼谷最贵也是最美味的pàt kêe mow（醉汉面）而声名远播。

Poj Spa Kar 泰国菜 $$

（见60页地图；443 Th Tanao；主菜100~200B；⏲午餐和晚餐；🚌2路、25路、44路和511路，⛴klorng出租船 Tha Phan Fah码头；❄）餐馆的发音是pôht sà·pah kahn，据说它是曼谷历史最悠久的餐馆，而且继续烹饪着从一位御厨传下来的宫廷菜肴。

Hemlock 泰国菜 $$

（见60页地图；56 Th Phra Athit；主菜60~220B；⏲4pm~午夜；🚌32路、33路、64路和82路，⛴Tha Phra Athit［邦兰普］码头；❄✍）这家舒适的餐厅菜式比较多且古怪，包括很多素食选择，但这经常不会在菜单上显示。

Shoshana 以色列菜 $$

（见60页地图；88 Th Chakraphong；主菜90~220B；⏲午餐和晚餐；🚌32路和516路，⛴Tha Phra Athit［邦兰普］码头；❄）这是高山路上最好也是最有历史的以色列餐馆，位于先前是加油站的旁边，一个神秘的无名小巷里。

Khinlom Chom Sa-Phan 泰国菜 $$

（见60页地图箭头所示；11/6 Soi 3，Th Samsen；主菜75~280B；⏲11am~2am；🚌32路和516路，⛴Tha Phra Athit［邦兰普］码头；❄）当地人来此，是为了这里的河边风景和美味的海鲜菜肴。提前打电话预订一张靠近河边的桌子是很明智的。

唐人街和帕乎叻

当你提到唐人街，曼谷人就开始想象那里的面条了。美味面条的供应地点是夜幕降临后Trok Itsaranuphap（Soi 6，Th Yaowarat）附近的Th Yaowarat路，那里有沿路展开的街边摊位。帕乎叻区的印度区也有美味的食物。

Old Siam Plaza 泰国菜 $

（ground fl，Old Siam Plaza，Th Phahurat

曼谷的素食餐馆

素食主义在泰国的都市人中有上升的趋势，但是素食餐馆仍然很少。

邦兰普有着最多的素食餐厅，这得归功于不吃肉的外国人。这些店面都是典型的低规格烹炒餐馆，所炒的菜和你的嬉皮士室友在自己厨房炒出的菜味道差不多。这些餐馆包括**Arawy**（见60页地图；152 Th Din So，Phra Nakhon；菜肴20~30B；⏲8am~8pm；🚌10路和12路，⛴klorng出租船 Tha Phan Fah码头）和**May Kaidee**（见60页地图；www.maykaidee.com；33 Th Samsen；主菜50~100B；⏲午餐和晚餐；🚌32路和516路，⛴Tha Phra Athit［邦兰普］码头；❄），除高山路附近的三家分店外，这家店也在经营泰式素食菜肴烹饪学校，和**Ranee's**（见60页地图；77 Trok Mayom；菜肴70~320B；⏲早餐、午餐和晚餐；🚌32路和516路，⛴Tha Phra Athit［邦兰普］码头），他家的菜单上可是长长的一列素菜。

在城市的其他地方，**Baan Suan Pai**（Banana Family Park，Th Phahonyothin；主菜15~30B；⏲7am~3pm；🚇Ari），MBK Food Court（见80页）和Chennai Kitchen（见82页）也都供应便宜但美味的素食菜肴。

在九月和十月间的素食节，整个城市都为豆腐发狂。摊位和餐馆用挂黄色横幅的方式宣布店内的全素菜单；唐人街聚集着最多的素食摊位。

和Th Triphet交叉路口；主菜15~50B；⊙9am~6:30pm；Tha Saphan Phut [Memorial Bridge]码头）这家商场区域的美食区，就在你眼前制作可口的食物，比如糖浆豆饭甜点。

Th Phadungdao Seafood Stalls 泰国菜 $$

（Th Phadungdao和Th Yaowarat交叉路口；主菜180~300B；⊙周二至周日晚餐；Tha Saphan Phut [Memorial Bridge]码头，M Hua Lamphong）日落之后，这一繁忙的交汇处冒出户外烧烤、冰镇海鲜托盘以及人行道座位。

Royal India 印度菜 $$

（392/1 Th Chakraphet；主菜65~250B；⊙午餐和晚餐；Tha Saphan Phut [Memorial Bridge]码头）别被它黑暗的小巷位置给吓跑了。Royal India在饮食行业经营超过30年，一直是品尝北印度菜肴的可靠之选。

暹罗广场

如果你在曼谷的这一区域发现自己饿了，那你很大程度上要去商场里的美食区和连锁餐厅吃上一顿了。

作者推荐 **MBK Food Court** 泰国菜 $

（见72页地图；6th fl，MBK Center，Th Phra Ram I和Th Phayathai交叉路口；⊙10am~9pm；National Stadium；）对于初来曼谷的人来说，这里是他们见识泰国食物的好地方，这一商场美食区有翻译成英文的新鲜美味的街边美食菜单，内部设有空调。在票务台买餐饮券，要是不花还可以兑现。

Kai Thort Jay Kee 泰国菜 $

（Soi Polo炸鸡；见72页地图箭头所示；137/1-3 Soi Sanam Khlii [Polo]，Th Witthayu/Wireless Rd；主菜40~300B；⊙7am~10pm；M Lumphini；）尽管sôm·am（美味青木瓜色拉）、糯米和lâhp（一种碎肉泰式色拉）会给人一种泰国东北部食物的印象，但是这家餐馆名字的意思是油炸禽类，这更有南部特色。尽情浸泡在这油炸大蒜的浓重气味里来，这才是真正的曼谷体验。

Crystal Jade La Mian Xiao Long Bao 中国菜 $$

（见72页地图；都市厨房，地下，Erawan Bangkok，494 Th Ploenchit；菜肴120~400B；⊙午餐和晚餐；Chit Lom；）这家很棒的新加坡连锁店那绕口的名字反映了餐厅的特色食物，供应面食和著名的上海小笼包。

Food Plus 泰国菜 $

（见72页地图；Soi 3和Soi 4之间的小巷，Siam Sq；主菜30~70B；⊙6am~6pm）这条幽闭的小巷因其巷内的几家ráhn kôw gaang（米饭和咖喱摊位）而闪耀。你几乎花不了100B就可以享用到泰国公认的正宗的美食。

Som Tam Nua 泰国东北菜 $$

（见72页地图；392/14 Soi 5，Siam Sq；主菜59~130B；⊙10:45am~9:30pm；Siam；）它也许不能和街边摊位的美味竞争，但是如果你想坐在一处有空调而且很时尚的地方，这里是你品尝泰国东北部特色菜的好去处。做好晚餐要排长队的思想准备。

Coca Suki 中式泰餐 $$

（见72页地图；416/3-8 Th Henri Dunant；主菜60~200B；⊙11am~11pm；Siam；）餐馆很受泰国家庭的欢迎，端到你面前的sù·gêe是热气腾腾的火锅。

是隆、沙吞和河滨

办公室职员蜂拥至这一简易的街边摊位吃午饭，简单的穆斯林和印度餐馆向Th Silom路和Th Surawong路的西边延展。但是这一区域有名的是烹饪多国菜肴和泰国王室菜肴的餐馆。

作者推荐 **nahm** 泰国菜 $$$

（见76页地图箭头所示；0 2625 3333；Metropolitan Hotel，27 Th Sathon Tai；套餐1700B；⊙晚餐；M Lumphini；）餐馆背后的澳洲大厨和作家大卫·汤普森使它可能成为曼谷最佳的泰式餐馆。汤普森因为古老烹饪书带来的灵感而赋予几近消失的古老菜肴新的生命，比如咖喱大虾熏鱼（smoked fish

当地知识

大卫·汤普森：大厨和美食作家

大卫·汤普森是米其林nahm餐厅在伦敦和曼谷分店的主厨。他也是畅销书《泰国美食》（*Thai Food*）和《泰国街头美食》（*Thai Street Food*）的作者。

你怎样描述曼谷的食物？

曼谷的食物比较精致，粗糙豪放的荒野和边远地区的味道来到这里都变得较为“圆滑”。中国人对这里有很大的影响，因为曼谷曾经是一座华人聚居的城市。曼谷就是中原食品的缩影，极其精致也有着泰式美食经典的四种味道（甜、酸、咸和辣）。

有什么经典的曼谷风格菜肴吗？

我喜欢唐人街的一些菜肴，无论是我喜爱的牡蛎、鱼饺面或烤鸭。也有ɓoo pàt pǒng gàrèe（咖喱粉炒蟹），烹饪起来很容易，但是尝起来非常的美味和爽口。当然也有pàt tai——嗯，你真的无法不去正视这一老式菜肴，它是那样的美味。

最好的美食街区？

这取决于我要寻找的美食是什么了。唐人街，一定是樟茶鸭或面条。但是你若想吃泰国食物，你需要去市场。曼谷仍有一些老城区和老村庄的保留区。要想品尝清真食品你可以去Oriental Hotel（Mandarin Oriental；见72页）附近的哈龙清真寺（Haroon Mosque），要是想尝一下葡萄牙糕点，你可以去圣克鲁斯（见63页）。还有很多此类食物。

你最喜欢的餐馆？

这个可是随时都会变的。我喜欢Krua Apsorn（见78页）。它是本地风格，它非常棒，它保留着自己的特色，它价格公道。这里为泰国人烹饪，泰国人在这里享用美食，它就是纯正的泰国餐馆。

最好的市场？

当然是噢多哥市场（Or Tor Kor）（见93页）。尽管它变得很现代化，但是它的灵魂并没有从身体上抹去。这里有很棒的食物。

给初来乍到者的最佳饮食建议？

甩开腮帮子就开吃吧！别多想，就是吃。你生病的几率很小，如果你没有全身心地融入，那你可真是曼谷的局外人了。去那些看起来最繁忙的地方，那里忙碌是有原因的。担心会有一点食物中毒？嗯，这不就是当地色彩嘛，不是吗？

奥斯汀·布什（Austin Bush）根据口述整理

curry with prawns）、鸡肝（chicken liver）、黑胡椒海扇（cockles and black pepper）。你可以期待满桌的美味和艺术的装饰。建议你提前订桌。

Scoozi 意大利菜 $$

（见76页地图；www.scoozipizza.com；174 Th Surawong；比萨100~425B；⏲午餐和晚餐；Ⓜ Si Lom，Ⓢ Sala Daeng；❄）Scoozi现在在曼谷有几家分店了，但是我们还是建议你考虑在最老的分店享用用柴木烘烤出的美味比萨。

Nadimos 中东菜 $$

（见76页地图；www.nadimos.com；Baan Silom，Th Silom和Soi 19交叉路口；主菜70~400B；⏲午餐和晚餐；🚌15路和504路，Ⓢ Surasak；❄ 📝）这半正式的餐厅烹饪所有的黎巴嫩风味美食，还有一些你从未期待的可以在贝鲁特（Beirut）千里之遥的地方看到

Sukhumvit 素坤逸

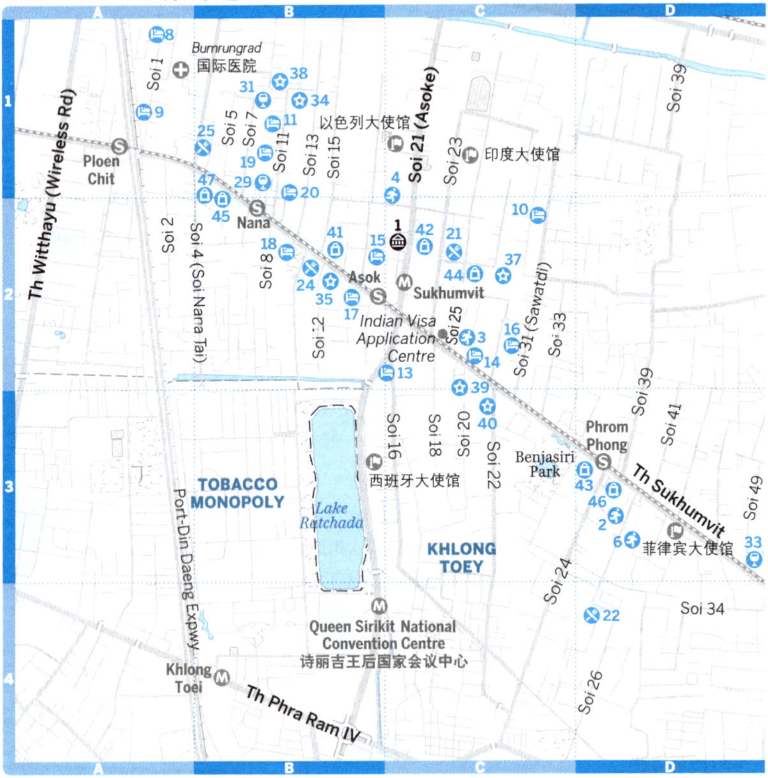

的菜肴。这里也有很多素食选择。

FooDie　　泰国菜 $$

（见76页地图；Soi Phiphat 2；主菜80~150B；⏲午餐和晚餐；🚉Chong Nonsi；❄）这一气氛轻快的、咖啡馆式的餐馆因其菜单，有在别处很难找到的泰国中部和南部风味菜肴而出名。亮点包括yam som o（兼有酸、甜、辣味柚子色拉）、辛辣prik khing pla dook foo（脆香咖喱炸鲶鱼）。

Chennai Kitchen　　印度菜 $

（见76页地图；10 Th Pan；主菜50~150B；⏲10am~3pm和6~9:30pm；🚉Surasak；❄✎）这一规模很小的餐馆烹饪出了城内一些最正宗的南印度素食菜肴。

Somtam Convent　　泰国菜 $

（Hai；见76页地图；2/4-5 Th Convent；主菜20~120B；⏲10:30am~9pm；Ⓜ Si Lom，🚉Sala Daeng）在这家受欢迎的餐馆里，当你吃到lâhp（肉馅“色拉”），sôm-đam（青木瓜色拉）和其他泰国东北部菜肴时，你不太会大惊小怪。

Soi 10 Food Centres　　泰国菜 $

（见76页地图；Soi 10，Th Silom；主菜20~60B；⏲周一至周五午餐；🚉Sala Daeng，Ⓜ Si Lom）这两座临近的飞机棚式的建筑在Soi 10后边，这一区域的办公室职员大多来这里吃午饭。

素坤逸

这条大街是曼谷的外国人经常光顾的地方。

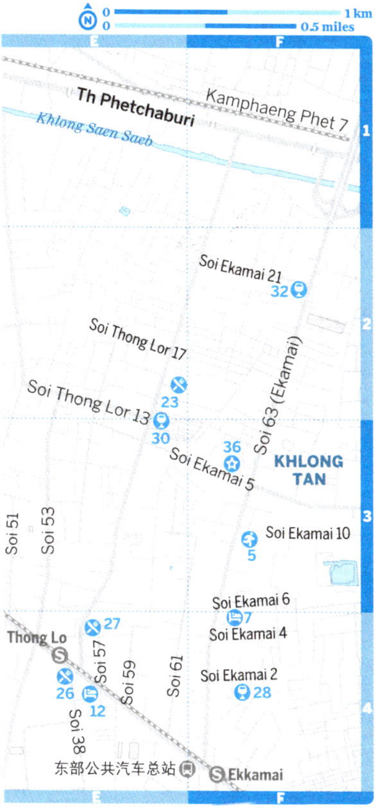

作者推荐 **Bo.lan** 泰国菜 $$$

（见82页地图；☎0 2260 2962；www.bolan.co.th；42 Soi Rongnarong Phichai Songkhram, Soi 26, Th Sukhumvit；套餐1500B；⊙周二至周日晚餐；Phrom Phong）这家由一对澳大利亚和泰国夫妇经营的菜馆，主营的是季节性的套餐菜肴，你在其他地方可不容易找到这样的食物。推荐你提前预订。

Nasir Al-Masri 中东菜 $$$

（见82页地图；4/6 Soi 3/1, Th Sukhumvit；主菜80~350B；⊙24小时；Nana；❄✍）餐馆微微发光的不锈钢外部装饰，在这一受阿拉伯人喜爱的巷子里，向来往的路人致意。你可以坐在空调屋内或是街边吃上一顿中东美食，这里的氛围是一种真正的sheeshah（水烟筒）咖啡馆氛围。

Myeong Ga 韩国菜 $$$

（见82页地图；☎0 2229 4658；Soi 12和Th Sukhumvit交叉路口；主菜200~550B；⊙晚餐；Ⓜ Sukhumvit, Asok；❄）这家位于素坤逸广场（这座多层建筑是韩国城）的餐馆是游客品尝城内正宗首尔食物的最佳目的地。

Soul Food Mahanakorn 泰国菜 $$

（见82页地图；☎0 2714 7708；www.soulfoodmahanakorn.com；56/10 Soi 55/Thong Lor, Th Sukhumvit；主菜120~250B；⊙晚餐；Thong Lo；❄）这家舒适的酒吧/餐馆烹饪出美味但是价高的泰式乡村菜肴，比如gai tawt hat yai（南部风味炸鸡）、gaeng hang lay（一种北部风味的猪肉咖喱），更不用提可口的鸡尾酒了。建议提前订桌。

Bharani 泰国菜 $

（Sansab船面；见82页地图；96/14 Soi 23, Th Sukhumvit；主菜50~200B；⊙10am~10pm；Ⓜ Sukhumvit, Asok；❄）Bharani经营的范围很广，从牛舌汤（ox-tongue stew）到虾酱炒米饭（rice fried with shrimp paste），都有涉及。但是来这里的真正理由是为了那油油的、满是肉的“船面”——之所以起这样的名字是因为这些面曾经是在飘荡在大城的klorngs边的小船上售卖的。

Bed Supperclub 各国风味 $$$

（见82页地图；☎0 2651 3537；www.bedsupperclub.com；26 Soi 11, Th Sukhumvit；主菜450~990B，套餐790~1850B；⊙周二至周四7:30~10pm，周五和周六晚餐9pm；Nana；❄）上床吃饭吧！这家餐厅有着悠久的历史，是“现代折中派烹饪”的前沿倡导者。每周五和周六的晚上9点整，来这家餐馆翻开那令你惊喜的菜单吧。

Boon Tong Kiat Singapore Hainanese Chicken Rice 新加坡菜 $

（见82页地图；440/5 Soi 55/Thong Lor, Th Sukhumvit；菜肴60~150B；⊙午餐和晚餐；Thong Lo 和乘出租车到达；❄）点一盘餐馆的同名菜，亲自见证一盘如此简单的菜肴却

Sukhumvit 素坤逸

景点

1 Ban Kamthieng C2

活动、课程和团队游

2 ABC Amazing Bangkok Cyclists D3
3 Divana Massage & Spa C2
4 Health Land C1
5 Health Land F3
6 Phussapa Thai Massage School D3

住宿

7 72 Ekamai F4
8 AriyasomVilla A1
9 Bed Bangkok A1
10 Eugenia C2
11 Federal B1
12 HI-Sukhumvit E4
13 Ma Du Zi C2
14 Nana Chart C2
15 Sacha's Hotel Uno B2
16 Seven C2
17 Sheraton Grande Sukhumvit B2
18 Stable Lodge B2
19 Suk 11 B1
20 Swiss Park B1

就餐

Bed Supperclub （见 34）
21 Bharani C2
22 Bo.lan D4
23 Boon Tong Kiat Singapore Hainanese Chicken Rice E2
24 Myeong Ga B2
25 Nasir Al-Masri B1
26 Soi 38 Night Market E4
27 Soul Food Mahanakorn E4

饮品

28 Bangkok Bar F4
29 Cheap Charlie's B1
30 Iron Fairies E3
31 Nest B1
32 Tuba F2
33 WTF D3

娱乐

34 Bed Supperclub B1
35 Club Insomnia B2
36 Ekamai Soi 5 F3
Living Room （见 17）
37 Narz C2
38 Q Bar B1
39 Scratch Dog C2
40 Titanium C3

购物

41 Asia Books B2
42 Dive Indeed C2
Dive Master （见 42）
43 Emporium D3
Kinokuniya （见 43）
44 Nandakwang C2
45 Nickermann's B2
46 Planet Scuba D3
47 Raja's Fashions B1

又同时如此让人回味悠长。

Soi 38夜市　中式泰餐 $

（Soi 38 Night Market；见82页地图；Soi 38, Th Sukhumvit；主菜30~60B；⏲7pm~3am；🚇Thong Lo）泡完酒吧后来这里吧，这一聚集着泰国华人小贩摊档的区域，在你眼中就如同闪烁着光芒的绿洲。

其他区域

Mallika　泰国菜 $$

（21/36 Th Rang Nam；主菜70~480B；⏲周一至周六10am~10pm；🚇Victory Monument；❄）美食的梦想成真：地道的泰国地方菜（这里是南方菜）、清晰的英文菜单、优质的服务和整洁的设施。对于一家夫妻店来说，这里的价格稍高了些，但是考虑到菜色的质量，花出去的钱也值了。

Kaloang Home Kitchen　泰国菜 $$

（503-505 Th Samsen；主菜60~170B；⏲11am~11pm；🚌32路和516路，⛴Tha Thewet码头）这里懒散的氛围和满是海鲜的菜单很快就会消除你跌入昭披耶河的顾虑，一杯啤酒以及河边的微风将暂时让你忘却曼谷糟糕的交通。沿着Th Si Ayuthaya路一直走到河边，你就会发现这家餐馆。

Pathé　泰国菜 $$

（Th Lad Phrao和Th Viphawadee交叉路口；主菜75~160B；⏲2pm~1am；Ⓜ Phahon Yothin；❄）这家泰式餐馆很有美国20世纪50年代餐馆的风格。这一受欢迎的地方有着正宗的泰国食物、有趣的氛围和一台播放唱片

的点唱机。

饮品

曼谷，这座曾经声名狼藉的夜生活放任之地，近些年已有禁酒的趋势，现在城市里有严格限制酒精饮料的规定，而且越来越多的酒吧的关门时间变得保守，大多数会在凌晨1点关门（想找更晚关门的地方？见87页）。还有，从2008年起，在曼谷所有的室内（和一些类似的室外）娱乐场所吸烟，都将被视为违法行为。

拉塔那古辛岛和邦兰普

高山路附近的区域是城中最好的夜晚外出地点。

Hippie de Bar 酒吧

（见60页地图；46 Th Khao San；⏲6pm~2am；⛴Tha Phra Athit [邦兰普]码头）Hippie很受当地人欢迎，这里有着时尚的复古氛围、室内和室外座椅以及你不会在城市的其他地方听到的音乐。

Amorosa 酒吧

（见60页地图；www.arunresidence.com；rooftop，Arun Residence，36-38 Soi Pratu Nok Yung；⏲6~11pm；🚌123路和508路，⛴Tha Tien码头）它也许是这个区域唯一的酒吧，但这并不意味着酒吧会在质量上打什么折扣；Amorosa的屋顶可以欣赏到郑王寺绝美的风景，使这里成为傍晚在河边喝上一杯饮料的好地方。

Pranakorn Bar 酒吧

（见60页地图；58/2 Soi Damnoen Klang Tai；⏲6pm~午夜；⛴klorng出租船 Tha Phan Fah码头）这里一定经历了一次转变，才使这毫无特色的多层建筑变成如今这一温馨有趣的夜晚好去处。来到屋顶一赏邦兰普在微风吹拂下的夜色吧。

Rolling Bar 酒吧

（见60页地图；Th Prachathipatai；⏲6pm~午夜；⛴klorng出租船 Tha Phan Fah码头）逃离狂热的高山路来到这一安静的，位于水渠边的酒吧，现场音乐以及尚可的酒吧快餐是你驻足的理由。

暹罗广场

Co-Co Walk 酒吧

（见72页地图；87/70 Th Phayathai；⏲6pm~1am；🚉Ratchathewi）这一混合了酒馆、酒吧以及受大学生欢迎的现场音乐的室内多元体，真是多姿多彩。

Hyde & Seek 酒吧

（见72页地图；ground fl，Athenee Residence，65/1 Soi Ruam Rudi；⏲11am~1am；🚉Phloen Chit；❄）Hyde & Seek除了拥有曼谷最多的藏酒种类和一些城中最好的鸡尾酒，也烹制英式酒吧风味的小吃和菜肴。

和繁星一起小酌

曼谷是世界上为数不多你能在摩天大楼顶层这样怪异的位置发现一家酒吧或餐馆的地方。请注意，下列酒吧中的大多数不允许穿短裤或拖鞋。

Moon Bar at Vertigo（见76页地图箭头所示；Banyan Tree Hotel，21/100 Th Sathon Tai；⏲5:30pm~1am；Ⓜ Lumphini）栖息于一座61层摩天大厦的顶层，这里可以俯瞰曼谷的风景。日落后这里会有些拥挤，因此最好要早点到去找好位子。

Sirocco Sky Bar（见76页地图箭头所示；The Dome，1055 Th Silom；⏲6pm~1am；🚉Saphan Taksin）像好莱坞的女主角一样小心翼翼地沿着陡峭的阶梯往下走，来到这一屋顶餐馆的空中酒吧，可以从这里俯瞰湄南河的风景。

Nest（见82页地图；☎0 2255 0638；www.nestbangkok.com；8th fl，Le Fenix Hotel，33/33 Soi 11，Th Sukhumvit；⏲5pm~2am；🚉Nana）位于Le Fenix酒店的顶部，这里是一座有着布置精巧的沙发和诱人床铺的时尚迷宫。

素坤逸

WTF
酒吧

（见82页地图；www.wtfbangkok.com；7 Soi 51，Th Sukhumvit；周二至周日6pm~1am；Thong Lo；）别误会，不是你想象的那种WTF（一句英语粗口），在这里，WTF是酒吧名字Wonderful Thai Friendship（奇妙的泰国友谊）的缩写。这是一家时尚友好的街区酒吧，也有两层艺术空间。为非常棒的畅饮体验以及菜系很丰富的菜单——从澳门菜到西班牙菜——而停留吧，或是欣赏一下最新的当代艺术展览。

Cheap Charlie's
酒吧

（见82页地图；Soi 11，Th Sukhumvit；周一至周六；Nana）这家露天啤酒馆的设计理念最好被归类为"废车场"。这里位置奇缺，迫使你和别人共享桌子，这使它成为碰见游客以及老曼谷人的好地方。

Iron Fairies
酒吧

（见82页地图；www.theironfairies.com；Soi 55/Thong Lor，Th Sukhumvit；周一至周六5pm~午夜；Thong Lo；）想象一下，如果你能来到1912年一座废弃的巴黎工厂，那么你就会更好地明白这座受欢迎的酒吧的设计主题。来这里争到一个位子吧。他们宣称自己供应的是曼谷最好的汉堡包，而且晚上9点30分以后有现场音乐。

Bangkok Bar
酒吧

（见82页地图；Soi Ekamai 2，Soi 63 [Ekamai]，Th Sukhumvit；8pm~1am；Ekkamai；）当地前卫年轻人在这有趣的酒吧内跳舞。这里还有现场音乐，这里的食物足够多，可以成为你吃饭的地方。

Tuba
酒吧

（见82页地图箭头所示；34 Room 11-12 A，Soi Ekamai 21，Soi 63 [Ekamai]，Th Sukhumvit；Ekkamai 和乘出租车到达；）奇特的酒吧很有个性，一方面是因为它储藏了很多夸张的古董家具；另一方面，它也是友好的当地酒馆。至少放纵一次，让自己沉醉在一整瓶酒里吧，另外别错过了美味的鸡翅。

其他区域

River Bar Café
酒吧

（405/1 Soi Chao Phraya，Th Rachawithi，Thonburi；5pm~午夜；Tha Saphan Krung Thon码头；）River Bar Café值得夸耀的是它的河滨位置、不错的食物和现场音乐，融合了一家曼谷夜店的所有元素。在靠近河边的椅子上坐下，尽享微风拂面的感觉，也要注意远离那些过分激情的乐队奏出的噪音。

Sky Train Jazz Club
酒吧

（Soi Rang Nam和Th Pahohyothin交叉路口；6pm~1am；Victory Monument）进入这家起错了名的酒吧，感觉就像是在你吸毒朋友的公寓屋顶享乐，不像我们之前到过的任何一家爵士酒吧。但是的确可以看到BTS，有时也能看到爵士，多少给人一种地下酒吧的氛围。要找到它，先要找到标志牌，然后沿着恐怖的满是涂鸦的阶梯往上走，直到你到达顶楼。

☆ 娱乐

夜总会

在曼谷的一个小窍门就是在正确的夜晚出现在正确的俱乐部。看看都有些什么，登录**Dudesweet**（www.dudesweet.org）或**Club Soma**（www.clubsoma.tumblr.com），它们是大型月度派对的组织者，或登录**Paradise Bangkok**（www.zudrangmarecords.com）查看怀旧主题的世界音乐节。其他信息资源包括娱乐指南杂志**BK**（http://bk.asia-city.com/nightlife）。你要是对素坤逸路的夜色情有独钟，登录www.thonglor-ekamai.com。

俱乐部和迪斯科的服务费从100B到800B不等，通常包括一杯饮料的费用。大多数本地人在11pm之后才出现，而且所有人都要出示ID。大多数俱乐部会在凌晨2点打烊。

RCA
夜总会

（Royal City Ave；紧邻Th Phra Ram IX；Phra Ram 9 和乘出租车到达）这里之前是青少年聚集的堡垒，如今这家拉斯维加斯式的夜店终于从高中毕业，开始举办适合所有年龄段的派对。值得一去的地方包括**808 Club**（www.808bangkok.com；门票300B起），

彻夜在外

因为大多数酒吧和夜店都会在凌晨1点左右关门，"曼谷一夜"的感觉不再是昔日的情调了。值得庆幸的是，城市周围还有少数地点因为获得了足够的"特许"而一直营业到清晨时分。

在Soi Ngam Duphli巷外，**Wong's Place**（27/3 Soi Si Bamphen，Th Phra Ram IV；⏲8pm~深夜；Ⓜ Lumphini；❄）一处历史悠久的背包客酒吧，营业到深夜，所以就没必要在午夜之前到来。在高山路附近，**Gazebo**（见60页地图；3rd fl，44 Th Chakraphong；⛴ Tha Phra Athit [邦兰普]码头）的三楼位置使它从曼谷严格的打烊时间下获得了一些仁慈。在素坤逸路上，**Club Insomnia**（见80页地图；Soi 12，Th Sukhumvit；门票200B；⏲8pm~深夜；Ⓜ Sukhumvit，🚉Asok）和**Scratch Dog**（见82页地图；☎0 2262 1234；Windsor Suites Hotel，8-10 Soi 20，Th Sukhumvit；⏲8pm~深夜；Ⓜ Sukhumvit，🚉Asok）使用了流行的嘻哈和R&B音乐来吸引喜爱派对的人们（必须要说的一点是，这其中包括下了班的女白领们），酒吧一直营业到清晨时分。

要想找一些更先锋的东西，要求你友好的出租车司机把你载到以下的任何一个地点：**Shock 39**、**Spicy**、**Spice Club**、**Boss**或**Bossy**。这些命名前卫的深夜夜总会全都位于曼谷的中心区，并且一直营业到日出之后。关于它们，我们会告诉你更多并把它们放进了地图，但是我们的经历和调查表明这些酒吧的深夜营业顺序是轮流的，而只有曼谷的的士司机才能记得一清二楚。

Flix/Slim（门票免费）、**Route 66**（www.route66club.com；门票免费）和**Cosmic Café**（门票免费）。

Tapas Room 夜总会

（见76页地图；www.tapasroom.net；114/17-18 Soi 4，Th Silom；门票100B；Ⓜ Si Lom，🚉Sala Daeng）你不用指望在这里吃到Tapas（西班牙式小点心），相反这家夜总会的名称很精确地告诉你这是一处多层的西班牙和摩洛哥异域风格的场所。

Ekamai Soi 5 夜总会

（见82页地图；Soi Ekamai 5和Soi 63/Ekamai交叉路口，Th Sukhumvit；🚉Ekkamai和乘出租车到达）这一露天的娱乐区域是曼谷小伙子和漂亮姑娘的精选之地——至少目前是这样。**Demo**（门票免费）融合了激烈节拍和纽约货栈的氛围，而**Funky Villa**（门票免费），其室外座椅和当前最流行的音乐，更加让人激动。

Bed Supperclub 夜总会

（见82页地图；www.bedsupperclub.com；26 Soi 11，Th Sukhumvit；门票600B起；🚉Nana）十年来，这家外形独特像个发亮巨管的夜总会已经成为曼谷夜间俱乐部的一个亮点。早点来，还可以挤进去吃上晚餐（见83页），如果你只想跳跳舞，就星期二晚上来，来感受一下这里受欢迎的嘻哈之夜。

Club Culture 夜总会

（见60页地图；www.club-culture-bkk.com；门票200B起；Th Ratchadamnoen Klang；⛴klorng出租船 Tha Phan Fah码头）Club Culture位于一座看起来已经荒废了的四层建筑里，它是曼谷所有俱乐部中最离奇的一家。开门日期和时间要根据活动来定，因此最好登录网站看看都有些什么。

The Club 夜总会

（见60页地图；www.theclubkhaosan.com；门票免费；123 Th Khao San；⛴klorng出租船Tha Phan Fah码头）它正好位于高山路的中间地段，在这一洞穴式的舞厅内，当地人和背包客翩翩起舞。

粉红芒果

曼谷的同性恋圈儿很公开，很多本地的夜总会甚至有每年一度的自豪游行（pride parade）。**Lesbian Guide to Bangkok**（www.bangkoklesbian.com），**Dreaded Ned**（www.dreadedned.com）和**Fridae**（www.fridae.com）有最新的信息和活动。

下Th Silom路附近的区域是曼谷的gay圈儿。**DJ Station**（见76页地图; 8/6-8 Soi 2, Th Silom; 门票200B; 8pm~深夜; Sala Daeng, Si Lom）和**G.O.D.**（Guys on Display; 见76页地图; Soi 2/1, Th Silom; 门票280B; 8pm~深夜; Si Lom, Sala Daeng）有着泰国人和外国人的身影。如果只是想聊聊天，附近的Soi 4巷是有着不短历史的**Balcony**（见76页地图; www.balconypub.com; 86-88 Soi 4, Th Silom; 5:30pm~1am; Si Lom, Sala Daeng）和**Telephone**（见76页地图; 114/11-13 Soi 4, Th Silom; 5pm~1am; Si Lom, Sala Daeng）的所在地。

如果你厌倦了是隆的场景，Bed Supperclub举办有受欢迎的"秘密星期天"活动，或者你可以到曼谷的郊区，沿着Th Kamphaeng Phet路有几家酒吧，包括**Fake Club**（Th Kamphaeng Phet, Chatuchak; 9pm~2am; Kamphaeng Phet, Mo Chit）和**el Ninyo**（Th Kamphaeng Phet, Chatuchak; 9pm~2am; Kamphaeng Phet, Mo Chit），周末这里是喧闹和醉酒的场所。

曼谷的女同场所倒不常见，仅限于**Zeta**（29/67 Royal City Ave/RCA, 紧邻Phra Ram IX; 门票100B; 8pm~2am; Phra Ram 9 和乘出租车到达）。

Q Bar 夜总会

（见82页地图；www.qbarbangkok.com；34 Soi 11，Th Sukhumvit；门票700B起；Nana）名人、无名的人和女白领都会在这一黑暗的工业空间内轮番出现。各式各样的主题之夜排满了一周的日历。

Café Democ 夜总会

（见60页地图；www.cafe-democ.com；78 Th Ratchadamnoen Klang；门票免费；klorng 出租船 Tha Phan Fah码头）在这一位于老曼谷城区窄小的不知名的俱乐部里，积极进取的DJ们灵巧地打着转盘。

Narz 夜总会

（见82页地图；112 Soi 23，Th Sukhumvit；门票500B；Sukhumvit，Asok）Narz的前身Narcissus最近经历了一次"整容"，如今这里有三处独立的区域，每个区域都播放着种类繁多的音乐。

现场音乐

在曼谷的大部分地方，现场音乐就意味着到处都能听见活泼的泰国流行歌曲或是听倦了的国际流行歌曲（如果你没听到一场现场版的《加州旅馆》就离开了曼谷，那么就不算你真正地来过曼谷），但是越来越多的地方开始转变这一俗套，请古怪有创意的乐队来表演。

Brick Bar 酒吧

（见60页地图；地下，Buddy Lodge，265 Th Khao San；8pm~1am；Tha Phra Athit［邦兰普］码头；）这一地下室酒吧每晚都有轮番上阵的现场音乐，听众几乎都是专门来欣赏这一表演的泰国人，他们中的大多数会站在桌子上舞蹈，结束疯狂的夜晚。

Living Room 休闲酒吧

（见82页地图；0 2649 8888；Level I，Sheraton Grande Sukhumvit，250 Th Sukhumvit；6:30pm~午夜；Sukhumvit，Asok；）别让表象欺骗了你，每当夜幕降临，这一乏味的酒店休闲吧就会变身成为曼谷最好的现场爵士演出地点。提前联系酒店，看看哪个萨克斯大师或无名高人正在城中表演。

Saxophone Pub & Restaurant 现场音乐

（www.saxophonepub.com；3/8 Th Phayathai；6pm~2am；Victory Monument；）萨克斯风是曼谷现场音乐表演中常见的乐器。对于初次约会的人来说，它的声音会有一点儿大，但是各式各样的高质量音乐使它成为热爱音乐的人们共度美好时光的绝好选择。

Ad Here the 13th 酒吧

（见60页地图；13 Th Samsen；⏲6pm~午夜；Tha Phra Athit [邦兰普]码头；）Ad Here the 13th拥有一家街区酒吧所应拥有的一切：大量的常客、冰镇啤酒和一支技艺很高的可以奏出温馨曲调的室内乐队。音乐表演大概在晚上10点开始，但是如果你想得到一把抢手的椅子的话，还是建议你最好早些到。

Tawandang German Brewery 酒吧

（Th Phra Ram III和Th Narathiwat Ratchanakharin交叉路口；Chong Nonsi 和乘出租车到达；）在这家飞机库大小的音乐酒吧内，顾客每天都可以感受到慕尼黑十月啤酒节的气氛。泰式德国菜很美味，酒吧自酿的啤酒也很爽口，夜晚的舞台表演充满了乐趣。音乐演奏从晚上8点30分开始。

Titanium 现场音乐

（见82页地图；2/30 Soi 22, Th Sukhumvit；⏲8pm~1am；Phrom Phong；）一些人来这个档次不高的"冰吧"是为了体验凉爽和香料伏特加，但是我们来这里是冲着一支全女子摇滚乐队——独角兽。

Raintree 现场音乐

（116/63-64 Soi Th Rang Nam；⏲6pm~1am；Victory Monument；）这家有氛围的酒吧是城里很少还能听到"用生命在唱歌"的地方了，这里的音乐起源于泰国20世纪60和70年代共产主义红色旋风刮起的年代。

Rock Pub 现场音乐

（见72页地图；www.therockpub-bangkok.com；93/26-28 Th Phayathai；⏲9:30pm~2am；Ratchathewi；）如果你认为重金属音乐已成为历史，那么就在这家洞穴式的酒吧感受复古气息吧，这里张贴着铁娘子乐队的招贴画作为室内装饰，而黑色牛仔裤则是这里的非官方着装要求。

泰拳

Lumphini Stadium（Sanam Muay Lumphini；见76页地图箭头所示；0 2251 4303；Th Phra Ram IV；Ⓜ Lumphini）和**Ratchadamnoen Stadium**（Sanam Muay Ratchadamnoen；见60页地图；0 2281 4205；Th Ratchadamnoen Nok；70路、503路和509路，klorng出租船 Tha Phan Fah码头）举办泰国最大型的moo·ay tai（也拼作muay thai）比赛。Ratchadamnoen在周一、周三、周四和周日的晚上6点30分举办拳赛。Lumphini在周二、周五的晚上6点30分以及周六的下午5点和晚上8点30分举办拳赛。外国游客付1000B、1500B和2000B分别可以买到三等、二等和靠近拳台的位子（靠近拳台的位子需要预订）。别从在体育场周围晃悠的黄牛党手中买票。

传统艺术表演

作为泰国的文化中心，曼谷为游客展示着各式各样的舞蹈和戏剧表演。关于这些古老传统的背景，请参看398页。

Chalermkrung Royal Theatre 剧院

（Sala Chalerm Krung；0 2222 0434；www.salachalermkrung.com；Th Charoen Krung和Th Triphet交叉路口；门票800~1200B；⏲7:30pm；Tha Saphan Phut [Memorial

GÀ·TEU·I 卡巴莱表演

观看男演员穿上女装表演滑稽的流行歌舞，毫不意外地成为曼谷游客行程中的"必选"项目。**Calypso Cabaret**（见72页地图；0 2653 3960；www.calypsocabaret.com；Asia Hotel，296 Th Phayathai；门票1200B；⏲表演时间8:15pm和9:45pm；Ratchathewi）和**Mambo Cabaret**（0 2294 7381；www.mambocabaret.com；59/28 Yannawa Tat Mai；门票800~1000B；⏲表演时间7:15pm、8:30pm和10pm；Chong Nonsi 和乘出租车到达）有设计精美的舞台，演员们在舞台上表演着有百老汇高踢腿和对口型风格的流行音乐表演。

影院攻略

曼谷人在看电影这件事情上没有丝毫马虎。每家商场都有自己的影院，而且你似乎也不会在世界上的其他城市享受到在EGV' s Gold Class影院的待遇，只需买一张这家影院的电影票，你就可以进入少于50个座位的影厅，而且可以使用毯子、枕头和暖脚长袜，也会有贴心的食物和饮品服务。也可以买一张Major Cineplex' s Emperor Class影院的电影票，只需买一个家用凳子的价钱，就可使你享受到为情侣设计的沙发一样舒适的爱情专座。要是你感觉Paragon Cineplex影院的16屏和5000个座位太普通了，你可以申请只对会员开放的Enigma影院的会员资格。与中国国内的电影引进模式不同，泰国的欧美电影基本上是与国际同步的，想最快看到最新的好莱坞大片，来泰国绝对没有错。

想找更有个性的影院？就来位于暹罗广场的老式风格独立影院吧，包括**Scala**（见72页地图；☎0 2251 2861；Siam Sq，Soi 1，Th Phra Ram I；Siam）和**Lido**（见72页地图；☎0 2252 6498；Siam Sq，Th Phra Ram I；Siam）。想找更有艺术气息的影院的话，来RCA' s **House**（☎0 2641 5177；www.houserama.com；UMG Bldg，Royal City Ave，Th Petchaburi附近；Ⓜ Phra Ram 9 和乘出租车到达）。

泰国几乎所有的电影都会有英文字幕——登录**Movie Seer**（www.movieseer.com）查看放映时间。所有的电影在放映前，都会先播放泰国皇家颂圣歌，所有人最好在播放期间起立表达敬意。尽管街上很是湿热，但是要牢记曼谷所有的电影院都装备着威力很猛的空调，所以观影时带件毛衣是很必要的——除非你去Gold Class，就不用带了。

Bridge]码头）剧院位于唐人街-帕乎叻区边缘的一座装饰精美的大楼里，这里上演着令人惊艳的kǒhn剧（以*Ramakian*即泰国版的《罗摩衍那》中的故事改编而来的面具舞蹈戏剧），演出的时间是每周四和周五。剧院要求观众要穿着得体，不得穿短裤、吊带衫和拖鞋入内。

Aksra Theatre 剧院

（☎02677 8888，ext 5730；www.aksratheatre.com; 3rd fl，King Power Complex，8/1 Th Rang Nam；门票400~600B；⏲表演周一至周三7:30~8:30pm，周四至周日，晚餐表演 周四至周日6:30~9pm；Victory Monument）*Ramakian*的表演是这里的压场剧目，表演形式是用及膝的木偶表演，这就要求三个木偶艺人将木偶摆出各种像人一样的姿势。看表演要在稍早的时间来到Aksra Theatre，你也可以晚点儿来，吃上一顿泰式自助餐然后看一场表演。

National Theatre 剧院

（见60页地图；☎0 2224 1352；2 Th Rachini；门票60~100B；Tha Chang码头）在长时间的改造后，国家剧院终于再次开放。剧目kǒhn，一出描述*Ramakian*故事场景的舞剧，会在每个月的第一个和第二个周日上演；泰国舞剧lákhon会在每月的第一个周五上演；泰国音乐剧表演会在每个月的第三个周五上演。

购物

欢迎来到真正的购物天堂。世界上最大的露天市场位于曼谷，大量的巨型高端商场和人行道上拥堵的市集几乎遍布每条街道，游客不可能不对曼谷的商业容量留下深刻印象。但是，尽管表面上是种类繁多的商品，曼谷在购物领域超出其他城市的优势只有一个：便宜。曼谷不是你购买新款尼康SLR或（真品）芬迪包的地方——把这些任务交给美国的在线商城或是香港吧。曼谷是陶瓷、便宜T恤衫、纺织品、小玩意的集中地。

城中大量的交通混乱会让辨认方向变得很困难，因此要寻找某个商铺并不容易。《南希·钱德勒的曼谷地图》(*Nancy Chandler's Map of Bangkok*)是你购物的好助手，地图上标有对各种小型和偏远购物地点以及đà·làht（市场）的简介。

书店

想要找到不错的英语书籍和杂志，可以去**Bookazine**（www.bookazine.co.th）和**B2S**（www.b2s.co.th）的各家分店，几乎所有的曼谷商场内都设有这两家书店的分店。邦兰普区域聚集着很多曼谷的独立书店，这个区域内的高山路可以找到二手英语书籍，在那里你不会觉得价格便宜，但是书籍都很不错。

Asia Books

书店

（见82页地图；www.asiabook.com；Soi 15, 221 Th Sukhumvit；⏲8am~9pm；Ⓜ Sukhumvit，🚇Asok）书店在Emporium购物中心（见82页地图）和暹罗发现中心（Siam Discovery Center）（见92页）也有分店。

Kinokuniya

书店

（www.kinokuniya.com；⏲10am~10pm）暹罗百丽宫（Siam Paragon；见72页地图；3rd fl, Th Phra Ram I；🚇Siam）；Emporium（见80页地图；3层，Th Sukhumvit；🚇Phrom Phong）来自日本的纪伊国屋书店是泰国最大的书店，在曼谷共有两家分店，都经营多语言书籍、杂志和儿童图书，百丽宫店还能买到中文书籍。

Saraban

书店

（见60页地图；106/1 Th Ram Butri；⏲9:30am~10:30pm；🚌2路、15路、44路和511路，⛴Tha Phra Athit [邦兰普]码头）书店位于高山路，能找到大量的国际报刊和最新的Lonely Planet旅游指南。

曼谷一夜……时间不够做一套正装

在曼谷可以定制衣服，价格低于你的想象。但是如果你不想失望的话，理解定制服装过程很重要。如果你想做一套正装、两条裤子、两件衬衫、一条领带和一条丝绸马来围裙，你要花上169美元（这个价格在曼谷很常见），做好之后看起来正符合200美元以下的行头规格。还有，注意汇率也很重要，这样可以确保你不会付太多。

要避免这些问题，在走进一家服装店之前要很清楚你想要什么。如果是一套你想要的正装，短上衣应该是单排或是双排纽扣呢？有多少扣子呢？裤子或衬衫是什么款式的？或者，从家中拿来一套你最喜欢的衣服让裁缝照着做。为做衣服留出一周的时间（如果你的行程允许的话，在去海滩之前做第一套衣服，回来之后做另一套）。衬衫和裤子经常能在45小时或更少的时间内做好，但是大多数可信赖的裁缝会要求你做套装前试穿两到五件衣服。要是有裁缝答应在24小时内，非常细心地做好你的衣服，那么你就要请他或她吃上一顿了。

声誉好的裁缝包括以下这些：

Raja's Fashions（见82页地图；1/6 Soi 4，Th Sukhumvit；⏲周一至周六10:30am~8:30pm Mon-Sat；🚇Nana）博比（Bobby）对顾客的名字过目不忘，他和他的家族在这一行经营了几十年，服务的顾客有大使、外国政要和政府官员，博比会以同样的礼遇为你服务。

Pinky Tailors（见72页地图；888/40 Mahatun Plaza Arcade，Th Ploenchit；⏲周一至周六10am~7:30pm；🚇Phloen Chit）Pinky先生专注于定制西装已有35年了。店面在Mahatun大楼的后面。

Marco Tailors（见72页地图；430/33 Soi 7，Siam Sq；⏲周一至周六9am~7pm；🚇Siam）这家历史悠久且值得信赖的服装店只做男装，服装种类很广，质地是羊毛和棉花，有着银行家服装级别的触感。

Nickermann's（见82页地图；www.nickermanns.net；地下，Landmark Hotel，138 Th Sukhumvit；⏲10am~9pm；🚇Nana）公司的女职员们总是滔滔不绝地谈论着她们在Nickermann' s定制的套装：裤子和小上衣凸显出她们曼妙的有曲线的身材。正式的大摆礼服也是这家店铺的擅长领域。

Shaman Bookstore 书店

Shaman在高山路上有两家分店：Susie Walking Street（见60页地图；Susie Walking Street，紧邻Th Khao San；⏲9am~11pm）和Th Khao San（见60页地图；Th Khao San；⏲9am~11pm）这里有这一区域最大规模的二手书籍存货，还可以使用电脑系统搜到你想要的书名。

百货商店和购物中心

曼谷也许拥挤，而且空气也不好，但是它的百货商店是有秩序的现代绿洲。商店内温度很低，在星期天下午，你会看到曼谷的部分人群拥挤至各大商场以躲避高温的景象。不少购物中心和BTS站联通，旅行者可以不费吹灰之力通过有顶棚的走廊进入百货公司。大多数购物中心的营业时间是从上午10点或11点到晚上9点或10点。

MBK Center 购物中心

（Mahboonkhrong；见72页地图；www.mbk-center.co.th/en；Th Phra Ram I和Th Phayathai交叉路口；🚉National Stadium和Siam）这家大型商场凭借自身特色已经成为了游客目的地。这里是购买手机和配件（4层）以及知名品牌的山寨货（几乎每隔一层就有）最便宜的地方。它是人们购买相机设备（1层和5层）的好地方，规模不小的美食街（6层）是城中最好的一家（见78页）。

Siam Center & Siam Discovery Center 购物中心

（见72页地图；Th Phra Ram I和Th Phayathai交叉路口；🚉National Stadium和Siam）这两家相连的姊妹商场与街对面嘈杂的MBK相比，让人觉得宁静多了。Siam Discovery Center以家居装饰用品而胜人一筹，它整栋楼的三层建筑都摆满了亚洲极简主义风格和珠宝格调的纺织品。相连的Siam Center建于1976年，是泰国第一家购物中心，最近进行了一次装修，给人一种更年轻、明快的感觉。年轻人的时尚是它新的焦点，你可以在2层找到几家本地服装设计师品牌。

Gaysorn Plaza 购物中心

（见72页地图；Th Ploenchit和Th Ratchadamri交叉路口；🚉Chit Lom）Gaysorn是时尚女装的潮流地带，其旋转的楼梯和全白的大厅分布着精心挑选的服装品牌店。本土时尚先锋汇聚在2层的"Thai Fashion Chic"，而如果你漫步顶层，就会穿过家装饰品的长廊，其中也包括当地顶级艺术品和手工艺品的精选之作。

Siam Square 购物中心

（见72页地图；在Th Phra Ram I和Th Phayathai之间，🚉Siam）这一低矮的商业区域网络，由沿着12条街巷纵横排列的小型时尚精品时装店构成，其中的很多家都是年轻设计师初次创业的店面。

Siam Paragon 购物中心

（见72页地图；Th Phra Ram I；🚉Siam）天价奢侈品品牌占据了这一曼谷面积最大也最闪耀的商场的大多数楼层，但是大多数购物者只是在倒影池中庭或是地下美食街逛一逛。

Central World Plaza 购物中心

（见72页地图；Th Ratchadamri和Th Phra Ram I交叉路口；🚉Chit Lom）在2010年的政治动荡中，这家大型商场损失惨重，但是大多数店面已经重新营业，并设有不少泰国独立设计师品牌的专卖店。

手工艺品和装饰

在曼谷深受游客欢迎的区域，你能找到各种工艺品。购物中心内的商品质量要好一些，价格也贵点，独立小店则能买到独特的产品。

Nandakwang 纺织品

（见82页地图；108/2-3 Soi 23，Th Sukhumvit；⏲周一至周六9am~5pm和周日10am~5pm；Ⓜ Sukhumvit，🚉Asok）清迈的Nandakwang在曼谷所设立的分店，出售风格清新的手工纺织布料商品。

Jim Thompson 纺织品

（见76页地图；www.jimthompson.com；9 Th Surawong；⏲9am~9pm；Ⓜ Si Lom，🚉Sala Daeng）吉姆·汤普森店作为在国际上泰国丝绸的推广者，如今是泰国最大的一家丝绸店，继续经营着彩色丝绸手绢、垫布、披肩和靠垫的生意。

砍价基础教程

你在曼谷必须学会砍价。砍价（泰语：dòr rahkah）不是一次简单的包括了数字和憎恨的交易。相反，泰国式砍价大体上是买卖双方在竭力达到一个双方都能接受的公平价格之后进行的友好交易。

砍价的第一准则，就是你要对价格有个总体认识。先逛几家店铺对价格有个大致了解。当你准备要买东西时，好的策略是在你问出的价格之上，往下砍五折然后再往上加。如果你要购买几件同样的物品，你有更多的底气去要求得到一个更低的价格。如果店主立即同意了你的第一次报价，那就可能买贵了，但是在这一基础上继续往下砍就不太好了。总体而言，在整个购买过程中保持你友好、灵活的行为都将是对你有利的。而且要记住，只在你真的要买某个物品时才开始砍价。更重要的一点是，没必要为几泰铢生气或烦躁。那些当地人当然没你有钱，但是也不会生气的。

Doi Tung 手工艺品

（见72页地图；www.doitung.com；4th fl，Siam Discovery Center，Th Rama I；11am~8pm；Siam）彩陶和鲜艳的布料都是由泰国北部手工艺人亲手制作的，都能在这家高档的商店里找到。

Thai Home Industries 手工艺品

（35 Soi 40/Oriental，Th Charoen Krung；周一至周六9am~6:30pm；Tha Oriental码头）到访这一先前是僧人住处的庙宇式建筑，会给你一种发现了藏在废弃阁楼里的亚洲珍宝的感觉。

Narai Phand 手工艺品

（见72页地图；www.naraiphand.com；ground fl，President Tower，973 Th Ploenchit；10am~8pm；Phloen Chit）在这一政府经营的商店内，手工纪念品以明码标价出售，店内也有舒适的空调。

市场

别让市场内的讨价还价把你吓跑，商贩和购物者都能从中得到乐趣。

加都加周末市场 市场

（Chatuchak Weekend Market；市场；Talat Nat Jatujak；见56页地图；周六和周日9am~6pm；Chatuchak Park和Kamphaeng Phet，Mo Chit）这个巨大的市场有一万五千个摊位，据估计每天的人流量有20万。这里几乎卖所有的东西，从蛇到手工艺品再到衣服。计划在这里花上一天吧，因为这里要看的地方太多了（如果你看到喜欢的东西，就买下来，因为你可能找不到折返的路了）。但是要早点儿来，理想时间是上午9点和10点左右，可以避开人群和热浪。

在Chatuchak Park办公室内有一家带有ATM机和货币兑换点的银行，信息中心就设在那里，位置在市场Soi 1、Soi 2 和Soi 3的北端。指示地图和厕所在市场内都有分布。

一些摊位也会在工作日的早晨营业。正对着市场南边有一个蔬菜和花卉市场，其中有个区域叫做**噢多哥市场**（Or Tor Kor Market；Th Kamphaeng Phet；8am~6pm；Kamphaeng Phet）是曼谷最高端的鲜菜瓜果市场，出售海鲜和奇特的大个头水果，还有一条不错的美食街。

派克隆市场 花市

（Pak Khlong Market；Th Chakkaphet & Th Atsadang；24小时；Tha Saphan Phut [Memorial Bridge]码头）夜幕降临，这个湄南河边的市场变身为城内最大的鲜花批发集散地。

Talat Rot Fai 市场

（Th Kamphaeng Phet；周六和周日6pm~午夜；Kamphaeng Phet）这家市场位于一个蜿蜒的废弃铁路站内，主题就是怀旧，你可以在这里找到搪瓷盘子和二手小摩托（Vespas）。

轻便潜水装备

曼谷的大多数潜水商店位于Th Sukhumvit

曼谷常见的欺诈

记下这些典型的诈骗伎俩，并且加入我们一直进行的打败曼谷狡猾骗子的行动中来。

宝石骗局 如果有人主动向你提关于买宝石的建议，你可以确定这里面肯定有骗局。

你去的地方今天不开门 如果有“善意”的当地人告诉你，你要去的地方因为佛教节庆或打扫关门了。这就是他们给你设的去买伪劣宝石的圈套。

10B就可以坐机动三轮车 你要上了这一无处不在骗局的当，那你一天的行程就告吹了。这些所谓的“旅行车”绕过所有的景点，把你带到付给他们好处费的不可信任的珠宝店和裁缝店那里。

一口价出租车 有司机给你开出乘车的一口价，要立马拒绝。如果司机“忘了”开计价器，你只需要说“Meter，kha/khap”。

旅游大巴 在从高山路开出的长途大巴上，训练有素且相互照应的小偷，有的是时间把你的包摸一个遍。这种龌龊的现象已经存在好几年了，但是也很容易防范，你只需要把你珍贵的物品随身携带而不是把它们放在大巴下的行李箱区域就行了。

友好的陌生人 要提防那些穿着得体，走近你问你从哪里来到哪里去的人——通常这些是珠宝和赌博圈套。正如旅游官方指出的那样，泰国人的性格不太会这样做，而你一遇见这种情况就要持怀疑态度。

（苏坤逸街）附近。

Dive Indeed　户外装备

（见82页地图；☎0 2665 7471；www.diveindeed.com；14/2 Soi 21，Th Sukhumvit；Ⓜ Sukhumvit，🚉 Asok）

Dive Master　户外装备

（见82页地图；☎0 2259 3191；www.divemaster.net；16 Asoke Court，Soi 21，Th Sukhumvit；Ⓜ Sukhumvit，🚉 Asok）

Dive Supply　户外装备

（☎0 2354 4815；www.divesupply.com；457/4 Th Sri Ayuthaya；🚉 Phaya Thai）

Planet Scuba　户外装备

（见82页地图；☎0 2261 4412/3；www.planetscuba.net；666 Th Sukhumvit；🚉 Phrom Phong）

ℹ 实用信息

ATM机、银行以及货币兑换点分布很广。

紧急情况

火警（☎199）

警察/紧急情况（☎191）

旅游警察局（☎全国呼叫中心1155；🕑 24小时）职员说英语。

上网和电话

曼谷的网吧争相提供最便宜和最快速的网络连接。背包客云集的邦兰普要比素坤逸和是隆便宜，价格低至每小时20B。许多网吧增添了Skype和耳机，这样你就可以以上网的价格打国际长途了。

位于曼谷市中心的TrueMove Shop（见72页地图；www.truemove.com；Soi 2，Siam Sq；🕑7am~10pm；🚉 Siam），地点便利，能帮你解决沟通需求。店内有装备了Skype的高速互联网电脑，出售电话和电话卡，也可以为电脑和手机提供关于城市范围的Wi-Fi接入信息。

不少商铺和公共空间也为客人和旅行者提供Wi-Fi，大多数都是免费的。想了解曼谷Wi-Fi热点地带信息，可登录www.bkkpages.com，在“曼谷目录”（Bangkok Directory）查询，或登录www.stickmanweekly.com/WiFi/BangkokFreeWirelessInternetWiFi.htm。

媒体

Bangkok 101（www.bangkok101.com）配有图片随笔和风景、餐馆及娱乐评述的城市月刊。

Bangkok Post（www.bangkokpost.net）当地主要的英文日报，周五和周末增版有不少关于城市动态的报道。

BK（http://bk.asia-city.com）为年轻和时尚人群准备的免费娱乐指南杂志。

CNNGo（www.cnngo.com/bangkok）可以看到关于曼谷的新奇新闻和评述。

医疗服务

以下的这些医院提供24小时急诊服务，也有会说英语的员工。价格很高，服务很好，按以下号码拨通救护车服务的电话。

BNH（见76页地图；☎0 2686 2700；www.bnhhospital.com；9 Th Convent；M Si Lom，Sala Daeng）

Bumrungrad**国际医院**（Bumrungrad International Hospital；见82页地图；☎0 2667 1000；www.bamrungrad.com；33 Soi 3/Nana Nua，Th Sukhumvit；Phloen Chit）

货币

尽管曼谷商场和繁华区域的银行会迟点开门，但是银行营业的常规时间还是从上午8点30分到下午3点30分。ATM在城内的所有区域都很常见。很多泰国银行都有货币兑换点，在大多数游客区域你也可以一眼看到兑换柜台。去7-Eleven或其他信誉好的地方换开你的1000B的纸币；别指望商贩或出租车司机能换开面额是500B或以上的纸币。

邮政

邮政总局（Th Charoen Krung；周一至周五8am~8pm，周六和周日8am~1pm；Tha Si Phraya码头）

公厕

曼谷的公共卫生间很少，你最好去购物中心、快餐店或我们的最爱——豪华酒店去上厕所。购物中心会收你2B到5B的如厕费。一些新建的购物中心为残疾人建有厕所。请放心，曼谷的蹲厕都已快要消失。

旅游信息

曼谷信息中心（Bangkok Information Center；见60页地图；☎0 2225 7612-4；www.bangkoktourist.com；17/1 Th Phra Athit；周一至周五8am~7pm & 周六和周日9am~5pm；32路、33路、64路和82路，Tha Phra Athit [邦兰普]码头）针对城市旅行，提供地图、手册和指引方向的服务。

泰国旅游局（Tourism Authority of Thailand；简称TAT；☎1672；www.tourismthailand.org）总部（☎0 2250 5500；1600 Th Petchaburi Tat Mai；8:30am~4:30pm；M Phetchaburi）；邦兰普（见60页地图；☎0 2283 1500；Th Ratchadamnoen Nok和Th Chakrapatdipong交叉路口；klorng出租船 Tha Phan Fah；8:30am~4:30pm）；素万那普国际机场（☎0 2134 0040；2层，在2门和5门之间；24小时）

旅行社

曼谷旅行社收费的标准高低不一，多转几家比较一下费用。这些是营业时间较长的旅行社：

内部消息

一些曼谷居民把他们的经验放在了“小屏幕”上，而且维持有关于在曼谷生活的博客和网站。一些信息量更大或更娱乐的博客和网站包括以下站点：

2Bangkok（www.2bangkok.com）有城市头条之外的今日和往昔新闻以及尘封历史。

Austin Bush Food Blog（www.austinbushphotography.com/blog）是本章作者的博客，博客把目光投向曼谷以及泰国其他地方的文化和饮食。

Global Post（www.globalpost.com/bio/patrick-winn/articles）帕特里克·温（Patrick Winn），这家在线新闻机构的驻东南亚记者，住在曼谷而且有一套发现曼谷正在发生的稀奇有趣事情的本领。

Greg To Differ（www.gregtodiffer.com）记录着在这座亚洲最疯狂的城市里发生的有关外国人的故事、“咆哮”和观察。

Not The Nation（www.notthenation.com）有不少关于泰国的尖锐新闻。

Thai Blogs（www.thai-blogs.com）和泰国文化有关的博客的入口。

Diethelm旅行社（Diethelm Travel；☎0 2660 7000；www.diethelmtravel.com；14th fl，Kian Gwan Bldg II，140/1 Th Witthayu/Wireless Rd；Phloen Chit）

STA旅行社（STA Travel；见76页地图；☎0 2236 0262；www.statravel.co.th；14th fl，Wall Street Tower，33/70 Th Surawong；⏲周一至周五9am~5pm，周六9am~中午；Si Lom，Sala Daeng）

visit beyond（☎0 2630 9371；www.visitbeyond.com；New Road Guest House，1216/1 Th Charoen Krung；Tha Oriental码头；⏲8am~中午和3~7pm）

到达和离开

飞机

曼谷有两座机场。**素万那普国际机场**（Suvarnabhumi International Airport；见56页地图箭头所示；☎0 2132 1888；wwwbangkokairportonline.com）在曼谷以东30公里处，从2006年9月开始飞商务国际航班和国内航班。机场的名字读作sù·wan·ná·poom，它也继承了先前在廊曼的老机场的机场代号（BKK）。机场的非官方网站上有实用的英语信息以及飞机到达和起飞的实时数据。

离曼谷市中心以北25公里的**廊曼机场**（Don Muang Airport；见56页地图箭头所示；☎0 2535 1111；www.donmuangairportonline.com）为廉航航站楼，主要供廉价航空（包括国际和国内航线）使用，有亚洲航空（Air Asia），一二走航空（One-Two-Go）和飞鸟航空（Nok Air）提供的航班服务。

长途汽车

从归政府所有的汽车站内发出的汽车要比那些从高山路或其他游客聚集之处发出的汽车更可靠，而且遇贼的几率也更低。

南部汽车总站（Sai Tai Mai；见56页地图箭头所示；☎0 2435 1199；Th Bromaratcha chonanee，Thonburi）位置在城区西郊的Saphan Phra Pinklao对面，这一车站的汽车开往南部的全部目的地，比如普吉、素叻他尼（Surat Thani）、甲米（Krabi）、合艾（Hat Yai）以及Kanchanaburi和泰国西部地区。到达车站的最便捷方式是坐出租车，或者你可以在Th Ratchadamnoen Klang路乘坐79路、159路、201路或516路，或从胜利纪念碑（Victory Monument）乘坐40路到达。

东部汽车总站（Ekamai；见82页地图；☎0 2391 2504；Soi Ekamai/40，Th Sukhumvit；Ekkamai）乘坐开往东部海湾海岸上或附近的城市的车，包括芭提雅（Pattaya）、罗勇（Rayong）、尖竹汶（Chanthaburi）和达叻（Trat）。Ekkamai BTS站就在这个汽车站的旁边。

北部和东北部汽车总站（Mo Chit；见56页地图；☎北部线路0 2936 2841，ext 311/442，东北部线路0 2936 2852，ext 611/448；Th Kamphaeng Phet；M Kamphaeng Phet 和乘出租车到达，Mo Chit 和乘出租车到达）通常被叫做Mor Chit车站（sà·tăuh·nii mǒw chít），有发往泰国北部和东北部的汽车。

小客车（Minivan）

私人营运的小客车，叫做rót đôo，是在曼谷和它邻近的省份之间来回穿梭的快速和较舒服的乘车方式。最大的小客车车站就在胜利纪念碑（见56页）的北面，在那里你可以乘坐开往南部汽车总站（35B，1小时，6:30am~9pm）的常发小客车。小客车由纪念碑的正东方发往沙美岛（经伴沛，Ban Phe，200B，2.5小时，6am~9pm）、芭堤雅（97B，2小时，6am~8pm）和素万那普国际机场（40B，1小时，5am~10:30pm）

火车

曼谷的主要火车站是**华南蓬**（Hualamphong；见56页地图；☎全国呼叫中心1690，0 2220 4334；www.railway.co.th；Th Phra Ram IV；M Hua Lamphong）。建议你忽视所有在此招揽生意的人，也不要搭理旅行社了。确认其他目的地的火车时刻表和价格，致电**泰国铁路局**（State Railway of Thailand；☎全国呼叫中心1690；www.railway.co.th）或者登录他们的网站。

当地交通

由于停车位的麻烦和交通拥堵，加上出租车便宜又随处可见，我们不推荐租车环游曼谷。

抵离机场

到目前为止，曼谷有两座正在使用的机场。大多数航班都从修葺一新的素万那普机场起飞，但是一些国内航班仍然从老廊曼机场起飞。如果你要在两座机场之间来回，至少要花一个小时的时间，因为两座机场分别在城市的两端。从早

到达和发自曼谷的交通

以下列出了去往泰国最受欢迎海滩和海岛旅行目的地的旅行时间和花费。关于更详细的信息，务必查看具体旅游地点的到达和离开章节。

目的地	公共汽车	火车	飞机
蔻立	不适用	不适用	1.25小时/1480B起（到普吉）
昌岛	5小时/248B（到达叻）	不适用	1小时2890B（到达叻）
兰塔岛	12小时/720~1080B（到甲米）	不适用	1.25小时/1590B起（到甲米）
里朴岛	14小时/800~1200B（到沙敦）	不适用	不适用
帕岸岛	8小时/375~550B（到春蓬）10小时/379~759B（到素叻他尼）	7小时/82~480B（到春蓬），8~12小时/217~1379B）（到Phun Phin、素叻他尼）	1.25小时/2800B起（到春蓬），65分钟/3300B起（到苏梅岛），70分钟/1272B起（到素叻他尼）
皮皮岛	12小时/720~1080B（到甲米）	不适用	1.25小时/1590B起（到甲米）
沙美岛	4小时/157B（到班佩）	不适用	不适用
苏梅岛	8小时/375~550B（到春蓬）10小时/379~759B（到素叻他尼）	7小时/82~480B（到春蓬），8~12小时/217~137B（到Phun Phin、素叻他尼）	65分钟/3300B起（到春蓬）
龟岛	8小时/375~550B（到春蓬）	7小时/82~480B（到春蓬）	65分钟/3300B起（到春蓬）
普吉	不适用	不适用	1.25小时/1480B起

上6点到下午5点有在两座机场之间穿梭的小客车（30~50B）。

素万那普国际机场

机场铁路专线在2010年，推迟已久的连接曼谷中心和素万那普国际机场的高架列车机场铁路专线（Airport Rail Link）终于开通了。

特快列车从早上6点至午夜，中途不停靠任何站点，直接来往于Makkasan和帕亚泰站以及机场之间（15~17分钟，150B）。值得记住的一点是，列车不会比出租车便宜和快到哪里去，在选择时要根据旅伴的数目和到达的时间来决定。Makkasan，也叫做City Air Terminal（见56页），离Phetchaburi MRT站只有很短的路程。

机场铁路专线位于素万那普国际机场的B1层。

本地交通由素万那普坐上一辆免费的服务车（3公里）即能抵达为机场服务的公交中心，由此有不少空调汽车开往曼谷市区，包括551路（往胜利纪念碑）/554路（往廊曼）和556路（往高山路）以及小客车专线552路（往On Nut BTS站）——车费从25B起。

从城里你可以搭乘BTS到On Nut，然后从

Tesco对面的市场入口处乘坐小客车522路（25B，约40分钟，6am~9pm）到达机场。你也可以选择搭乘停靠在胜利纪念碑东边的小客车（40B，1小时，5am~10:30pm）。

出租车出了机场后，忽略沿路叫客的人和所有把你引向“官方机场出租车”（车费一口价700B）的指示牌，下到1层加入等待出租车快速移动的队伍。通过柜台订到的出租车会依法使用计价器，但是司机们也常常想碰碰运气——在你说过“Meter, please”之后再打表。过路费在25B到45B之间（由乘客来付）。由机场开出的出租车，搭客得负担额外的50B，你要直接付给司机。从机场到达曼谷中心大多数目的地的车费约在300B左右。

廊曼机场

慢速、拥挤的59路公共汽车停在机场前方的公路上，把乘客载到邦兰普，沿途经过高山路和民主纪念碑。

和素万那普的情况一样，也有从到达大厅外面开出的出租车，计价收费之外也有50B的机场收费。

在连接出口1和Amari Airport Hotel的通道上，有开往廊曼车站的列车，在4am和11:30am之间，每1小时或1½小时开出一趟发往华南蓬火车站的列车，在下午2点和晚上9点30分之间，开车时间大约是每小时一列（5B到10B，1小时）。

船

作为城市曾经的交通主力，公共轮渡现在仍然在湄南河沿线和一些内陆klorng之间运营。

运河线路

许多年前，沿曼谷和吞武里klorng航行的轮渡消失了，但是城内拥堵的交通使政府计划重新整合这些水路网络。现在，运河出租船沿着Khlong Saen Saeb（邦兰普到兰甘亭）航行，而且这也是从邦兰普到达吉姆·汤普森故居、暹罗广场购物中心（到这两个地方都在Tha Hua Chang下）和沿更东边素坤逸的其他地点——Tha Pratunam经历了一次强制船舶更换——的便捷方式。这些船舶大都日间开，只在码头停一会儿——你要抓紧时间跳上船否则你就要被留在码头上，而且要避免脏水溅在你身上。船费在9B到21B之间，运营的时间大约是早上6点到晚上7点。

河流航线

昭披耶快船（Chao Phraya Express；☎ 0 2623 6001；www.chaophrayaboat.co.th）提供城市风景最优美的交通路线，行驶的客船沿着湄南河到达曼谷南边和北边的目的地。市中心码头位于城市南端，能同时被称为Tha Sathon和Saphan Taksin，并连接着Saphan Taksin BTS车站。游客一般往北走，那些站牌标有N字前缀。

船票费用在13B和32B之间，尽管一些大站有售票亭，但乘客大都会在登船后购买船票。无论如何，一定要保管好你的船票以证明你已经买过票了。

公司经营的船舶有特快（挂有橘色、黄色或黄绿色的旗帜）、本地船（没有旗帜）和旅游船（体积稍微大一些的船）。在高峰时段，要注意旗帜的颜色以免坐上把你带到边远省份的船舶。

本地（Local；⏲周一至周五6~8:30am和3~6pm；9~13B）当地航线船舶开往位于曼谷中南部Wat Ratchasingkhon和北部暖武里（Nonthaburi）之间所有的公司码头，发船频率很高。

游客船（Tourist；⏲ 9:30am~3:30pm；19B，一天的通票 儿童/成人 80/150B）船票更贵的旅游船上有更多的座位，也有英语导游（其中的一些还真能听得懂）。从Tha Sathon开出到达十个主要的观光码头，船航行的最北端是Tha Phra Athit（邦兰普）。

橘色特快（Orange Express；⏲周一至周五5:50am~6:40pm，周六和周日6am~6:40pm；14B）这是发船最频繁的路线，在Wat Ratchasing khon和暖武里之间航行。

黄色特快（Yellow Express；⏲周一至周五6:10~8:40am和3:45~7:30pm；19~28B）黄色特快航线在Ratburana和暖武里之间航行，会在沿途主要码头停靠。

绿黄特快（Green-Yellow Express；⏲周一至周五6:15~8:05am和4:05~6:05pm；11~31B）这一种只在高峰时段开出的船舶直接把游客载到曼谷远北端的Pakkret码头。

蓝色特快（Blue Express；⏲周一至周五7~7:45am和5:05~6:25pm；11~32B）另一种只在高峰时段开出的船舶，直接把游客带到暖武里。

也有在吞武里和曼谷之间航行的跨河轮渡。这些轮渡的码头紧挨着昭披耶快船的码头，每次乘坐的船费是3B。

BTS 和 MRT

高架铁路列车BTS，也被称之为空中列车（Skytrain）（rót fai fáh），载你飞速地穿越“新”曼谷（是隆、素坤逸和暹罗广场）。两条线路的换乘地点在暹罗站，列车从早上6点到午夜常发。车费在15B和40B之间。大多数售票机只接受硬币，但是你可以在信息台换零钱。

曼谷地铁（MRT）对于居住在素坤逸或是隆的人们来说是到达华南蓬车站的最便捷方式。否则，这一交通系统大体上只是郊区交通线路了。车费在15B和40B之间。从早上6点到午夜都有常发车。

公共汽车

曼谷的公共汽车既频繁又混乱，因此你需要一张公交地图，比如ThinkNet的《曼谷公交指南》（*Bangkok Bus Guide*）。别期待它是100%的准确，路线经常更改。

普通（无空调）公共汽车车费是5B起，空调公共汽车的费用是11B起。

以下公交线路对那些在邦兰普和暹罗广场之间往返的游客来说很有帮助：

15路公共汽车 从湄南河吞武里一侧的Tha Phra开出，到达皇家田广场（可以到达Wat Phra Kaew寺），中途会在MBK中心（连接BTS）和Th Ratchadamnoen Klang路（可以到达高山路）停车。

47路公共汽车 从Khlong Toei站开到曼谷北部Th Phahonyothin路上的国土部（Department of Lands），中途汽车会在Th Phra Ram IV、MBK中心、Th Ratchadamnoen路和皇家田广场停车。

小汽车

如果你需要私人交通工具，通过酒店雇一辆小汽车和一位司机或雇出租车司机是值得信任的。一家信誉良好的公司是Julie Taxi（☎08 1846 2014；www.julietaxitour.com），提供种类繁多的车辆和优质的服务。

摩的

摩的在曼谷存在的理由有两个。最常见的理由是它们是公共交通网络的一部分，摩的从诸如素坤逸这样的主要通道的拐角开往远离主干道的远端小巷。摩的司机穿着彩色的标有号码的背心，在小巷的两端聚集，他们通常向你收取10B到20B的费用（除非你要求，他们才会给你头盔）。

他们存在的另一意义就是穿越拥堵的交通。告诉司机你要去哪里，谈定价格（由20B起，穿越城市约150B）、戴紧头盔（远距离的路程司机会要求你戴上头盔）并且向你信奉的神灵祈祷。司机的驾驶技术分为负责任的和飙车的，但总体上你在摩的上的行程会包括几段逆向行驶以及几次与死神擦肩而过的经历。坐曼谷的摩的，给你一种花钱在迪士尼坐云霄飞车般的感觉，但这就是摩的司机每日的工作。附近有几家水平还不错的医院，或许能稍微安抚你的神经。

出租车

尽管很多第一次到曼谷的游客会犹豫是否打出租车，但是总体而言，曼谷的出租车既新又宽敞，司机有礼貌且乐于助人。选择出租车，让它成为你很棒的出行方式。所有的出租车都要求使用计价器，起步价是35B，而且到达曼谷中心大多数地方的花费是在60B到90B之间。

出租车贴士

» 绝对不要乘坐不使用计价器的出租车。这种出租车司机经常会停在游客区域里的酒店外。你只需拦下一辆路过的出租车就可以了。

» 曼谷的出租车司机总体上不会像其他国家的司机一样带你“游花园”；他们通过稳定的客流赚到了更多的钱。

» 值得提醒你的一点是，曼谷的很多出租车司机都是从乡村来的季节性工人，他们也许自己都不知道路。

» 如果一个司机拒绝把你载到某个地方，那可能是因为他们要在某个时间交车了，而不是因为他们不喜欢你的长相。

» 曼谷只有很少的司机说流利的英语，用泰文写在纸上的地址对你很有帮助。

» 老旧的出租车也许不太舒服，但是基本上这类车的司机都很有经验，因为车都是私人拥有的，而不像那些通常都是司机租来的新车。

机动三轮车（Túk-Túk）

一些旅行者信赖机动三轮车，但乘坐前都要费一番工夫讨价还价。可先打听到达你的目的地需要花多少钱。乘坐一次短途机动三轮车花费至少是50B。

如果一个机动三轮车司机请你来一次观光游，立即走开——这是强迫你购买价格离谱商品的圈套。

昌岛和东海岸

包括»

最佳餐饮

» Mum Aroi（见111页）

» Barrio Bonito（见138页）

» Cool Corner（见126页）

» Pan & David Restaurant（见107页）

最佳住宿

» Birds & Bees Resort（见111页）

» Tubtim Resort（见117页）

» Ban Jaidee Guest House（见125页）

» Bang Bao Sea Hut（见137页）

» Paradise Cottages（见136页）

为何去

很久以来，曼谷人就热衷于在周末的时候远离城市的压力到东海岸去休闲。泰国的首批海滩度假地就是在这里兴起的，之后形成了一种潮流，只要是有沙滩和海的地方就有这种海滩度假地。随着泰国工业化的发展，在首都附近只有少数的沙滩，还保留着较为原始的风貌，例如沙美岛。更远处，昌岛和其姊妹岛屿在本地区有最好的热带风情，但是有大量游客。

越过山麓丘陵和弯曲的海岸线就是柬埔寨，东海岸是两个国家之间非常方便的文化链接。在移民时代那些边界频繁移动的日子里，泰国的许多城镇在某一时间都被法国占领过。那些花时间探索这些少为人知的地点的迁徙旅行者会发现古暹罗的遗迹，还有美味的集市饭菜和悠闲自在的繁荣景象，这些都是普通泰国人的生活特征。

何时去

游览的最佳时间是在雨季（通常是11月左右）快结束和旺季（12月到次年3月）开始之前。这时天气很凉爽，风景一片绿色，价格也很合理。昌岛的高峰期是在圣诞节和新年假期。3月份的时候人不会很多，但是这时是热季的开始。

雨季是从5月到10月。这段时间里，昌岛上的一些生意会歇业，附近的岛屿——威岛、Ko Mak岛和骨岛则会完全关闭。雨季里最好的地方是沙美岛，它相对干燥一些。

昌岛和东海岸游览亮点

❶**昌岛**（见130页）上的海滨生活和丛林旅行。

❷在**骨岛**（见142页）清澈见底的水上漂流。

❸在**威岛**（见140页）金酒般晶莹的小湾里与鱼共游。

❹在美丽的**沙美岛**（见116页）上跨湾游，离曼谷如此之近却又如此之远。

❺在**尖竹汶**（见121页）的古老城市中散步，看看那些宝石商人。

❻在**达叻**（见124页）的日市中与泰国的家庭主妇一起游走。

❼在Si Racha（见104页）中转，可以避免曼谷的拥挤，还可以到**西昌岛**（见106页）一日游。

❽欣赏芭堤雅**真理寺**（见109页）的现代杰作，雕刻精巧的佛教和印度教艺术作品。

❾在海边的任何地方吃海鲜，这是泰国人到海滩旅游的主要原因。

中国地图出版社供图

Lam
Prachin buri
Sa Kaew
348
Watthana
Nakhon
Ang Sila
Non Mak Mun
Huay Jot
33
Sai Yoi
317
CAMBODIA
柬埔寨
Aranya Prathet
Khao Chakan
Poipet
3395
Sai Diaw
Non Sao-Eh
Sisophon
Khlong Hat
Khao Takrup
(660m)
Wang Mai
3395
317
Khao Daeng
Thun
Khanan
CHANTHABURI
庄他武里
(尖竹汶)府
Khao Soi
Dao Nua
(1566m)
Tamun
Battambang
马德望
Nong Chek Soi
Pung Ngon
Takra
Ban Pakard
Khao Chamao/
Khao Wong
国家公园
Khao Khitchakut
国家公园
Pong Nam
Ron
Psar Pruhm
Pailin
Si Yaek
Kong Din
317
Nong Khla
Makham
3
Ban Pa-Ah
Tha Mai
Chanthaburi
5 庄他武里(尖竹汶)
Chang Thun
Nam Tok Phlio
国家公园
Nong
Sii
Laem Sadet
Ta Chalap
3157
Chak Yai
Laem Singh
Khlung
Pong
Dan
Chumpon
Laem Ko Proet
3159
Tha Chot
TRAT
达叻府
3271
Trat
达叻
6
3156
3
CAMBODIA
柬埔寨
Bang Kradan
Ban Noen
Sung
Laem Muang
Ao
Trat
达叻湾
318
Laem Ngop
Tha Sen
1 Ko Chang
阁昌岛(昌岛)
Laem Sok
Mu Ko Chang
国家公园
Mai Rut
Ko Wai 3
威岛
Ko Kradat
Ko Mak
Ko Rayang
Khlong Yai
Ko Mai Si
2 Ko Kut
阁骨岛(骨岛)
Hat Lek
Krong Koh Kong

Si Racha

ศรีราชา

人口 68 292

Si Racha是一个温和的城镇，它融合了传统渔业与现代工业。海边的公寓楼让迷宫般的摇晃码头黯然失色。林查班港口（Laem Chabang port）的货船与五颜六色的小渔船共用同样的航线。

泰国的城镇，尤其是那些有着现代外表的，从外表看缺乏个性。对Si Racha而言，你需要了解一下幕后故事才会明白城里的这许多日本餐厅是为了迎合附近日本汽车制造商的国际劳动力而建的。这街上有许多BMW，暗示这些也是在附近生产的。事实上，作为泰国最繁忙的深水港，林查班港口的周围有大量的工业工厂、石化设施和化学工厂——这里是泰国制造业经济的“肌肉”。理所当然，这里非常富有，新的市政大楼美化得像一座度假村，健康公园（Health Park）维护得无可挑剔。

从旅游的角度来看，Si Racha 却因为它所没有的东西而颇具吸引力。这里没有宾馆，没有色情酒吧，也没有交通堵塞。如果你正在寻找安静、游人少的中转站，这里到曼谷的素万那普机场（Suvarnabhumi airport）也非常的方便。

景点

Si Racha的景点很有限，但是这座城镇非常适合散步。

Ko Loi岛

岛屿

这个小岩石岛屿通过长堤与Si Racha岸边的北部边缘连接，进而与大陆相连。这是当地的一个亮点。以泰中殿（Thai-Chinese temple; 白天）为中心的大片区域，有着非常浓厚的节日氛围，这里有几个巨大的池塘，池塘中有各种大小的乌龟，从刚孵出来的小乌龟到老年龟都有。在这里，你也可以坐船到西昌岛。

健康公园（Health Park）

花园

这里海滨的健康公园可能是国内维护得最好的市政公园之一。这里有凉爽的海风、运动场、带有Wi-Fi的阴凉咖啡屋、慢跑跑道和许多夜间活动。

任何其他名称的鸡汁

鉴于在美国大受欢迎的Sriracha辣椒酱，你可能会想有同样名字的这座城镇一定是一个调味酱的天堂。但是这里好像并没有人特别了解这种调味酱。并不像美国的高级大厨那样在所有东西上都用这种调味酱：从鸡尾酒到腌料。还有很多美食杂志，比如说《祝你胃口好》（*Bon Appetit*），把它与松露油放在一起作为一种必备的调味品。很有趣的是烹饪领域中这种调味酱的名字也发错了音:Sriracha 是“Si Racha”的另一种拼法，应该读作“see-rach-ah”而不是“sir-rach-ah”。

对此一个很好的解释是：在美国卖的这种东西实际上是在本土发明的。在洛杉矶郊区居住的一个越南移民根据自己对越南辣椒酱的记忆调制出一种辣椒酱作为面条的卤。他的第一批产品是在他的车中卖的，但是他的生意发展得越来越大，最终成为汇丰食品公司（Huy Fong Foods company）。

据公司发言人所称，现在这个公司的带有独特公鸡标志的产品在美国和澳大利亚销售，但是在亚洲国家并没有。但是偶尔你会在泰国的面条店里发现这种产品。这种美国生，泰国名，越南人创的调味酱是怎么到这里的呢？汇丰食品公司并不知道。

但是这并不意味着泰国没有自己的酸甜辣椒酱（nám prík sěe rah·chah）。实际上，许多人相信这种调味品是源自Si Racha的，然后通过亚洲传到了很多地方。在泰国，Si Racha式的调味酱，包括很流行的品牌，比如金山（Golden Mountain）和Sriraja Panich都用在kài jee·o（煎蛋卷）和hǒy tort（炒贻贝煎蛋卷）中，这些都比较类似公鸡牌的，只是稠度比较稀。

住宿

最可靠的（基本的）住宿地点是码头上的那些木制酒店。

Siriwatana Hotel 酒店 $

（☎0 3831 1037；Soi Siriwatana，Th Jermjompol；房间200B）这个以木头为支柱的酒店坐落于海上——实际上，通过便池的洞你可以看到大海。这个酒店很简单，基本的房间都很便宜。

Samchai 酒店 $

（☎0 3831 1800；Soi 10，Th Jermjompol；房间300B）寻找“Hotel”的标志，你会发现另一个木制的码头旅馆。旅馆比较舒适，给人的感觉更像是一个港口，水泥地面上有黄线穿梭在庞大的综合设施之中。

Seaview Sriracha Hotel 酒店 $$

（☎0 3831 9000；50-54 Th Jermjompol；房间900~1200B；❄@）房间很大也很舒适，有一些房间能看到海和码头。朝向街道的房间可能会有点吵，但是Si Racha不是时代广场，晚上的安静会较早到来。

餐饮

Si Racha的海鲜很有名。

Moom Aroy 海鲜 $$

（没有拉丁字母标志；菜肴100~350B；⏲午餐和晚餐）Moom Aroy名副其实，意思是“美味的角落”。在这里可以一边享受Si Racha的海鲜盛宴，一边欣赏码头和石油钻井平台。这里是城镇的北边，在Samitivet Sriracha医院向左转可以看到水池中有2米长的鱼。

Bang Saen 海鲜 $$

（菜肴100~250B；⏲午餐和晚餐）入乡随俗，泰国人做什么你就做什么。他们一般根据海鲜餐馆来评价这里的沙滩。这个沙滩景点在城镇北面18公里处。这里不是太适合游泳，但是周末休假的曼谷人和当地的大学生因这里的餐饮和风景非常喜欢这里。要到达这里，你需要私人的交通。

Ko Loi Seafood Stalls 海鲜 $

（菜肴40~160B；⏲午餐和晚餐）在Ko Loi码头上休息，这些小摊点以专做新鲜的海产为特色。这里没有英语菜单，但是菜都很美味。

Si Racha

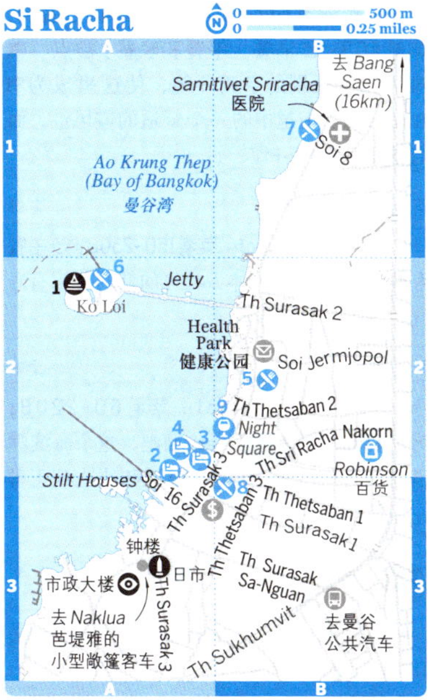

Si Racha

景点

住宿

就餐

饮品

夜市 市场 $

（Night Square；Th Jermjompol & Th Si Racha Nakorn；菜肴50B起；⏲5pm）这个夜市有点小，但是足以满足你的胃口了。

Picha Cake Garden 糕点店 $

（Th Jermjompol和Th Surasak 1交叉路口；咖啡40B；⌚早餐、午餐和晚餐）糕点、咖啡和无可挑剔的空调环境，使这里成为Si Racha繁忙街道中的一个舒适的避风港，而且这里还有Wi-Fi。

Asami Sriracha 日本菜 $$

（Th Jermjompol；菜肴150~250B；⌚午餐和晚餐）这个当地日本人社区的低调餐馆有寿司、乌冬面和猪排饭。

Pop Pub 酒吧

（Th Jermjompol；菜肴60~220B；⌚5~11pm）更像是个摇滚酒吧，这个海滨啤酒城和音乐俱乐部的菜单从咸味小吃到正餐一应俱全，还有充足的酒水供应。

实用信息

泰京银行（Krung Thai Bank；Th Surasak 1和Th Jermjompol交叉路口）

邮局（Th Jermjompol）泰京银行往北几个街区。

Samitivet Sriracha医院（Samitivet Sriracha Hospital；☎0 3832 4111；Soi 8，Th Jermjompol）公认是Si Racha最好的。

到达和当地交通

Si Racha没有固定的汽车站，但是大部分公司都集中在Th Sukhumvit（Hwy 3公路）附近。政府公共汽车到曼谷的东站（Ekamai）（88B到155B，2小时）、北站（Mo Chit）（100B，1.5小时）和素万那普站（机场），每小时都会从Th Sukhumvit大街的IT Mall（Tuk Com）旁边的起点发车。

开往曼谷的小客车（minivans）会停在Th Sukhumvit大街上的鲁宾逊百货商店（Robinson department store）前面，频繁地发往曼谷的各个汽车站（100B到120B）和胜利纪念碑（Victory Monument）（100B）。

所有到这里的曼谷公共汽车都会继续向东开往芭堤雅（50B）。白色的sǒrng·tǎa·ou（小型敞篷客车）从Si Racha的钟塔出发，到芭堤雅的Naklua市场附近（25B，30分钟）。

私人公交公司在Th Sukhumvit大街与Th Surasak大街交叉口的南面有站点，发往以下的长途目的地：Nong Khai（506B，12小时，每晚1班）、Khorat（380B，5小时，每晚2班）和Phuket（848B到1138B，每晚1班）。

每天有火车从曼谷发往芭堤雅，在Si Racha有站。这列火车上午6点55分从华南蓬站离开，下午2点50分从Si Racha返回（三等车厢100B，3小时）。Si Racha的火车站在海滩往东3公里。

Túk-túks（机动三轮车）到城镇中的地点要30B到40B。

西昌岛（Ko Si Chang） เกาะสีชัง

人口 5012

西昌岛的海滩曾经是皇室静居之处，如今的渔村氛围和足够多的景点能填满你一日游的行程。曼谷人在周末的时候去吃海鲜，在大海前面摆造型，在当地的寺庙做功德。

景点

免费 Phra Chudadhut宫 历史景点

（Phra Chudadhut Palace；⌚周二至周日9am~5pm）这座皇家宫殿曾是拉玛五世的（朱拉隆功国王）避暑宫殿，在1893年法国军队占领该岛后遭废弃。主要的王座殿，一座恢宏的金柚木建筑柚木宫（Vimanmek Teak Mansion），在1910年被搬到了曼谷（见63页）。

现在剩下的都是一些维多利亚式的建筑，显示出当时国王的建筑品味。**Ruen Vadhana**和**Ruen Mai Rim Talay**陈列着一些历史文物，关于国王到岛上参观的情形和他的公共建筑工程计划，包括在西式的茶话会上对当地人民做的演讲。山上是**Wat Asadang Khanimit**，这个寺庙中有一个神圣的小房间，拉玛五世曾在这里参禅。里面的佛像是在50年前，由一个当地的僧人塑成的。旁边有一个在圣布里包裹的石板，被称为钟石（Bell Rock），因为在敲击的时候它会发出像钟一样的声音。

因为这是皇家的财产，所以进入景点时理论上要求着装得体（不可以露着胳膊或腿），但是这个地方并没有管理人员，所以规定并不是强制性的。遗憾的是这里的地面都已经破损了。考虑到这里离曼谷非常近和人

们对这位受爱戴的国王的尊敬，这里的年久失修很令人不解。

Cholatassathan Museum 水族馆

（入场需要捐赠；⏲周二至周日9am~5pm）在你到达那座宫殿之前，可以参观一下这个水族馆的海洋生物展览，这里有少量的英语标志。那个可触摸的鱼缸非常有意思，因为泰国人在那里标注了那些比较好吃的动物。水产资源研究学会在这里研究珊瑚。

San Jao Phaw Khao Yai 寺庙

（⏲白天）岛上最壮观的景点是华丽的中国寺庙，这些寺庙可以追溯到中国商人在隐蔽水域抛锚的那些日子。在2月中国新年期间，大量中国大陆游客来到岛上。这里还有许多圣窟和平台，还能欣赏到海上的风景。这里在城镇的东面，寺庙俯瞰着现代驳船在海上静静地等待。

Wat Tham Yai Phrik寺 寺庙

（วัดถ้ำยายปริก；接受捐赠；⏲清晨~傍晚）这个佛寺建在一些禅洞的周围，这些洞通到这个岛的中央石灰岩边缘。在chedi（佛塔）顶部往下看，景色非常优美。来自泰国各地的僧人和mâa chee（尼姑）利用这里安静的环境参禅。通常有些人会做非正式的导游并谈论佛学。你也可以安排多日的参禅活动。

Hat Tham Phang 海滩

在岛的西南边，Hat Tham Phang（坠洞海滩）有简单的设施，出租帆布躺椅和伞。不推荐在这里游泳，但是你可以尽情地晒太阳。

活动

一些当地人去附近的Koh Khang Khao（蝙蝠岛）浮潜。详细信息可以询问Pan & David Restaurant。

在Hat Tham Phang可以租用海上皮划艇（每小时150B）。从岸边划船到Koh Khang Khao是非常不错的，Koh Khang Khao也是一个潜水的好地方。

Si Chang Healing House 按摩

（西昌康复中心；☎0 3821 6467；167 Mu 3 Th Makham Thaew；⏲周四至周二8am~6pm）在一个花园迷宫中提供按摩和美容（400~800B），在Pan & David Restaurant的对面。

就餐

这里有一些小餐馆，里面简单烹制的海鲜，肯定会成为你的最爱。

作者推荐 Pan & David Restaurant 各国风味 $$

（☎0 3821 6629；167 Mu 3 Th Makham Thaew；菜肴50~260B；⏲周三至周一早餐、午餐和晚餐）餐馆有自由放养的鸡、自制的奶油、法式咖啡和美味的泰国菜，菜单中一定有你喜欢的。最好是电话预订桌位。这里离宫殿200米。

Lek Tha Wang 海鲜 $

（菜肴60~150B；⏲午餐和晚餐）这个有名的餐馆在宫殿入口的附近，许多泰国人到这里吃海螺和其他贝类海鲜，而对于我们来说，总是吃đôm yam gûng（酸辣虾汤）和炸鱼。

实用信息

该岛仅有的栖居地，位于面向大陆的一侧，是摆渡码头的终点。崎岖不平的路连接着这个村落和其他景点。

泰华农民银行（Kasikornbank；99/12 Th Atsadang）该银行有ATM，并提供货币兑换服务。

邮局（Th Atsadang）在码头附近。

www.koh-sichang.com该网站有非常丰富的当地信息。

到达和当地交通

从Si Racha到西昌岛的船每天上午7点到晚上8点之间，每小时从Ko Loi码头发出一趟（单程40B）。从西昌岛返回的船从早上6点到晚上6点每小时一趟。船都是准时出发。

西昌岛的机动三轮车可以带你到四处游玩，大概是40B到60B。环岛游是250B到300B，你可能需要砍价。

在码头上可以租到摩托车。

Pattaya & Naklua
帕塔亚（芭堤雅）和那格洛

芭堤雅（Pattaya） พัทยา

人口215 888

以性产业著称的芭堤雅无需为其基础产业感到抱歉。摇摆舞俱乐部、按摩厅和色情酒吧占领了中心城市越来越多的街区，使曼谷的红灯区都显得渺小和不值一提。当来自俄国和东欧的家庭从包机上走下来，人数可能超过这里穿高跟鞋的变装皇后的时候，这座城市可能会显得稍微不那么颓废一些。最近曼谷人已经把芭堤雅作为一个负担得起的周末度假地了。他们在海边干燥的地点就餐，评论着这里是多么的便宜，这里的海水要比华欣干净多少。这是否意味着“罪恶之都”已经变成了人人皆宜的城市？不可能的，但是在恶劣之中的确有一些有益健康的东西（虽然值得怀疑的是，除了传教士之外任何人都会被这样的言论诱惑）。

这座城市是围绕着**芭堤雅湾**建设的，芭堤雅湾是一个广阔的新月形海湾，在20世纪

Pattaya & Naklua 帕塔亚（芭堤雅）和那格洛

景点

1 菲尔泰克斯运动俱乐部 C1
2 Khao Phra Tamnak A5

活动、课程和团队游

3 Thais 4 Life B4

住宿

4 Garden Lodge Hotel C1
5 Woodlands Resort C1

就餐

6 Central Festival Food Hall & Park C2
La Baguette ......（见5）
7 Leng Kee C3
8 Mae Sai Tong C3
9 Mantra C2
10 Nang Nual B4

饮品

11 Green Bottle C3
12 Gulliver's C2
13 Hopf Brew House B3

娱乐

14 Blues Factory B4
15 Differ C2
16 Lima Lima A4
17 Tiffany's C2

60年代是泰国最早的海滩度假地之一。周围区域现在是泰国的制造业基地，原来作为捕鱼地和游泳池的海湾已经变成了一个工业化港口。当地的一些泰国人仍然在这里游泳，但是我们并不推荐在这里游泳，因为这里的水比较脏。然而海滨的漫步长廊在成片的树木下有着优美的景色和可爱的海岸风景。

乐观主义者称中心南部的中天海滩（Hat Jomtien）非常适宜家庭出游。的确，这里很少有色情酒吧，但这里的旅店和餐馆都很平庸和陈旧（特别深受廉价团队游的欢迎）。北部芭堤雅（芭堤雅Neua）正在把自己加工成为一个迷你曼谷，建设了许多现代公寓大厦和高档旅馆。城市的北面是**Naklua**，这里比中天海滩要光艳一些，对芭堤雅的其他游客是不错的选择。

景点和活动

真理寺　纪念馆

（Sanctuary of Truth；ปราสาทสัจธรรม；☎0 3836 7229；www.sanctuaryoftruth.com；206/2 Th Naklua；门票500B；⏲8am~6pm）该寺完全由木材建造（没有金属钉子），可以居高临下看到大海。真理寺可以被描述为一个梦幻境界，分为艺术圣地、宗教圣地和文化纪念馆。华丽的寺庙式建筑是由Lek Viriyaphant设计的，他是一个泰国的百万富翁，在这里和其他的遗产项目（比如曼谷附近的古城）中花费了大量的钱财，这些项目保留了濒临绝迹的古代建筑技术和建筑风格。在这里，这些建筑会继续支持手雕木工技术，因为这里已经建了30年了，但是还没有完全完工。

该寺分四翼建造，分别根据泰国、高棉、中国和印度的宗教意象建造。20层楼高的建筑到处都是印度教和佛教神灵的木雕——几个世纪的宗教神话艺术全部汇聚到一个屋檐下，给人以更大的精神启迪。对于非佛教人士，由于对这些佛像的象征意义并不是很熟悉，这里更加具有教育意义。不管怎样，这里的建筑相当漂亮，建筑风格令人非常难忘。

从上午8点30分到下午5点，每半小时就会有导游在这里引导一次游览。上午11点30分和下午3点30分会有泰国舞蹈。你可以从芭堤雅打摩的，50B到70B。

Anek Kusala Sala（Viharn Sien）　博物馆

（อเนกกุศลศาลา [วิหารเซียน]；☎0 3823 5250；紧邻Th Sukhumvit；门票50B；⏲9am~5pm）这个博物馆是比较受旅游团欢迎的一站，这里有300多件中国艺术品，主要是一些历史人物，佛教、儒家和道教神灵的青铜和黄铜雕像。该博物馆是由Sa-nga Kulkobkiat创建的，他是一个泰国人，但是从小在中国长大。这座博物馆的最大成功之处是令人难忘的艺术品收藏和非常高水平的英语引导标识（在售票处还可以领取非常有用的双语指南）。

Hat Jomtien 中天海滩

Hat Jomtien 中天海滩

住宿

1 Rabbit Resort A1
2 RS Seaside B3
3 Summer Beach Inn B3

就餐

4 Sam's Mexican & American Grill A1

第一层是一个中国神灵的展示馆，从宇宙巨人盘古到慈悲的观世音菩萨。第二层的平台是该馆最引人注目的地方，比真人还要大的少林和尚的雕像展示着不同的武术动作。附近是一些日常生活的雕像（算命先生、裁缝、酒保），游客们会放上一枚泰铢硬币。

该馆在芭堤雅中心往南16公里处，沿着Th Sukhumvit走然后在岔路口处往Wat Yan Sangwararam走。有芭堤雅到梭桃邑（Sattahip）的小型敞篷客车（25B）可以载你到岔路口，然后你可以打个摩的走完剩下的3公里到达博物馆（50B），但是再回到主路上就比较困难了，你可以让司机在那里等或者乘自己的交通工具来。

Ko Lan 海滩

（เกาะล าน）当天来回的短途旅客成群结队地来到这个距离芭堤雅中心7公里的小岛享受阳光和沙滩。在周末，从曼谷来这里旅游聚会的人会在海滩的睡椅中度过迷醉的一夜。碧绿色的海水被汽艇、香蕉船和其他水上娱乐设施分割成一块一块的。岛上有大概五个海滩，骑摩托车很容易到达，但不要期望能找到僻静的地方。在步行街南端的芭堤雅Bali Hai码头有船开往Ko Lan（30B，每天5趟），从Ko Lan回来的最晚的一趟船是在晚上6点。

Khao Phra Tamnak 观景点

（เขาพระตำหนัก；见108页地图；⏲白天）一座巨大的金佛坐落在中天和南部芭堤雅（芭堤雅Tai）之间的这座绿树成荫的山顶，提醒着人们信仰还没有抛弃这座现代的蛾摩拉（Gomorrah）。大佛寺（Wat Phra Yai）这座安详的佛像可以追溯到芭堤雅还是一个小渔村的时代。在这个高耸的位置，你甚至可以想象迷你裙和大象啤酒（Beer Chang）快乐时光之前的年代。你可以从步行街的南端走上这座山的山顶，中途会有一个比较小的中国神殿。

Fairtex Sports Club 健身、泰拳

（菲尔泰克斯运动俱乐部；见108页地图；☎0 3825 3888；www.fairtex-muaythai.com；179/185-212 Th Pattaya Neua；每套课程800B）疲倦的专业人士、武术爱好者和喜欢冒险的运动员纷纷来到这个度假式运动营地训练moo·ay tai（泰拳，也写作muay thai），享受一个大汗淋漓的假期。日常的课程包括护垫练习、对打和拍板、练习指导、塑身。在这里偶尔会碰到名人，许多国内有名的泰拳冠军以及国外的形形色色的武术师也会在这里训练。

菲尔泰克斯训练泰拳师已经有40年了。2005年，该公司开办了这家运动俱乐部，为那些对搏击和健身感兴趣的国外游客提供西式的舒适环境。这里提供食宿，还有游泳池和其他体育设施。

Flight of the Gibbon 户外探险

（☎08 9970 5511；www.treetopasia.com；

团队游3000B起）这个索道滑翔项目全长3公里，有26个平台，在春武里（Chonburi）Khao Kheeo Open Safari的丛林之中，离芭堤雅有50分钟的路程。这是一个全天的旅程，中途会有附加的活动，比如说丛林越障训练或者参观附近的动物园。1米以上的儿童可以单独进行索道滑翔，不足1米的儿童需要和成年人同乘。

节日

芭堤雅国际音乐节（Pattaya International Music Festival）
音乐节

在3月中旬，芭堤雅的海滨会变成户外音乐会大集合，会有3天的现场音乐。2011年，来自韩国、日本、马来西亚和老挝的乐队和在泰国最受欢迎的现代狗乐队（Modern Dog）、文身色彩乐队（Tattoo Colour）等都是领衔主演。

住宿

如果你是一个“另类的”芭堤雅游客（意思是说你不是为性而来的游客或随团游客），那你最好不要待在芭堤雅中心，而要选择Naklua、中天或者芭堤雅Neua等地方。如果你不想游览芭堤雅，而是前往110公里以外的素万那普国际机场，又不想去曼谷过夜，那么可以考虑在这里留宿。

RS Seaside
酒店 $$

（见110页地图；☎0 3823 1867；www.rs-seaside.com；Th Hat Jomtien；房间650B起；❄☒）房间比较小，前台工作人员非常友好，在随团旅游中RS是一个非常不错的选择。房费中包含2顿早餐。

Summer Beach Inn
酒店 $$

（见110页地图；☎0 3823 1777；Th Hat Jomtien；房间650~1500B；❄@）这个远离芭堤雅恶习的高层旅馆干净、舒适，还有现代化的生活设备。

Rabbit Resort
酒店$$$

（见110页地图；☎0 3825 1730；www.rabbitresort.com；Hat Dongtan；房间4000B起；❄@☒）在中天和芭堤雅Tai之间的海岸森林之中隐藏着许多别墅，这就是拉比特度假村。内部的装修都是泰式设计和艺术风格，卫生间的卵石和花岗岩使其别具一格。这里是芭堤雅的世外桃源。

作者推荐 Birds & Bees Resort
酒店 $$$

（☎0 3825 0556；www.cabbagesandcondoms.co.th；Soi 4；Th Phra Tamnak；房间4500B起；❄@☒）进入一个热带花园度假村，这里被蜿蜒的小路分割成两半，这里的艺术品装饰是非常悠闲的风格。住在这里的兔子躲在灌木丛之后，孩子们在水池中嬉戏，直到被泡得难受。这里有一个半私人的沙滩，作为一个度假村，不协调的是这里竟然与人口与社区发展协会（PDA）相联系。人口与社区发展协会是泰国的一个非政府组织，负责这个国家对避孕套的成功接受和计划生育。

Garden Lodge Hotel
酒店 $$

（见108页地图；☎0 3842 9109；Soi 20和Th Naklua交叉路口；房间950~1450B；❄☒）带有阳台的高品质房间，有风景园和阴凉的游泳池。

Woodlands Resort
酒店 $$$

（见108页地图；☎0 3842 1707；www.woodland-resort.com；Soi 22，164/1 Th Naklua交叉路口；房间3700B起；❄@☒）惊人划算的度假村，树林度假村非常低调，又非常专业，这里有一个热带花园和两个游泳池，一个带有“沙滩”入口，适合年轻的游泳者。这里的房间很明亮，空气也很好，带有柚木家具。

就餐

作为一个旅游城，这里有许多实际平庸但定价却很高的餐馆，所以你需要降低你的标准。大多数菜单都是双语的（通常是英语和俄语）。

作者推荐 Mum Aroi
泰国菜 $$

（☎0 3822 3252；83/4 Soi 4，Th Naklua；菜肴180~240B；⏲晚餐）“美食角落”是一个用玻璃和混凝土建造的餐馆，坐落在Naklua渔村一端的海边。陈旧的渔船孤零零地停靠

泰拳冠军：雅桑克莱·菲尔泰克斯（Yodsaenklai Fairtex）

雅桑克莱是一个非常有名的泰拳选手，但是你不知道他非常的谦虚。由于他正在走向事业的暮年，他比那些能够高踢对手头部的强健的年轻人要稍微壮实一些。雅桑克莱8岁开始练拳，帮助自己艰苦的农民家庭是其中的原因之一。他的第一场比赛是在他的家乡Nong Banglamphu的一个寺庙集市中，那次他输了。但是自此以后他因为有条理的搏击技术和风格获得了一个外号“电脑魔术师”。他获得过三次蓝毗尼（Lumphini）冠军，现在已经拓展到国际比赛，他获得了WBC超次中量级泰拳冠军。在过去的2年中，他去过12个国家进行比赛，无论去哪，他总是带着妈妈做的面条和电饭锅。比起那些当地的美食，他更喜欢泰国菜。

在芭堤雅，雅桑克莱推荐清晨沿着海滨公路或者在Khao Phra Tamnak山上跑步，或者在市政大楼对面的摊位上来一盘sôm·đam lao（老挝香辣青木瓜沙拉）。按照习惯，雅桑克莱把他训练的体育馆作为自己的姓氏（菲尔泰克斯），他正在这里准备下一次比赛。

在岸边，清新的海风包围着这些贪婪地享受着美味泰国菜的人们。尝试一下sôm•đam Ƅoo（蟹肉香辣木瓜沙拉）和Ƅlah mèuk nêung ma-now（酸橙汁蒸鱿鱼）。你需要包一辆小型敞篷客车来这里（单程100B）。

Central Festival Food Hall & Park　各国风味 $

（见108页地图；Th Pattaya Sai 2；菜肴60B起；⏲午餐和晚餐）吃一盘pàt tai最好的地方就是在这个新建的曼谷式购物中心。

Sam's Mexican & American Grill　墨西哥-美国菜 $$

（见110页地图；☎08 6142 8408；472/9 Th Tha Phraya，Jomtien Plaza；菜肴80~200B；⏲周日不营业）对于烹饪外国食物，泰国人并不擅于做墨西哥菜，虽然都有着对辣椒和柠檬的钟爱。但是Sam's的配方非常好，来这里也是因为一个洛杉矶移民的推荐。

Nang Nual　泰国菜 $$

（见108页地图；☎0 3842 8478；Walking St；菜肴100~200B；⏲午餐和晚餐）芭堤雅最有名的海鲜餐馆是可以敲游客一笔的，但是这里的价格还是比较实惠的，有些菜肴特别好，那些就算不是特别好的也是比较不错的。在户外的平台上可以狂览海湾的景色。你也不必用手势与服务员交流。

Mae Sai Tong　泰国菜 $

（见108页地图；Th Pattaya Klang；菜肴50B）在日市旁边，这个摊位以常年卖kôw nĕe•o má•môo•ang（糯米熟芒果）而出名。其他人只有等到旱季才能竞争。

Leng Kee　泰式中餐 $

（见108页地图；Th Pattaya Klang；菜肴50~80B；⏲午餐和晚餐）像曼谷和泰国其他沿海城镇一样，芭堤雅也有一个繁荣的唐人街。这里由第二代和第三代家庭运营，他们出色地平衡了泰国和中国的传统。这个餐馆里的午餐鸭肉饭非常受欢迎，但是在中国的新年，这里的菜单会变成素食菜单，也包括节日的金色好运面条。

La Baguette　面包店 $

（见108页地图；☎0 3842 1707；164/1 Th Naklua；菜肴120B起；⏲早餐、午餐和晚餐）作为Woodlands Resort的一部分，这个整洁的咖啡厅有美味的糕点、意式浓缩咖啡和更好吃的可丽饼。你可以接入这里的Wi-Fi网络。

Mantra　各国风味 $$$

（见108页地图；☎0 3842 9591；Th Hat Pattaya；菜肴240~800B；⏲周一至周六晚餐，周日早午餐和晚餐）就算你只能买得起一杯上等的鸡尾酒，Mantra也是一个非常有乐趣的地方。这个酒吧被丝缎包围着，宽阔的餐厅在深色的木制装潢之中。菜单中有日本菜、泰国菜和印度风味。很多人为星期天的早午餐来这里。

Ban Amphur　泰国菜 $

（菜肴100B起；⏲午餐和晚餐）芭堤雅往

南15公里处的这个渔村是泰国人非常喜欢的享用晚餐的地方。沿着海滨公路有6个海鲜餐馆，有几个特别大，服务员需要用对讲机。选一个人不是太少也不是太多的地方坐下来，点上这里所有的海鲜特色菜。你需要租交通工具才能到这里。

饮品

除了大量喧闹老套的啤酒吧，这里也有一些比较不错的地方适合单纯地喝喝酒。

Hopf Brew House 酒吧

（见108页地图；☎0 3871 0650；Th Hat Pattaya）在压抑的阴暗森林当中，Hopf Brew House是中年啤酒爱好者的港湾。有现酿的啤酒和现烤的比萨。

Gulliver's 酒吧

（见108页地图；☎0 3871 0641；Th Hat Pattaya）新殖民风格的门面掩饰了内部悠闲的运动酒吧的氛围。

Green Bottle 酒吧

（见108页地图；☎0 3842 9675；216/6-20 Th Pattaya 2）在这个装饰都已褪色的绿色瓶子，啤酒很便宜，欢呼声不断。这里从1988年就开始营业了。

娱乐

除了色情以外，芭堤雅的步行街上也有一些年轻的俱乐部，在这个半步行街区有各式各样的酒吧和俱乐部。

Lima Lima 夜总会

（见108页地图；Walking St）国际化的DJ场面，外国游客与当地人在这里交汇。

Differ 夜总会

（见108页地图；Soi Phettrakun）这里非常受来度周末的曼谷人欢迎，这个舞厅的标语是“感受乐趣，感受自我”。就在Big C的对面。

慈善小组

与这座城市的酒色形成鲜明对比的是这里的慈善组织。雷·布伦南神父（Father Ray Brennan）是芭堤雅众多的慈善家之一，他是一位美国神父，至圣救主会会员，2003年去世。他留下了持久的、鼓舞人心的遗产，包括在至圣救主会会员基金会保护下的6个慈善项目。他还创建了芭堤雅孤儿院和聋人学校，现在这两个机构由天主教教区管理。所有这些的成功要感谢那些无私的捐助者和志愿者。

芭堤雅孤儿院（Pattaya Orphanage；☎0 3842 3468；www.thepattayaorphanage.org；Th Sukhumvit，North Pattaya）创建于20世纪70年代，当时一个教区居民无法抚养自己的孩子，于是把这个孩子给了雷神父。由于传言说在当时越南战争美国驻军区域的影响下，他可以照顾这些孩子，这第一个孩子导致越来越多的孩子被送到他这里。现在这个孤儿院收养那些由于不幸（贫穷、毒品、艾滋病）而造成的孤儿。孤儿院同时帮助这些孤儿寻找收养家庭。那些有意帮助孤儿院的人可以捐赠食品、用品或者做一段时间的志愿者。

至圣救主会会员基金会（Redemptorist Foundation；volunteer@fr-ray.org）开办一些盲人和残疾人学校，还有流浪儿童收容所，这些儿童中可能许多涉及到芭堤雅的儿童性交易。基金会还开办日间儿童看护中心，看护那些原来需要跟随父母到危险的工作地点的儿童。志愿者往返于不同的机构，教授英语，同孩子们一起玩耍，教授艺术课程。对志愿者要求6个月的服务期，可以联系基金会索要志愿者手册，手册带有志愿者申请手续的说明。

如果你没有时间做志愿者，至少到**Thais 4 Life**（www.thais4life.com；Soi Yen Sabai Condotel，Th Phra Tamnak；🕘周一至周六中午~6pm）看一下。这是一个慈善书店，收入会捐给那些需要治疗的贫困病人、孤儿，或者用于学校统一奖学金。

Blues Factory 现场音乐

（见108页地图；☎0 3830 0180；www.thebluesfactorypattaya.com；Soi Lucky Star, Walking St）芭堤雅正经现场音乐的最佳演出地点。

Tiffany's 剧院

（见108页地图；☎08 4362 8257；www.tiffany-show.co.th；464 Th Pattaya 2；门票500~800B；⏲6pm、7:30pm和9pm）这里创建于1974年，芭堤雅可能是发明异性装卡巴莱歌舞表演的地方，这种流行音乐式的演出中，演员会穿着带有亮片的丝绸衣服唱着伤感的歌曲。

实用信息

危险和麻烦

在这里许多人都喝得大醉，所以晚上经常会有蓄意伤人的行为发生（打架、偷盗和危险驾驶）。尽量警醒一些，远离那些可能发生暴力事件的地方。

紧急情况

旅游警察局（☎紧急情况1155）总部在Th Phra Tamnak上的泰国旅游局办事处的旁边，沿着芭堤雅和中天海滩有许多警察岗亭。

网络

城市里面有许多有网络的地方，大多数旅馆有Wi-Fi或者网络终端。

媒体

《探索芭堤雅》（*Explore Pattaya*）是一本免费的双周刊杂志，包含活动、景点、旅馆、餐馆等一系列信息。《芭堤雅有什么》（*What's On Pattaya*）是一本类似的月刊。《芭堤雅邮报》（*Pattaya Mail*）（www.pattayamail.com）是这里的英文周报。Pattaya 24 Seven（www.pattaya24seven.com）是一个关于这座城市的在线指南。

医疗服务

曼谷芭堤雅医院（Bangkok Pattaya Hospital；☎0 3842 9999；www.bph.co.th；301 Th Sukhumvit, Naklua；⏲24小时）一级医疗中心。

货币

城市中遍布银行和ATM，非常方便。

邮政

邮局（见108页地图；Soi 13/2, Th Pattaya Sai 2）

旅游信息

泰国旅游局（TAT；见108页地图；☎0 3842 8750；609 Th Phra Tamnak；⏲8:30am~4:30pm）位于拉玛九世公园（Rama IX Park）的西北边上，这里有宣传册和地图。

到达和离开

飞机

芭堤雅的机场是U-Taphao国际机场（U-Taphao International Airport），在城区往南33公里处。这是一个很老的军事基地，现在接收一些商务航班，尤其是包机。**曼谷航空公司**（Bangkok Airways；☎0 3841 2382；www.bangkokair.com；179/85-212 Th Pattaya Sai 2）有从这里到普吉岛（3000B起）和苏梅岛（3600B起）的航班。

船

一种新的高速的轮渡服务连接了芭堤雅和华欣（成人/儿童 1500/900B，3.5小时）。旺季的时候轮渡上午8点30分从芭堤雅出发，旺季每周3次（淡季的时候每周2次），在同一天的下午

> **绕过曼谷**
>
> 越来越健全的公共汽车和小客车网络已经把东部海岸和素万那普机场连接起来，这意味着你乘飞机到达和离开不再需要从曼谷中转了。这对厌倦了冬天的游客或者是新婚夫妇更有吸引力，他们迫切希望尽快到达海滩。经过一点提前的准备，沙美岛是离机场最近最漂亮的岛屿，它东南面的沙滩很安静，非常适合度蜜月的人。在机场的汽车站查看一下开往罗勇的公共汽车时间表，然后乘坐一辆小型敞篷客车前往去沙美岛的轮渡码头。

12点30分从华欣出发。订票和询问相关信息可以联系**Thai Living Ferry**（☎0 3836 4515；www.thailivingferry.com）。

长途汽车

芭堤雅的主要汽车站在Th Pattaya Neua。公共汽车往返于以下目的地：

曼谷东（Ekamai）站（91B，1.5小时，从6am到9pm随时发车）

曼谷北（Mo Chit）站（105B，2小时，从6am到9pm随时发车）

曼谷素万那普（机场）站（124B，1.5小时，从7am到3pm每小时1班）

许多二等省级公共汽车在Th Sukhumvit上有站（不是汽车站），在这里你可以拦下开往罗勇（Rayong）（83B，1.5小时）和Si Racha（65B，30分钟）的车。你也可以乘坐由Naklua市场开往Si Racha（25B，30分钟）的白色小型敞篷客车。

开往昌岛和沙美岛的小型公共汽车大概要250B。旅行社会卖票并安排搭车。

火车

在芭堤雅和曼谷华南蓬站之间每天会有一趟火车（三等车31B，3.75小时）。这列火车上午6点55分从曼谷出发，下午2点20分返回。这列火车的时间表可能会有所变化，所以出行之前最好还是先咨询一下**芭堤雅火车站**（Pattaya train station；☎0 3842 9285），该火车站紧邻Th Sukhumvit，就在Th Hat Pattaya Neua的北边。

当地交通

当地被称为小型敞篷客车的这种小客车会在主要街道上循环。你可以随时跳上车，只要在下车的时候支付10B就可以了。如果你从中天去Naklua，你可能需要在芭堤雅Neua的海豚环岛（dolphin roundabout）处换车。你也可以在海豚环岛处乘坐一辆这种小客车去往汽车站。如果你要远行，你可以包一辆这种小客车，提前定好价钱。

罗勇与班佩（Rayong & Ban Phe）

ระยอง/บ้านเพ

人口106 737 / 16 717

你最可能把罗勇或者班佩作为交通中转站去沙美岛。罗勇有多趟公车发往其他地方，班佩的小港口有开往沙美岛的渡船。蓝色的小型敞篷客车往来于这两座城镇之间（25B，45分钟，随时发车）。

住宿

Rayong President Hotel 客栈 $

（☎0 3861 1307；Th Sukhumvit，Rayong；房间550B起；❄）穿过马路，从汽车站到Th Sukhumvit的另一侧。这个酒店在暹罗商业银行（Siam Commercial Bank）旁边的一条小巷里，找一下标志就可以找到了。

Christie's Guesthouse 客栈 $

（☎0 3865 1976；传真0 3865 2103；280/92 Soi 1，Ban Phe；房间500B起；❄）如果你需要一个房间、一顿饭或者一本书，这里是适合你的地方。这间宾馆在码头附近，比较舒适。

到达和离开

罗勇的公共汽车开往和来自以下站点：

曼谷东（Ekamai）站（127B~146B，3小时，从6am到9:30pm每小时1班）

曼谷北（Mo Chit）站（146B，4小时，从6am到7pm每小时1班）

曼谷南（Sai Tai Mai）站（150B，5小时，每天5班）

曼谷素万那普（机场）站（165B，2.5小时，每天8班）

尖竹汶（80B，2.5小时，随时发车）

有公共汽车往来于班佩汽车站（Tha Thetsaban附近）和曼谷东（Ekamai）站（157B，4小时，从6am到6pm每小时1班）。班佩也有小客车频繁地开往以下地点：

芭堤雅（250B，2小时，每天3班）

曼谷胜利纪念碑（Bangkok's Victory Monument，250B，4小时，从7am到6pm每小时1班）

Laem Ngop（350B，4到5小时，每天2班）坐到昌岛的船。

到沙美岛的往来船只信息请见121页。

沙美岛（Ko Samet）

เกาะเสม็ด

沙美岛是一个田园风格的岛屿，茫茫大

海上汇聚了无尽美景：沙滩小海湾沉浸在清澈碧绿的海水中。这里是曼谷人周末常来的地方，也是随团旅游的主要目的地，所以你会和许多热爱沙滩的人分享这里的美景。

考虑到它的地理位置和受欢迎程度，沙美岛的不发达程度确实令人吃惊。茂密的丛林围绕着这些不高的旅馆。由于政府的规定，大多数海边的建筑都谨慎地躲在了林木线的后面。岛上没有高楼，也没有交通堵塞（内部的道路还没有铺）。大多数的沙滩游都是老方法，沿着海岸线绿树成荫的小路步行。

景点和活动

在一些岛屿上，你环游沙滩，而在沙美岛上，你环游小海湾。沿海的小路横穿满是乱石的海岬、蝉鸣的森林和一个又一个的美妙小海湾，你越往南走，心情会变得越来越平和。

钻石沙滩（Hat Sai Kaew） 海滩

钻石沙滩从小岛的东北角开始，是这里最宽最白的沙滩，这里有顶级海滩度假地的所有特点。这里有日光浴者、卖纱笼（sarong）的人、停在这里承载一日游游客的游艇和大量的餐馆，在这里，人也是风景的一部分。在晚上由于有聚会和卡拉OK，场面就更加热闹了。

钻石沙滩的南端有**王子和美人鱼雕像**（prince and mermaid statues），纪念顺通•蒲（Sunthorn Phu）写的泰国史诗*Phra Aphaimani*中沙美岛的文学角色。故事的大概内容是一位王子被流放到了一个有相思病的女巨兽（在碧武里的Hat Puak Tian有她自己孤单的雕像）统治的海底王国，一只美人鱼帮助这个王子逃到沙美岛，在这里他用一只魔笛打败了巨兽。

Ao Hin Khok和Ao Phai 海滩

Ao Hin Khok和Ao Phai比它们北边相邻的海滩要柔和一些。这是两个被岩石海岬分割的两个美丽的海湾。这里的人群比钻石沙滩那些脚踏实地的人要年轻一些，也比较时髦。这里的聚会都会进行到很晚。这两个海滩是背包客在这个岛上传统的聚会中心。

Ao Phutsa（Ao Tub Tim） 海滩

更远一些是宽阔的Ao Phutsa（Ao Tub Tim）海滩，这里是寻求独处的人、家庭旅行者和情侣的最爱，他们只需要“文明”，而不是其他的一些刺激。

Ao Wong Deuan 海滩

钻石沙滩的一个比较小的姊妹沙滩，**Ao Wong Deuan**是一个长长的新月形海湾，这里挤满了人，主要是随团旅行者。

烛光海滩（Ao Thian） 海滩

海滩上点缀着许多大石，大石掩蔽下的一片片沙地给人一种孤零零的感觉。这里是沙美岛最悠闲最自在的海滩之一，周一到周五这里更显孤单。在周末，曼谷的大学生会聚在这里弹着吉他整夜吟唱。

Ao Wai湾 海滩

Ao Wai湾是一个“守车”型的可爱小海湾，让你远离一切（实际上这里离Ao Thian湾1公里）。

Ao Prao湾 海滩

在西海岸上，Ao Prao湾非常适合傍晚的时候喝上一杯鸡尾酒，但是这个小沙滩已经被声称提供幽居（实际上并没有）的高端度假村占据了。

团队游

沙美岛与其他9个相邻的岛屿共同组成了Khao Laem Ya/Mu Ko Samet国家公园。在其他岛上也有一些发展，大多数游客都是来这里一日游。**Ko Kudee岛**有一些比较漂亮的小沙滩，海水清澈，非常适合浮潜，有一条徒步远足小路也非常不错。Ko Man Nai岛上有一个**罗勇海龟保护中心**（Rayong Turtle

海滩门票费

沙美岛是一个国家公园的一部分，向所有游客收取门票费（成人/儿童200/100B）。门票费在钻石沙滩的国家公园办公室分部收取，从码头来的小型敞篷客车会在门口停下付费。拿好票以供后用。

Conservation Centre），这里是濒危海龟的繁殖地，有一个比较小的游览中心。

提供游船的旅行社在受欢迎的海滩上露营，他们可以提供许多不同的游船游览路线（1500B起）。

住宿

尽管度假村正在逐步替代那些旧房屋，与泰国其他的海滩度假村相比，沙美岛的住宿显得格外简单和守旧。平日的房价也不是很便宜（带风扇的房间800B起），但是相对于房价在周末和假日翻一倍的酒店，这已经非常不错了。

对于早起的人的一点忠告：钻石沙滩、Ao Hin Khok湾、Ao Phai湾和Ao Wong Deuan湾都是最受欢迎的沙滩，晚上会有非常盛大的夜间聚会。

钻石沙滩（HAT SAI KAEW）

Laem Yai Hut Resort 客栈 $

（☎0 3864 4282；Hat Sai Kaew；房间800~1000B；❄）五彩缤纷的受风雨侵蚀的小屋坐落在沙滩北端绿树成荫的花园中。这种悠闲的氛围在以随团游为主的沙滩上创造出了另一种背包客的世界。

Saikaew Villa 酒店 $$

（☎0 3864 4144；Hat Sai Kaew；房间800~2000B；❄）Saikaew Villa是离码头最近的选择，这里大小房间都有，有带风扇或者空调的，是一种假期露营的氛围。质量和环境每个房间都有所不同。

AO HIN KHOK湾和AO PHAI湾

Tok's 酒店 $$

（☎0 3864 4072；Ao Hin Khok；房间1500B；❄）华丽的别墅坐落在风景优美的山坡上，绿树成荫，鲜花丛丛，Tok's是一个非常不错的中档旅馆。

Jep's Bungalows 客栈 $$

（☎0 3864 4112；www.jepbungalow.com；Ao Hin Khok；房间500~1600B；❄@）不错的老Jep's仍然有廉价的带有风扇的平房，它们分布在林木丛生的山坡上，就像以前一样（仅仅是5年前）。带空调的房间也一样，只不过室内温度更低一些。

Ao Pai Hut 客栈 $

（☎0 3864 4075；Ao Hin Khok；房间600~1000B；❄）和Jep's一样，这家旅馆也是在树林之中，有许多木制的小屋。

Silver Sand 酒店 $$

（☎0 3864 4300；www.silversandsamed.com；Ao Phai；房间1500~2200B；❄@）有舒适的床和整洁的卫生间的现代别墅为简朴的沙美岛奉上了一丝必要的豪华。银沙酒吧里的业余活动有些混乱，同性恋游客非常喜欢这里。

Samed Villa 酒店 $$

（☎0 3864 4094；www.samedvilla.com；Ao Phai；房间1800~2500B；❄）漂亮的小屋面朝大海或者坐落于修剪整齐的花园中，这里声称没有烦恼只有享受。

AO PHUTSA湾和AO NUAN湾

作者推荐 **Tubtim Resort** 酒店 $$

（☎0 3864 4025；www.tubtimresort.com；Ao Phutsa；房间800~2500B；❄@）从风扇到精彩无限，Tubtim什么都有一点。更贵一些的小屋非常漂亮，装饰精美，剩下的是那些便宜的，但是到美丽海滩的距离都是一样的。

假期兼职

通过**海星冒险**（Starfish Ventures；www.starfishven tures.co.uk；4个星期，含宿£800）你可以报名成为罗勇海龟保护中心的志愿者。活动包括监测海龟行为、放生小海龟和向从沙美岛来的游客做讲解。住宿是在一个小渔村，每天你会坐快艇到Ko Man Mai岛。这份工作很悠闲，你将从上午8点工作到下午3点或4点，每周工作4天，在你休息的时候，这里有许多非常不错的海滩可以游玩。

Ko Samet 阁沙涠岛(沙美岛)

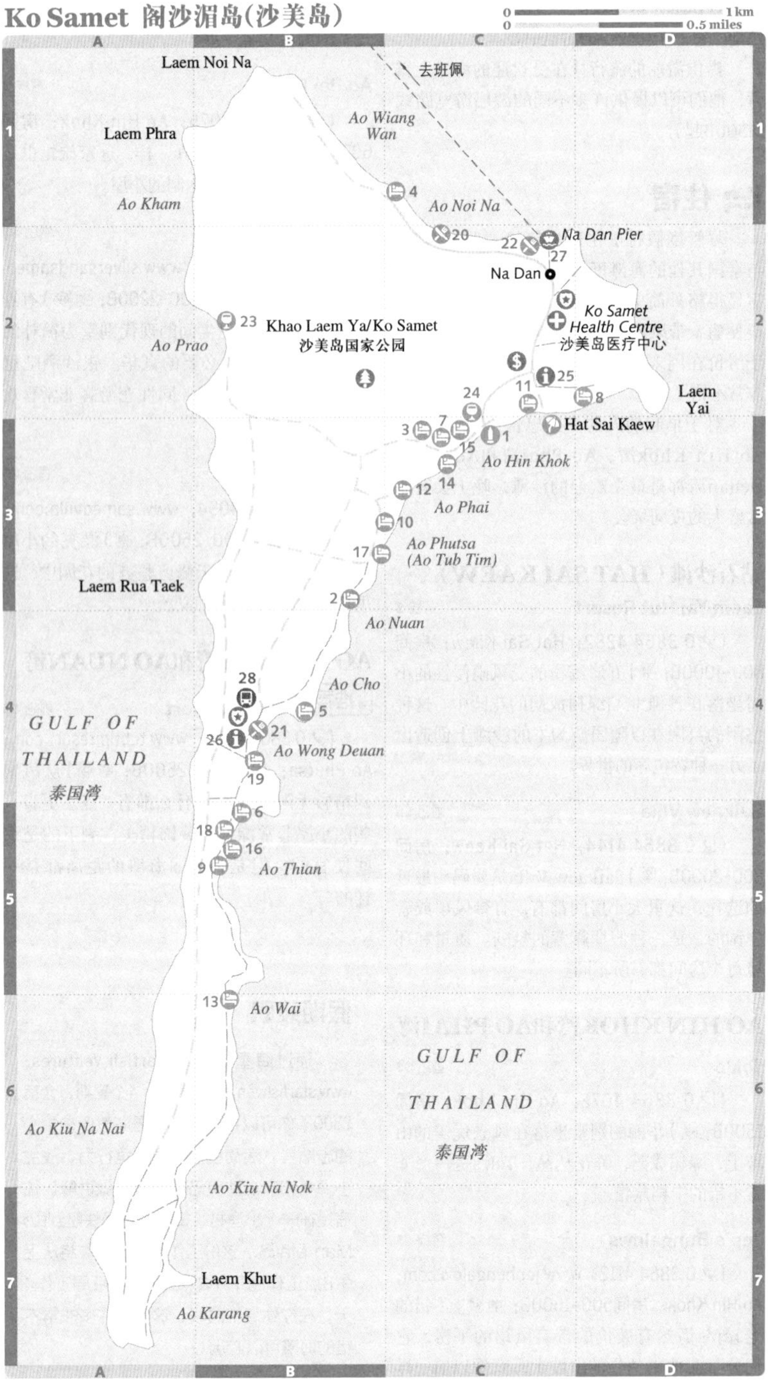

Ko Samet 阁沙湄岛（沙美岛）

景点

1 王子和美人鱼雕像 C3

住宿

2 Ao Nuan B3
3 Ao Pai Hut C3
4 Baan Puu Paan C1
5 Blue Sky B4
6 Candlelight Beach B5
7 Jep's Bungalows C3
8 Laem Yai Hut Resort D2
9 Lung Dam Apache B5
10 Pudsa Bungalow C3
11 Saikaew Villa C2
12 Samed Villa C3
13 Samet Ville Resort B6
14 Silver Sand C3
15 Tok's C3
16 Tonhard Bungalow B5
17 Tubtim Resort B3
18 Viking Holiday Resort B5
19 Vongduern Villa B4

就餐

20 Ban Ploy Samed C2
21 Baywatch Bar B4
Jep's Restaurant （见7）
22 Rabeang Bar C2
Summer Restaurant （见4）

饮品

23 Ao Prao Resort B2
24 Naga Bar C2
Silver Sand Bar （见14）

实用信息

25 国家公园办公室总部 C2
26 国家公园办公室分部 B4

交通

27 轮渡终点 C2
28 小型敞篷客车站 B4
小型敞篷客车站 （见27）

Pudsa Bungalow 客栈 $$

（☎0 3864 4030；Ao Phutsa；房间700~1500B；❄）更好一点的小屋是沙滩附近那些用浮木修整过的平房，这些房子位于小路的边上，深夜会听到外面的说话声。要是说话的人是你的话，这里是个不错的选择。

Ao Nuan 客栈 $$

（房间700~2000B）另类的Ao Nuan是沙美岛休闲的发明者，这里有简单的木制平房隐藏在林木中。够酷的旅行者若在这里预订到房间，也会在餐馆里聚集。没有电话，也就意味着不可以预订，所以直接走过来就行了。在这个极为隐蔽的沙滩上这里是唯一的住处。

AO WONG DEUAN湾和AO THIAN湾（烛光海滩）

Ao Wong Deuan和班佩之间有往来轮渡（单程50B），周末的时候会增加往返次数。

要到Ao Thian湾，需要坐轮渡到Ao Wong Deuan湾，然后向南走过海岬，从这里走到岛的西侧也很快，在Tonhard Bungalow附近找到有标记的小路就可以了。

Blue Sky 客栈 $

（☎08 1509 0547；房间600~1200B；❄）蓝天在Ao Wong Deuan湾是一个相当经济的住处，岩石海岬上有一些简单的平房。如果喜欢廉价的东西，你会在其他的海滩上找到更好的选择。

Candlelight Beach 客栈 $

（☎08 1762 9387；房间700~1200B；❄）在海滩上，这些带有风扇和空调的小屋面朝大海，给人一种自然、带有林木气息的感觉。

Lung Dam Apache 客栈 $

（☎08 1452 9472；房间800~1200B；❄）带有空调的小屋就坐落在沙滩上，整个旅馆展现出泰国乡下使用回收材料的美学设计。

Tonhard Bungalow 客栈 $$

（☎08 1435 8900；房间700~1500B；❄）在沙滩的树林部分，这个地方有一些比较基础的甚至是连基础标准都达不到的平房，但是你会受到非常友好的招待。

Viking Holiday Resort 酒店 $$

（☎0 3864 4353；www.sametvikingresort.com；房间1200~2000B；❄@）Ao Thian的最上流旅馆，有宽敞舒适的房间，这里只有9个房间，所以提前预订吧。

AO WAI湾

Ao Wai湾离Ao Thian湾大约1公里远，但是从班佩可以包快艇到这里。

Samet Ville Resort 酒店 $$$

（☎0 3865 1682；www.sametvilleresort.com；房间包括早餐2000~5300B；❄）这家酒店在一片树林的掩蔽下，是一片隐蔽沙滩上的唯一一个度假村。这是一个比较低调的地方，对于那些狂热的度假者可能略显逊色。但是这里有各种档次的房间，适合所有人，而且还有一片非常不错的沙滩。

AO NOI NA湾

Baan Puu Paan 客栈 $$

（☎0 3864 4095；房间700~1200B；❄@）这个地方微风荡漾，在主路和海的中间，Na Dan码头的西北部。这里的服务使用英语。如果房价再高一些的话，这里会成为精品宾馆。房屋的颜色非常可爱，在海上还有几个孤零零的小屋，是外出度假的好地方。你可以拿一本厚书随手翻阅。你需要私人交通工具来往。

餐饮

大多数酒店和宾馆有餐厅，晚上会作为酒吧。饭菜和服务不会太令你失望，但是并没有太多的选择。晚上的沙滩烧烤是岛上居民的最爱，但是要选一家看上去比较专业的摊位，意思是说那些上菜比较稳定的，人们一直在用餐的，而不是客人们看上去比较烦躁的。

在周末沙美岛会变成喧闹的不眠之夜，当地的旅游团在卡拉OK机旁不停地唱歌，年轻人喝着啤酒在那跳舞。酒吧的场面会随着人群的变化而变化，但是在白沙海滩（Hat Sai Khao）、Ao Hin Khok、Ao Phai和Ao Wong Deuan通常都会有很多人。

Jep's Restaurant 各国风味 $$

（Ao Hin Khok；菜肴60~150B；⏲早餐、午餐和晚餐）这个漂亮的地方在一棵弯曲的大树枝叶之下，装饰着一些吊灯。沙滩上所有的好东西这个餐厅都有一点。

Summer Restaurant 各国风味 $$$

（Baan Puu Paan，Ao Noi Na；菜肴250~400B；⏲晚餐）夏日餐厅可以俯瞰到海湾，有从印度鸡块到法式鸡胸的世界各地的风味。

Ban Ploy Samed 泰国菜 $$$

（☎0 3864 4188；Ao Noi Na；菜肴300~600B；⏲晚餐）比起把食物运到你的面前更好的是，你被滑轮船拉到这个漂浮着的餐厅。新鲜的海鲜，尤其是各种清蒸鱼正在等着你。

Rabeang Bar 泰国菜 $

（Na Dan；菜肴50~100B；⏲早餐、午餐和晚餐）这个水上餐厅就在轮渡码头的边上，这里有足够好的食物让你流连忘返。

Naga Bar 酒吧

（Ao Hin Khok；饮品60B起）这个海边的酒吧，专门做喝酒的游戏：投币、泰拳比赛和威士忌酒桶。

Silver Sand Bar 酒吧

（Ao Phai；饮品60B起）银沙在晚餐时间过后摇身变为酒吧和舞厅，这里同时也受到同性恋的欢迎。

Baywatch Bar 酒吧

（Ao Wong Deuan；饮品80B起）这里有许多晚上欣赏沙滩的位置。鸡尾酒很烈，这里的人群很有意思。

Ao Prao Resort 酒吧

（Ao Prao；饮品80B起）这个度假村在岛屿日落的地方，餐厅的海景非常漂亮，非常适合看日落。你需要乘坐私人交通工具到达这里。

实用信息

沙美岛上有一些地方有ATM，包括Na Dan码头和Ao Wong Deuan湾附近。

大部分海滩上的旅馆都有网络终端或者Wi-Fi。

沙美岛医疗中心（Ko Samet Health Center；☎0 3861 1123；⏲周一至周五8:30am~9pm，周六和周日8:30am~4:30pm）在Na Dan和钻石沙滩之

间的主路上。非营业时间的紧急情况请联系张贴的手机号码。

国家公园办公室总部（National Parks main office，在Na Dan和钻石沙滩之间）。Ao Wong Deuan湾上有一个分部。

警察局（☎1155）在Na Dan和钻石沙滩之间的主路上。Ao Wong Deuan湾上有一个分局。

到达和离开

从大陆上班佩的码头可以到达沙美岛。班佩有许多码头，每个码头都是不同的轮渡公司，但是他们的票价都是一样的（单程/往返 50/100B，40分钟，从8am到4pm每小时1班），都是在沙美岛上的主要码头Na Dan靠岸。返回大陆的船频次相同。

如果你要去Ao Wong Deuan湾或者更往南，从大陆直接坐船去那里的海滩就可以了（单程50B，1小时，每天2班）。

如果你在大陆上买票，你会碰到拉客的快艇（整条快艇要收2500B）。快艇可以载下10个人（每人250B），但是你不知道多久才能等到这个价格。如果你很着急，可以选择包船，快艇会直接把你送到你要去的海滩。

大陆上的售票处会向你推销旅馆，他们可以得到大量佣金。你完全可以先到岛上然后再找住的地方。

当地交通

沙美岛是一个小岛，这使它成为一个徒步探险的好地方。许多土路交织在一起，连接了岛上西部的大部分地方。

绿色的小型敞篷客车会在码头等待到达的船只，游客乘坐这种小客车可以随时在各海滩上下车（20B到80B，海滩不同，价格不同）。如果车上的人不满，司机不会开车或者会让乘客出200B到500B包车。

在岛的北半部，你可以在随意一处租一辆摩托车，大概需要支付300B一天。这里的土路很不好走，大型车辆会掀起沙尘。不管怎样，在租车前一定要检查刹车，弯道的时候要慢开。

尖竹汶（Chanthaburi） จันทบุรี

人口 99 819

尖竹汶可以证明发光的不一定是金子。在这里，各种宝石闪闪发光，吸引着国际商

当地知识

带有历史的生活

Pratapan Chatmalai是Chantaboon海滨社区协会的领导者。她在这里长大，还深情地记着那个来自不同文化的人们紧密团结在一起的社区。现在她致力于挽救那些故事和社区的个性。

你们的组织做什么？

现在这座社区是一座“奶奶”城市。古老的城市正在失去生命，年轻人都渐渐离开。我希望保留这里的文化让下一代人去了解，我正在尽力帮助这里的人们过上幸福的生活。我们开办了学问舍（Learning House），这样人们就可以了解过去人们的生活。

你推荐游客在古城中参观什么或者做什么？

这里有独特的历史和过去的生活方式。可以参观一下大教堂、中国圣殿和老房子。每一座房子都与众不同，结合了泰国、中国和西方的风格。你可以在当地的餐馆里用餐，这里有海鲜米粉、老式冰激凌和点心。如果你累了，可以在古老的泰式房子里做按摩。

你最喜欢古城的哪一部分？

我热爱这里的整个地方，因为这是一个活生生的博物馆，我可以在这里散步，和人们谈论过去，他们会很开心。

希纳·威廉斯（China Williams）根据口述整理

Chanthaburi 庄他武里(尖竹汶)

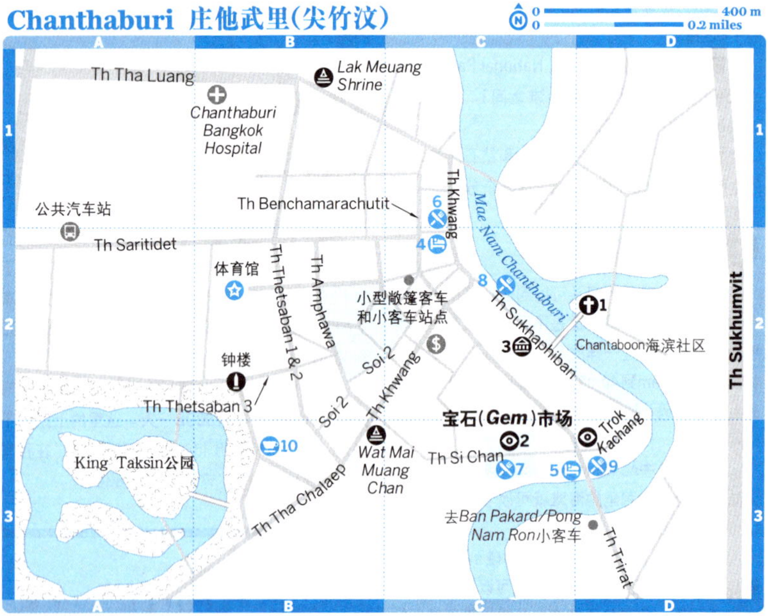

Chanthaburi 庄他武里（尖竹汶）

重要景点

宝石市场 D3

景点

1 大教堂 D2
2 宝石商店 C3
3 学问舍 C2

住宿

4 Kasemsarn Hotel C2
5 River Guest House C3

就餐

6 Chanthorn Phochana C1
7 Muslim Restaurant C3
8 Seafood Noodle Shop C2
9 Sony Yadaw D3

饮品

10 Coffee Room B3

人，包括那些贩卖蓝宝石、红宝石、翡翠和其他颜色宝石的东南亚人和非洲人。得益于宝石交易和多文化交融的历史（法国、越南和中国），这个所谓的“月之城”作为一个典型的泰国城镇变得多姿多彩。泰国已经把这里打造成一个经济和宗教圣地，值得一去。

这座古老的城市（也称作Chantaboon海滨社区）是移民和国际干预的最好写照。19世纪越南人开始到达这里，那时基督教徒难民为了逃避交趾支那（南越南）的宗教和政治迫害来到这里。第二批越南难民来到这里是在20世纪20年代和40年代，他们是为了逃避法国统治。第三批是在1975年共产党占领南越南之后。从1893年到1905年，法国占领着尖竹汶，当时正是暹罗和印度支那的边境争端时期。

景点和活动

作者推荐 **宝石市场** 市场

（ตลาดพลอย；Th Si Chan & Trok Kachang；周五、周六和周日）周末的时候，在Th Si Chan（又叫“宝石路”）附近的大街小巷，到处都是推销贩卖的嘈杂声。这里给人一种平常泰国市场的感觉，但是考虑到所卖商品的价值，这里真是感觉有点不协调。人们围着临时的桌子，有时甚至只是围着商贩的手掌，仔细查看成小堆的未经加工的宝石。在正式的商店里，谨慎的买家透过放大镜检查宝石的质量和真实性。这真的是一个以观赏为主的活动，对外行人并不推荐，但是围观一下那些比较私人的交易也是挺有意思的。

在尖竹汶周围的山中曾经有一些蓝宝石和红宝石矿，这些矿曾为宫殿提供一些精美的装饰品。19世纪中期之后，这些矿被掸族（缅甸人）商人发展为商业企业。现在当地开采的宝石质量比较差，但是拥有丰富资源的尖竹汶商人从世界各地弄来珍贵的宝石和次宝石，在这里又卖给那些旅行者。

这里最后的矿是**Khao Phloi Waen**，在城外6公里处，以其湄公河威士忌（Mekong Whiskey）黄色宝石闻名。

Chantaboon海滨社区　历史景点

（Chantaboon Waterfront Community；Th Sukhaphiban）沿着湄南河尖竹汶段河岸，古老的木制商店绵延1公里，它们是保存和改进的活的历史博物馆。在这里行走，就像是穿越时间的漫步，还有泰国独有的特点：食物的特征比事实和数字更显著。

去**学问舍（Learning House）**（☎08 1945 5761；⏲9am~5pm）看一看，这里有对此社区的教育性介绍。第二层展示了日常生活的历史图片和漂亮的家庭雕花通风板的建筑图纸。这个社区的移民历史在这些特殊的面板中展示出来：这里有汉字和法兰西王室纹章的雕刻。

大约300年前，农民和商人第一次在这片肥沃的河岸上定居，把这里建设成为一个农业贸易站。中国商人和经济移民在这里避难，使这里的当地人口多样起来。越南天主教徒为了躲避他们国家的宗教迫害来到这里。没多久，不同的种族之间开始通婚，所有人融合在一起。

现在，老一辈人还住在那些摇晃的老房子里，但是通过Khun Pratapan的努力，许多国内游客会到这里来度周末，吃一些中国、泰国和越南菜，聆听那些古老的故事。

大教堂　教堂

（Cathedral；湄南河尖竹汶段东岸；⏲白天）从Th Sukhaphiban穿过一座人行桥就是这座法式教堂，它是这里的建筑亮点。1711年，越南天主教徒和一个法国神父到了这里，在这里建了一座小传教士教堂。在1712年到1906年之间，最原始的建筑已经被重建了四次，目前这是泰国的这种建筑中最大的一个。

King Taksin公园　公园

（สวนสาธารณะสมเด็จพระเจ้าตากสิน；Th Tha Chalaep；⏲白天）这里是这座城镇的主要绿洲，里面有许多在此野餐的家庭和慢跑的人。晚上在这里散步也是很不错的。

节日

水果节（Fruit Festival）　食物

在每年6月的第一个星期，尖竹汶的年度水果节是一个品尝本地区优秀农产品的好机会，尤其是红毛丹、山竹果和永远刺激的榴梿。

住宿

住宿可能会很紧张。最好是提前预订，尤其是周五到周日宝石商人们在城里的时候。

River Guest House　酒店 $

（☎0 3932 8211；3/5-8 Th Si Chan；房间150~400B；❄@）标准的旅馆房间没有什么令人兴奋的，但是在预算范围内这已经是够好

穿越边境：从Ban Pakard到Psar Pruhm

在泰国的这个海岸角落，相对于往东北走到亚兰的过境处，这里有一条去往柬埔寨吴哥窟（Angkor Wat）更近的路。

小客车（☎08 1949 0455）从尖竹汶河旅馆河对岸的一个站点出发开往Ban Pakard / Pong Nam Ron（150B，1.5小时，每天3班）。在那里你可以通过正常手续过境（一张护照照片和20美元的签证费），然后搭车到拜林市（Pailin），从那里可以去风景优美的马德望（Battambang），第二天可以坐船到暹粒（Siem Reap）。

的了，令人轻松的休息区和友好的员工都比较不错，最好订一个离高速路远一些的房间。

Kasemsarn Hotel 酒店 $$

（☎0 3931 1100；www.kasemsarnhotel.net；Th Benchamarachutit 98/1；房间1200~1500B；❄@）对于曼谷游客来说已经够好了。Kasemsarn的房间很大很现代，平日还会有很多折扣。

餐饮

Seafood Noodle Shop 泰国菜 $

（Th Sukhaphiban；菜肴25~50B；⊙午餐和晚餐）沿着湄南河尖竹汶段，在这座古城里，你会发现大多数泰国游客会吃这种以米粉为原材料的尖竹汶式海鲜米粉。旁边有其他的一些自制小吃。

Sony Yadaw 印度菜 $

（Th Si Chan；菜肴30~100B；⊙早餐、午餐和晚餐；✐）许多来自南亚的珠宝商人驻足于这个简陋的素食餐厅寻找家乡的味道。

Chanthorn Phochana 泰式中餐 $

（☎0 3931 2339；102/5-8 Th Bencham arachutit；菜肴30~120B;⊙早餐、午餐和晚餐）这里有令人眼花缭乱的泰式中餐，包括特色菜：炒木瓜和当地的山竹果酒。你可以尝试一下越南春卷，还可以买一袋当地的榴梿条（比你想象的要好吃）在下次坐公共汽车时吃，都是周末包装好的。

Muslim Restaurant 穆斯林泰国菜 $

（☎08 1353 5174；cnr Soi 4，Th Si Chan；菜肴25~50B；⊙9:30am~9pm）这个小地方有非常不错的印度抛饼、印度比尔亚尼菜（biryani）、咖喱和印度茶。

Coffee Room 咖啡馆 $

（Th Tha Chalaep；饮品50B起；⊙早餐和午餐）这个都市风格的咖啡馆在King Taksin公园的对面，从曼谷来的高消费层次的商人和游客在这里会感觉少了些地方特色。

实用信息

提供货币兑换服务和ATM的银行遍布城内。

大城银行（Bank of Ayudhya；Th Khwang）

尖竹汶曼谷医院（Chanthaburi Bangkok Hospital；☎0 3935 1467；Th Tha Luang；⊙6am~9pm）是曼谷集团的分部，处理紧急事件。

到达和当地交通

尖竹汶汽车站有开往下列目的地的公共汽车：

曼谷东（Ekamai）站（187B，3.5小时，从6am到11:30pm每小时1班）

曼谷北（Mo Chit）站（187B，4小时，每天2班）

达叻（70B，1.5小时，从6:30am到11:30pm每1.5小时1班）

呵叻（Khorat）（266B，从6am 到 6pm每小时1班）是通往东北部的大门。

Sa Kaew（106B到137B，从6am到10pm每小时1班）到亚兰（Aranya Prathet）边境的公共汽车的换乘地。

在市场附近的一个站点有小客车开往达叻（80B）和罗勇（100B）。去沙美岛的游客可以乘坐小客车直接到班佩（Ban Phe）（120B）。

城内的摩的要20B至30B。

达叻（Trat） ตราด

人口 21 590

达叻是到昌岛（Ko Chang）和柬埔寨海岸的大陆上主要的转接点，有令人神往的魅力。旅馆区是一个大气的木制店屋街区，蜿蜒小路穿梭其中，充满了典型的泰国街道生活：孩子们骑着自行车，妇女们往来其中，小商贩卖着小玩意和必需品。为何不多待一会儿享受一下岛上没有的东西：新鲜廉价的水果、好吃的面条和大量的行人。

景点

达叻的标志性产品是一种**药用草药油**（medicinal herbal oil，泰语称作nám•man lĕu•ang）。这种药号称能治百病，从关节炎到蚊虫叮咬，在当地药店就可以买到。草药油是由这里的居民Mae Ang-Ki（Somthawin Pasananon）生产的，她来自于一个中泰家庭，这个神秘药方是她的祖传秘方。人

尖竹汶附近的国家公园

尖竹汶附近有两个小的国家公园，都比较适合一日游。去这两个地方都有可能感染疟疾，所以提前做好防范。

Khao Khitchakut国家公园（Khao Khitchakut National Park；อุทยานแห่งชาติเขาคิชฌกูฏ；☎0 3945 2074；门票200B；⏲8:30am~4:30pm）在城镇东北部28公里处。**Nam Tok Krathing**瀑布是主要的景观，虽然只有在雨季刚过后值得一去。

在尖竹汶市场北侧附近的邮局的旁边乘坐小型敞篷客车可以到达Khao Khitchakut（35B，45分钟）。小型敞篷客车会在公园总部1公里以外的Rte 3249路停车，之后你需要步行。返回的交通很少，所以只能等车或者搭车。

Nam Tok Phlio国家公园（Nam Tok Phlio National Park；อุทยานแห่งชาติน้ำตกพลิ้ว；☎0 3943 4528；门票200B；⏲8:30am~4:30pm）沿着Hwy 3公路从尖竹汶往东南走14公里，这里更受人欢迎一些。一条1公里长的自然小路盘旋在瀑布之间，水潭中可以看到游动的鲤鱼。从尖竹汶市场北侧可以乘坐小型敞篷客车到公园的入口（40B，30分钟）。你需要在入口外1公里处下车。

两个公园里都提供住宿。你可以通过**公园预订系统**（☎0 2562 0760；www.dnp.go.th）订房间。

们常说如果你来达叻没有带几瓶nám•man lĕu•ang回去，就等于没有来过达叻。

本市另一个比较火的生意是**金丝燕养殖**。沿着Th Lak Meuang走下去，你很快会发现店屋的顶层都已经被刻意改造成了鸟群的筑巢区。金丝燕可以生产可食用的燕窝，这种燕窝在中国是一种美食。金丝燕的窝非常罕见（也非常贵），因为只有训练有素的大胆的攀登者才能在陡峭的海崖洞穴中收获这种东西。但是在20世纪90年代，企业家们想出了如何在多层的店屋中模仿这种洞穴，之后这种生意遍布东南亚，当然也包括达叻。现在许多市正在处理这些生财者的噪音污染问题。你自己去听一下就知道了。

室内市场（Indoor Market） 市场

室内市场从Th Sukhumvit一直往东延伸到Th Tat Mai，应有尽有，尤其是那些你忘记带的东西。一不留神，你会走到**日市**（Day Market），这里只卖新鲜水果、蔬菜和外卖食品。

住宿

达叻的Th Thana Charoen大街上有许多经济型酒店，都是传统木制房屋，你会发现就算你想花更多的钱都很困难。

作者推荐 **Ban Jaidee Guest House** 客栈 $

（☎0 3952 0678；6 Th Chaimongkol；房间200B；📶）这个悠闲的传统木制房子在一个非常好的环境中，房间很简单，共用卫生间（热水淋浴）。公共空间里有许多颇具品位的画作和艺术品。这里很受欢迎，所以一定要提前预订。

Residang Guest House 客栈 $

（☎0 3953 0103；www.trat-guesthouse.com；87/1-2 Th Thana Charoen；房间260~600B；❄📶）厚床垫、热水淋浴、Wi-Fi——你还需要什么？带电扇的房间有轻风和阳台，这里的主人有大量的交通信息资料。

Garden Guest House 客栈 $

（☎0 3952 1018；87/1 Th Sukhumvit；房间120~200B）这家旅馆有一个可爱的祖母类型的主人，里面满是鲜花和泰式生活零碎品。八个房间中，只有一个房间有独立卫生间。

Rimklong 酒店 $$

（☎08 1861 7181；194 Th Lak Meuang；房

Trat Province
达叻府

间800B；❄）达叻的第一家精品酒店，我们去的时候正在建设中，但是对于那些喜欢啜饮意式浓缩咖啡的人来说，这里是一个非常值得期待的地方。

Sawadee 客栈 $

（☎0 3951 2392；sawadee_trat@yahoo.com；90 Th Lak Meuang；房间100~300B）这个简单的家庭运营的宾馆是一个改装过的店屋，有带风扇的房间和共用卫生间。

Pop Guest House 客栈 $

（☎0 3951 2392；1/1 Th Thana Charoen；房间150~500B；❄@）你可能会意外地住进这家宾馆，因为这里的主人对于出租车佣金非常的大方，在争取客人这方面也非常的积极。房间很干净也很便宜，但如果你是一个理想主义消费者，你可以促进竞争。

餐饮

在达叻全都是在市场上就餐：在Th Tat Mai的日市上去喝gah•faa bohrahn（一种古老的咖啡），午餐时间去室内市场吃些米粉，晚餐的时候去夜市吃一顿炒菜。

作者推荐 **Cool Corner** 咖啡馆 $

（☎08 4159 2030；49-51 Th Thana Charoen；菜肴50~150B；⏲早餐、午餐和晚餐）这家咖啡馆的主人是Khun Morn，一个来自曼谷的现代文艺复兴女性（作家、艺术家、旅行者）。达叻是那些有创新精神的外来人（包括国内的和国外的）的港湾。这些人来到这座城市就是因为它小，靠近曼谷，生活悠闲。这个咖啡馆的复杂程度在当地的城镇中并不多见。这里的氛围非常好，有很酷的节拍和芒果酸奶。

Kluarimklong Cafe 泰国菜 $

（☎0 3952 4919；Soi Rimklong和Th Thana Charoen交叉路口；菜肴70~90B；⏲早餐、午餐和晚餐）这里取胜的组合是美味的泰国菜和现代的空调环境。比起时尚的装饰，这里的饭菜却是出人意料的实惠。

Oscar Bar 酒吧

（Th Thana Charoen）达叻的艺术家和外籍企业家会在这个酒吧里迎接工作日的结束。

购物

Tratosphere Books 书店

（23 Soi Rimklong；⏲8am~10pm）在这里，你可以找到一些二手书和泰国手工艺品。这里的主人Serge是达叻的爱好者和推广者，可以给你指点一些未开发的角落。

实用信息

Th Sukhumvit大街穿过市区，它经常被称为Th Ratanuson大街。

曼谷达叻医院（Bangkok Trat Hospital；☎0 3953 2735；Th Sukhumvit；⏲24小时）本地区最好的医疗中心，在市中心往北400米处。

泰京银行（Krung Thai Bank；Th Sukhumvit）有一个ATM和货币兑换服务。

警察局（☎1155；Th Santisuk和Th Wiwatthana交叉路口）离达叻中心非常近。

邮局（Th Tha Reua Jang）达叻商业中心东侧。

Sawadee@Cafe Net（☎0 3952 0075；Th Lak Meuang；每分钟1B；⏲10am~10pm）互联网和网

络电话都可用。

电话局（Th Tha Reua Jang）邮局附近。

达叻地图（www.Tratmap.com）达叻商业和景点的在线索引。

到达和当地交通

飞机

飞机场离市区40公里，从达叻市区开往飞机场的出租车居然要500B。

曼谷航空公司（Bangkok Airways；☎达叻机场0 3955 1654-5，曼谷0 2265 5555；www.bangkokair.com）有到达以下地点的航班：

曼谷（单程2090B起，每天3趟航班）。

苏梅岛（单程3390B起，每周3趟航班）经过曼谷。

普吉（单程4090B起，每周3趟航班）经过曼谷。

长途汽车和小客车

达叻的汽车站在市区外，有车开往以下地点：

曼谷东（Ekamai）站（248B，4.5小时，从6am到11:30pm每小时1班）

曼谷北（Mo Chit）站（248B，5.5小时，每天早上2班）

曼谷素万那普（机场）站（248B，4到4.5小时，每天5班）

尖竹汶（70B，1.5小时，从6:30am~11:30pm每1.5小时1班）

Hat Lek（120B到150B，1小时）小客车人满发车，早上发车更频繁一些。

市区里有许多选择，小客车开往尖竹汶（80B），人满发车，在室内市场北侧的Th Sukhumvit上的一个站点发车。**家庭旅行**（Family Tour；☎08 1996 2216；Th Sukhumvit和Th Lak Meuang交叉路口）有小客车开往曼谷胜利纪念碑（300B，5小时，8am~5pm每小时1班），然后继续开往Th Khao San（350B）。

当地的小型敞篷客车从市场附近的Th Sukhumvit开往汽车站（20B到60B，依乘客的数量而定）。

船

往来于昌岛的船只码头位于Laem Ngop，达叻西南大约30公里处。

在Laem Ngop有三个码头，每个码头都属于不同的船舶公司，最方便的是通过Koh Chang Ferry（在Tha Thammachat码头）和Centrepoint Ferry（在Tha Centrepoint码头）。这些渡船服务的价钱和发船详情请见140页。

从达叻市有小型敞篷客车从Th sukhumvit上的

Trat 达叻

0 200 m
0 0.1 miles

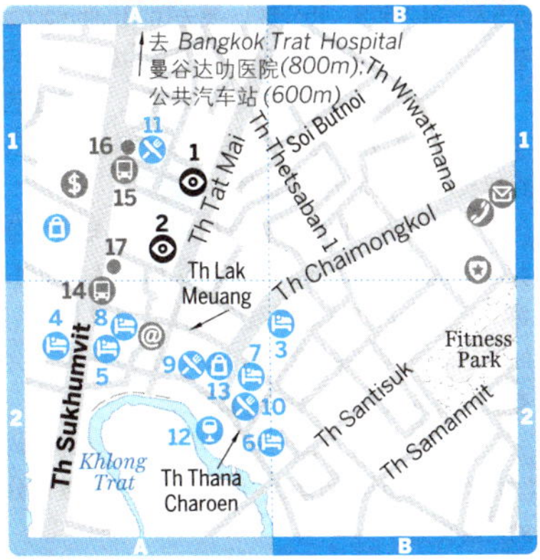

Trat 达叻

景点

- 1 日市 A1
- 2 室内市场 A1

住宿

- 3 Ban Jaidee Guest House B2
- 4 Garden Guest House A2
- 5 Pop Guest House A2
- 6 Residang Guest House A2
- 7 Rimklong A2
- 8 Sawadee A2

就餐

- 9 Cool Corner A2
- Day Market .... （见1）
- 10 Kluarimklong Cafe A2
- 11 Night Market A1

饮品

- 12 Oscar Bar A2

购物

- 13 Tratosphere Books A2

交通

- 14 家庭游（开往曼谷的小客车） A2
- 15 开往尖竹汶的小客车 A1
- 16 开往公共汽车站和 Laem Ngop 的小型敞篷客车 A1
- 17 开往 Tha Centrepoint（Laem Ngop）的小型敞篷客车 A1

站点出发开往Laem Ngop的Tha Centrepoint码头（每车6人，每人50B，45分钟）。要去Tha Thammachat码头，在买票的时候询问一下码头的中转，或者包一辆小型敞篷客车（6个人，每人60B，或者是包车300B）。如果你是从达叻的公共汽车站直接去往码头，包车的价格应该是一样的。

从曼谷你可以在曼谷东（Ekamai）站乘坐公共汽车一直到Tha Centrepoint码头（250B，5小时，每天上午3班）。这条路线会在素万那普（机场）站和达叻公共汽车站有站。相反的方向，下午会有两班公共汽车从Laem Ngop发出。

如果你想跳过昌岛直接到其他相邻的岛屿（威岛、Ko Mak岛和骨岛）你可以看一下这些部分的大陆交通。

昌岛（Ko Chang） เกาะช้าง

人口 7033

昌岛（象岛）有许多从大海中挺起的丛林密布的陡峭山峰，风景如画。虽然它现在像普吉岛（Phuket）一样，是随团旅游者的度假胜地，但还是保留了未被开发的原始风貌。

这个岛大片的沙滩就像邻家女孩一样漂亮，但是却没有美丽皇后的华丽。它的沙滩所缺少的由一个不可能的组合来弥补：原始的大自然加狂热的聚会场面。茂密丛林大突击和水下珊瑚公园都是孤独海滩（Lonely Beach）的酒会中的好话题。

十多年前，昌岛没有24小时供电，被认为疟疾横行，铺的道路很少，也没有什么机动车。现在到这里仍然不容易，但是这里有许多常客：俄罗斯的随团旅行者、去往柬埔寨的背包客和环沙滩游一直到Mu Ko Chang国家海洋公园（Mu Ko Chang National Marine Park）里更远的岛屿的情侣们。在人口密集的西海岸存在着许多迷你城市，岛上的基础设施跟不上当地人的生活需要，这是泰国许多岛屿的普遍问题。昌岛正在努力为快速增长的流动人口提供良好的卫生条件和多样的交通方式。

景点

作为泰国的第二大岛，昌岛虽然为加速现代化进程付出了一些代价，但是它仍然有热带色彩的海水，充满牲畜的丛林和许多运动型海滨迷喜欢的海上运动。

西海岸

西海岸有岛上最宽的沙滩，也是岛上发展最快的地方。众多的小型敞篷客车使沙滩游显得简单又实惠。最好是带上游泳鞋，尤其是孩子们，因为这里的许多沙滩都会有岩石。这里浅浅的温和的海水非常适合没有经验的游泳者，但是在风暴中和雨季（5~9月）中一定要小心激流。

白沙海滩 海滩

（Hat Sai Khao; หาดทรายขาว）这里是岛上最长最豪华的海滩地带，有许多随团游旅馆和日光浴者。在旺季，想在这里找到一块能

值得一游

祛海滩之痒

如果你正在从海岸返回，达叻府朝着东南向柬埔寨延伸的方向有许多海滩。最容易到达的海滩是**Hat Mai Rut**，大概是在达叻和Hat Lek过境处的中间位置。附近是一个传统的渔村，有许多各种颜色的木船，还有一些小型工业的气息，这些家庭产业已经经过几代人了。**Mairood Resort**（☎08 414858; www.mairood-resort.com; Km 53; 房间500~1000B; ❄@☒）是一个过夜的好地方，这个度假村是由一个说英语的泰国人开的，他曾在美国生活过许多年，因为在外国这么久，他可以向外国人解释这个地方的独特之处。这个度假村在海边和红树林里有非常简单的小屋。

你可以在达叻的汽车站乘坐开往Hat Lek的小型敞篷客车去Hat Mai Rut。那个度假村离Km53公路标志3公里。

穿越边境：从 Hat Lek 到戈公市（Krong Koh Kong）

对于海岸过境者来说，最近的从泰国到柬埔寨的过境是：从泰国城市Hat Lek过境到柬埔寨城市戈公市。在这里过境之后你可以转到西哈努克城（Sihanoukville）（通过戈公市）和昌岛（通过达叻）。

如果你要离开泰国，可以从达叻的公共汽车站乘坐一辆小客车到Hat Lek（120B到150B），然后可以继续入境柬埔寨。

在这个边境，柬埔寨的游客签证需要1200B（虽然在其他边境仅需要20美元）。在这里只接受泰铢付款。如果你想就此进行讨论，那就准备好吵架吧。一定要带一张护照照片，尽量避开那些兜售健康证明或者其他医学证明的男孩们。

从柬埔寨的边境，叫一辆出租车（10美元）或者摩的（3美元）去往戈公，在那里有到西哈努克城的车（4小时，每天1班或2班），也有到Phonm Penh的车（5小时，11:30am之前2班或3班）。你也可以在这里续签你的泰国签证，但是要注意在陆地边境的签证被缩短到了15天。这里在晚上8点停止过境服务。

放下毯子的沙滩都很困难，除非你等到下午最热的时候，或者是经过KC Grande Resort走到海滩最北边低调的背包客区域。主路两旁的村子都非常热闹、喧哗，但是到村边休息很方便。

珍珠海滩 海滩

（Hat Kai Mook; หาดไข่มุก）这里的“珍珠”是鹅卵石，在海岸和适合鱼类生长的海岬上堆积着。游泳和日光浴并不属于这里，但这里是一个潜水的好地方。如果你喜欢画画，海边时尚的Saffron餐馆是一个风景优美的好选择。

Ao Khlong Prao 海滩

（อ่าวคลองพร้าว）与白沙海滩的活力相比，Khlong Prao的海滩显得更加轻松一些。一片沙滩嵌在巨大的海岬之间，被两个河口切开。低潮时，海浪拍打着起伏的沙滩，海水退却时可以看到许多被冲上来的生物。如藤蔓般生长的豪华度假村占领了这个海滩，这里最主要的消遣是在海边的水池中晒太阳，因为巨浪会吞噬大部分海滩。

你可以雇用交通工具离开海滩去游览瀑布。岛上最大的瀑布是**Nam Tok Khlong Plu**（免费停车200B，⏲8am~5pm），这是一个三层的瀑布，有一个可以游泳的水池。通过一条600米的丛林小路才能到达这里。这里在雨季刚刚过后是最美的，但是要在早上人群到达之前。

Hat Kaibae 海滩

（หาดไก่แบ้）Hat Kaibae是Khlong Prao附近的一个海滩，这里对于家庭和30岁以上夫妻是一个非常好的选择，细长的海滩环绕在一个周边小岛星罗棋布的海湾。这里离那些随团游的景点比较远，你会觉得很安静，这里有皮划艇，可以去周边的小岛，低潮的时候这里会有几小时的时间充满海滨乐趣。

孤独海滩（Lonely Beach） 海滩

下午5点，孤独海滩是岛上背包客最多的地方，有些脏乱，但是非常有乐趣。在白天，大多数日光浴者都在解昨晚的酒。晚上的孤独海滩是岛上最热闹的地方，响亮的音乐声、浓烈的酒，这里的人群比较年轻，无忧无虑。

班邦宝 村庄

（Ban Bang Bao, บ้านบางเบ้า）班邦宝几乎是西海岸路的终点，原是一个渔村，按照相连码头的传统样式建造。村民已不再打渔，都进入了旅游业。他们出租房屋、开纪念品店或者餐馆。这里虽然不能给人很传统的感觉，但是商业化却是绝对的泰式，与大陆上的市场非常像，每一片空间都要卖点什么。沿着码头走到尽头，你会看到一片蓝色大海，带你穿越地平线的船只就在那里等着你。多数游客来这里是为了吃海鲜，有一些也会在此过夜。最好在日落之前结束游览，天黑之后出租车会变得更少，而且更贵。

Ko Chang 阁昌岛(昌岛)

Khlong Kloi

海滩

Khlong Kloi海滩在邦宝湾（Ao Bang Bao）的东端。虽然这里人不少，并且有齐全的必需品（啤酒、水果、食物、按摩）和一些宾馆，但是这里给人一种神秘感。你需要私人交通工具才能到这里。

北部内陆

昌岛的高山内陆作为一个国家公园被重点保护起来。丛林繁茂，里面有多种野生动物，还有许多银色的瀑布。（关于徒步旅行的信息请见132页）。

Ban Kwan Chang

象营

（บ านควาญช าง；☎08 1919 3995；changtone@yahoo.com；⏲8:30am~5pm）在一片美丽的森林当中，这个营地非常安静，这里有9头大象，你可以和它们亲密接触。一次一小时的游览（900B）包括给大象喂食、洗澡和骑坐大象，也包括酒店接送。记得要带上防蚊喷剂。

这座营地的主人是Pittaya Homkrailas，他是一个非常受好评的热心环保者，使大象和管象人之间保持着非常良好的关系。他非常关心环保和社区问题，也参与了岛上东海岸Ao Salak Kok东南面的红树林保护。

东海岸

东海岸还很平静，并不发达，主要是长满椰子树和棕榈树的起伏山丘和低调的渔村，这些渔村抵制了西海岸的度假村潮。你需要私人的交通工具，探索这片景色秀美的海湾和红树林。

生态VS乐趣：不要喂动物

在许多环岛的乘船旅游中，经营者为了取悦客人，会在一个悬崖边上停下来喂那些野生猴子。这看起来很天真也很有趣，但是这样做会有一个不好的后果，那就是这些动物会对这种食物来源产生依赖性。当在旅游淡季，没有这么多船的时候，那些幼小脆弱的动物会不容易在森林中获取食物。

有些潜水或者乘船旅游的人会把剩下的午餐或者特意在码头买的面包喂鱼，道理是一样的。喂鱼可以让小孩子看到五颜六色的鱼，但是负面影响是：有了这些更容易得到的食物，这些鱼会放弃珊瑚礁。没有这些鱼吃掉长在珊瑚上的水藻，水藻很快会大量蔓延，最终使珊瑚窒息。很抱歉毁掉一些乐趣。

Nam Tok Than Mayom 瀑布

（น้ำตกธารมะยม；免费停车200B；⏲8am~5pm）沿着Khlong Mayom小溪走，你会发现3个瀑布，从Tha Than Mayom附近的公园办公室可以到这里。从顶上望下去风景非常棒，附近有一些刻着拉玛五世（Rama V），拉玛六世（Rama VI）和拉玛七世（Rama VII）名字缩写的石头。

Ao Salak Kok 红树林海湾

（อ าวสลักคอก）从一个酒店开发商的角度来讲，这一大片红树林是一片没有利益可寻的荒地，但是当地的渔民却识得它的美丽之处，它的利益来自于它的环境保护作用。红树林是海洋的婴儿所，哺育着海洋物种的下一代，还有那些鸟类和贝壳类。

多亏了这里的自然状态，这个海湾现在已经是昌岛的生态旅游的示范。与Ban Kwan Chang大象公园的Khun Pittaya一起工作的村民开展有奖项目来保护环境和传统的生活方式。他们在Salak Kok皮划艇站（Salak Kok Kayak Station）出租皮划艇并且有一个附属的餐厅。

Ban Salak Phet 村庄

（บ านสลักเพชร）岛的东南面是Ban Salak Phet，这是一个异常热闹的泰国渔民社区，还有许多商人，加上许多骑自行车的孩子和打着哈欠的狗。这是在一代人之前昌岛大部分地区的状态。越过这个村庄的商业中心就是**Ao Salak Phet**，一个美丽的蓝色海湾，周围有一些驼背的小岛，大多数游客来这里是为了吃海鲜，或者沿着那些偏僻的小路探索一下隐蔽的海滩。

Nam Tok Khiri Phet 瀑布

（น้ำตกคีรีเพชร）这个小瀑布离Ban Salak Phet两公里远，需要步行15分钟，瀑布下面有一个很小很深的水潭。这里通常比那些比较大的瀑布安静，如果你在Ao Salak Phet附近，很容易找到这里。

活动

皮划艇

当在海中坐着皮划艇看昌岛的时候，它是一个令人难忘的英雄般的轮廓。这里的水面很平静，周围的小岛可以作为划船的目的地，这比远处的海平面要近很多。大多数酒店都会出租敞篷的皮划艇（每天300B起），对于近岸出游来讲非常方便，尤其是对那些犹豫不决的人。

KayakChang 皮划艇

（☎08 7673 1923；www.kayakchang.com；Amari Emerald Cove Resort，Khlong Prao）对于那些更认真的划船者来说，KayakChang会出租一些高端封顶的皮划艇（每天1000B起），这些皮划艇更好操作，速度更快。它们也可以用于去群岛中其他岛屿的一日或者多日游。

Salak Kok Kayak Station 皮划艇

（☎08 1919 3995；皮划艇租金每小时100B）在岛的东侧，在支持有奖生态旅游项目的同时，你可以探索一下岛上Ao Salak Kok

的红树林沼泽地。Salak Kok皮划艇站出租自己导向的皮划艇，这个皮划艇站是一个村庄项目，旨在不破坏传统生活方式的前提下促进旅游。这个皮划艇站还可以帮助安排村庄里的住宿和徒步游。

徒步

昌岛在泰国是一个不寻常的岛屿，有非常好的徒步旅行风景。岛上有茂密的森林，森林中有许多鸟类、猴子、蜥蜴和漂亮的花。最好的是，这里有一些会讲英语的导游，他们非常了解和热爱这片森林，并乐于与游客一起分享。

来自**Evolution Tour**（☎0 3955 7078；www.evolutiontour.com）的丹（Tan）先生或者是来自**Jungle Way**（☎08 9247 3161；www.jungleway.com）的列（Lek）会领你在Khlong Son Valley一日游（800B~1400B）。整个徒步旅行会让你大汗淋漓，但是你可以在瀑布下面游泳，还可以在Ban Kwan Chang大象营地游览一番。两个人都可以安排多日游，Tan先生也可以安排适合家庭的徒步游和从Khlong Son向西到白沙海滩的徒步游。

Koh Chang Trekking 徒步旅行、观鸟

（☎08 1588 3324；www.kohchangtrekking.info）观鸟的人可以联系Koh Chang Trekking，这家公司有一日游和两日游（1000B~2000B），地点是国家公园，徒步到Khao Chom Prasat，两个相邻的岩峰。

Salak Phet Kayak Station 徒步旅行

（☎08 7834 9489；1500B起）引导Khao Salak Phet上的过夜徒步游，这是昌岛的最高峰，高744米，可以观看日出和日落景色。虽然海拔不是很高，这却是在泰国能把奋斗和海岸景色关联在一起的为数不多的地方之一。你可以选择住在帐篷里或直接露天睡觉。

志愿服务

Koh Chang Animal Project 志愿服务

（☎08 9042 2347；www.kohchanganimalproject.org；Ban Khlong Son）被虐待的、受伤的或者是被遗弃的动物会在这里接受治疗或避难。这个非盈利性的中心由美国的Lisa McAlonie成立于2002年。这个中心也和当地人一起提供动物阉割和一般的兽医服务。岛上有爱心的宠物主人和满是跳蚤的狗都知道Lisa。这里非常欢迎志愿者，尤其是那些旅行的兽医和兽医护士来此奉献一点爱心和劳动。可以提前打电话预约。大多数小型敞篷客车的司机都知道这个地方怎么走，告诉他们你要去Khlong Son的"Ban Lisa"（Lisa家）。

Koh Chang Pony Rehabilitation Project 志愿者服务

（☎08 9723 4278；ponyproject.org；Ban Khlong Son）这个中心和Ban Lisa在同一条街上，营救和治疗被虐待的和需要照顾的马。

在昌岛的……

四天

躺在沙滩上，翻身到另一侧，反复翻身，在你晒黑之前或者厌烦之前持续这么做，然后结束日光浴去岛上探险。花一天的时间在丛林里**徒步旅行**，或者乘坐皮划艇进行游览。乘坐小型敞篷客车去**邦宝**（Bang Bao）吃午餐或者早些的晚餐。吃完饭之后去买一些纪念品。第二天租一辆摩托车去探索**东海岸**。

一周

花几天的时间回报小岛，去做**Koh Chang动物工程**（Koh Chang Animal Project）或者**Koh Chang小马康复工程**（Koh Chang Pony Rehabilitation Project）的志愿者。还可到附近的岛屿观光，例如**威岛**或者**骨岛**。

志愿者可以帮助喂食、清洗和训练这些受伤的或者等待领养的马。

课程

打破你懒散的日子，去上一些锻炼大脑和身体的课程吧。Khlong Prao有两所广受好评的烹饪学校。两个学校的烹饪课程都是4到5个小时，包括一趟市场巡游。每人1200B，需提前预订。

Koh Chang Thai Cookery School 烹饪

（Koh Chang泰式菜肴烹饪学校；☎0 3955 7243；Blue Lagoon Bungalows，Khlong Prao）在河口边一个阴凉的露天厨房里切片、切丁和煎炒。

KaTi 烹饪

（☎0 3955 7252；Khlong Prao主路）在Tropicana Resort的对面，是由一对母女开的，教授家庭食谱。

Baan Zen 瑜伽、冥想

（☎08 6530 9354；www.baanzen.com；Khlong Prao；课程5500B起）隐蔽在Khlong Prao的Noren Resort和Coco Massage之间的一条土路上。这是一个很安静很放松的地方，有瑜伽、灵修和冥想的课程。

Sima Massage 按摩

（☎08 1489 5171；Khlong Prao主路；按摩每小时250B；⊙8am~10pm）在Tropicana Resort对面，这里的按摩被当地人评为岛上最好的按摩，这是一个相当大的荣誉，因为在当地，按摩店比7-Eleven还要多。

Bailan Herbal Sauna 桑拿浴

（☎08 6252 4744；Ban Bailan，Bailan Inn对面；⊙4~9pm）流汗，在这个热带地区来说，可能就像是一种免费的必然结果。但是在孤独海滩的南面，Bailan还延续着一种传统的东南亚习俗，那就是桑拿浴。在茂盛的绿色植物当中，有一些土质的小屋被一种有益于健康的草药蒸汽加热。这里也有按摩、美容护理和一个果汁吧。

住宿

昌岛的随团旅游业已经扭曲了这里的住宿价格。总体来讲房价提高了，但是质量并没有提高，一部分原因是由于这些旅馆接待随团游客，所以保证了入住率，用不着去提高质量来保证回头客或者招揽新客人。也有很多低端酒店不合理定价，使那些注重性价比的游客无从选择。

在雨季（4~10月）的时候，一些地方会关门，房价会陡然下降。在高峰期（11月~次年3月）的周末和假期的时候，最好是提前预订或者是在网上优惠价订购。

西海岸

孤独海滩是最实惠的选择，Hat Kai Bae是物有所值的选择，白沙海滩定价过高。

白沙海滩

岛上最美的海滩也是最贵的。如果你想亲近最好的沙滩，在北端和南端有一些实惠的或是中等的选择值得考虑。在KC Grande Resort的北面有一个非常好的背包客聚集地，但是只能通过这个海滩才能到。我们在这里只列举两处，但是往北还有更多。

在南端你可以找到一些实惠的或者是中等的地方，但是海滩的这一端岩石比较多，高潮的时候沙子比较少。

如果你想挥霍一下，不要选择在白沙海滩，因为在这里花再多的钱也只是浪费。

国家公园

昌岛的一部分被作为国家公园保护了起来，虽然他们的保护管理不怎么样，但是在游览一些瀑布的时候会收取200B的公园门票费（门票费在介绍中有说明，可以在景点支付）。**国家公园总部**（National Park headquarters；☎0 3955 5080；Ban Than Mayom；⊙8am~5pm）在岛的东面，Nam Tok Than Mayom附近。

请注意在Mu Ko Chang国家海洋公园裸体或者袒胸日光浴是违法的，包括在昌岛、骨岛、Ko Mak等岛的所有海滩。

Independent Bo's 客栈 $

（☎08 5283 5581；房间350~550B）一个多彩的地方，在山坡上的丛林地带，展现出一种创意的、嬉皮士的风格，昌岛曾因此而出名。所有的平房都很有个性，很特别。最便宜的房间在丛林的最里面。先到先得。

Rock Sand Beach Resort 客栈 $$

（☎08 4781 0550；www.rocksand-resort.com；房间550~2000B；❄）刚过了Bo's之后，Rock Sand又升级了一下实惠的住宿。简单的带电扇的平房有共用卫生间，最高价格的带空调的房间可以看到海。这里的餐厅很受欢迎，悬停在清澈的湛蓝海水上面。

Koh Chang Hut Hotel 酒店 $$

（☎08 1865 8123；房间600~1500B；❄📶）在海滩南端的Plaloma悬崖度假村（Plaloma Cliff Resort）的旁边，这个悬崖边上的酒店离海滩很近，价格也不是很高。更贵一点的朝向大海的房间可以欣赏到海景，便宜一点的朝向街道的房间，稍微吵一些。

不要错过

潜水和浮潜

昌岛附近的潜水地点有各种珊瑚、鱼类和适合初学者的标准潜水环境，还有泰国湾（Gulf of Thailand）其他的一些潜水地点。

岛的南端水下的海底山在昌岛海洋公园的范围内，坐船30分钟可以到达。比较受欢迎的地点包括**Hin Luk Bat**、**Hin Rap**和那些深度为18~20米的被珊瑚包围的岩石海底山。这些地方都是鱼类和海龟聚集的天堂。

到目前为止，本地区最原始的潜水地点在**Ko Rang岛**周围，这是一个无人居住的小岛，由于在海洋公园的范围内，这里禁止打渔。这里的海水能见度比昌岛附近要好很多，平均在10~20米之间。所有人最喜欢的潜水地点是**Hin Gadeng**，这里有长满珊瑚的壮观石山，能见度在28米左右。在Ko Rang岛的东侧，**Hin Kuak Maa**（也称作三指礁）是另一个顶级潜水地点，这里有一座珊瑚墙，有从2~14米的深度，吸引了大量的海洋生物。

Ko Yak、**Ko Tong Lang**和**Ko Laun**是浅水潜水的好地方，对初学者和高级潜水员都比较适合。你可以环游这些小的岩石岛屿，有大量的珊瑚、鱼群、河豚鱼、海鳗、梭鱼、鳐鱼和随时出现的海龟。

边上都是礁石的**威岛**有各种各样五颜六色的硬珊瑚或者软珊瑚，是个浮潜的好地方。这是一个非常受欢迎的一日游小岛，你可以晚上留下来享受与这些礁石的独处时光，但是岛上的住宿条件非常简单。

潜水经营者估计在2010年的全球漂白现象中，本地区的珊瑚礁被毁掉了30%，因此公园的管理人员关闭了Ko Rang岛海洋公园的一些区域，所以在潜水之前你需要咨询一下哪些地点是开放的。

潜水活动大概会花费2800B到3500B。PADI开放水域证明需要花费每人14 500B。近期在雨季（6~9月）的时候潜水商店也是开放的，但是能见度和海水条件会比较差。下面是推荐的潜水经营者：

» **BB Divers**（☎0 3955 8040；www.bbdivers.com）总部在邦宝，在孤独海滩、Khlong Prao和白沙海滩都有分部。

» **Scuba Zone**（☎0 3961 9035；www.scuba-kohchang.com）总部在白沙海滩，这里的教练都非常值得推荐。

Keereeelé 酒店 $$

（☎0 3955 1285；www.keereeele.com；房间2000B；❄📶🏊）虽然名字中有太多"e"，但是并不能埋没这座新建的多层酒店的优点，其位置在路的内侧。房间很现代化，也很舒适，一些房间可以看到后面青翠的群山。这里到海滩只有300米的距离，所以你就不用和交通较劲了。

Sai Khao Inn 客栈 $$

（☎0 3955 1584；www.saikhaoinn.com；房间800~1800B；❄）这个宾馆在路的内侧，像一个花园一样，应有尽有，平房、混凝土贮仓、大房间，还有专门为出租车司机准备的房间（以宣传册为准）。

Ao Khlong Prao

Ao Khlong Prao被一些高端的度假村主宰着，少量的廉价的住处夹杂其间，主路上有些这样的住处。走着就可以去海滩了。交通不是很正规，也很吵。

Blue Lagoon Bungalows 客栈 $

（☎08 6330 0094；房间600~1000B；❄）一个极其亲切的像花园一样的地方，这里有非常简单的木制小屋，在一个安静的河口旁边有私人的平台。有一条木制的人行道通向海滩。

Tiger Huts 客栈 $

（☎08 1762 3710；房间600B）这些木制小屋和劳工房的唯一不同之处就是内部水管系统。这里不是特别舒适，服务也不是很热情，但是这里的位置号称是海滩上最宽最美的地方，附近的度假村一定非常嫉妒。

Aana 酒店 $$$

（☎0 3955 1539；www.aanaresort.com；房间7000B起；❄@🏊）私人别墅坐落于森林和Khlong Prao之上，可以乘皮划艇到海滩，房间都非常有浪漫的感觉，有阳台，可以看风景。

Lin Bungalows 客栈 $$

（☎08 4120 1483；房间800~1200B；❄）在Blue Lagoon的对面，有各种封闭的朝向沙滩的混凝土平房。

Baan Rim Nam 客栈 $$

（☎08 7005 8575；www.iamkohchang.com；房间1100B起；❄📶）原来渔民的房子改装成宾馆，分布于长满红树林的河两岸，皮划艇和电话咨询都是免费的。

Sofia Resort 客栈 $$

（☎0 3955 7314；www.jussinhotel.net；房间900~1200B；❄📶🏊）就舒适程度来讲，这里的价格非常不错，但是位置不在主路上，不能直接到达海滩。

Boonya Resort 客栈 $

（☎0 3955 7361；房间800B起；❄📶🏊）另一个主路边上的好选择。如果床上没有露着的弹簧就更好了。

Hat Kaibae

Hat Kaibae有一些岛上最好的住宿地点，从精品的酒店到经济的小屋，还有中等的平房。这里对于家庭游客和背包客来说是一个非常好的海滩。

作者推荐 **KB Resort** 酒店 $$

（☎0 1862 8103；www.kbresort.com；房间2000~3500B；❄@🏊）柠檬黄色的平房有非常活泼的卫生间，安静地坐落在海边。聆听着温柔的海浪拍打着沙滩，看着孩子们在沙滩上堆着大城市。定价过高的带电扇的平房就跳过吧。

Buzza's Bungalows 客栈 $

（☎08 7823 6674；房间400B起；❄@）坚固的混凝土平房，门廊互对，是一种悠闲的游客氛围。到海滩的距离非常短，轻轻松松就能走到。

Kaibae Hut Resort 酒店 $$

（☎0 3955 7142；房间700~2500B；❄）Kaibae Hut横跨一片美丽的沙滩，价格比较合理，可以选择各种住宿条件，有稍微破损的带电扇的小屋、混凝土平房，还有现代化的酒店式房间。一个庞大的露天餐厅晚上会有烧烤，这里有足够孩子们玩耍的空间。

Garden Resort 酒店 $$

（☎0 3955 7260；www.gardenresortkoh

chang.com；房间2500B起；❄@♒）花园度假村在主路的内侧，在绿树成荫的花园中有一些窗外景色如画的平房，这里还有一个海水游泳池。这里的主人非常友好，由于主人自己有孩子，这里成了一个非常适合孩子的地方。

GajaPuri Resort & Spa 酒店 $$$

（☎0 2713 7689；www.gajapuri.com；房间6900B起；❄@♒）打磨过的木制别墅，诠释了泰式技艺的精髓，你会感觉到一种强烈的地域感。极大的床上铺着清新的床单，外面有阳光明媚的读书平台，还有一片美丽的海滩。如果你在网上订到优惠的房间，那这里就更显奢华了。

Porn's Bungalows 客栈 $

（☎08 9251 9233；www.pornsbungalows-kohchang.com；房间800~900B）在Kaibae居住的塔法里教徒在海滩边上的成荫的椰子树林里闲逛。木制的带风扇的平房有热水淋浴。先到先得。

Siam Cottage 客栈 $

（☎08 9153 6664；www.siamcottage kohchang.com；房间500~800B；❄）摇晃的木制平房挤在沙滩上，这里没有太好的隐私性，但是一片美丽的沙滩就在你的脚下。

孤独海滩（Lonely Beach）

孤独海滩是背包客们聚会最爱的地点，也是岛上住宿最便宜的地方之一。海边的住宿已经变成了高档商品，那些省钱的人只好到内部的村子里去。如果你是一个背包客，这里有一些有创意的中等条件，你可以不必去那些仿制的度假村。岛的这一端还欠发展，丛林包围着这里的商业地带。

作者推荐 **Paradise Cottages** 酒店 $$

（☎08 5831 4228；www.paradisecottage kohchang.com；房间700~1200B；❄📶）在这个成熟的背包客地点，有许多消遣的方式。用餐吊床悬在水面上让客人可以边用餐边欣赏风景。普通的混凝土小屋被装饰得各式各样。虽然是在海边，但是这个海滩太泥泞，有许多岩石，不适合游泳。

Oasis Bungalows 客栈 $

（☎08 1721 2547；www.oasis-khochang.com；房间350B起；📶）该宾馆坐落于一条内部小路的尽头，在美丽的花果园中是一些基本的木制平房。山坡上的餐厅在树顶上望着大海，是一个旅行者聚集的好地方。你要是去海滩，需要穿过村庄，沿主路一直走下去。如果该宾馆已经住满了，这条小路上也有一些其他不错的选择。

Warapura Resort 酒店 $$

（☎08 3987 4777；www.warapuraresort.com；房间2000~3500B；❄@♒）别致也相对便宜，Warapura有一些非常不错的别墅，就在村子和一个红树林海滩的中间。对那些喜欢看海胜过玩水的人来说，这里的海滨泳池非常完美。

Kachapura 客栈 $

（☎08 6050 0754；www.kachapura.com；房间500~1800B；❄📶）Kachapura是Warapura的姊妹店，比较实惠。木制的人行道在一个绿树成荫的花园中，通向干净整洁的平房，虽然很基本，但是非常完好。这里位于村子的正中间，不能直接到达海滩。

Mangrove 酒店 $

（☎08 1949 7888；房间1000B）在孤独海滩的南端，Mangrove是一个真正意义上的生态住宿酒店，致力于保护原生态。从长满树的山上往下，有一个私人海滩，Mangrove的平房虽然简单，但是非常漂亮，门被特意设计成了折叠式的，可以打开看风景，还可以让风吹进来（自然的空调）。这种氛围是一种非常惬意的私人的乡村气息与时尚的结合。

班邦宝（Ban Bang Bao）

在其适宜旅游的外表下，班邦宝是一个喜欢风景胜过游泳的人非常喜欢的地方。住宿主要是改装过的码头上的房子。这些房子俯瞰着大海，在这里去坐岛间的轮渡非常方便。由于稳定的一日游游客的来往，白天到可游泳的海滩的交通非常方便。夜猫子们可以租一辆摩托车或者待在别的地方，因为晚饭时间过了以后，这里的小型敞篷客车会变得非常少，而且很贵。

作者推荐 **Bang Bao Sea Hut** 酒店 $$

(☎08 1285 0570；房间2500B；❄)在邦宝的码头边上有一些个人的平房，这是昌岛最不寻常的住宿地方。每个小屋(实际上比听起来更闪亮)都有一个私人的平台包围着，早餐就在这里享用，木制的百叶窗朝着大海，会有海风吹来。

Bang Bao Cliff Cottage 客栈 $

(☎08 5904 6706；www.cliff-cottage.com；房间350~700B)在码头的西面有一些简单的草屋，它们俯瞰着岩石湾，一部分隐藏在青翠的山坡上。大部分可以看到海，还有一些有非常壮观的远景，从这里下去潜水很方便。

Ocean Blue 客栈 $

(☎08 1889 2348；www.oceanbluethailand.com；房间800B)在这个传统的码头房子中，带风扇的简单房间沿着打磨过的木制走廊排成一长排。厕所是水桶式的，淋浴很凉，但是房间很干净，你可以听到海水在你下面荡漾。这里的员工很古怪，很滑稽。

Nirvana 酒店 $$$

(☎0 3955 8061；www.nirvanakohchang.com；房间3500~7000B；❄📶🏊)昌岛的高级度假村就是自己的私人空间，隐蔽在一个满是岩石和丛林的半岛。来这里可以远离一切，包括岛上其他的一切，装饰个性化的巴厘岛式平房中可以享受绝妙的海景。附近的海滩景色很美，但是不可以游泳。

北部内部和东海岸

岛的北部和东部没有西海岸发达，感觉更加偏远。你需要自己的交通工具，可能需要几个人组队一起走才不会感觉孤单，但是到了之后你会体验到一种更加安静、祥和的旅程。

Jungle Way 客栈 $

(☎08 9247 3161；www.jungleway.com；Khlong Son Valley；房间200~400B)昌岛的另一个特点是其内部的丛林和在丛林里长大的讲英语的导游。列(Lek)是一个当地的导游，他和家人一起运营这个亲切的宾馆，在树林深处的一条小溪旁。平房很简单，但是已经足够了，这里的餐厅的饭菜也不错。码头接人免费。

Amber Sands 酒店 $$

(☎0 3958 6177；www.ambersandsbeachresort.com；Ao Dan Kao；房间2000~2700B；❄@🏊)Amber Sands在一片红树林和安静的红色沙滩之间，有8个舒适的平房，窗外是一片非常鲜明的海景，风景如画。南非人谢里尔(Cheryl)和朱利安(Julian)经营这个地方，给人一种非常专业的家一般的感觉。这里像另一个世界，但是到码头只要15分钟。

The Souk 客栈 $

(☎08 1553 3194；Ao Dan Kao；房间700B；@)这个时髦的地方就在Amber Sands的隔壁，有7个流行艺术风格的凉爽的平房(只有电扇)，价钱也很便宜。这里有很多放松的地方，户外平台餐厅和鸡尾酒吧是一种都市的氛围。年轻的情侣和长时间逗留的游客都非常喜欢这个低调的地方。这里去轮渡码头很方便。

Salak Phet Homestay 家庭寄宿 $

(☎08 1294 1650；Ban Salak Phet；房间包括就餐300B)村庄生态旅游项目的一部分，住宿是由Salak Phet渔村码头上的几个家庭之一提供的。住宿条件很简单，在一个小房间的地板上有铺盖，有简单的公共卫生间。你会和这里的家人一起吃饭，所以懂一些泰语是很有帮助的。**Salak Phet皮划艇站**(☎08 7834 9489)可以帮你安排寄宿。

Treehouse Lodge 客栈 $

(☎08 1847 8215；Hat Yao；房间300B)孤独海滩上的原始Treehouse Lodge给昌岛创造了一个休闲天堂的名声。随着文明的发展，那些最初的主人们在2009年奔向了Ko Pha Ngan，延用了原来的名字和氛围，新的Treehouse搬到了偏远的东南半岛的长滩(Hat Yao)。简单的小屋(带有简单的卫生间)坐落在山坡上，俯瞰着一片柔软的沙滩。去长滩的路一直铺到了瞭望塔，但是后面维护得不是很好，所以计划待一会吧。可以在达叻咨询一下去长滩的出租车服务。

The Spa Koh Chang Resort 酒店 $$

（☎0 3955 3091；www.thespakohchang.com；Ao Salak Kok；房间1200~3000B；❄📶≋）这个水疗度假村在一个繁茂的花园中，周围是海湾的红树林，专门从事各种劳累人群需要的流行的健康保健（瑜伽、冥想、斋戒等）。装修高雅的平房坐落在花团锦簇的山坡上，让人享受一种平静的独处时间。不能直接到达海滩。

餐饮

岛上所有住宿的地方几乎都有餐厅，虽然不是很出色，但是有足够的食物。海滩上有许多聚会：年龄稍大、比较严肃的人多在白沙海滩聚会；年轻、散漫一些的人多在孤独海滩聚会。

西海岸

Oodie's Place 各国风味 $$

（☎0 3955 1193；Hat Sai Khao；菜肴150~280B；⏲午餐和晚餐）当地的音乐家Oodie开的一家多样化的餐厅，有美味的法国料理和泰国菜，晚上10点以后会有现场音乐。许多年过去了，这里仍然非常受外国人的喜爱。

Norng Bua 泰国菜 $$

（Hat Sai Khao；菜肴80~200B；⏲早餐、午餐和晚餐）这个非常受欢迎的炒菜餐厅制作所有东西都非常快也特别新鲜，带有辣椒和鱼露（赞美烹饪之神）。

Invito Al Cibo 意大利菜 $$$

（☎0 3955 1326；Koh Chang Hut，Hat Sai Khao；菜肴250~550B；⏲午餐和晚餐）高档的Invito不存在了，但是行政主厨迁到了这里，这里有非常漂亮的海景。

Saffron on the Sea 泰国菜 $$

（☎0 3955 1253；Hat Kai Mook；菜肴150~350B；⏲早餐、午餐和晚餐）这个亲切的精品酒店的主人是一个爱好艺术的曼谷人。这里海滨就餐区非常大气，气氛很轻松，很浪漫。所有的泰国菜都是岛上的风格，甜的比辣的多。

KaTi Culinary 泰国菜 $

（☎08 1903 0408；Khlong Prao；菜肴80~150B；⏲午餐和晚餐）这个受欢迎的泰国菜烹饪学校的附属餐馆也同样受人欢迎。除了泰国菜，菜单上还有一些比较有创意的冰沙，比如荔枝、柠檬和薄荷冰沙。

Iyara Seafood 海鲜 $$

（☎0 3955 1353；Khlong Prao；菜肴150~300B；⏲午餐和晚餐）Iyara不是你的标准岛屿海鲜仓库，当在漂亮的竹亭中用过晚餐之后，客人们会被邀请沿着附近的河口划皮划艇。

Nid's Kitchen 泰国菜 $

（Hat Kaibae；菜肴 30~80B；⏲午餐和晚餐）GajaPuri Resort北面的一个令人出汗的小餐厅，Nid's阿姨做那些地道的泰国菜就像是一个烹饪巫师。这里的啤酒很凉。

Porn's Bungalows Restaurant 泰国菜 $

（Hat Kaibae；菜肴40~150B；⏲午餐和晚餐）这个木制的树屋餐厅加上一个塔法里教徒式的宾馆，是海滨休闲的精髓。点的酒比饭菜多没关系，也不必担心就餐的着装。

作者推荐 **Barrio Bonito** 墨西哥菜 $$

（☎08 0092 8208；Lonely Beach；菜肴150~250B；⏲早餐、午餐和晚餐）整个岛上都称赞这个微风阵阵、比较时尚的地方的墨西哥菜。一对非常有资质的法国-墨西哥夫妇开办了这家餐馆，如果这里的salsa调味酱让你大汗淋漓，这里还有一个瀑布下的水池。

Magic Garden 泰国菜 $

（☎0 3955 8027；Lonely Beach；菜肴60~120B；⏲晚餐）Magic Garden是孤独海滩的一个特殊的休闲宝塔。吃点东西，喝一点酒，看个电影然后漫步到海滩感受一下DJ节奏。

Bailan Bay Resort Restaurant 泰国菜 $$

（Ao Bailan；菜肴150~250B；⏲午餐和晚餐）我们的出租车司机推荐了这个孤独海滩南面的山顶的餐厅，这里有香辣的sôm•đam，景色也不错。

Ruan Thai 海鲜 $$

（Ban Bang Bao；菜肴100~300B；⏲午餐和晚餐）这里的食物非常新鲜（当你进去的时候，你的晚餐还在鱼缸里），量也很大。这里的服务也是无微不至，他们甚至会帮你砸开螃蟹。

Buddha View Restaurant 各国风味 $$

（☎0 3955 8157；Ban Bang Bao；菜肴250~350B；⏲早餐、午餐和晚餐）在小鱼的啄食范围内晃动你的脚尖，这是码头边上的一个极具创意的地方，是邦宝餐厅的新景象。这里的景色非常开阔，食物主要是牛排和意大利面还有泰国式的海鲜。

北部内部和东海岸

Blues Blues Restaurant 泰国菜 $

（☎08 5839 3524；Ban Khlong Son；菜肴50~100B；⏲午餐和晚餐）穿过热带植物的绿色屏障就是这个带有艺术气息的餐厅，它因专业、效率和实惠广受人们的喜爱。这里陈列着主人美妙的水彩画。这个餐厅离去Ban Kwan Chang的岔路口有600米远。

Jungle Way Restaurant 泰国菜 $

（☎08 9247 3161；Ban Khlong Son；菜肴60~70B；⏲早餐、午餐和晚餐；🖉）享受一下这个宾馆厨房的自然环境和家庭式的饭菜。饭菜的准备需要一段时间，所以趁锅还在咝咝响的时候，爬上一个欣赏野外景色的平台，还能看到一些丛林中的动物。

Paradise Behind the Sea Restaurant 泰国菜 $$

（☎08 1900 2388；Ban Hat Sai Daeng；菜肴110~280B；⏲早餐、午餐和晚餐）如果你正在东海岸巡游，可以在这个悬崖边上的餐厅停下来吃顿饭，欣赏一下风景。这里有越南菜和泰国菜，凉爽的微风也会让你神清气爽。在泰国，这里叫作"Lang Talay"。

ℹ 实用信息

危险和麻烦

不推荐在Ban Khlong Son向南到白沙海滩之间开车，因为这段路有几个急转弯，很陡，很危险。在暴雨期间会有泥石流和其他恶劣情况。如果你租了一辆摩托车，靠着西海岸的海滩行驶，在Hat Kaibae和孤独海滩之间时要格外小心。坐摩托车或骑摩托车时要穿上保护性的衣服，如果发生事故可以减少伤害。

在岛上的旅馆酒店中有警察定期搜查毒品。若你携带毒品被抓，将会面临巨额罚款或坐牢。

要注意从暹粒到昌岛的便宜的小型公共汽车票，这些通常会涉及到一些浪费时间或者是浪费钱的佣金骗局。

昌岛是一个低风险的疟疾地带，就是说大量使用蚊虫防护剂可能是适当的预防措施。

紧急情况

警察局（☎0 3958 6191；Ban Dan Mai）

旅游警察局（☎1155）本部在Ban Khlong Prao北部。在白沙海滩和Hat Kaibae都有较小的警察岗亭。

网络

在西海岸网络接入非常方便，大部分旅馆有免费的Wi-Fi。

医疗服务

邦宝医疗中心（Bang Bao Health Centre；☎0 3955 8088；Hat Sai Khao；⏲8:30am~6pm）基本医疗。

昌岛医院（Ko Chang Hospital；☎0 3952 1657；Ban Dan Mai）公共医院，声誉很好，医疗价格也很实惠，在轮渡终点的南面。

昌岛国际诊所（Ko Chang International Clinic；☎0 3955 1151；Hat Sai Khao；⏲24小时）与曼谷医院集团（Bangkok Hospital Group）相关联的诊所，接受大多数医疗保险，价格比较贵。

货币

在西海岸海滩上到处都有ATM和货币兑换服务。

邮政

昌岛邮局（Ko Chang post office；☎0 3955 1240；Hat Sai Khao）在白沙海滩的最南端。

旅游信息

免费杂志*Koh Chang Guide*（www.whitesandsthailand.com）在岛上很好找到，其中有一些非常方便的海滩地图。

综合网站"I Am Koh Chang"（www.iamkohchang.com）是一个在岛上居住的英国人创建的，他的"KC Essentials A-Z"部分满是个人观点和信息。

到达和离开

不管是来自于曼谷还是柬埔寨，要到昌岛都是全天的路程。

往返大陆：开往昌岛的船只从大陆的码头Laem Ngop集中发船（更多信息请见127页），在达叻的西南。你会到达昌岛的Tha Sapparot还是Tha Centrepoint，取决于你坐哪个码头和哪个船舶公司的船。

Tha Sapparot是离西海岸的海滩最近的，接受大陆Tha Thammachat码头的汽车轮渡。**Koh Chang Ferry**（☎0 3955 5188）跑这条路线（单程80B，30分钟，从6:30am到7pm每小时1班）。

在写稿时，与Tha Centrepoint关联的汽车轮渡正在激烈竞争，提供更便宜的价格、更多的佣金和曼谷—Laem Ngop的公共汽车服务。有了这种新的公共汽车服务，你可以节省一些大陆上的中转，但是Tha Centrepoint（在昌岛上）离西海岸的海滩比较远，所以所节省的时间微不足道。**Centrepoint Ferry**（☎0 3953 8196）跑这条路线（单程/往返 80/100B，45分钟，从6am到7:30pm每小时1班）。高峰期的周末会营业到晚上9点。

现在也有一条新的长途汽车路线直接从曼谷的素万那普（机场）站开往昌岛（308B，6小时），期间必须通过汽车渡轮，在大陆上的达叻和尖竹汶都有站。此趟长途汽车上午7点30分离开素万那普，下午1点30分离开昌岛。在昌岛上，这趟长途汽车到达Khlong Son，也从这里发车。另外一种选择是从曼谷胜利纪念碑出发的小客车，一直到昌岛的Tha Sapparot（单程300B，4小时，每小时发车）。

往返周围的岛屿：岛上南部的Tha Bang Bao是游船去往周围岛屿的码头。这里有每日的岛间轮渡（有快船和慢船），由**Bang Bao Boats**（www.bangbaoboat.com）运营，在威岛、Ko Mak岛、骨岛和昌岛之间循环。更快一些的和更频繁一些的快船都是一样的路线。海面不是很静的时候慢船是最明智的选择，因为快船就像是詹姆斯•邦德的马提尼，摇晃不搅拌。

到达和离开的信息见各岛屿的介绍。

当地交通

小型敞篷客车会等待到达的船只，然后把游客送到各个海滩（白沙海滩50B，Khlong Prao 60B，孤独海滩100B）。与其他岛相比，这里的小型敞篷客车司机的收费是比较诚实和可靠的，尤其是在白天需求量很大的时候。西海岸相邻的海滩环游大概会花费40B到50B。

西海岸上的摩托车租借大概是每天150B到200B。昌岛的坡路和弯路非常危险（道路安全提示见231页），检查一下摩托车，确保状态良好。

威岛（Ko Wai） เกาะหวาย

美丽的威岛非常小，也很原始，金酒般清澈的海水和绚丽的珊瑚礁造就了一个浮潜的好地方，从这里还能远望昌岛。在这里的大多数下午基本上都会和一些一日游的游客一起度过，但是剩下的时间就非常安静了。

从5月到9月的淡季这段时间，大部分房屋都会关闭，因为这时海水很汹涌，经常有洪涝。

住宿

Ko Wai Paradise 客栈 $

（房间300~500B）简单木制平房（有一些有公用卫生间）坐落在一个可以作为明信片风景的沙滩上。你会和一日游的游客一起分享前面的珊瑚。

Good Feeling 客栈 $

（☎08 8503 3410；房间300~500B）沿着一个多岩石的海岬分布着一些木制的小屋（有一些有公用卫生间），还有一些私人的沙滩小海湾。

Grandma Hut 客栈 $

（☎08 1841 3011；房间250~500B）这个简单、偏远的地方在岛的多岩石的北端，在Ao Yai Ma湾附近的快艇经营者知道这个地方。

Ko Wai Pakarang 客栈 $$

（☎08 4113 8946；www.kohwaipakarang.com；房间600~2500B；❄@）威岛最接近现代的地方，带空调的混凝土平房，许多一日游游客在这里闲逛。

到达和当地交通

船只会把你送到离你宾馆最近的码头，否则你要沿着一条很窄的林间小路走15至30分钟。

Bang Bao Boat（www.bangbaoboat.com）是群岛中的岛间轮渡，在昌岛到骨岛之间循环。船只上午9点从昌岛离开，然后到达威岛（单程300B，1小时），然后继续开往Ko Mak岛（单程300B，1小时，然后开往骨岛（500B，3小时）。你可以在下午1点的时候回昌岛。

一些快艇公司从威岛发船，发往以下目的地：

昌岛（单程400B，15分钟，每天2班）

Ko Mak岛（单程350B，30分钟，每天2班）

骨岛（单程700B，1小时，每天2班）

Laem Ngop（450B，2~3小时，每天1班）

Ko Mak岛

เกาะหมาก

小Ko Mak岛只有16平方公里，没有快速的交通，没有全面覆盖的开发，没有热闹的啤酒吧，也没有拥挤的沙滩。手掌型的海湾被海水轻轻地拍打着，这里是一种非常轻松的小岛氛围。但是Ko Mak岛注定了不是一个超级巨星岛屿，因为内部种植的全是经济作物——椰子和橡胶。关于沙蝇的报道也令游客有一点点紧张。

在旺季的时候去游览这个岛更容易一些。在淡季的时候（5月到9月）许多船都停运，房屋出租也会很少。暴风雨也会令裸露的南部海滩堆满不请自来的垃圾。

活动

在西北面的**Ao Suan Yai**海湾游泳和散步是最好不过的了，这里是一片宽阔的弧形沙滩，海水很清澈。如果你住在岛上别的地方，骑自行车或摩托车也很容易到这里。对岸是**Ko Kham**，一个私人岛屿，2008年以200万泰铢的价格被卖了出去，那里原来是一个非常受一日游游客欢迎的沙滩，现在正在建设之中，它将变身为一个超豪华度假村。

Koh Mak Divers（☎08 3297 7723；www.kohmakdivers.com；潜水游览2200~3000B）经营Mu Ko Chang国家海洋公园（Mu Ko Chang National Marine Park）的潜水游览，大概45分钟路程。

食宿

大多数经济型的宾馆都在Ao Khao，在岛上西南边的一片沙滩上。度假村则在风景更漂亮一些的西北面的Ao Suan Yai湾。

在猴岛（Monkey Island）和Makath anee Resort之间的主路上有一些卖家常炒菜的棚户。如果你想要旅行，可以以吃喝为借口去探索一下不同的海湾。

Monkey Island 客栈 $$

（☎08 9501 6030；www.monkeyislandkohmak.com；Ao Khao；房间350~3000B；❄@）猴岛是宾馆中的领军者，对于土制和木制的平房，猴岛有三种非常有创意的模式命名——狒狒、黑猩猩和大猩猩，都有各式各样的便利设施（共用的或者是私人的卫生间或者私人的平台）。这些设计都非常有趣，是非常休闲的风格，这里餐厅的泰国菜非常好。这里的酒吧代表了真正的泰国海滩风格，晚上的派对连故去的人都可以唤醒。

Baan Koh Mak 客栈 $$

（☎08 9895 7592；www.baan-koh-mak.com；Ao Khao；房间1200B起；❄）鲜艳时尚的Baan Koh Mak给背包客奉上了多彩的绘画作品和软软的床垫。

Island Huts 客栈 $

（☎08 7139 5537；Ao Khao；房间350~450B）摇摇欲坠的棚户坐落在海滩上，只有最基本的必需品：海滩、卫生间和床垫。

Ao Kao Resort 客栈 $$

（☎08 3152 6564；www.aokaoresort.com；房间1200~2500B；❄）Ao Kao位于一个漂亮的海角，有一些现代或简单的平房。你可以选择一个带有华丽木雕和漂亮阳台的传统泰式房屋。家庭游客喜欢聚集在这里，因为这里前面就可以游泳，还有许多岩石海岬海湾的海洋生物。

Lazy Day Resort 客栈 $$

（☎08 1882 4002；www.kohmaklazyday.com；房间2250~2700B；❄）Ao Kao Resort的隔壁就是这个专业的度假村，一个绿草丛丛的花园里有一些窗外风景如画的平房，房

寻找另一半?

仍然不能找到你的岛上田园生活?试一下Ko Rayang岛吧。这是一个私人岛屿，有一个非常小的度假村。**Rayang Island Resort**(☎0 3950 1000；www.rayang-island.com；房间2500~3800B)有15个简单的单卧室和双卧室平房(没有空调，没有热水淋浴)，限制用电，出门就可以进行浮潜。如果你不愿作出承诺，你可以在Ko Mak岛的Tha Makathanee乘坐快艇(170B)去看一看。

价包括早餐。

Koh Mak Resort 酒店 $$

(☎0 3950 1013；www.kohmakresort.com；Ao Suan Yai；房间1700~5400B；❄≋)虽然这里不是岛上性价比最高的地方，但是你可以省掉去最漂亮的海滩的路程，经济上的牺牲也不是很多。

实用信息

岛上没有银行或者ATM，所以在去游览之前带足现金。快艇到达Ao Suan Yai的Koh Mak Resort码头。主要的货船码头是在Ao Nid，在岛的东边。

Ball's Cafe(☎08 1925 6591；Ao Nid Pier；⏲9am~6pm)有网络接入、旅行社和咖啡厅。Khun Ball是一个非常活跃的岛屿促进者，开创了www.kohmak.com和一些环保项目。

Ko Mak医疗中心(Ko Mak Health Centre；☎08 9403 5986；⏲8:30am~4:30pm)可以处理基本的紧急情况和疾病，在Ao Nid码头附近的跨岛公路附近。

警察局(☎0 3952 5741)在医疗中心附近。

到达和当地交通

岛上有不同的公司使用不同的码头，但是你也大可不必把它们分类，因为宾馆和酒店通常有免费的码头接送。

有一艘慢轮渡从Ko Mak岛开往Laem Ngop(大陆码头，单程200B，3小时，固定日期的早上发1班船)，其他日期从大陆发船。可以向代理咨询开船日期和时间，随时有可能变化。

Ao Thai Marine Express(☎08 1863 3525；www.kohkoodspeedboat.com)经营从大陆达叻往东5公里的Tha Dan Kao码头开往Ko Mak岛的快艇(450B)。发船时间根据需求。

Bang Bao Boa(www.bangbaoboat.com)是群岛中的岛间轮渡，在昌岛到骨岛之间循环。船只上午9点从昌岛离开，然后到达Ko Mak岛(单程400B，1.5到2小时)，然后继续开往骨岛(单程300B，1到2小时，1pm出发)。相反的方向你可以乘坐这条线路去威岛(单程300B，45分钟)和昌岛(400B，2.5小时)。

一些快艇公司从Ko Mak岛发船，发往以下目的地：

昌岛(单程550B，45分钟，每天3班)

骨岛(单程400B，45分钟，每天2班)

Laem Ngop(大陆码头；单程450B,1小时，每天4班)

威岛(单程350B，30分钟，每天2班)

你到岛上以后可以骑自行车(每小时40B)或者摩托车(每天200B)进行游览。

骨岛(Ko Kut) เกาะกูด

所有对天堂的描述都适用于骨岛，海滩是优美的弧线沙滩，海水非常清澈，椰子树的数量要比建筑物多，你到这里的时候会感受到一种幽静的悠闲氛围。这里没有任何形式的夜生活，甚至是晚餐，真的！但是这正是来这里的原因。

骨岛有昌岛的一半大小，是泰国的第四大岛屿，长期以来骨岛成为了随团旅游寻求安静的人的度假胜地。关于这个岛的近期重大新闻应该是贝克汉姆在这里买了一套度假房。更引人注目的是第六感(Six Senses)的新的Soneva Kiri度假村，私人飞机可以进入这里，最基础的房价是每晚2000美元起。但是这个岛正在变得越来越平等，独立的游客尤其是家庭和情侣会在这里找到家的感觉。

景点和活动

海滩

沿着岛的西侧全是金色的海滩和湛蓝的海水。**Hat Khlong Chao**是岛上最好的地方之一，在美丽海滩竞赛中能轻松与苏梅岛的

查汶海滩相媲美，清澈的海水非常浅，就像浴缸一样光滑。**Ao Noi**是一个漂亮的满是卵石的海滩，陡峭的下滑区和稳定的海浪适合强壮的游泳者。**Ao Prao**是另一片可爱的沙滩。骨岛上没有公共交通工具，但是你可以租一辆摩托车探索西海岸的海滩，交通量很小，从西南的Khlong Hin到东北的Ao Noi之间铺了路。

骨岛安静的多岩石的小海湾和红树林河口非常适合浮潜和皮划艇活动。大多数度假村都可以提供设备。

Nam Tok Khlong Chao 瀑布

岛上的两个瀑布是非常好的短程徒步游目的地。Nam Tok Khlong Chao比较大一点也更受欢迎一些，瀑布很宽很漂亮，下面有一个巨大的水潭。你会和其他的许多游客一起分享，尤其是周末的时候。从丛林中走到这里很快，你也可以沿着Khlong Chao划皮划艇过来。再往北一些就是**Nam Tok Khlong Yai Ki**，这个瀑布稍小一些，但是也有一个大水池，你可以在里面凉爽一下。

住宿

在淡季的时候（5月到9月）许多船只都停运，许多房屋也停止营业。在旺季周末和假期的时候，度假村里满是度假的泰国人。在繁忙时段你可以提前打电话，这样你乘坐的快艇可以把你放在合适的码头。

如果你想省钱，在美丽的Hat Khlong Chao附近你可以住在一个乡村宾馆里，这里走路到海滩需要5到15分钟。家庭游客可能会喜欢Ao Ngam Kho的中等又实惠的宾馆，那里在海湾的北角，有一片小沙滩，剩下的就是陈旧的珊瑚礁了，还有很多岩石。带上游泳鞋。

虽然邦宝湾的海滩和食宿都很平庸，但是这里也是一个比较受独立游客欢迎的地点。

如果你非常想要挥霍一下，骨岛在等着你。

作者推荐 Bann Makok 酒店 $$

（☎08 1934 5713；hlong Yai Ki；房间2500~3000B；❄@）当你在这个红树林环抱着的精品酒店下船的时候，船上的乘客都会羡慕你。回收的木材被画上了复古的颜色，建造成了像迷宫一样的8个房间，这里被设计得像一个传统的码头渔村。常见的平台和读书角提供了一个聆听鸟语或者读书的安静环境。

Tinkerbell Resort 酒店 $$$

（☎08 1813 0058；www.tinkerbellresort.com；Hat Khlong Chao；房间包括就餐7900B起；❄@≋）自然的材料比如高耸的竹子栅栏和茅草屋使这个度假村天然地融入到了风景当中。这里的房间很明亮，空气很好，坐落在你见过的最美的海滩上。

Mangrove Bungalows 客栈 $$

（☎08 5279 0278；Ban Khlong Chao；房间600~1200B；❄）沿着红树林覆盖的Khlong Chao悠闲地散落着，这个地方有很大的平房、光滑的木地板和热水淋浴。慵懒的运河上有一个餐厅，这里到海滩需要走10分钟。

Mark House Bungalows 客栈 $$

（☎08 6133 0402；www.markhousebungalow.com；Ban Khlong Chao；房间800~1200B；❄）在海滨度假村的后面，这个便宜的宾馆是离海滩最近的了。这里的平房坐落在运河的旁边，气氛感觉就像是在小睡。

Koh Kood Ngamkho Resort 客栈 $

（☎08 1825 7076；www.kohkood-ngamkho.com；Ao Ngam Kho；房间650B；@）乔（Joe）叔叔和他的侄女侄子经营着这附近最好的经济型宾馆之一。乡下小屋带有崭新的床单、装饰创意的卫生间和折叠门，就坐落在山坡上的树林中。这里的餐厅非常好（新鲜的椰奶咖喱、香辣的炒菜）。在写稿的时候，乔叔叔正要卖掉这片地，我们很希望他重新考虑一下。

Dusita 酒店 $$

（☎08 1523 7369；Ao Ngam Kho；房间700~1200B；❄）在一个绿树成荫的海滨花园中有一些坚固、宽敞的平房，这里是家庭游客的理想地方，有足够的空间可以让孩子们奔跑玩耍。

Ao Noi Resort 客栈 $$

（☎0 3952 4979；www.kohkoodaonoi.

com；Ao Noi；房间1200~2000B；❀）这个茅草屋的村庄足以满足你的要求但并不出众。这里的住宿环境没什么生气，但是你可以享受一个半私人的手掌形的海滩还有活力十足的海浪。跳过那些定价过高的带电扇的房间。

值得一游

柬埔寨的南海岸 马哈尔·萨特（Maher Sattar）

由于赌场在泰国是不合法的，不那么高尚的三连胜式赌博、妓院和走私便成了泰柬边境城镇的主要特征，例如不伦不类的边境城镇波贝（Poipet）就是东南亚最大的赌城之一。

柬埔寨的南海岸至今为止已经相对控制了这条路径。这个地区首要的海滨度假地**西哈努克城**（Sihanoukville）已经吸引了一些建设者的目光，他们逐渐意识到这里的潜力，但是与泰国海岸的过度开发相比，这里还有很长的路要走。从泰国的达叻通过Hat Lek的过境很容易到达西哈努克城，这里的目标是面向大众，奉上各具特色的四个海滩。

难以正确发音的也很难拼写的科库特海滩（Occheuteal Beach）是最受欢迎的也是最有名的。这里的游客包括嬉皮士、背包客、骗子、随团游客、当地人和金边（Phnom Penh）人。科库特的南面是欧特斯海滩（Otres Beach），是大陆上一个罕见的荒岛海滩，经过一轮又一轮的推土和开发计划的变更，大部分住宿已经不再在海滩上了。胜利海滩（Victory Beach）是以前的背包客的主要去处，现在是一个破烂得令人沮丧的地方，满是贫穷和剥削，让人想起泰国的芭堤雅。索卡海滩（Sokha Beach）被普遍认为是最漂亮的一个，但是一部分原因是由于这里已经几乎完全成为了一个索卡海滩度假村（Sokha Beach Resort）拥有的私人海滩，度假村把这里料理得非常好。索卡的一部分仍然对外开放，这里成为了当地家庭闲逛的地方。买一张10美元的一日票，在柬埔寨最美的沙滩之一享受一下，是一个不错的选择，不过据说如果你不是当地人，没有票溜达进去也不是很难。

然而西哈努克城沿岸的岛屿更具吸引力。当描述热带岛屿时，天堂这个词已经被用了不知多少次，但是**瓜隆岛**（Koh Rong）长长的白沙滩是真正的名副其实。瓜隆岛和附近的**Koh Rong Saloem**都提供浮潜、夜间游泳和潜水的机会，这两个地方近期都会有大型的开发项目，但是现在它们使昌岛看起来像普吉岛。

如果你想在海滩环游中休息一下，传统的绕道其实不能算是绕道。沿着NH48公路去西哈努克的度假村意味着要经过**戈公保育走廊**（Koh Kong Conservation Corridor）。这里在豆蔻山脉（Cardamom Mountains）中被大片的红树林环绕，是至少62种濒危物种的家园。虽然像柬埔寨其他的地方一样，小型公共汽车或者拼车可能是去往西哈努克最好的交通方式，但是在NH48公路上有许多公共汽车的车站，你可以在这里下车或乘车。

这里也有一个小小的**戈公市**，直到近期它还是一个典型的边境城镇，满是狡猾的赌徒、皮条客和妓女。但是随着达叻到西哈努克这条通道越来越受到背包客们的欢迎，这个地方已经干净了一些。在戈公很难找到善意的旅游景点，但是它有其自己的休闲魅力。这里有许多酒吧，你可以在红色高棉（Khmer Rouge）最后的据点之一闲逛。在前往一片又一片的阳光和沙滩之前，这里是一个戒掉海滩瘾的有趣的地方。

对那些过境到柬埔寨寻找真正不同感觉的人来说，只要你踏上边境的另一侧，答案就在你的脚下。从戈公市到柬埔寨最大的岛坐船需要2个小时（全天包括午餐和浮潜设备，每人要25美元，过夜需要55美元）。**戈公岛**（Koh Kong Island）不仅给你一种荒岛的感觉，事实上它就是一个荒岛，这里没有住宿的地方，只有在东南岸有一个非常小的定居地。对那些一日游游客或者是探险的露营者，戈公岛是完全属于你们的。

The Beach Natural Resort 酒店$$

（☎08 6009 9420；www.thebeachkohkood.com；Ao Bang Bao；房间包括早餐1200~2600B；❄@）这家酒店坐落于一个多岩石海滩上的一个绿树成荫的花园中，有一些平房。这里的服务超过了泰国人的友好程度。周末的时候许多泰国人会聚在这里唱卡拉OK，所以来这里的时候选择工作日。

Siam Beach 客栈$$

（☎08 4332 0788；Ao Bang Bao；房间包括早餐1200~2000B；❄@）由于对海滩的最含沙的部分的垄断，暹罗海滩并不需要在其房间上下多大功夫，位置就是其最好的筹码。

ℹ 实用信息

虽然主要的度假村可以兑换货币，但这里没有银行或者ATM。有一个小医院（☎0 3952 5748；⊙8:30am~4:30pm）可以处理较小的紧急情况，这个医院位于内陆的Ban Khlong Hin Dam。**警察局**（☎0 3952 5741）就在附近。虽然许多度假村都至少有一个公共端，网络接入只有某些地方有。

ℹ 到达和当地交通

在达叻东南22公里的Laem Sok码头可以去骨岛，那里是最近的汽车转乘点。

Ninmoungkorn Boat（☎08 6126 7860）有空调船（单程350B，2小时，每天1班）到岛上东北角的Ao Salad靠岸。这段路程的两边都有免费的陆上转乘（单程大约45分钟）。

有快艇开往Laem Sok或者从Laem Sok开出（单程450B到600B，1.5小时，每天3班），你可以在你酒店的码头下船。

Bang Bao Boat（www.bangbaoboat.com）是群岛中的岛间轮渡，从昌岛开往骨岛，上午9点从昌岛离开（单程700B，5到6小时）。相反的方向你可以乘坐这条线路去Ko Mak岛（单程300B，1到2小时）和威岛（单程400B，2.5小时）。

一些快艇公司有从骨岛开往昌岛的快艇（单程900B，45分钟，每天3班），在Ko Mak岛和威岛有站。

如果你想到处走走，可以租一辆摩托车（每天300B）或者山地自行车（每天100B到150B）。

华欣和南部海湾

包括 »

最佳餐饮

» Rang Yen Garden（见154页）
» 夜市（见163页）
» Sang Thai Restaurant（见163页）
» Rim Lom（见173页）

最佳住宿

» Baan Bayan（见162页）
» Away Hua Hin（见167页）
» Brassiere Beach（见168页）
» Aow Noi Sea View（见173页）
» Proud Thai Beach Resort（见175页）

为何去

上南部海湾因“皇家”海岸的声名而为人们所熟知，长久以来，它一直都是曼谷君主和上层精英喜爱的度假地。从拉玛四世开始，每一位泰国君主都会在这里发现一处适合建造皇家别墅的地点。如今，泰国国内的游客蜂拥而至，在这一海岸追寻同样的安逸，并向广受崇敬的国王致意，现在国王的行宫都已对大众开放。很少有将海岸风光与本土文化结合得如此紧密的海湾。

的确这里是泰国理想的冲浪目的地，又集合了历史遗迹、愉快的乡村生活、丛林密布的公园以及漫长的沙滩，而且距离曼谷很近。如果你曾沿着华欣细软的白色沙滩走上几公里，就会好奇为什么那么多人还要辛辛苦苦南下苏梅岛。美中不足的是这里珊瑚礁很少（太少以至于没人在这儿潜水和浮潜）海水也因此呈现出大西洋灰暗的色彩，而不是热带海洋的蔚蓝。

何时去

最佳的到访时间是干热季节（2月至6月）。从7月至10月（西南季风）和10月至次年1月（东北季风），有零星的降雨和强风；但是由于不寻常的地理环境，这一地区在季风季节比全国其他地域要干燥一些。

在风暴期间，刺人的水母会经常漂浮到近海岸，这使游泳变得很危险。泰国本地人则全副武装地下水从而避开水母的威胁。

华欣和南部海湾游览亮点

❶探索**碧武里**（见148页）的山顶宫殿和地下洞穴。

❷漫步**华欣**（见155页）漫长的金色海岸线，欣赏点缀其间的风筝滑板爱好者的身影。

❸在华欣**夜市**（见163页）享受美味和购物的乐趣（有更多的美味可供选择）。

❹深入到**岗卡章国家公园**（Kaeng Krachan National Park；见152页）邂逅长臂猿和野象。

❺让孩子们穿上他们的游泳衣在**海豚湾**（Dolphin Bay；见168页）尽情嬉戏吧！

❻到**三百峰国家公园**（Khao Sam Roi Yot National Park；见168页）朝圣，参观帕亚那空山洞（Tham Phraya Nakhon）会发光的洞穴圣地。

❼在**巴蜀**（见170页）蜿蜒的港湾和石灰岩山峰之间骑摩托车。

❽在**Bang Saphan Yai海滩**（见174页）尽享美好时光。

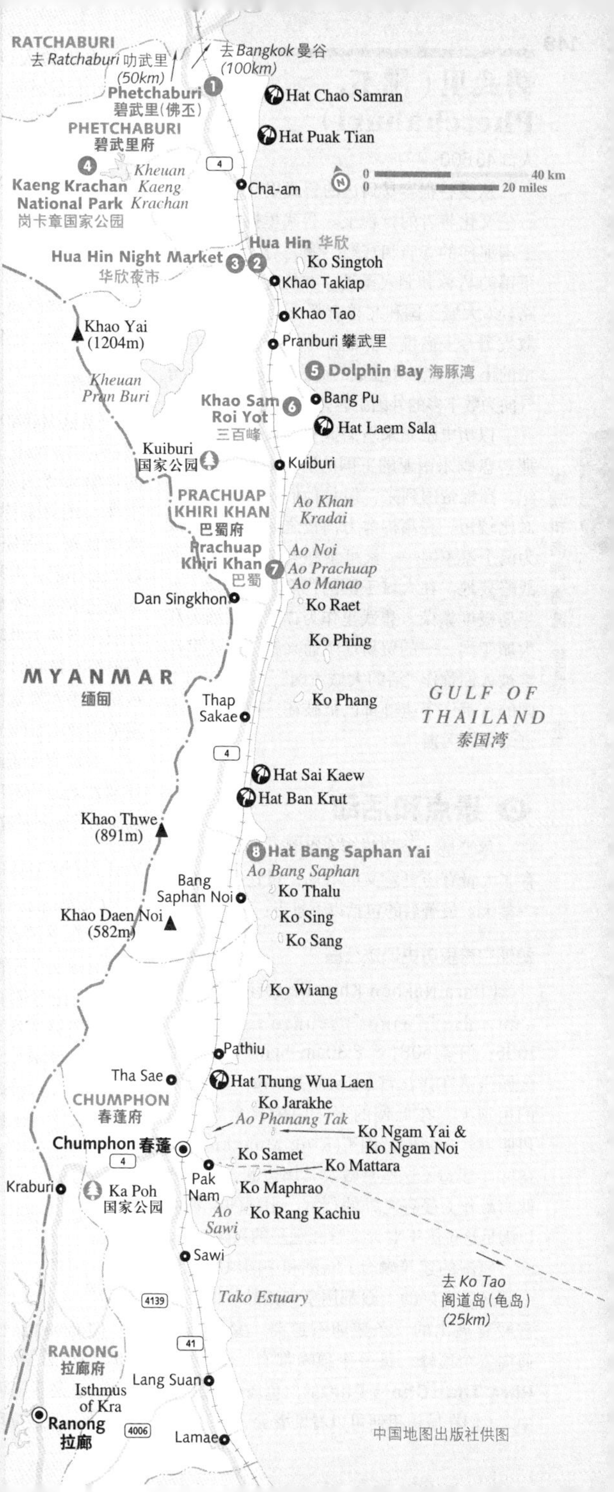

碧武里（佛丕，Phetchaburi） เพชรบุรี

人口 46 600

从曼谷很容易到达的碧武里应该列在每一位文化旅者的行程上。碧武里拥有像大城王国那样的寺庙和宫殿，像北碧府那样远离市镇的丛林和洞穴圣地，并且有到达海岸的路径（大城王国和北碧府都没有）。这个小镇散发着令人愉悦宁静的乡村气息，那里有繁忙的市场、老柚木盖成的商店以及那些鼓足勇气向为数不多的外国游客打招呼的泰国学生。

以历史眼光来看碧武里，人们可以看清那些盘踞东南亚的王国的历史沿革。在11世纪，高棉帝国到来，但是他们统治的时间相对比较短。在高棉势力消亡之后，碧武里成为两个泰王国——素可泰和大城王国——的战略要地。在大城王国的稳定统治期间，上半岛极度繁荣，碧武里作为17世纪时缅甸和大城王国——的贸易场所而兴盛。碧武里经常被人们称作“活的大城王国”，因为在旧王国的首都许多遗迹都已被破坏，而这里的遗迹却完好无损。

景点和活动

尽管是一个规模很小的镇，碧武里却保存了大量有历史意义的寺庙，可让游客忙上一整天。最著名的包括以下景点：

帕那空奇里历史遗迹公园 历史景点

（Phra Nakhon Khiri Historical Park; อุทยานประวัติศาสตร์พระนครคีรี; ☎0 3240 1006; 门票150B; ⏲ 8:30am~5pm）这个国家公园坐落在拷汪宫（Khao Wang；宫殿山）的山顶上，在低调的奢华中俯视全城。拉玛四世——蒙库特国王(King Mongkut）在1859年建造了这座宫殿及其周边的寺庙，把此宫殿作为曼谷之外的行宫。山顶的位置可以满足这位国王对天文学和观星的兴趣。

宫殿的建筑融合了欧洲和中国风格，每一座通风良好的大殿都用皇家用品装饰。由宫殿延展出的三条鹅卵石道路，穿过山林通向三个顶峰，每一个顶峰都有一座寺庙。**Phra That Chom Phet**的白色塔尖刺入空中，人们在城镇里便可以看见塔尖。

古迹的入口有两处。前方入口在Th Ratwithi的对面，这是一条比较费力的步道，而且会与成群的猴子不期而遇。后方入口在山的另一面，并且有一条**缆车**（单程 成人/儿童 40B/免费；⏲ 8:30am~5:30pm）上下峰顶。此处景点很受学校旅行团欢迎，而且你会和这些历史遗迹一样成为拍照点。

星期一夜市（Monday night market）位于拷汪宫前的大街两侧，你可以在那里享用当地美食，逛逛服装摊位。

玛哈泰寺 寺庙

（Wat Mahathat Worawihan; วัดมหาธาตุวรวิหาร; Th Damnoen Krasem）处于中心位置的玛哈泰寺闪烁着白色的光芒，它是一座很典型的寻常寺庙，如周边的商业区一般熙熙攘攘。寺庙是一座五层的高棉风格佛塔（prang），由灰泥浮雕装饰，这是碧武里本地艺术的一个特色。主wí·hǎhn（神圣大厅或至圣所）里陈列着当代壁画，这些壁画是巴蜀府繁荣的寺庙工艺的又一例证。庙内，传统乐手和舞者举行颂扬仪式，敲打出的稳定节拍使庙宇的节奏感上升到更高的层次。

参观完寺庙后，沿着Th Suwanmunee穿越古老的柚木房街区，可以闻到宗教用品商店散发出的阵阵香气。

Wat Kamphaeng Laeng寺 寺庙

（วัดกำแพงแลง; Th Phokarang）在暹罗成为一个独立国家之前，吴哥（高棉）王国将势力范围从今日的柬埔寨扩展到整个马来半岛。为了纪念他们边境征战的胜利，高棉人建造了气势恢宏且富丽堂皇的庙宇，这一风格被后来的泰王国沿袭模仿。高棉遗迹可以追溯到公元12世纪，那时当地的信仰是印度教，还未变成佛教。此处寺庙有一处保存完好的圣堂，侧翼有两个较小的神殿和日益倾颓的沙岩墙。尽管它不是最有名的高棉式建筑，却是一个平和之所，供游客拍摄一些雅景美图。

銮山洞 洞穴

（Tham Khao Luang; ถ้ำเขาหลวง; ⏲8am~6pm）銮山洞位于镇北四公里处，洞内尽是钟乳石，它是泰国境内给人印象最为深刻的洞穴圣地，也是拉玛四世的最爱。拾陡峭的阶

Phetchaburi (Phetburi) 碧武里（佛丕）

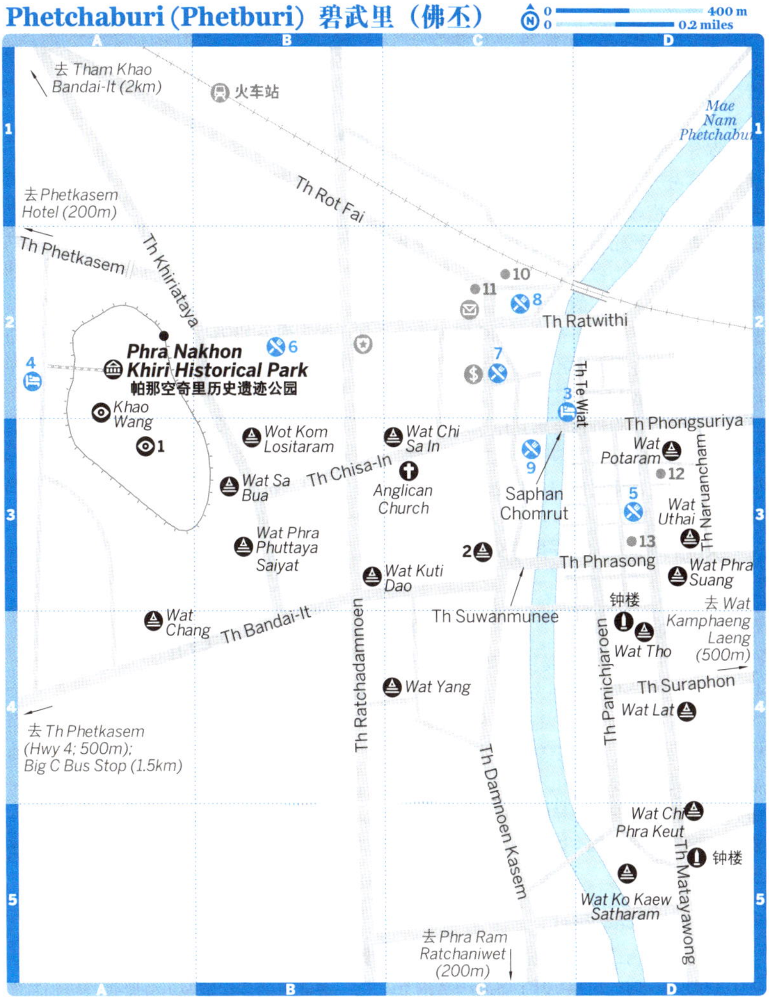

Phetchaburi(Phetburi) 碧武里（佛丕）

重要景点

帕那空奇里历史遗迹公园 A2

景点

1 Phra That Chom Phet A3

Rabieng Rim Nam （见 9）

2 玛哈泰寺 C3

住宿

3 Jomklow Hotel C2

4 Sun Hotel A2

就餐

5 Day Market D3

6 Jek Meng B2

Khon Toy Restaurant （见 4）

7 Na & Nan C2

8 Night Market C2

9 Rabieng Rim Nam C3

交通

10 开往曼谷的空调公共汽车 C2

11 开往曼谷的小客车 C2

12 开往七岩和华欣的普通公共汽车 D3

13 开往 Ban Kaeng Krachan 的小型敞篷客车 D3

梯而上就可到达洞穴。当阳光穿过心形天窗照进来时，位于中央的大佛散发出神圣的光芒。洞穴的另一端是一排坐佛，佛像的影子映射在起伏的洞穴墙壁上。

据导游说，拉玛四世建造了石门，将主洞和辅洞分开，作为曾经在这里居住的一对夫妇的安全措施。在第三洞内一座俯卧佛像据说代表了生死轮回，但是这里并非其平和的休息之所，因为盗贼到此寻宝时，破坏了佛像的大部分。洞穴的更深处应是岩层，看起来仿佛受难的耶稣，但我们的肉眼无法识别（泰国人在将洞穴钟乳石辨识为熟悉的影像方面，有着超人的想象力）。

在洞穴入口附近你会遇到厚脸皮的猴子伸手讨要食物。停车站附近可以雇到导游，但他们不太主动索要应得的报酬（通常是每人100B）。

从镇上到这里你要安排好交通（往返大约需150B）。

Tham Khao Bandai-It 洞穴

（ถ้ำเขาบันไดอิฐ；接受捐赠；⏲9am~4pm）这座山间寺庙在镇西两公里处，其间有几处大洞窟被雕刻成简单的佛殿和隐士的冥思间。英语导游（接受小费）将指引游客穿过洞穴，只是需要提防出没的猴子。有一个山洞栖息着大量蝙蝠，导游会提醒你千万不要张开嘴巴去看蝙蝠（这也是日常生活的好规则）。

Phra Ram Ratchaniwet 历史景点

（พระรามราชนิเวศน์；Ban Peun Palace；☎0 3242 8083；门票50B；⏲周一至周五8am~4pm）这座皇家夏宫位于镇南1公里处，是不可思议的装饰艺术作品，在拉玛五世（工程伊始，拉玛五世就去世了）的主持下，于1910年兴建。它由德国建筑师设计，建筑师利用这次机会在建筑及室内设计方面展现了当代的新思想。建筑形式是20世纪初的典型风格，这一时期见证了泰国人建造欧洲风格建筑的热情，他们意在努力赶上已被殖民的邻国的“现代”建筑。

这栋两层楼的宫殿建筑的外观看起来不是那么让人兴奋，但是宫殿内部却有着宽大并沐浴着阳光的房间，房间皆由精致的琉璃瓦、彩色玻璃、镶木地板装饰，其间也可发现大量的锻造铁工艺细节。双螺旋梯宛若少女名媛初次亮相的舞台。国王的私人浴室是最先进的。

Hat Puak Tian 海滩

（หาดปึกเตียน）周末，当地人会来到碧武里东南20公里处的黑沙滩享用海鲜，在海浪间嬉戏。此海滩吸引人的另一个地方是它在《泰国史诗》（*Phra Aphaimani*）中扮演的角色。这部诗篇由诗人Sunthorn Phu完成。一座半淹于海水中的巨大女性雕像矗立在海中，伸出一只手，面部露出绝望的表情，这正是诗中那个伪装成美丽女子去获得英雄爱意的女人。后来女人将英雄囚禁在这个沙滩上，但是，最后英雄发现了她的骗局（和她丑陋的外表），在美人鱼的帮助下逃到了沙美岛（一个更美丽的海滩，也许，在那里他成就了一番伟业）。

到达此处海滩你需要私人交通工具。

节日和活动

帕那空奇里集市（Phra Nakhon Khiri Fair） 文化节

集市位于拷汪宫的中央，这种乡土气息很浓的庆祝活动于每年的4月上旬举行，持续9天。届时帕那空奇里被灯光点缀，有传统的舞蹈表演、工艺品及美食展览，还有选美比赛。

住宿

碧武里的住宿资源十分紧张，特别是廉价旅馆，因此大多数人选择从华欣或七岩出发，到此一日游。很可惜没有足够多的客房，这里实在是那些受够了曼谷的文化游客的理想之地啊！

Sun Hotel 酒店 $$

（☎0 3240 0000；www.sunhotelthailand.com；43/33 Soi Phetkasem；房间800~1500B；❄@📶）作为普通酒店中最好的一家，Sun Hotel坐落在帕那空奇里后门的对面。酒店的房间很大很舒适，还有功能浴室，这里的员工也很专业。楼下有一家咖啡馆，你可以在那里付费使用网络和Wi-Fi。

Jomklow Hotel 酒店 $

（☎0 3242 5398；1 Th Te Wiat；房间180B）这家多层酒店的确需要转变一下风格，内部都是那种格子间样式的房间。

Phetkasem Hotel 酒店 $

（☎0 3242 5581；86/1 Th Phetkasem；房间200~400B；❄）这是另一家急需改造的酒店。Phetkasem的房间很局促，家具也很破旧，但至少你头顶上还有屋顶。

就餐

碧武里被棕榈糖料种植园所环绕，因出产泰式甜品而名声在外，甜品包括蛋羹（kà·nŏm môr gaang）和用蛋黄做成的各式“金色”甜点，当地人认为这些“金色”甜点预兆着好运气。附近的果园种植着新鲜芳香的碧武里蒲桃（chom·pôo Phet）、菠萝和金香蕉。

日市 市场 $

日市位于钟楼北边，是游客观光和享用当地小吃的好地方，市场外围有美食摊位供人们品尝普通面条以及当地特色食品，比如油煎香辣鱼糕面（kà·nŏm jeen tôrt man）和炎热季节里人们最爱吃的蜜饯冰冻湿米饭（kôw châa pét·bù·ree）。

Rabieng Rim Nam 各国风味 $

（☎0 3242 5707；1 Th Chisa-In；菜肴40~180B；⏲早餐、午餐和晚餐）这家河滨餐馆提供美味的食物和大量英文旅游信息——这可是镇上少有的，并且组织旅行。但是很遗憾，餐馆内部的客房太过破败不适宜居住。

碧武里观光

城市的一些最好风景在城镇外，但不要让距离阻碍了你的行程。雇一辆小型敞篷客车（sŏrng·tăa·ou）（大约400B）到达你想要去的任何景点。**Rabieng Rim Nam**（☎0 3242 5707；1 Th Chisa-In；950B每人，4人成行）是一家宾馆和餐厅，也提供配有英语导游的日间游览服务。

Khon Toy Restaurant 泰国菜 $

（在Sun Hotel后方的巷内；菜肴35B起；⏲午餐和晚餐）一排绿色植物将这家露天餐馆与大街隔开。餐馆内部是一间忙碌的厨房，主营晚间外卖食品。所有的食物都是现炒的而且美味。

Jek Meng 泰国菜 $

（85 Th Ratwithi；菜肴50~80B；⏲午餐和晚餐）供应大碗的热腾腾的面条和炒饭。找一张黑白相间的格子布餐桌，坐下好好吃一顿吧。

Na & Nan 泰国菜 $

（Th Damnoen Kasem；菜肴40~60B；⏲午餐和晚餐）这是另一家友善的面条店，位于镇中心休闲餐馆一条街上。他们的鸡汤面（gŏo·ay đĕe·o gài）是南方风味，并且汤里有一整条鸡腿。

实用信息

镇上没有正规的信息中心，但是Rabieng Rim Nam餐馆是碧武里和岗卡章国家公园游客的重要信息来源地。Sun Hotel有Wi-Fi，每一终端收费（1小时100B）。

邮政总局（Th Ratwithi路和Th Damnoen Kasem路的交叉路口）

警察局（☎0 3242 5500；Th Ratwithi）在Th Ratchadamnoen路的十字路口附近。

暹罗商业银行（2 Th Damnoen Kasem）附近的其他银行同样提供货币兑换和ATM机服务。

电话局（在Th Ratwithi和Th Damnoen Kasem交叉路口；⏲7am~10pm）在邮政局楼上。

到达和离开

开往曼谷的汽车站点就在夜市旁边。有开往/来自曼谷南站（Sai Tai Mai）的汽车（120B，2个小时；每天早晨出发，1小时1班）。街对面是小客车车站，有开往曼谷胜利纪念碑（Bangkok's Victory Monument）（80B）和南站（100B）的车辆。

镇上开往七岩（40B）和华欣（50B）的汽车车站在Th Matayawong路附近。

镇外大多数往南开的空调公共汽车和小客车车站在Th Phetkasem路上，就在Big C百货商店的前方。目的地包括七岩（50B，40分钟，常发车）

和华欣（50B，2个小时）。也有等候的摩的，你大约花50B就可到达镇上。

有开往/来自曼谷Hua Lamphong站的常发火车。费用根据火车和车厢而定（三等车厢84~144B，二等车厢188~358B，3个小时）。

当地交通

镇中心的摩的可载你去任何地方，花费是40~50B。小型敞篷客车的花费大约相同。从火车站到镇中心步行（1公里）要花上20分钟。

你可在Rabieng Rim Nam（见144页）租赁自行车（每天120B）和摩托车（每天250B）。

七岩（Cha-am） ชะอำ

人口 72 341

在周末及公共假日，七岩是工薪阶层家庭和曼谷学生的海滨胜地。画有霓虹的巴士（叫做“chor ching cha”）将年轻的度假者——基本上是开派对那种类型的人——送到这里，巴士车上传出动感的电子舞曲。这是百分之百的纯泰式派对，派对的举办地有很多海滩长椅和桌子，还有太阳伞遮阳，年轻人在这里不停地吃美食、喝饮料。香蕉船上有娱乐项目，船载着乘客前后移动，最终来一个“V”形弯，把乘客扔到海里。这时候，岸边的游客就会鼓掌和咯咯地笑。

在七岩，很少能见到外国游客，通常是一些上了年纪的欧洲人在这里过冬，相对而言，这里比华欣便宜。海滩上只能看到零星的穿泳装的人，因为大多数泰国人衣着整齐地在海面上嬉戏。这里不是遇见年轻旅行者的地方，甚至对有小孩的家庭来说，这里也不是一个很好的选择，因为小孩在这里会见到度假中，穿着像狗仔队的泰国人。但是对其他所有人来说，七岩的沙滩宽阔含沙又多，蓝色的海水干净且

值得一游

岗卡章国家公园（Kaeng Krachan National Park） อุทยานแห่งชาติแก่งกระจาน

当清晨的薄雾从森林的上方慢慢升起时，人们会听到长臂猿的啼叫交织成的怪异交响曲。你可以徒步穿越茂密的丛林，在公共酒吧一览象群和其他野生动物的身姿。你也可以在浑身湿透之后攀爬到公园的最高峰。岗卡章国家公园面积为3000平方公里，是泰国最大的**国家公园**（☎0 3245 9293；www.dnp.go.th；门票200B；⏰游客中心8:30am ~4:30pm），离开化之地非常近，但却是大量野生动植物的栖息地，游客罕至。公园内有两条河流（湄南河碧武里段和攀武里段），园内的一个大湖泊和丰沛的降水使这里四季常青。野生动物的种类也很丰富，包括野象、鹿、长臂猿、野猪、黑叶猴和野生牲畜。

公园同时也有着有趣的鸟类重叠生物带，因为对于北方鸟类来说这里是最南端，而对于南方鸟类来说这里是最北端。这里大约有400种鸟类栖息，包括犀鸟、野鸡和其他地面生物。

活动

徒步旅行是探索公园的最佳方式。很多山径都有标志并且从主路分叉出去。**Nam Tok Tho Thip**小径始于Km36标记点，在延伸4公里后到达一处18层的瀑布。**Phanoen Thung**是公园的最高点，你可以从Km27标志处出发，徒步6公里后到达山顶。请注意一些山路会在雨季（8月至10月）关闭，包括通往Phanoen Thung的那条。

位于公园南部的双瀑布**Pa La-U Yai**和**Pa La-U Noi**很受从华欣坐小客车到此一日游的游客欢迎。也可以从华欣到此，在园内组织山地自行车运动。

岗卡章的旅游基础设施略显紧张，而且一些道路会很难走。公园管理者会帮助游客安排营地装置租用、饮食和交通。周末和假期会云集大量游客，但是工作日人就很少了。到访公园的最佳时间是11月至次年4月。如果你不想自己解决后勤的话，**Rabieng Rim Nam**（☎0

平静，海滩上的风景很棒，而且这里的价格某种程度上，是整个海岸最适宜的。

节日和活动

螃蟹节 美食节

2月，七岩会庆祝当地海鲜美味蓝蟹的丰收。美食摊、音乐会和闪烁的霓虹将这一海滨地区变成天堂派对。

Gin Hoy，Do Nok，Tuk Meuk 美食节

你真的可以在每年9月的庆祝节日里玩个酣畅淋漓。上面标题的中文意思是“吃贝类、看海鸟、捉鱿鱼”，这个引人注意的标语与七岩当地的景点和捕鱼传统相关。大体上这是一个展示大量贝类的食品节日，但你也可以在附近的保护区参加观鸟活动和鱿鱼捕捉示范活动。

住宿

七岩有两种基本住宿类型：沙滩路（Th Ruamjit）上的公寓型酒店和更昂贵的“公寓”（带厨房，以出租方式运营）。工作日住宿可以期待商家给予折扣。

沙滩的北端（也称长滩）有更加宽广金黄的沙带，也有更多的外国游客造访，而南端则聚集了更多的泰国人。Th Narathip路将沙滩分为南北两部分，而且从这个十字路口起，沙滩路上的门牌号在两个方向上都是递增的。

Charlie House 客栈 $$

（☎0 3243 3799；241/60-61，Soi 1 North，Th Ruamjit；房间650~800B；❄📶）这个令人愉快的地方拥有令其豪的深青色大厅和彩色房间，游客在一天的尽情观光后也乐于返回那里休息。别把它和同一街巷上的

3242 5707;1 Th Chisa-In,Phetchaburi；可安排4人，每人1950B起）可安排一天或多天的徒步旅行和鸟类参观活动。

食宿

公园内有各种类型的**平房**（☎0 2562 0760；www.dnp.go.th/parkreserve;1200B起），大多数在水库附近。半房内有简单的风扇和冰箱，可供4到6人住宿。也有**露营地**（每人60~90B），包括游客中心附近的一处长满草的很舒服的营地和一家不引人注目的餐馆。你可以在游客中心租到帐篷。

在通往公园入口的途中有几处简易度假村和平房，它们坐落在到达游客中心之前约3.5公里处。**A&B平房**（A&B Bungalows；☎08 9891 2328；房间700B起）风景优美并且很受鸟类爱好者们的欢迎。那里有一家相当不错的饭店可以为你提供盒装午餐。

到达和离开

岗卡章位于碧武里西南52公里处，公园的南端离华欣有35公里。如果你有自己的汽车，从碧武里沿着Hwy 4公路向南开20公里到Tha Yang镇，向右（西）拐，行进38公里后，你就到达游客中心了。如果你从华欣来，可以沿着相同的Tha Yang镇高速公路行驶。

你也可从碧武里乘坐**小客车**（☎08 9231 5810；单程100B）到达公园，这类车不按固定的时刻表行驶，你最好让酒店打电话预约。你也可以选择乘坐一辆小型敞篷客车（sŏrng·tăa·ou；80B，1.5小时，6am~2pm）从碧武里（在钟楼附近）到达公园前方4公里处的Ban Kaeng Krachan村。你可以租车从村庄到达公园。同样也可让你的小型敞篷客车一直开到公园，但是你要费点口舌讨价还价了。

华欣同样有人经营小客车载客生意。

与动物面对面

现代人已不再热衷马戏团式的动物表演，但是很多心善的动物爱好者对泰国标志性的生物（比如大象、猴子和老虎）很好奇，这无形中助长了一个产业的形成。这个产业管理混乱且剥削动物。动物经常被不法分子从野外捕获，对人构成威胁的部分会被去除（老虎的爪和牙经常被除去），它们被当作宠物收养，然后被遗忘或者以不人道的方式关押，这些动物生病或者不能再工作时就会被遗弃。

泰国野生动物之友基金会运营着一家**野生动物救护中心**（wildlife rescue centre；☎0 3245 8135；www.wfft.org；Wat Khao Luk Chang，七岩西北35公里），收养和照看那些被虐待、遗弃的动物。这些动物，大多因为受伤或丧失野外生存能力而无法回归自然。中心照看400只动物，包括熊、老虎、长臂猿、猕猴、懒猴和鸟类。中心还运营着一个大象拯救项目，赎回和照看那些被用来街头行乞的动物。

中心提供**深度游览**（6人5000B），介绍动物，谈论他们的动物救援史。游览包括参观大象（但不可骑大象），还负责到华欣或七岩的酒店接送。

那些寻找和动物亲密接触机会的人可以在中心做志愿者。一般情况下，一天的工作包括切水果和蔬菜喂马来熊、清理围墙，还可以带着一餐饭划行到长臂猿岛。志愿者需要待上最少2周并且每周工作满（通常是6:30am~6:30pm）6天。关于价格和细节，联系中心或者访问**志愿者网站**（www.wildlifevolunteer.org）。

Charlie Place或Charlie TV搞混了。

Cha-am Mathong Guesthouse 客栈 $$

（☎08 1550 2947；www.chaammathong.com；Th Ruamjit和Soi 3 South交叉路口；房间600~800B；❄）Mathong干净便捷，内有所有现代生活设备，服务不算无微不至，但你也要准备好大把泰铢了。

Dee Lek 客栈 $$

（☎0 3247 0396；www.deelek.com；225/30-33 Soi Long Beach，Th Ruamjit；房间1200~1500B；❄📶）Dee Lek很受斯堪的纳维亚半岛游客的欢迎，有宽敞的房间和浴室，也设有装上软垫的欧式家具。

Casa Papaya 酒店 $$$

（☎0 3247 0678；www.casapapayathai.com；810/4 Th Phetkasem；房间3000~5000B；❄🏊）这家酒店正好位于七岩和华欣之间的海滩上，用家一般的温馨和好客的氛围吸引着游客。海滨平房和海景房的屋顶上有平台可供游客享受日光（或者月光），酒店内部的床是特大号的，浴室的装潢也色彩缤纷。

就餐

你可以坐在沙滩椅上，向流动的商贩挥手示意，购买他们出售的烧烤或油炸海鲜，也可以向附近的海滨餐馆订餐。在海滩的最北端，你可以在捕鱼码头上找到价钱公道的海鲜餐馆。

作者推荐 **Rang Yen Garden** 泰国菜 $

（☎0 3247 1267；259/40 Th Ruamjit；菜肴60~180B；⏰11月至次年4月 午餐和晚餐）这家豪华花园餐厅的氛围既舒适又友好，是你旅行一天之后，感觉宾至如归的地方。餐厅供应泰国人喜欢的美食，但是只在旺季营业。

Bella Pizza 意大利菜 $

（Soi Bus Station，Th Ruamjit；菜肴150~200B；⏰午餐和晚餐）镇上有足够多的外国人，所以开一家比萨店是完全可以的，而且这家店让所有来店就餐的人都很开心。另外这家店有国际血统：泰国店主曾经在瑞典的一家比萨店工作过。

Poom Restaurant 海鲜 $$

（☎0 3247 1036；274/1 Th Ruamjit；菜肴120~250B；⏰午餐和晚餐）这家餐馆比附近其

他的海滩餐馆要贵一些，但是物有所值。你可以坐在高高的桄榔树下享用新鲜的海鲜。这家餐馆仿佛就是泰国人度周末的精选之所——对你来说可是很好的暗示。

Pla Too Restaurant 海鲜 $$

（☎0 3250 8175；菜肴150~250B；⊙午餐和晚餐）你刚走出停车场就会闻到扑鼻而来的香味，于是你饥肠辘辘地走向这家形状不规则的海滨餐馆，它可是很受泰国人和国外游客欢迎呢。餐馆位于七岩和华欣中间的Courtyard Marriott附近。

实用信息

Phetkasem公路穿越七岩繁忙的镇中心，离海滩大约有1公里远。你可以在镇中心找到汽车总站、银行、邮政总局、一家露天市场和火车站。

你可以在Th Ruamjit路找到很多提供ATM机和兑换服务的银行。

Only Chaam（www.onlychaam.com）是和七岩游览相关的一家网上博客和网站。

泰国通信管理局（CAT；Th Narathip）提供国际长途电话业务。

邮局（Th Ruamjit）在主要的海滩带上。

泰国旅游局（TAT；☎0 3247 1005；tatphet@tat.or.th；500/51 Th Phetkasem；⊙8:30am~4:30pm）在Phetkasem公路上，城南500米处。职员说流利的英语。

到达和离开

汽车站在Phetkasem公路上，在Th Narathip十字路口的7-Eleven便利店附近。经常开往/来自七岩的汽车有：

曼谷南（Sai Tai Mai）站（150B，3个小时）

碧武里（50B，40分钟）

华欣（50B，30分钟）

开往曼谷胜利纪念碑的小客车（160B，2.5小时，1小时1班，7am~5:30pm）从位于Th Ruamjit路和Th Chao Lay路之间的Soi公交站发出。其他小客车的目的地包括华欣（120B）和碧武里（100B）。开往华欣的私人出租车将花掉你500B。

火车站（Th Narathip）在Phetkasem公路西边。有5列日间火车从曼谷的Hua Lamphong车站开往七岩（40~150B，4小时），并且一直开到华欣。在火车时刻表上，七岩的名字只被列为“Ban Cha-an”。

当地交通

你可以乘坐快速摩托（30B）或小型敞篷客车（40B）从市中心到海滩。一些司机会尝试把你载到给他们提供佣金的酒店，而不是你要去的酒店。

你可以在Th Ruamjit路以每天300B的价格雇一辆摩托车。自行车租赁也很多，租金是1小时20B或是1天100B，这也是很好的出行方式。

华欣（Hua Hin） หัวหิน

人口 98 896

华欣——泰国最早的海滩胜地，无可争议各方面都很棒的地方。它并不是棕榈成荫的偏远海岛，相反，华欣是都市和海洋交融的混合体，它充满都市气息，有着繁忙的市场、美味的街边饮食、既长又宽的海滩和齐全的城市服务功能（意味着华欣不像其他被分割成两部分的地方）。

华欣与贵族的渊源上溯到20世纪20年代，彼时拉玛六世（Vajiravudh国王）和拉玛七世（Prajadhipok国王）在这里建立了夏宫以远离曼谷那令人窒息的气候。两座夏宫中最有名的是无忧宫（Phra Ratchawang Klai Kangwon），位于镇北3公里处，时至今日它仍是王室的住所，它的名字如此富有诗意，以至于泰国人经常把宫殿的名字用作城市的标语。拉玛七世对华欣的认可以及南方铁路的建造使华欣成为泰国贵族度假的地方，他们也在海边建造了属于自己的避暑别墅。

在20世纪80年代，奢华酒店集团索菲特（Sofitel）对镇上宏伟但年代久远的酒店进行了整修，这刺激了海外旅游业的发展。现在所有的国际连锁酒店都在华欣设有分店，而且越来越多富裕的外国人退休之后来到附近的住宅区和酒店式公寓居住。来自曼谷的中产阶级和上层社会的人们，在周末蜂拥至镇上，使镇上的部分地区看起来像上素坤逸区（Sukhumvit）。

这里花钱的地方可不少，但精打细算的背包客也不要被吓退。这是一个繁华的泰国城镇，有着丰富而且价格适中的海鲜，也有便宜的公共交通工具来往于海滩之间。从曼谷到这里比到南边的岛屿花费更少的时间和体力（以及金钱），所以不要在其他地方浪费

你的时间了，赶紧来华欣海滩吧。

👁 景点

城镇上的海滩很多，既宽且长；游泳很安全，而且华欣一直拥有半岛上最干燥的天气。在风暴天气，要小心水母。

华欣镇

（HUA HIN TOWN） เมืองหัวหิน

华欣以前是个渔村，现在的华欣镇仍保留着传统——古老的柚木商铺区被窄窄的巷子分割开来，码头的房屋已经变换成了餐馆或客栈，一处繁忙的渔港至今仍在作业。港口的南部是多岩石的海角，这就是“华欣”名字的由来了，意思就是“石头顶部”。商业中心有繁忙的市场和你旅行前忘记打包而需要的现代生活用品。

华欣海滩 海滩

（หาดหัวหิน；从Th Damnoen Kasem路东端的公共入口进入）当你从主公共入口往里看时，华欣的海滩看起来仿佛是被过度夸赞了。最开始，你会看到令人愉悦但是很平常的一片沙滩，沙滩上有不少圆圆的平滑的大卵石。沙滩的边缘就是索菲特酒店（Sofitel resort），近到仿佛可以亲吻到满潮的潮痕。别失望，这里只是观光的地方。来这里游玩的泰国人赤着脚站在海边，和朋友们互相拍照，如果你站在那里不动，就会有人走过来问你骑不骑马。

但是你在游泳和晒完日光浴后，如果继续往南沿着海滩行走5公里，就会到达一处有佛像装饰的海角（Khao Takiab）。沙子是质地非常好的白色粉末，沙滩很宽很长，碧绿

Hua Hin 华欣

色的海洋也呈现出安静的状态。沙滩里侧不是椰子树，而是一排度假酒店的塔楼，你在不间断的行走中会稍微被这些塔楼分心。通道通往Th Phetkasem路，你可以在此乘坐一辆绿色的小型敞篷客车返回镇上。

华欣火车站 历史景点

（สถานีรถไฟหัวหิน；Th Liab Tang Rot Fai）华欣火车站是当地的标志性建筑，火车站旁红白相间的亭子曾是拉玛六世统治期间的皇家候车室。正是铁路使曼谷王室和城市精英到达这里成为可能，从而带动了华欣成为旅游目的地。在上世纪初，从华欣到曼谷只需4小时，这是交通运输的一次革命，甚至在"喝"汽油的高速小客车出现之前就已实现。

北华欣

从华欣捕鱼码头向北通往七岩的海滩上，到处都是皇家和贵族的消暑别墅。

Hat Hua Hin Neua 海滩

（หาดหัวหินเหนือ；North Hua Hin Beach；公共通道紧邻Th Naebkehardt路）古典但朴素的泰国—维多利亚式花园住宅名字的灵感来自海洋，比如"听海房"，这些房屋沿着海岸的一端分布。现任君主的宫殿位于小镇以北3公里处，但是游客只准在地面上（⏲5:30~7:30am和4~7pm；需要ID）参观。周末，Th Naebkehardt路成为曼谷人喜欢的度假地，一些人仍在老式的房屋里消夏，而其他人则来到那些已变成餐馆的房子里享用晚餐。

免费 Plearn Wan 著名建筑

（เพลินวาน；☎ 0 3252 0311；www.plearnwan.com；Th Phetkasem btw Soi 38 & 40）这里更像是艺术的集中地而不是一家企业。Plearn Wan是一座古老的村落，里面有自成风格的旧式商铺，这些商铺曾经风靡于曼谷和华欣的泰国华人区。有一家销售（称展示更恰当些）植物根茎、粉末和其他混合药品的药店，药店中的药物曾经是泰国年轻人的祖母那一代人用过的；一家音乐用品商店专卖20世纪50至60年代低声吟歌时代的乐器；还有一些在7-Eleven便利店之前到来的古老商店和景点。如果游客在这些地方买了门票，

Hua Hin 华欣

活动、课程和团队游

1 Buchabun Art & Crafts Collection C2
2 Hua Hin Adventure Tour B3
3 Hua Hin Golf Centre C3

住宿

4 All Nations Guest House C2
5 Araya Residence C2
6 Baan Chalelarn Hotel C2
7 Baan Laksasubha C4
Baan Oum-or Hotel （见9）
8 Baan Tawee Suk C2
9 Ban Somboon C4
10 Euro-Hua Hin City Hotel (YHA) B3
11 Fat Cat Guesthouse C2
12 Fulay Guesthouse C2
13 Green Gallery Bed andBreakfast C1
14 My Place Hua Hin B3
15 Pattana Guest House C2
16 Sirima D2
17 Sofitel Centara Grand Resort and Villas D4
18 Supasuda Guest House C2
19 Tong-Mee House B2

就餐

20 Chatchai Market B2
21 Hua Hin Koti B3
22 Jek Pia Coffeeshop C3
23 Night Market B3
24 Sang Thai Restaurant C2
Sofitel Cafe & Tea Corner （见17）
25 Th Chomsin Food Stalls B2
26 World News Coffee C3

饮品

27 el Murphy's Mexican Grill & Steakhouse C3
28 Hua Hin Brewing Company C3
29 Mai Tai Cocktail & Beer Garden C3
30 No Name Bar D3
31 O'Neill's Irish Pub C3

交通

32 开往曼谷的空调公共汽车 B3
33 Lomphraya 营业处 C3
34 开往曼谷的小客车 B2
35 开往曼谷胜利纪念碑的小客车 B2
36 开往碧武里和七岩的普通公共汽车 B2
37 开往 Khao Takiab 的小型敞篷客车；开往攀武里的公共汽车 B3

South of Hua Hin
华欣南部

那就是被人敲竹杠了。大多数游客只是闲逛拍照却不买东西。如果你想感受一下这里的怀旧情结，可以走进复古纪念品店和小吃店。

Phra Ratchaniwet Mrigadayavan
历史景点

（พระราชนิเวศน์มฤคทายวัน；☎0 3250 8443；门票30B；⏲9am~4:30pm）这座夏宫位于华欣以北10公里处微风吹拂的海边，在拉玛六世（Vajiravudh国王）的主持下兴建于1923年，作为这位患有风湿性关节炎的国王的疗养地。庭院中的意大利式建筑使宫殿的通风和海景观赏功能最大化。柚木房屋相互连接，带有高高的百叶窗和浮雕，房子建在木桩上，底下的地面上有一条用木板铺成的阴凉小道。它集实用和优雅于一体，并不铺张浪费。环绕宫殿的是一座美丽的**花园**，种有高大的树木，一些树的树龄将近一百年了。一个传统的泰国管弦乐团把游客的想象力带回到那个时代。

宫殿位于拉玛六世营地——一处军事哨所的内部，你需要在门口接受检查。坐私人交通工具到此是最便捷的，但是你也可以赶上一辆从华欣开往七岩的汽车，要求在去往宫殿的岔路口下车。那里会有摩的载你走完剩下的2公里路程。

华欣的内陆

Baan Silapin
画廊

（บ้านศิลปิน；☎0 3253 4830；www.huahinartistvillage.com；Th Hua Hin-Pa Lu-U；⏲周二至周六10am~5pm）当地画家Tawee Kase-ngam在Th Phetkasem路以西4公里处，绿树成荫的小树林里，建立了这一艺术家集合区。画廊和工作室陈列有21位艺术家最优秀的作品，他们中很多人选择离开曼谷来到这里，是因为倾心于华欣更为轻松的氛围和山川海洋的美丽景色。外围的黏土屋里陈列着Nai Dee和Mae A-Ngoon风格活泼的雕塑。Khun Nang是一位灵巧、有魅力的老师，教授**美术课**（⏲9:30am~11:30am；300/200B成人/儿童），周二和周四是成人班，周六是儿童班。

华欣山丘葡萄园
葡萄园

（Hua Hin Hills Vineyard；ไร่องุ่นหัวหินฮิลล์ วินยาร์ด；☎08 1701 8874；www.huahinhillsvineyard.com；Th Hua Hin-Pa Lu-U；⏲10am~6pm）作为新纬度葡萄酒运动（见152页框内文字）的一部分，葡萄园位于华欣以西45公里处风景优美的山谷中。当地人在壤砂土和板岩土壤里培育出了几种罗纳河葡萄品种，并自酿出了季风谷牌（Monsoon Valley）葡萄酒。

你可以这样度过一天：参加**葡萄园行程**（免费；⏲1pm和4pm），学习在热带气候下种植葡萄，**尝尝葡萄酒**（290B，3杯样品酒），或是在风景如画的**Sala Wine Bar & Bistro**（菜肴200~500B）吃上一顿。也有滚球戏课程、山地骑车和骑大象活动。

在上午10点30分和下午3点，一辆葡萄园的穿梭车离开附属的**华欣山丘酒窖商店**（Hua Hin Hills Wine Cellar store；☎0 3252

6351, Market Village, Th Phetkasem, South Hua Hin),并在下午1点30分和下午6点返回,往返票是200B。

KHAO TAKIAB เขาตะเกียบ

大约在华欣以南7公里处,一座叫不朽筷子山(Monumental Chopstick)的山峰矗立在华欣海滩的南端,山上有一巨型站佛。在山上272米处有一座泰国—中国式寺庙(Wat Khao Lat),这里有很多狡猾的猴子,但是风景很棒。在Khao Takiab南边是海边松林花园(Suan Son Pradipath),这处泥泞的海滩由军队管理,泰国人周末会来这里。绿色的小型敞篷客车从华欣开往Khao Takiab村,在那里你会发现许多简易的泰国小饭馆。

崭新和时髦的Cicada Market(Th Phetkasem;⏲周五和周六4~11pm,周日4~10pm)是一家仍在经营食品贸易的露天市场,但它在每个周五的夜晚找到了新定位,现场演奏的乐队表演,气氛柔和且充满文艺气息。你可以从华欣夜市乘坐绿色的小型敞篷客车(20B;6am~9pm)到达这里;雇一辆机动三轮车(túk-túk)的单程花费是150B。

活动

镇上有很多旅行社,他们提供到附近国家公园一日游的行程。除非你报团,否则你得等到足够多的人报名去你想去的地方,你的行程才能实现。

华欣探险之旅(☎0 3253 0314;www.huahinadventuretour.com;Th Naebkehardt),包括在三百峰国家公园划独木舟和在岗卡章国家公园骑山地自行车等较刺激的活动。

风筝冲浪

空气风筝(系在冲浪板上)为华欣海滩的美丽加分,冲浪者仿佛滑行在松软的云间。华欣是理想的风筝冲浪之地:拥有很长且持续的风季。每年的10月至12月风从东北方吹来,而1月至3月从东南方吹来。2010年,华欣举办了风筝冲浪世界杯。

Kiteboarding Asia 风筝冲浪

(☎08 8230 0016;www.kiteboardingasia.com;South Hua Hin;入门课程11 000B)这家成立10年的公司运营着4家海滨商店,店内出租设备和教授课程。3天的入门课程教初学者这项运动的物理力学,老师们建议新手在

关于葡萄酒的新态度

常识会告诉你,美味的酿酒葡萄不会长在椰子树旁边。但是种植科学的进步以及葡萄酒的全球布局改变了这一切,人们引进了地缘实验,称为“新纬度葡萄酒”。葡萄一般生长在南北纬30至50度之间,而酿造这种酒的葡萄生长在这些纬度以外的地区。

“新纬度葡萄酒”的最大挑战,就是要尽最大的可能复制酿酒葡萄偏爱的气候。这意味着要引入人造的休眠季或冬季,通过剪枝、管理良好的灌溉系统以及和青草混栽的方法,防止雨季时的土壤流失。如果你熟悉旧的葡萄栽种世界,在看到泰国人成功打破栽培规则之后,你会大吃一惊。

葡萄酒专家不得不承认“新纬度”超过传统葡萄酒的事实,但是“新纬度”的定位只是地方葡萄酒。暹罗酒庄(Siam Winery),是华欣山丘葡萄园(Hua Hin Hills Vineyard)(见150页)的母公司,致力于酿造与泰国多种口味食物相匹配的葡萄酒。葡萄园种植有哥伦巴、白诗南、马斯喀特、设拉子和桑吉奥维斯等品种的葡萄,特别是倾向于柑橘属的白色品种,是大多数泰国人餐桌上提神的补充品。

由于气候炎热,大多数葡萄酒品尝者的选择会经常变化。和那种在寒冷春日饮用的浓郁的红酒相比,泰国出产的淡葡萄酒有着更令人满意的效果。在泰国喝红酒是一个挑战,因为高温能让皮革散发出醋味。为了应对这一热带因素,泰国人打破了红酒的规则,他们把红酒冻在冰箱里以尽可能地复制“酒窖”温度。

刮东南风（1月至3月）的时候来，这时海面的波涛没有那么汹涌。

高尔夫

作为国内率先开设高尔夫课程的地方，华欣一直是国外游客和当地人打高尔夫的目的地。

Hua Hin Golf Centre 高尔夫

（华欣高尔夫中心；☎0 3253 0476；www.huahingolf.com；Th Selakam；⌚中午~10pm）这家专业商店的员工，会很友好地帮你选择价格适宜、质量良好的课程，在这些课程上，你打出的球不会被猴子拿走。这家公司也组织高尔夫旅行，并租赁设备。

Black Mountain Golf Course 高尔夫

（黑山高尔夫课程；☎0 3261 8666；www.bmghuahin.com；球场使用费 2500B）城市中最新的课程深受大家欢迎。球场在华欣以西10公里处，18洞高尔夫课程在丛林和古老的凤梨种植园中进行，球场内仍保留着一些自然小溪作为水区障碍。2009年和2010年度亚洲PGA巡回赛在这里举行。

骑车旅行

对那些想要游览华欣外围景点的游客来说，骑自行车既可以欣赏美景又是价格合适的选择，你要是乘出租车走同样的路程那就贵得离奇了。不要被熙攘的大道唬住，有很多安静的小道可供你选择，在那里你可以欣赏美景。

Hua Hin Bike Tours 骑车旅行

（华欣自行车旅行公司；☎08 1173 4469；www.huahinbiketours.com；4/34 Soi Hua Hin 96/1，Th Phetkasem，South Hua Hin；团队游1500~2500B）一对夫妻（见162页框内文字）经营着这家自行车公司，公司经营有半日、全日、多日自行车旅行，可以到达华欣内部和周围的很多景点。脚蹬着自行车到达华欣山丘葡萄园（见158页）可真是神清气爽。你可以沿着华欣南部的海岸小道骑行，也可以穿越三百峰国家公园（见168页）的石灰岩山脉。公司也出租高级自行车（每天500B）给独立的自行车手，还推荐路线。他们也组织远途慈善和团体骑车穿越泰国。想了解更多信息，访问总公司Tour de Asia网站（www.tourdeasa.org）。

课程

Buchabun Art & Crafts Collection 烹饪

（☎08 1572 3805；www.thai-cookingcourse.com；22 Th Dechanuchit；课程1500B）有抱负的厨师应该报名参加半日的泰国烹饪课程，课程包括市场见闻和食谱书籍。只有在多人感兴趣的前提下，他们才会开设此课程。

节日和活动

国王杯大象马球锦标赛（King's Cup Elephant Polo Tournament） 骑大象比赛

这一在9月举行的年度锦标赛是泰国式马球，赛大象而不是赛马。举办地在风景秀丽的Anantara Hua Hin度假酒店。比赛也许没有英国赛马速度快，但这是一项为大象福利事业而举办的慈善运动。

华欣爵士节（Hua Hin Jazz Festival） 爵士音乐节

国王曾对爵士乐非常感兴趣，为了纪念国王，作为皇家度假胜地的华欣举办了这一有泰国和国外表演者参加的年度爵士音乐节。所有的活动都是免费的，音乐节常在6月举行。

艺穗节（Fringe Festival） 戏剧节

曼谷著名的先锋艺术表演阵地Patravadi剧院组织了这个现代艺术节，举办地在**Vic Hua Hin**（☎0 3282 7814；www.vichuahin.com；62/70 Soi Hua Na Nong Khae，South Hua Hin）。从1月到3月，来自泰国和国际艺术家以及多国合作的表演团体来此进行舞蹈、音乐和喜剧表演。

住宿

你可以在老旧的商铺区选择住多层的房子，这些房子大都是经济型或者中等的旅店。气氛很好，附近有便宜又好吃的美食店，但是你得“转”到海滩，要么步行至北华欣海滩（最好在低潮时去），要么乘坐一辆小型敞篷客车到达华欣海滩的南端。

高端的住宿选择是从索菲特开始向南部海滨延伸的度假酒店。所有的国际品牌酒店都在华欣设有分店，但是我们只列出了那些让你有更亲密体验的独特的当地酒店。

华欣镇（HUA HIN TOWN）

Pattana Guest House 客栈 $

（☎03251 3393；52 Th Naresdamri；房间350~550B；❄）这家柚木旅馆在一个小巷的深处，令人愉快的花园中有一个不大的读书角落。房间属于基本类型，不大但是空间足够，经营它的家庭很友好且有艺术气息。

Tong-Mee House 客栈 $

（☎0 3253 0725；1 Soi Raumpown，Th Naebkehardt；房间450~550B；❄@）这家精巧的旅店藏在一个安静的住宅巷内，在镇上可是最物有所值的。房间较小，但是很整洁且有阳台。

Supasuda Guest House 客栈 $

（☎0 3251 3618；www.spghouse.com；1/8 Th Chomsin；房间800~1000B；❄📶）宾馆的房间面积较大，装饰有美人鱼壁画，设有热水淋浴。价格高一些的房间有走廊，但是会有些马路上的噪声。住客可以走到公共阳台。

Ban Somboon 客栈 $

（☎0 3251 1538；13/4 Soi Hua Hin 63，Th Phetkasem；房间950~1200B；❄）这家旅馆的墙上挂有全家福照片，有一个小型花园，你住在这里仿佛住在你最喜欢的泰国阿姨家里。它位于一条安静的中心小巷内，巷内还有几家物有所值的宾馆。

Baan Tawee Suk 客栈 $

（☎0 89459 2618；43/8 Th Poonsuk；房间800B；❄📶）这家新建的多层旅馆给人以清新的感觉，整洁的房间里设有所有现代化生活设备。房间有些局促，所以就把你那大号行李箱放在家里吧。

Sirima 客栈 $

（☎0 3251 1060；Th Naresdamri；房间550B；❄）Sirima是老式码头客栈中最好的，外部装潢是彩色玻璃和光滑的木头。游客可以走过长长的走廊来到露天平台俯瞰水景。有多种档次的房间，但是铺有瓷砖的房间是最好的。

My Place Hua Hin 酒店 $$

（☎0 32514 1112；www.myplacehuahin.com；17 Th Amnuaysin，Th Phetkasem；房间1850~2200B；❄📶）这家小酒店位于城镇中心，它的名字“我的地方”（My Place）听起来也许太俗气了，但是这家酒店真的兑现了这个让你有宾至如归感觉的诺言。

Euro-Hua Hin City Hotel YHA 青年旅舍 $

（☎0 3251 3130；5/15 Th Sasong；房间250~800B；❄）像国内的大型背包旅舍一样，这家旅舍让游客感觉很舒服很专业。所有的房间，即使那些有些局促的房间，都有空调。有单人间和双人间，所有的房间都含早餐。如果你不是国际青年旅舍联盟（Hostelling International，简称HI）的会员，那就要在这个价位上加50B了。

Baan Chalelarn Hotel 酒店 $$

（☎0 3253 1288；www.chalelarnhuahin.com；11 Th Chomsin；房间1200~1300B；❄@）Chalelarn有铺着木质地板的漂亮大厅。大房间内是特大号床。走廊和早餐也是服务的一部分。

Araya Residence 酒店 $$

（☎0 3253 1130；www.araya-residence.com；15/1 Th Chomsin；房间1500~2000B；❄@）准现代风格的酒店，木头和混凝土的结合创造出一种既纯朴又现代的氛围。房间宽敞舒适，但是酒店外部的周边不太整洁。

同样推荐：

Fat Cat Guest House 客栈 $

（☎08 6206 2455；8/3 Th Naresdamri；房间300~900B；❄）这家拥有独立楼体的宾馆位于一条住宅区的巷子里，客房内有风扇，你可以在店内欣赏到很棒的城市风景。

Fulay Guest House 客栈 $

（☎0 3251 3145；www.fulayhuahin.net；110/1 Th Naresdamri；房间430~980B；❄📶）这

值得一游

SIRANEE（GAE）MEESITH，华欣自行车旅行公司共有人

我来自一个非常小的村庄，那里有稻田、水牛和诸如此类的山村景色。村庄生活有时有点无聊，但是我上大学的地方——曼谷，却很热闹。华欣的状态位于两者之间。它是一个令人放松的小镇，但是依旧有值得去看的地方：平静的海滩、山峰、洞穴和各种运动（自行车、风筝冲浪或者海中游泳）。镇上也有商店、面包店、咖啡馆和大量的海鲜餐馆。

最好的海滩

从希尔顿酒店（Hilton Hotel）走出来，美丽的白色华欣沙滩映入眼帘，沙滩一直向南延伸到Khao Takiap。

最好的自行车旅行

我喜欢在华欣中心之外的地方骑行，那里有很多海边的小路和泥路值得一看，还有山顶的风景、干净的空气和充足的阳光。你坐在车内可看不到这一切，另外自行车也是锻炼身体的好方式，并且很环保，有利于继续保持华欣的美丽与洁净。

去镇外旅行的人的最爱

三百峰国家公园内的帕亚那空山洞是一处神奇的洞穴，洞内有一座立着拉玛五世雕像的泰式亭子。3位泰国国王曾经游览过此处洞穴，其中的两人在墙上签了名。到达洞穴的过程也很吸引人，因为它在山峰里，你需要从附近的海滩乘船或翻过另一座小山到达一条长430米的小路，走完这430米，你就到达洞口了。另外，附近也有廉价且出色的泰式海鲜餐馆。

秘密地点

Eighteen Below Ice Cream（Th Naebkehardt，北华欣）为一对年轻夫妇所有：妻子是泰国人，曾是一名演员，丈夫是一位能做出美味冰淇林和甜点的比利时厨师。他们刚起步时，把冰淇林卖给华欣有名的饭店，后来他们决定把自己家变成一处可爱的花园咖啡馆。很多从曼谷来的泰国人会在周末去那里，但是大多数国外游客并不知道这个地方的存在。

是一家旧式的码头客栈，内有质量上乘的床、较新的浴室以及在公共区域里盛开的花朵。

Baan Oum-or Hotel 酒店 $$

（☎0 3251 5151；77/18-19 Soi 63，Th Phetkasem；房间1000~1500B；❄）房间大且明亮，只有7间房接受预订。

All Nations Guest House 客栈 $

（☎0 3251 2747；10-10/1 Th Dechanuchit；房间500~800B；❄）房间光线稍微有些昏暗，但是价格相当划算，防噪音工作也做得很不错。

华欣海滩

作者推荐 **Baan Bayan** 酒店 $$$

（☎0 3253 3540；www.baanbayan.com；119 Th Phetkasem，South Hua Hin；房间4000~11 000B；❄🏊）这是一座建于20世纪初殖民风格的海滨别墅，对于那些寻找奢华体验但又不想在大的度假酒店扔银子的游客来说，Baan Bayan是他们的完美选择。房间通风良好，墙壁涂成了令人放松的黄色，天花板很高，酒店的员工很专心，酒店的位置绝对紧邻海滨。

Green Gallery Bed & Breakfast 酒店 $$

（☎0 3253 0487；www.greenhuahin.com；3/1 Soi Hua Hin 51，Th Naebkehardt，North Hua Hin；房间1200B；❄📶）这家小型酒店如同糖果一样精巧，拥有改装过的殖民地风格的海滨别墅。单独装修的房间时尚风雅，折射出泰国都市风尚。你要走一段不长的路到达北华欣海滩。

Rahmahyah Hotel
客栈 $$

（☎0 3253 2106；113/10 Soi Hua Hin 67, Th Phetkasem，South Hua Hin；房间1000B起；❄🅿📶）这家小型的旅馆在市场村（Market village）的街对面，大约在镇南1公里处，它夹在高端度假酒店之间，实在是独树一帜。旅馆有通往海滩的通道。在华欣的旅馆中，Rahmahyah是出类拔萃的，有着专业的员工和整洁实用的房间。位于酒店前部的房间能听到公路上的噪音。

Baan Laksasubha
酒店 $$$

（☎0 3251 4525；www.baanlaksasubha.com；Th 53/7 Naresdamri；房间4200~7900B；❄🅿📶）这家小巧的酒店在索菲特隔壁，店主是一位曼谷贵族，专注于经营适宜家庭居住的别墅。装饰是如此轻快和柔和，以至于看起来几乎是平淡无奇的。花园小径路过一汪湖泊，通往海滩。酒店内有一间专供孩子使用的儿童屋，配有玩具和书籍。如果你按照"baan lak-su-pah"的拼法说出酒店的名字，出租车司机会更好地明白你的意思。

Veranda Lodge
酒店 $$$

（☎0 3253 3678；113 Soi Hua Hin 67，Th Phetkasem，South Hua Hin；www.verandalodge.com；房间3000~5000B；❄🅿📶）酒店位于海滨，但是价格却不昂贵，这一高端酒店有很多类型的房间供你选择，从现代化酒店房间到奢侈的花园别墅应有尽有。

Sofitel Centara Grand Resort and Villas
酒店 $$$

（☎0 3251 2021；www.sofitel.com；1 Th Damnoen Kasem；房间5500B起；❄@🅿）这家有历史意义的铁路酒店，是华欣的第一家海滨酒店，已经翻修并扩大了营业面积来满足现代的海滩游客，酒店内有水疗和运动设施，还有殖民地或者新世界风格的房间。

Anantara Resort & Spa
酒店 $$$

（☎0 3252 0205；www.huahin.anantara.com；房间7500B起；Th Phetkasem；❄🅿📶）Anantara设备齐全的度假酒店，在华欣以北4.5公里处，酒店的设计宗旨是将传统的泰国乡村风格与低调奢华的氛围融合在一起。这是一家能让你有很多体验的酒店，内有水疗设施、水上运动和文化活动。

Chiva-Som International Health Resort
酒店 $$$

（☎0 3253 6536；www.chivasom.com；74/4 Th Phetkasem，South Hua Hin；住3晚68 310B起；❄🅿）当一个短假还不够让你放松时，来Chiva-Som吧，这里是工作过度和压力过大（也许是薪水过高）的商务人士和名人的天堂。健康服务包括营养咨询、瑜伽健体课程、各种类型的按摩和排毒项目。

就餐

夜市
海鲜 $

（Night Market；Th Dechanuchit btw Th Phetkasem & Th Sasong；菜肴60B起；⏲5pm~午夜）华欣夜市可是和海滩有得一拼的好去处，夜市稳居当地人最爱大吃大喝地点的榜首。摆得高高的还带着冰的大虾诱惑着那些想大把花钱的吃货们，但是那些简易的现炒摊子上的海鲜同样美味可口。你可以尝试一下咖喱烧螃蟹（pàt pŏng gà·rèe ɓoo）、油炸小虾（gûng tôrt）和炸贻贝蛋卷（hŏy tôrt）。在各个摊位之间，游客们可以逛逛纪念品商铺，购物可是泰国人助消化的好活动。

Sang Thai Restaurant
泰国菜 $

（Th Naresdamri；菜肴120~350B；⏲午餐和晚餐）Sang Thai是许多受吃客热捧的码头餐馆中的一家。在这里游客们不仅可大快朵颐，还可一睹一整条嗞嗞作响的清蒸鱼端上饭桌的场景。

Jek Pia Coffeeshop
海鲜 $

（51/6 Th Dechanuchit；菜肴80~160B；⏲午餐和晚餐）这家有50年历史的餐厅可不仅仅是一家咖啡馆，它还专注于烹炒各种海鲜菜肴。如果店内人满为患，你可以在Th Naebkehardt路更南边的sukiyaki餐厅吃上同类型的菜肴。

Hua Hin Koti
海鲜 $$

（☎0 3251 1252；16/1 Th Dechanuchit；菜肴80~250B；⏲午餐和晚餐）这家在夜市对面的泰国—华人餐馆可是全国有名的美食餐馆。

泰国人喜欢油炸蟹球，而外国游客则迷恋冬阴功汤(đôm yam gûng)。每个人都爱上了美味的海鲜沙拉(yam tá-lair)和油炸姜味鱼(deep-fried fish with ginger)。

Th Chomsin Food Stalls 泰国菜 $

(Th Chomsin和Th Naebkhardt的交叉路口；菜肴30B起；⊙午餐和晚餐)如果你追寻的是百分之百的当地小吃，那就到这个受欢迎的午饭美食聚集地上来猎奇吧。尽管餐具很简单，但是泰国人是很挑剔的食客，他们在这里吃东西时用叉子(或手指上蘸一点kôw nĕe·o)把炸鸡(gài tôrt)上的骨头和肉分开，而不是直接用牙咬。

Sofitel Cafe & Tea Corner 咖啡馆 $$

(1 Th Damnoen Kasem；菜肴80~150B；⊙早餐和午餐)端着一小杯茶坐在咖啡馆，是向这个城镇上最有历史的酒店致敬的最好方式，而且索菲特内部这家装潢精致的茶室的用地就是先前的铁路旅馆。咖啡馆内放着经典的小夜曲，海风带来丝丝凉意，这里是看报纸和坐在贵族椅上平复心情的绝佳地点。店内也有一些历史照片和大事记，使它看起来多少有一些博物馆的味道。真正的画作是酒店里的灌木修剪花园，里面的各种灌木被修剪成大象、长颈鹿和鹅的样子。

Chatchai Market 泰国菜 $

(Th Phetkasem；⊙白天营业；菜肴30B起)这家日市位于一座为纪念拉玛七世而修建的历史建筑内。这座建筑建于1926年，有着与众不同的七个屋檐。这里出售普通的市场小吃：早晨店铺售卖中国风味甜甜圈(Ƀah·tôrng·gŏh)和混有香甜浓牛奶的古式咖啡(gah·faa boh·rahn)，全天供应云吞面和品种齐全的热带水果。

World News Coffee 咖啡馆 $

(130/2 Th Naresdamri；菜肴70~150B；⊙早餐、午餐和晚餐；@)这家星巴克(Starbucks)式的咖啡馆提供烘焙食品和种类繁多的咖啡。每小时花50B就可在此上网，在你品尝每天的第一杯咖啡时，店内的杂志和报纸可供你翻阅。

🍷 饮品和娱乐

在20世纪90年代，华欣的酒吧行业发展得很缓慢：只有一些体育酒吧或者舞女酒吧——有时你根本分不清两者的区别。但是周末蜂拥到此的曼谷人改变了这一切。除了这些，也可考虑一下Khao Takiab的Cicada Market(见151页)。

No Name Bar 酒吧

(Th Naresdamri)经过一座多岩石海角上的中国神殿，就到达这家悬崖边上的餐馆兼酒吧了，爱喝酒的人在这里牛饮着各种酒精饮料。

Hua Hin Brewing Company 酒吧

(33 Th Naresdamri)尽管这里已不再酿造啤酒，但它广阔的室外天台是观看士兵在Th Naresdamri路上列队走过的理想场地。

Mai Tai Cocktail & Beer Garden 酒吧

(33/12 Th Naresdamri)用不多的钱就可以在这令人愉悦的户外平台上看风景，喝啤酒。

O'Neill's Irish Pub 爱尔兰式酒吧

(5 Th Phunsuk)即使与巧言石(Blarney Stone)远隔重洋，人们仍然能感受到这里浓浓的爱尔兰风情。O'Neill供应便宜的酒水，人们可以在酒吧内观看现场直播的体育比赛。

El Murphy's Mexican Grill & Steakhouse 酒吧

(25 Soi Selakam，Th Phunsuk)泰国的每一家体育酒吧都有着国际色彩，这一舒适的酒吧就融合了墨西哥和爱尔兰风情。来这里high一把吧，在现场乐队和外国游客之间尽情欢乐。

Music Room 现场音乐

(Soi Hua Hin 32，Th Phetkasem，North Hua Hin)这家音乐室是专为周末到此度假的泰国人准备的，房间内有主题派对和现场演奏各种类型音乐的乐队，在这里可以经常看到当地名人的身影。

实用信息

紧急情况

旅游警察局（☎0 3251 5995；Th Damnoen Kasem）

网络

在华欣所有的宾馆和咖啡馆内都可以接入互联网。

参考网站

华欣旅游业（Tourism Hua Hin；www.tourismhuahin.com）站内有很多关于外围区域的翔实信息。

华欣观察家（Hua Hin Observer；www.observergroup.net）一本可以在线阅读的外国人出版的杂志。

医疗服务

San Paolo医院（Hospital San Paolo；☎0 3253 2576；222 Th Phetkasem）这家配有急救设施的医院就在镇南部。

曼谷医院华欣分院（Bangkok Hospital Hua Hin；☎0 3261 6800；www.bangkokhospital.com/huahin；Th Phetkasem btw Soi Hua Hin 94 & 106）这家高端医院在华欣的分院设在华欣南部。

货币

Th Naresdamri路上有货币兑换点和ATM机，Th Phetkasem路上有银行。

邮政和电话

邮政总局（Th Damnoen Kasem）设有可以

和那些来自曼谷的泰国人步调一致吧

一到周末，华欣就会出现另一种形式的潮汐——曼谷的上班族涌进华欣，占领Th Naebkehardt路上的大小酒店和餐馆，挤进夜市或者夜总会。然后周日到了，他们又在通往北边的路上大排长龙，怀着沉重的心情等待着周一的到来。

曼谷游客的出现是如此的大张旗鼓，你也会不由自主地加入到他们中间。由于餐馆在电视或美食杂志上频频露面，人们去的地方大都一样。那么就戴上你引领潮流的墨镜，去北华欣最受欢迎的饭店抢一张桌子吧。

Sôm·đam Stand

大排档

（Th Naebkehardt；菜肴50~80B；⏰午餐）在Iammeuang Hotel的对面是一家sôm·đam摊位。这家摊位仅用一个周末就能轻易地消灭掉全泰国的青木瓜货源。直到他们打烊前，我们都排不上座位。

Eighteen Below Ice Cream

冰淇林

（Th Naebkehardt；菜肴160B；周三不营业）这家美食家级别的冰淇林店在Baan Talay Chine Hotel后面那条街的尽头，由一位受过训练的厨师经营。这家店专门经营口感丰富和奶油多多的冰淇淋。

Baan Itsara

海鲜

（Th Naebkehardt；菜肴160B起；⏰午餐和晚餐）Baan Itsara在我们看来，属于定价过高的餐馆，但它的确值得一看，饭店供应更具“国际”风味的泰国海鲜菜肴。放有罗勒和松仁的鱿鱼尝起来更像是意大利青酱，而不是传统的辛辣泰国菜肴。

Jae Siam

面条

（Th Naebkehardt；菜肴30~50B；⏰午餐和晚餐）如果你对一周的安排有些迷茫，那就来这家在万年青酒店（Evergreen Hotel）隔壁的露天面条店吧。华欣的公务员会在工作日到此就餐，来自曼谷的游客会在周末挤进这家餐馆。餐馆因红烧猪肉面（gŏo·ay đĕe·o mŏo đŭn）和白煨鸡汤面（gŏo·ay đĕe·o gài đŭn）而出名。

打国际长途的CAT办事处。

旅游信息

TAT办事处（☎0 3251 3885；39/4 Th Phetkasem；⊙8:30am~4:30pm）员工能说英语；营业处在镇北的Soi Hua Hin巷70号附近。

市旅游信息咨询处（Municipal Tourist Information Office；☎0 3251 1047；Th Phetkasem和Th Damnoen Kasem交叉路口；⊙周一至周五8:30am~4:30pm）提供华欣的地图和信息。在钟塔附近有分部（☎0 3252 2797；Th Naebkehardt；周一至周五9am~7:30pm，周六和周日9:30am~5pm）。

旅行社

Tuk Tours（☎0 3251 4281；www.tuktours.com；33/5 Th Phunsuk）这是个提供帮助、让你没有压力的地方，在这里你可以预订泰国各地的旅游活动和交通工具。

ℹ 到达和离开

飞机

机场（www.huahinairport.com）在镇北6公里处，但是只有**Nok Mini**（☎0 2641 4190；www.nokmini.com）提供包租服务。

长途汽车

华欣的**长途汽车站**（Th Phetkasem btw Soi Hua Hin 94 & 98）在镇南，站内汽车可以到达以下目的地：

清迈（785B，12小时，每天3班）

巴蜀（65B，1.5小时）

普吉（856B，9小时，每晚1班）

素叻他尼（Surat Thani，480B，7小时，每天2班）

乌汶（Ubon Ratchathani，1200B，13小时，每天1班）

去曼谷（160B，3小时，8am~9pm每2个小时1班）的汽车也会从夜市附近的汽车公司**营业处**（Th Sasong）发出。

普通巴士从市场北边的**车站**（Th Phetkasem和Th Chomsin交叉路口）开出，目的地包括**七岩**（50B，30分钟）和**碧武里**（50B，1.5小时）。

在**Lomprayah**（☎0 3253 3739；Th Narasdamri）可以乘坐从华欣开往龟岛的汽车—轮渡的联合体（1000B，8.5小时；早晨和晚上各1班）。

小客车

去往曼谷Sai Tai Mai（南）汽车站和胜利纪念碑的小客车（180B，3小时，4am~8pm每30分钟1班）从Th Naebkehardt路上的汽车站发出。直达胜利纪念碑的班车从位于Th Phetkasem路和Th Chomsin路交叉路口的营业处发出。

火车

有很多开往/来自曼谷华南蓬车站和南部铁路线沿线其他车站的列车（二等车厢212~302B，三等车厢94~154B，4小时）。

ℹ 当地交通

绿色的小型敞篷客车从夜市附近的Th Sasong路和Th Dechanuchit路交叉路口出发，沿着Th Phetkasem路一直往南开到Khao Takiab（20B）。开往攀武里方向的汽车从同一车站发出。

机动三轮车的票价高得离谱，大约是100B起，而且没有还价余地。对于短途出行而言，摩的的价格（40~50B）就合理多了。

你可以在Th Damnoen Kasem路上的商店里租到摩托车（每天250~500B）。**Thai Rent A Car**（☎0 2737 8888；www.thairentacar.com）是一家专业租车公司，价格公道，车辆保养良好，有酒店载客业务。

华欣（Hua Hin）至攀武里（Pranburi）

华欣南部有很多海滩点缀着令人激动的海角，当你觉得华欣海滩太都市化时，来这些海滩体验一下吧。

HAT KHAO TAO　หาดเขาเต่า

这一人烟稀少的海滩，在华欣以南13公里处，从Khao Takiab向南延伸数公里到龟山（Khao Tao）。这里现代文明的痕迹很少，让人惊艳：没有高楼大厦，没有海滩椅，没有穿围裙的售卖者，也没有骑马的游客。

山上有几处寺庙，供奉着所有你能想象到的“神”：佛陀、观音（中国的慈悲菩萨）、毗瑟挐（Vishnu），甚至泰国国王。沿着通往海边的足迹，你可以到达山上的佛陀像。

要到达那里，你需要乘坐一辆从华欣开往攀武里的汽车（20B），并要求在通往龟山的岔路口下车；摩的也可载你到寺庙（20B）。因为返回的交通工具很少，回到公路上要大费周章：你可以步行，也可以蹭从寺庙出来的车。

HAT SAI NOI หาดทรายน้อย

Hat Sai Noi，这一风景秀丽的海湾，在华欣以南20公里处。海湾底部陡峭，为深水游泳爱好者提供了绝佳地点。附近有很多便利设施：简易的海鲜餐馆和小规模的客栈。对于那些想远离喧嚣的人，这里是理想的场所，但是要在工作日来。海滩在龟山的南边，途中你会经过一个水库，路两边是叶子花属植物和石灰岩悬崖。到达那里的方向和去龟山的一致，但是你得向摩的司机说明你要去Hat Sai Noi（60B）；回到公路上比较困难，但是你可以向餐馆寻求帮助。

攀武里及周边（Pranburi & Around）

人口 75 571

从华欣沿着公路继续往南就来到了攀武里区的郊区，这里已经成为曼谷人海滨度假的另一选择。有些人甚至将这个地方称为"Thai Riveria"。但是当地人给这个渔村和附近的海滩起了一个很谦卑的名字——攀武里河口（Pak Nam Pran），这名字只反映了它的地理位置而已。

一条沿海公路将一排小型的别墅式度假酒店和海滩分开。每到雨季，海洋就会带走很多沙子，当地人不得不沿着长长的海岸线安置了隔板。因为来这里玩的主要是泰国人，消失的沙滩并没有产生严重的后果。相反，大多数国内游客到此是为了看海景和品尝村庄的主要产品——干鱿鱼。清晨，渔船会返航卸下捕捞的鱿鱼并开始晾晒的过程。这是一项辛苦但是有趣的劳动，那时镇上放眼望去满是晾晒鱿鱼的架子。

挨着河流的是广阔的红树林，由攀武里森林公园（Pranburi Forest Park）（☎0 3262 1608；门票免费）保护。公园内有一条木质通道，通往红树林中的泥屋、栽种着松树的海滩和住宿的地方。公园里有船，游客可以沿着河流和小水道划行。

沿滨海大道到达南部的骷髅山（Khao Kalok）是一次很愉快的旅行，这是一处巨大的海角，海角下是美丽的海湾。这处宽阔且多沙的海滩远离华欣甚至Pak Nam Pran的喧闹，但是这里周末很热闹。沿着海滩分布着几家僻静的精品度假酒店，那里是度蜜月的新婚夫妻或者不想走太远就可以"抛却烦忧"的人们的理想度假地。

另一个南部海湾常常被人们叫做海豚湾（Dolphin Bay），因为每年的2月到5月宽吻海豚和江豚都会造访这里。近海处是丛林密布、轮廓分明的美丽海岛，海滩很宽且视野开阔。此处是家庭度假游客的最爱，因为这里的酒店是物有所值的。没有车马喧嚣并且没有夜生活，离三百峰国家公园（更多信息见160页）北部入口只有几公里的距离。

食宿

这里的酒店主要是高端酒店，但不是所有的海滨度假酒店都值那个价，因此当你在网上预订没有被我们列出的酒店时，要睁大双眼好好分辨了。即便如此，这一区域仍然有一些泰国最好的海滨精品酒店，很值得你在此挥霍一把。

作者推荐 **Away Hua Hin** 酒店 $$$

（☎08 9144 6833；www.away-huahin.com；south of Khao Kalok；房间5000B起；❄✉📶）Away是一家毫不做作的精品度假酒店，店内重新改造了7间旧式柚木洋房。很多从泰国北部来的游客来到海岸边的这块天堂之地，睡在又大又舒服的床上，在现代的浴室内沐浴。友好的泰国—澳大利亚店主一家营造出了家一般的氛围，大家是在一个"大"房间内的一张家居餐桌上吃早餐，来自世界各地的人们此刻成了亲密的朋友。一些酒店注重的是住客的极度私密空间，而其他酒店则让住客有家的感觉。

La a natu Bed & Bakery 酒店 $$$

（☎0 3268 9941；www.laanatu.com；south of Khao Kalok；房间 5000B起；❄📶）在精品酒店行业，把泰国不知名的种植水稻村庄转变成奢华的居住地正风靡一时，但是La a natu比大多数酒店做得更好。茅草屋顶的别墅建在稻田之上，既有现代化的角落也有设计成远古人燧石取火样式的装饰。每一座别墅都极度私密，生活区和通往休息区的扶梯式样的陡峭阶梯，都在唤起传统的农家生活方式的记忆。这里还有半私密海滩，就在你的门阶旁。

Dolphin Bay Resort 酒店 $$

（☎0 3255 9333；www.dolphinbayresort.com；Dolphin Bay；房间1500B起；❄@🏊）这家度假酒店把海豚湾定义为一处适合家庭旅游的度假地，标准多样、以价值为导向的别墅和公寓让人们感受到低调的度假氛围。酒店的场地足够孩子们安全地嬉戏，内有两个大型游泳池，美丽的沙滩就在街对面。人们一定会爱上它。

Brassiere Beach 酒店 $$$

（☎0 3263 0555；www.brassierebeach.com；Dolphin Bay；房间5000B起；❄）这家酒店是私密和个性的完美结合体。酒店的灰泥别墅紧挨着三百峰国家公园，面对着一处隐蔽的海滩，从最近的铺面道路到此处海滩只有100米。房间是简洁的墨西哥别墅样式，大多数房间的浴室是露天的，一些房间有屋顶露台。尽管游客会对酒店的名字有误解，但是这家以“胸罩海滩”命名的酒店不会辜负你的期待。

Khao Kalok Restaurant 泰国菜 $

（菜肴60~150B；⊙午餐和晚餐）这家露天餐馆坐落在南边的山脚，你可以在这里看到前方停靠的渔船。可口的食物会由迈着轻松步伐的侍者端上你的餐桌，比如绿咖喱（gaang kĕe·o wăhn）、罗勒炒鱿鱼（Ƀlah mèuk gà·prow）、炒蔬菜（pàt pàk roo·am）。

也同样推荐：

Pranburi Forest Park 露营地 $

（☎0 3262 1608；Pak Nam Pran；帐篷场地和工具租赁300B）这是一处很受“新人”（大一新生）欢迎的派对地点。森林公园有一处绿树成荫的海滨露营地、普通平房（6/12人，1000/2000B）和一家餐馆。此处不准生火。

Pineapple Resort 客栈 $

（☎0 81933 9930；Pak Nam Pran；房间500~600B；❄）Pineapple的布局有些散乱，这家宾馆的混凝土平房坐落在离海滩50米远的地方。在这到处是奢华酒店的地方，Pineapple的价格算是很便宜了。

Palm Beach Pranburi 酒店 $$

（☎0 3263 1966；www.palmbeachpranburi.com；Pak Nam Pran；房间1500B起；❄🏊）这是一家实实在在的中等酒店，被一些自认为是精品酒店的普通酒店包围着。

The Beach House 客栈 $

（☎08 7164 6307；Pak Nam Pran；房间500~800B；❄📶）这家客栈是附近最便宜的，主要的住客是年轻的风筝冲浪爱好者。这些年轻人更愿把钱花在运动上而不那么在意住宿条件。

ℹ 到达和当地交通

攀武里在华欣以南35公里处，你可以从华欣夜市乘坐普通汽车（20B）到此。你得在公路上下车，乘坐一辆小型敞篷客车到Pak Nam Pran。也有从曼谷胜利纪念碑开往攀武里的小客车（180B）；如果你要去海豚湾（有时会被当地人认为是三百峰海滩），关于增加的费用，你就要跟司机讨价还价了（费用通常是100B）。

如果你想探索这一区域，那就得租一辆摩托车了，因为公共交通可不是探索的好选择。

三百峰国家公园（Khao Sam Roi Yot National Park）

อุทยานแห่งชาติเขาสามร้อยยอด

在这一98平方公里的**公园**（☎0 3282 1568；成人/儿童 200/100B）内，高耸的石灰岩山脉在这多岩石的拼图式风景区内直插云霄，泰文的意思是三百座山峰。对于户外运动热衷者和鸟类观赏爱好者来说，这里也有洞穴、海滩和沿海沼泽供他们探险。由于邻近华欣，公园白天有很多一日游的游客，公园内有公共的保护区和私人的养虾场，因此来这里就不要带着对处女地的憧憬了。

拉玛四世和他的随从以及欧洲客人在1868年8月18日到此观看日食（很显然这是国王自己预测的日食），并尽享由法国大厨烹饪

的大餐。两个月后国王死于疟疾，和他在此被蚊虫叮咬有关。如今在公园内患疟疾的风险已经很低了，但是蚊虫仍然让人讨厌。

Khao Daeng游客中心在公园的南端，有大量的旅游信息和会讲英语的服务人员。在入口处会有人分发地图。

华欣的旅行社组织一日游。**华欣自行车旅行公司**（Hua Hin Bike Tours；☎08 1173 4469；www.huahinbiketours.com；团队游1500~2500B）提供自行车骑行和远足旅行活动。

景点和活动

以下景点按照地理位置从北向南列出，因为在公园入口处派发给你的地图大多是泰语。

部山洞 洞穴

（Tham Kaew；ถ้ำแก้ว）这个景点不是一日游旅客的热衷地。部山洞有一连串地下洞室以及窄窄的通道，游客需要爬过陡峭的128米山路，来到山上通往洞室的通道。大量钟乳石、石灰岩和方解石晶体在这里闪耀着光芒（因此洞穴的名字叫"珠宝洞"）。你可以在通道入口处的摊位上租灯具，行进的时候一定要小心，因为道路既滑又险。

帕亚那空山洞和Hat Laem Sala海滩 洞穴

（ถ้ำพระยานคร/หาดแหลมศาลา）公园内最受欢迎的地方，是这个时常有阳光照入的令人敬畏的洞穴，洞内的皇家会议厅（sǎh·lah；泰语经常拼做sala）是1890年为拉玛五世修建的。

从**Hat Laem Sala海滩**出发，走过一条小道就到了洞穴。沙滩风景如画，三个方向的侧翼都有石灰岩山丘和木麻黄树。沙滩内有餐馆、平房和露营地和一个小型游客中心。通往洞穴的小道陡峭、多岩石，长450米，有时会很光滑，所以就不要穿你的公主鞋来这里了。一旦到达这里，你就会发现两个带有出水口的大山洞——会议厅就是其中的第二个。

到达Laem Sala需要换乘交通工具，因为这里没有通公路。可以乘坐从Bang Pu（往返票价300B）开出的船到达这里，Bang Pu的位置在部山洞岔路口的海滨地区。你也可以从Bang Pu沿着陡峭的小路徒步20分钟到达海滩。

Tham Sai 洞穴

（ถ้ำไทร）洞穴位于一条280米长的山丘小道的尽头，内部满是钟乳石和石笋。请对洞内陡峭湿滑的地面格外小心。通常只有那些更富有冒险精神的游客会才来此一探究竟。村民在洞口出租灯具。山洞就在Hat Sam Phraya海滩的北面。

Hat Sam Phraya海滩 海滩

（หาดสามพระยา）沿线栽种着木麻黄树，海滩长1公里。在你大汗淋漓地徒步旅行之后，

鸟类观赏

由于处于东亚和澳大利亚鸟类迁徙路线的交汇点，三百峰国家公园有多达300种候鸟及留鸟种类，包括黄苇鳽（yellow bitterns）、栗苇鳽（cinnamon bitterns）、紫水鸡（purple swamphen）、普通秧鸡（water rails）、红胸田鸡（ruddy-breasted crakes）、铜翅水雉（bronze-winged jacana）、苍鹭（grey herons）、白头鹮鹳（painted storks）、树鸭（whistling ducks）、乌雕（spotted eagles）和黑头白鹮（black-headed ibises）。Thung Sam Roi Yot是苍鹭在泰国仅有的两个繁衍地之一。

在凉爽的季节很容易看到水鸟。11月至次年3月是观赏水鸟的最佳月份。这些鸟类从遥远的西伯利亚、中国和北欧飞到此处躲避严冬。鸟类观赏者经常去的地方是红树林中心（Mangrove Centre）、Khlong Khao Daeng和一些海滩。

Thai Birding（www.thaibirding.com）提供关于公园内鸟类和观赏地点的更多详细信息。

这里可是游泳的好去处。海滩上有餐馆和洗手间。

Khao Daeng 徒步旅行

（เขาแดง）徒步小道蜿蜒地穿过耸立的山峰，这可是远足的绝佳路线。在通往Khao Daeng顶峰的30分钟的路途中，石灰岩悬崖与参差不齐的海岸线交汇出山海一色的画面，这一风景尽收眼底，实为壮观。

Khlong Khao Daeng 观鸟

（คลองเขาแดง）早晨或下午你可以在Wat Khao Daeng雇一艘船（45分钟400B），沿着水道乘船观光。出发前，先和你将要雇佣的向导聊几句，看看他们的英语水平怎么样。英语水平比较好的向导知道普通水鸟的英文名字，并且会把它们指给你看。

红树林散步（Mangrove Walk） 自然小道

公园南端是游客中心，中心后面有一条环绕着红树林沼泽的木板路，沼泽很受观鸟和观蟹爱好者的欢迎。你可以在中心根据向导的出勤情况和英语能力雇一名向导。

Thung Sam Roi Yot 观鸟

（ทุ่งสามร้อยยอด）这一泰国最大的淡水沼泽地被认为是大自然的财富，并为鸣禽、水鸟、两栖动物和其他湿地物种提供了重要的栖息地。沼泽位于公园西边的角落，你可以从标记为Km275.6的Hwy 4公路（Th Phetkasem路）进入。收好你的门票免得再买一次。

食宿

国家公园部（National parks department；☎0 2562 0760；www.dnp.go.th/parkreserve；帐篷场地60~90B，平房1200~1400B）在Hat Laem Sala海滩和游客中心出租平房（可供6人住宿），你需要提前预订。你可以在Khao Daeng观景点、Hat Laem Sala海滩或Hat Sam Phraya海滩附近的露营地支起帐篷住一晚。上述地点都有普通的餐馆。

在离国家公园4公里远的海豚湾也有私人度假酒店可供住宿；更多信息请参看攀武里及周边（见164页）。

到达和离开

公园在华欣以南40公里处，最好乘车到达。公园有两个主入口。通往北部入口的岔路在Hwy 4公路（Th Phetkasem路）上的Km256标志处。南入口紧邻Km286.5标志处。

如果你没有汽车且不想从华欣出发，那么你可以从曼谷的胜利纪念碑乘坐开往攀武里的小客车（180B），然后租一辆摩托车单独游览公园。你也可以和小客车司机商量让你在公园的入口处下车，但是这之后你就没有交通工具可进入公园了。

巴蜀（Prachuap Khiri Khan） ประจวบคีรีขันธ์

人口 86 870

这是一座让人想美美睡一觉的海边小镇，来到巴蜀，你就感觉终于来到了泰国南

值得一游

大象在哪里

想看野象群在丛林的天籁之声中享受它们的晚间沐浴吗？尽管都市化的泰国看起来离这一自然状态有几百公里的距离，但是位于三百峰国家公园西南方的**Kuiburi国家公园**（Kuiburi National Park；☎0 3264 6292；Hwy 3217；成人/儿童 200/100B）庇护着泰国最大的野象群之一（估计有超过140头大象）。在泰国与缅甸的国境线和岗卡章国家公园之间，Kuiburi是动物栖息地重要的一环，拥有东南亚最大的原始森林区域之一。你可以经常在Pa Yang分站的水塘发现正在洗澡的大象，那里设有野生动物观赏平台。

园内跋涉和大象观光之行包括讲英语的向导及交通工具，由公园总部安排。

若你想在此过夜，可以预订平房的**房间**（www.dnp.th.go/parkreserve；平房 1800B）。

部。生活的节奏非常放松，穆斯林女性的头巾随处可见，宽阔海湾的颜色是热带蓝，渔船点缀于其间。通常，要寻找蜂巢状的石灰岩山脉你需要旅行到南安达曼，那里还有巴蜀风景优美的海湾。总而言之，它是所有美好的一部分——美丽的海岸景色和偏远地区懒散的生活。

近些年来，越来越多的国外度假者从过度建设的苏梅群岛逃到巴蜀。镇上也逐渐为游客安装了原先没有的便利设施。现在巴蜀不是那么冷清了，但仍然令人愉快。在这里，（也许没有那么“著名”）你可以攀爬到一座山顶寺庙，从容地骑着摩托去镇北或镇南非常棒的海滩，或者只是享用一些泰国最新鲜的（也是最便宜的）海鲜。

巴蜀，特别是Ao Manao，是日本1941年12月8日入侵泰国在海湾登陆的七个地点之一。环绕城镇的几条街名是为纪念随后发生的战斗而命名的：保卫国家（Phithak Chat）、牺牲生命（Salachip）和战斗（Suseuk）。

景点和活动

Khao Chong Krajok 观景点

（เขาช่องกระจก）Khao Chong Krajok（“镜子隧道山”，如此命名是因为上边的洞穴仿佛在反射天空的光芒）在镇的北端，这里有受人喜爱的巴蜀传统：攀爬山峰、躲避淘气的野生猴子和欣赏美丽的海岸线。一条被猴子踩结实的阶梯通往一座由拉玛六世建造的山顶寺庙。在这里，你可以看到城镇和美丽的海湾风景，甚至可以看到只有11公里之遥的缅甸。别带食物、饮料或者塑料袋上山，因为猴子会认为那是值得抢夺的战利品。

Ao Prachuap 海湾

（อ่าวประจวบ）镇上最有名的地点是Ao Prachuap（巴蜀海湾），外围被海滨休憩场环绕，优美蜿蜒。在早上或晚间的凉爽时分，当地人沿着海湾奔跑、打牌或者散步，尽享这海洋的微风和潮水的声音。在周五和周六的晚上，休憩场会举办售卖食物、纪念品和衣物的步行街市场（Walking Street market；Th Chai Thaleh；⏲从5pm开始）。

Ao Prachuap海湾在Khao Chong

Prachuap Khiri Khan 巴蜀

Prachuap Khiri Khan 巴蜀

重要景点

Khao Chong Krajok B1

景点

1 周末步行街 / 市场 B2

住宿

2 Maggie's Homestay B3
3 Prachuap Beach Hotel B3
4 Yuttichai Hotel A2

就餐

5 Day Market B3
6 Ma Prow B3
7 Muslim Chicken Stall A3
8 Night Market A2
9 Ning's Guesthouse Restaurant B3
10 Phloen Samut B3
11 Suan Krua B3

交通

12 开往华欣、七岩、碧武里和曼谷的空调公共汽车 A2
13 开往 Ban Krut、Bang Saphan Yai 和春蓬的小客车 A2
14 开往华欣和曼谷的小客车 A2

Krajok山的北边，穿过一座桥，海湾平静地延伸至一个与镇上相比，没有什么商业活动的参差山峰。这里有很不错的沙滩，不过比较缺少私密空间，因为路过的摩托车手离你很近。尽管如此，很多泰国人经常来此度周末。因为这里没有隔板并且是一处令人愉悦的海滨场所。在海湾的最北端有一个传统的渔村，村内有彩色的木质拖网渔船，在这里你可以看到辛勤的劳作和自给自足的生活。

Wat Ao Noi 寺庙

（วัดอ่าวน้อย）从Ao Prachuap海湾沿着海岸穿过渔村和鲜花盛开的林荫道，向北走8公里到达一处，跨越两座海湾（Ao Noi和Ao Khan Kradai）的美丽柚木结构寺庙。寺庙后边的石灰岩山脉是摄影的好素材，庙外一座夸张的九头那迦神像守卫着寺庙。寺内是描绘《本生经》（*jataka*）故事（佛陀前世）的独特浅浮雕壁画。

寺庙种有很多种果树（榴莲、石榴、芒果和蒲桃），还有一个荷花池，游弋着饥肠辘辘的鱼儿，这些鱼张着嘴等着布施的人喂食。你会在附近感受到不愉快的氛围，因为这家寺庙在养殖金丝燕（swiftlets），目的是从燕窝生意中获取利润。不要尝试偷任何燕窝或鸟蛋，因为惩罚（五年徒刑和500 000B罚款）很严厉。

一座陡峭的石灰岩山峰（Khao Khan Kradai）将寺庙和海岸隔离开来，山上有一座在当地很有名的洞穴寺庙，名字是**睡佛洞**（Tham Phra Nawn）。你可以走一条混凝土小路到达山洞，路上可以欣赏Ao Khan Kradai海湾和远处山麓丘陵的风景。洞穴内有一大一小两个相连的山洞，使之得名的卧佛在大山洞里。如果你带着火把（手电筒），可以进入更大的石室，里面还有佛像。

Ao Manao 游泳

（อ่าวมะนาว）在周末，当地人迫不及待地来到位于镇南4公里处的Ao Manao海湾，这处海湾外围是干净的沙滩并且有海岛点缀。Ao Manao海湾位于泰国空军第5纵队的基地内，每周，海滩都会被清洁得如同军队内部一样干净。这里有常见的海滩娱乐设施：一家餐馆和可以出租的海滩椅、遮阳伞和游泳轮胎。在通往海滩的路上，你会看见泰国精英在附近的高尔夫球场放松自己。你可以从镇里Th Suseuk路上的检查站进入基地，进入时你需要出示护照。海滩在晚上8点关门。

住宿

通常，你会在海滨附近找到一处舒适的住宿地点，因为很多海滨住所都出租房屋。沿着Th Chai Thaleh路一直往下走，看看哪家住所挂出了空房的牌子。近些年来，巴蜀甚至有了一些居住条件非常成熟的客房。

镇上

Maggie's Homestay 客栈 $

（☎08 7597 9720；5 Soi Tampramuk；房间150~600B；❄@）因为有一位可爱的店主，很多来过Maggie家住宿的旅行者，都把她的宾馆叫做家，这是背包客一个沿袭已久的传统。改装过的房屋里有简单的房间，并带有绿树成荫的花园和公用的厨房设施。

Yuttichai Hotel 客栈 $

（☎0 3261 1055；115 Th Kong Kiat；房间160~400B；❄@）Yuttichai是巴蜀最早的一家宾馆，靠近火车站，店内有简易的经济房（带有冷水淋浴）。最便宜的房间有共用浴室。如果你不想在这里过夜，那么至少在店内的泰式中国咖啡馆驻足一会儿，"穿棕色衣服的人"（警察）很乐意来这里。

Sun Beach Guesthouse 客栈 $$

（☎0 3260 4770；www.sunbeach-guesthouse.com；160 Th Chai Thaleh；房间700~1000B；❄≋📶）Sun Beach愉快和好客的氛围使它成为一家非常棒的中等旅店。它的新古典主义建筑风格和明亮的黄色墙漆，造就了旅店活泼的整体基调，房间非常干净，带有很大的走廊。

Prachuap Beach Hotel 酒店 $$

（☎0 3260 1288；123 Th Suseuk；房间650~1100B；❄📶）干净的白色日用织品和引人注目的墙壁给这座多层建筑加了一些分数。在酒店的一侧可以看到很棒的海景，另一侧可以看到美妙的但不是那么令人激动的山景。

镇外

作者推荐 **Aow Noi Sea View** 酒店 $$

（☎0 3260 4440；www.aownoiseaview.com；Ao Noi；房间600~800B；❄）这座3层的酒店位于镇北，是巴蜀海滨酒店中最好的。门阶处就是美丽的Ao Noi海滩，你将尽享海风的吹拂。房间内有很大的浴室，酒店外晾晒着日用织品，给你一种家一般的氛围。

Happy Inn 客栈 $

（☎0 3260 2082；149-151 Th Suanson；房间250~500B）宾馆大约在镇北1公里处，简易的平房排列在一条砖路的两旁，砖路的尽头是一个令人愉悦的树木丛生的沟渠。这家宾馆就在Ao Prachuap海滩的正对面，员工长相很甜美而且说话轻声细语。

Golden Beach Hotel 酒店 $$

（☎0 3260 1626；www.goldenbeachprachuap.com；113-115 Th Suanson；房间500~1200B；❄📶）Golden Beach Hotel在Happy Inn附近，在Ao Prachuap海滩对面，是一家舒适的中等酒店。有些房间有大型落地窗，大海是你入睡时的好伴侣。

就餐

巴蜀的餐馆既便宜又美味，而且在Th Chai Thaleh路上还有几家不期而遇的西式餐厅。在**日市**（Th Maitri Ngam；白天营业）能买到刚从果园摘下的新鲜菠萝，可以让摊主帮你切开菠萝。街对面是一家**穆斯林鸡肉店铺**（Th Maitri Ngam；菜肴40~60B；h晚餐），这家店做的炸鸡是整个泰国最脆的。**夜市**（Th Kong Kiat；h5~9pm）比较小，有普通的炒菜摊位。

作者推荐 **Rim Lom** 海鲜 $$

（5 Th Suanson；菜肴120~220B；⏲午餐和晚餐）在一个阳光明媚的日子，我们仍会梦到这里的美味，梦里还挤满了等待吃午餐的公务员。这里的咖喱蟹（pàt pǒng gà·rèe Ъoo）里有大块的香甜蟹肉，海鲜沙拉（yam ta-lair）辛辣浓烈，勾引馋虫。

Phloen Samut 海鲜 $$

（44 Th Chai Thaleh；菜肴80~200B；⏲午餐和晚餐）Phloen Samut是散步长廊上为数不多的海鲜餐馆之一，可以很方便地到达，但是当地人抱怨餐馆的食物还有提升的空间。

Ma Prow 各国风味 $$

（48 Th Chai Thaleh；菜肴80~200B；⏲午餐和晚餐）Ma Prow在海滩对面一个通风良好的木亭里，店内烹饪非常棒的blah sǎm·lee dàat dee·o（当地特产，将棉花鱼晒干烹炒并和芒果沙拉一起上桌）。罗望子鱼是另一道外国游客和当地人都喜爱的菜肴。

Ning's Guesthouse Restaurant 各国风味 $

（Th Chai Thaleh；菜肴40~120B；⏲早餐、

绕道而行：Dan Singkhon 边境市场

巴蜀西南12公里远的地方，就是缅甸的边境小镇Dan Singkhon。这里曾经是一处军事战略要塞，现在是一处受当地人喜爱（因为可以砍价）的边境市场。

每个周六的黎明，缅甸人就会从离关卡不远处的一条道路的转弯处出现，他们推着堆满了普通小玩意儿、市场货物和植物的手推车。短期游客也许会迷惑到底该买些什么好呢，当地人和旅居外国人经常来这里买兰花、特色食品和硬木家具。即使你只是逛逛什么也不买，市场仍以它那响亮的音乐声、路边各种颜色的遮阳伞和棕榈树下用茅草覆盖的“售卖摊位”，给你一种节日的氛围。记得一定要在中午之前赶到，好好享受这气氛，因为市场在中午就关门了。

开着你自己的汽车从巴蜀沿着Hwy 4公路向南到达Dan Singkhon。行进几公里后你会看见一个标有Dan Singkhon的标志牌，从这里你需要继续往西行进15公里到达边境。

午餐和晚餐）Ning的装修是轻松的拉斯塔风格。餐馆在人们还未醒来的时刻就已经开始供应西式早餐了，也供应午餐和晚餐。

Suan Krua 素食 $

（Soi Tampramuk；菜肴30~60B；⏲午餐）这家素食餐馆在Maggie's Homestay的隔壁。一般情况下，餐馆在很有限的时间内就卖完了食物，然后在第二天营业之前一直关门。赶紧空着肚子来这里吧。

实用信息

曼谷银行（Bangkok Bank；在Th Maitri Ngam和Th Sarachip交叉路口）

警察局（Th Kong Kiat）就在Th Sarachip路的西边。

邮局（在Th Maitri Ngam和Th Suseuk交叉路口）

泰国农民银行（Thai Farmers Bank；Th Phitak Chat）在Th Maitri Ngam路的北边。

游客咨询处（☎0 3261 1491；Th Chai Thaleh；⏲8:30am~4:30pm）在镇的北端。职员说英语并且乐于助人。

到达和离开

空调班车每小时从Th Phitak Chat路开出，到达下列目的地：

曼谷（170B，5小时）

七岩（100B，2小时）

华欣（100B，1.5小时）

碧武里（140B，3小时）

小客车从Th Thetsaban Bamrung路和Th Phitak Chat路的交叉路口发出，到达下列目的地：

曼谷（250B）

Ban Krut（70B，1小时）

Bang Saphan Yai（80B，1.5小时）

春蓬（180B，3.5小时）

华欣（80B）

开往南方目的地（比如普吉岛和甲米）的长途汽车停靠在新汽车站内，新站在镇西北两公里的公路上；摩的将花费你40~50B。

火车站在Th Maharat路上；有开往/来自曼谷的常发列车（一等票768B，二等票210~425B，三等票168B；6小时）。

当地交通

巴蜀很小，步行就可以走遍四处，但是你可以跳上一辆摩的以大约20~30B的价格围着小镇转一圈。到达外围的Ao Noi海湾和Ao Manao海湾的花费是100~150B。

你也可以以每天250B的租金租一辆摩托车，这一区域的道路很好，而且这也是欣赏周边海滩的一种好方式。

Ban Krut与 Bang Saphan Yai

บ้านกรูด/บางสะพานใหญ่

人口 4275/68 344

发现如此原始的两处海滩（分别距巴蜀80公里和100公里）是多么美好的惊喜啊！距离文明之地如此近却有着浓郁的田园风情。黄昏的幕布透过椰子树缓缓落下，水晶般的蓝色海水亲吻着长长的沙质海岸线。这里没有高楼，没有深夜迪斯科，没有繁忙的交通，你可以专心地通过读书、游泳、美食和骑行进行养生。

尽管两处海滩都很低调，但是它们还是为泰国人和当地人所熟知，特别是那些组织巴士旅行的公司和在此度周末的家庭。在一周内，你可以很大程度地拥有海滩，并且尝试乘坐长尾船舶。

关于这一区域的当地信息，请登录**Ban Krut Info**（www.bankrutinfo.com）和**Bang Saphan Guide**（www.bangsaphanguide.com）。

Ban Krut被一个顶端坐落着寺庙的海岬分成两个海滩。北边是**钻石沙滩**（Hat Sai Kaew），这里很偏远也很私密，只有位于丛林间的几个度假酒店。南边是**Hat Ban Krut海滩**，有一条海滨道路，路的内侧有一连串别墅式的度假酒店以及餐馆。两个金色沙滩都拥有清澈平静的海面，但是Hat Ban Krut海滩的人更多一些，并且可以不乘坐私人交通工具而较便捷地到达。

Bang Saphan Yai在Ban Krut以南20公里处，它符合最著名的海滩传统：15年前，带泳池的度假村和团队游客把背包客排挤出海滩。一旦你在一间简易的海滨小屋住下，大概你都不需要穿鞋子，日子就这样悄无声息地过去了。紧邻海岸的海岛包括**塔卢岛**（Ko Thalu）和**Ko Sing岛**，每年的1月末到5月中旬，这两个岛屿都是浮潜和潜水的好地方。

食宿

BAN KRUT

你会发现很难在这里找到经济型的酒店，但是如果你在工作日到来，则可确保享受到折扣。在Hat Ban Krut海滩，你可以租用自行车（每天100B）和摩托车（每天300B）往返于镇上，而且大多数酒店都会安排附近岛屿的浮潜之旅。如果你住在钻石沙滩，就需要私人交通工具。

作者推荐 Proud Thai BeachResort 客栈 $$

（☎08 9682 4484；www.proudthairesort.com；Hat Ban Krut；房间700~1200B；❄）这家维护得很好的别墅酒店有走廊通向开满鲜花的花园。清晨，友好的店主会为你端上一杯咖啡。

NaNa Chart Baan Kruit 酒店 $$

（☎0 3269 5525；www.thailandbeach.com；Hat Sai Kaew；宿490B，房间800~2600B；❄🏊）严格来说，这是一家旅馆，但是NaNa Chart有资格被称为度假酒店，因为它的各式别墅坐落在人烟稀少的海滩上。最便宜的房间是共用洗澡间的木质小屋，豪华的滨海房间装有大多数的现代化生活设备。这家酒店主要接待大型团队游客，因此期待有同伴吧。旅馆会员（3年会员资格的会员200B）可以享受折扣。

Bayview Beach Resort 酒店 $$$

（☎0 3269 5566；www.bayviewbeachresort.com；Hat Sai Keaw；房间1700~4800B；❄🏊）Bayview是家庭的理想选择，酒店内有漂亮的别墅，别墅内有绿树映衬下的长廊。酒店内还有一处滨海泳池和小孩子喜爱的浅水游泳池以及一个小型游乐场。酒店内也有为团体准备的会议设备。

Kasama's Pizza 比萨店 $$

（Hat Ban Krut；菜肴150B起；⏲午餐和晚餐）这家露天餐馆位于通往城镇的主要道路上，是外国游客的最爱，它在椰子树生长的国度，做出了超赞的纽约风味比萨。

BANG SAPHAN YAI

海滩在Bang Saphan Yai镇南6公里处。镇上既有在Why Not Bar南边高端的带泳池别墅，也有北边的普通海滨小屋。

Roytawan 客栈 $

（房间300B起，📶）这一太过简单的旅店坐落在海滩上，由当地一个友好的家庭经营。房屋提供最基本的住宿条件，店主家的公鸡会很友好地在黎明后开始打鸣。餐馆也很棒。如果你从这里继续往北走，你会发现相似的设施。

Patty Hut 客栈 $

（☎08 6171 1907；房间300~700B；❄）这一时尚的地点位于珊瑚酒店（Carol Hotel）的后边，离海滩有300米远。酒店内的木屋分为简单及更简单的级别。

Suan Luang Resort 客栈 $

（☎0 3281 7031；www.suanluang.com；平房480~680B；❄）Susan Luang是旅店中最专业的，由一个待人和善的家庭经营，木质平房环绕着内部花园。但是这里离海滩有700米远。出色的餐馆提供泰餐和法式美食，店内也提供去往瀑布和公园的一日游。

Coral Hotel 酒店 $$

（☎0 3281 7121；www.coral-hotel.com；房间1525~5580B；❄@🏊）这一质优价高的酒店位于海滩上，并且有所有度假酒店的设施，包括组织潜水和浮潜之旅。房间也许不值这么高的价，但是这一区域的竞争不激烈。

到达和当地交通

这附近的公共交通非常有限，你一定要乘坐在镇上停留的汽车，而不是在离海滩很远的公路上坐车，那既不方便也要花你很多钱。坐车时，不要把Bang Saphan Yai同南边15公里处的Bang Saphan Noi渔村搞混了。

从曼谷南（Sai Tai Mai）站有开往Ban Krut（275B，12:30pm出发，6小时）和Bang Saphan Yai（275B，每小时1班，6小时）的汽车；在曼谷，可选择**Bangsaphan Tour**（☎08 7829 7752）。

开往Ban Krut（70B）和Bang Saphan Yai（80B）的常发小客车从巴蜀开出。

很多季节性游客偏爱坐火车获得与海滩更近距离的体验。你可选择几个日间火车，快速列车（特快专列43号）是其中最快的。列车早上8点从曼谷华南蓬（Hua Lamphong）车站开出，中午12点45分到达Ban Krut（445B），下午1点到达Bang Saphan Yai（450B）。你也可以跳上一辆下午开往春蓬的列车，在乘坐轮渡到达龟岛前，你有很充裕的时间可以支配。

从镇上乘坐摩的到达海滩的花费应是40~70B。在你的旅途成行前，和你居住的酒店或客栈的工作人员谈论一下怎样安排你返回的交通工具。

春蓬（Chumphon） ชุมพร

人口55 835

春蓬是一个起中转作用的城镇，游客可以从这里到达龟岛或者向西去拉廊或普吉。

在等待的时候没有什么事情可做，周围的海滩是你可以背着包下车驻足几天的好地方。**Hat Thung Wua Laen**（在镇北15公里处）是一个美丽海滩，这里的旅游设施很完善，可以很方便地返回春蓬。

作为交通中枢，春蓬的松散会让你大吃一惊。你需要通过旅行社（见169页）订票，那里还会为你提供时刻表以及为你指出应该去的车站。很幸运，春蓬的旅行社用心多了。

节日和活动

春蓬海洋节（Chumphon Marine Festival） 文化节

从3月中旬到4月末，Hat Thung Wua Laen海滩会举办很多活动，包括当地的艺术展、皮影戏表演和美食展。

春蓬传统赛船（Chumphon Traditional Boat Race） 文化节

10月，为了纪念守夏节（解夏节，Ork Phansaa）的结束，传统的长尾船竞赛会在春蓬以南约60公里的Lang Suan 河（Mae Nam Lang Suan）上举行。其他佛教活动也和这一节日同时进行。

住宿

因为大多数在春蓬过夜的人都是背包客，住宿的价格也因此较为低廉。

镇上

作者推荐 **Suda Guest House** 客栈 $

（☎0 7750 4366；8 Soi Bangkok Bank；房间230~500B；❄）Suda，这位会说英语的友好房东，将她的6间铺有木质地板的房屋维护得无懈可击。在付过房费后，你的体验会让你有稍许的感动。这家店很受欢迎，因此要提前打电话预订。

San Tavee New Rest House 客栈 $

（☎0 7750 2147；4 Soi Bangkok Bank；房间200~300B）如果隔壁的Suda客栈住满了，来这个拥有4个房间的客栈看一看。房间很小但是干净，内有风扇，卫生间公用。

Farang Bar 客栈 $

（☎0 7750 1003；69/36 Th Tha Taphao；房间150~300B；@）这是背包客的歇脚地。Farang Bar那摇晃的房间在店内酒吧（很自然的）的隔壁，旅店的住客主要是从曼谷Th Khao San路坐车到此的旅行者。白天开放的淋浴房（20B）内铺有圆圆的鹅卵石，这会给你一次超出期待的水疗一般的淋浴感受。但是餐馆就不值得你去转了。

Morakot Hotel 酒店 $$

（☎0 7750 2999；102-112 Th Tawee Sinka；房间800~950B；❄）这一灰绿色的多层建筑最近进行了一次改良，使它成为当地VIP们中级酒店的选择。

Chumphon Gardens Hotel 酒店 $

（☎0 7750 6888；66/1 Th Tha Taphao；房间500B；❄）空间很大的房间内安装了有线电视，在你闲荡和等待时可以分散一下你的注意力。

镇外

Chumphon Cabana Resort & Diving Centre 酒店 $$$

（☎0 7756 0245；www.cabana.co.th；Hat

Chumphon 春蓬

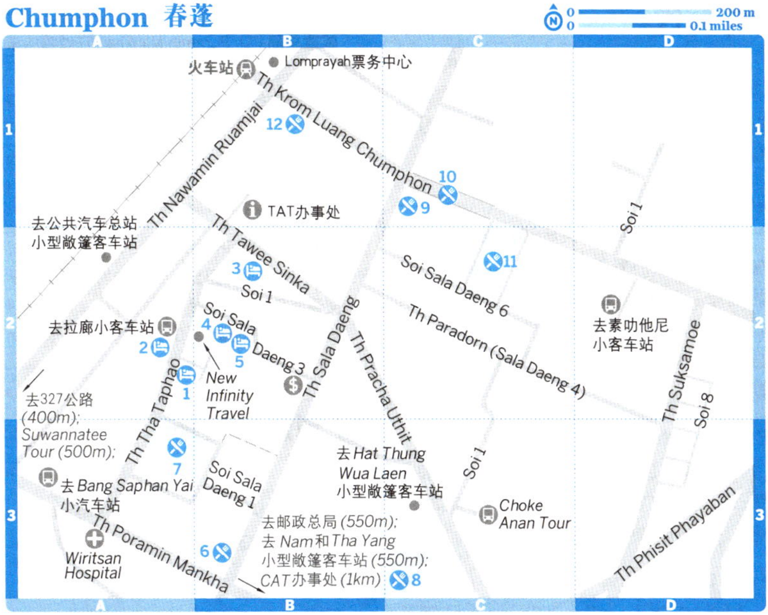

Chumphon 春蓬

住宿

1 Chumphon Gardens Hotel A2
2 Farang Bar A2
3 Morakot Hotel B2
4 San Tavee New Rest House B2
5 Suda Guest House B2

就餐

6 Ban Yang Na B3
7 Day Market A3
8 Day Market C3
9 Fame Restaurant C1
Khanom Jeen Restaurant (见9)
10 Night Market C1
11 Ocean Shopping Mall C2
12 Papa Seafood B1

Thung Wua Laen；房间1800~2700B；❄☒）尽管这里房间的设施需要改善，但是这家酒店在环境保护方面做得不错。店主从国王关于环境的可持续性的演讲中获得启发，对他的酒店进行了重新设置，使它看起来很符合国王让这个国家更绿的指示。酒店有稻田、水培菜园和一个鸡场，作为自己的食物来源。废水通过水葫芦池塘得以循环利用。他们的努力也在影响其他人。

如果你不在这里过夜，那么至少去酒店的附属餐馆**Rabieng Talay**享用一些自家种植的食物。

View Resort 平房

（Hat Thung Wua Laen，房间650~1000B；❄）在Hat Thung Wua Laen海滩上有几家简易的平房旅馆，这里是最好的一家。

MT Resort 酒店 $$

（☎0 7755 8153；www.mtresort-chumphon.com；Hat Tummakam Noi；房间950~1500B；❄）这家友好的酒店在Lomprayah渡船码头旁，一处安静的沙滩上，这是你去龟岛旅行前或旅行后休息的好地方。这里提供免费的橡皮船，可让你探索近海的岛屿和附近Mu Ko春蓬国家公园的红树林。从春蓬到这里的车需要打电话安排。

餐饮

春蓬的夜市（Th Krom Luang Chumphon）非常棒，在那里你有很多的美食选择而且可以看一下来往的食客。还有两家日市（Th Tha Taphao & Th Pracha Uthit）。

Khanom Jeen Restaurant 泰国菜 $

（Th Sala Daeng；菜肴60B；⌚早餐和午餐）这家简陋的餐馆在Fame Restaurant的隔壁，因其香辣碗面（辣鱼酱汁米粉kà·nŏm jeen）而在当地大名鼎鼎。你可以自己加一些诸如罗勒、黄瓜条和咸菜之类的调味料。

Ban Yang Na 咖啡馆 $

（Th Sala Daeng；菜肴40B起；⌚早餐和午餐；❄）这家有空调的咖啡馆可以让你远离炎热，店内供应常见的咖啡和烘烤食品。

Papa Seafood 海鲜 $$

（2-2/1 Th Krom Luang Chumphon；菜肴80~200B；⌚午餐和晚餐）这里的食物（很明显主要是海鲜）虽不是超级棒，但是也还不错，是当地人经常光顾的地方。隔壁是Papa 2000，你吃过晚饭后可以去那里跳跳舞。

Fame Restaurant 各国风味 $

（188/20 Th Sala Daeng；菜肴80~220B；⌚早餐、午餐和晚餐）这是一处外国人经常光顾的地方，Fame的业务很广泛：做西式早餐和泰国炒菜，预订轮渡船票和出租白天使用的淋浴房。饭店在黎明前开门，一直营业到深夜。

Ocean Shopping Mall 各国风味 $$

（紧邻Th Sala Daeng；菜肴150~250B；⌚午餐和晚餐）它不是美食目的地，但春蓬的这家购物中心内有空调和连锁餐厅，你可以在此乘凉，吃一些小吃。

实用信息

Th Sala Daeng路上有提供货币兑换和ATM服务的银行。

曼谷银行（Bangkok Bank；Th Sala Daeng）有一台ATM机。

CAT办事处（Th Poramin Mankha）大约在邮局以东1公里处。

邮政总局（Th Poramin Mankha）在城镇的东南部。

新无限旅行社（New Infinity Travel；☎0 7757 0176；68/2 Th Tha Taphao；⌚8am~10pm；@）这是一家很好的旅行社，员工很友好且有很丰富的信息，他们也会卖给你平装本的书籍，旅行社有4间房对外出租。

TAT（☎0 7750 1831；111/11-12 Th Tawee Sinkha；⌚9am~4:30pm）这里派发给你的地图和小册子中的交通信息通常都不是最新的。

Wiratsin Hospital（☎0 7750 3238；Th Poramin Mankha）这家私立医院处理急诊。

到达和离开

飞机

Solar Air（☎0 7755 8212；www.solarair.co.th）有飞往曼谷的航班（每天1班，1小时，2900B）

船

去龟岛（见207页）你可以选择坐船，尽管发船的时间仅限于早上和夜间。大多数票价包括码头间的转船费。如果你买了一张联票，请确认你买的是汽车船舶两用票。

慢船（250B，6小时，午夜）——最便宜、最慢也是最能看到风景的选择，人们在渔船的露天甲板上分散地坐着，仰望头顶闪烁的星星。这种船不在风浪很大的海面上或者恶劣天气下行驶。

汽车轮渡（350B，6小时，周一至周日11pm）——一个舒服很多的选择，船上有铺位或床垫。

Songserm快船（450B，3小时，7am）——这种船更快，早晨从离城大约10公里的Tha Talaysub开出。

Lomprayah双体船（600B，1.75小时，7am和1pm）——这种受欢迎的汽车—轮渡联合体，从离城25公里的Tha Tummakam发出，售票点在春蓬火车站旁。

长途汽车

长途汽车总站在离春蓬16公里远的一处公路上。你可以从Th Nawamin Ruamjai路乘坐一辆小型敞篷客车（50B）到达那里。如果你要在夜间从春蓬转车去车站，那就要费一番口舌和不厚道的出租司机讨价还价了。不管他们跟你说什么，费用都不应超过200B。

城内有几处公共汽车站点可以免去你去汽车总站的麻烦。位于城中心的**Choke Anan Tour**（☎0 7751 1757；紧邻Th Pracha Uthit）每天有发往下列目的地的班车：

曼谷南（Sai Tai Mai）站（375~550B，8小时，5班）

合艾（Hat Yai）（370B；7小时；4班）

普吉（320B；3.5小时；4班）

拉廊（320B；2小时；4班）

车站路东南700米的**Suwannatee Tour**（☎0 7750 4901）有开往下列地点的汽车：

曼谷南（Sai Tai Mai）站（270~405B 二等—VIP公共汽车，3班）

七岩（175B）

华欣（170B）

碧武里（205B）

巴蜀（120B）

城里有很多小客车公司，汽车从各自的营业点发出（见春蓬地图）：

素叻他尼（170B，3小时，1小时1班）在春蓬Th Krom Luang的一条不知名的巷内发车，巷子在眼镜店的东边。

Bang Saphan Yai（120B，2小时，2班午后车）从医院附近的Th Poramin Mankha发车。

拉廊（120B，2.5小时，7am~3pm1小时1班）从Th Tha Taphao发出，到达拉廊汽车站（不在城内）。

火车

有发往和发自曼谷（二等车厢292~382B，三等车厢235B，7.5小时）的常发列车。过夜卧铺的价格是440~770B。

发往南方的快速和特快列车是有一等和二等车厢的列车，但车次没有那么频繁，而且11月至次年2月间在春蓬以外的地方订票很难。

当地交通

城市周围有小型敞篷客车和摩的，每次乘坐的价格分别是40B和20B。开往Hat Thung Wua Laen海滩的小型敞篷客车收费30B。

可以从旅行社和宾馆租到摩托车，租一辆的花费是每天200~250B。从旅行社租用汽车，每天的花费大约是1500B。

苏梅岛和海湾下部

包括»

最佳餐饮

» Dining On The Rocks（见196页）
» Five Islands（见197页）
» The Whitening（见228页）

最佳住宿

» Six Senses Samui（见191页）
» Anantara（见192页）
» L'Hacienda（见192页）
» Sarikantang（见206页）
» The Sanctuary（见212 页）

为何去

海湾下部坐落着泰国三大著名岛屿：苏梅岛、帕岸岛和龟岛。这些引人注目的群岛拥有细软的沙滩和碧绿的海水，每年吸引着数百万的旅客。苏梅岛就像一个老大哥，旅游业成熟。各种一流的度假村运营效率堪比瑞士，身着制服的管家会努力满足你的各种古怪要求。帕岸岛则排行第二，更像一个不修边幅的花花公子，它的特色是闲散的吊床时光和整夜的派对狂欢。小弟龟岛则更有精神和朝气，为你提供各种刺激的运动，例如全球顶级的潜水和浮潜运动。

要想寻找与这些岛屿相比更为神秘的地点，猎奇旅行者们可以在更远的地方发现一片别针状的小型群岛——红统国家海洋公园，这里无数的绿色岛屿和蓝色海域为这个国家添上了瑰丽的画面。

何时去

2月到4月，雨季已经过去，阳光普照，气候怡人。6月到8月也是来这里的好季节，不时会有一小阵毛毛雨，也刚好与北半球的暑假同步。

10月到12月，季风雨敲打着炽热的铁皮屋顶，就像惶惶不安的指甲敲击声。这时客房价格猛跌，吸引着一些乐观的海滩游客。

海湾群岛（GULF ISLANDS）

苏梅岛（Ko Samui） เกาะสมุย

人口 40 230

乍一看，苏梅岛就好像一个浮在泰国湾上的巨大的高尔夫球场。植被都仔细修剪过，有足够的沙坑障碍，还有一两个够大的水障碍区。中年男人们昂首阔步，身上白色的Polo衫和他们樱桃红的脸庞恰成鲜明对比，听差拿着物品跟在他们后面。但是苏梅岛绝不是一个仅为成年人开设的乡间俱乐部。走近些看，呈现在你眼前的是热气腾腾的街边食品摊点、凌晨两点的名流聚会、隐匿的佛寺以及静谧沙地的背包客棚屋。

苏梅岛更像是一块自由行冒险之地。就像一个精灵，它努力帮每位游客达成他们的终极休假愿望。你想要海景、按摩还是私人管家？

啪，眼前就是通往你私人池边别墅的钥匙！是否一直想要个美妙休假？变！在你的下午活动前在瑜伽垫上小憩一下！想要一个像摇滚巨星那样的派对？咻！沿着海滩，加入手拿威士忌的人群中纵情摇摆吧！

除了无尽的狂欢，苏梅岛还可以供感兴趣的游客一瞥当地的生活。最早在苏梅岛定居的是来自海南岛的中国商人，他们的后人如今聚居于一个小型的社区，位置比较隐蔽。

景点

苏梅岛面积很大，环岛公路就有大约100公里长。

查汶海滩 海滩

（Chaweng；见186页地图）它是苏梅岛最著名的景点，是全岛最长最美的海滩。这里的沙质细软，尽管每天都有大量的船只和游客，海水依然清澈见底。海滩南部是最好的取景点，可以欣赏北边起伏的海角风光。

Hin-Ta & Hin-Yai 地标景点

在第二大海滩拉迈（Lamai）海滩的南端，就是让人尴尬的奇异岩石Hin-Ta和Hin-Yai（即祖父祖母石）。这些生殖器形状的岩石，经常让泰国游客们咯咯笑个不停。

Hua Thanon 附近

紧邻拉迈海滩的Hua Thanon是一个生机勃勃的穆斯林社区。他们的渔船就像弯弓一样，停泊在一个设计复杂的长廊处。

波朴 附近

（Bo Phut；见188页地图）虽然北部海滩

在海湾群岛的……

一周

首先，为你仅有一个星期来游览这田园诗般的岛屿深表遗憾。现在，就从帕岸岛东部或西部的一个与世隔绝的海滩开始，实现你弃世独行的幻想吧。在这周的后半段，你可以在林海滩参加派对，在苏梅岛享受美食，或者在龟岛体验潜水。

两周

用三天半的时间在龟岛学习潜水认证课程，如果你已经取得潜水许可证，可以报名参加几个潜水项目。乘船前往帕岸岛，去林海滩体验热情的聚会氛围。之后，带上你的行李，乘上长尾船去隐蔽的小海湾待上几日修身养性。接下来就是苏梅岛了。去波朴（Bo Phut）体验一次精品酒店的服务，或者像摇滚明星一样在查汶（Chaweng）或者Choeng Mon海滩狂欢一场。如果时间还有富余，去红统国家海洋公园来个一日游吧。

一个月

以较为轻松的步伐来进行上面的两周游，在三大岛屿上多享受几天无忧无虑的海滩生活。一定要把在帕岸岛林海滩的日出海滩上举行的满月派对提上你的日程。

苏梅岛和海湾下部游览亮点

❶在**龟岛**（见217页）海域海底的彩色王国中寻找小丑鱼。

❷在**红统国家海洋公园**（见232页）未开发的金色海岸沙滩上嬉戏。

❸在**帕岸岛**（见202页）的海岸上架起吊床，缓缓行走在潮水轻拍过的静谧海滩上。

❹在**苏梅岛**（见181页）的五星级按摩会所像猫咪一样舒服地打呼噜。

❺在帕岸岛林海滩（Hat Lin）的**满月派对**（见204页框内文字）上加入狂欢

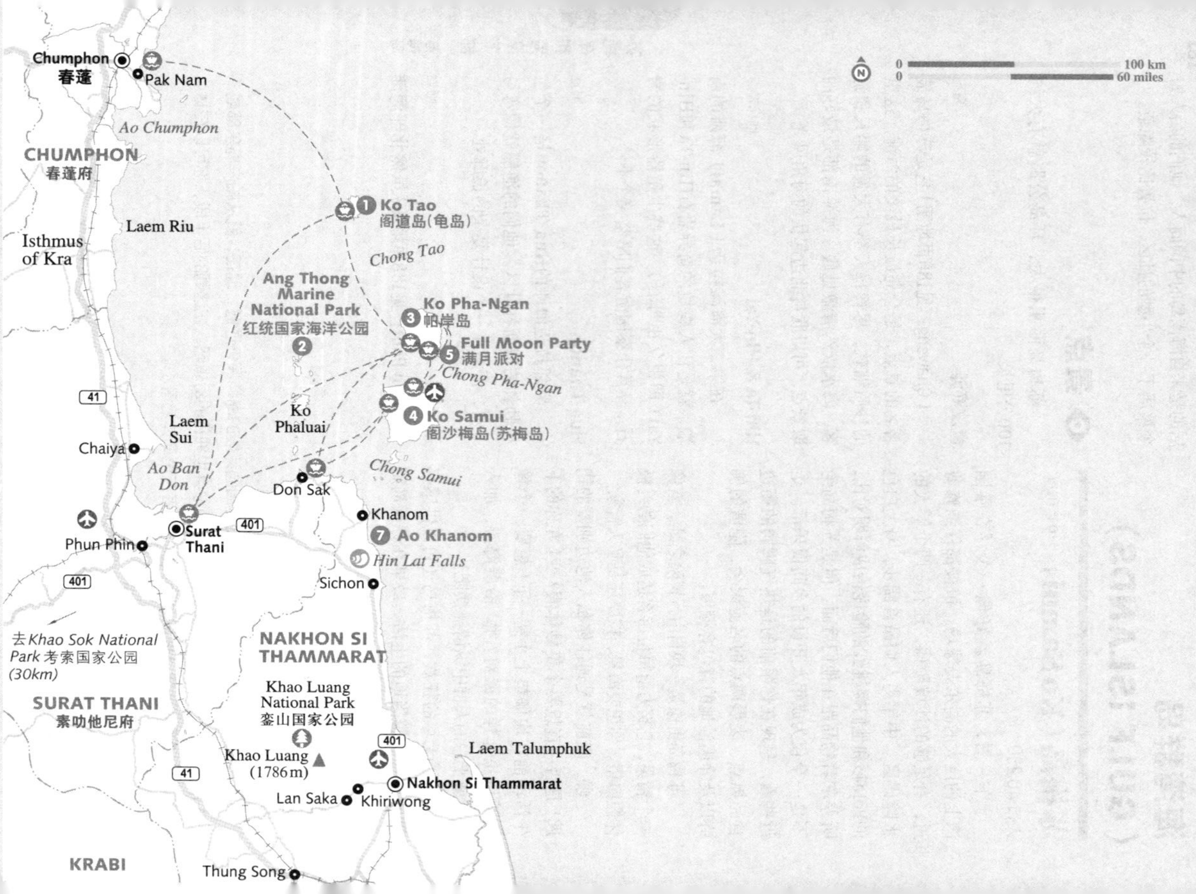

的人群，纵情度过美妙的夜晚。

❻在**宋卡**（见247页）沙滩的摊档品尝热气腾腾的海鲜。

❼在**Ao Khanom**（见243页）欣赏神出鬼没的粉色海豚沿着海滨滑行。

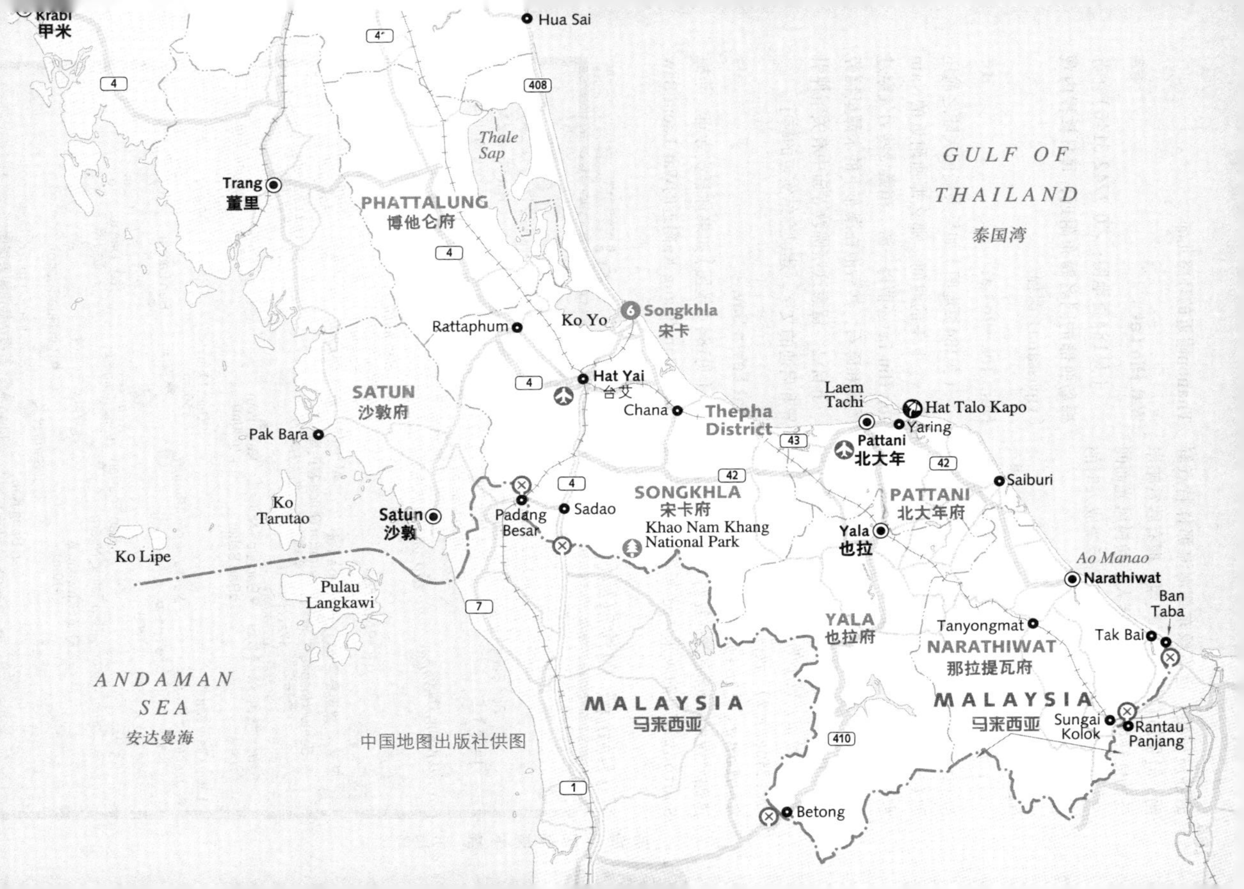

的沙质较粗，也不像东部海滩那样特点鲜明，但是却有着轻松的气氛，拥有欣赏帕岸岛的良好视角。波朴以迷人的渔村风光而闻名，旧时成群的中国商店都已经变成入时的度假村和精品酒店。

Nam Tok Na Muang 瀑布

（见184页地图）30米高的Nam Tok Na Muang是苏梅岛最高的瀑布，坐落在距那通（Na Thon）约12公里的岛屿中心地区。水从高处的紫色岩石落下，在下面形成了一个天然游泳池。在苏梅岛的瀑布中这个是最美的，也是相对最少人光顾的。附近还有两处瀑布，较小的是**Na Muang2号瀑布**（Na Muang 2），较高的是**Nam Tok Wang Saotong**（见184页地图），多亏了近年来道路状况的不断完善，我们才能一睹Wang Saotong瀑布的风采。这些瀑布都在Hua Thanon附近的环路北部。

Wat Hin Lat 寺庙

（见184页地图；☎0 7742 3146）在苏梅岛西部的同名瀑布附近，每日教授内观（vipassana）课程。

Nam Tok Hin Lat 瀑布

（见184页地图）如果乘船回大陆之前还有一个下午的时间，那么那通附近的Nam Tok Hin Lat还值得一游。稍微费些力气穿过溪流和砾石，然后泡在瀑布下的水潭里犒劳一下自己。留意这座佛教寺庙中有关精神引导和启迪的文字。建议穿结实点的鞋子。

Wat Laem Saw 寺庙

（见184页地图）如果你喜欢寺庙，苏梅岛南端Ban Phang Ka附近的Wat Laem Saw

Ko Samui 阁沙梅岛(苏梅岛)

寺非常值得一游。寺庙有座备受尊崇的室利佛逝（Srivijaya）风格的佛塔，非常有趣。

大佛寺 寺庙

（Wat Phra Yai；见184页地图）大佛寺就坐落在苏梅岛最北端一座由堤道相连的小岩岛上。那里的现代佛像建于1972年，高15米，以Mara姿势端坐，在热带天空和海洋的映衬下展现出迷人的轮廓。附近有一座新寺庙**Wat Plai Laem**（见184页地图），因佛像有18只手臂而闻名。

Wat Khunaram 寺庙

（见184页地图）苏梅岛有几座寺庙保存着高僧圆寂后风化的遗体，这其中就包括Wat Khunaram。它坐落在Th Ban Thurian路和Th Ban Hua路之间，在Rte 4169路南端。这座寺庙里一位叫作Luang Phaw Daeng的高僧已经圆寂20年以上了，但是他的遗体仍以冥想的坐姿保存在此。惹人注目的是，他还戴着一副太阳镜。

Wat Samret 寺庙

（见184页地图）在Th Ban Hua路附近的这座寺庙里，能看到由大理石雕成的典型的曼德勒（Mandalay）坐佛，这种佛像在印度和泰国北部很常见，但是在南部比较罕见。

活动

潜水

如果你很认真地想要学习潜水，那么就去龟岛，把那儿当作你潜水冒险的大本营吧。如果你时间并不充裕，又不想离开苏梅岛，倒是有很多商家会带你去一样的潜水点，当然价钱会更高。你可以向拥有自己的船只或者能帮你租到船的公司预订，虽然比较贵，但你绝不会后悔。因为没有船的公司通常用双体客船将潜水者们运到龟岛，然后还要转船才能到潜水点。这种行程比较费事，不提供饮食，也没什么人情味儿。

苏梅岛认证课程的费用往往是龟岛的两倍，主要是因为龟岛离最佳潜水点要近得多，用的汽油也比较少。开放水域潜水证书通常要花费16 000B到22 000B，而根据潜水点的位置，潜水一日游的价格从3200B到6200B不等。

苏梅岛的高压舱在大佛海滩（Big Buddha Beach，也称Hat Bang Rak）上。

100 Degrees East 潜水

（☎0 7742 5936；www.100degreeseast.com；Bang Rak）强力推荐。

Diveversity 潜水

（见186页地图；☎0 7741 3196；www.diveversity.nl；Hat Chaweng）位于Amari酒店内。

Samui Planet Scuba 潜水

（SIDS；见186页地图；☎0 7723 1606；samuiplanet scuba@planetscuba.net；Hat Chaweng）

其他活动

Blue Stars 皮划艇和浮潜

（见186页地图；☎0 7741 3231；www.bluestars.info；价位2600B）对浮潜和皮划艇感兴趣的旅行者可以抽出一天去红统国家海洋公园。苏梅岛查汶海滩的Blue Stars在该公园中提供安排向导的海上皮艇之旅。

Football Golf 体育运动

（☎08 9771 7498；⏲9am~6:30pm）在Choeng Mon有一种奇特的有氧运动，叫作"足球高尔夫"，你需要将你的足球"击入"到垃圾箱大小的洞中。这项运动对孩子非常有益，每局游戏300B，附赠1份软饮料。顺便提一句，标准杆是66杆。

Namuang Safari Park 主题公园

（那慕昂野生动物园；见184页地图；☎0 7742 4098）Namuang Safari Park位于Na Muang瀑布附近，有观兽旅行和包价旅游等选择。探险团队游（900B起）线路长短不一，包括大象徒步游、观看猴子表演、四驱车之旅，还可以去橡胶园采集橡胶（够刺激的吧）。酒店接送的费用也已包含在内。

Samui Aquarium & Tiger Zoo 主题公园

（苏梅岛水族馆和老虎园；见184页地图；☎0 7742 4017；成人/儿童 750/450B；⏲9am~6pm）Samui Aquarium & Tiger Zoo因其老虎、一座大型鸟舍和标准规格的水族

Hat Chaweng 查汶海滩

馆而出名，虽然很多动物的游览都不再运营，但仍是孩子们很不错的消遣之所。下午1点半有海狮的精彩表演，2点半还有老虎秀。孩子们还能在园内的一个大型游泳池里玩耍，费用也已经包含在门票里。

水疗和瑜伽

苏梅岛的五星级酒店竞争非常激烈，这就意味着它们的水疗服务也是最好的。你可以在Six Senses Samui的Hideaway Spa或者Anantara Bo Phut里体验顶级享受。拉迈的水疗度假村（Spa Resort）是岛上的原生态健康会所，现在仍以其疗效不错的禁食排毒养生法而闻名。

Yoga Thailand 瑜伽与水疗会所

（☎0 7792 0090；www.yoga-thailand.com；Phang Ka；住宿€680起；❄@📶）Yoga Thailand以其现代化设施和专业的导师团队在南部海滨开启了健康假日的新纪元。街边一座舒适的寓所提供住宿，沿着海滨有瑜伽馆、美容中心以及能够享受清凉海风的露天咖啡馆。

Hat Chaweng 查汶海滩

活动、课程和团队游

1	Blue Stars	B3
2	Diveversity	C2
3	Samui Institute of Thai Culinary Arts	B4
4	Samui Planet Scuba	B3

住宿

5	Akwa	B5
6	Ark Bar	C3
7	Baan Chaweng Beach Resort	B3
8	Baan Haad Ngam	D2
9	Baan Samui	B3
10	Centara Grand	B4
11	Chaweng Garden Beach	B3
12	Kirikayan Boutique Resort	B5
13	Library	B3
14	Loft Samui	B4
15	Lucky Mother	C3
16	Muang Kulay Pan Hotel	C2
17	Nora Chaweng	C2
18	P Chaweng	B4
19	Pandora Boutique Hotel	D2
20	Queen Boutique Resort	B4
21	Samui Hostel	B4
22	Tango Beach Resort	D2

就餐

23	Betelnut@Buri Rasa	B4
24	Gringo's Cantina	B3
25	Khaosan Restaurant & Bakery	B3
26	Laem Din Market	B4
	Page	(见13)
27	Prego	C2
	Samui Institute of Thai Culinary Arts	(见3)
28	Wave Samui	B4
29	Zico's	B4

饮品

	Ark Bar	(见6)
30	Bar Solo	C3
31	Good Karma	B5
32	Tropical Murphy's	B3

娱乐

33	Christy's Cabaret	C2
34	Green Mango	B3
35	Mint	B3
36	Q-Bar	B2
37	Reggae Pub	B3

Tamarind Retreat 泰式按摩

（☎0 7723 0571；www.tamarindretreat.com）Tamarind Retreat的几座别墅和按摩会所位于偏离海岸的一个寂静的椰树种植园中，与大自然的风光融为一体，有些建筑的墙壁和地面都混有花岗岩，另一些提供私人水池和富有创意的露天浴室。

Health Oasis Resort 瑜伽与水疗会所

（☎0 7742 0124；www.healthoasisresort.com）若你希望让自己身心清洁，那你就来对了。新世纪疗法在Health Oasis Resort里风靡一时。顾客们有很多治疗方案可以选择，这些治疗方案包含从冥想到禁食的所有疗法。这里的别墅都很现代化而且向阳。当然那儿还有素食餐厅。

Absolute Sanctuary 瑜伽与水疗会所

（☎0 7760 1190；www.absoluteyogasamui.com）过去小小的亲民的瑜伽会所摇身一变，成为庞大的综合型健康会所，拥有众多房间和详细的健身养生方案。

课程

Samui Institute of Thai Culinary Arts 烹饪

（苏梅泰餐烹饪艺术学院，SITCA；见186页地图；☎0 7741 3434；www.sitca.net；Hat Chaweng）如果你一直在关注泰式烹饪课程，那么SITCA是个绝佳的选择。那里每天都有泰餐烹饪课和泰式贵族果蔬雕花艺术课。午餐班从上午11点开始，晚餐班从下午4点开始，两种课程都是3个小时，可以学3个以上的菜式，收费都是1950B。这些课程还会有如何在你自己的国家采购食材的特别指导。你可以品尝自己做的泰餐，或者邀请朋友一起品尝。课程附赠的泰餐烹饪指导DVD让你可以在家自己实践。

住宿

"出众"、"标准"、"豪华"、"标准豪华"、"超豪华"、"超高标准"，这些形容酒店的词汇到底有什么不同？想要搞清楚苏梅这些令人讨厌的酒店行话真是堪比解密玛雅文字。苏梅岛的酒店真是无数，我们在此列出我们认为

Bo Phut 波朴

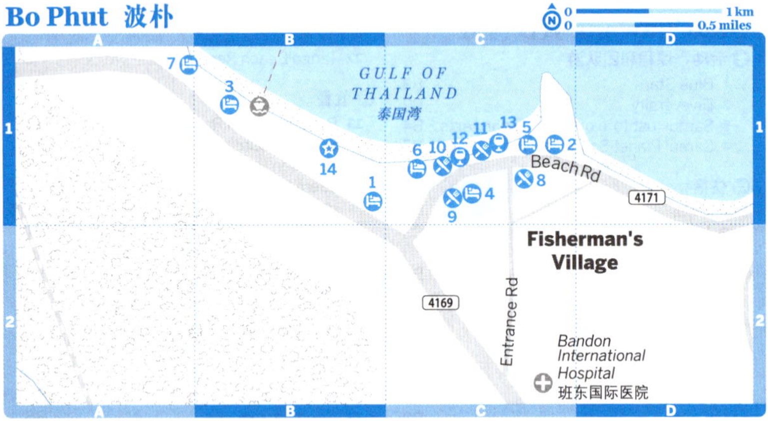

Bo Phut 波朴

住宿

- 1 Anantara B1
- 2 B1 Villa Spa C1
- 3 Ibis Bo Phut B1
- 4 Khuntai C1
- 5 L'Hacienda C1
- 6 Lodge C1
- 7 Zazen A1

就餐

- 8 Karma Sutra C1
- 9 Shack Bar & Grill C1
- 10 Starfish & Coffee C1
- 11 Villa Bianca C1
- Zazen （见 7）

饮品

- 12 Billabong Surf Club C1
- 13 Pier C1

娱乐

- 14 Gecko Village B1

较好的酒店，但并不十分详尽。

若你想大肆挥霍一把，各种顶级度假村绝对能够满足你，到处都有奢华的别墅、迷人的温泉、巨大的私人泳池和顶级的菜肴。在苏梅岛北部沿海的波朴海滩，就有着一些吸引人的精品酒店，是中档消费旅行者的最佳选择。背包客们可能就不那么容易选到合适的酒店，但是在苏梅岛沿岸，不经意间就能发现廉价旅馆。

近年来,私人别墅服务盛行至极。各种租赁公司都会在岛上流传的各种旅行册中打广告。

本节以如下顺序介绍苏梅岛的住宿：先从东海岸著名的查汶海滩和拉迈海滩开始，然后逆时针绕岛一周，介绍一些小的海滩。

查汶海滩（CHAWENG）

作者推荐 **Jungle Club** 平房 $$

（见186页地图；☎08 1894 2327；www.jungleclubsamui.com；平房800~4500B；❄@?≋）当你从山上俯瞰那令人惊叹的美景时，就会觉得之前在弯弯曲曲的泥土路上冒险驱车总算是值得的。在这与世隔绝的山上度假不论是对当地人还是对游客而言都是绝妙的体验。那里有一种回归自然的轻松氛围，游客们可以在美丽的水池边纳凉，在一个露天大厅（sǎh·lah，常写作sala）的小棚子下面小寐。你可以提前预订汽车接送服务——自己驾车还是有一定的危险。如此美妙的丛林假期，你可不想打着石膏度过吧？从主路过来的出租车要50B，从查汶中心过来的要100B。

作者推荐 **Library** 度假村 $$$

（见186页地图；☎0 7742 2767；www.thelibrary.name；房间13 300B起；❄@?≋）对学校来说，这个“Library”（图书馆）可真是太酷了。整个度假村都是黑色修边的闪钻白，窗帘是板条状的。每一页（宾馆房间在这里都以“页”相称）都有未来派的iMac电脑，里面巨大的单色墙艺更让人兴奋，晚上会发出绚丽的光芒，颜色还可以根据自己的情绪进行调节。这里还有真人大小的雕塑，被设计成正在阅读的样子。如果你也想要拿起书来阅读，这里收藏了种类繁多的彩色艺术设计类书籍。这里的大号矩形泳池绝对不容错过，它由暗红色的瓷砖砌成，主题是“浴血”，让你想立即跳下去体验一下。

Tango Beach Resort 度假村 $$

（见186页地图；☎0 7742 2470；www.tangobeachsamui.com；房间1600~4600B；❄@📶≋）Tango Beach Resort是一家中档酒店，一串平房分布在一条由沙滩向内陆弯曲延伸的木板路旁。

Centara Grand 度假村 $$$

（见186页地图；☎0 7723 0500；www.centralhotelsresorts.com；房间8900~19 500B；❄@📶≋）Centara是一个精心打造的庞大的复合型度假村，位于查汶海滩中心，这座种植着棕榈树的度假村如此之大，以至于你很容易避开街上的喧闹。酒店式的建筑中，房间的主题和装饰都是典型的西方风格。大人们可以跑去泡温泉放松，或者享受四大餐厅中随便哪一家的美食，而孩子们则可在室内保幼员的看护下在泳池迷宫中尽情玩耍。

Baan Chaweng Beach Resort 度假村 $$$

（见186页地图；☎0 7742 2403；www.baanchawengbeachresort.com；平房3500~7000B；❄@📶≋）如果想要享受顶级奢华，又害怕钱包吃紧，那么就来新兴的Baan Chaweng酒店吧，其价位相对低廉。干净的客房内，墙壁上被刷上了深浅不同的颜色，还有柚木家具给人的感觉既现代又传统。

Muang Kulay Pan Hotel 度假村 $$$

（见186页地图；☎0 7723 0849-51；www.kulaypan.com；房间4200~15 000B；❄@📶≋）不，壁纸上的不是裂缝，那只不过是酒店设计理念的一部分。设计师将禅宗与泰式信仰融合在一起，但我们认为里面的装饰是完全随意的，并且故意忽略了地面布置，为这独一无二的度假村增添了一种混沌的感觉。

Baan Haad Ngam 度假村 $$$

（见186页地图；☎0 7723 1500；www.baanhaadngam.com；平房6400~14 000B；❄@📶≋）Baan Haad Ngam生机勃勃，避开了常用的柚木和棕褐色色调，所有的外墙面都刷成了引人注目的绿色，就像茂盛的芹菜一样。住在这里，活泼又不失品位，绝对是个不错的选择。

Pandora Boutique Hotel 度假村 $$

（见186页地图；☎0 7741 3801；www.pandora-samui.com；房间2700~4900B；❄📶≋）可爱又让人难以忘怀的潘多拉酒店就好像刚从一本童话书中跳出来，书名我们就叫它《丁丁历险记：查汶不可思议的廉价旅店之谜》？房间里有喜人的蜡笔画、木饰线和偶尔的石艺点缀。

Kirikayan Boutique Resort 度假村 $$$

（☎0 7733 2299；www.kirikayan.com；房间5295B起；❄@📶≋）简洁的白色、喷漆的柚木和热烈的红色定下了这个位于查汶南部海滩的度假村的色彩基调。茂密的棕榈树和高耸入天的树丛后面是让人放松的休闲露台。

Ark Bar 度假村 $$

（见186页地图；☎0 7742 2047；www.ark-bar.com；平房1500B；❄📶≋）如同它的名字一样，在Ark Bar（方舟酒吧）里你可以看到形形色色成对出现的人们，有最常见的派对客、闲逛的嬉皮士、十几岁的青年、四十岁上下的中年人，甚至还有加拿大人。最近这个一直广受欢迎的度假村开始转型了，主打高端寓所。

Chaweng Garden Beach 度假村 $$

（见186页地图；☎0 7796 0394；www.chawenggarden.com；房间1850~8500B；❄@📶≋）这个酒店深受背包客们的喜爱，房型众多，服务员们也是笑意盈盈的。

Nora Chaweng 酒店 $$

（见186页地图；☎0 7791 3666；www.norachawenghotel.com；房间2100B起；❄@📶≋）

Nora Chaweng并没有建在海滩上。喧嚣的查汶海滩的这个新成员，客房设计时尚，拥有诱人的游泳池和令人放松的水疗会所。

Loft Samui 青年旅舍 $

（见186页地图；☎0 7741 3420；www.theloftsmaui.com；房间590B起；❄@📶）Loft Samui是查汶的一家低价酒店，为客人提供廉价的客房，这些客房或多或少有些古怪的小细节，比如土砖的款式和精巧的内置物。这家旅馆貌似在以色列游客中比较受欢迎。

Akwa 客栈 $

（见186页地图；☎08 4660 0551；www.akwaguesthouse.com；房间700B起；❄@📶）Akwa是一家很有吸引力的民宿风格的宾馆，有几间装修时尚的客房。每个床上都有泰迪熊玩偶，造型奇特的书架上搁置着DVD，卡通涂鸦到处都是。

Queen Boutique Resort 酒店 $

（见186页地图；☎0 7741 3148；queensamui@yahoo.com；房间800~1200B；❄@📶）虽然侍者服务态度欠佳，但是Queen Boutique却在背包客的承受范围内提供了非常舒适的住宿条件。订房时请确认你的房间铺的是瓷砖地板，那种铺着破旧油布的房间远不能令人心动。

Baan Samui 度假村 $$

（见186页地图；☎0 7723 0965；www.see2sea.com；房间8240B起；❄@📶🏊）Baan Samui与旁边朴素的Library度假村形成了强烈的对比，看起来就像一个五彩缤纷的海滨胜地。如果弗林特斯通人（the Flintstones）拥有一座度假农庄，那必定就是这个样子。

Samui Hostel 青年旅舍 $

（见186页地图；☎08 9874 3737；宿 180B；❄@）从正面看上去不过如此，但是里面的房间却干净整洁得让人赞叹。对手头不宽裕的独行侠们来说，这地方最适合不过了。但是情侣们要注意私人双人房大概要花费400B。

P Chaweng 酒店 $

（见186页地图；☎0 7723 0684；房间400~600B，套1000B；❄@）这个爬满藤蔓的廉价酒店没有假称自己是一座临海酒店。它的房间都铺着粉色的瓷砖，显得很大而且非常干净，除了木制家具上有几处磕碰伤痕。不要选择临街的房间，因为外面经过的人轻易就能从窗口偷走你的东西。

拉迈海滩（LAMAI）

作者推荐 **Rocky Resort** 度假村 $$$

（☎0 7741 8367；www.rockyresort.com；Hua Thanon；房间4890~17 000B；❄📶🏊）Rocky Resort找到了高档与质朴友善的平衡点，这是我们在拉迈最喜欢的地方（事实上只是在拉迈南部）。在淡季，价格非常便宜，到处都是美丽的海景，每个房间都有现代风格的漂亮泰式家具。这里的泳池由岩石雕成，模仿附近岩石遍布的海滩，岩石度假村也因此得名。

Banyan Tree Koh Samui 度假村 $$$

（☎0 7791 5333；www.banyantree.com/en/samui/overview；别墅23 000B起；❄@📶🏊）普吉最奢华的度假村也在拉迈海滩北部设立了分号，几乎占据了整个海湾，全面地诠释了顶级奢华，数十座别墅由支柱支撑着立在一丛丛植物上。高尔夫球车带着旅客驰骋在用餐地点和宏大的水疗会馆之间。水疗会馆模拟热带雨林建造，令人放松。

Samui Jasmine Resort 度假村 $$$

（☎0 7723 2446；131/8 Moo 3；房间和平房3800~5000B；❄📶🏊）位于拉迈海滩中部的Samui Jasmine是一个非常棒的住所。这里价位稍低的房间通常也会有非常不错的海景和清澈的游泳池。这里的特点是大量带有纹饰的柚木和镶边配饰，比如薰衣草枕头。

Spa Resort 平房 $$

（☎0 7723 0855；www.spasamui.com；Lamai North；平房800~2800B；❄📶）这个健康水疗会所提供许多治疗项目，而且似乎大家都没注意到这里的住宿费在拉迈算便宜的了。治疗项目包括清肠、按摩、水排毒、催眠和瑜伽等等。这里的卫生情况有点不尽如人意，但是你在进行一周的禁食排毒时，还会用到厕所么？这里的空房率很低，所以最好用电子邮件提前预订。非住宿顾客也可以参加这些治疗项目。

iBed
青年旅舍 $

（☎0 7745 8760；www.ibedsamui.com；宿/单 550/1100B）iBed即便不是全泰国也是全岛最时髦的旅社，拥有苹果公司赞助的全套设备：每个床位都有个人电视、光滑的漆皮、白色的日用织品和大量抛光的物品。在旺季，宽阔的走廊、宽敞的公用空间和现代厨房营造出一片友善温暖的气氛。

Lamai Wanta
度假村 $$

（☎0 7742 4550，0 7742 4218；www.lamaiwanta.com；房间和平房1954~4800B；❄@📶🏊）这里的游泳池铺着米色与蓝色的瓷砖，看起来有点复古，但是后面还有崭新的白色汽车旅馆和平房。这些房间小巧又不会过分拥挤。Lamai Wanta位于拉迈海滨的南端的一条小巷子里，寻找的时候留意它的小标志。

Amarina Residence
客栈 $

（www.amarinaresidence.com；房间900~1200B）虽然它的大厅与其他大多数热带大厅相比稍显阴暗，但是楼上的房间却沐浴在阳光中，房间里还有雅致的轻木家具。

Beer's House
平房 $

（☎0 7723 0467；161/4 Moo 4 Lamai North；平房200~550B）这些树荫下的小平房整齐地沿着海滩排列，有些小屋要共用卫生间，但是都有空间吊起吊床来打发一天的时光。

New Hut
平房 $

（☎0 7723 0437；newhut@hotmail.com；Lamai North；小屋200~500B）New Hut是一家少有的海滨低价旅馆，金字顶式小屋虽小但是非常可爱。

北部海滩

苏梅岛北部海滩的住宿地点众多。Choeng Mon拥有一些全球最豪华的度假村，而湄南（Mae Nam）和Bang Po仍坚持着背包客旅馆作风。中部的波朴是苏梅岛众多的海滩中最耀眼的一处。

Choeng Mon 海滩

作者推荐 Six Senses Samui
度假村 $$$

（☎0 7724 5678；www.sixsenses.com/hideaway-samui /index.php；别墅18 000B起；❄@📶🏊）这隐秘的竹之王国是一个值得你倾囊挥霍的地方。Six Senses Samui沿崎岖的海角而建，在高雅与野趣之间取得了完美的平衡，诠释出一种"赤脚的高雅"。多数别墅都有奇妙的瀑布水潭，能俯瞰脚下静谧海湾的恢弘气势。半露天豪华浴室赋予了"皇家洗浴"（royal flush）全新的定义。米黄色的高尔夫球车将客人们从他们的小别墅送到酒店附近的娱乐场所，那儿有一个世界顶级的水疗会所和两个上等的餐厅。

Tongsai Bay
度假村 $$$

（☎0 7724 5480-5500；www.tongsaibay.co.th；套11 000~30 000B；❄📶🏊）如果想获得庄重的款待，那么就来这世外桃源般的奢华宝地吧。这片广阔而维护完好的丘陵地带让那一排排的小房子看起来就像一个小村落一样。高尔夫球车在恢弘的景色中驰骋着，将客人们带到各种活动（如按摩）和晚宴中去。时髦的错层式套房内有躺椅休息区、华丽的浪漫装饰，能看到迷人的景色，还拥有宽敞的露台和巧妙放置的浴盆（你一定会发现的）。这里还有盐水泳池、淡水泳池、网球场、不可或缺的水疗会所、甜品店和餐馆等设施。

Sala Samui
度假村 $$$

（☎0 7724 5888；www.salasamui.com；平房US$360~1100；❄@📶🏊）大家注意，这家酒店真的是以美元而不是泰铢来算房钱的。这么昂贵的价钱物有所值么？那是绝对的！酒店设计相当精致，整个酒店毫不吝啬地运用了很多上漆的白色柚木，每个别墅的私人瀑布水潭都涂成了精致的松石绿。

Imperial Boat House Hotel
度假村 $$$

（☎0 7742 5041-52；www.imperialhotels.com；Hat Choeng Mon；房间4000~5500B，船屋套房 6000~6700B；❄📶🏊）这家精致的酒店拥有一个三层宾馆和几个用进口柚木运米船改造成的独立平房，船首改造成了露台，锈迹斑斑的铜炮将水流喷向船形的泳池中。

Ô Soleil
平房 $

（☎0 7742 5232；房间和平房400B起；

❄）古老的Ô Soleil旅馆是岛上一家较便宜的海滨旅馆，有一些零散的平房和由沙滩向内陆延伸的半独立式房间。这里人员流动大，行事较为随便，所以请看管好贵重物品。

大佛海滩（Big Buddha Beach[Bang Rak]）

这里因为一尊巨大的金佛而得名，相传这尊大佛是附近的小岛Ko Fan的统治者。由于离机场比较近，所以这里的住宿价格相对便宜些。

Samui Mermaid 度假村 $

（☎0 7742 7547；www.samui-mermaid.info；房间400~2500B；❄@📶🏊）Samui Mermaid算是一个比较经济的住宿选择，因为其设施还比较完善。这里有两个大型泳池、充裕的沙滩椅、两个气氛活泼的餐厅，而且每个房间都有有线电视。苏梅机场的跑道就在几千米外，所以有些时候这里会有噪音，但是免费的机场接送会给这里加分。

Shambala 平房 $

（☎0 7742 5330；www.samui-shambala.com；平房600~1000B；❄📶）虽然其周围的设施都是为迎合高端旅行者而建的，但是这个轻松、英语普及的地方却是一个有点嬉皮士风格的背包客圣地。这里有很多带坐垫的公用座椅、宽敞的木质露台，平房也是又宽敞又亮堂。这里的工作人员会提供旅游建议，且始终保持礼貌的微笑。

Ocean 11 客栈 $$

（☎0 7741 7118；www.o11s.com；平房1900~3200B；❄📶）Ocean 11简直就是白菜价，它以公道的价格提供奢侈的服务。撇开以电影为原型不谈，这个温柔的地中海风格的地方是一片静谧沙滩上的世外桃源。

波朴海滩（Bo Phut）

波朴海滩并不那么激动人心，但是却拥有苏梅岛最有活力的住宿地点。一连串富有生气的精品别墅从杂乱的小渔村深处一直延伸至沙滩外沿。

作者推荐 **Anantara** 度假村 $$$

（见188页地图；☎0 7742 8300；www.anantara.com；房间4000~18 000B；❄@📶🏊）Anantara奇妙的轿子型入口满足了西方人对遥远的东方国度的所有幻想。低低的火把吐着稳稳的火苗，产生的烟雾围绕高处的扇形棕榈叶形成一片薄雾。在这个度假村的外面到处都是用黏土和铜制作的诡异丛林生物，客人们就在这种气氛中在一个露天塔上品尝野生茶，在湖泊一样的无边泳池中游泳，或者沉浸在令人放松的水疗中。旁边新建的白色别墅使度假村更添奢华之感。

作者推荐 **L'Hacienda** 客栈 $$

（见188页地图；☎0 7724 5943；www.samui-hacienda.com；房间1400~3500B；❄📶🏊）抛光的陶瓦和圆形的拱门让酒店的入口富有西班牙风格。8个房间都是类似的装饰，但是增添了很多个性化格调，比如铺着小卵石的浴室墙壁、半透明的竹灯。屋顶上还有更大的惊喜等着你，你一定会像我们一样喜欢它。

Zazen 度假村 $$$

（见188页地图；☎0 7742 5085；www.samuizazen.com；房间6010~17 200B；❄@📶🏊）从一个过去名不见经传的小地方变为现在苏梅岛度假村精品中的精品，这个美丽的世外桃源的每一寸土地都经过精心的创新性设计。猩红色的墙壁、赤土色的女神像、一点点风水元素和独到的品位，这些就像亚洲极简主义与现代洛可可的碰撞。客人们在泳池边阳伞下的躺椅上放松，舒适地休憩。如果没有提前预约，这里的价格会相当吓人，所以最好提前预订。

Lodge 酒店 $$

（见188页地图；☎0 7742 5337；www.apartmentsamui.com；房间1400~2500B；❄📶🏊）在波朴，Lodge酒店也是个不错的选择，它更像是一个殖民地时期的狩猎小屋，苍白的墙壁，黑黑的房梁从天花板上突出来，每个房间都有不少壁挂和能够看到海滩美景的私人阳台。顶层的“阁楼小屋”非常宽敞。必须提前预订，这里总是很快就客满。

Ibis Bo Phut 酒店 $$

（见188页地图；☎0 7791 4800；www.ibishotel.com/thailand；房间1600B起；

❄@📶🏊）全新的Ibis Bo Phut是岛上最大的度假村，明亮高效的房间还散发着新装修的气味。来到这里的家庭旅行一族一定会爱上这里的儿童双层床，而软软的草地也是玩追人游戏的绝佳地点。如果你寻找的是具有泰式特色的度假村，这里并不适合你。

B1 Villa Spa 公寓 $$$

（见188页地图；☎0 7742 7268；www.b1villa.com；套2800~7000B；❄📶🏊）这个客栈式酒店在渔民村的海滩旁边，给人耳目一新的感觉。每个房间都有独特的墙艺，有特殊的命名，第二层都以猎户座的星星命名。哦，对了，B1就是“Be one with yourself”（做自己）中的B1，明白了么？

Khuntai 客栈 $

（见188页地图；☎0 7724 5118；房间400~850B；❄）这个看起来笨重的橙色宾馆与苏梅岛的正规房间一样便宜，在渔村的外围地区，与海滩相距一个街区。Khuntai宾馆二层的房间沐浴在下午的阳光中时，仿佛室外的休息厅。

湄南（Mae Nam）& Bang Po

W Retreat Koh Samui 度假村 $$$

（☎0 7791 5999；www.starwoodhotels.com/whotels；房间23 000B起；❄@📶🏊）客人坐车沿着弯曲的道路而上到达大堂，迎接他们的是装饰华丽的“📶”、闪闪发光的无边泳池和无垠的地平线。将城市的喧嚣与热带的宁静融合在一起的“📶文化”贯穿在度假村的每个角落里。度假村还有新的开发项目没有结束，在落成之前，我们推荐来这里享受周日的早午餐（2500B）或者去Woo Bar来一杯日落鸡尾酒。

Napasai By Orient Express 度假村 $$$

（☎0 7742 9200；www.napasai.com；房间9200B起；❄@📶🏊）经过吃草的水牛和戴着米色太阳帽的草地管理员，旅行者走得疲惫不堪时，终于来到了这处经过整修的华丽场所。舒适的别墅散布于广阔的美景中，所有的装饰都是传统的泰式风格，比如雕刻复杂的木饰和当地美丽的丝绸彩带。

Maenam Resort 平房 $$

（☎0 7742 5116；www.maenamresort.com；平房1400~3000B；❄@📶）成排的棕榈树皮小屋散落在一个丛林一样的隐秘花园中。柳条和木制品混杂装点着这些小屋，价钱根据到海滩的距离远近而不同。这儿的套房对家庭旅行族来说很划算。

Harry's 平房 $$

（☎0 7742 5447；www.harrys-samui.com；平房1200~3000B；❄🏊）来到哈利小屋就好像进入了神圣的寺院。大厅里到处都是抛光的柚木。古典的人字形屋顶高耸入云。混凝土平房隐藏在一片葱绿中，门前装饰并不过分华丽，但却可爱舒适。

Coco Palm Resort 平房 $$

（☎0 7742 5095；平房1200B；❄🏊）可可棕榈度假村的平房是由数吨藤条建成的。度假村沿着海滩而建，中央是一个矩形泳池。对于度假村而言，其价格还是比较合理的。

Shangrilah 平房 $

（☎0 7742 5189；平房300~2000B；❄）事实上，这是背包客们的香格里拉，有些最便宜不过的小屋，而且条件还相当不错。

西部海岸

作为泰国游客最多的地方，苏梅西部海岸的沙滩并没什么独特之处，但却是摆脱东部海滩的喧嚣气氛的好去处。

InterContinental Samui Baan Taling Ngam Resort 度假村 $$$

（☎0 7742 9100；www.ichotelsgroup.com/intercontinental；房间6300B起；❄@📶🏊）与苏梅岛的多数五星级宾馆不同，Baan Taling Ngam是经典的泰式设计。奢华的客房里有定制的泰式家具，这里的服务也是无可挑剔的。由于酒店不在沙滩上，所以有往返接送服务，这里还提供机场和渡口的接送。

Am Samui 平房 $$

（☎0 7723 5165；www.amsamuiresort.com；平房1100B起；❄📶🏊）将你的矜持抛到一边吧，拉开窗帘，站在落地窗前大方地迎接温暖的阳光和美丽的海景。走廊上供旅行者休憩的家具更增添了几分舒适，露天的餐馆和泳池使周遭气氛活跃放松。

南部海岸

在苏梅岛的南端零星地散落着一些岩石遍布的海角和小型沙湾。下面列出的都是性价比比较高的度假村，它们也是我们在岛上最喜欢住的地方之一。

Easy Time

平房 $$

（☎0 7792 0110；www.easytimesamui.com；Phang Ka；房间1950B起；❄@📶≋）这个远离尘嚣的"天堂"位于内陆，在一个宁静的泳池旁边，是个放松的好去处。双层别墅和别致的用餐环境使这里的格调高雅，氛围清爽而质朴。

Elements

度假村 $$$

（☎0 7791 4678；www.elements-koh-samui.com；Phang Ka；房间5540~21 500B；❄@📶≋）Elements位于一处生长着棕榈树的偏僻沙滩上，在这儿的时尚精品房间内睡上一觉会让你神清气爽。房间的安排与公寓类似，看着房间里西方元素与泰式风格的融合是一种享受。一条小径从隐匿的别墅通往赤色的餐馆和海边的休息区。

就餐

如果你觉得在苏梅岛挑个睡觉的地方挺困难，那么选个吃饭的地方倒是比较容易。从烤蟋蟀到鱼子酱，苏梅岛的吃食应有尽有，而且毫不吝啬地展现在你面前。

受大陆的影响，苏梅岛到处都是卖米饭与咖喱（kôw gaang）的商店，常常能看到木棚下的铁锅中熬煮着泰式咖喱。人们把摩托车停在一边，掀开锅盖看看里面让人充满食欲的食物，然后挑一种当作午饭。沿着环路（Rte 4169路）很容易就能找到kôw gaang店铺，而且下午1点好东西就卖光了。如果你在街边看到大量的摩托车停靠在一起，不用说，这里一定有不错的吃食。

高级食物就更多了。虽然苏梅岛的高级用餐场所好像充满了意大利菜，但是游客们还是可以在此发现全球的美食。高薪和绝佳的气候吸引着全球顶级的大厨来到此地。

查汶海滩

数十家餐馆汇集在这片海滩的"美食一条街"上，向人们供应当地小吃、各地美食和油乎乎的速食。离开这条路，到海滩上去吧，那里有最好的就餐气氛，许多平房餐馆都在沙滩上支起桌子招待客人，晚上还有闪闪发光的小夜灯。

作者推荐 Samui Institute of Thai Culinary Arts

泰国菜 $$$

（苏梅泰餐烹饪艺术学院，SITCA；见176页地图；☎0 7741 3434；课程1950B；⏲周一至周六 午餐和晚餐）比品尝传统泰餐更胜一筹：自己做泰餐！

Laem Din

市场 $

（见186页地图；菜肴30B起；⏲4am~6pm，夜市6pm~2am）Laem Din是一个热闹的日市，到处都是贩卖新鲜水果、蔬菜、肉类和泰式厨房用品的摊位。买上1公斤的甜青橘，或者在这些摊点中闲逛，看看能不能找到昨天晚上的咖喱中的作料。晚餐你可以来附近的夜市品尝南方风味的炸鸡和咖喱。

Gringo's Cantina

墨西哥菜 $$

（见186页地图；菜肴140~280B；⏲晚餐）叫上一份经典的美式墨西哥菜（Tex-Mex），再来一扎桑格利亚汽酒或者冰镇玛格丽塔鸡尾酒，实在是一种享受。我们特别喜欢点墨西哥春卷（chimichangas），主要是因为我们喜欢说"chimichanga"这个词。不想体验这种"南部边境"感觉的客人可以选择汉堡、比萨，当然还有素食菜肴。

Page

亚洲创意菜 $$$

（见186页地图；菜肴180~850B；⏲早餐、午餐和晚餐）如果你没有钱住在超炫的Library度假村里，去它的海边餐厅用餐也不错。这里的菜品当然很贵，但是你可以感受到那些海滨仔们投来的好奇目光，他们会猜测你是阔佬还是明星。午餐比较随意，也没那么贵，但是那样你就错过晚上奇炫的灯效了。

Prego

意大利菜 $$$

（见186页地图；www.prego-samui.com；

主菜200~700B；⏲晚餐）这个奇妙的餐厅提供精美的意大利菜肴。餐厅里铺着酷酷的大理石，装饰着时髦的几何图案。可以预订晚上7点到9点之间的位置。

Dr Frogs 牛排馆 $$$

（见186页地图箭头所示；主菜380~790B；⏲午餐和晚餐）Dr Frogs位于海边的岩石上，将动人心魄的海景与国际美食（即意大利与泰国美食）融于一体。美味的牛排和蟹肉饼以及待人友好的店主，都让我们不得不将这家餐馆排在就餐单的前排。

Betelnut@Buri Rasa 亚洲创意菜 $$$

（见186页地图；主菜600~800B；⏲晚餐）混合菜式的地位比较尴尬，因为这种菜式基本上没什么特色，而且通常也不好吃，但是Betelnut会让你耳目一新。大厨杰弗里·洛兹（Jeffrey Lords）在美国长大，在欧洲学习烹饪，还在众多美食的诞生地旧金山待过一段时间。菜单简直就是咖喱、杂烩、木瓜与培根的泛太平洋式大融合。

Zico's 巴西菜 $$$

（见186页地图；菜肴790B；⏲晚餐）这个富丽堂皇的烤肉餐厅（churrascaria）简直就是肉类（carne）的嘉年华，素食者勿进。Zico's是一家巴西式肉类自助餐厅，里面还有穿得像孔雀一样的漂亮姑娘们表演舞蹈。

Khaosan Restaurant & Bakery 各国风味 $

（见186页地图；菜肴60B起；⏲早餐、午餐和晚餐）这家餐厅深受那些喜欢便宜小吃的人的喜爱，供应菲力牛排、廉价的煎饼以及在这两个档次之间的食物。餐后到处逛逛，在一个大电视前观看一部新上映的电影，这就是在这家“Khaosan”餐馆能够享受到的轻松惬意。

Wave Samui 各国风味 $

（见186页地图；菜品60B起；⏲早餐、午餐和晚餐）人们都说苏梅岛正在进军高端市场，但是晚餐时间客人最多的餐厅却还是老式廉价饭店，Wave Samui就是这么一家餐馆。这家多面手餐厅（宾馆、酒吧、餐馆集于一身）不仅有物美价廉的菜品，还为旅行者提供了一个室内图书馆和大受好评的happy hour（快乐时间，3pm~7pm）。

拉迈海滩

与相邻的查汶海滩相比，拥有苏梅岛第二大稠密人口的拉迈海滩上像样的餐馆真是少得可怜。Tesco Lotus大卖场是购买海滨野餐小吃的最佳去处。然而，大部分游客都在下榻的宾馆用餐。

Rocky's 各国风味 $$$

（菜肴300~800B；⏲午餐和晚餐）很容易地就成了拉迈海滩最顶级的餐厅，Rocky's的菜品价格若是换算成本国货币，你会发现其实非常便宜。可以尝尝这里的招牌菜——蓝奶酪牛里脊（beef tenderloin with blue cheese），法式味道会让你感觉自己在巴黎度假一样。在周二晚上，可以享受到一个特别的泰式主题之夜，供应当地的美食。Rocky's位于拉迈海滩南部的一个同名度假村中。

Lamai Day Market 市场 $

（菜肴30B起；⏲6am~8pm）拉迈市场类似于泰式杂货铺，是售卖必需食品和外卖食品的热闹地方。在这里，你可以买到新鲜的水果，看小贩把椰子弄碎做成椰奶，也可以从冰淇淋小贩那儿买到当地的自制椰子冰淇淋。这个市场旁边有一个加油站。

Hua Thanon Market 市场 $

（菜肴30B起；⏲6am~6pm）融入到这个拉迈偏南的乡村市场中去吧，这是你了解泰国南部菜品的窗口。小贩们驱赶着在新宰杀的肉上乱舞的苍蝇，主妇们则将一捆捆蔬菜装到摩托车车筐里。沿着市场走到一排清真食品店前，尝尝这里的咖喱鸡肉饭（chicken biryani）、辣咖喱以及椰肉、豆芽、柠檬香草和干海米烤米饭。

北部海滩

苏梅岛很多最好的设施都在北部海岸上。Boho Bo Phut有几家时尚的小饭店，迎合了那里的雅痞风格精品酒店。

Choeng Mon&大佛海滩（Big Buddha Beach）

作者推荐 **Dining On The Rocks** 亚洲创意菜 $$$

（☎0 7724 5678；reservations-samui@sixsenses.com；Choeng Mon；菜肴2200B起；⊙晚餐）看着柚木和竹子在海湾上摇曳，在九个悬空阳台上享用晚餐是苏梅岛上的终极体验。日落之后，小酌一杯，仿佛置身于一条随波逐流的木驳船，漂浮在星光闪耀的海面上。六道菜组成的菜单上，每一道都是经验丰富的厨师们的心血，他们在菜品味道、纹理和温度上下足了功夫。如果有特殊的事情需要庆祝，想要预订私人阳台上的"99号桌位"——蜜月情侣桌，必须早早地预订。Dining On The Rocks位于Six Senses Samui度假村。

BBC 各国风味 $$

（Big Buddha Beach；菜肴60~200B；⊙早餐、午餐和晚餐）这里可与BBC出品的《神秘博士》（*Dr Who*）没有任何关系，BBC指的是大佛海滩咖啡店（Big Buddha Café）。当地的外籍人士尤其喜欢这里，这里的各国菜单范围可是非常广，而且在露台上能观看到绝美的海景。

Antica Locanda 意大利菜 $$

（www.anticasamui.com；菜肴170~280B；⊙晚餐）这家友好的餐厅铺着白色的桌布，还有小瓶的意大利葡萄酒。可以尝尝这里的海员沙司蛤蜊酱（vongole alla marinara，由白葡萄酒和蛤蜊做成），可千万别忘了当天多汁的特价菜。

如果你在Bang Rak等渡船，有时间可以拜访下面的店家：

Catcantoo 野外烧烤 $$

（http://catcantoo.net；主菜90~350B；⊙早餐、午餐和晚餐）早上有便宜的早餐（仅要99B），中午有多汁的肋排，晚些时候还能打打台球。

Pae Chuan Chim 泰国菜 $

（主菜30~40B；⊙早餐和午餐）这个露天米线摊没有什么特殊的情调可言，当地人经常来这吃午饭补充体力。与高压舱相邻。

波朴

Shack Bar & Grill 牛排馆 $$$

（见188页地图；www.theshackgrillsamui.com；主菜480~780B；⊙晚餐）传说Shack有全岛最好的牛排，它从澳大利亚进口最好的牛肉，涂上厚厚的一层色彩鲜艳的美味酱汁，酱汁里有红酒、蓝乳酪等等。火车式卡座和扬声器中传来的爵士音乐让你置身一片西方氛围中，但是这里的菜肴价位让人咂舌。

Zazen 亚洲创意菜 $$$

（见188页地图；菜肴550~850B，套餐1300B起；⊙午餐和晚餐）厨师们说这里的食物是"有机的、令人兴奋的"，热情洋溢的食客们的赞不绝口无疑证明了后者。优美的海景、柔和的烛光以及轻柔的音乐都为用餐添上了一分浪漫色彩。

Starfish & Coffee 泰国菜 $$

（见188页地图；主菜130~180B；⊙早餐、午餐和晚餐）这个挂满彩带的小店很可能是以歌曲*Prince*命名的，因为我们自始至终也没在菜单上看见任何与Starfish（海星）有关的东西，不过倒是有不少咖啡。晚上，这里有标准的泰国菜，还能欣赏到落日下高低起伏的帕岸岛。

Villa Bianca 意大利菜 $$

（见188页地图；菜肴200B起；⊙午餐和晚餐）Villa Bianca是苏梅岛上另一家奇妙的意大利餐厅，餐厅里到处都是洁白的桌布和藤编椅，谁能想到藤艺也能如此迷人呢？

Karma Sutra 各国风味 $$

（见188页地图；主菜130~260B；⊙早餐、午餐和晚餐）这个迷人的小饭馆里充斥着团团紫色，有很多舒服的靠垫，它坐落在波朴渔村的中心地带，五颜六色的书写板上写着供应的各国菜肴和泰国食物。Karma Sutra还是一个精品服饰店。

湄南（Mae Nam）& Bang Po

Angela's Bakery 面包店、各国风味 $$

（Mae Nam；菜肴80~200B；⊙早餐和午餐）躲闪着一盆盆吊着的盆栽，走到这个可爱的面包房，呼吸新鲜面包的香味，感受店家的好客。Angela's Bakery的三明治和蛋糕为那些不习惯米饭的西方外籍人士带来了福音。

Bang Po Seafood 海鲜 $$

（Bang Po；菜肴100B起；⏲晚餐）在Bang Po Seafood吃上一餐是对味蕾的一次考验。它现在是供应苏梅岛本地传统食物的餐厅之一，食材包括生海胆鱼子、小章鱼、海水、椰子和当地的姜黄。

西部海岸

安静的西部海岸有苏梅岛最上乘的海鲜。那通的Th Thawi Ratchaphakdi有一个庞大的**日市**，在渡船出发前非常值得在此停留搜寻一些小吃。

作者推荐 **Five Islands** 海鲜 $$$

（www.thefiveislands.com；Taling Ngam；菜肴150~500B，团队游3000~6500B；⏲午餐和晚餐）Five Islands诠释了“自选用餐环境”的意义，提供岛上独一无二的用餐体验。用餐前，会有一艘传统的长尾船将你载到绿松石一样的海上，去游览令人难以忘怀的五姐妹岛（Five Sister Islands），在那里，你会了解到鲜为人知的收集燕窝的古老艺术，燕窝可以做成中式佳肴——燕窝汤。这项冒险活动会有高额的回报，1公斤燕窝通常会以100 000B的价格卖给香港的饭店，没错，后面是5个零。午餐游大约在上午10点出发，晚餐游则大约在下午3点。这里也同样欢迎不参加海上游的游客用餐，当然也欢迎不用餐的游客参与海上游。

About Art & Craft Café 素食 $$

（Na Thon；菜肴80~180B；⏲早餐和午餐）这个咖啡店是那通匆忙氛围中的一片雅致绿洲，供应的都是店主和她的朋友自己做的健康又卫生的食品和精致咖啡，这些菜品正如店名一样，是一道道艺术品（art and craft）。由于轻松友好的气氛，这里俨然成为苏梅岛日益减少的波希米亚人和艺术家的聚集地。

饮品和娱乐

毫无疑问，苏梅岛最大的派对地点就是喧闹的查汶海滩。拉迈海滩和波朴海滩分别名列第二和第三位，而岛上的其他地方通常都比较宁静，喝一杯通常是在那些度假村的附设酒吧里。

查汶海滩和拉迈海滩

要在查汶海滩找乐子那真是小菜一碟。多数店面都会开到凌晨两点，还有些通宵营业。绿芒果街（Soi Green Mango）有不少女孩酒吧，Soi Colibri街和Soi Reggae Pub街的酒吧也都非常热闹。

Beach Republic 休闲酒吧

（www.beachrepublic.com；176/34 Moo 4 Hat Lamai）从铺着茅草的遮阳棚就能认出Beach Republic，它是很多MTV拍摄的绝佳地点。这里有诱人的浅水池、舒适的躺椅和各种各样的鸡尾酒。

Q-Bar 休闲酒吧

（见186页地图；www.qbarsamui.com；Hat Chaweng）俯视着查汶湖，Q-Bar有点像椰树丛中的曼谷夜生活。楼上的休闲吧在日落前开门，款待鸡尾酒行家们的是各种烈酒和秀色可餐的南部查汶的山峦、大海和天空。晚上10点之后，夜猫子们纷纷涌入楼下的俱乐部，在DJ播放的音乐里尽情地舞蹈。在那里打车一般在200B到300B上下。

Ark Bar 酒吧

（见186页地图；www.ark-bar.com；Hat Chaweng）Ark Bar是苏梅岛周三夜场的专门去处。五彩缤纷的酒吧里挂着纸灯笼，客人们懒洋洋地靠在海滩上散于四处的锥形靠垫上。派对通常在下午4点左右开始。

Christy's Cabaret 表演吧

（见186页地图；Hat Chaweng）这个灯光闪闪的酒吧每晚11点有免费的人妖（gà·teu·i；亦拼写为kàthoey）表演，吸引了大批男女客人。还有一些人妖站在店前拉客。

Good Karma 酒吧

（见186页地图；Hat Chaweng）这个时髦

波普（Pop）的文化：人妖的生活

45岁的波普就是一位泰语中的gà·teu·i，而在英语中通常被称作“ladyboy”，即人妖。泰国的变性群体是许多辩论和谈话的主题，来泰国的游客们讨论得更多。虽然信奉佛教的泰国对这一群体的容忍度已经很大，但是对同性恋隐藏的厌恶却很普遍——所以对gà·teu·i而言，这实在是充满挑战的人生，因为只能在娱乐和色情产业中赚钱谋生。我们与波普一起度过了一天，了解到第三种性别人士的真正生活。

首先问个来泰国的游客经常会问的问题：为什么泰国好像有很多人妖呢？

这就跟问我为什么是个人妖一样，因为我也不知道。我自己并没有这种感觉。我想最值得注意的问题是为什么有这么多的人妖从事歌舞工作和性工作。但是，我首先必须澄清gà·teu·i并不是两性人的正式叫法，pôo yǐng kâhm pêt才是礼貌的叫法。另外，gà·teu·i是指那些还有男性特征但是穿着打扮是女性的人，而我严格意义上已经不算是gà·teu·i了。

很多游客都认为在泰国有很多很多的人妖，那是因为他们就在游客要去的地方。没错，和某些女人一样，很多人妖也想成为卡巴莱的舞者，但是多数不能实现这个愿望。这种工作只会给我们提供屈指可数的机会，收入也低得可怜。对我们来说，生活并不像舞台上那么光鲜亮丽。我们中大多数人都没机会找到受公众尊敬的工作。我们不能从事医生或心理医生这些工作；许多公司也不会雇佣我们，因为他们不想搞坏自己公司的形象。不能找到合适的工作，所以我们很小就退学了，这让我们和别人之间的差距越来越大。我们大多会从事性工作是因为同样收入的其他工作根本轮不到我们。我觉得自己就是个二等公民，无论男女公厕都不允许我们使用！在我过去工作的地方，我常常需要爬14层楼去“专用”卫生间！另外，泰国法律规定我们的身份证和签证上都必须印有一个指代男性的“M”，因为在泰国对女人的定义是能生育孩子的人。对我来说出国很难，因为我的护照上虽有个“M”，但我看上去明明是个女人。就是因为那个看上去很假的护照，我从来都没通过过安检。

你什么时候第一次意识到自己可能和别的男孩不太一样呢？

我第一次觉得自己和别人不一样是在六岁的时候。我经常想穿得跟我姐姐一样，当父母让我穿男孩的衣服的时候就会不开心，就好像穿着男孩的衣服一切都不对劲儿，但是穿着姐姐的衣服就会感觉很好。

人们在大街上怎么能区分出人妖和女性呢？

有时候真的很难区分……因为有时候人妖可能比女人更漂亮！没有固定的方式区分，除非你去问他们要身份证。近年来，医生的手术越来越完美，当然也会很贵，我就花了150 000B！我做了绝育手术，还做了植入式丰胸，去掉了喉结，还做了隆鼻（我一点也受不了自己之前的鼻子）。其他的手术还有臀部硅胶植入、下颌内缩、颊骨削骨和让下巴更圆润的下巴重塑术。不过手术之前，必须做心理评估。手术会很疼。我在医院里待了7天，但是完全恢复花了2

的酒吧全天开放，有天棚遮盖的坐卧两用沙发和隐蔽的泳池，吸引着大群时尚的泰国上流人士（hi-so）。

Bar Solo 酒吧

（见186页地图；Hat Chaweng）Bar Solo具有新兴的查汶户外啤酒大厅，立体派装饰井然有序，鸡尾酒价格也不会高得让出来度假的人们瞠目结舌。夜间特价饮品吸引着打算在Soi Solo街和绿芒果街（Soi Green Mango）狂欢到深夜的人们。

Tropical Murphy's 爱尔兰酒吧

（见186页地图；Hat Chaweng）Tropical Murphy's是一个广受欢迎的fa·ràng（外国人）据点，供应牛肉腰花派、炸鱼和土豆片、个月。年轻人会恢复得更快，我做手术的时候都要40岁了。

为什么你不早点做手术呢？你是怎么应付术后的过渡的？

没能早点做手术是因为我不想丢了工作，我知道术后我肯定会被辞掉的。我之前是一所大学里的软件教员，而大学教师是不能变性的。一直到我父亲去世我才去做手术，因为这样家里对我的变性就不会有太大意见。

所以和有些游客听说的相反，没有家庭想要个变性孩子，即使家里都是男孩的家庭也不愿意。我的一些好朋友都已经和家里人断绝联系了。但是我的母亲却一直是我的安慰。手术一个月前，她告诉我："你永远是我的孩子，绝不要向别人隐瞒你的身份——要接受你自己。"我有两个养子，现在都快成人了，在我做了手术之后，他们在母亲节而不是父亲节给我买了礼物——我觉得这真是太贴心了。我的父亲从来不支持我。当他发现我和一个男人睡在一起的时候，他……这么说吧，他用泰拳揍了我。

术后醒来的时候你是什么感觉呢？术后的生活怎么样？

我醒来的时候可是笑容满面。我很高兴终于能将我内心的样子表现出来了——我看自己下体的时候再也不会难过了！手术后找工作很难。我的简历上写上了"术后变性人"，于是面试时遇到什么问题也都不足为奇了，只是从没有过录用的消息。哦，对了，事实上有一家公司约我去面试，但是问的却全是我个人生活的问题。这真的让人很沮丧。最终我还是找到了一家不歧视同性恋的公司，做了一名热情的软件运行师，这意味着我能到泰国各地的宾馆去，教前台人员宾馆电脑系统的用法。我爱我的工作。

现在手术已经过去很久了，我必须按时服用雌激素直到去世为止。每个星期服用2片药，也有易性人每个月进行1次注射，但是我讨厌针头。有些人开始用药的时候会有不良反应，我有个朋友就起了丘疹，还变得很胖。在总结出合适的用量前总要费些功夫的。除了激素之外，还需要进行保养，使自己身体上新的部分正常运转。换句话说，如果你打了耳洞，又不经常戴耳环，那么结果可想而知。不管怎么说，我那个移民到美国的姨妈问过我是否也想过去，但是我更愿意待在泰国。虽然变性人没什么权利可言，但我不觉得别的地方会更好。

最后，你觉得人们对泰国人妖最大的误解是什么？

答案很简单。最大的误解就是他们认为我们是生活混乱的婊子和骗子。和正常人一样，我们也只不过是寻找真爱而已。确实，有许多人妖会欺骗周围的人，但这只是因为他们害怕如果说出自己真实的身份而被拒绝。他们说谎是因为他们太想成为真正的女人了，但是又无能为力。我了解他们的想法，这也是为什么我一直都在做自己，也乐于做自己。我希望别人也能这样。

布兰登·普雷瑟（Brandon Presser）根据口述整理

羊排和爱尔兰炖肉（主菜价位在50B到300B之间）。晚上来的话，这里有现场音乐秀。Tropical Murphy's已经成为苏梅岛最受欢迎的爱尔兰酒吧了（没错，苏梅岛还有几家爱尔兰酒吧）。

Green Mango 酒吧

（见186页地图；Hat Chaweng）这家店出名到整条街都以其命名，是苏梅岛最受欢迎的能量饮料吧，空间大，喧闹而且很适合外国人。绿芒果的灯光闪耀，饮品昂贵，人们流着热汗随着音乐摇摆身体。

Reggae Pub 酒吧

（见186页地图；Hat Chaweng）这个好玩的地方有一个露天舞池，人们在外国DJ放的音乐下尽情舞动。它是一栋高高的两层建筑，有长长的栏杆、几个台球桌和一个现场音乐舞台。这个地方还是纪念雷鬼音乐之父鲍勃·马利（Bob Marley）的好地方。

Mint
酒吧

（见186页地图；Hat Chaweng）在平时的夜晚，这家现代风格的酒吧要想和Green Mango抢客人真是太难了。但是Mint却能在某些特殊的夜晚来个大逆转，吸引到一些重量级DJ。要注意查看娱乐表单上的特别活动。

北部与西部海岸海滩

Woo Bar
休闲酒吧

（Mae Nam）W Retreat的招牌大堂吧重新为你诠释了"漂亮"的含义：在一望无尽的宽广泳池中间飘着舒适的椅垫。毫无疑问，这里是苏梅岛上享受日落鸡尾酒的绝佳场所。

Nikki Beach
休闲酒吧

（www.nikkibeach.com/kohsamui；Lipa Noi）这个广受好评的品牌为苏梅岛安静的西部海岸带来了全球的经营手段。在这里能享受到和看到在圣巴特和圣特罗佩斯能够获得的一切：高级料理、时尚的装饰和成群的社会名流。主题早午餐和晚餐特价活动吸引着人们来到这里，不仅如此，这里还提供整洁的平房住宿。

Pier
休闲酒吧

（见188页地图；Bo Phut）这幢整洁的黑房子在波朴窄窄的中式公寓大楼中很突出，是渔村最时尚的地方，拥有多层露台和一个很有生气的酒吧，在这里的宽宽的沙发上可以看到渔船摇摇晃晃地驶进港里。

Gecko Village
俱乐部

（见188页地图；Bo Phut）对于电子音乐粉丝来说，Gecko Village可是个音乐节拍大师。它是一个海滨酒吧和度假村，通过伦敦的关系网把全世界的DJ都吸引到苏梅岛这个天堂之地来。现在这里传奇似的新年前夕派对和周日聚会都要拜这些DJ所赐。

Billabong Surf Club
酒吧

（见188页地图；Bo Phut）在Billabong到处都能见到澳洲足球的身影——电视里播放着足球比赛，墙上挂着澳洲的纪念品。在这里欣赏帕岸岛的美景最合适不过了，还能喝着啤酒大吃排骨。

ℹ 实用信息

危险和麻烦

和普吉岛一样，苏梅岛的交通事故发生率也极高。这主要是因为大量的游客都会租用摩托车，结果发现盘旋的公路、突如其来的热带暴雨和狂乱的车流都是致命的。如果决定租用摩托车，请带上有面罩的头盔进行自我保护。即使没受伤，我们也听说过有些店家会栽赃你弄坏了租用的摩托车，试图敲诈你一大笔赔偿金。

海滩上的商贩都应该在政府注册过，而且都得穿着有编号的制服。商贩不可以持续不休地打扰你，如有发生，请寻求帮助。

紧急情况

旅游警察局（见184页地图；☎0 7742 1281，紧急情况1155）在那通南部。

移民办事处与签证处

苏梅岛**移民办事处**位于那通以南2公里处（见175页地图；☎0 7742 1069；⏲周一至周五8:30am~中午和1~4:30pm）。签证官一般会发放最短而非最长的签证延期。调研期间，我们已见过许多旅行者排了很长时间的队却被简单地拒绝延期，而且没有具体的拒绝原因。运气不好的时候光是延期就要办一下午。更多签证信息见414页。

网络

岛上到处都能上网，甚至包括人们不常去的海滩。价格从每分钟1B到2B不等。可以留意一下赠送Wi-Fi服务的餐馆。大部分住宿地点都会提供Wi-Fi连接；不过讽刺的是，在高档酒店你还得额外付钱。

媒体与地图

暹罗地图公司（Siam Map Company）每季都会发行《水疗指南》（*Spa Guide*）、《餐饮指南》（*Dining Guide*）等小册子，每年出版1部目录，列出岛上成百上千的公司和酒店。发行的《暹罗地图公司苏梅岛导览地图》（*Siam Map Company Samui Guide Map*）更是让人赞不绝口，不仅免费而且岛上到处都能找到。同样值得一览的是一本叫作《苏梅岛领航员》(*Samui Navigator*)的册子。**《必备书》**(*Essential*; www.essential-samui.com)是一本口袋大的册子，主要介绍苏梅岛上各种各样的活动。《苏梅岛指南》(*Samui Guide*)则更像是一本主要介绍餐馆和景点的杂志。

医疗服务

苏梅岛上有4家私立医院，都在查汶东部海岸的Tesco-Lotus超市附近(这里正是大部分旅行者的聚集地)。那通的公立医院在过去几年经过了大规模的改进，服务还是很糟糕，因为政府提供资金时考虑的只是苏梅岛的合法居民，而没有将大量的非法缅甸工人计算在内。

苏梅岛班东国际医院(Bandon International Hospital；见188页地图；☎0 7742 5840，紧急情况0 7742 5748)

曼谷苏梅岛医院(Bangkok Samui Hospital；见186页地图；☎0 7742 9500，紧急情况0 7742 9555)碰上医疗问题时的最佳选择。

高压氧舱(Hyperbaric Chamber；见184页地图；☎0 7742 7427；Big Buddha Beach)岛上专门针对潜水事故的医院。

苏梅岛国际医院(Samui International Hospital；见186页地图；☎0 7742 2272；www.sih.co.th；Hat Chaweng)紧急救护服务24小时有效，接受信用卡付账。医院在查汶的Amari Resort度假村附近。

货币

在东海岸、北海岸和那通兑换货币并非难事。很多银行和外汇交易处都有日间的外汇服务，并且每隔几百米就会有ATM机。使用信用卡不收费，不像附近的龟岛需要收费。

邮政

岛上的部分地方有私营的邮局分支机构，收取少量费用。你完全可以把贴好邮票的邮件留在旅馆里。

邮政总局(见184页地图；Na Thon)在TAT办事处附近，并不一贯可靠。

旅游信息

《必备书》(www.essential-samui)这本口袋大的册子主要介绍苏梅岛上各种各样的活动。

《苏梅岛指南》(www.samuiguide.com)这本指南更像是一本杂志，主要介绍餐馆和景点。

《苏梅岛领航员》(www.samuinavigaot.com)这本册子同样值得一阅。

暹罗地图公司(www.siammap.com)每季都会发行水疗指南和晚餐地点指南等小册子，每年出版一部目录，列出岛上成百上千的公司和酒店。发行的《暹罗地图公司苏梅岛导览地图》更是让人赞不绝口，不仅免费而且岛上到处都能找到。

TAT办事处(见184页地图；☎0 7742 0504；Na Thon；⏲8:30am~4:30pm)那通北端的这家办事处非常友好，乐于助人，还提供小册子和地图，不过类似的信息从岛上的旅行社也能获得。

ℹ 到达和离开

飞机

苏梅岛机场位于岛的东北部，在大佛海滩附近。**曼谷航空公司**(Bangkok Airways；www.bangkokair.com)大概每30分钟就会有一班从苏梅到曼谷素万那普机场的飞机(50分钟行程)，也有从苏梅岛到普吉岛、芭堤雅、清迈、新加坡和香港的直飞航班。**飞萤航空**(Firefly；www.fireflyz.com.my)有从苏梅岛到吉隆坡梳邦机场(Kuala Lumpur's Subang airport)的直飞航班。

曼谷航空公司办事处(Bangkok Airways Office；见186页地图；☎0 7742 0512-9)有一个在查汶，另一个在**机场**(☎0 7742 5011)。每天的首班(上午6点)和末班飞机(晚上10点)总是最便宜的。

在旅游旺季，请早早预订机票，因为这时的座位很快就销售一空。如果苏梅岛航班满员了，可以从曼谷飞到素叻他尼，然后再从那里坐一趟短程的轮渡抵达苏梅岛。到素叻他尼的航班通常要比直飞苏梅岛的便宜，尽管要麻烦得多。

船

可以从大陆上的四大码头动身去苏梅岛，分别是Ao Ban Don、Tha Thong、Don Sak和Khanom，其中最常用到的码头是Tha Thong(在Surat中部)和Don Sak。在苏梅岛上，三大常用港口分别是那通、湄南和大佛。高速轮渡服务可能附赠出租车接送服务。

苏梅岛和素叻他尼之间的船只来往频繁。最常用的就是1小时1班的Seatran轮渡。依船只种类不同，轮渡时间要1到5个小时不等。有的轮渡还提供Phun Phin火车站的接驳服务(会象征性地收取少量费用)。到苏梅岛的夜班慢船每天晚上11点驶离素叻他尼，凌晨5点到达那通。晚上9点从那通返航，凌晨3点回到素叻他尼。在船上请看好你的行李物品。

每天苏梅岛和帕岸岛之间大概有十几个班次的轮渡。他们从那通、湄南或者大佛码头出发，用20分钟到1个小时的时间到达。从大佛海滩出发的中途站有林海滩，其他码头出发的会经过Thong Sala。同样的，每一个码头通常每天会有6班船来往于苏梅岛和龟岛之间，行程为1.25到2.5小时。

长途汽车和火车

要去苏梅岛，长途汽车配轮渡远比火车配轮渡方便，因为不需要在Phun Phin倒车。但是火车比较舒服，也比较宽敞，尤其是在晚上这个优点就凸显出来了。如果你更喜欢火车，可以在春蓬下车，剩下的路乘坐泰国Lomprayah的双体船。

当地交通

摩托车岛上几乎任何一个度假村都能租到摩托车（和自行车）。现价是每天200B，租期长的话，可以讨价还价。

小型敞篷客车（Sǒrng·tǎa·ou）这种车的司机总会想方设法多收费，季节不同，价格也会有所浮动，所以，最好能找个第三方问问现价。这些车通常在白天运营。海滩与海滩之间的运营价大约是50B，走完半个岛屿最多也不超过100B。坐摩的的话，5分钟的路程大约是20B。

出租车苏梅岛上出租车太多，服务混乱不堪。过去出租车收费特别麻烦；现在整个岛上收费都比较标准了（尽管与曼谷比起来还是高得荒唐）。机场接送价通常是500B左右。查汶的有些旅行社会安排小巴出租车，收费更低些。

帕岸岛（Ko Pha-Ngan）

เกาะพะงัน

人口11 000

在泰国湾南部群岛的大家庭中，帕岸岛就位于商业成熟的老大哥苏梅岛和潜水运动盛行的勇敢小弟龟岛之间的那片水晶之海上。帕岸岛就像家中平静温婉的次子，却也是个留着乱七八糟雷鬼头的海滨迷，有着汉字纹身，却又有着狂欢的不眠之夜和比基尼泳池派对。

林海滩的迷人景色一直都是这片悠闲之地的宠儿。早在亚历克斯·加兰的《海滩》（*The Beach*）让很多人背上背包到来之前，日出海滩就已经开始举办世界闻名的满月派对了。今天，仍然有成千上万的游客在肾上腺素和其他什么东西的驱动下蜂拥到这片海滩进行史诗般的狂欢。

但是就像个十几岁的孩子一样，无法确定这片焦躁不安的岛屿成熟起来之后会是什么样。是否仍然保持这种派对风格？惊艳隐秘的北部海滩最终能否从林海滩的荫影下走出来呢？

虽然帕岸岛的背包客氛围和由此背负的盛名还将在未来很多年占据主导地位，但是这个岛已经在暗暗地晋级高档之列了。每年都有老旧的棚屋被新鲜时尚的住所取代。在林海滩的日出海滩上已经很难找到价格低于1000B的房间了。不久，"巨大的私人泳池"和"私人管家"都会成为岛上的常用语，而"递我一支烟"和"再来一扎威士忌"会在岛上销声匿迹。不过现在还不用担心，还有辽阔的内陆丛林未被影响，还有很多隐秘的海湾能让你在吊床上悠然地看潮起潮落。

景点

对于已经厌倦了海滩喧嚣的人们而言，这个有着大片丛林的岛屿倒是有许多山川瀑布等待你去探索，更重要的是，这里有一些全泰国最漂亮的海滩。

海滩和瀑布

这座岛里有许多瀑布，其中4座全年都在喷涌。

Nam Tok Than Sadet 瀑布

这些瀑布的巨石上刻着拉玛五世、拉玛七世和拉玛九世的皇家徽章。拉玛五世国王特别喜欢这个隐秘的地方，1888年到1909年期间多次来到这里。Khlong Than Sadet的河水现在被尊为神物，在皇家典礼中都会用到。在东部海岸附近的**Than Prawet**是向内陆绵延大约2公里的一系列瀑布。

Nam Tok Phaeng 瀑布

Nam Tok Phaeng位于岛中央，由一个

Ko Pha-Ngan 阁帕岸岛(帕岸岛)

国家公园保护着；经过一段艰辛的短途跋涉后看到这个瀑布会让你很欣慰。向北继续你的冒险会到达**Khao Ra**，高625米，是岛上最高的山峰。如果你的目光敏锐，沿途还能看到野生鳄鱼、猴子、蛇、鹿和野猪。从山顶俯瞰的**景色**非常壮观，晴天时还能看到龟岛。虽然路途并不艰辛，但是很容易迷路，所以我们强烈推荐你在瀑布附近的Ban Madeua Wan雇请向导同行。当地的向导会在自己家前张贴简陋的标记，如果有他们陪同，花500B他们就会带你登到山顶。大部分向导都只会说泰语。

Hat Khuat 海滩

Hat Khuat亦称瓶子海滩（Bottle Beach)，是个经典景点。游客们来到这里游泳、浮潜，打发掉惬意的一天，有些人还会在海滩边的平房里过夜。如果还想更隐蔽，那你可以去东部海岸的偏远海滩，如**Than Sadet**、**Hat Yuan**、**Hat Thian**和小小的**Ao Thong Reng**。如果想去更加迷人的海滩，你可以考虑去美丽的**红统国家海洋公园**来个一日游（见232页）。

寺庙（Wát）

请谨记在游览帕岸岛上的20个寺庙时不要穿着沙滩服。大部分寺庙只在白天开放。

岛上最古老的寺庙是Thong Sala医院附近的**Wat Phu Khao Noi寺**，这里白天向游客开放，僧侣们却仅在早上才出现。Ban Tai附近的**卧佛寺**（Wat Pho）里有个**草药桑拿**（门票50B；⏲3~6pm），特点就在于所用的是天然柠檬草。**中国寺庙**（Chinese Temple）是20年前一位女性游客修建的，据说她梦到佛祖要她为这座岛建一座庙宇，人们传说能

满月派对上的十诫

很少有人知道这些疯狂的派对到底是何时开始以及怎样开始的，许多人深信它们起源于1987年或1988年某人的“欢送会”，不过现在跟这个可是一点都不搭边了。今天，每个月有成千上万的人到日出海滩上来共同庆祝这史诗般的盛会。在旺季，派对规模有时候甚至高达40 000人，即使是淡季也会有5000人。

如果你的行程实在赶不上满月派对，但是又想体验那种荧光粉涂满身的氛围，不用担心，会做生意的当地人以各种理由组织了其他可以酩酊大醉的派对，例如黑月派对（在Ban Khai举行）、半月派对（在Ban Tai举行）、落月派对（在Hat Chaophao海湾举行）等。

有些批评家指出这种派对已经不再是原汁原味的了，特别是政府还向人们收取100B的入场费。除了当地这种贪财的行为让人觉得煞风景外，只要遵循下列非官方的满月派对十诫，满月派对的夜晚仍然会是绝妙的派对体验：

» 在背包客涌向满月派对前，一定要至少提前3天赶到林海滩定下酒店（见206页）。
» 要反复核实派对日期，因为有时会为了防止和佛教假期重叠而更改时间。
» 保管好贵重物品，下榻廉价平房时应尤其注意。
» 在狂欢开始前你可以在Chicken Corner尝尝美味的油炸食物。
» 在海滩狂欢时请穿防护鞋，不然可能会得破伤风。
» 用霓虹身体涂料在自己身上涂上炫目的彩绘图案。
» 你可以爬上Magic Mountain或者在Rock酒吧俯瞰下面的狂欢盛会。
» 不要尝试毒品，也不要在酒后下海游泳。
» 和一两个人结伴而行，尤其是女性，在深夜回家的途中更要多加小心。
» 在太阳升起前尽情享受你的派对吧！

给游客带来好运。同样在Ban Tai附近的**Wat Khao Tham寺**高高地坐落在一座小山上，里面有女性僧侣居住。寺庙的布告栏上罗列着一对美澳夫妇教授的禅修内容。想了解更多，请提前给Wat Khao Tham写信，地址是Wat Khao Tham，PO Box 8，Ko Pha-Ngan，Surat Thani 84280。

活动

潜水和浮潜

在离潜水胜地龟岛仅数公里之遥的帕岸岛能享受到安静闲逸的潜水环境，这里更重视在潜水中享受乐趣，而不是为了获得潜水证书。最近开放水域的证书价格下降了不少，这让当地的价格比相邻的龟岛更有竞争力。因为潜水者比较少，所以帕岸岛每个团的人数一般也比较少。

与苏梅群岛的其他岛屿一样，帕岸岛也有数个环岛小堡礁。**Ko Ma岛**是坐落在西北部的一座小岛，由一片迷人的沙洲与帕岸岛相连，这里的海水清澈见底，是游客最喜欢的浮潜场所。岛的东侧还有一些好玩的岩礁。

帕岸岛最受欢迎的一个潜水点在**船帆岩**（Hin Bai），那里是泰国湾最好的潜水地点，也是鲸鲨真正的所在地，这个大山峰在岛北部14公里处。在海面下10~30米深处，能够看到大量的珊瑚和巨大的热带鱼，还有一条被称作“烟囱”的垂直岩石泳道。

龟岛的潜水用品店有时也会在船帆岩出现，但主要还是在燕子礁（主要针对潜水新手）和鲨鱼出没的春蓬尖岩水域。从帕岸岛出发的最受欢迎的旅行就是三站一天游，会在**春蓬尖岩**（Chumphon Pinnacle）、船帆岩和该地区另一个新地点停留（见219页框内文字）。这个线路大约花费3650~3800B，还包括一顿丰盛的午餐。到船帆岩的双潜水游大约会花费2350~2500B。

下面列出的是岛上信誉不错的主要运营商。

Reefers 潜水

（☎08 6471 4045；www.reefersdiving.com）Reefers总部在Shiralea（见210页），是岛上比较新的机构。老板维克（Vic）和他的那帮教练又酷又专业。推荐。

Lotus Diving 潜水

（☎0 7737 4142；www.lotusdiving.net）这家潜水中心有一流的教练，而且自己有两艘漂亮的船（帕岸岛其他多数商家根本就没有自己的船）。可以到他们在Chalok Lam的办事处或者背包客信息中心（见216页）预订行程。推荐。

Haad Yao Divers 潜水

（☎08 6279 3085；www.haadyaodivers.com）这家潜水运营商1997年成立，通过实行欧洲标准的安全措施和客户服务，获得了很好的声誉。

其他活动

到红统国家海洋公园的徒步与浮潜一日游（见232页）一般从苏梅岛出发，但是最近旅行社也开始从帕岸岛带游客出发了。可以在你的住处问问乘船游的详细情况，因为油价总是变动，那些公司也是来来去去不固定。

许多大型酒店也会给你提供很多水上设备，例如水上摩托和皮划艇，另外，背包客信息中心（见216页）友善的工作人员也会处理你对其他水上运动的需求。

Wake Up 水上滑板

（☎08 7283 6755；www.wakeupwakeboarding.com；⏲1月至10月）杰米（Jamie）在Chalok Lam开了一家小小的水上运动学校，给那些热衷水上运动的人们教授他的水上滑板知识。水上教授每15分钟花费1500B（30分钟2500B），因为能得到一对一的教学，所以这个价钱很值。除了风筝滑板、冲浪滑板和滑水课程，Wake Up还提供环岛一日游（每人2000B，6人一组）。

Eco Nature Tour 团队游

（☎08 4850 6273）这个极受欢迎的机构提供最好的岛上游，包括骑大象、浮潜以及游览中国寺庙和Phang瀑布。一日游花费1500B，上午9点出发，下午3点左右返回。可以去他们在Thong Sala的办事处或者背包客信息中心预订。**Pha-Ngan Safari**（☎0 7737 4159，08 1895 3783）也提供一个1900B的类似行程。

住宿

帕岸岛以其闲散喧闹的生活方式曾一度成为那些坚强背包客的落脚点。然而，最近该岛已经开始转向高档客户了。当地许多主要商家拆掉竹屋，建起了更新更整洁的旅馆，去迎合数量日益增长的富裕的"新背包客"。

在岛上的其他地方，新清理出大片地区来建造苏梅岛式的五星级度假村。但背包客并不畏惧，要让那种流浪者的生活方式销声匿迹，还需要很多年。现在，帕岸岛有了三个不同档次的住宿条件：廉价的棚屋、时尚的中档旅店和超豪华的奢侈酒店。

林海滩的游客比岛上其他地方的要多很多。派对客们为了传奇的盛典争相来到这片风景独特的地方，虽然他们大部分人白天都在睡觉。周围的环境确实非常别致，只是偶尔会在沙滩上看见扔掉的啤酒瓶。由于晚上有Drop-In Bar里的点火活动，日出海滩的南部散发着一股煤油味，所以显而易见，更安静的沙滩北部才是日光浴的好地方。

帕岸岛同样也适合寻找荒无人烟的沙滩的离群索居者。东部和北部海岸正好是一块宁静之处。

下列住宿选择分为五个部分介绍：从林海滩开始，沿着南部海岸一直到西侧，穿过北部海岸再到宁静的东海岸。

林海滩（HAT RIN）

狭长的林海滩由三个单独的部分构成。日出海滩（Hat Rin Nok）正是满月派对的大本营，日落海滩（Hat Rin Nai）是位于小海角远端的不太引人注意的海滩，Hat Seekantang（也称作Hat Leela）就在日落海滩的南部，是更小更私密的海滩。这三个海滩由林海滩镇（Ban Hat Rin）相连，有不少餐馆和酒吧聚集在林海滩镇这个小小的内陆上。

不用说，本节所列价格在满月活动期间就没什么参考价值了。此外，在满月派对期间，一般的平房旅馆会要求最低住宿天数（四五天左右）。如果你打算在派对当天或前一天到达，我们强烈建议你提前订房间，不然你可能就得睡沙滩了（最终很可能落得这般下场）。也有许多参加满月派对的人住在苏梅岛上，搭1小时1班的快艇（550B起）赶来参加这一盛事。

作者推荐 **Sarikantang** 度假村 $$$

（见207页地图；☎0 7737 5055；www.sarikantang.com；Hat Seekantang；平房1400~6200B；）不用急着念出它的名字，你可以直接把它叫作“天堂”。淡黄色的小屋装有柚木的柱子和门楣，星星点点地散布在一片摇曳的棕榈树和带翅膀的残缺雕像之间。房间里面布置得就像室内设计杂志的拍摄现场。

Pha-Ngan Bayshore Resort 度假村 $$

（见207页地图；☎0 7737 5227；www.phanganbayshore.com；Hat Rin Nok；房间1700~3200B；）在2009年进行了非常必要的彻底检修之后，这家酒店风格的度假村为迎接数量日益增长的富裕背包客做好了准备。广阔的海景和巨大的游泳池都让Pha-Ngan Bayshore Resort成为日出海滩最受欢迎的地点之一。

Seaview Sunrise 平房 $

（见207页地图；www.seaviewsunrise.com；Hat Rin Nok；房间500~800B；）这家与海滩相距咫尺的廉价旅馆是想要在满月派对上尽情纵饮的人们一致的选择。这里的小屋坚固又实用。房间里抛光的木质墙壁上还留有之前派对时溅上的彩色颜料。请选择离河道远点的房间以避免蚊虫。

Palita Lodge 平房 $$

（见207页地图；☎0 7737 5172；www.palitalodge.com；Hat Rin Nok；平房1800~5900B；）Palita位于满月活动的中心地带，是林海滩的日出海滩上这永不停歇的派对的派生物。有着木质装饰和现代设计元素的宽敞混凝土平房整齐地排列在这片沙滩的灌木丛中。至少在满月派对前一周预订才来得及。

Delight 客栈 $

（见207页地图；☎0 7737 5527；www.delightresort.com；Ban Hat Rin；房间700~2200B；）Delight在林海滩中心的那个嫩黄色柯达标志后面，住宿条件是附近最好的。干净整洁的房间里还能发现很巧妙的小设计（比如说里面的孔雀壁画），两边分别是诱人的泳池和点缀着睡莲叶的潟湖。

Cocohut Village 度假村 $$$

（见207页地图；☎0 7737 5368；www.cocohut.com；Hat Seekantang；平房2800~12 000B；）这个绝妙的社交场所是以色列人在度假时的一个非正式据点。事实上，在这里客人们都已经忘记他们还在日出海滩这片喧嚣的街上了。这里最贵的房间，例如悬崖别墅和海滩别墅，是林海滩最好的房间之一。

Tommy Resort 度假村 $$

（见207页地图；☎0 7737 5215；www.phangantommyresort.com；Hat Rin Nok；房间1490~8000B；）Tommy是位于林海滩中心的一块时尚之所，既是时尚的精品旅店，又是潇洒的背包客们的落脚之处。这里的矩形游泳池使得Tommy与众不同，因为岛上其他所有的人工水塘看起来都像是从一个蚕豆形模子里做出来的。

Sea Breeze Bungalow 平房 $$

（见207页地图；☎0 7737 5162；Ban Hat Rin；平房500~8000B；）Sea Breeze在我们的读者中可是口碑不错，我们也完全赞成这点。这些僻静的迷宫式山腰小屋的吊床很不错，深受各种旅行者的喜爱。在几个位置更高的平房那里可以欣赏林海滩和大海的迷人景色。

Lighthouse Bungalows 平房 $

（见207页地图箭头所示；☎0 7737 5075；www.lighthousebungalows.com；Hat Seekantang；平房300~1200B）Lighthouse Bungalows不起眼地坐落在林海滩的远处，

Hat Rin 林海滩

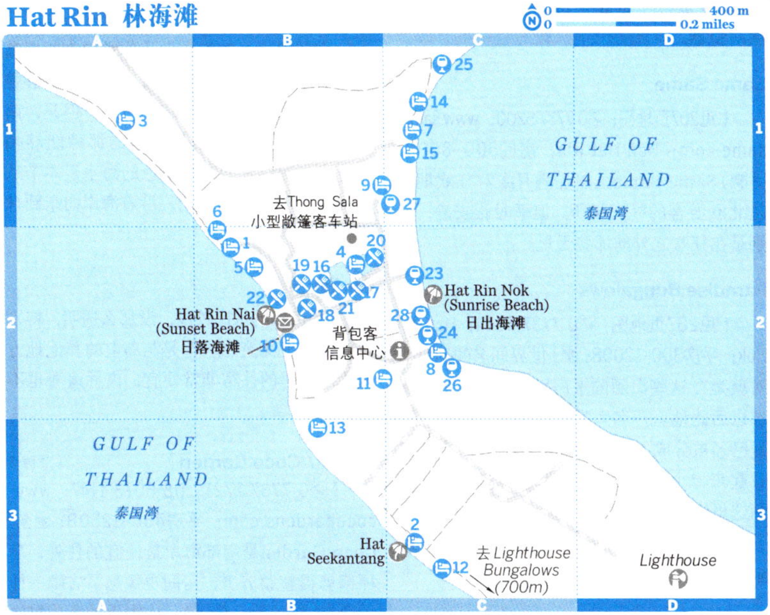

Hat Rin 林海滩

住宿

1 Blue Marine B2
2 Cocohut Village C3
3 Coral Bungalows A1
4 Delight B2
5 Friendly Resort B2
6 Neptune's Villa B2
7 Palita Lodge C1
8 Paradise Bungalows C2
9 Pha-Ngan Bayshore Resort B1
10 Rin Beach Resort B2
11 Same Same B2
12 Sarikantang C3
13 Sea Breeze Bungalow B3
14 Seaview Sunrise C1
15 Tommy Resort C1

就餐

16 Lazy House B2
17 Little Home B2
18 Lucky Crab B2
Mama Schnitzel (见20)
19 Monna Lisa B2
20 Mr K B2
21 Nic's B2
22 Om Ganesh B2
Same Same Burger (见11)

饮品

23 Cactus Bar C2
24 Drop-In Bar C2
25 Mellow Mountain C1
26 Rock C2
27 Sunrise C1
28 Zoom/Vinyl C2

娱乐

Club Paradise (见8)
Tommy (见15)

这些简陋的小屋依坡而建，附近有几株高耸的棕榈树。穿过Leela Beach Bungalows（可别停），沿着木板小道前行，向左（东南方向）拐来到海水冲击着的卵石旁边，就到了这个僻静的地方。

Coral Bungalows 度假村 $

（见207页地图；☎0 7737 5023；www.coralhaadrin.com；Hat Rin Nai；平房500~1000B；❄@🏊）这个派对天堂是背包客圣地，是纵情豪饮的中心。白天，热爱阳光的人们可以乘着海滨马车巡游。到了夜里，整个

Coral变成一个依靠伏特加红牛饮料运转的派对机器。

Same Same 客栈 $

（见207页地图；☎0 7737 5200；www.same-same.com；Ban Hat Rin；房间500~800B；）Same Same虽然在满月派对狂欢期间是北欧游客的社交场所，但平时很安静，特别是在狂欢之外的那些天里。

Paradise Bungalows 平房 $

（见207页地图；☎0 7737 5244；Hat Rin Nok；平房300~1200B；）世界闻名的满月派对就是在这些简陋的平房里初具雏形的，从那以后此地就声名大噪。现如今，虽然这块地已经被分成了很多小的“度假村”，让这里看起来像个废品站，但是背包客们还是会来到这里怀旧。这里是失乐园。

沿着日落路信步而行，还能看到下列旅馆：

Neptune's Villa 度假村 $$

（见207页地图；☎0 7737 5251；http://neptunesvilla.net；Hat Rin Nai；房间2000B起；）Neptune's是游客们的旧爱，现在还在不断扩张，有数个汽车旅馆似的建筑组成，是个参差不齐的住宿大杂烩。

Rin Beach Resort 度假村 $$

（见207页地图；☎0 7737 5112；www.rinbeachresort.com；Hat Rin Nai；平房1200~10 000B；）大大的双耳瓶向外喷涌着水花，迎接在木制轮渡上摇摇晃晃了一路的疲倦旅客。客房又亮又通风，有深色的樱桃木装饰和彩色的佛教绘画。

Friendly Resort 度假村 $$

（见207页地图；☎0 7737 5167；friendly_resort@hotmail.com；Hat Rin Nai；房间1000B起；）从码头看过去，Friendly的房间围绕着中央一个小小的泳池排列着。

Blue Marine 平房 $

（见207页地图；☎0 7737 5079；www.bluemarinephangan.com；Hat Rin Nai；平房600~1200B；）整洁的混凝土平房的顶上铺着闪闪发光的蓝色瓷砖。

南部海滩

南部海岸上的旅舍会让你觉得在帕岸岛之行中花的钱真是物有所值。在这儿能够瞥到红统国家海洋公园所在的海岛；但是，南部海滩的海水并不是你渴望的那种能够拍摄下来当明信片的绿松石色的海水。本节从Thong Sala的港口开始，沿着海岸向东到林海滩结束。

Ban Tai

Ban Tai的水比较浅，没那么透明，特别是在淡季尤为突出。但是与岛上的其他地方相比，这里的住宿非常便宜，离林海滩也不是很远。

作者推荐 Coco Garden 平房 $

（☎0 7737 7721，08 6073 1147；www.cocogardens.com；平房450~1250B；）Coco Garden是南部海岸最便宜的住处，草坪修剪得整整齐齐，房间也像患了洁癖一样干净，因此Coco Garden比附近的度假村更胜一筹。

B52 平房 $$

（www.b52-beach-resort-phangan.info；平房1650~4000B；）去B52的泰式平房中寻找属于你自己的爱情陋室。这里的房间屋顶盖着大量的茅草，混凝土地面是抛光的，还有些质朴的热带树干做装饰。

Milky Bay Resort 度假村 $$$

（☎0 7723 8566；http://milkybaythailand.com；平房2300~13 200B；）乳白色墙壁装饰着大块的黑石，就像奶牛身上的花纹一样。这些奶牛墙在这个度假村中蜿蜒而行，将那铺着茅草的通风的平房与大海相连。

BAN KHAI

同Ban Tai一样，这里的海滩并不是最迷人的，但是住宿却便宜，又有远处红统国家海洋公园的美景可以看。

Boom's Cafe Bungalows 平房 $

（☎0 7723 8318；www.boomscafe.com；平房400~1000B；）住在Boom's就好像拜访泰国家庭一样，只是你自己不知道。友好的主人热情地用他们钟爱的沙滩招待到访的

客人。没人介意这儿没有游泳池，因为澎湃的波浪就在你的门前翻滚着。Boom's在Ban Khai远远的东隅，与林海滩不远。

Mac Bay 平房 $

(☎0 7723 8443；平房500~1500B；❄🏊) Mac Bay是黑月派对的发源地（帕岸岛上又一个以月亮为借口的狂欢派对），在Ban Khai的这片沙滩上，即使是廉价的平房也非常整洁。来瓶啤酒，在沙滩上找个阴凉处，看着远处的红统国家海洋公园的岛屿被炽热的阳光笼罩着。

Morning Star 平房 $$

(☎0 7737 7756；www.morningstar-resort.info；平房1600~5390B；❄📶🏊) 木材和混凝土结合的小屋一尘不染；有的房间有引人注目的华丽梳妆台和装饰，有的房间有精巧的黑木装饰。绕着蚕豆形的游泳池有十几个白色的木制沙滩椅。

西部海岸海滩

因为Thong Sala和Chalok Lam之间通了公路，所以西部海岸的发展也有了起色。尽管西部海岸的沙滩（特别是南边）并不如岛上其他地方那么美丽，但是这里将东部海岸的静谧与林海滩的喧闹完美地融合在了一起。

从 Ao Nai Wok 到 Si Thanu

分布在这微风徐徐的海滩上的度假村与Thong Sala邻近，和一片多节的红树林融合在一起。尽管没什么诱人的沙滩，价格倒是非常便宜，这里的落日也令人难忘。

作者推荐 **Chills Resort** 度假村 $$

(☎08 9875 2100；www.chillsresort.com；Ao Srithanu；房间1200B起；❄📶🏊) Chills坐落在一片吸引人的隐秘岩石之上，在简朴又时尚的房间里能看到平静的海景，阳光点点，清风徐来。海浪拍打着天然的岩石泳池，黄昏时分在这里啜一杯鸡尾酒，欣赏优美的日落，好不惬意。

作者推荐 **Shambhala Bungalow Village** 平房 $

(☎08 9875 2100；www.shambhala-phangan.com；Ao Nai Wok；平房600~1200B；❄🏊) Shambhala的主人没有推平老旧的海滩平房，反而精心地修复了这些小屋，增添了大量的人性化设计，使这里成为一个令人印象深刻的住处，更成为那些精打细算的旅行者的舒心住处。这里有洁净的日用织品、木雕、艺术照明和设计简洁的浴室。

Loy Fa 平房 $

(☎0 7737 7319；loyfabungalow@yahoo.com；Ao Srithanu；平房300~800B；❄) Loy Fa因其会说法语的友好泰国员工、迷人的花园和坚固小屋周围的广阔海景而受到人们的青睐。现代化的平房从海角一直绵延到灰白色的沙滩上。

Grand Sea Resort 度假村 $$

(☎0 7737 7777；www.grandsearesort.com；Ao Nai Wok；平房1200~3000B；❄📶🏊) 对想要去Thong Sala感受那里的沙滩的人们而言，Grand Sea是个不错的选择，它给人的感觉就好像是一组木制的泰式精神家园。

Hat Chaophao

与长滩的海岸一样，Hat Chaophao半圆形的海滩拥有各种平房住宿处。在更南边有一个内陆湖，还有一个7-Eleven便利店能买到宵夜。

Sunset Cove 平房 $$

(☎0 7734 9211；www.thaisunsetcove.com；平房1200~3580B；❄@📶🏊) 精品平房在树丛中错落有致，使人体会到一种禅意的美感；鹅卵石铺就的小路蜿蜒绕过灌木丛和大石，小路两旁整齐地生长粗大的竹笋。长方形的板条式窗户和桶形浴缸让这座海滨住所非常雅致。

Pha-Ngan Paragon 平房 $$$

(☎08 4728 6064；www.phanganparagon.com；平房2250~13 100B；❄@📶🏊) Paragon是个只有7个房间的小旅馆，它的装潢风格吸收了古代高棉、印度和泰国的元素，又不失现代气息。值得注意的是，这里有“皇家卧房”，那张带华盖的床明显是从克什米尔进口的。

长滩（Hat Yao）和 Hat Son

长滩是西部海岸最为繁忙的海滩，非常适合游泳，有无数的度假村以及ATM和便利店这样的额外服务设施。

Shiralea

平房 $

（☎08 0719 9256；www.shiralea.com；Hat Yao；平房500B；❄📶🏊）虽然泳池边这片新盖的平房并不在海滩上（大约100米的距离），但在这个岛上找不到第二家更值的旅馆了。你的门前就有潜水机构Reefers提供世界一流的潜水活动。可千万别忘了问问友好的主人Shiralea这个名字是怎么来的，我敢说你一定会非常吃惊的。

Haad Yao Bay View Resort

度假村 $$$

（☎0 7734 9193；www.haadyao-bayviewresort.com；Hat Yao；房间和平房1500~7000B；❄@📶🏊）这个平房和酒店式住宿的综合体经过2008年整修后一直熠熠生辉，就像长滩北部海角上的热带海市蜃楼。休假的人们不同程度地裸露着，在绿松石色的巨大泳池边享受日光浴。其他人则窝在自己的房间中，在抛光的硬木板和藤编长椅上休憩。

Haad Son Resort

度假村 $$

（☎0 7734 9104；www.haadson.info；Hat Son；平房1000~8000B；❄@📶🏊）在这个庞大的度假村里，"综合设施"有双重意义；要是还想找到回房间的路，建议你沿着蜿蜒的小路撒上面包屑。这里的豪华房并不实惠，所以住廉价房就行，廉价房虽然很简朴，但却依然能享受到所有的服务设施。

Tantawan Bungalows

平房 $

（☎0 7734 9108；www.tantawanbungalow.com；Hat Son；平房450~550B；🏊）这个迷人的柚木屋坐落在葱葱绿叶之间，它拥有用桃红色珊瑚和卡其色贝类做成的叮当作响的枝形大吊灯。客人们可以在不规则泳池里游泳，在小小的竹廊上欣赏恢宏的日出。可别忘了尝尝这里的餐馆的美食。用餐的人们坐在几何图形的靠垫上大吃美味的泰国菜和法国菜。

High Life

平房 $

（☎0 7734 9114；www.highlifebungalow.com；Hat Yao；平房500~2000B；❄📶🏊）是从无边的泳池观赏到的壮阔海景更加吸引人，还是度假村名字里包含的意义明显的双关语更加引人注目，我们无法定夺。这里的25间平房大小形状各异，坐落在一块突出的花岗岩上，高高悬于蔚蓝色的海面上。提前预订需要多花200B。

Haad Yao See Through Boutique Resort

酒店 $$

（☎0 7734 9315；www.haadyao.net；Hat Yao；房间1750B起；❄📶）自从长滩的一片海滩和兄弟们分开之后，See Through酒店就出现在了这片小小的土地上。黄色、绿色和红色色块拼接着装点房间，看起来很活泼，而外部是一方巨大的抛光混凝土建筑，看起来不大像时尚的精品酒店，倒更像个建筑工地。

HAT SALAD

Hat Salad是西部海岸上我们最喜欢的海滩，这片美丽海滩上的住宿质量也不低。

Cookies Salad

度假村 $$

（☎0 7734 9125，08 3181 7125；www.cookies-phangan.com；平房1500~3000B；🏊）这个以美食命名的度假村有着怡人的巴厘岛风格平房和用深浅不同的蓝色瓷砖砌成的双层泳池，平房围绕泳池而建。蓬松的茅草屋和茂密的热带植物给这里带来了浓郁的田园风情，但是这里物质享受丝毫也不落后。

Green Papaya

别墅 $$$

（☎0 7737 4182；www.greenpapayaresort.com；平房3600~8500B；❄@📶🏊）Green Papaya光鲜的木制平房分布在Hat Salad美丽的海滩上，价格非常昂贵。

Salad Hut

平房 $$

（☎0 7734 9246；www.saladhut.com；平房1400~4000B；❄@📶🏊）为数不多的朴实的泰式平房，与一些高档酒店站在同一片海滩之上，与翻滚的海浪仅掷石之遥。可以在喷了漆的柚木走廊上看太阳从海平面下慢慢升起。

Salad Beach Resort

平房 $$

（☎0 7734 9149；www.phangan-saladbeachresort.com；平房1900~4900B；

(❄@📶🏊) Salad Beach是沙拉海滩上一家提供全方位服务的住处。房间装饰的配色不同寻常，地板低调又雅观，尤其是泳池边的地板更是让人赏心悦目。

AO MAE HAT

岛上西北部的尖端有着绝妙的海景，一条美丽的沙洲将小小的Ko Ma岛与帕岸岛连了起来。

Royal Orchid 平房 $

(☎0 7737 4182；royal_orchid_maehaad@hotmail.com；平房300~800B；❄@) 大方漂亮的背包客平房排列在一条细长的花径两旁，看起来像条拉链。从这些房间总是能看到这片宁静的海滩上稍纵即逝的美景，还能看到连接风景胜地Ko Ma岛的田园诗般的沙洲。

北部海滩

这片令人印象深刻的北部海岸从Chalok Lam一直延伸到Thong Nai Pan，有一片野生的丛林以及既迷人又隐秘的海滩，是这个岛风景最为优美的地方!

CHALOK LAM （CHALOKLUM）& HAT KHOM

Chalok Lam这片狭长的渔村在帕岸岛是独一无二的。间间柚木小屋说明全球化的魔掌还没有伸向这里。小型敞篷客车接送客人往返于这里和Thong Sala 之间，每人大概100B。Chalok Lam有条泥泞的小路通往Hat Khom，还有水上出租车（花费50~100B）可用。

Malibu 平房 $

(☎0 7737 4013；Chalok Lam；平房300~1300B；❄) 后院海滩（在潟湖桥的另一边）上的轻松氛围让Malibu从Chalok Lam的其他廉价平房中脱颖而出。这片隐秘沙洲上的一家小酒馆吸引着所有喜欢喝酒的人们。这里最便宜的小屋环境不太好，而新盖的圆形平房式混合旅店定价过高。

Mandalai 酒店 $$$

(☎0 7737 4316；www.mymandalai.com；Chalok Lam；房间2750~5600B；❄@🏊) 就像遥远的阿拉伯国度的利雅得一样，这个小小的白色精品酒店安静地矗立在渔民棚户区中。从旅馆的落地窗能看到海湾中的橘色渔船，这里还有一个隐藏在内部回廊中的浅水池。

瓶子海滩（HAT KHUAT）

这片沙丘就好像一个低调的世外桃源，愈来愈受到欢迎。在旅游高峰期，这里很快就会人满为患，所以最好能早点到达。从Chalok Lam乘长尾船到这里要花费50~120B，具体价格取决于船只的客人数量。

Bottle Beach II 平房 $

(☎0 7744 5156；平房350~500B) 它位于海滩远远的东隅，适合精打细算的人们在这享受假期。

Smile 平房 $

(☎08 1956 3133；smilebeach@hotmail.com；平房400~700B) Smile在海滩远远的西隅，各种小木屋盖在树木丛生的小山上。我们最喜欢这里的双层小屋，价位700B。

THONG NAI PAN

Thong Nai Pan的一对圆形海湾有点像臀部；Ao Thong Nai Pan Yai湾（yai的意思是“大的”）是南半边，而Ao Thong Nai Pan Noi湾（noi的意思是“小的”）刚好在其上弯曲着。这些海滩在过去几年越来越受到欢迎；竹屋都被夷为平地，盖上了精心设计的度假村。

Anantara Rasananda 度假村 $$$

(☎0 7723 9555；www.rasananda.com；别墅5000B起；❄@📶🏊) Rasananda代表了帕岸岛的未来。这个想要成为五星级豪华场所的大型海滩建筑有几座半独立别墅，这些别墅都有私人瀑布水潭。现代与传统风格的巧妙混合在这里大行其道，新型的Anantara管理手段就是指坚持这种高端作风到底。

Dolphin 平房 $

(平房500~1400B；❄📶) 尽管速食食品会让这儿的魅力大打折扣，但是这个隐匿的旅店让雅痞旅行者们有机会体验现下流行的简单生活。在丛林中隐藏的任意一个小塔中，你可以躺在舒适的垫子上享受宁静的午后时光。想要在这里住宿，必须早来，先到先得。

Longtail Beach Resort 平房 $

(☎0 7744 5018; www.longtailbeachresort.com; 平房390~1150B; ❄📶) Longtail Beach Resort很容易就能让人喜欢起来，它是该地区最后仅存的海滩平房之一，迷人的茅草竹屋让背包客们回到了过去的帕岸岛。

东部海岸海滩

心碎吧，鲁滨逊·克鲁索(Robinson Crusoe,《鲁滨逊漂流记》的主人公)，东海岸才是隐士们的终极之地。大部分时候你得租船去这些海滩，但是在Thong Sala和林海滩有水上出租。

THAN SADET & THONG RENG

Mai Pen Rai 平房 $

(☎0 7744 5090; www.thansadet.com; 平房600B; @) Mai pen rai在泰语中是"别担心、高兴点"的意思，这并不足为奇，因为这里的招牌就是微笑。它与Plaa's相邻，坐落在起伏的海角上，人字房顶由稻草编成。

Treehouse 平房 $

(treehouse.kp@googlemail.com; 平房200B起)这是昌岛那家传奇的背包客旅馆新近开设的分号，位置上沿着Thong Reng偏僻的水域。在Than Sadet的山上跟着漂亮的塑料花走就能找到这片色彩明亮的美丽住所。

HAT THIAN

作者推荐 **The Sanctuary** 平房 $$

(☎08 1271 3614; www.thesanctuarythailand.com; 宿200B, 平房450~5450B)如果你在寻找亚历克斯•加兰的那片神秘海滩，来这里就对了。Sanctuary是一个友好的天地，洋溢着轻松的气氛。这个诱人的乐园提供富丽堂皇的客房，还是一个度假胜地，提供瑜伽课和排毒治疗。这个度假村里分散分布着各式各样的住宿点，与自然融为一体。你会想永远生活在这里。

Beam Bungalows 平房 $

(☎0 7927 2854; 平房300~700B) Beam Bungalows在一片椰树园之后，与海滩有一定的距离。可爱的木制小屋前挂着吊床，在大大的飘窗前透过摇曳的棕榈叶能看到大海。

HAT YUAN

Hat Yuan很僻静，因为没有连接这个小海滩和林海滩的公路。这儿有一些平房住宿处。

Barcelona 平房 $

(☎0 7737 5113; 平房300~700B)这些结实的木制小屋有两种颜色——天然原木色和乳白色，吊脚式地依山坡而建，前面是一个棕榈花园，视野很好，员工们也都是热情的乐天派。

就餐

帕岸岛并不是个美食都会，多数游客很快就融入了这里懒洋洋的生活方式，最后都在住处用餐。喜欢美食的人们可以去当地的商业中心Thong Sala找找看。

林海滩

岛上的餐馆和酒吧大都聚集在这个熙熙攘攘的市郊，但是大部分都不怎么样。臭名昭著的Chicken Corner是个很受欢迎的十字路口，这里有几家人们喜欢的饭店，例如**Mr K Thai Food**(见207页地图; Ban Hat Rin; 菜肴30~80B)和**Mama Schnitzel**(见207页地图; Ban Hat Rin; 菜肴40~100B)，保证治愈各种饥饿症状，无论是中午还是午夜。

Lazy House 各国风味 $$

(见207页地图; Hat Rin Nai; 菜肴90~270B; ⏲午餐和晚餐)过去，这个地方是一座公寓，大家特别喜欢吃主人做的菜，所以他决定把这个地方变成餐馆和旅馆。现在，Lazy House已经轻松成为林海滩上的最佳休闲之所，人们在这儿一边品尝美味的牧羊人馅饼一边看电影。

Little Home 泰国菜 $

(见207页地图; Ban Hat Rin; 主菜40B起; ⏲早餐、午餐和晚餐) Little Home并没有奇特设计之类的噱头，但是却用香喷喷的便宜泰国菜抓住了大家的心，让人们坐在木桌边的廉价塑料椅子上大快朵颐。

Monna Lisa 意大利菜 $$

(见207页地图; Hat Rin Nai; 比萨和意大

利面 200B起；⏲早餐、午餐和晚餐）Monna Lisa是林海滩上最好的比萨店，是一群友好的意大利人新开的。蘑菇火腿比萨和自制松露意大利面的味道真是让人刮目相看。

Nic's 各国风味 $$

（见207页地图；Ban Hat Rin；主菜80~280B；⏲晚餐）Nic's是一栋让人眼花缭乱的抛光水泥建筑，到处都是彩色的靠垫，位于林海滩的湖后面，每晚都有美味的比萨和餐前小吃供应。在晚上6点至8点来杯打折的星哈啤酒可是非常不错的。

Lucky Crab 海鲜 $$

（见207页地图；Hat Rin Nai；菜肴100~400B；⏲午餐和晚餐）在林海滩，Lucky Crab是吃海鲜的最佳去处。每晚一排排新捕到的海洋生物和着冰盛在长尾船模型里。在摇曳的树和迷人的石饰中坐下品尝海鲜吧。

Om Ganesh 印度菜 $$

（见207页地图；Hat Rin Nai；菜肴70~190B；⏲早餐、午餐和晚餐）这里有咖喱、印度炒饭、烤肉和印度酸奶，不过当地的外国人开玩笑说这里的菜吃起来都一个味儿。大份菜起价350B。

Same Same Burger 汉堡 $$

（见207页地图；www.same-same.com；Hat Rin Nai；汉堡 180~230B；⏲午餐和晚餐）这家餐馆的老板还经营着一家针对背包客的同名旅店same same。这里的红色汉堡除了价钱以外和麦当劳没什么区别。

南部海滩

星期六下午4点到晚上10点，Thong Sala东部的一条街就变成了**步行街**，到处都是熙熙攘攘的人群，一般都是当地人向岛上其他居民叫卖商品，从衣服到食品什么都卖。千万别忘了去尝尝Lang Tang美味的肉汁叉烧（40B），在写着大大的"Numpanich"标记旁边的一个玻璃橱窗里。

夜市 市场 $

（Night Market；Thong Sala；菜肴25~180B；⏲晚餐）Thong Sala的夜市里烟雾缭绕，聚集着来这儿吃小吃的当地人，人声鼎沸。对于那些想在品尝便宜小吃的同时了解点当地文化的旅行者而言，这里是必去之处。如果想吃到便宜的食物，那就去集市最右端挂着巨大白色条幅的摊点看看。向旁边的摊主点一大盘海鲜，比如红鲷鱼面条。香蕉煎饼和水果奶昔等甜点比比皆是。

Kaito 日本料理 $$

（Thong Sala；菜肴130B起；⏲周四至周一晚餐）这里的特点是食材真的都是从日本进口来的，享用味道浓烈的海藻沙拉和炸猪排（tonkatsu）的同时来杯朝日啤酒，感觉会非常地道。楼上有舒适的垫座，主座区两边放着日本漫画和口袋大小的日本小说。

Mason's Arms 英国菜 $$

（Thong Sala；主菜160~350B；⏲午餐和晚餐）这个都铎风格的牧师住宅样式的餐馆在摇曳的棕榈叶中显得有点突兀，就好像是从莎翁的故乡Stratford-upon-Avon硬拔起来扔在了这片潮湿的树丛中的。这个像旅馆一样的餐馆更偏美国风。这里的炸鱼和薯条是当地人的最爱。

Pizza Chiara 意大利菜 $$

（Thong Sala；比萨180~320B；⏲午餐和晚餐）如果你没有从名字猜到的话，这里的精髓——方格桌布——足以证明Pizza Chiara绝对是一家意大利餐馆。尝尝这里的Cecco比萨，上面铺着意大利熏火腿、意大利香肠、蘑菇和库托奶酪。

Ando Loco 墨西哥菜 $

（Ban Tai；菜59B起；⏲晚餐）这家露天的墨西哥餐馆看起来像是Hanna-Barbera出品的老动画片中的卡通房子，房间里有各种各样傻傻的装饰，比如纸糊仙人掌。待一杯超大杯的玛格丽特下肚，就去海滩排球场一展你的风姿吧。Ando Loco在淡季（大概是9月至12月）不营业。

其他海滩

作者推荐 **Sanctuary** 健康食品 $$

（Hat Thian；主菜130B起）你可要先忘掉之前对健康食品的认知，Sanctuary这家餐馆向你证明健康食品也可以很好吃。不管是印度帕可拉（pakora）还是脆生生的越南春卷，都让你在无尽的乐章（当然是全岛最好的）中踏上美食之旅。别忘了之后来杯霓虹-绿色的小麦草汁。嗯，太美味了！

Cucina Italiana 意大利菜 $$

（Jenny's；Chalok Lam；比萨 180B；⏲晚餐）Cucina Italiana在帕岸岛上掀起了一阵意大利菜的风潮。友好的意大利主厨热衷于食物，亲手制作所有菜品。周四和周日仅花180B就能点1份可以无限加料的比萨。

Peppercorn 牛排馆 $$

（www.peppercornphangan.com；Sri Thanu；主菜160~400B；⏲周一至周六2~10pm）在一个摇摇晃晃的丛林小屋里吃蜗牛和牛排？没错！Peppercorn虽然在离海滩很远的树丛中，但是这不能阻止美食家们找到这家绝妙的餐馆，品尝国际美食。

Cookies Salad 泰国菜 $$

（Hat Salad；主菜100B起；⏲早餐、午餐和晚餐）如果你恰好在西部海岸，那这里绝对值得一去。这家休闲餐馆位于Hat Salad南侧的一个峭壁上，供应种类惊人的泰国菜盛宴（可别错过Penang咖喱）和独一无二的奶昔（包括一个大大的能多益螺旋卷）。不过很遗憾，这里并没有用饼干做的沙拉。

饮品

每个月满月的晚上，派对客们身上涂着荧光涂料，跳着迷幻的舞蹈，在旷野里尖叫着，向神灵致敬。著名的日出海滩（Hat Rin Nok）上聚集着畅饮的人群和举着火把的人们，他们狂欢着，直到月亮落下太阳升起。

寻找柔和美丽风景的人们也同样能在岛上找到其他值得一去的地方。

林海滩

林海滩如同传奇的满月派对搏动的心脏，不拿月亮做文章，此处也能令人兴奋异常。当不能拿各种月亮派对为理由去狂欢的时候，派对客们就都涌向该岛南部的其他景点。详见204页的框内文字。下面的派对场所从南到北把林海滩著名的日出海滩夹在中间。

Rock 酒吧、俱乐部

（见207页地图）在海滩最南端的高架平台上能俯瞰派对的盛景。

Club Paradise 酒吧、俱乐部

（见207页地图）因其是狂热的月亮派对的发源地而闻名。

Drop-In Bar 酒吧、俱乐部

（见207页地图）这个舞蹈小屋拼命播放着那些我们私下里喜欢的流行榜单歌曲。这里一年到头都很热闹。

Zoom/Vinyl 酒吧、俱乐部

（见207页地图）这是一个让人耳鸣的喧闹的酒吧。

Cactus Bar 酒吧、俱乐部

（见207页地图）Cactus Bar在日出海滩的中心，将经典的校园音乐、嘻哈音乐和R&B音乐完美混合。

Sunrise 酒吧、俱乐部

（见207页地图）这是沙滩上新开的酒吧，这里的喧闹能撼动满是涂鸦的墙壁。

Tommy 酒吧、俱乐部

（见207页地图）这是林海滩上最大的酒吧之一，紫外光灯和震耳欲聋的迷幻音乐吸引着人们前来。饮品放在一个大大的船型酒柜中。

Mellow Mountain 酒吧、俱乐部

（见207页地图）这个迷幻场所亦称为"Mushy Mountain"（到了那儿你就知道为什么了），坐落在日出海滩的北部边缘，有些小把戏表演。

其他海滩

Eagle Pub 酒吧

（Hat Yao）这个在长滩南端的酒馆刚好嵌在岩壁里，每个在这里畅饮巴西国酒（caipirinhas）到酩酊大醉的人都会迷迷糊糊地在室外石灰绿的家具上留下自己的涂鸦。

Jam 酒吧

（Hin Wong；www.thejamphangan.com）这个西部海岸上的夜总会气氛友好，现场音乐都是DIY的。周六的晚上会有演出，而其余

几天通常都能看到一些当地人在尽情地弹奏吉他。

Pirates Bar

酒吧

（Hat Chaophao）这个怪怪的酒吧就建在峭壁上，宛如一条海盗船。坐在甲板上，看着高高的海浪（这时你多半已经喝了几杯了），你肯定会以为自己正在海上乘风破浪。在举行林海滩上的满月派对的三天前，这里的主人会举行落月派对，吸引了很多人前来参加。

Sheesha Bar

酒吧

（Chalok Lam）Sheesha Bar就在脏脏的林海滩的对面。以前这里是家电子商店，后来转而经营酒吧。浅褐色的砂岩与红木横板条完美地拼接在一起，与街对面阿拉伯风格的Mandalai酒店（由同一个家庭经营）相得益彰。

Flip Flop Pharmacy

酒吧

（Thong Nai Pan）Thong Nai Pan沙滩上的这个露天酒吧是该地区最受欢迎的地方。

Amsterdam

酒吧

（Ao Plaay Laem）阿姆斯特丹在西部海岸的Hat Chaophao海滩附近，吸引了只想要轻轻松松欣赏日落的游客和当地人。

实用信息

危险和麻烦

你最美好的度假回忆可能就是在帕岸岛上的时光；以下情形可能会让你在这片热血的丛林岛屿上的美好回忆大打折扣，敬请注意。

毒品在海滩上休息时，如果有个当地人走过来以低得离谱的价格向你兜售当地草药，你可以直接说“不要，谢谢”，因为泰国当地对吸毒的罚款相当高。但是有些小贩却会一再降价甚至免费给你，是不是美好得难以置信？确实。只要你吸上一小口，那个卖家就会立即向警察揭发你，而你就会被送到当地的监狱，让你的荷包来次大出血。帕岸岛上这样的案例屡见不鲜，所以拒绝大麻是你最好的选择。

还要牢记一件重要的事：您的旅游保险不包括任何因为吸食毒品而引起的伤害或治疗。因为吸食毒品而做出反常行为的事也时有发生——我们就听到过不少派对客因为吸毒而陷入长时间的精神错乱。素叻他尼的Garden of Joys（Suan Saranrom）精神病院每到满月派对期间都要加派人手，照料大量因为食用迷幻蘑菇、酸类或其他迷幻剂而极度兴奋的外国人。

女性游客女性游客在岛上参加派对时更应多加小心。我们听说过很多涉及毒品和酒精的强奸案（这些情况不止发生在满月派对上）。另一个令人不安的问题是部分当地摩的司机肆无忌惮的不法行为。我们收到过关于司机猥亵女性乘客的投诉；甚至还有严重的性侵犯事件的报道。

摩托车在帕岸岛，摩托车事故要比满月派对引发的伤害还要多。现在的道路系统还不错，但是还有很多遍地车辙的迷宫般的泥泞小路。岛上山路很多，即使是铺好的路也很难走车。那条通往林海滩的非常陡峭的山路就证明了这一点。不过岛上现在有一种特殊的救护车，驰骋于岛上救助骑车受伤的人们。

紧急情况

警察局总站（Main Police Station；见203页地图；☎0 7737 7114，191）位于Thong Sala北部2公里处。林海滩的警察局（林海滩学校附近）不接受报案，你必须去Thong Sala的警局报案。当地警方可能会收取200B的“报案费”。别花冤枉钱，这应该是免费的。万一在这儿被捕了，你有权致电大使馆，没必要接受硬塞给你的“翻译”。

网络

林海滩和Thong Sala是主要的网络活动中心。不过随着旅游业的发展，现在每片海滩都能上网了。每分钟大概花费2B，起价在10B到20B之间，如果超过1小时，还会有折扣。那种1分钟才1B的地方通常网速就跟乌龟一样慢。

洗衣店

若是在满月派对上嬉戏的时候衣服染上了荧光涂料，就不用费事地送去洗衣店了，因为这种涂料根本洗不掉。相信我们，我们试过了。要是洗别的东西，岛上有不少热情的洗衣店。每公斤价格在40B左右，快洗件也不会超过60B。

医疗服务

帕岸岛上的医疗服务有点不规范，价格不定，而且很多医生也没有资格认证。很多诊所看病前的手续费就会收取3000B。所以如果病情比较重，最好去附近的苏梅岛接受治疗。

帕岸岛医院（Ko Pha-Ngan Hospital；见203页地图；☎0 7737 7034；Thong Sala；⌚24小时营业）在Thong Sala北部2.5公里处，有24小时的急救服务。

货币

在帕岸岛的“金融之都”Thong Sala有数不清的银行、货币兑换处和几个西联公司办事处。林海滩的码头有许多ATM和几家银行。长滩、Chaloklum和Thong Nai Pan都有ATM。

邮政

邮政总局（见207页地图；⌚周一至周五8:30am~4:30pm，周六9am~中午）邮政总局在Thong Sala；林海滩的码头边上有一个小一点儿的邮局。

旅游信息

帕岸岛上没有泰国旅游局（TAT）的官方办事处，游客们都是从当地旅行社和小册子上获得相关信息的。大部分的旅行社都汇集在林海滩和Thong Sala。旅行社从每笔买卖提取少量分成，但是它们串通起来使价位相对比较稳定统一。如果有比较大的花销，请选择一家你信赖的旅行社——在帕岸岛上预订出问题的情况时有发生，因为岛上没有旅游警察。

有些小册子上也会有些综合信息，比如对岛上的住宿、餐馆、活动和满月派对等等的介绍。最佳选择是只有口袋大小的**Phangan Info**（www.phangan.info）。

背包客信息中心（Backpackers Information Centre；见207页地图；☎0 7737 5535；www.backpackersthailand.com；Hat Rin）这是预订高品质团队游（潜水、船宿、丛林探险等等）和交通服务时的必选。这个外国人开的旅行社不仅仅为背包客提供服务。为了让每位顾客安心，旅行社还给游客们提供了老板的手机号以供出现问题时使用。他们还在隔壁经营着水晶潜水（Crystal Dive）商店。

参考网站

泰国背包客（Backpackers Thailand；www.backpackersthailand.com）这里包含了你应该了解的所有帕岸岛的信息，从预订房间到找出满月派对的时间安排。不仅如此，整个泰国的信息在这儿也能找到。

ℹ 到达和离开

停留和离开的时间也并非一成不变。10月到12月之间，波涛汹涌的海浪会逼停渡轮的运营。

曼谷、华欣和春蓬

Lomprayah和Seatran Discovery service这一运营商提供从曼谷出发经过华欣和春蓬的汽车-轮渡组合旅游包。从曼谷乘火车去春蓬再乘轮渡也很方便（价钱差不多，要是能买到卧铺，那么还是坐火车比较舒服）。游客们也可以坐稍微便宜点儿的政府巴士去曼谷。关于春蓬旅游的更多信息详见178页。

苏梅岛

从帕岸岛到苏梅岛每天大概有十几趟船来往，这些船在上午7点和下午6点之间运营，路程20分钟到1小时不等，在帕岸岛的Thong Sala或林海滩处出发。Haad Rin Queen每天往来于林海滩和苏梅岛的大佛海滩之间。

龟岛

开往龟岛的Lomprayah轮渡上午8点30分和下午1点从帕岸岛的Thong Sala出发，分别在上午9点45分和下午2点15分到达。Seatran service每天上午8点30分和下午2点从Thong Sala出发。去Thong Sala的出租车在船开前1小时从林海滩出发。Songserm公司的价格便宜，但是比较慢，下午12点30分从帕岸岛出发，下午2点30分才能到。

素叻他尼和安达曼海岸

任何一家旅行社都能买到汽车-轮渡联票。只要说出你的目的地，他们就会卖给你所需要的票种。多数往来于东西海岸之间的游客都会经过素叻他尼。Raja Car Ferry、Songserm或者Seatran每天有6班船往返于帕岸岛至甲米一线的水路部分。这些船在上午7点和晚上8点之间运营，从帕岸岛的Thong Sala出发。每天晚上都有一班夜船11点从Surat出发，相反方向的船只晚上10点从帕岸岛出发，不过要视天气情况而定。安达曼站点的时刻表信息，请访问**泰国背包客**（www.backpackersthailand.com）。

ℹ 当地交通

摩托车在岛上到处都能租到摩托车，每天150~250B。请全程佩戴头盔，这是当地的警方正在贯彻实行的法律。要是走泥路，务必租一辆配置和本田MT25差不多的车，没有传动装置的车可走不了这种路。要是不能像兰斯·阿姆斯特朗那么厉害，还是别租自行车了。

小型敞篷客车轻型客车和小型敞篷客车在岛屿的主路上缓慢前行，日落后的价格会贵上一倍。离开岛屿的时候，你可以问问下榻的旅店哪里有免费或者打折的交通服务。Thong Sala到林海滩要100B，更远点的话要150B。

水上出租长尾船从Thong Sala、Chalok Lam和林海滩出发，开往各个目的地，例如瓶子海滩（Hat Khuat）和Ao Thong Nai Pan。短途起价50B，长途的话最多300B。你可以包下一艘船，带你一个海滩一个海滩地玩，每15分钟约花费150B。

龟岛（Ko Tao） เกาะเต่า

人口 1382

先说了苏梅岛，然后是帕岸岛，继续沿着泰国这片清澈的海湾往北行进就到龟岛了（也许叫“Ko Taoism”更合适）。今天，绿松石般的海水让成千上万的游客慕名而来，在此停留。龟岛公认的感染力究竟从何而来？答案很简单，虽然只有21平方公里那么大，但是小小的龟岛知道如何包装自己——人人有份，取之不尽。狂热的潜水爱好者在水下形态各异的珊瑚丛中与鲨鱼同游在瑰丽的光线中。背包客和隐士们则可以在这潮湿的沿海丛林中再现《迷失》（*Lost*）中的场景。体验了一把鲁滨逊的生活后，去酒吧畅饮玩乐到天亮吧。

很多年前，第一个背包客来到这片布满丛林的小岛，代表那些钱包吃紧的旅行者插上旗帜，现在这里到处都是比萨店和人妖秀。但是别担心，你还有很多时间参与到背包客旅游中去。在那些度假村老板推平龟岛仅存的淳朴村舍之前，龟岛还有很长的路要走，现在游客们讨论的还是他们在潜水时看到的海洋生物，而不是股票。

活动

潜水

还未有过潜水的经历？不妨把第一次水下体验献给龟岛吧。在这座岛屿上，潜水资格证书颁发数量之多，世上无可匹敌。海岛沿线的浅海湾可谓新手初尝潜水滋味的绝佳场所。在岸上，超过40家潜水中心不仅为你提供全套潜水装备，还会在三天半的公开水域潜水资格证书培训课程上为你授业解惑。是啊，我们明白的，旅行的时候还要上课的滋味不好受。然而，激烈的行业竞争也造就了低廉的培训价格和一流的服务。众商家纷纷瞄准了你荷包里的银子。

这座水下乐园在初学者中获得普遍赞誉可谓不足为奇。这里水质清澈见底，各色珊瑚礁点缀其间，水温如洗澡水般的舒适。岛屿周围20公里范围内的尖岩是潜水的最佳场所（详见219页框内文字），但经验老到的潜水狂热者似乎更青睐安达曼群岛沿岸的水域，奉之为潜水胜地。当地的海洋生物多种多样，包括石斑鱼、海鳝、蝙蝠鱼、蝴蝶鱼、梭鱼、巨型引金鱼、扁鲨、小丑鱼（尼莫）、黄貂鱼、暗礁鲨鱼，鲸鲨也经常出没其间。

当你在Mae Hat落脚时，会有很多拉客的人想把你哄到他们的潜水度假村去，还保证给你打特价，有的居然在上岛前的途中就和游客搭讪。龟岛上有几十家潜水中心，所

Ko Tao
阁道岛(龟岛)

0 1 km
0 0.5 miles

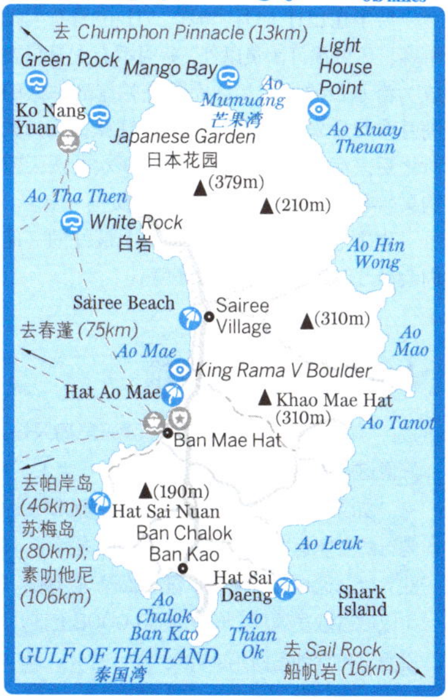

以最好选择声誉好的潜水学校。如果时间不是很紧，就在岛上多呆几天再做决定。你肯定会碰上很多潜水爱好者和教练，他们很乐意给你意见和建议。切记：是否能体验到成功满意的潜水，特别是学习潜水的话，关键在于你是否满意你的教练。当然还要考虑其他因素，例如你所在的潜水小组的人数、设备情况、潜水点的情况等等。

岛上的潜水价格大体上是统一的，所以没有必要花费你宝贵的时间来寻找最优惠的。**PADI**（专业潜水教练协会；www.padi.com）初级潜水认证课程大约9800B；**SSI**（国际潜水学校联盟；www.ssithailand.com）的初级潜水认证价格稍微低一些，为9000B，因为在这里你不需要花钱买指导材料。中级潜水认证课程至少8500B，营救课程为9000B，潜水监察员课程大约要花费25 000B。不考证的潜水爱好者每次潜水需要付大约1000B，十次7000B。费用包括了所有的潜水装备、船、教练/指导员和零食。如果你自带设备，还能打折，不同的潜水中心折扣不同——当然安全是最重要的，如果折扣大得惊人，他们肯定在某些地方偷工减料了。

大部分潜水学校会提供便宜甚至是免费的住处来吸引你的眼球，基本上所有的潜水中心都为初学者提供免费的带电扇的房间。

除了在12月、1月、6月、7月和8月有大批游客、床位预订满员以外，每月都有大量想要成为潜水员的人在参加完隔壁帕岸岛举办的满月派对后来到这里。如果你打算在满月派对之后来潜水，你需要在那场狂欢的两天前购买船票，因为船票很快就会被疯抢一空。

以下这些潜水学校都是岛上最好的，他们会尽力保持龟岛原始的环境。

Ban's Diving School 潜水

（见220页地图；☎0 7745 6466；www.amazingkohtao.com；Sairee Beach）Ban's就如同一台加了油的潜水机器，不断地扩大规模，每年在这里获得认证的潜水员比世界上任何一家潜水学校都多。2009年，它经过重新翻修，有点像五星级的场所。理论课是集体授课形式，但是水下的个别指导却很有针对性。这里的教练来自世界各地，所以学员们还能得到母语教学。附属的度假村（见223页）也深受派对客们欢迎。

Big Blue Diving 潜水

（见220页地图；☎0 7745 6415，0 7745 6772；www.bigbluediving.com；Sairee Beach）要让姑娘们选潜水学校，大概都会选Big Blue——这家中型学校（规模大小适中）不仅服务标准高，而且氛围非常友好。还为所有的潜水员提供自己度假村的廉价房间。

Buddha View 潜水

（☎0 7745 6074；www.buddhaview-diving.com；Chalok Ban Kao）Buddha View是龟岛上另一家大型潜水机构，实行标准的认证费用，还有技术潜水特殊课程（比娱乐性的水下探索活动更为刺激）。在其度假村里还有打折住宿（见225页）。

Crystal Dive 潜水

（见220页地图；☎0 7745 6107；www.crystaldive.com；Mae Hat）Crystal就像潜水机构里的梅丽尔·斯特里普（Meryl Streep），年年都因其绝佳表现而获奖。这是岛上乃至全球最大的潜水学校之一，高水平的教练和私人课程提供个性化的服务。多种语言的员

从初学者到潜水英雄

书里面都是这么讲的：“我来龟岛只是为了休假，可是过了6个月，我还在这儿！”就好像这座岛有神奇的魔力吸引着每一个人，所以当你也延后了航班的时候，可不要惊讶。

如果想过漂流族的生活方式，就来龟岛体验“从初学者到潜水英雄”吧。几年前，很多内行的潜水运营商就开始推出打包服务了，仅仅几个月的课程就能让你从水肺新人成长为专业人士。通过四级潜水认证，你就可以顺利毕业，在你的潜水学校当实习老师了，接下来你可以试试教员课程。价格在80 000B上下，包括把你变成浪里白条所需的各类杂项费用。这里面不包含住宿费用。

工、装着空调的教室和两个泳池让学员们颇为满意。高度推荐。

New Heaven 潜水

（☎0 7745 6587；www.newheavendiveschool.com；Chalok Ban Kao）这家小型潜水机构的老板在珊瑚礁常规检查和恢复上，花了很多时间和精力，以保持龟岛水下的天然美景。除了常规课程和休闲潜水之外，这里还有特别的CPAD研究潜水员证书课程。

Scuba Junction 潜水

（见220页地图；☎0 7745 6164；www.scuba-junction.com；Sairee Beach）这是一家新开的时尚潜水机构，热情的教练吸引着游客们去享受更私密的潜水体验。Scuba Junction保证每个潜水组最多只有4个人。

浮潜

虽然假内行们总是告诉你，来这儿浮潜而不是背上氧气罐去潜水，就跟桌子上摆着Camembert奶酪不吃却只吃普通的喷雾奶酪一样不识货，但是浮潜和潜水是一样受欢迎的。在这里浮潜很方便，东海岸的海湾有不少小型平房里出租浮潜设备，价格在每天100B到200B之间。

大部分浮潜爱好者都会在龟岛上自己设计浮潜计划，比如直接游到近海海湾去，或者雇一艘长尾船四处逛逛。当地的任何一家旅行社都能订到有带队导游的团队游。团队游的价格在500B到700B之间（里面一般包括了装备、午餐和一名导游/船长的费用），而且会在岛附近的若干个浮潜点停留。**Laem Thian**因其小鲨鱼而广受欢迎，**鲨鱼岛**（Shark Island）鱼群丰富（却没有鲨鱼），**Hin Wong**则以其清澈的海水而闻名，而北部的**Light House Point**则有令人眼花缭乱的海葵。潜水学校的船通常也会接纳浮潜者，价格和参加团队游差不多——但是只有在像日本花园这样的浅水区浮潜才比较值。注意，潜水船只在下午去浅水区。

潜水点盘点

一般而言，潜水者们是无法选择具体的潜水点的。根据当天的天气和海洋状况，每个潜水机构都会选择几个潜水点。像春蓬尖岩（Chumphon Pinnacle）这样比较深的潜水点一般都是早上去，下午都去日本花园（Japanese Gardens）这样的浅水区。最近，这片海岸有两艘大船沉没了，为潜水爱好者们开辟了新的沉船潜水活动。想要去船帆岩（Sail Rock）看看能不能碰到鲸鲨的话，可以参加每天从帕岸岛发出的潜水旅游团。

» **春蓬尖岩**（最大深度36米）在龟岛西面13公里处，4座相连的尖岩周围是五颜六色的海葵。这里是珍鲹、金枪鱼和大型灰礁鲨的乐园。鲸鲨偶尔也会造访此地。

» **绿岩**（Green Rock；最大深度25米）是一处水下丛林，这里有洞穴、沟壑和小小的岩洞。鳐鱼、石斑鱼和引金鱼在这里穿梭徘徊。这里非常适合夜潜。

» **日本花园**（最大深度12米）在龟岛和Ko Nang Yuan岛之间，是个很适合初学者的低压潜水点。这里有五光十色的珊瑚，海龟、黄貂鱼和河豚在这里徘徊。

» **芒果湾**（Mango Bay；最大深度16米）如果你是第一次下水，芒果湾可能会是你的首个潜水点。潜水新手在水下的沙地上练习的时候，懒懒的岩礁鱼就在你的周围游来游去。

» **船帆岩**（最大深度34米）的最佳抵达途径是从帕岸岛过来，这里有数不尽的烟囱般的岩石，上面有垂直的沟壑，还有梭鱼和国王鱼这种中上层鱼类在附近徘徊。这里是东南亚观赏鲸鲨的最佳地点。

» **西南尖岩**（Southwest Pinnacle；最大深度33米）这里有不少尖岩，是大型石斑鱼和梭鱼的家园。偶尔有鲸鲨和猫鲨出没。

» **白岩**（White Rock；最大深度29米）是多彩的珊瑚、扁鲨、小丑鱼和当地引金鱼的乐园。这是夜潜的另一个好去处。

Mae Hat & Sairee Beach Mae Hat和西立海滩

0 0.2 km
0 0.1 miles

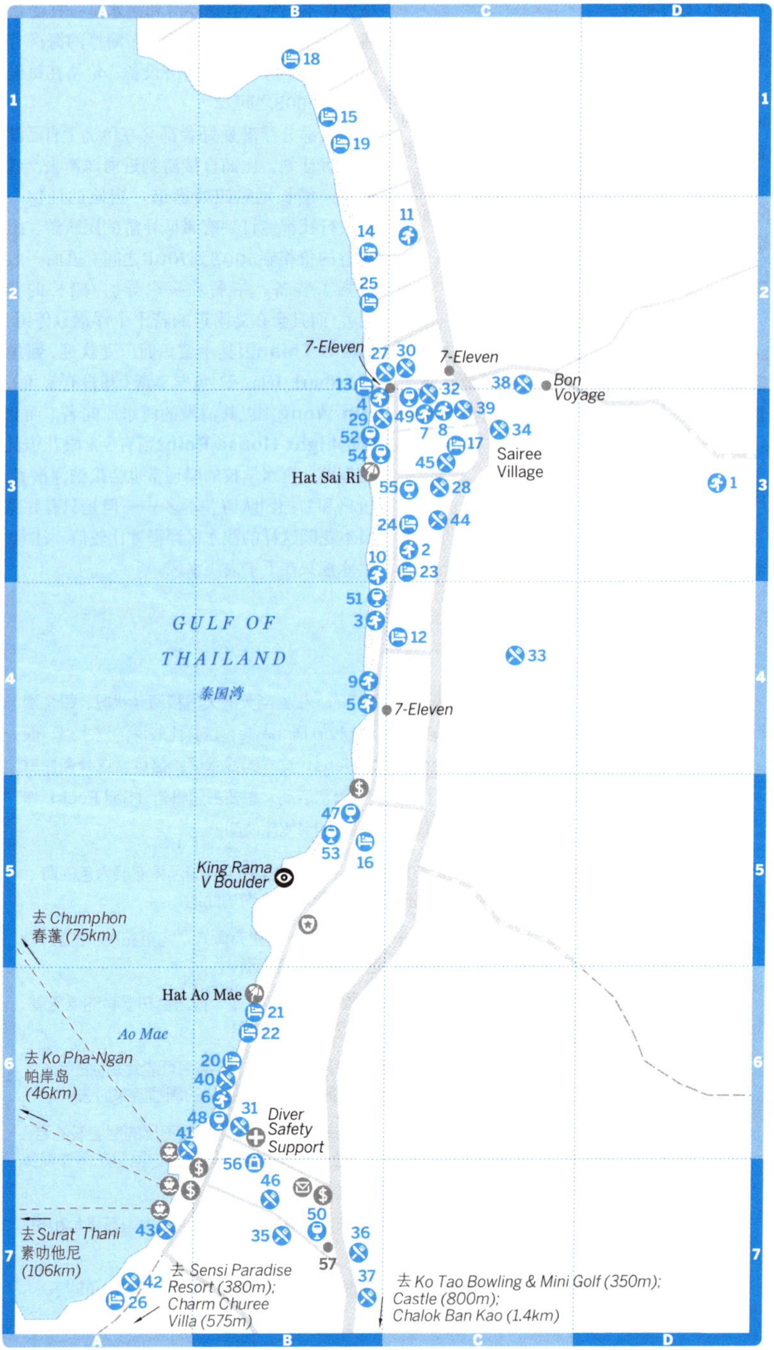

Mae Hat & Sairee Beach Mae Hat和西立海滩

自由潜水

在过去几年里，自由潜水（不用水肺，只通过自己闭气在大海里徜徉）的受欢迎指数迅速上升。岛上已经有几家小型学校开发了这个项目。

我们推荐**Apnea Total**（见220页地图；☎08 7183 2321；www.apnea-total.com；Sairee Beach），那儿的员工比较能干，在自由潜水领域获得了多项殊荣，而且有诀窍让新手对这项让人心跳加速的运动很快上手。1比3的师生比例也增加了安全系数。另一家值得一提的学校是**Blue Immersion**（见220页地图；☎08 7682 1886；www.blue-immersion.com；Sairee Beach），老板是阿基姆（Akim）人，一个友好的武术专家和自由潜水专业人士，他是全球第一位能够在水下100米自由潜水的人。全岛的自由潜水价格比较标准，两天半的SSI入门课要5500B。

技术潜水和洞穴潜水

经验丰富的潜水者和雅克·库斯托（Jacques Cousteaus）那样的专家级潜水者要想让自己的水下探索更进一步，请尝试技术潜水，可以联系**Tech Thailand**（www.techthailand.com）。根据PADI，技术潜水通常被定义为“区别于传统的商业性或娱乐性潜水、使潜水者超越娱乐性潜水限制的潜水运动”。技术潜水水深超过40米，在单次潜水中需要分段减压，使用的气源是多种气体的混合物。

几年前，Tech Thailand的旧船MS Trident号曾成功在泰国湾找到几十艘未被发现的失事船只，因而在潜水界名声鹊起。MS

Trident号最著名的探索成果是发现了在二战时沉没的美国军舰拉加托号（Lagarto）。泰国湾自古以来就是重要的贸易航路，不断有新的沉船在这儿被发现，包括中国古代的陶器船只和日本的商船（marus）。2011年，Trident号在龟岛海岸被故意沉没，创建了一个人工礁。但是由于炸药计算失误，船沉得太深，所以这个人工礁并不适合初学者。

近年来，洞穴潜水在龟岛大受欢迎，勇敢的潜水爱好者们都在列队等候去考索国家公园（Khao Sok National Park）（见302页）的半天潜水之旅。这个公园的湖底下藏匿着一片让人惊叹的水底世界，到处都是隐蔽的岩洞、石灰岩峭壁和潜伏的鲶鱼。在有些地方，潜水者还能游到一些因为建造水库和大坝而被淹没的村庄附近。洞穴潜水游一般都在下午从龟岛出发，然后在次日返回。住宿都安排在公园里或者附近。

星期六Buddha View（见218页）有免费的技术潜水入门介绍，在"沉船星期三"那天Tech Thailand也有戏水课。如果没参加Buddha View或者Master Divers的潜水游，你的潜水学校会帮你拿到号参加这些课程的。

水下摄影与摄像

要是已经取得了不少PADI颁发的潜水证，那你可以租个水下相机或者参加一个海洋摄像班。许多潜水学校雇了专业摄像师拍摄开放水域认证过程，如果你有兴趣，通过摄像实习期之后，你也可以靠这个赚点钱。潜水机构会帮你联系岛上的摄影机组人员。我们在此推荐**ACE海洋影像**（ACE Marine Images；见220页地图；☎0 7745 7054；www.acemarineimages.com；Sairee Beach），这是一家泰国领先的水下摄影工作室，8节互动潜水课（30 000B）含有一个独立潜水认证课以及在编辑室里进行的一对一指导。**Deep Down Productions**（☎08 7133 4102；www.deepdown-productions.com）和**Oceans Below**（☎08 6060 1863；www.oceansbelow.net）提供的摄像课程和实习比较便宜。

其他活动

作者推荐 Flying Trapeze Adventures 杂技

（空中飞人冒险，简称FTA；见220页地图；☎08 0696 9269；www.flyingtrapezeadventures.com；Sairee Beach；⌚4~8pm，课程时间4pm、5pm和6pm）当你穿着一身桃红色的紧身衣出现在一小时飞人课（950B）上时，看看你能不能成为目光焦点。授课的是热心的杰玛（Gemma）和动作敏捷的伙伴组成的团队，他们通过4个或更少的课程把你从一个马戏新手训练成飞人专家。最好电话预订，或者在晚上7点30分开始的晚间表演时预订。年龄不得低于6岁。

Goodtime Adventures 团队游

（见220页地图；☎08 7275 3604；www.gtadventures.com；Sairee Beach；⌚中午~深夜）龟岛上的多数活动都跟海洋有关，Goodtime Adventures友好的员工却会为你提供很多让你心跳加速的陆上活动：参加登山加速降活动（起价2000B），你可以徒步穿越岛上的丛林，以及在岩石间荡来荡去，或者参加下午的跳崖，释放你内心的野性。Goodtime提供广受认可的划船证书，还在Ko Nang Yuan岛开设了缆绳课。西立海滩（Sairee Beach）的Goodtime办事处还是一家咖啡店，提供各种口味的咖啡，甚至还包括速溶咖啡！

Shambhala 瑜伽

（见220页地图；☎08 4440 6755；Sairee Beach）这是龟岛仅有的一家瑜伽中心，位于Blue Wind（见223页）美丽的木制亭子里，Blue Wind在西立海滩（Sairee Beach）上，这里草木茂盛。课程时长两小时，老师叫凯斯特（Kester），是一位非常有活力的瑜伽老师，价格是300B。

Ko Tao Bowling & Mini Golf 保龄球、迷你高尔夫

（见220页地图箭头所示；☎0 7745 6316；⌚中午~午夜）Ko Tao Bowling & Mini Golf位于Mae Hat和Chalok Ban Kao之间的主路上，这里有不少自制保龄球道，每格结束后，

工作人员会重新摆好木瓶（1小时300B）。18洞迷你高尔夫课程以地标做文章，比如让球穿过巨石阵，或者金门大桥。

住宿

如果你计划在龟岛旅游期间顺便去潜水，当地的潜水经营机构可能会给您提供免费或打折的住宿。有的潜水学校提供住宿，有些则是与附近的平房有协议。需要注意的是，那些与潜水捆绑的优惠条款仅适用于潜水的那几天。举例来讲，如果你购买了一个十日潜水包，但中途又决定减掉一天，没有潜水的那晚房费是不能减免的。潜水之前需要安稳的睡眠，因此在确定之前，一定要好好考察下这些貌似"划算的房间"——有些房子可能离报废都不远了。

此外，还有很多与龟岛的潜水文化完全不搭边的旅店可以选择。在龟岛僻静的东海湾有很多不错的旅店，它们也能为游客提供良好的度假体验。但是由于岛上的路网太糟糕了，这些地方可能不大好走，你可以提前打电话安排人到Mae Hat的码头接你。

请注意龟岛毕竟不同于苏梅岛——想在这里得到无可挑剔的服务和完美的五星级标准的住宿，那就要说声抱歉了。

西立海滩（SAIREE BEACH）

宽广的西立海滩是岛上最长最发达的地带，有一系列的潜水机构、旅馆、旅行社、便利店和网吧。狭窄的砖道覆盖了整条海滩的长度（要小心摩托）。

Blue Wind 平房 $

（见220页地图；☎0 7745 6116；bluewind_wa@yahoo.com；平房300~1000B；❄📶）Blue Wind隐藏在一大片显眼的旅馆中，在这些密密麻麻的潜水度假村中让人耳目一新。海边面包店后面的泥路沿途三三两两地散布着结实的小竹屋。铺着瓷砖的宽敞房间里有空调、热水淋浴和电视。

Ban's Diving Resort 度假村 $$

（见220页地图；☎0 7745 6466；www.amazingkohtao.com；房间500~2500B；❄@📶🏊）这个主打潜水的活动场所有不少优质住房，不管是基本的背包客房间还是时尚的山体别墅，一应俱全。Ban's的主海滩上有潜水训练。两个游泳池位于两栋汽车旅馆式样的建筑物间的树丛中，这里也能进行潜水训练。晚上可以到Fish Bowl酒吧里消遣，享用各国佳肴和饮品。

Place 别墅 $$$

（www.theplacekohtao.com；别墅4000~7000B）度蜜月的情侣们会很高兴选择了这家独一无二的住处——两座私人豪华别墅卧在丛林覆盖的山上，一望无尽的大海就在脚下。瀑布水潭标准又自然，私人厨师服务更是让那些不愿下山去吃饭的人们能开心地腻在爱巢里。

Ko Tao Cabana 别墅 $$$

（见220页地图；☎0 7745 6250；www.kohtaocabana.com；平房2600~11 800B；❄@📶🏊）木制的别墅、波浪形的白色砖屋散布在岩石遍布的海滩上。小古董更为多彩的平房增添了几分情趣，当你在露天浴室里洗澡的时候，还有石头小矮人调皮地冲你笑着。新建的私人别墅是岛上比较高档的住宿，不过与苏梅岛上的五星级巨无霸度假村相比价格偏贵。

Big Blue Resort 平房 $

（见220页地图；☎0 7745 6050；www.bigbluediving.com；房间400~1000B；❄@）这家主打潜水的度假村有种夏令营的感觉——白天有潜水课，晚上也是一起度过：享用晚宴或者是观看火焰表演。在基本的带风扇的房间和汽车旅馆式的空调房里都看不到什么风景，但是要去海里玩耍的时候谁还顾得上在这休息呢？

Sairee Cottage 平房 $$

（见220页地图；☎0 7745 6126；saireecottage@hotmail.com；平房400~1500B；❄）这里的空调平房可不容错过，因为房间里画着各色各样的植物。价格低，意味着空房率也低，所以早点过来订个面朝青山的小砖房。

Bow Thong 平房 $

（见220页地图；☎0 7745 6266；平房600B起；❄📶🏊）Bow Thong是绸缎般的西立海滩北

部的一份子，有许多舒适的平房。如果你想要离翻滚的波浪更近，又没有报潜水学校，这里是个不错的选择。

Sunset Buri Resort 平房 $$

(见220页地图；☎0 7745 6266；平房700~2500B；❄@📶🏊)一条长长的通往海滩的小径旁边散落着几间白色的平房，窗户都是大大的，寺庙一样的房顶艳丽无比。蚕豆形的泳池颇受欢迎，周围都是大大的沙滩椅。

Koh Tao Coral Grand Resort 别墅 $$$

(见220页地图；☎0 7745 6431；www.kohtaocoral.com；平房3350~6950B；❄📶🏊)这家适合家庭居住的旅店的外墙都是粉的，就好像芭比娃娃在泰国的梦幻沙滩之家。小屋的内部涂着用白色线条框起来的活泼三原色，而贵点儿的房间则是泰式风格，有着深色喷漆线条和金箔艺术。

Seashell Resort 平房 $$

(见220页地图；☎0 7745 6299；www.seashell-resort.com；平房450~3800B；❄📶)这里有几间平房能从门廊上看到海景(这在西立海滩可是少有的)，其他平房则坐落在一个美丽的花园里，五颜六色的植物和棕榈树点缀其间。不管是潜水者还是非潜水者，Seashell都一样欢迎。

In Touch Resort 平房 $$

(见220页地图；☎0 7745 6514；平房500~1200B；❄📶)这里的平房比较陈旧，用竹子和黑木建成，还有几个圆形的空调房被打造成了洞穴，就跟《摩登原始人》(*Flintstones*)里面一样，就差用大象鼻子当花洒了。

Koh Tao Backpackers 青年旅舍 $

(见220页地图；☎08 8447 7921；www.kohtaobackpackers.com；宿300B；❄📶)这儿为省钱一族们提供最普通的上下铺。

MAE HAT

所有的渡轮都会在Mae Hat这个忙碌的小村庄的码头停靠。住宿倒是遍地都是，不过好点儿的旅馆都沿着沙滩而建。

码头北部

Regal Resort 度假村 $$

(见220页地图；☎0 7745 6007；www.kohtaoregal.com；房间1500~4900B；❄@📶🏊)这里有全岛最诱人的泳池，闪闪发光的白色Regal骄傲地坐落在Mae Hat的沙滩上。距码头不远，是想要空调房又希望在阳台就能看到海景的游客的不二选择。

Crystal Dive Resort 平房 $$

(见220页地图；☎0 7745 6107；www.crystaldive.com；平房800~1500B；❄🏊)Crystal的平房和汽车旅馆式的房间是为潜水者特意准备的，在他们家上潜水课的游客的房价会更低。当那些冒着泡泡的潜水新手们离开后，你可以在泳池里游个泳。

Montra Resort & Spa 度假村 $$$

(见220页地图；☎0 7745 7057；www.kohtaomontra.com；房间4000~12 800B；❄@📶🏊)Montra是Mae Hat码头一家新建的装饰不凡的高档度假村。酒店结构的建筑与旁边那些零零散散的小平房相比显得非常壮观。

Mr J Bungalow 平房 $

(见220页地图；☎0 7745 6066；平房250~1000B)虽然Mr J给名片时想收我们50B的费用，但我们还是认为这是个值得到访的地方。当你来到这里想要选个好房间的时候，那个奇怪的主人就会给你灌输一大套哲学理论。要是想听点奇谈怪论，你大可问问他对转世轮回的看法。

码头南部

Charm Churee Villa 度假村 $$$

(见220页地图箭头所示；☎0 7745 6393；www.charmchureevilla.com；平房3700~18 700B；❄@🏊)Charm Churee的奢华别墅静静地坐落在高耸入天的棕榈树下，深受远东地区艳丽风格的影响，镀金的东方神像端坐着，周围雕刻着花纹，珠宝做成的眼睛好像正在进行禅思。楼梯嵌入岩石表面，沿着长满棕榈树的斜坡通向柚木屋，这些小屋就散落在云团般的岩石之间。迷人的蓝色水景在别墅上一览无余。

Sensi Paradise Resort
度假村 $$$

（见220页地图；☎0 7745 6244；www.sensiparadise.com；平房2100~7000B；❄📶🏊）浴室里的壁虎多得让人不得不说这可真是“原生态”，不过如果你想体验的就是这种原生态，不难发现这里的乡村小屋也还是很高档的。友好的守门人和几个通风的柚木亭子为这里平添了一些韵味。

Utopia Suites
公寓 $$

（见220页地图；☎0 7745 6729；房间/套600/2000B起，每月20 000B起）Utopia就在美丽的渔村里，离码头仅一步之遥。这个公寓风格的海滨旅店非常适合家庭和小团体居住。如果待的时间比较长，可以问问是否有优惠。

下面的旅馆位置更靠南，乘船很快就能到达：

Sai Thong Resort
平房 $$

（☎0 7745 6868；Hat Sai Nuan；平房400~900B；❄）沿着该岛的西南海岸而下，Mae Hat的喧闹渐渐消失，Sai Thong出现在Hat Sai Nuan的沙地上。平房用各种编织物和木头建成，门廊上的吊床颜色鲜艳，到处都有棕榈树点缀着。客人们经常到餐厅的阳光天台上休息，当地人也很喜欢这里。

Tao Thong Villa
平房 $

（☎0 7745 6078；Ao Sai Nuan；平房500B起）那些长期工作得不到放松想寻找一片宁静之地的人们会非常喜欢这里，这些特别又毫无虚饰的平房有着惊人的美景。Tao Thong位于一个陡峭的海角，实际上横跨了两个小海滩，大概在Mae Hat和Chalok Ban Kao的中间。

CHALOK BAN KAO

Ao Chalok在Mae Hat南边1.7公里处，是龟岛的第三大住宿集中地，不过因为远小于西立海滩和Mae Hat，这里反而更拥挤。这个海滩并不是第一流的，因为退潮时，沙滩会变得很泥泞。

Ko Tao Resort
度假村 $$$

（☎0 7745 6133；www.kotaoresort.com；房间和平房2500B起；❄@📶🏊）入口的装饰（可能比较像70年代）和建筑整体风格并不十分登对，但是进去后会发现这里的一切都非常现代化，里面的设施正是一个度假村所该有的。房间被“泳池区”和“乐园区”分开，客房充足，提供水上运动设备，还有几个酒吧供应各类果味鸡尾酒。“Chalok Harbour”是新加入的一个项目，可以吃晚餐，还能在一个宽敞的码头乘坐马车。

Chintakiri Resort
度假村 $$$

（☎0 7745 6133；www.chintakiri.com；房间和平房2900~4000B；❄@🏊）随着龟岛慢慢地进入高档之列，Chintakiri也作为一个新的奢侈场所出现在龟岛上，它高高地栖息在这片海湾水域上，俯瞰Chalok Ban Kao。客房星星点点地分布在内陆的丛林中，明快的白色墙壁都上了漆。

Buddha View Dive Resort
平房 $$

（☎0 7745 6074；www.buddhaview-diving.com；房间300~1500B；❄）和岛上其他的大型潜水机构一样，Buddha View为潜水者提供社交氛围相当不错的客房。如果你想多住一阵，打听一下街对面“潜水村”的价位，那儿的基本住宿每月4000B起。

New Heaven Resort
别墅 $$

（☎0 7745 6422；newheavenresort@yahoo.co.th；房间和平房1200~3900B）New Heaven Resort在杂乱的Chalok Ban Kao旁，栖息在清澈无比的海水边。小屋色彩艳丽，在灌木丛生的岩壁上凿出来的石径蜿蜒而下。这一切就如同从《国家地理》（*National Geographic*）杂志上撕下来的一张照片。

Freedom Beach
平房 $

（☎0 7745 6596；平房400~1500B；❄）Freedom就在Ao Chalok东端的一片隐秘海滩上，虽然提供各种价位的房间，但却还是如同背包客们的专门落脚点一样。这些房间有的是木棚屋，也有的是结实的空调房，呈链状分布，连接了微风阵阵的海滨酒吧和高高的峭壁上的餐馆。

Viewpoint Resort
平房 $$

（☎0 7745 6666；www.kohtaoviewpoint.

com；平房800~1300B）这家友好的家族运营的旅馆据说是由一个来自曼谷的当红设计师设计的，位于文明社会的边缘。简约的小屋通风良好，保养得不错。有些房子能看到局部海景，其他的则静静地坐落在山坡一片迷人的花园中，夜里蝉鸣一片。

同样不错的旅馆还有：

Tropicana 客栈 $

（☎0 7745 6167；www.koh-tao-tropicana-resort.com；房间400B起）这家不高的酒店坐落在一个花园中，透过层层扇形的绿叶和尖长的棕榈树能够瞥到远处的大海。

JP Resort 客栈 $

（☎0 7745 6099；房间400B起）连接街道和海洋的树丛中矗立着一排排整洁多彩的汽车旅馆式房间。

东部海岸海滩

毫无疑问，平静安详的东部海岸就是你梦想的乐园。这里不仅风景迷人，沙滩静谧，而且距离舒适的文明世界仅10分钟路程。这片海岸的旅馆从南到北到处都是。

HIN WONG

沙滩上布满了卵石，海水如水晶般透明。到Hin Wong的路铺了几段，但是突然出现的沙坑和斜坡可能把人从摩托车上颠下来。

Hin Wong Bungalows 平房 $

（☎0 7745 6006；平房300B起）可爱的小木屋散布在宽广蛮荒的热带土地上，有点像《格里甘岛》（*Gilligan's Island*）里的场景（就是没有遭了海难的百万富翁）。氛围愉快的餐馆后边是一个摇摇晃晃的船坞，坐在这里，荡着腿拍着水花，看成群的黑黝黝的沙丁鱼在蔚蓝的水中穿梭。

View Rock 平房 $

（☎0 7745 6548/9；viewrock@hotmail.com；平房300~400B）沿着泥泞的小路走进Hin Wong，路标会将你引到Hin Wong旅馆的北部。在这里，View Rock呈现给你的是美景和岩石。这些建在峭壁上的小木屋像隐蔽的渔村，并且能够看到海湾的迷人风光。

TANOTE BAY （AO TANOT）

Tanote Bay的人口比其他东部海湾都多，但却依然静谧、风景如画。它是东部海岸唯一一个通了像样的公路的海湾。特价出租车（约100B）往返于Tanote Bay和Mae Hat之间。可以向你所在的旅店打听时刻表。

Poseidon 平房 $

（☎0 7745 6735；poseidonkohtao@hotmail.com；平房300B起）Poseidon保留了传统的廉价竹屋，十几个简单但是舒适的小屋散布在沙地上。

Family Tanote 平房 $$

（☎0 7745 6757；平房700~3500B）顾名思义，一个当地家庭经营着这家山腰上的旅店，他们很骄傲能够为孤独的行者们提供舒适的住宿环境。戴上浮潜面罩，去门前与鱼儿一起游泳，或者到山上的餐馆里美美地吃上一顿，顺便欣赏海湾的美景。

AO LEUK&AO THIAN OK

Jamahkiri Resort & Spa 度假村 $$$

（☎0 7745 6400；www.jamahkiri.com；平房6900~13 900B）这座白色建筑上的绚丽装饰明显与部落图腾有关。在炫目的镶嵌图案和多手雕像中间，有大量的木制怪兽面具和生育女神石像。猴子的呜呜声、茅草屋顶以及篝火晚会都彰显了这里的丛林主题。绵延无尽的楼梯让人有点痛苦，不过龟岛上最豪华的SPA就在这里，这或许能让人得到稍许安慰。

KO NANG YUAN

Ko Nang Yuan岛特别上镜，就在龟岛的海岸不远处，坐Lomprayah双体船，或者坐从Mae Hat村和西立海滩出发的水上出租就能到达。

Ko Nangyuan Dive Resort 别墅 $$$

（☎0 7745 6088；www.nangyuan.com；平房1200~9000B；❄📶）虽然上这座岛要交100B的税让人不快（水上出租也得花100B），Nangyuan Dive Resort仍然是个非常不错的地方。高高低低的木头和铝制平房散布在三个圆锥形小岛上，三个小岛看起来就像三顶

苦力帽，由一个宜人的米色沙洲相连。这个度假村号称有岛上最好的餐馆，不过话说回来，也是这里唯一能吃饭的地方……

就餐

既然这片大海上都有了苏梅岛这个巨无霸，很难想象小小的龟岛上还有什么特色美食。但是大部分的度假村和潜水机构都提供餐饮服务，餐馆的数量也在西立海滩和Mae Hat加倍疯长。潜水者人种的多样化使得岛上的饮食非常国际化，有墨西哥菜、法国菜、意大利菜、印度菜和日本料理。我们在这座小岛上寻找泰式美食的过程中，往往发现，好吃的当地美食在路旁小小的无名餐馆里就能找到，这一点也不出乎意料。

西立海滩

Darawan 各国风味 $$

（见220页地图；主菜160~400B；⏲午餐和晚餐）豪华的Darawan就好像从苏梅岛的豪华海滨直接搬到这里的一家顶级用餐场所，是岛上约会的最新去处。慵懒的露天阳台栖息在Ban's度假村后面的树顶上，在这里能看到美丽的日落（下午6点左右）。迷人的灯光效果、高效的侍者和美味的“牛肉”汉堡都让人满意。

Barracuda Restaurant & Bar 亚洲创意菜 $$

（见220页地图；主菜180~380B；⏲晚餐）在龟岛不断涌现的晚餐地点中，Barracuda的出现让人叫好，这里供应精选海鲜和美食。店主是个厉害的厨师，有多年的经验，一直用当地食材为菜肴增添滋味。大盘海鲜很便宜，才395B，可以配一杯莫吉托。用完餐，再去隔壁的人妖表演吧看一场店主男朋友的表演。

ZanziBar 三明治 $

（见220页地图；三明治 90~140B；⏲早餐、午餐和晚餐）这家雅痞风格的三明治店在岛的边缘上，店员们会在两片全麦面包中间涂上厚厚的叫不上名的调味酱。

Blue Wind Bakery 各国风味 $

（见220页地图；主菜50~120B；⏲早餐、午餐和晚餐）这个海滨棚屋里有经典泰国菜、西方点心和鲜榨混合果汁。你可以倚着破旧的三角柱吃酥饼喝浓浓的鲜果奶昔。

Chopper's Bar & Grill 各国风味 $$

（见220页地图；菜肴60~200B；⏲早餐、午餐和晚餐）Chopper's Bar & Grill因深受欢迎而成为这里的地标，潜水者和游客可以在这个两层的餐馆里举着啤酒开怀畅饮。这里有现场音乐、播放体育节目的大屏幕电视、台球桌和电影放映室。周五的晚上人特别多，饮品买二赠一，菜品半价。人们在这里大聊特聊白天潜水时看到的海洋生物，不时为进球喝彩。

Kanya 泰国菜 $

（见220页地图；主菜60~130B；⏲早餐、午餐和晚餐）Kanya位于西立村后通往Hin Wong的路上，只有4张桌子，供应泰国各地的菜肴。要是不尝尝这里的家常泰式经典菜đôm yam Ƅlah，那你可就真是错过好东西了，这道菜简直太棒了。

Café Corner 咖啡馆 $$

（见220页地图；小吃和主菜30~120B；⏲早餐和午餐）醒目的建筑、传统的家具和美味的冰咖啡让Café Corner在过去很多年里都是西立海滩的招牌。可以在下午5点过来买明天的早餐；日落后，还没卖完的美味烤面包就买一赠一地甩卖了，最后卖不完的会被扔掉。

Big Blue East 泰国菜、各国风味 $$

（见220页地图；菜肴70~250B；⏲早餐、午餐和晚餐）Big Blue Resort的这家附属餐馆很繁忙，距离翻滚的海浪仅2米之遥，供应各种泰国菜和各国美食，包括美味的单人份比萨。这里一到日落时分就被潜水者们占满了，他们乐呵呵地看着大屏幕电视里每天都在播放的潜水花絮节目。

Ally the Pancake Man 法式薄饼 $

（见220页地图；煎饼起价 20~40B；⏲午餐和晚餐）在Big Blue Resort旁的7-Eleven驻足，因为这里有Ally the Pancake Man，这家店做小吃就跟意大利厨师做比萨似的那么专业。香蕉能多益最受欢迎。

Krua Thai
泰国菜 $

（见220页地图；菜肴50~120B；⏲午餐和晚餐）在那些受不了"泰国辣"而喜欢"外国辣"的游客群体中，Krua Thai颇受欢迎，店面很整洁，而且有大量的经典菜式。

El Gringo
墨西哥菜 $$

（见220页地图；菜肴80~150B；⏲早餐、午餐和晚餐）这家店起这个名字（Gringo意为外国佬）就像是嫌泰国对白人的绰号还不够多似的。这个自诩"时尚墨西哥饭店"经营的墨西哥玉米卷总让人觉得不太地道，但却在西立海滩和Mae Hat都有分店。可送外卖。

MAE HAT

推荐 Whitening
各国风味 $$

（见220页地图；菜肴160~300B；⏲晚餐）这家海滨餐馆白天看起来像一堆其貌不扬的浮木，夜幕降临时却变成了介于餐馆和时尚海滨酒吧之间的场所，美食家们享受着融合了当地与国外元素的美食，嗜酒的人们喜欢这里轻松的海滨氛围，空气里飘荡着温柔的沙发音乐。食客们光脚踩在沙子里，在摇曳的白色圣诞灯下用餐。这里也是庆祝晚宴的首选。一定要说个最吸引人的优点？这里的价位比较低。

Café del Sol
各国风味 $$

（见220页地图；菜肴70~320B；⏲早餐、午餐和晚餐；@📶）即便是最挑剔的食客，也能在列了各国菜品的长长菜单中做出满意的选择。Café del Sol离码头只有几步路，在这个岛上我们最喜欢在这里吃早餐——吃Del Sol的早餐（好吃的水果沙拉、酸奶和咖啡），再配上美味的菠菜卷，享受无比。午餐和晚餐时大份的胡椒汉堡、自制意大利面等一应俱全，不过价格可真有点通货膨胀的意思了。

Zest Coffee Lounge
咖啡馆 $

（见220页地图；菜肴70~190B；⏲早餐和午餐；📶）Zest有岛上最好的咖啡，可以在Zest体验街头品咖啡的生活方式。等奶油拿铁咖啡的时候，可以来个ciabatta三明治或者黏黏的糖果。西立海滩还有一家分店，但我们更喜欢这一家。

Safety Stop Pub
各国风味 $

（见220页地图；菜肴60~250B；⏲早餐、午餐和晚餐；📶）思乡的英国人最爱来这里，这家码头边上的餐厅兼酒吧就像个热带啤酒园。周日过来用烧烤美味填满你的胃吧。最令人惊奇的是，这儿的泰国菜可丝毫不逊色哦！

Pranee's Kitchen
泰国菜 $

（见220页地图；菜肴50~120B；⏲早餐、午餐和晚餐；📶）Pranee's是Mae Hat的旧爱，人们在露天凉亭下的桌子旁枕着靠垫，一边看电视一边享用美味的咖喱和其他泰国美食。晚上6点会放英语电影（字幕的错误总是非常搞笑）。

Food Centre
泰国菜 $

（见220页地图；主菜30B起；⏲早餐、午餐和晚餐）Food Centre是个非正式的食品摊聚集地，位于Mae Hat加油站附近的混凝土停车场，烟雾腾腾地吸引着当地人来用午餐。在这儿能吃到岛上最好的木瓜沙拉。

Greasy Spoon
早餐 $

（见220页地图；英式早餐120B；⏲早餐和午餐）虽然毫无特色，但是Greasy Spoon（油乎乎的勺子）可非常对得起它的名字，这里供应各式能堵塞心血管的早餐：鸡蛋、香肠、炖菜和薯条（招牌菜），这些都能让英国人激动得哭出来。

Tattoo Bar & Restaurant
汉堡 $$

（见220页地图；主菜150B）Tattoo就在Whitening餐馆南边30米处（渔村边上），是个非常舒服、让人放松的地方，还有个专门看电视的休闲区。要是饿了，就尝尝这里的大份澳式汉堡、自制肉饼和香肠卷。

Farango's
比萨 $$

（见220页地图；菜肴80~230B；⏲午餐和晚餐）龟岛上第一家主打美味的比萨和其他经典意大利食品的外国餐厅。外卖免费递送。在西立村的郊外还有家分店。

CHALOK BAN KAO

Long Pae
牛排馆 $$$

（主菜100~430B；⏲晚餐）Long Pae在这

个岛的大部分旅游交通指南上都找不到，它位于一片高低不平的丛林地带里，能看到下面远远的海景。这里的招牌菜是牛排，和分量很足的泛亚洲开胃菜非常协调。

New Heaven Restaurant 各国风味 $$

（主菜60~350B；⏲午餐和晚餐）New Heaven最吸引人的一点就是能够在慵懒的下午看到鲨鱼湾（Shark Bay，亦称Ao Thian Ok）令人惊叹的风景。脚下绿松石般的海水清澈见底，坐着就能看见弯弯曲曲的暗礁。菜单也非常丰富，有很多国家的菜肴，每张矮桌下面还有些垫子，可以在上面小憩一下。

Koppee 咖啡馆 $$

（主菜60~180B；⏲早餐、午餐和晚餐）白色的Koppee完美地复制了Mae Hat和西立海滩上的时尚咖啡馆，供应各国美味佳肴，还有自制甜点。

饮品和娱乐

人们在龟岛潜水后最喜欢的消遣就是喝酒了，这里也不缺能痛饮的地方。这个岛上最大的3家潜水中心都有热闹的酒吧，分别是**Fish Bowl**（见220页地图）、**Crystal Bar**（见220页地图）以及Chalok Bak Kao的**Buddha On The Beach**（吸引了大量的游客和外国人）。即使不潜水，你也可以进去看看。西部海岸的树上、墙壁上张贴着即将举行的派对的详细信息（可以去西立海滩的那两家7-Eleven看看）。也请留意"丛林派对"的宣传海报，那些派对会在岛屿中部的丛林中举办。

除了下面列举的之外，还有一些已经提过了（见227页），例如Choppers和Safety Stop Pub也是人们潜水归来后常去的地方。

切记：请勿酒后潜水。

Castle 俱乐部

（见220页地图箭头所示；www.thecastlekohtao.com；Mae Hat）Castle在Mae Hat和Chalok Ban Kao之间的路边上，迅速成为岛上最受欢迎的派对场所，每个月都吸引众多当地和全球的DJ来这里的派对。

Fizz 酒吧

（见220页地图；Sairee Beach）可以靠在床垫大小的枕头上，在催人入眠的海浪翻滚声里听着莫比或者恩雅的歌，品尝精心调制的鸡尾酒。

Lotus Bar 酒吧

（见220页地图；Sairee Beach）Lotus Bar是西立海滩北端名副其实的深夜酒吧。肌肉发达的舞火师耍着燃烧的火棒，人们纵情豪饮，应该有个值班的救生员以免发生意外。

Dragon Bar 休闲酒吧

（见220页地图；Mae Hat）这家酒吧最适合那些追求时髦和前卫的人。这里充斥着共产主义复古风，一切看起来很朦胧、郁郁寡欢又很放松。据说Dragon Bar的鸡尾酒是岛上最好的。

Office Bar 酒吧

（见220页地图；Sairee Beach）墙上写着傲慢的涂鸦："拒绝Lady Gaga，拒绝该死的黑眼豆豆"。来这个六角小屋的都是常客，里面的音乐很蹩脚，木头座椅也摇摇晃晃的。

Diza 酒吧

（见220页地图；Sairee Beach）Diza曾是

学学本地话

由于来这里的都是国际游客，各处都可讲英语。但是，在这个以潜水闻名的岛上，当地人会把一些潜水时用到的符号语言运用到生活中，特别是酒吧中。

下面我们来学习一些手势：

» **我很好**：握拳，轻敲头部两次。

» **酷**：用食指尖和拇指尖合在一起形成"O"型。

» **我好了/我准备好了**：像空手道切击那样将手指紧并在一起，垂直于颈部迅速来回挥动。

一个放着音乐贩卖盗版DVD的小破屋，不过现在已经摇身一变成为西立村十字路口的休闲之所。当地人啜着啤酒躺在塑料椅上看着街上的热闹。

挤在西立海滩南端的**AC Party Pub**（见220页地图）、**In Touch**（见220页地图）和**Maya Bar**（见220页地图）在一周里轮流吸引着派对客们。

购物

虽然这里的物价比较低，但是潜水设备可是特例。在龟岛，每一项的价格都是西方标准价加上船价再加佣金（即使有折扣也是如此），所以最好在国内的时候就去店里买好潜水设备，或者在网上买。

如果你实在洗不掉藏在头发里的海盐，去**Avalon**（见220页地图；Mae Hat；⏲周一至周六10am~7pm）买点当地自制的有机护发和护体产品，效果不错。

实用信息

无处不在的《龟岛信息》(*Koh Tao Info*) 手册列出了大量的商家信息，还有该岛详细的历史、文化和社会问题。

危险和麻烦

最烦人的事莫过于：和朋友一起参加潜水课程，然后又因为骑摩托车出事故擦破了膝盖而不得不退出。除了连接西立海滩和Chalok Ban Kao的主道外，龟岛的道路相当恐怖。尽管可以很容易地租到电动车，但这里却不是学骑车的地方。岛上的碎石路上到处都是陡峭的山坡和意想不到的沙坑。即使毫发无伤，宰客的租车店也可能会说你把车弄坏了，要你出一大笔赔偿金。

游客还要注意蚊虫传播的登革热（还有一种类似的但不那么严重的疾病），非常可怕。由于景点人多并且岛屿面积小，这种病毒可以传播得很快。

紧急情况

警察局（见220页地图；☎0 7745 6631）在Mae Hat和西立海滩之间车辆遍地的海滨路上。

网络

一般每分钟2B，最低消费20B，上网1小时以上会有优惠。然而，在隶属于旅行社的网吧里，某些有用的旅游网站可能都被设置了防火墙，无法访问。岛上规模稍大的潜水学校里通常都有无线网络，可供携带笔记本电脑的旅行者使用。

医疗服务

潜水前，潜水者需要签署一份医疗豁免书。如果有任何影响潜水的健康问题（包括轻度哮喘），都会要求你拥有龟岛医院出示的体检合格证。如果不确定自己是否适合潜水，建议旅行前去医院检查，因为龟岛上没有正式的医院，而且合格的专业医务人员也不多。岛上的医疗“咨询”（我们几乎不用这个词）要花费300B。Mae Hat和西立海滩上分散着几家不用预约的诊所和小医院。所有严重的医疗事件都应在苏梅岛上处理。如果你准备潜水，问问潜水用品店哪里能提供合适的医疗建议。

潜水员安全支持（Diver Safety Support；见220页地图；☎08 1083 0533；kohtao@sssnetwork.com；Mae Hat；⏲24小时待命）有临时高压氧舱，还有应急撤离服务。

货币

岛上的7-Eleven里有24小时ATM。Mae Hat轮渡码头附近也有不少ATM。Mae Hat码头和西立海滩的Choppers附近有货币兑换窗口。Mae Hat邮局附近有几家银行，沿该岛的内陆主路到城镇的尽头就是，在工作日的上午9点和下午4点之间营业。几乎所有的潜水学校都接受信用卡支付，不过一般会有3%或4%的手续费。

邮政

邮局（见220页地图；☎0 7745 6170；⏲周一至周五9am~5pm，周六9am~中午）距码头步行10到15分钟的路程；在龟岛内陆主路和Mae Hat的“down road”的拐角处。

旅游信息

龟岛上没有政府经营的TAT办事处。在多数的潜水用品店和众多的旅行社就能预订住行，不过都会根据服务收取少量佣金。

Bon Voyage（Sairee Beach）由龟岛本地人贾伊女士（Ms Jai）经营，在这儿你能搞定交通中转，还能吹着空调发博客。它位于连接西立海滩和Hin Wong的路上。

参考网站

Koh Tao Online（www.kohtaoonline.com）这是

《龟岛信息》手册的在线版。

到达和离开

停留和离开时间并非一成不变。在10月和12月之间，波涛汹涌的海浪可能会逼停渡轮的运营。如果你晕船，那么波涛汹涌时我们推荐Seatran而非Lomprayah的双体船。双体船比较舒适，而Seatran更适合在大海里乘风破浪。如果是在满月派对后从帕岸岛出发去龟岛，则强烈建议提前几天买票。

曼谷、华欣和春蓬

Lomprayah新出的空乘服务：**太阳航空**（Solar Air；www.lomprayah.com）周一至周五每天在曼谷的廊曼国际机场（Don Muang airport）和春蓬之间往返一次，运送乘客。到达春蓬后，游客们可以直接坐上开往龟岛的双体船。

从曼谷出发的汽车-轮渡联票在曼谷和南部的旅行社都能买到。在春蓬从汽车换乘轮渡。去往曼谷的乘客也可以选择在华欣上岸，价钱和龟岛到曼谷的相同。

如果想晚上行路，那火车卧铺可比长途汽车舒服多了。游客们也可以自己计划行程，坐船去春蓬，然后到春蓬市中心搭乘火车北上去曼谷（或者是南部海湾上部随便什么地方）；当然，相反的路线也可以这样做。

高速双体船上午10点15分和下午2点45分从龟岛开往春蓬（路程1.5小时），Seatran下午4点从龟岛出发（路程2小时），Songserm的快船下午2点30分出发（路程3小时）。如果海浪太高，可能会减少班次。

午夜也有船从春蓬出发，清晨到达龟岛。夜里11点返回。

帕岸岛

Lomprayah双体船每天2班，上午9点30分和下午3点从龟岛出发，分别在上午10点50分和下午4点10分到达帕岸岛。Seatran Discovery轮渡提供相同的服务。Songserm Express Boat每天上午10点出发，上午11点30分到达帕岸岛。酒店接送服务的费用也包括在船票内。

苏梅岛

Lomprayah双体船每天有两个班次：上午9点30分和下午3点从龟岛出发，分别在上午11点30分和下午4点40分到达苏梅岛。Seatran Discovery轮渡提供相同的服务。Songserm快船每天上午10点出发，下午12点45分到达苏梅岛。酒店接送服务的费用也包括在船票内。

素叻他尼和安达曼海岸

若想去安达曼海岸，中途又不想在帕岸岛或苏梅岛停留，有两条线路可以选择。第一条也是比较常见的一条要穿过素叻他尼。首先，搭上开往素叻他尼的船（Songserm或者是夜间轮渡，除非你想中途换船），然后换乘汽车。夜船晚上8点30分从龟岛出发。每天到Songserm Express Boat的长途汽车早上8点从素叻他尼出发，下午2点30分到达。返程游客上午10点从龟岛出发，下午4点30分到达素叻他尼。

第二条线路是搭乘春蓬方向的轮渡，然后再换乘开往更南边省份的长途汽车或者火车。

当地交通

小型敞篷客车在Mae Hat，有游客到的时候小型敞篷客车、客货两用车和摩托车会聚集在码头周围。如果你是单独的游客，去西立海滩或者Chalok Ban Kao需要付100B。两个人或者是更多人一起的话，每人需要付50B。从西立去Chalok Ban Kao有人一起乘的话每人需要花80B，如果是单独的游客则需要150B。这些价格基本上都是不可以砍价的，而且乘客需要等出租车满员了才能出发，除非他们想支付额外的200~300B。去东海岸价钱会翻倍，如果下雨使道路很难走，司机们会提高价格。如果你知道自己要住哪儿，我们强烈建议提前打电话安排人接你。许多潜水学校也提供免费的接送。

摩托车如果你不是在主路或者是铺得很好的路上行驶，租摩托车骑行是非常危险的（见前一页危险和麻烦）。一辆踏板摩托车每日的租金最少是150B，大一点的车需要350B，周租或月租会有折扣。看一下**Lederhosenbikes**（见220页地图；☎08 1752 8994；www.lederhosenbikes.com；Mae Hat；⏲周一至周六8:30am~6pm）。不要租全地形车（ATVs）或者水上摩托，这些都不安全。

水上出租出租船从Mae Hat、Chalok Ban Kao和西立海滩北部（Vibe Bar附近）出发。到Ko Nang Yuan的船至少会花费你100B。长尾船包船需要大概每天1500B，价钱根据乘客数量的变化而变化。

红统国家海洋公园（Ang Thong Marine National Park）

อุทยานแห่งชาติหมู่เกาะอ่างทอง

红统国家海洋公园的40来个参差不齐的丛林岛屿散落在湛蓝的大海中，就像是一条破碎的珍珠项链，每一片都像是一个纯洁的王国，拥有陡峭的石灰岩悬崖、隐蔽的池塘和完美的桃色沙滩。这些梦幻般的小岛启发亚历克斯·加兰创作了经典作品《海滩》，讲述的是吸毒的背包客。

2月、3月和4月是游览这个蓝色与绿色交织在一起的仙境般保护区的最佳时间。雨季凶猛的海浪意味着这个公园在11月和12月几乎是完全关闭的。

景点

所有的旅行者都会到**沃达勒岛**（Ko Wua Talap）上的公园总部。沃达勒岛是群岛中最大的岛屿。在岛上的**观景点**能看到全泰国最好的远景，游客在顶上可以把附近散落在安静的湛蓝大海中的岛屿尽收眼底。到顶上需要艰苦跋涉450米，大概需要1个小时。徒步者一定要穿结实的鞋，在满是石灰岩尖头的地上不能走太快。第二条路径去往**莲花洞**（Tham Bua Bok），这是一个满是莲花形的石笋和钟乳石的洞穴。

Ko Mae Ko上的**Emerald Sea**（也称作内海）也是一个比较受欢迎的地点。这个在岛屿中心的巨大湖泊长宽分别为350米和250米，一片薄荷色恍如仙境。你可以看但不可以摸，这个湖严禁不干净的人体接触。另外一个引人注目的**观景点**在附近的一列阶梯的顶端。

Ko Samsao和**Ko Tai Plao**上的天然的石拱在季节性潮汐和天气条件下是可见的。因为在群岛周围的海水相当浅，最大深度为10米，所以除了在西南边和东北边一小部分受保护的地区以外，并没有形成大量的珊瑚礁。在Ko Tai Plao和Ko Samsao附近有一些浅的珊瑚礁，在这里浮潜还不错，但也不是特别好。还有一些适合初学者潜水的地方，可以探索较浅的洞穴和多彩的珊瑚花园，还能看到带状海蛇和海龟。柔软极细的海滩连接了**Ko Tai Plao**、**Ko Wuakantang**和**Ko Hintap**。

团队游

体验红统的最佳方式是参加一个从苏梅岛和帕岸岛出发的有导游带领的团队游。团队游通常包括午餐、浮潜设备、酒店接送和（如果幸运的话）一个知识渊博的导游。如果你住在一个豪华的住处，你的度假村很可能有自己的私人船只，可以提供团队游。一些中等和经济型的地方也会有自己的船只，如果没有，他们很可能把你交给一个一般的旅行社。虽然红统不提供像龟岛和帕岸岛那样的世界级的潜水设施，但是苏梅岛和帕岸岛的潜水中心可以提供在公园中的水肺潜水游。

由于多变的汽油价格，旅游公司来去如风。你可以向你的住处咨询一下现有的旅行社的名单。

住宿

红统没有度假村，但是在沃达勒岛建了5个平房，每个可以住2到8个客人。也允许露营者在指定区域搭帐篷。通过**国家公园服务机构**（National Parks Services; ☎0 7728 6025; www.dnp.go.th; 平房500~1400B）可以预订。也可以在线预订，但客户必须在预订后2天内进行银行付款。

到达和当地交通

到公园的最好方法是加入一个从苏梅岛或者帕岸岛（分别为28公里远和32公里远）出发的私人一日游团队。群岛在苏梅岛和Don Sak的主要码头之间，但是渡轮不会在沿途停靠。

公园是有门票费的（成人/儿童 400/200B），但是门票费应该包含在团队游的费用中（如果你不确定可以咨询一下你的旅行社）。私人包船是另一种选择，但是过高的汽油价格会使旅程相当昂贵。

水下泰国

{斯}米兰群岛国家海洋公园（见307页）

潜水

泰国海滩享誉全球，一望无际的海滩沿岸截然分成两部分（安达曼海湾和泰国湾），但各自都不失为潜水胜地。每年的12月至次年3月，安达曼海岸是绝佳的旅行地。这里天气晴朗，回游的鱼群在此觅食、清洁和繁殖。在素林群岛和锡米兰群岛乘多天船上旅游团的渡船驶向安达曼海岸的缅甸边境，会是一次绝好的水肺潜水经历。尽管一些珊瑚礁褪色严重，然而最北端的一些海滩，如黎希留岩，仍然拥有世界级的乐趣。

安达曼海湾不仅在水肺潜水领域名声远扬，而且风光旖旎，拥有多项世界之最。这片海域虽然多有鳐鱼（manta）栖息，却更因常有鲸鲨出没而声名远播。它们大多聚集在位于泰国湾的龟岛和帕岸岛中间的船帆岩周围。如果你想要在船帆岩潜水多次，最好从帕岸岛进入小尖礁，因为那里每天都有渡船出发。在龟岛潜水，主要在于课程培训而不是享受乐趣。安达曼海湾另外一大优势就在于风平浪静，也就是说，一年中的任何时候都适宜潜水。

从左上角顺时针

1.和鳐鱼一起潜水，泰国 2.鲸鲨，黎希留岩（见300页）
3.珊瑚虫和钓饵鱼，锡米兰群岛国家海洋公园（见307页）

WATERFRAME/ALAMY ©

ERNEST MANEWAL/LONELY PLANET IMAGES ©

1

3

GZO/SHUTTERSTOCK ©

BRANDON PRESSER ©

最佳潜水地

一些世界上最炫目的霓虹珊瑚礁游乐场，静静潜藏在透明的海岸线背后。幸运的是，这些海底奇迹就像一群水下超新星一样，散布在泰国各处。这样的话，潜水爱好者便可以分散在海岸线各处，因此这些最好的潜水场所无一人满为患。

黎希留岩

1 远远看去，黎希留岩（见300页）宛如一颗牙齿凸显于海洋表面，从浪涛深处探出水面的石塔就像一块巨型马蹄铁。黎希留岩覆有繁茂的深紫色珊瑚，是漫游鱼类的饲喂站。从12月到次年2月，你几乎肯定能看见鳐鱼。

船帆岩

2 船帆岩（见204页）是泰国明星鲸鲨的聚集地，孤零零地隐藏在泰国湾腹地。而且这里一年四季和风细雨，因此成为潜水者在淡季或是平季海域探险的绝佳选择。

红岩（Hin Daeng）与紫岩（Hin Muang）

3 红岩与紫岩（见342页）是两座水下姐妹塔，距离很受欢迎的兰塔岛不远。这两座尖礁分别以红珊瑚和紫珊瑚著称，是安达曼海南部最佳的水肺潜水地。你可以参加海底摄影班，然后快速拍摄那些以深海为家的纷繁多样的海洋生物。

从顶部顺时针

1.珊瑚礁，黎希留岩（见300页）2.潜水员在泰国
3.豹纹鲨

潜水线路

三周的旅行线路

带上潜水镜一路旅行，深入泰国南部的深蓝宫殿，能马上让你体验到这地区内所有亮点。

» 在附近的岛屿冲浪之前，你不妨飞到**苏梅岛**休养两三天。

» 跳到**龟岛**，在丛林小岛周围各种各样的浅滩潜水地点尝试首次潜水。

BENPIPE PHOTOGRAPHY/GETTY IMAGES ©

» 取得开放水域潜水证书之后，不如前往**帕岸岛**的船帆岩去找机会冒险，一探鲸鲨的踪迹。

» 横越安达曼海滨，如果你敢于体验难度更高的洞穴潜水，便可以在崎岖不平的**考索国家公园**稍作停留。

» 悄悄溜到**蔻立**，在船上留宿几天，静静地在素林和锡米兰群岛国家海洋公园徜徉。

» 往南就到了**皮皮岛**，置身于高耸的石灰岩峭壁之中，进行几天潜水并附带浮潜，也是很悠闲的。

» 先到**兰塔岛**，然后乘坐飞机抵达红岩与紫岩这两座深海尖礁，但是千万不要错过适宜浮潜的Ko Haa附近的浅滩珊瑚。

» 要是天气持续晴朗，不妨动身前往**里朴岛**（Ko Lipe）。这里一天中的能见度变化莫测，不过在晴天，可能你是唯一的一个潜水者。

从左上角顺时针

1.潜水员与东方细鳞 **2.**蔻立/Lam Ru国家公园（见304页） **3.**大皮皮岛（见332页） **4.**考索国家公园（见302页）

ANDREW BAIN/LONELY PLANET IMAGES ©

NOBORU KOMINE/LONELY PLANET IMAGES ©

浮潜

泰国岛屿和海岸弯曲、呈扇形的海湾，使其成为世界顶级的潜水探险地。泰国湾和安达曼湾在潜水中心各自占据着合理份额，但是却提供不同类型的潜水活动。安达曼湾的特色就是标志性的石灰岩层或喀斯特地貌——冲出海面形成高耸的尖峰。实际上，这些岛屿上布满尖礁，因此你会发现各种各样的海洋生物环绕小岛自在生活。而在极富魅力的皮皮岛和甲米南面静谧的董里群岛潜水，是会令人永生难忘的。

海湾岛缓缓从深海处凸起，形成弧状的、像苦力帽那样的小山峰。因此，近海珊瑚通常在浅水层，是色彩缤纷的珊瑚和较小生物的栖息地——对于初学者来说是非常适宜的。能让你极度兴奋的绝佳潜水地包括龟岛浅滩的Ko Nang Yuan及其东海岸，以及帕岸岛的西北岸。

最佳浮潜地点

» **董里群岛**——可参加小型岛上运动和浅海潜水，珊瑚虫几乎不会藏在浪涛轻拍的浅水区。

» **帕岸岛**——绑上蛙鞋，蹒跚于西北岸的近海小岛Ko Ma。

» **皮皮岛**——在皮皮岛潜水胜过同小丑鱼（Nemos）一起潜游，也可以起个大早，漫不经心地游荡在一群礁鲨之中。

» **龟岛**——西海岸可能是潜水中心，但是龟岛东面的浅滩呈扇形分布，同样吸引着潜水爱好者。

右图

1.在Ko Butang附近浮潜，达鲁岛国家海洋公园（见365页）

2.玛雅湾，小皮皮岛（见340页）

素叻他尼府（SURAT THANI PROVINCE）

素叻他尼（Surat Thani）

อำเภอเมืองสุราษฎร์ธานี

人口128 990

素叻他尼在泰国被称为“好人之城”，是古老的室利佛逝王国的所在地。现在这个繁忙的枢纽站已经成为了交通中心，将人和货物运送到国内各地。游客在去往苏梅岛、帕岸岛和龟岛这些广受欢迎的岛屿的时候极少在这里逗留。

住宿

想在素叻度过一个舒适的晚上，那就远离肮脏的市中心，坐个小型敞篷客车去往攀牙区。你上车之后对司机说“Tesco-Lotus”，他就会把你带到离城2到3公里远的一个庞大的像盒子一样的购物中心。购物中心周围有一些酒店，价格比较合理，设施也比较现代化。

市中心区域的酒店会便宜一些，但是他们会提供钟点房，所以总会有客人来来去去，有一点吵。如果你手头很紧，可以考虑直接穿过城镇，坐夜间轮渡去你要去的岛屿。

100 Islands Resort & Spa 度假村 $

（☎0 7720 1150；www.roikoh.com；19/6 Moo 3，Bypass Rd；房间590~1200B；❄@📶🏊）100 Islands位于郊区的Tesco-Lotus的街对面。在泰国600B的消费水平以下的宾馆中，这里算是最好的了。这个柚木宫殿外面是一条高速公路，整洁的房间包围着一个繁茂的花园和一个环礁湖一样的游泳池。

Wangtai Hotel 酒店 $$

（☎0 7728 3020；www.wangtaisurat.com；1 Th Talad Mai；房间790~2000B；❄@📶🏊）Wangtai在TAT办事处的河对岸，致力于创造连锁酒店的氛围，前台接待员很有礼貌，穿着燕尾服的侍者在大堂中和楼上楼下走来走去，房间中的陈设并不起眼，但是可以看到窗外城市的景色。

就餐

想吃东西可以去**夜市**（Sarn Chao Ma；Th Ton Pho），这里有炸的、蒸的、烤的、腌的各种美味。在每天开往各岛的夜船的码头附近，有另外的夜间食物摊——Pak Nam Tapi的海鲜市场和在TAT办事处附近的**星期天市场**（Sunday Market；⏲4~9pm）。在白天，市中心公共汽车总站的许多食物摊都会卖卤汁烤鸡肉盖饭（kôw gài òp）。

Crossroads Restaurant 各国风味 $$

（Bypass Rd；菜肴50~200B；⏲午餐和晚餐）Crossroads位于素叻他尼的西南角，在Tesco-Lotus购物中心的对面，有一种古雅的蓝调氛围，在幽暗的灯光和现场音乐的烘托下，这种感觉更加强烈。来尝一尝牡蛎吧——素叻他尼以其巨大的软体动物而闻名，价钱更是无与伦比的低廉。

实用信息

位于市中心的Th Na Meuang路每一个角落都有银行。如果你在郊区，Tesco-Lotus也有ATM。

Boss Computer（每小时20B；⏲9am~午夜）这是附近上网最便宜的地方，在邮局附近。

邮局（☎0 7727 2013，0 7728 1966；Th Talat Mai；⏲周一至周五8:30am~4:30pm，周六8:30am~12:30pm）邮局在Wat Thammabucha对面。当地的一村一人（One Tambon One People，简称OTOP）手工艺室就在这里面。

暹罗城市银行（Siam City Bank；Th Chonkasem）里面有一个西联办事处。

Taksin**医院**（Taksin Hospital；☎0 7727 3239；Th Talat Mai）这是素叻的三家医院中最专业的。从城镇东北部的塔拉迈市场（Talat Mai Market）过去就是。

TAT**办事处**（TAT office；☎0 7728 8817；tatsurat@samart.co.th；5 Th Talat Mai；⏲8:30am~4:30pm）办事处非常友好，在城镇的西南部，分发大量非常有用的手册和地图，这里的员工英语讲得很好。

到达和离开

一般来讲，如果你要从曼谷或者华欣前往帕

岸岛或者龟岛，可以选择乘坐火车或者一个汽车-船只的组合经过春蓬，而不经过素叻。这样你可以节省时间，而且旅途会更舒适一些。去往苏梅岛或者从苏梅岛来的游客更多地会从这里经过。如果你需要任何旅游服务，可以找一下**假日交通**（Holiday Travel；Th Na Meuang）或者Pranthip Co（Th Talat Mai）——两者都很可靠，都讲英语。

飞机

虽然从曼谷到素叻他尼的航班比到苏梅岛的航班要便宜一些，从机场前往那些海湾岛屿却需要花费相当多的时间。事实上如果你想要从海湾岛屿飞回曼谷，可能需要在航班的前一天晚上就离开你所住的海滨房屋，在素叻过夜，很不理想。如果你想飞经素叻，**泰国国际航空公司**（Thai Airways International，简称THAI；☎0 7727 2610；3/27-28 Th Karunarat）每日有到曼谷的航班。

船

在旺季的时候，游客经常可以找到从Phun Phin火车站（素叻往西14公里）直接开往苏梅岛和帕岸岛的公共汽车-轮渡服务。这些服务并不比在素叻他尼预订的贵，但是可以节省很多的等待时间。也有几个渡轮和快艇公司提供从素叻他尼到龟岛、帕岸岛以及苏梅岛的服务。大多数船只，比如说Raja和Seatran，从Don Sak（离素叻大约1小时的路程，公共汽车接送包括在渡轮的票价中）发船，但是Songserm从素叻城的中心发出。请注意Raja会是一次令人非常沮丧的体验，尤其是对于那些赶时间的游客。坐船通常大约需要90分钟到苏梅岛，2.5小时到帕岸岛，但是有时船长会把发动机调到一半的推进力，这就意味着这段路程可能会需要5小时。

素叻城中心有夜间的渡轮开往龟岛（8小时，10pm发船）、帕岸岛（7小时，10pm发船）和苏梅岛（6小时，11pm发船）。这些是货船，不是豪华船只，所以自己带上食物和水，看好自己的物品。

长途汽车和小客车

长途汽车和小客车主要从城内的两个地点出发（Talat Kaset 1和Talat Kaset 2），为南部旅行提供了最便利的交通方式。Talat Kaset 1在Th Talat Mai路（城市的主要街道）的北部，提供到洛坤（Nakhon）的快速交通，这里也是Pranthip Co（城内较可靠的旅行社之一）的所在地。开往Phun Phin的汽车也从Talat Kaset 1出发。Talat Kaset 2在Th Talat Mai路的南边，你会发现有密集的班次

Surat Thani 素叻他尼

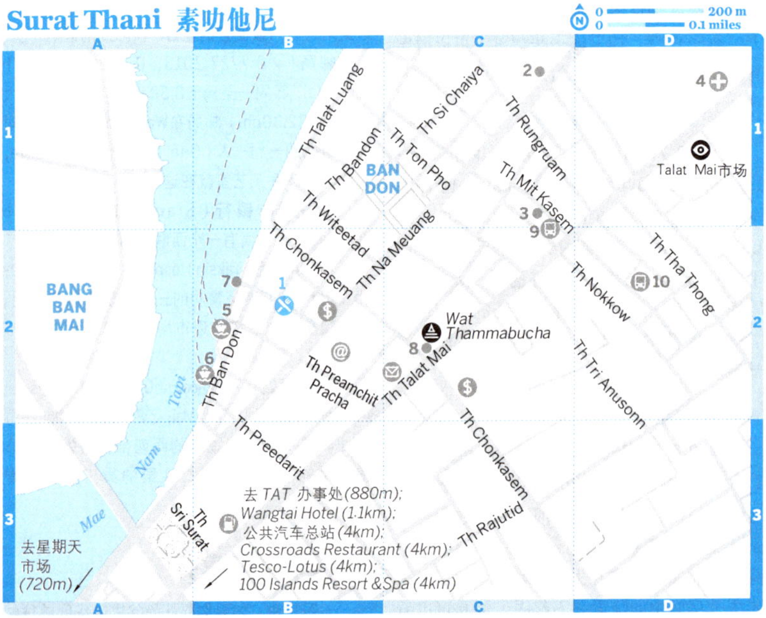

开往合艾，还有小客车开往洛坤、董里、Khanom和甲米。开往安达曼的长途汽车（通常开往普吉岛）从上午7点到下午3点30分每小时都有发车，中途在Takua Pa为那些去Khao Sok国家公园的人停车。“新的”长途汽车总站（实际上已经有几年了，但是当地人还是管它叫新的）在城南7公里处通往Phun Phin的路上，有来往于曼谷的车。

火车

如果坐火车来，实际上你到达的是Phun Phin，一个在素叻西面14公里处的肮脏的城镇。Phun Phin有公共汽车到普吉岛、攀牙和甲米，有一些会经过更西面的一个枢纽城市Takua Pa。Takua Pa也是去往考索国家公园的停车点。素叻的发车频率高，但是Phun Phin的时间表值得一看——你可能会走运，省掉一段城镇间的缓慢旅程。

如果你计划白天出游，可以坐快速轨道车。晚上出行的游客应该选择带空调的卧铺车厢。编号为奇数的火车从曼谷南开出，编号为偶数的火车方向相反。经过素叻的火车在开往首都的过程中会在春蓬和华欣停靠，反方向的火车会经过董里、合艾和双溪哥乐（Sungai Kolok）。Phun Phin的火车站有24小时的行李寄存处，每天收费20B。售票厅每天上午6点到下午6点开放（在上午11点和下午1点30分之间会有大约1小时的午餐休息时间）。

当地交通

开往和来自素叻他尼机场的带空调的客车每人70B，他们会把你送到酒店。

在城中周游的小型敞篷客车要花费10~30B（从市中心到Tesco-Lotus需要15B），三轮车（sǎhm·lór，也拼作sǎamláw）需要20~40B。

带风扇的橙色公共汽车每10分钟1班从Phun Phin火车站开往素叻他尼（15B，25分钟）。这段路程坐出租车要200B，最多载4个人，如果是拼车的话每人要100B。其他的出租车价格张贴在火车站的北侧（在金属人行天桥那里）。

洛坤府（NAKHON SI THAMMARAT PROVINCE）

Ao Khanom湾 อ่าวขนอม

小Khanom在素叻他尼和洛坤之间，安静地坐落在蓝色的海湾旁。蜂拥至附近丛林岛屿的游客都忽略了这里，这个简单地被叫作Khanom的原始区域，对那些寻找未被开发商污染的静谧海滩的人来说是一个非常有价值的选择。

景点

Khanom最独特的景物就是**粉红海豚**——一种罕见的白化品种，拥有极不寻常的粉红色。黎明和黄昏，在旧码头和电厂码头经常可以看到它们的身影。

该地区还拥有各种原始地质特征，包括**瀑布**和**洞穴**。最大的瀑布被称为**Samet Chun**，有一些让你凉爽身体的水池，那儿可以看到海岸的美丽风景。去往瀑布，要从Ban Khanom向南，到蓝色的Samet Chun标志左转，沿着这条路行进约2公里，越过一条小溪后，下一个右转处拐弯，沿着土路进山，步行约15分钟后，顺着瀑布的声音，走一条在右边的小道。风景秀丽的**Hin Lat瀑布**（Hin Lat Falls）是最小级别的，但也是最容易到达的，有可以游泳的水池和几个

Surat Thani 素叻他尼

就餐
1 Night Market B2

实用信息
2 假日交通 C1
3 Pranthip Company C1
4 Taksin 医院 D1

交通
5 龟岛夜间轮渡码头 B2
Lomprayah （见 7）
6 开往帕岸岛的夜船 B2
7 Seatran Discovery B2
8 Seatran Office C2
Songserm （见 7）
9 Talat Kaset 公共汽车总站 1 C2
10 Talat Kaset 公共汽车总站 2 D2

乘凉用的小屋。Hin Lat瀑布位于Nai Phlao南部。

在Khanom和Don Sak之间的主要道路（Hwy 4014公路）上有两个美丽的洞穴。Khao Wang Thong有一串灯指引游客通过错综复杂的溶洞和狭窄的通道，入口是金属门。在山脚下的房子那儿取回钥匙（并留下一份小额捐款）。沿着主要公路走，在Rd 4142右转，寻找Khao Krot洞（Khao Krot Cave），里面有两个大溶洞，别忘了带手电筒。

Dat Fa Mountain在海岸以西5公里处的Hwy 4014公路上，在山上可以看到明信片般风景的绵延海岸线。山坡上通常很冷清，利于随时停下来拍摄照片。

食宿

在过去的几年里，人们想把Khanom的海滩开发成与周围岛屿相比更加休闲的海滩。这个地区离繁荣发展还很远，但是大规模的开发已经在策划中了。由于近期海湾中石油钻井的发展，开发商们把Khanom看作附近工人潜在的度假地。

这里有足够多的住宿选择，所以不必提前预订——事实上我们建议在做选择之前先查看几个地方。许多度假村的客人都很少，经常的停用（不定期冲洗厕所等）意味着一些房间就像丛林一样潮湿。最好不要住大酒店，而是住在海边的平房里。

想吃一些便宜的东西就去Kho Khao Beach，在Rd 4232路的尽头。你会发现一片烧烤摊，那里有一些美味的食品，比如说香辣猪肉沙拉（mŏo nám dòk）和香辣青木瓜沙拉（sôm dam）。周三和周日更内陆一些的警察局附近会有集市。

Racha Kiri 度假村 $$$

（☎0 7530 0245；www.rachakiri.com；平房3500~12 500B；❄📶🏊）这家Khanom的高档休息寓所是一个休闲别墅的园区。高昂的价格意味着没有熙熙攘攘的人群，这一点还是不错的，但是当这里闲置的时候，整个度假村就像是一个无用之物。

Talkoo Beach Resort 平房 $$

（☎0 7552 8397；平房1470B；❄🏊）这个迷人的地方有时髦的白色别墅，配备非常古怪的家具，比如说空心树干做的水槽。这里是附近最好的住宿地点。

Suchada Villa 平房 $

（☎0 7552 8459；平房800B；❄）Suchada就在主路上，拥有很好认的颜色鲜艳的平房。房间很可爱也很干净，设计有一些古怪，比如说在卫生间门前晃动的一串串贝壳。

实用信息

警察局和医院在Ban Khanom南面，通往Kho Khao Beach的交叉路口处。在Ban Khanom的中心有一个7-Eleven（有一台ATM）。

到达和离开

你可以从素叻他尼乘坐任何一辆去往洛坤的汽车，然后在去Khanom的交叉路口下车，剩下的路程可以乘一辆摩的（70B）。你也可以在洛坤的出租车拼车终点站拼车去Khanom城，这需要85B。

值得一游

索墨寺（Wát Suan Mokkhaphalaram）

索墨寺（Wat Suanmokkh；www.suanmokkh.org）在茂密森林的环绕之中，其名字的含义为“自由花园”，这里有一个10天的项目，收费为2000B，包括饮食、住宿和指导（虽然严格来讲“教学”是免费的）。英语的静修由国际佛法中心（International Dhamma Hermitage）主持，每月的第一天开始，报名是在前一天的下午。这个寺院的哲学教学是由Ajan Buddhadasa Bhikkhu创建的，他是泰国有名的僧人（有争议），教学的内容很广泛，包含了禅、道和基督教元素，还有一些传统的小乘佛教教义。

该寺在Chaiya外7公里处，详细信息请查看www.suanmokkh-idh.org/idh-travel.html。

乍都堪护身佛牌（Jatukham mmathep）

如果你在泰国境内逗留超过24小时的话，你可能会发现一些泰国人的脖子上佩戴着乍都堪护身佛牌，此类圆形护身符随处可见。

人们认为佩戴乍都堪护身佛牌可以带来好运，保护自己远离伤害。可护身符名字的由来却始终是一个谜。曾有一个较为流行的推测说乍都堪和拉玛铁（Rammathep）是两个室利佛逝王子的化名，大约在1000多年前他们的遗骸被埋在了洛坤的玛哈泰寺（Wat Phra Mahathat）下面。

最早是由一个恶名昭著的泰国警察局侦探佩戴了这种珍贵的佛牌，他坚信神明帮他破获了一桩极其棘手的谋杀案。尽管他试着普及这种佛牌，但是直到2006年他去世都没有成功。成千上万的人参加了他的葬礼，甚至包括王储。至此，乍都堪护身佛牌才广泛流行起来。

这些护身符都是在玛哈泰寺中铸造的。近几年，这种护身符在泰国南部的经济活动中的地位大幅提高。最早的佛牌出售是在1987年，价格为39B，可是今天，佛牌的交易额1周竟达到了1亿B。人们对于这种圆形佛教护身符的需求十分狂热，甚至曾有一名妇女在佛牌降价出售时被挤死在寺院中（她当时并未佩戴任何护身符）。

每天都会有卡车沿着洛坤的主要街道播放响亮的音乐推销新到的佛牌。这些重音乐的节奏开始动摇寺庙下的土地，打一个讽刺的比喻，没完没了的敲打声已经扭曲了玛哈泰寺的主塔尖。

你可以从Khanom城乘摩的去往各个海滩，大约需要60B。附近有3个汽车站点。让司机在水果市场或者医院附近的站点停车，这两个是离海滩最近的站点。

洛坤（Nakhon Si Thammarat）

อำเภอเมืองนครศรีธรรมราช

人口 117 100

繁华的城市洛坤不会赢得任何视觉盛宴的比赛，但是到这个历史古城的游客无疑会有一番文化体验，这里有一些泰国最重要的寺庙。

几百年前，西部董里港口和东部洛坤港口之间的一条陆路是连接泰国和世界的主要贸易之路。今天，这种世界性的融合在这里仍然感受得到，在当地的烹饪菜谱中、在寺庙和博物馆中都可以找到这种感觉。

景点

洛坤的大多数商业活动（酒店、银行和餐厅）都在市中心的北部。钟塔的南部是这个城市的历史区，游客最多的玛哈泰寺就在这里。Th Ratchadamnoen路是主干道，满是便宜的小型敞篷客车，两个方向都有。

玛哈泰寺 寺庙

（Wat Phra Mahathat Woramahawihaan；Th Si Thamasok）玛哈泰寺是泰国南部最重要的寺庙，漂亮的园区号称有77座佛塔和77米高的壮丽的金顶佛塔。根据传说，1000多年以前Hem Chala女王和Thanakuman王子把圣物带到了洛坤，并建了一座小宝塔保存珍贵的圣物。从那以后这座寺庙变成了一个休闲胜地，现在每天都有人群集结在这里购买流行的乍都堪护身佛牌。不要错过里面小小的陶瓷博物馆。

皮影 博物馆

（Shadow Puppets；Th Si Thamasok Soi 3）当地有两种形式的传统皮影戏：nǎng đà·lung和nǎng yài。前一种不到1米高，有可移动的部件（包括生殖器），后一种几乎是真人大小，缺乏移动的部件。两种都是用牛皮精制的。Suchart Subsin的木偶屋有一个小博物馆，里面的员工可以演示制作的过程。游客花些钱可以欣赏简短的表演。

国家博物馆 博物馆

（National Museum；Th Ratchadamnoen；

门票30B；⏲周三至周日9am~4pm）当Tampaling王国（也被称作Tambralinga）与印度、阿拉伯、陀罗钵地（Dvaravati）和占城的商人贸易时，以洛坤为中心的地区是一个工艺和艺术的大熔炉，很多遗产陈列在国家博物馆破败的门面之后。

食宿

洛坤是一个品尝独特的南方美食的好地方。夜晚，穆斯林食物摊出售美味的鸡肉印度炒饭（kôw mòk gài，Chicken biryani）、鸡肉或蔬菜馅的印度饼（má·đà·bà；murdabag）和烤饼（roti）。各种美味聚集在Th Ratchadamnoen的Bovorn Bazaar。

Nakorn Garden Inn
客栈 $

（☎0 7532 3777；1/4 Th Pak Nakhon；房间445B；❄）汽车旅馆风格的Nakorn Garden Inn提供与通常的水泥房间不同的选择。房间墙壁是裸露的红砖，环绕着一个沙滩花园而建。每个单元都是一样的，都有电视和冰箱，尽量订一个阳光充足的房间。

Twin Lotus Hotel
酒店 $$

（☎0 7532 3777；www.twinlotushotel.net；97/8 Th Phattanakan Khukhwang；房间1400~1600B；❄📶🏊）它的年龄已经开始逐渐显现出来，但是在游览洛坤期间，这里仍然是一个可以稍微奢侈一下的好地方。这个16层的庞然大物坐落在市中心东南方向几公里外的地方。

Khrua Nakhon
泰国菜 $$

（Bovorn Bazaar；菜肴60~200B；⏲早餐和午餐）这里有许多传统的洛坤美食供选择。点一个共享盘（sharing platter），享受5种类型的咖喱（包括一种很难吃的香辣鱼酱）。也可以试一下南式米饭沙拉（kôw yam）。在Robinson Ocean Mall还有另外一家。

Rock 99
各国风味 $

（1180/807 Bavorn Bazaar；菜肴40~130B；⏲晚餐）Rock 99有国际化的食物供选择——从玉米卷沙拉到比萨（但是避开泰国食物）。周三、周五和周六的晚上这里会有现场音乐，任何时间都有可能碰到友好的外国人。

实用信息

在市中心北端的Th Ratchadamnoen路有一些银行和ATM。Robinson Ocean购物中心的3层有一个英文书店。

Bovorn Bazaar（Th Ratchadamnoen）商场里有几家网吧。

警察局（☎1155；Th Ratchadamnoen）在邮局对面。

邮局（Th Ratchadamnoen；⏲8:30am~4:30pm）

TAT**办事处**（☎0 7534 6515）在城市公园（Sanam Na Meuang）的北端，在一栋建于1926年的古老建筑里。当地的OTOP工艺品室就在Sanam Na Meuang公园的西面，隔一个街区就是。

值得一游

銮山国家公园（Khao Luang National Park）

銮山国家公园（อุทยานแห่งชาติเขาหลวง；[电话图标]0 7530 9644-7；成人/儿童 400/200B）以其俊丽的山峰、宜人的森林徒步、凉爽的泉水以及瀑布和果园而闻名。它围绕着1853米高的銮山而建。銮山被原始森林覆盖，具有丰富的溪水、河水和瀑布资源，还是许多鸟类的栖息地。这儿对于正处于发展中的鸟类学来说具有很大的价值。喜欢研究植物的人们也能在此找到乐子，因为这里有300多种兰花，其中一些在其他地方都找不到。

公园里的平房每晚的出租费为600~1000B，可供6至12人入住。人们也可沿到达山顶的小路**露营**。你可以乘坐小型敞篷客车（大约花费25B）从洛坤到銮山脚下的Khiriwong村。公园入口即皇家森林部办公处，距洛坤市中心约33公里，在Rte 4015路上。经过一条长约2.5公里（海拔上升400米）的通往该办公处的沥青马路，再过450米，就是停车场。

M026
Boat sponsored by:
LOXLEY

图片 / 泰国南部岛屿的小木船　摄影 / 叶孝忠

lonely planet

“只要决定出发，最困难的部分就已结束。那么，出发吧！”

托尼·惠勒（Tony Wheeler），Lonely Planet 联合创始人

TIB031627

到达和离开

飞机一些比较小的航空公司如泰国飞鸟航空、亚洲航空和泰国东方航空公司（以及泰国航空公司）每天都有从曼谷到洛坤的航班，每天大约有6个航班，航程1小时。

火车每天都有两列火车从曼谷开往洛坤（沿途在华欣、春蓬和素叻他尼停靠）。它们都是运行12个小时的夜间列车，分别在下午5点35分和7点15分开出。这些火车将继续开往合艾和双溪哥乐。

长途汽车从曼谷出发的巴士在早上6点和8点之间或者在下午5点30分和晚上10点之间开出，每天大约有7班。到曼谷的普通巴士从总站出发，一些私人巴士从Th Jamroenwithi的订票处出发，在那里你还可以买到票。这个旅程需要12个小时。

在寻找离开洛坤的小客车停车站时，请留意市区道路两侧的小桌子（小客车和等待的乘客可能在或可能不在附近）。最好问问周围的人，因为前往不同目的地的车有不同的出发点。甲米和Don Sak小客车在同一组，请确保你没上错车，站点分布在Th Jamroenwithi、Th Wakhit和Th Yommara区域。

当地交通

沿着Th Ratchadamnoen和Th Si Thammasok有南北方向的小型敞篷客车，10B（晚上会稍微贵一些）。摩的最少要20B，更远的距离最多会要50B。

宋卡府（SONGKHLA PROVINCE）

宋卡的邮编是90210，但是这里不是比佛利山庄（Beverly Hills）。本府的两个重要商业中心合艾和宋卡通常不会受到祸害南方城市的政治动乱的影响。当勇敢的游客在当地的市场中漫步，品尝穆斯林-泰式混合料理以及在轻风习习的海滩上放松的时候，他们会发现身边的游客用一个手就能数得过来。

宋卡及周边（Songkhla & Around） สงขลา

人口 90 780

“位于两个海之上”的宋卡是游客的相机镜头的完美对象，然而慢节奏的宋卡并没有大量的外国游客。虽然城里没有经历过席卷南方省市的穆斯林分裂分子的暴力行为，但是负面压力却在所难免。这是一个巨大的遗憾，因为这里是游客在泰国南部体验独特的穆斯林风情的最后一个安全城市。

这里混合了泰国人、中国人和马来人，当地的建筑风格和美食完全反映了这种融合。

景点

国家博物馆 博物馆

（National Museum；พิธภัณฑสถานแห่งชาติสงขลา；Th Wichianchom；门票150B；⏲周三至周日9am~4pm，公共假期不营业）国家博物馆所在的建筑建于1878年，最初作为一位名人的住宅按照中国式的建筑风格建造。这个博物馆可能是泰国所有国家博物馆中最漂亮的一个了，其包含了泰国所有艺术时期的展品，尤其是室利佛逝时期的。展品还包括泰国和中国的陶瓷以及当地中国贵族拥有的豪华中式家具。

Hat Samila 海滩

（หาดสมิหลา）如果博物馆不是你喜欢的类型，那就去海滩吧。这里的居民已经开始细心管理Hat Samila海滩沿线的白色沙滩了，现在这里是一个相当好的散步或者放风筝（当地人非常痴迷）的地方。一个青铜美人鱼雕像正梳理着自己湿漉漉的长发，向Mae Thorani（印度佛教中的大地女神）致敬，雕像坐落在海滩北端的岩石上。当地人把她看作一个神像，在她的腰部系上彩色的丝带，抚摸她的胸部可以带来好运。在她旁边是猫和老鼠雕像，以猫和老鼠岛命名（Cat and Rat Islands；Ko Yo岛和Ko Losin岛）。一个龙雕像的碎片被放在了城市的各处。Nag Head（龙头）向大海喷着水，据说会带来繁荣和淡水——当地人喜欢在这里集合。

Ko Yo 岛屿

（เกาะยอ）一个从宋卡出发的很受欢迎的一日游地点。这个岛在Thale Sap的中部，有与大陆相连的桥梁，这里的棉纺织业很出名。路边有一个市场卖布和成衣，价格很便宜。

如果你去Ko Yo岛，不要错过**Wat Phrahorn Laemphor寺**，这里有一个巨大的倾斜的佛像。还有一个必须要去的地方是**他信民俗博物馆**（Thaksin Folklore Museum；☎0 7459 1618；门票100B；⏱8:30am~4:30pm），这个博物馆积极宣传和保护本地文化。这里的展览馆是典型的南部泰式房屋，里面有民间艺术、工艺品和传统的家居用品。

如果你带了孩子，可以去下面的地方：

宋卡动物园 动物园

（Songkhla Zoo；สวนสัตว์สงขลา；Khao Rup Chang；成人/儿童 30/5B；⏱9am~6pm）来这里享受一下与小老虎拥抱的乐趣吧。

宋卡水族馆 水族馆

（Songkhla Aquarium；สงขลาอะควาเรี่ยม；www.songkhlaaquarium.com；成人/儿童150/80B；⏱周三至周一9am~5pm）来这个华丽的新景点指指小丑鱼吧。

食宿

与海湾的其他地方相比，宋卡的酒店要便宜一些，稍微多花点小钱就可以让住宿上一个档次。

想要吃高质量的海鲜就去BP Samila Beach Hotel前面的那条街，最好的餐馆是环岛里的那家。如果你喜欢逛市场，每天你都可以去品尝街上的美食。周日可以去一下环绕着Pavilion Hotel的熙熙攘攘的市场。周一、周二和周三的时候在当地的鱼工厂和汽车站附近有一个夜市（开到晚上9点），周五的早市在市政厅（City Hall）的斜对面。

BP Samila Beach Hotel 酒店 $$

（☎0 7444 0222；www.bphotelsgroup.com；8 Th Ratchadamnoen；房间1680~2500B；❄@🏊）这是古怪宋卡的地标式建筑。这个城里最时髦的地方同时也是一个非常划算的地方——同样的设施在那些海岛上你需要花费双倍的钱。酒店直面海滩，宽敞的房间里有冰箱和卫星电视，你可以选择看海景或者是山景（两者都非常好）。

Green World Palace Hotel 酒店 $$

（☎0 7443 7900-8；99 Th Samakisukson；房间1000~1200B；❄@📶🏊）游客们说宋卡的住宿像白菜一样便宜，他们并没有撒谎——Green World就是证据。这个高档酒店的大厅中有枝状的吊灯、旋转的楼梯，五层有游泳池，还可以看风景。房间非常整洁，现代化的生活设备是双倍价格的酒店才有的。

Khao Noy 咖喱店 $

（☎0 7431 1805；14/22 Th Wichianchom；菜肴30~50B；⏱周四至周二 早餐和午餐）宋卡最受好评的咖喱店（ráhn kôw gaang）。有各种各样的正宗南式咖喱、汤、炒菜和沙拉。天蓝色的Chokdee Inn南面的玻璃橱柜里面放着几个装有食物的不锈钢托盘。

实用信息

城内各处都有银行。

印度尼西亚领事馆（Indonesian Consulate；☎0 7431 1544；Th Sadao）

马来西亚领事馆（Malaysian Consulate；☎0 7431 1062；4 Th Sukhum）

警察局（☎0 7432 1868；Th Laeng Phra Ram）在市中心的北面。

邮局（Th Wichianchom）在市场的对面，楼上可以打国际电话。

到达和当地交通

火车从宋卡去往那些远程的南方目的地，你需要去合艾乘车（火车不再经过市区）。

长途汽车政府的长途汽车站在Viva Hotel往南100米处。每天有3班二等长途汽车开往曼谷，在春蓬、洛坤和素叻他尼等地停靠。去合艾的长途汽车和小客车大约需要40分钟，从Th Ramwith路出发。这里也有去往Ko Yo岛的小型敞篷客车。

合艾（Hat Yai） หาดใหญ่

人口157 400

欢迎来到乡下版的泰国大城市。作为宋卡府最活跃的城镇，这里很久以来就是马来西亚人最喜欢的周末嫖妓之旅目的地。现在合艾很高兴地与国际化握手了——西方式的购物中心在城市中延伸，是当地的青年人闲逛和中年女士运动的好地方。

游客们通常只是在沿着半岛行驶的火车

上瞥一眼这座城市的霓虹灯，但是决定留下来逛一逛的那些人却会收获当地的美味料理（这里有几百家餐厅）、购物的乐趣（DVD有没有人要？）以及舒适的酒吧和激情的迪斯科舞厅混合在一起的晚间景象。

食宿

合艾有许多酒店从火车站走路就能到。这里是泰国南方烹饪的非正式首都，有穆斯林烧烤和咖喱、中国面条和点心以及来自海湾和安达曼海岸的新鲜泰式海鲜。在Th Niyomrat路的Niphat Uthit 1和2之间是一连串休闲又便宜的穆斯林餐厅，每天大概从早上7点营业到晚上9点。这些地方的一顿饭大约需要花费20~60B。

夜市（Th Montri 1）有大量的当地食品，一些摊位卖非常有名的合艾式炸鸡（Hat Yai-style deep-fried chicken）和新鲜的咖喱米粉（kà·nǒm jeen），还有一些摊位卖烤海鲜。

Regency Hotel 酒店 $$

（☎0 7435 3333-47；www.theregencyhatyai.com；23 Th Prachathipat；房间798~5680B；❄@≋）这个漂亮的酒店有一种古代世界的宏伟与美丽，现今真的很少见。在旧区的房间小一些（也便宜一些），有极富魅力的木质家具，新区的房间景色非常好。

Sor Hueng 3 泰国菜 $

（☎08 1896 3455；79/16 Th Thamnoonvithi；菜肴30~120B；⊙晚餐）这是一个当地的传奇，非常受欢迎，在城内有许多分店，提供许多美味的泰式中餐和泰国南方菜。在菜单中点一个看起来不错的或者现炒的菜就可以了。

实用信息

移民局（Immigration Office；Th Phetkasem）在铁路大桥附近，办理签证延期。

TAT办事处（tatsgkhla@tat.or.th；1/1 Soi 2，Th Niphat Uthit 3）这里的员工英语讲得非常好，有整个区域的大量信息，非常有帮助。

旅游警察局（Th Niphat Uthit 3；⊙24小时）在TAT办事处附近。

到达和离开

飞机

泰国国际航空公司（THAI；182 Th Niphat Uthit 1）每天有8个航班在合艾和曼谷之间往返。

几乎所有廉价的航空公司都有往返于曼谷的航班：

亚洲航空公司（Air Asia；www.airasia.com）每天都有航班从合艾飞往曼谷和Kuala Lumpar。

飞鸟航空公司（Nok Air；www.nokair.com）每天都有航班在合艾和曼谷的廊曼机场（Don Muang Airport）之间往返。

长途汽车

大多数省际公共汽车和往南开的小客车从长途汽车总站出发，长途汽车总站在市中心东南2公里处。大多数往北开的小客车从一个小客车总站出发，小客车总站在市区往西5公里处的Talat Kaset，从市中心坐机动三轮车去这里需要60B。合艾到几乎所有泰国南部的地点都有长途汽车。

Prasert Tour（Th Niphat Uthit 1）安排开往素叻他尼的小巴（4.5小时，8am到5pm），**Cathay Tour**（93/1 Th Niphat Uthit 2）安排开往南方很多地点的小客车。

火车

每天有4趟夜班火车往返曼谷，路程至少需要16个小时。每天有7趟火车沿着东海岸开往双溪哥乐。每天有2趟火车往西走，开往北海（Butterworth）和巴丹勿刹（Padang Besar），这两个地方都在马来西亚。

火车站有一个售票厅和一个行李寄存处，都是在每天早上7点和下午5点之间营业。

当地交通

机场出租车服务（Airport Taxi Service；☎0 7423 8452；182 Th Niphat Uthit 1）每天有4趟车开往机场（每人80B，6:45am、9:30am、1:45pm和6pm）。自己打车需要280B。

沿着Th Phetkasem有小型敞篷客车（每人10B）。城镇周围的机动三轮车和摩的每人需要付20B至40B。

南方腹地（DEEP SOUTH）

也拉（Yala） ยะลา

人口 65 000

被陆地包围的也拉与相邻的其他城镇感觉明显不同。宽阔的马路和井井有条的街道非常有西方的风格，也拉还是一个大学城。

也拉最有吸引力的景点是**Wat Kuha Pi Muk寺**（也被称作Wat Na Tham或者Cave-front Temple），位于城镇往西8公里处也拉通往合艾的路（Rte 409路）上。这个室利佛逝时期的洞穴寺庙有一个倾斜的佛像，佛像可以追溯到公元757年。一尊巨大的雕像守卫着寺庙的入口，阳光透过洞顶的天然小洞照射进来，照亮各式各样古老的佛教洞穴壁画。该寺是泰国南部最重要的朝圣地之一。

在wát ogling休息一下，然后去勿洞（Betong）看一下泰国最大的邮箱，这个邮箱是在1924年建造的。从勿洞也可以合法过境到马来西亚，但是不太方便，你可以联系一下也拉的**移民局**（☎0 7323 1292），或者看一下254页框内文字。

食宿

游客非常少，意味着花很少的钱就能住到很舒适的房间。

Chang Lee Hotel 酒店 $

（☎0 7324 4600；www.yalasirichot.4t.com；318 Th Sirirot；单&双 400~460B；❄）从火车站走15分钟路就到，有许多豪华的房间款待商务旅行者。设施包括一个卡拉OK夜总会和咖啡厅。

虽然是内陆，也拉却有一些非常好的海鲜餐厅，Th Pitipakdee和Th Sribumrung周围就有很多。火车站周围满是米饭和米粉摊。

到达和当地交通

开往合艾的汽车（150B，2.5小时）每天在Th Sirirot路的Prudential TS Life office外停好几次。街对面是其他往北开的中短途汽车的站点。也拉的火车站每天有4趟车开往曼谷（193~1675B，18~22小时），有7趟车开往双溪哥乐（41~917B，2~3小时）。

北大年（Pattani） ปัตตานี

人口 118 000

就像一个叛逆的孩子永远无法与他的继母和睦相处，北大年从来就没有完全服从过泰国的统治。以前它是一个庞大的穆斯林国度的心脏和灵魂，这个国度包括附近的也拉府和那拉提瓦府。虽然现在的政治形势阻碍了这里的发展，但是北大年与世界上最有名的帝国已经有500年的贸易历史了。1516年，葡萄牙人在这里建立了贸易站，1605年日本人到了这里，1609年是荷兰人，1612年英国也开始了他们的殖民掠夺。

尽管这座城市的过去还算吸引人，但是现在除了可以从这里到达附近优美的海滩，已没什么有趣的地方了。很不幸，对于独立旅行者来讲，正在进行的叛乱活动（见252页框内文字）已经把这里变得完全不安全了，只有少数一些沙滩除外。

景点

北大年河（Mae Nam Pattani）像一条分界线，把东面的老城和西面的新城一分为二。徜徉于Th Rudi路，你可以好好看看这个城市的历史建筑——是曾在南泰国风行一时的中葡风格。Th Arnoaru路，几座中式房屋在历经了多年风吹雨打后依然保存完好。

泰国的第二大清真寺**Matsayit Klang**（Th Naklua Yarang）建于20世纪60年代，这座带着绿色调的传统建筑可能是泰国南部最为重要的清真寺。

如果不是因为政局动荡，北大年将会成为游人如织的海滩旅游胜地。但不幸的是，目前来说在这个地区的大部分地方独自探险将会存在很多危险，而在稍微远一点的北边还有很多环境优美的海滩，安全系数相对高一些。

当地居民常常去一个叫作**Laem Tachi**的海角，它从Ao Pattani湾北端延伸入大海。你可以从北大年码头乘坐出租船到达那里。与Yaring Amphoe相邻，位于北大年以东14公里处的**Hat Talo Kapo海滩**，是一个热门旅游景点。位于北大年以北35公里处的**Thepha区**，尽管从区位上来说属于宋卡府（Songkhla Province），却是这一地区最繁华的旅游胜地。在那儿你会发现几处专门为泰国中产阶级服务的稍显陈旧的娱乐场所。在宋卡和北大年交界处附近的**Hat Soi Sawan**，有一些简易的海景餐厅，受到周末游客的欢迎。踏上任何一辆从北大年出发开往宋卡的公共汽车，你都可以到达Thepha区，记得告诉司机你要去的地方，司机会停靠在路边，然后你再散个小步就走到沙滩了。

食宿

北大年市（PATTANI TOWN）

CS Pattani Hotel 酒店 $$

（☎0 7333 5093；www.cspattanihotel.com；299 Moo 4，Th Nong Jik；房间/套 包括早餐 1000~1500/2500~3500B；❄@🛜🏊）如果你在北大年住宿，你可能也会很享受的。CS Pattani有一个华丽的殖民地时期风格的大堂、两个游泳池、一间精美的餐厅、一间桑拿蒸汽浴室……不胜枚举。位于市中心往西大约2公里处。

Palace Hotel 酒店 $

（☎0 7334 9171；10-12 Pipit Soi Talattewiwat 2；房间200~700B；❄）尽管地处脏乱的市场街，这里的客房还算干净和舒适，特别是带空调的低层房间。

Satay Jao Kao 穆斯林—泰国菜 $

（37/20 Th Udomwithi；菜肴20~30B；⏲10am~6pm）这家备受推崇的露天餐厅提供带甜蘸酱调料的地方风味牛肉沙爹。北大年的穆斯林美食家们还极力推荐Th Udomwithi路上的其他几家餐厅。

THEPHA区

Sakom Cabana 度假村 $$

（☎0 7431 8065；136 Moo 4，Tambon Sakom；房间600~800B；❄）这家简单的度假村离北大年40公里，有几间吸引人的洁净的复式平房，离海滩只有几步路。

实用信息

在Th Pipit路的东南端有几家银行，在Th Naklua Yarang路交叉口的附近。

网吧（Th Peeda Talattewiwat 2与Th Pipit交叉路口；每小时20B）在Palace Hotel附近。

北大年医院（Pattani Hospital；☎0 7332 3411-14；Th Nong Jik）

警察局（☎0 7334 9018；Th Pattani Phirom）

到达和当地交通

小客车是这个地区最受欢迎的交通方式，每天有频繁的小客车开往合艾（100B，1.5小时）、那拉提瓦（100B，2小时）、宋卡（90B，1.5小时）和双溪哥乐（130B，2.5小时），北大年各处都有站点。想知道出发地点可以咨询一下你的酒店。开往曼谷的长途汽车（594~1187B，15~16小时）从CS Pattani Hotel附近的车站发车。当地的出租车可以载你去城里的任何地方，价格是每人10B。

那拉提瓦（Narathiwat）

นราธิวาส

人口109 000

坐落在Bang Nara河畔的那拉提瓦可能是泰国最大的穆斯林城市，河边的某些中葡式建筑已经有超过1个世纪的历史了，城外有漂亮的沙滩。不幸的是，这一地区的安全形势扼杀了旅游业的发展（详见252页框内文字）。请务必了解最新的形势，然后再前往这一地区。

景点

Matsayit Klang伫立在Th Pichitbamrung路的南端，是一座苏门答腊风格的木结构清真寺。据说这是早期北大年王国的王子在100多年前建造的。

城区的北边就是**Hat Narathat**，一段5公里长的沙质海滩，前面都是高耸的松树，这里是当地人名副其实的公园。这个海滩距离城区中心只有2公里，你可以轻松地步行或者乘sǎhm·lór前往。

城区以南5公里处的**Ao Manao**曾经是一处很受欢迎的阳光沙滩，但现在经常光顾

泰国南方腹地战乱问题

背景介绍

泰国最南部的边境地区一片苍翠，郁郁葱葱，但这里却是暴力高发地带。尽管处于泰国南方腹地的3个府在100多年前就被暹罗王国统一，但部分地区仍然存在骚乱，誓求独立。

武装分裂分子一直以来希望重建“北大年王国”，这是一片卡塔尔面积大小的穆斯林领地，但早在今天的叛乱分子还未出现之前就不复存在了。由于靠近马来—印尼群岛，该地区追奉13世纪阿拉伯商人的伊斯兰信仰。该王国有500年左右的历史，1902年被由佛教徒主导的暹罗王国征服并被划分为3个府：也拉、那拉提瓦（Narathiwat）、北大年（Pattani），沙敦区（Satun）的一部分也曾在该王国治下。

这些南部地区从未真正地归顺过泰国，在20世纪80年代和90年代这里暴力争取独立的斗争相对来说并不激烈，然而现在比以往任何时候都更加汹涌。

2004年以来，当地的死亡人数达到了4600人，这标志着暴力斗争再次复苏了。尽管分裂分子与泰国皇家陆军进行了半公开的秘密和谈，但很少人认为这样不堪的内战会很快结束。

在这里，杀戮每天都发生，分裂分子使用的震慑战术足可运用到伊拉克或巴基斯坦的战场上，僧侣和孩子被斩首的事情司空见惯；老师们被视为是文化同化的代言人，在去上课的路上被枪击；胶农被AK-47击毙，仅仅因为与佛教徒邻居的关系还不错。

分裂分子愈发精明老练，他们曾用家用塑料、C-4和生锈的铁钉制造路边炸弹。至于无线电控制的雷管和各式复杂的攻击，他们已经熟练掌握——炸弹第一次爆炸扫平不幸的平民，然后安置在附近的炸弹二次爆破干掉闻讯赶来的拆弹小组。

是什么使叛乱分子这么极端呢？根据分裂分子的说法，他们必须抵制“暹罗异教徒”把佛教强加给他们。早在1939年的时候，泰国就关闭了这个地区的伊斯兰学校和伊斯兰教法院。当地的亚威语在政府机构里也是被禁止的。

一些政府机构里的官员不会讲当地的语言，当地人去这些机构的时候会感叹没有尊严。军队也强制执行“紧急状态”——实际上是军事管制，限制那些被逮捕的人的权利。穆斯林组织抱怨这些人被错误指控而且再也回不来了。从军官、警察局长到市长，有权力的位置都是泰国的佛教徒，没有当地的穆斯林教徒。

两个军队丑闻激化了穆斯林对泰国政府的蔑视：2004年的Tak Bai事件和Krue Sae事件。前者是有大约80名那拉提瓦Tak Bai的穆斯林抗议者被关在了一个闷热的卡车货舱里直到窒息。后者则是部队袭击了北大年的一个叫Krue Sae的清真寺，击毙了30多名叛乱分子嫌疑人，所谓的分裂分子都拿着刀，只有一把枪。军队坚称两起事件都是意外。

分裂分子最显著的特征可能是他们坚固的沉默守则。泰国士兵说与叛乱做斗争就像是在和鬼魂战斗。自称为“Pattani圣战者组织”的组织被一位学者称为是一个没有核心的网络：以村为基础的单元拼凑在一起，各自为战。

各种各样的反抗组织有同样的理想，但是却没有共同的领导。说法很多，但是人们相信各种网络控制着大约8000名分裂分子。他们不像基地组织或塔利班，很少宣称对袭击负责，更倾向于自豪地保持沉默。

把传单散播在受害者的尸体上是叛乱者比较喜欢的沟通方式。一篇典型的文章这样写道：“使暴力更残忍。我们知道泰国佛教徒不喜欢暴力，热爱和平。当泰国佛教徒无法忍受的时候他们就会投降。”

正如预期，杀戮已经导致佛教徒的集体逃亡。在一些军队所称的“红色区域”，泰国国家控制的地方非常少，间隔也非常远，比如说学校，甚至是邮政路线。没有手持M-16的士兵护卫，和尚们都不敢参加捐赠活动。据一些专家所称，南方腹地25%的村庄在某种程度上都在叛乱者的实际控制之下。

值得注意的是，暴乱不愿攻击南部腹地以外的地区，这可能是冲突缺少国际关注的原因。如果攻击较大地区的话，会对泰国以及游客的心灵造成巨大的伤害。

分裂分子并不涉足甲米的背包客海滩、普吉岛的度假村或者是作为泰国权力中心的曼谷。同样，叛乱者也不愿加入基地组织、巴基斯坦或者印度尼西亚的伊斯兰教恐怖组织。

Pattani联合解放组织是最古老的分裂组织，其中的一位高级成员坚称叛乱永远不会寻求外界的帮助。尽管仅代表几个派系中的一个，他宣称会热情欢迎西方游客来这里纯朴的海滩。

但是就目前来讲，暴力已经扼杀了当地旅游业的发展。即使分裂分子只是要伤害泰国佛教徒和穆斯林投敌者，市场上的炸弹却是不长眼睛的啊。能够令游客满意舒适的酒店也在攻击范围之内，因为这些酒店也是高级官员所喜爱的。

唯一比较稳定的客流是来这里痛饮和寻找女性同伴的马来人。然而，鉴于夜总会外面大量的爆炸，他们这么做也是有风险的。

但是不管"Pattani圣战者组织"沾了多少鲜血，他们貌似也无法达到他们所宣称的目标：一个独立的伊斯兰国度。

虽然大多数泰国人把南方腹地看作是另一个星球，但是在上学时被灌输的强烈的民族主义使人民无法接受领土的分裂。一个权威人士如果支持分裂泰国领土就等于是政治自杀。曼谷的媒体会详细记录每天的杀人事件，即使如此，对那些确信南方腹地永远无法摆脱恐怖事件的选民来说，叛乱只能先放在一边。

相对于泰国人的屈服，某种形式的自治对于叛乱者和他们的追随者而言可能是一种更加合理但仍旧很遥远的期望。泰国军方官员和流离在外的分裂分子从2000年开始就有一些零星的对话。然而军队的信念已经被动摇了，因为每次叛乱者首脑在尽力停火的时候，现场的反叛者却并不服从。

所以泰国的军方有一个很烦恼的问题：你如何与一个没有核心的组织进行谈判？

帕特里克•温（Patrick Winn），环球邮报（*Global Post*）国外通讯社东南亚通讯员

你应该去吗？

虽然到这个地区旅游还是有可能的，但是由于叛乱对旅游业的影响，南方腹地的旅游基础设施都是最低限度的，比如酒店、餐厅、交通和活动等。来这个地区的游客，大多数是为了游览那些无人居住的淳朴海滩，因为暴力的威胁，一般来讲，不推荐去那些海滩游玩。

迄今为止，游客并没有成为袭击目标，但是暴乱的随机性注定了形势的发展是很难预测的（炸弹袭击是不加选择的）。如果你计划游览这个地区，想知道当前的形势，权威人士建议你联系当地的旅游警察局或者是TAT，但是你要做好准备听到一段不乐观的高谈阔论。一般来讲，早上或者晚上游览北大年和那拉提瓦是强烈不推荐的，租一辆摩托车单独旅游是有一定风险的。在市区的时候最好不要在停着的摩托车附近溜达，曾经有摩托车被装上远程控制的炸弹。

奥斯汀·布什（Austin Bush），本章南方腹地部分的作者

这里的只有来此捕鱼的当地人。

泰国南部最高的坐佛佛像在**Wat Khao Kong寺**，在西南方向6公里处去往Tanyongmat火车站的路上。这个佛像有17米长、24米高，由钢筋混凝土筑成，表面镶有细小的金色瓦片，在阳光中如魔法般闪烁发光。

食宿

城中大部分的住宿地都在沿着Bang Nara河的Th Puphapugdee路上及其附近。

Tanyong Hotel 酒店 $$

（☎0 7351 1477；16/1 Th Sophaphisai；房间包括早餐900~1700B；❄📶）数十年以前，这里无疑是那拉提瓦最高档的酒店，但是随着时间的推移，它逐渐变成了一个便捷、令人满意的选择，不过标价稍有些高。

Ocean Blue Mansion 酒店 $

（☎0 7351 1109；297 Th Puphapugdee；房间350~1500B；❄）这里是城中唯一一家可以真正观赏到河畔美景的酒店。客房内配有大冰箱和有线电视。

Jay Sani 穆斯林-泰国菜 $

（50/1 Th Sophaphisai；菜肴30~60B）这里是当地人品尝美味的泰式穆斯林食品的地方。随便点一些咖喱或者是看起来不错的炒菜就可以了，但是一定不要错过传说中的牛肉汤。

Ang Mo 中国菜、泰国菜 $

（Th Puphapugdee和Th Chamroonnara交叉路口；菜肴30~80B；⏲午餐和晚餐）这家极受欢迎的中餐厅既便宜又美味，甚至招待过泰国皇室成员这样的大人物。

实用信息

泰国旅游局办事处（TAT；☎全国呼叫中心1672，那拉提瓦0 7352 2411）位于城南几公里处，在去Tak Bai的路上过了桥就是。

到达和离开

亚洲航空公司（☎nationwide call centre 02 515 9999；www.airasia.com；Narathiwat Airport）和**飞鸟航空公司**（☎nationwide call centre 1318；www.nokair.co.th；Narathiwat Airport）每日各有航班往来于曼谷（1790B起，90分钟）。

有带空调的长途汽车开往曼谷和普吉岛，大多数小客车从城南2公里处的Th Rangae Munka上的**长途汽车总站**（☎0 7351 1552）发车。到普吉岛的长途汽车（530B，12小时）首发于双溪哥乐，每天经过那拉提瓦3次，分别是上午7点、上午9点和下午6点30分，然后继续开往北大年、合艾、宋卡、董里、甲米和攀牙。开往曼谷的公共汽车每天发车数次（669B到1296B，15小时）。

小客车开往合艾（150B，3小时）、北大年（100B，2小时）、宋卡（150B，2小时）、双溪哥乐（70B，1小时）和也拉（100B，1.5小时），这些车一般从早上5点到下午5点每小时发车。

那拉提瓦很小，徒步就足够了，尽管乘摩的到处走走只需要20B。

穿越边境：双溪哥乐到Rantau Panjang

泰国**边界**（⏲5am~9pm）离双溪哥乐市中心或火车站大约1公里。在办完过境手续后，过了桥到马来西亚的边境岗，然后去一个非正式的交通中心。到马来西亚吉兰丹州的省会哥打巴鲁（Kota Bharu）拼车大约需要每人RM$8（大约80B），自己包车的话大约需要RM$40，路程大约为40分钟。也有到哥打巴鲁的公共汽车，票价是RM$4.50，需要大约1小时。

乘所谓的“丛林火车”继续往南也是可能的，但是最近的车站在Pasir Mas，在开往哥打巴鲁的出租车/公共汽车路线上。

同样，在那拉提瓦的Tak Bai和南面也拉的勿洞（Betong）也可以让外国人合法过境，但是丰富的交通和其他设施使双溪哥乐—Rantau Panjang成为本区域中最方便的过境地点。

双溪哥乐（Sungai Kolok） สุไหงโกลก

人口70 000

虽然那拉提瓦是正式的首府城市，但同更大、更繁忙的姊妹城市双溪哥乐相比，它简直又小又弱。这座没有灵魂的边界城市是马来西亚和泰国主要的南部通关口岸，主要产业是边境贸易以及周末为马来西亚的男人们提供性服务。夜幕降临，各个酒吧生意火爆，Soi Phuthon和Marina Hotel后面的小胡同也热闹非凡，相比之下芭堤雅（Pattaya）或芭东（Patong）都显得很安静。

食宿

如果你必须在双溪哥乐过夜，这里有很多的住宿地可供选择，大多数主要面向“钟点房”顾客。

不幸的是，尽管双溪哥乐有多元文化也很重视旅游，但是这里绝对不是品味美食的目的地。一个小型的**夜市**在移民局隔壁——在中心区一个只有中文标牌的小摊上可以尝到极其美味和廉价的美食。

Genting Hotel 酒店 $$

（☎0 7361 3231；250 Th Asia 18；房间620~720B，套1520B；❄📶🏊）酒店满足会议需求，有一个酒吧和一个卡拉OK休闲厅。有一些还不错的、稍微有些旧的中档房间，距离那些脏乱地区比较远。

Merlin Hotel 酒店 $

（☎0 7361 8111；68 Th Charoenkhet；房间480~700B；❄）不要被大堂骗了，这里的房间其实很普通，但是如果你需要一个能看风景的便宜房间，这里是一个很好的选择。

实用信息

除了边境上的那个移民局之外，在Merlin Hotel的对面还有一个**移民局**（☎0 7361 1231；Th Charoenkhet；⌚周一至周五8:30am~4:30pm）。有一个旅游警察局在边境上。城内有许多带ATM的银行，也有外币兑换服务，在过境时间内都开放。

CS Internet（Th Asia 18；上网每小时20B；⌚10am~9pm）在Genting Hotel对面。

到达和离开

长途汽车和小客车

长途汽车站（☎0 7361 2045）在城东，从晚上9点到晚上10点每天有3趟带空调的长途汽车开往曼谷（720~1400B），路程为18个小时。每天早上有2趟车开往普吉岛（580B），路上在甲米有停靠站（460B）。开往那拉提瓦的小客车（80B，1小时）每半小时从火车站对面发车。开往北大年（130B，2.5小时）、也拉（90B）和合艾（180B，4小时）的小客车白天1小时1趟，发车地点就在Genting Hotel前面。

火车

从双溪哥乐到曼谷每天有2趟列车（200~1753B，大约20小时，11:30am和2:20pm发车）。当地的火车也在素叻他尼、洛坤和合艾有站。想要查看其他目的地的时间表和价格可以联系**泰国铁路局**（State Railway of Thailand；☎nationwide call centre 1690；www.railway.co.th）或者浏览他们的网站。

当地交通

城镇四处都有摩的，从市中心到边境需要花费大约30B。

普吉岛和北安达曼海岸

包括»

最佳餐饮

» Rum Jungle（见274页）
» Ka Jok See（见268页）
» Tatonka（见288页）
» Mama's Restaurant（见306页）
» Cook（见268页）

最佳住宿

» Six Senses Hideaway（见312页）
» Mom Tri's Villa Royale（见274页）
» Twin Palms（见285页）
» Phuket 346（见267页）
» Nangthong Beach Resort（见306页）

为何去

时尚设计的别墅还是小竹屋？或者还有些别的想法？无论你想要什么，北安达曼海岸都会新鲜热辣地为你奉上，还佐以碧海蓝天来调味。位于海岸最南端的普吉岛则是这里崭露头角的的耀眼明星，甚至连令人眩目的五星级酒店都为大片银沙增色不少。在这里，各种宴会派对、水上运动和温泉水疗令你应接不暇，即便放弃睡眠也在所不惜。而远在北部的拉廊府，那些远离旅游业的边境小镇里，混居着众多勉强度日的缅甸人和泰国人。在普吉府和拉廊府之间的300公里旅程中，你可以欣赏到穆斯林和莫肯人的高跷屋（建立在支柱上）村落，陡峭的喀斯特地貌，《建筑文摘》（*Architectural Digest*）中描绘的度假村，嘈杂的满是摩托艇的海湾，错综纠缠的红树林沼泽，轻快飞舞的燕群。

何时去

普吉岛在5~10月间处于雨季。这段时间里，大海惊涛拍岸，许多旅游景点要么关闭，要么降价。在9月底或者10月举办的素食节上，有脸上穿孔的虔诚教徒的游行、无尽的烟火表演和美味可口的素食品。

12月至次年1月是旅游旺季，物价飞涨，住宿和交通都需提前预订。

普吉岛和北安达曼海岸游览亮点

❶ 在**普吉岛**（见260页）享受超豪华水疗。

❷ 在**芭东**（见282页）享受妙不可言的狂野之夜。

❸ 在**考索**（见302页）的原始的侏罗纪公园寻觅猴踪。

❹ 在**攀牙湾**（见309页）的碧水中驾皮划艇前往小港湾。

❺ 在**帕延岛**（见295页）海滩享受静谧的阅读乐趣。

❻ 在**普吉市**（见265页）寻觅迷人的、最新修复的中国-葡萄牙式风格的老建筑，里面遍布着咖啡馆、商店和美术馆。

❼ 在**素林群岛**（见300页）和**锡米兰群岛**（见307页）的碧海蓝天下浮潜、潜水或探险。

❽ 参与社区旅游项目，如Andaman Discoveries（见299页），居住在当地人家中，体会第一手的渔村文化。

❾ 在**小长岛**（见311页）的海滩上徜徉、骑车，享受彻底放松的感觉。

普吉府（PHUKET PROVINCE）

一直以来，人们对普吉岛的理解都存在偏差。首先，普吉岛的英文单词“Phuket”中的“h”不发音。其次，“普吉”给人的感觉根本不像一个岛屿。普吉岛很大（是泰国最大的岛屿），以至于你很难感受到周围海水的环抱，这也许就是人们将原来名称中的“ko”（意为“岛”）去掉的原因吧。普吉岛被誉为“安达曼群岛的明珠”，这里有专门为泰国量身定制的阳光乐趣。

普吉岛上的“罪恶之城”芭东是该岛最大、也是最为繁华的海滩。这里有大把声色秀场，宿醉的人群，大胆的姑娘们尽情展示着诱人的身体……但是芭东最引人入胜之处在于其对豪华的追求。喜欢环游世界的富豪们对芭东趋之若骛，他们在这里享受时髦的温泉浴场会议，在时尚前卫的夜总会中恣意品味暮后小酌的味道。然而，并非只有富豪才可以加入普吉岛的时尚阵营，这里还有深海潜水、高端餐饮、银色的沙滩在召唤你和你的海滩读物——一切皆随你所愿。

活动

潜水和浮潜

普吉岛地理位置优越，位于安达曼群岛顶级潜水场所的中心位置，其北边是有名的锡米兰群岛（Similan Islands），而其南边是以皮皮岛（Ko Phi-Phi）和兰塔岛（Ko Lanta）为中心的十多个呈扇形分布的岛屿。不过，这也就意味着从普吉岛出发前往这些顶级潜水场所更远、费用更高，你要为多出的油费买单。因此，普吉岛上大多数潜水教练会将潜水者带至该岛周围的9个不错的岛屿，如Ko Raya Noi（Ko Racha Noi）和Ko Raya Yai（Ko Racha Yai），尽管这些岛屿在wow-o-meter排行榜上排名较后。Ko Raya Noi南端的礁石是最佳潜水地点，尤其是对于富有经验的潜水者来说。这里有丰富的软珊瑚和浮游鱼类。鳐鱼和迈氏条尾魟在这里十分常见，如果你幸运的话，还有机会看见鲸鲨。

一般到周围的岛屿潜水，一日游的花费大概在3500B，其中包括两次潜水及设备的租用费用。非潜水者（及浮潜者）可以以相当优惠的折扣参加这些旅行。开放水域潜水资格认证课程（PADI Open Water）大概要花费15 000B，包括为期3天的指导课程及设备租赁费用。

潜泳的最佳地点在普吉岛的西海岸，尤其是海滩间岩石遍布的海岬周围。潜水镜、呼吸管以及脚蹼的租赁费用大约为每天250B。相比水肺潜水，你会拥有更好的体验，水下视野更清晰广阔，可以欣赏Ko Raya Noi和Ko Raya Yai等边远小岛那纷繁的水下世界。

对于普吉岛以及其他任何安达曼海的岛屿而言，最佳的旅游季节是12月到次年5月，期间气候温和，海水清澈，洋面平静。

普吉岛上可推荐的潜水及浮潜中心包括：

Sea Fun Divers 潜水

（见280页地图箭头所示；☎0 7634 0480；www.seafundivers.com；29 Soi Karon Nui, Patong）此潜水中心的潜水操作专业而不同凡响，超高标准，超优服务。在芭东的Le Meridien resort设有办事处，另外一个办事处是小卡塔（Kata Noi）的Katathani Resort（见275页）。

Offspray Leisure 潜水、浮潜

（☎08 1894 1274；www.offsprayleisure.com；43/87 Chalong Plaza, Chalong；费用2950B起）一家经营潜水和浮潜短途旅行公司，专长于提供皮皮岛附近海礁的小型私密旅行服务。

Oi's Longtail 浮潜

（☎08 1978 5728；66 Moo 3, Hat Nai Yang；团队游1600B）Oi's Longtail专门在Ko Waeo附近的群礁开设两小时的浮潜活动。它位于Bank Restaurant，在长尾船港湾（the long-tail boat harbour）的对面。

Dive Asia 潜水

（见276页地图；☎0 7633 0598；www.diveasia.com；24 Th Karon, Kata）它的第二个办事处在卡伦海滩附近的Th Karon路623号。

极限运动

Cable Jungle Adventures 探险运动

（见261页地图；☎08 1977 4904；232/17

Moo 8, Th Bansuanneramit；每人1600B；⏲9am~6pm）丛林滑索探险游位于山峦深处的一片菠萝田、橡胶林以及芒果林的后方，有8条飞索将山崖和古榕树连接在一起。飞索的高度从6米到23米不等，最长的有100米。不露脚趾的鞋子为必备品。

Jungle Bungy Jump 探险运动

（见261页地图；☎0 7632 1351；www.phuketbungy.com；61/3 Moo 6, Kathu；蹦极1600B）Jungle Bungy Jump自1992年开始营业，这一20层楼高的蹦极点按照新西兰标准建造和运作。蹦极者可以选择入水跳、双人跳，或者体验一把当火箭人的感觉，届时，你将被发射到50米的高空，然后在降落的过程中完成蹦极动作。

骑马

Phuket Riding Club（见261页地图；☎0 7628 8213；www.phuketridingclub.com；95 Th Viset, Rawai）普吉岛骑术俱乐部提供在拉威（Rawai）附近的丛林内以及在附近海滩上骑马的服务，有1小时（每人800B）和2小时（每人1500B）两种服务。

海上皮划艇

普吉岛上的几家公司提供乘坐皮划艇前往攀牙湾的旅行服务。单人划艇可以深入到长尾船无法进入的半浸式洞穴（一半没入水中）。该种皮划艇每天的租赁费用为每人3950B，其中包括餐费、设备租赁费用和换乘费。也有公司提供为期3天（13 700B）或者为期6天的（费用为27 100B）皮划艇/露营全程服务。

作者推荐 **John Gray's Seacanoe** 皮划艇

（见266页地图箭头所示；☎0 7625 4505-7；www.johngray-seacanoe.com；124 Soi 1, Th Yaowarat）位于普吉岛北部的John Gray's Seacanoe是普吉岛上创建最早的、如今最富盛名、同时也是最注重生态发展的公司。跟泰国任何一家知名品牌一样，他们开创的"Seacanoe"这一名称和路线一直被别家频繁使用。

Paddle Asia 皮划艇

（☎0 7621 6145；www.paddleasia.com；9/71 Moo 3, Th Rasdanusorn, Ban Kuku）Paddle Asia为前往攀牙湾（Ao Phang-Nga）和考索

普吉岛——孩子的天堂

普吉岛也是孩子的天堂。虽然芭东的性产业比较发达（我们不会把孩子带到那里，尽管有人这么做），但岛上的其他项目却是老少皆宜的。

骑着大象旅行一直是孩子们最喜爱的项目，卡塔（Kata）—奈汉海滩（Hat Nai Han）的路段是骑象的最佳场所。**普吉水族馆**（Phuket Aquarium，见272页）和**普吉长臂猿康复中心**（Phuket Gibbon Rehabilitation Centre，见291页）也是很棒的以动物为主题的活动地。

适合一家出游的主要景点是**普吉幻多奇**（Phuket Fantasea，见284页），这是一个集动物、华美服饰、歌曲、特效表演、烟火和美妙晚餐于一体的盛会。

其他有趣的项目包括：

飞溅丛林（Splash Jungle，见261页地图;☎0 7637 2111; www.splashjunglewaterpark.com; Mai Khao; 成人/5~12岁/5岁以下儿童1500/750B/免费）飞溅丛林是泰国最大的水上乐园，它有波浪池、带有倾斜大水桶的戏水池和水龙炮，12条老少皆宜的冷水滑水道，以及为爸爸妈妈准备的桑拿浴和酒吧。游览价格中包含从度假村接送游客的费用。

恐龙公园（Dino Park,见276页地图;☎0 7633 0625; www.dinopark.com; Th Patak West, Karon; 成人/儿童 240/180B; ⏲10am至午夜）公园位于卡伦海滩南端，旁边是迷你高尔夫球场。公园里的迷宫布满了洞穴、礁湖、枝叶茂盛的花园、恐龙雕像及高尔夫球的球洞草坪区。

(Khao Sok)国家公园的小规模团体提供各种形式的一日游和多日游服务，其提供的乘具为经典式划艇，而非平台舟或充气舟。

冲浪

普吉岛实际上也是冲浪者的天堂。当季风在年中带来汹涌的风浪，碧蓝的海水也随之翻滚。最适合冲浪的海潮出现在6至9月份，在此期间卡塔(kata)和卡里曼(Kalim)将举办年度冲浪大赛。**Phuket Surf**(www.phuketsurf.com)位于卡塔湾南端，海浪在此处达到最高点，浪高通常在2米以上。靠近游艇俱乐部的奈汉海滩的浪高可达到3米。警告：卡塔和奈汉海滩都有凶猛的回头浪，可能危及生命。

位于芭东正北方的卡里曼海滩设有防护，其海浪为持续稳定的空心浪，浪高可达3米，被认为是该岛最佳冲浪地点。每年8月份，**Phuket Boardriders Club**(www.phuketboardriders.com)会在此举办冲浪大赛。卡马拉(Kamala)最北部的海滩有浪高3米的浪潮，而位于阿曼布里(Amanpuri)正前方的林赛(Laem Singh)海滩发展迅速，加之巨大的陆岬使其远离海风的影响，发展潜力极大。

奈扬海滩(Hat Nai Yang)有持续的轻浪，海浪离岸距离可达200米，浪高可达3米而且没有回头浪。

以下是几家有冲浪板出租的冲浪店：

Phuket Surf 冲浪

(见276页地图；☎08 7889 7308, 08 1684 8902；www.phuketsurf.com)Phuket Surf店位于大卡塔海滩(Hat Kata Yai)南湾，提供为期半天的冲浪教程，费用为1500B，同时出租冲浪板，费用为每小时100B或者每天

普吉岛五大水疗体验

按摩店似乎遍布普吉岛的每个角落，其中大部分是简单的家族式经营店铺，提供传统的泰式按摩，费用大约为每小时250B，而最基本的修脚修甲则只需花费大约150B，真是划算！这些场所提供的服务质量不尽相同，并会随着店内员工的变动而大相径庭。凭你的直觉，向你的旅伴或者酒店的服务人员咨询一下吧。不管你选择了哪家店铺，你都能享受到按摩，而且很有可能相当地愉悦身心，如果店里有熏灸植物桑拿，则效果尤为明显。

如果你想寻找更为西式的水疗，就前往普吉岛的水疗度假村吧。这些度假村通常都与豪华酒店有联系（但是几乎所有的度假村都对游客开放经营），而且设计十分漂亮并富有禅味，按摩的种类更是丰富多样。价格会根据店铺的地理位置不同而有所差别，但是基本上起价在1000B左右。

以下是普吉岛五大水疗胜地：

Bua Luang Spa 该温泉位于Anantara Phuket（见290页），结合了泰式和阿育吠陀医疗传统的精华。所以，为什么不来一个姜黄身体磨砂按摩或泰式中药热敷按摩呢？

Six Senses Spa 坐落于Evason Phuket Resort的Six Senses Spa在环境上尽量地返璞归真，而在服务上精益求精。你可以尝试一下“活力之旅”按摩（3小时，7600B），其中包括身体爽肤、活力按摩和足部针灸。

Sala Resort & Spa 在这里（见290页），你可以让自己沉浸于“亚洲白土”（2000B）或者“解毒海藻”（2500B），然后再做一个“三部药石疗法按摩”。

Hideaway Day Spa 作为普吉岛最顶级的Spa之一，这里至今仍享有盛誉。其价格定位跟许多同行相比更为合理，提供服务的场所位于环礁湖旁，让你在静谧的环境中享受服务。

Raintree Spa 另外一处相当解乏提神的水疗中心位于Sino House。此处是当地人进行水疗的不二之选（费用为500~1000B）。

Phuket 普吉

普吉岛和北安达曼海岸 普吉府

300B。可登录网站了解更多当地冲浪详情。

Phuket Surfing 冲浪

（见276页地图；☎0 7628 4183；www.phuketsurfing.com）Phuket Surfing店位于Phuket Surf店正前方，与Nautilus潜水店在同一屋檐下，其出租冲浪板的价格为每小时100~150B。

风筝冲浪

风筝冲浪作为世界上发展最快的运动项目之一，同样是普吉岛最流行的一项运动。普吉岛风筝冲浪的三大最佳地点分别位于奈扬海滩（Hat Nai Yang）、卡伦（Karon）海滩（当其处于淡季时）和拉威海滩（Hat Rawai，在旺季时极其适合初学者）。普吉岛的两大风筝冲浪用品提供商都同国际风筝冲浪组织（IKO，就是风筝冲浪界的PADI）有联系。

Kiteboarding Asia 水上运动

（见276页地图；☎08 1591 4594；www.kiteboardingasia.com；课程4000B起）Kiteboarding Asia的主办公区位于奈扬海滩，在卡伦海滩的南端设有售货亭，在淡季时营业。他们还在拉威的友谊海滩（Friendship Beach）开设了教学课程。

Kite Zone 水上运动

（见273页地图；☎08 3395 2005；www.kitesurfingphuket.com；初学者1100B起）Kite Zone在奈扬海滩和拉威海滩都设有分校，但是拉威分校更为年轻而时髦，在拉威的友谊海滩设有多处休息处。课程的时长从1小时至5天不等。

游艇

普吉岛是东南亚主要的游艇旅游地之一，海岸上停泊着各式各样的游艇——从80多年船龄的木制单桅纵帆船到最新的高科技摩托游艇，应有尽有。

常年设有泊位的码头和停靠设备的地点如下：

Phuket Boat Lagoon 划船

（见266页地图；☎0 7623 9055，传真0 7623 9056）位于Ao Sapam的东岸，普吉市以北10公里处。该地提供设有感潮水道入口的封闭式泊位、平底船停靠区、60吨和120吨吨位的升降机、硬质地面区域、度假旅馆、洗衣店、咖啡店，以及补充燃油和淡水、维修和保养等服务。

Royal Phuket Marina 划船

（见261页地图；☎0 7637 9397；www.

普吉岛的泰拳大发展　亚当·斯考科尔尼克（Adam Skolnick）

在过去的几年中，受到日益增加的全球亮相和混合武术普及的刺激，面向国际男女运动员的泰拳体育馆在普吉岛应运而生。基于泰拳传统的训练营观念，拳手们同老练的泰拳专业选手一起生活，同场训练。

普吉岛的泰拳大普及归功于Pricha'Tuk' Chokkuea及其开设的**Rawai Muay Thai**（见273页地图；☎08 1476 9377；www.rawaimuaythai.com；43/42 Moo 7, Th Sai Yuan）。Tuk及其商业合作人Danny Avison，一名居住于普吉岛的三项全能运动员，决定将训练旅游者作为筹集资金的方式，以便Tuk能够同时训练那些穷困潦倒但却积极进取的泰拳选手，使其不至于花太多钱（这是传统的泰拳商业模式，但不为Tuk所认同）的地步。在过去的数年里，Tuk的泰拳馆在当地独此一家，而现在，仅在拉威就有超过六家的泰拳馆。当前普吉岛最新最好的泰拳馆当属Avison名下的**Promthep Muay Thai Camp**（☎08 5786 2414；www.promthepmuaythai.com；91 Moo 6, Soi Yanui）。除去训练泰拳战士，Avison还推出一项通过多项运动交叉训练来减肥的项目，取得了巨大成功。无论你进入到哪个拳击场，请注意：这绝不是为照顾弱者而淡化处理过的主题乐园之旅，相反地，请做好流汗、畏惧、格斗以及流血的准备。但如果你是真硬汉，或许可以在邦拉拳击体育场（Bang-la Stadium）赢得一场拳击呢！

royalphuketmarina.com）造价2500万美元的Royal Phuket Marina位于Phuket Boat Lagoon正南方。豪华闪亮的崭新别墅，新升级的餐馆，一个俯瞰190个泊位的会议中心，一切都显得极为豪华。

Yacht Haven Phuket Marina 划船

（见261页地图；☎0 7620 6704；www.yacht-haven-phuket.com）位于普吉岛东北端的Laem Phrao港湾，拥有130个深水区泊位以及风景秀丽的餐馆。此外，还提供游艇养护服务。

办理出入港手续相当繁琐。如果你提前通知游艇俱乐部，他们会负责搞定相关的文件（当然，需要收取一定的费用）。在旺季时空船租赁的费用为每天17 000B左右。

欲了解更多游艇租赁信息（空船租赁及附带乘务人员），请联系：

Asia Marine（www.asia-marine.net；Yacht Haven Phuket Marina）

Tawan Cruises（☎08 8194 3234；www.tawancruises.com）

如果你更倾向于实惠的游艇旅行，请联系**Phuket Sail Tours**（☎08 7897 0492；www.phuketsailtours.com；Ao Por）。其往返攀牙湾的短途旅游（费用为3000B，包括全部费用）值得推荐。

高尔夫

Blue Canyon Country Club 高尔夫

（见261页地图；☎0 7632 8088；www.bluecanyonclub.com；165 Moo 1, Th Thepkasatri；18洞 5300B）这是一个奢华的乡村俱乐部，已成功举办过两次盛大的锦标赛，均由"老虎"伍兹（Tiger Woods）胜出（其中一次创下新纪录）。俱乐部同时提供全方位水疗服务，开设两个餐馆，名下同时拥有两栋豪华的公寓。虽然他们的设备已经有些年头，但是其高尔夫球场确实一流。

Mission Hills Golf Club 高尔夫

（见261页地图；☎0 7631 0888；www.missionhillsphuket.com；195 Moo 4, Pla Khlok；18洞 3800B）靠近东海岸是著名的观澜湖高尔夫球会开设的球场。由世界闻名的高尔夫球运动员兼高尔夫场地设计师"金熊"杰克•尼克劳斯（Jack Nicklaus）设计，可提供专为锦标赛设置的27洞球场。该俱乐部也有水疗、宾馆以及两个游泳池。

志愿服务

Soi Dog Foundation（☎08 7050 8688；www.soidog.org）是一家致力于为流浪狗提供消毒、饮食及医疗服务的机构，管理井井有条。点击网址获得最新消息和细节，或翻到第425页了解更多志愿服务信息。

课程

Mom Tri's Boathouse 烹饪

（☎0 7633 0015；www.boathousephuket.com；2/2 Th Kata [Patak West], Hat Kata）提供极好的周末泰国菜烹饪班（每人每日/每周末2200/3500B）。大厨是著名的泰国菜厨师Rattana。见275页。

Blue Elephant Restaurant & Cookery School 烹饪

（见266页地图；☎0 7635 4355；www.blueelephant.com；96 Th Krabi, Phuket Town；半天课程2800B）普吉岛最新的烹饪学校，位于中葡混合式的Phra Phitak Chyn Pracha Mansion——建于1903年的老洋房，经修复后已焕然如新（见266页）。学校开设有从短期团体课程到为期5天的个人培训（费用为78 000B）等各种课程。早间课程包括参观市场。

Phuket Thai Cookery School 烹饪

（☎0 7625 2354；www.phuketthaicookeryschool.com；Ko Sireh；⏰8:30am~5pm）该烹饪学校位于Ko Sireh岛东海岸的静谧海滨区，在这里，你可以与各种泰国香料亲密接触。课程时间长达6小时（每天费用为2500~2900B）。学校提供教科书、宾馆接送以及市场旅游等服务。

Pum Thai Cooking School 烹饪

（见280页地图；☎0 7634 6269；www.pumthaifoodchain.com；204/32 Tha Rat Uthit, Hat Patong）该连锁餐馆（三家位于泰国，两家位于法国）举办数个每天一课的培训班，总授课时间由1~6小时不等，6小时的课程为每人4650B。时间稍长的课程从游览市场开始，最后享受一顿自己完成的大餐。

团队游

在普吉岛内部，不难发现骑象游以及四驱越野车（4WD）自驾游的旅行者，不过这些活动得不到动物权利保护者或者环保主义者的赞同。那么，为什么不骑车旅行呢？**Amazing Bike Tours**（0 7628 3436；www.amazingbiketours thailand.asia；32/4 Moo 9, Th Chaofa, Chalong；一日游1600B起）作为普吉岛最佳新探险运动的组织者，他们引领小型团队进行为期半天的自行车旅行，穿过Khao Phra Thaew皇家野生动植物和森林保护区。还能环绕小长岛（Ko Yao Noi）或前往攀牙府附近的泰孟地区的海滩和瀑布，让你度过美好的一天。

实用信息

危险和麻烦

5月~10月的季风季节，滔天巨浪和凶猛的回头浪有时会使游泳变得凶险万分。在普吉岛的海滩上每年都会发生十几起溺亡事故，尤其是林赛（Laem Singh）、卡马拉（Kamala）和卡伦（Karon）附近的海滩。这些海滩都设置了红旗以提醒游泳者注意高风大浪。

当你在水中的时候，请留意水上摩托艇。虽然普吉岛官方已于1997年明令禁止水上摩托艇，但是该禁令的执行情况却不容乐观。

租赁摩托车旅游将是一个非常糟糕的提议。每年在普吉岛的公路上都有成千人受伤或者丧生。如果一定要租赁摩托车，那么请确保你知道骑行摩托车的基本常识，并带上头盔。

最近，从芭东（Patong）到卡伦海滩的路上，以及在卡塔（Kata）与拉威—奈汉（Rawai-Nai Han）海滩之间的路段上，深夜时分会有摩托车抢劫和持刀伤人事件发生。另外还发生过几次性侵妇女的案件。女士们在进行半裸日光浴（这在泰国也是绝对不允许的）应三思而行，也不要独自一人出行，尤其是在偏远的沙滩上。在夜间或者清早孤身一人跑步也同样具有危险性。

医疗服务

当地医院都配有现代设备、急救室和门诊。以下两家医院都有高压氧舱：

曼谷普吉医院（Bangkok Phuket Hospital；见261页地图；0 7625 4425；www.phukethospital.com；Th Yongyok Uthit）最受当地人认可的医院。

普吉国际医院（Phuket International Hospital；见261页地图；0 7624 9400；www.phuketinternationalhospital.com；Th Chalermprakiat）这家医院里，具有国际水准的医师比例在该岛上是最高的。

旅游信息

英文版周报《普吉报》（*Phuket Gazette*）会发布普吉岛上举行的活动、项目、餐饮、娱乐，以及最新的花边新闻等信息。还可以访问在线网站www.phuketgazette.net。

参考网站

Jamie's Phuket（www.jamie-monk.com）由长期居住在普吉岛上的外籍居民撰写的八卦趣味博客，里面包括精美的照片和旅行贴士。

One Stop Phuket（www.1stopphuket.com）包含提供各种资讯和网上预订服务。

Phuket Dot Com（www.phuket.com）提供全面的各种信息概略，包含岛上住宿信息。

到达和离开

飞机

普吉国际机场（Phuket International Airport；0 7632 7230）位于普吉市西北30公里，从机场出发需要45分钟至1小时到达南部海滩。

地方航空公司有：

亚洲航空公司（AirAsia；www.airasia.com）为普吉岛提供了非常优质的服务。除了几班白天飞往曼谷的航班（1480B）外，还提供直飞香港（5000B）、清迈（1600B）、新加坡（1400B）和巴厘岛（2730B）的航班等等。

曼谷航空公司（Bangkok Airways；见266页地图箭头所示；0 7622 5033；www.bangkokair.com；58/2-3 Th Yaowarat）每天有飞往苏梅岛（Ko Samui，2380B）、曼谷（1725B）等地区的航班。

飞鸟航空公司（Nok Air；www.nokair.com）开通了普吉岛和曼谷的互飞航班。

泰国国际航空公司（Thai Airways International；泰国；见266页地图；0 7621 1195；www.thaiairways.com；78/1 Th Ranong, Phuket Town）每天有大约7班前往曼谷（3000B左右），经停后飞往泰国其他城市的航班，同时设有国际航班。

设有飞往普吉岛的航班或在普吉岛有办事处的一些国际航空公司如下：

港龙航空公司（Dragonair；见266页地图；☎0 7621 5734；Th Phang-Nga, Phuket Town）

马来西亚航空公司（Malaysia Airlines；见266页地图箭头所示；☎0 7621 6675；1/8-9 Th Thungkha, Phuket Town）

胜安航空公司（Silk Air；见266页地图；☎0 7621 3891；www.silkair.com；183/103 Th Phang-Nga, Phuket Town）

轮渡和快艇

普吉岛Tha Rasada码头位于普吉市北部，是前往皮皮岛（Ko Phi-Phi）的船只的主要码头（详见340页）；也是连接普吉岛与皮皮岛、甲米（Krabi）、兰塔岛（Ko Lanta）、董里岛（Trang Islands）、里朴岛（Ko Lipe），甚至马来西亚的浮罗交怡岛（即兰卡威岛，Langkawi Island，那里有前往槟城的轮渡）的主要码头。经过长岛（Ko Yao）前往甲米和南湾（Ao Nang）的快船从位于Tha Rasada码头北部的Tha Bang Bong码头出发。更多细节参见325页。

小客车

普吉岛上的旅行社都出售前往苏梅岛（Ko Samui）和帕岸岛（Ko Pha-Ngan）的空调小巴士车票（包含轮渡费用）。前往甲米、拉廊（Ranong）、董里（Trang）、素叻他尼（Surat Thani）和其他地点的车票也有出售。价格比在普吉市各个站点都可停靠的普通巴士稍微高一些（见271页）。

当地交通

普吉市本地交通非常糟糕。现行交通体系使游客要么待在他们选定的海滩上，租一辆汽车或摩托车（这是有危险的），要么乘坐要高价的私人汽车“出租车”或机动三轮车（发音为đúk đúk）。从普吉市到各个海滩的路上会有小型敞篷客车（sǒrng•tǎa•ou），但通常从一个海滩到另一个海滩都要绕回普吉市一趟（比如说，从素林海滩到芭东海滩），需要花费数个小时。详见“当地交通”部分中海滩出租车和小型敞篷客车的表述。

普吉市（Phuket Town）

เมืองภูเก็ต

人口　94 325

在旅游T恤和夹脚拖广泛流行之前的很长一段时间里，普吉岛上遍布着橡胶树、锡矿山和渴望现金的商人。在吸引了来自阿拉伯半岛、中国、印度和葡萄牙等遥远国度的企业家后，各种多彩多姿的异域文化在这里相互交融，并在妥协与合作中并存下来。今天，普吉市是这座岛屿历史灵魂的见证。街道两旁中葡混合式建筑林立，其中有许多艺术气息浓郁的咖啡馆、画廊、物美价廉的餐馆和时尚精致的宾馆，在小胡同里还可以看到烟雾缭绕的中国道观。

但这些并不是遗失在岁月长河里的文化档案。现代的艺术、音乐和食物在老城区如雨后春笋般涌现，吸引了赶时髦的人群——有泰国人，也有外国人。投资者终于明白，文化并不仅仅是线条优美的海滩和充满风情的酒吧，更是一种商品。旧时的商店和房屋，一旦原主人撒手不管，马上就有人买下并对其进行修复，摇身一变成为高档次的标榜。

如果你想节省开支，普吉岛能为你提供最好的实惠住宿地。从住宿地出发，你可以搭乘普通的小型敞篷客车（sǒrng•tǎa•ou）到普吉岛的任何一个海滩（将花费30分钟至1.5小时；详见271页）。

计费出租车

在普吉岛出行时，避免遭遇普吉岛“出租车黑手党”（一个定价过高的出租车组织，通常是海滩地区唯一的交通方式）的一个好办法是索要计费出租车司机的电话号码并且请其负责你在普吉岛行程中的所有出行。我们建议你到达机场后找一辆出租车（机场是为数不多的能找到出租车司机的地方之一），然后记下司机的电话号码。计费出租车在机场出口大厅右边50米处可以找到。

Phuket Town 普吉市

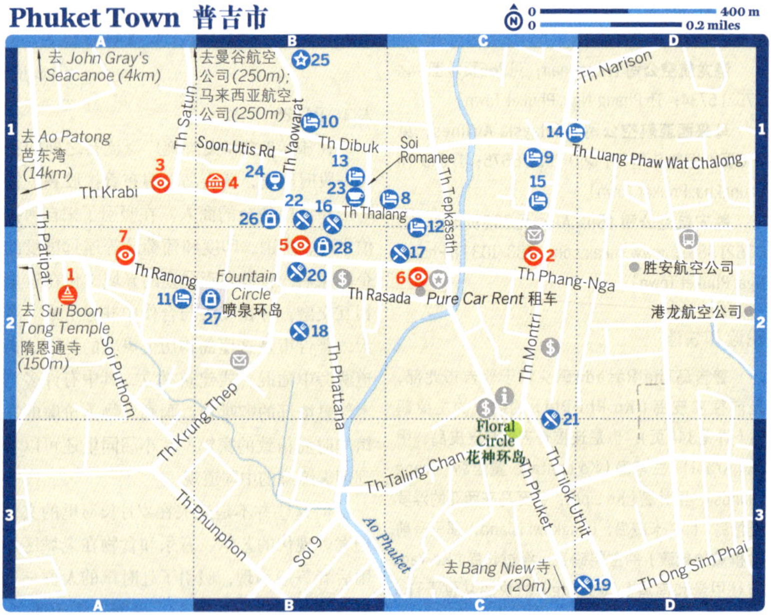

景点

中葡混合式建筑 建筑

漫步在Th Thalang路、Th Dibuk路、Th Yaowarat路、Th Phang-Nga路、Th Rasada路以及Th Krabi路上，可以一窥正在降价出售的最佳老建筑物。紧邻Th Thalang路的Soi Romanee则地处普吉市最外围。建筑物中最为宏伟的有：**渣打银行**（Standard Chartered Bank；Th Phang-Nga），是泰国历史最悠久的外国银行；**泰国国际航空公司办公大楼**（THAI office；Th Ranong），以及**老邮局办公楼**，现在已变成**普吉集邮博物馆**（Phuket Philatelic Museum；Th Montri；门票免费，⌚9:30am~5:30pm），是集邮爱好者的最爱。修复最为成功的民宅位于Th Dibuk路和Th Thalang路，美轮美奂的**Phra Phitak Chyn Pracha Mansion**（9 Th Krabi）已成功修复，如今已变成高档的餐厅（Blue Elephant restaurant）和烹饪学校（见263页）。

安祥之光神殿 神殿

（Shrine of the Serene Light；ศาลเจ้าแสงธรรม；见266页地图；Saan Jao Sang Tham；⌚8:30am至中午和1:30pm~5:30pm）在普吉岛上有许多中国庙宇，而藏身于攀牙路上，曼谷商业银行附近一条胡同尽头50米处的安祥之光神殿，却比其他庙宇更胜一筹。在这里，墙壁上有道教的雕刻，拱形的屋顶显露出焚香的痕迹，圣坛上鲜花和香火不断。现今已经修复的神庙据说是由当地一户人家在19世纪80年代中期修建的。

考朗山 观景点

（Khao Rang；เขารัง；Phuket Hill）考朗山又称普吉山，位于普吉市中心西北部，从山顶可以鸟瞰整个普吉市的美景。工作日是最好的游览时间，因为此时相对安静，但需留心防备恶犬。正如许多人所说，如果"Phuket"（普吉）是对马来语中"bukit"（山）的讹误，那么这个名字还真是恰如其分。

普吉Thaihua博物馆 博物馆

（Phuket Thaihua Museum；พิพิธภัณฑ์ภูเก็ตไทยหัว；28 Th Krabi；门票200B；⌚9am~5pm）这座光鲜的新博物馆坐落于一所中葡混合式的老房子内，里面展示了许多关于普吉岛历史的照片和展品。最后一间房间展示的是当地菜肴

Phuket Town 普吉市

◎ 景点

1 Jui Tui 寺 A2
2 老邮局办公楼 C2
3 Phra Phitak Chyn Pracha Mansion A1
普吉集邮博物馆 （见 2）
4 普吉 Thaihua 博物馆 B1
5 安详之光神殿 B2
6 渣打银行 C2
7 泰国国际航空公司办公大楼 A2

活动、课程和团队游

Blue Elephant Restaurant & Cookery School （见 3）
Raintree Spa （见 14）

住宿

8 99 Old Town Boutique Guesthouse C1
9 Baan Suwantawe C1
10 Casa 104 B1
11 Chinotel A2
12 D's Corner & Guesthouse C2
13 Phuket 346 B1
14 Sino House C1
15 Sleep Sheep Phuket Hostel C1

就餐

16 China Inn B1
17 Cook C2
18 Ka Jok See B2
19 La Gaetana D3
20 Siam Indigo B2
21 Uptown Restaurant C3
22 Wilai B1

饮品

23 Bo(ok)hemian B1
24 Saneha B1

娱乐

25 Timber Hut B1

购物

26 Ban Boran Textiles B1
27 Day Market B2
28 Southwind Books B2

的照片。如果这些照片让你垂涎欲滴的话，就在墙上的展板里寻找可以尝到正宗美食的地方吧。

节日和活动

素食节（见269页）是普吉岛最重要的节日，通常在9月底或10月举行。如果你有计划参加街道游行，戴上耳塞吧，因为到时烟花爆竹声将会响彻云霄，经久不息。

住宿

普吉市区是普吉岛上住宿最便宜的地方，到处是价格低廉的宾馆。中高档的宾馆则集中在海滩附近。

Sino House 酒店 $$

（☎0 7623 2494；www.sinohousephuket.com；1 Th Montri；房间2000~2500B；❄@）走进Sino House，你会发现上海风格和《广告狂人》式的别致在这座动人的老房子里实现了完美的融合。高大宽敞的房间、新潮时髦的摆设、光怪陆离的手工陶瓷制品和弦月型的浴缸，将令你耳目一新。在房间内就可享受到雨林水疗（Raintree Spa），同时提供长期租赁服务（18 000B每月）。

作者推荐 Phuket 346 客栈 $$

（☎08 7281 1898；www.phuket346.com；15 Soi Romanee；房间1200B；❄）Phuket 346位于充满魅力的Soi Romanee，由一座老店屋精心修复而来，看上去更像一座充满艺术气息的美术馆。房间内贴着白色图案的墙纸，亮色的墙壁装饰充满现代艺术气息。楼下有一个鱼池，街边有一个咖啡屋，不时飘出撩人的爵士乐。

Casa 104 客栈 $$

（☎0 7622 1268；104 Th Yaowarat；房间1000B起；❄📶）深紫红色的墙壁，悬挂的枝形吊灯，竹制的花瓶内插着孔雀羽毛，留声机中飘出的是老式音乐，这一切让你很难想到Casa 104是由一座百年店屋翻新而来。不过，仅仅只是大堂如此，客房则非常简陋，也没有窗户，但在白色混凝土地板、花洒和原创新艺术派装饰的衬托下，看起来仍很高雅。

Baan Suwantawe 酒店 $$

（☎0 7621 2879；www.baansuwantawe.co.th；1/10 Th Dibuk；房间1200B起；❄@🏊）这里是禅宗风格的建筑，房间内有实木地板、宽敞的浴室和舒服的休息区域。这所工作室风格的酒店非常便宜，价格高些的房间，在阳台上可以看到贴着蓝色瓷砖的游泳池和莲花池，空间内弥漫着淡淡的柠檬草的香味。

99 Old Town Boutique Guesthouse 客栈 $

（☎08 4059 0010，0 7622 3800；99oldtown@hotmail.co.th；99 Th Thalang；房间790~990B；❄）这也是一所由店屋改造而来的提供早餐的旅馆。初看之下朴实无华，但旅馆内的房间相当迷人。屋子里有四根帷柱和铺着床罩的床，有一个很大的光面水泥浴室，后院中还有一个流水喷泉。经营这家旅馆的家庭也给人亲切友好的感觉。

Chinotel 酒店 $$

（☎0 7621 4455；www.chinotelphuket.com；133-135 Th Ranong；房间1380~1780B；❄@📶）舒适整洁的新房间紧凑而不失风格，一两片新砖、一束嫩竹、一两堵亮色的墙壁。加之电视、冰箱、热水浴室和优越的中心地理位置，为你提供至尊享受。

Sleep Sheep Phuket Hostel 青年旅舍 $

（☎0 7621 6464；www.sleepsheepphuket.com；243-245 Soi Dtac Shop；房间650B；❄@📶）位于Th Thalang路旁的一条小巷内，这家相对时尚的旅馆有宽敞明亮、颜色亮丽的房间，浴室供应热水，服务员十分友好；此外，房间里弥漫着新熨洗床单的清香。

D's Corner & Guesthouse 客栈 $

（☎08 3590 4828；132 Th Thalang；房间380~700B；❄@）这所客栈里的房间宽敞、通风、干净，走过一条类似走廊的小路就能找到。服务中等，但非常实惠。你可以忽略这里的免费早餐，直接到隔壁的马来西亚烤肉餐馆里大快朵颐。

就餐

在普吉市可以寻觅到美食，而且这里的食物比海滩上要便宜许多。

作者推荐 **Ka Jok See** 各国风味、泰国菜 $$$

（☎0 7621 7903；kajoksee@hotmail.com；26 Th Takua Pa；菜肴180~480B；⏲周二至周日，晚餐）前往Ka Jok See就餐足以成为你进城的理由。餐馆老板的饰品架装满了饰物，咯吱作响，散发出普吉的古老魅力。这家小餐馆氛围独特，美食可口，音乐迷人，幸运的话，还能够欣赏到绝妙的卡巴莱歌舞表演。

作者推荐 **Cook** 各国风味、泰国菜 $

（☎0 7625 8375；101 Th Phang-Nga；菜肴60~120B；⏲午餐和晚餐）这家餐馆的老板兼大厨曾经在大型度假村烹饪意大利菜，因此，当他开起这家菜品便宜得近乎离谱的餐馆时，也融合了两国的文化。所以，点菜时就点绿咖喱鸡肉比萨或者咖喱猪肉椰汁比萨吧，你肯定会赞不绝口。

Wilai 泰国菜 $

（☎0 7622 2875；14 Th Thalang；菜肴65B

值得一游

大佛

普吉岛大佛位于查龙湾（Chalong Bay）西北方向的山顶上，是普吉岛的最佳观景点，同时，在岛上几乎有一半的地方可以用肉眼看到大佛（见地图 261 页）。前往普吉岛大佛，你需要沿着 Hwy 402 干线公路的红色标记，再穿过一条乡间小路以及斜坡上的香蕉林和丛林。到达山顶后，先向帐篷形的金色神殿朝拜，然后拾级而上，走进神殿金碧辉煌的平台，在那里你可以看到卡塔湾的全景和银光闪闪的卡伦海滨；而在另一边，你可以看到平静的查龙湾，体会一览众山小的震撼。

当然，如果你暂时无暇顾及欣赏风景，而是乐于观看当地手工艺人为价值 6000 万泰铢的大佛做最后的润色工序的话，那也可以理解。这尊巨大的佛像通体用缅甸白玉雕琢而成。在过去的 20 年中，对普吉岛大佛的施工从未停止，所以，当本地人把修建大佛的工程看成是普吉岛近 100 年间最重要的发展成果时，你或许能听出其中的意思。

起；⏲早餐和午餐）Wilai餐馆提供泰国的传统食品。它做的泰式炒面（pàt tai）很有劲道，还有美味的米线（mee sua）。请想象一下面条加上鸡蛋、绿色蔬菜、明虾、大块海鲈鱼，还有鱿鱼，该是何等地美味！配上鲜榨的菊花汁，赶紧风卷残云般吃完它吧。

La Gaetana 各国风味 $$$

（☎0 7625 0523；352 Th Phuket；菜肴200~450B；⏲周一、周二和周五为午餐，周二至周日为晚餐）La Gaetana餐馆提供极为诱人的五桌包房。内部装饰有黑色的混凝土地板、丰富多彩的墙壁和高脚杯，院内开放式厨房，提供美味可口的意大利菜。想象一下吃完红烩牛膝（osso bucco）再来一道生鸭胸肉片（duck breast carpaccio）的滋味吧。

China Inn 各国风味、泰国菜 $$

（☎0 7635 6239；Th Thalang；菜肴80~250B；⏲每日供应早餐和午餐，周四、周

素食节

噼噼啪啪的鞭炮爆裂声像机关枪声一般遍布整个街道；空气中弥漫着灰褐色的烟雾；男男女女漫步在已经封锁的城市道路上，他们的脸颊上遍插着铁钎和刀子，更令人惊奇的是，有人脸上竟然插着灯泡和树枝，而有些人身上流着血、背上有明显的鞭伤——不，这里不是战区，这是**素食节**，普吉岛最重大的节日之一。活动主要在普吉市举行。

素食节定于中国农历九月的前九天进行，通常在公历的9月末或者10月初，用于庆祝道教四旬节（Taoist Lent）的开始。在四旬节里，虔诚的中国人戒吃肉食。但是局外人更容易注意到的是，每天都有穿着光鲜亮丽的儿童和人妖、裹着色彩相配的旗子的年轻男女、还有更为引人注意的疯狂自虐的男女等组成的游行队伍穿过街道，蜿蜒前行。普吉岛上中心街道的店铺老板会在店铺前架起祭坛，将九小杯茶水，以及香烛、水果、鲜花等祭品供奉给素食节召唤来的九位天神。

巫师们进入出神状态，将各种物品插入脸颊，锯开舌头或者用布满钉刺的金属球鞭打自己，以此来召唤九位天神。不管巫师们（主要是男巫师）采取何种形式的自我鞭笞，他们都会慢慢前行，走到店铺前的祭坛时，会停下来捡取供奉的水果。同时，他们会饮下九杯茶中的一杯，抓一把鲜花塞入腰带中，或者点燃一串串的鞭炮。店主及其家人恭立一旁，双手合十，对着这些暂时神灵附体的巫师们恭敬地做祈祷状。文字在这一盛大场面面前显得苍白无力，“离奇怪诞”和“震人心魄”不足以描述其十之一二。

在普吉市，节日活动围绕五个中国式庙宇展开，最为重要的是拉廊路上的**Jui Tui寺**，其次是**Bang Niew寺**和**隋恩通寺**（Sui Boon Tong）。附近的Kathu（素食节发源地）和Ban Tha Reua等地的庙宇中也有活动。如果你起床够早，在清晨时分顺便走访一下游行队伍的起点就会发现游行者相当地专业，带着橡胶手套的帮手正毫不留情地将各种物品插入信徒的面颊。节日期间，寺庙里的其他仪式贯穿其中，包括赤脚走火焰、攀登刀梯等。除此之外，两边的街道上摆满了琳琅满目的素食摊，其出售的食物物美价廉，你可以大饱口福，还可以借此跟当地人搭讪。

普吉岛的泰国旅游局办事处每年都会印制素食节期间的活动安排，对游客非常有帮助。在董里、甲米及泰国南部的其他城镇也有素食节。

奇怪的是，中国并没有与道教四旬节祭祀活动相关的记录。当地的华裔称，素食节是150年前，一个来自中国的剧团戏班子在Kathu停留时发起的。传说戏班子由于没有向道教的九位天神供奉，而全体患了重病。由此，他们进行了为期九天的苦修，包括自我穿刺、冥想和斋戒。

欲了解更多详情，请登录www.phuketvegetarian.com。

五和周六有晚餐；✍）在21世纪初本馆开业时，适逢普吉餐饮界大兴有机食品之风。菜品有红咖喱蟹以及品种繁多的蔬菜，大量配有机蜂蜜的家制酸奶和水果冰沙。

Uptown Restaurant 泰国菜 $

（☎0 7621 5359；Th Tilok Uthit；菜肴30~60B；⊙10am~9pm）这家古典而又凉风习习的中国式餐馆或许看上去并不吸引人，但是走进去朝周围一望，全都是泰国的社会名流在此餐馆内品尝美味面条的照片。

Siam Indigo 各国风味、泰国菜 $$

（☎0 7625 6697；www.siamindigo.com；8 Th Phang-Nga；菜肴130~290B；⊙周三至周一，午餐和晚餐）作为普吉岛最有特色的餐馆之一，Siam Indigo坐落于一座有80年历史的中葡混合式建筑遗址内，餐品融泰国烹饪特色与法国风格于一体。

饮品和娱乐

在这里，你可以像当地人一样开派对。酒吧营业到很晚，顾客几乎是清一色的泰国人和本地的外籍居民。如果你厌倦了低俗的度假村派对，那么就来这里吧，即便在老城区无风、湿热的夜晚，这儿也会使你感受到海风般的清新。

作者推荐 **Saneha** 酒吧

（☎08 1892 1001；Th Yaowarat；⊙6pm至深夜）贝壳吊灯下是高档诙谐而又放荡不羁的氛围，这里有大量的黑暗角落，你可以品酒、吃小吃、与人相互依偎，或者挖苦舞台上正深情演唱的歌手。

Bo（ok）hemian 咖啡馆

（☎0 7625 2854；61 Th Thalang；⊙9am~10pm；📶）每个城镇都应该有像Bo（ok）hemian这么酷的咖啡馆。错层开放式设计让人感觉既温馨又新潮。店内有Wi-Fi、价格优惠的二手书、美味的咖啡和茶品，还有相当不错的巧克力蛋糕。

Timber Hut 夜总会

（☎0 7621 1839；118/1 Th Yaowarat；门票免费；⊙6pm~2am）20年来，泰国人和本地的外籍居民一直穿梭于这个有些年头的俱乐部。两层楼的长板凳上聚满了人，他们凑在厚厚的木吧台上大口地喝着威士忌，倾听现场乐队的演奏。音乐有重摇滚、疯克音乐（Funk），还有hip-hop。

购物

普吉老城区内遍布别致高雅的精品店，出售珠宝、女士时装、纺织品和纪念品。在Th Yaowarat路，迷人的中式店面后大都是各种奇形怪状的画廊。

Ban Boran Textiles 纺织品

（☎0 7621 1563；51 Th Yaowarat；⊙10am~7pm）简而言之，这家满是灰尘的小店是普吉岛上最好的出售丝绸、生丝、棉织品以及纱笼的店铺。

Day Market 市场

（Th Ranong）这家靠近市中心的市场，其历史可以追溯至海盗、印度人、中国人、马来西亚人和欧洲人在普吉岛上进行贸易的年代。虽然现在你仍有可能发现来自东南亚的纺织品，但是该市场现在以销售食品为主。

Southwind Books 书店

（☎08 9724 2136；1/2/5 Th Phang-Nga；⊙周一至周六9am~7pm，周日10am~3pm）仔细地浏览布满灰尘的二手书店，你就不难发现，这里的书竟有多达18种语言文字，包括波兰语。

实用信息

在Th Phuket路、Th Ranon路、Th Montri路和Th Phang-Nga路上有许多网吧和ATM机。

邮政总局（Th Montri；⊙周一至周五8:30am~4pm，周六9am至中午）

警察局（☎191，0 7622 3555；Th Phang-Nga和Th Phuket交叉路口）

TAT办事处（☎0 7621 2213；www.tat.or.th；73-75 Th Phuket；⊙8:30am~4:30pm）提供地图、资讯手册、到达各个海滩的小型敞篷客车的标准费用及包车建议价的清单。

到达和当地交通

到达／离开机场

不管机场出租车的揽客者会跟你说些什么，事实是，往返于机场和普吉市的亮橙色**政府机场大巴**（www.airportbusphuket.com；票价85B）每小时发一班，时间从早上6点到晚上7点，途中经过珍珠姐妹纪念碑（Heroines Monument）。机场也有前往普吉市的小客车，在凑足人数后，每人150B；前往芭东、卡塔和卡伦，每人180B。包车往返于机场和普吉市需要500B，往返机场和海滩的费用为700~1000B。打表出租车（包括机场出租车）的费用，从机场到岛上的任何地方，不会超过550B。

长途汽车

长途汽车总站（☎0 7621 1977）在普吉市东部，许多酒店都在步行距离内。长途汽车服务项目如下：

目的地	汽车类别	票价（B）	时长（小时）
曼谷	二等	487	15
	空调	626	13-14
	VIP	974	13
合艾	空调	556	6-7
苏梅岛	空调	430	8（汽车或船只）
甲米	普通	95	4
	空调	145	3.5
攀牙	普通	120	2.5
拉廊	普通	209	6
	空调	270	5
素叻他尼	普通	195	6
	空调	240	5
董里	空调	240	5

小汽车

在Th Rasada路附近有价格实惠的汽车租赁机构，**Pure Car Rent**（☎0 7621 1002；www.purecarrent.com；75 Th Rasada）是市中心一个不错的选择。铃木吉普的费用为每天1200B（含保险），而在淡季，费用会降到750B。如果租期达到一周或以上，应该可以打折。

当地租车机构的费用永远比知名国际机构的费用要低，但是如果你在熟悉的公司提前预订的话，或许可以享受打折。

摩托车

你可以在Pure Car Rent附近的Th Rasada路租赁摩托车，或者在海滩上的其他地方租赁。费用为200~300B，根据淡旺季的不同会稍有变化。大一点的机车（排量超过125cc）可以在芭东、卡塔、拉威和卡伦的店铺里租到。

小型敞篷客车和机动三轮车

小型敞篷客车（sǒrng·tǎa ou）的体积跟巴士差不多，定期从市场附近的Th Ranong路发往普吉的各个海滩（每人25~40B）——目的地不同，价格也不同。发车时间从早上7点至下午5点。在此时间段之外，你就不得不租机动三轮车（Túk-túk）前往海滩了——往返芭东海滩的费用为500B，卡伦和卡塔的费用为500B，拉威的费用为340~400B，卡马拉海滩的费用为600B。租车的时候都需要谈价。

如果听到旅游管理局在5公里之外，或者前往海滩的唯一途径是租车，或者从公共汽车总站到市中心需要打车（实际上公共汽车总站就在市中心）等说辞，你需要心中有数。如果绕城一圈的话，机动三轮车的司机只该收你100~200B。

摩的绕城一圈的费用为30B。

Ko Sireh

เกาะสิเหร่

这座市中心以东4公里处的小岛通过一座大桥与主岛相连，因其海上吉普赛人（当地称chow lair或chao leh）村庄和山顶上**Wat Sireh寺**的大佛而闻名。

泰国最大的海上吉普赛人聚居地不过是一些生活窘迫的人群聚居在高柱子之上的锡顶窝棚内，外加一个海鲜餐厅而已。乌拉克拉沃伊族（Urak Lawoi）是三大海上吉普赛人中最为稳定的少数民族，只生活在墨吉（Mergui）群岛和Tarutao-Langkawi群岛之间，讲的语言是带有克里奥尔语口音的马来语和孟—高棉语的混杂语。

岛上只有一条环岛路，该路经过几处居所、明虾养殖场、橡胶园和几处原始森林。东海岸上有一处名为**Hat Teum Suk**的公共海滩，还有一所相当不错的烹饪学校：**Phuket Thai Cookery School**（见263页）。

Laem Phanwa แหลมพันวา

长条形的Laem Phanwa位于普吉岛的南面，是一座枝繁叶茂、风景秀丽的海岬。海岬边缘处的**普吉水族馆**（Phuket Aquarium；见261页地图；☎0 7639 1126；www.phuketaquarium.org；成人/儿童 100/50B；⏲8:30am~4:30pm）里有各种各样的热带鱼和其他海洋生物。在人行隧道里漫步，体验一下普吉水下世界吧。

海滩和港湾风格简朴，周围环绕着遍布岩石的海岬和红树林，蜿蜒的滨海公路非常魔幻。如果你不准备离开，可以试试最近装修的**Cape Panwa Hotel**（☎0 7639 1123；www.capepanwa.com；27 Moo 8, Th Sakdidej；房间6100B起；❄📶🏊👪），这是一家坐落在幽静的400米白色沙滩上的四星级酒店，适合家庭旅游者居住。

Laem Phanwa海滨附近的海鲜餐馆是消遣的好去处，也是欣赏小艇和渔船的理想场所。

在普吉市内沿着Rte 4021路向南行驶，驶出普吉市后转向Rte 4023路，就可以到达。

拉威（Rawai） ราไวย์

现在拉威才是宜居的最佳去处，这就是普吉岛快速发展的南海岸挤满了退休者、泰国人和外国企业家的原因，大部分的服务行业也因此从其他地方搬来此地。

这里不仅有美丽的沙滩，还有位于普吉岛最南端的安达曼海岸旁，由巍峨耸立、郁郁葱葱的海岸群山构成的**Laem Promthep**。这些山上居住着多个迷你部落，还有很多由小路编织成的死胡同。所以，尽管拉威已有所发展，但你仍能感受到浓郁的自然气息。当你刚抵达海滩时，这种感觉尤为强烈。

奈汉海滩（Hat Nai Han）是该地区的最佳去处，新月形的白色沙滩、郁郁葱葱的常绿乔木、往来穿梭的游艇、海岸边的Wat Nai Han寺、季风季节的沙滩冲浪都会让你流连忘返。此外，还有一些不为人知的小沙滩也是风景诱人。**拉威海滩**不及奈汉海滩貌美，它只是一座遍布岩石的长尾船和快艇海港，这使其成为开设海鲜餐馆的绝佳地点，而事实上，拉威海滩也不乏这样的餐馆，它们都是当地人开设的，提供同样美味的餐食。

住宿

奈汉海滩的所有住所都可以从Phuket Yacht Club的停车场（哦，你可以开车经过门卫而无需停车）出发，经过一条交通繁忙的小路到达——花费500B从拉威海滩包租一艘长尾船也可以解决住宿问题。

Evason Phuket Resort 酒店 $$$

（☎0 7638 1010；www.sixsenses.com；100 Th Viset, Hat Rawai；房间4992~12 935B；❄@📶🏊👪）这家疗养式酒店提供非凡的豪华享受。与第六感水疗（Six Senses Spa）的放纵与奢华有所不同，该四星级酒店的价位相当合理。私人的Bon Island亦在该酒店的环抱中。

Vijitt 酒店 $$$

（☎0 7636 3600；www.vijittresort.com；16 Moo 2, Th Viset, Hat Rawai；别墅 7800B起；❄）Vijitt可以说是本地区最优雅的酒店，豪华的别墅配上石灰岩地板，还有大号浴缸和户外淋浴器，而且在私人阳台上就可将美丽动人的海景尽收眼底。从令人叹为观止的硕大黑底游泳池可以俯瞰友谊海滩。

Royal Phuket Yacht Club 酒店 $$$

（☎0 7638 0200；www.royalphuketyachtclub.com；23/3 Moo 1, Th Vises, Hat Nai Han；房间6800B起；❄@🏊）这家酒店仍然是许多跨越大陆而来的游艇客的不二之选，拥有旧世界的优雅情调，久负盛名的大堂酒吧的天花板上悬挂着老式吊扇。站在客房内的大阳台上，海景一览无余，各种美食也超出你的想象。

Hat Nai Han, Hat Rawai & Hat Laem Ka
奈汉海滩、拉威海滩和Hat Laem Ka

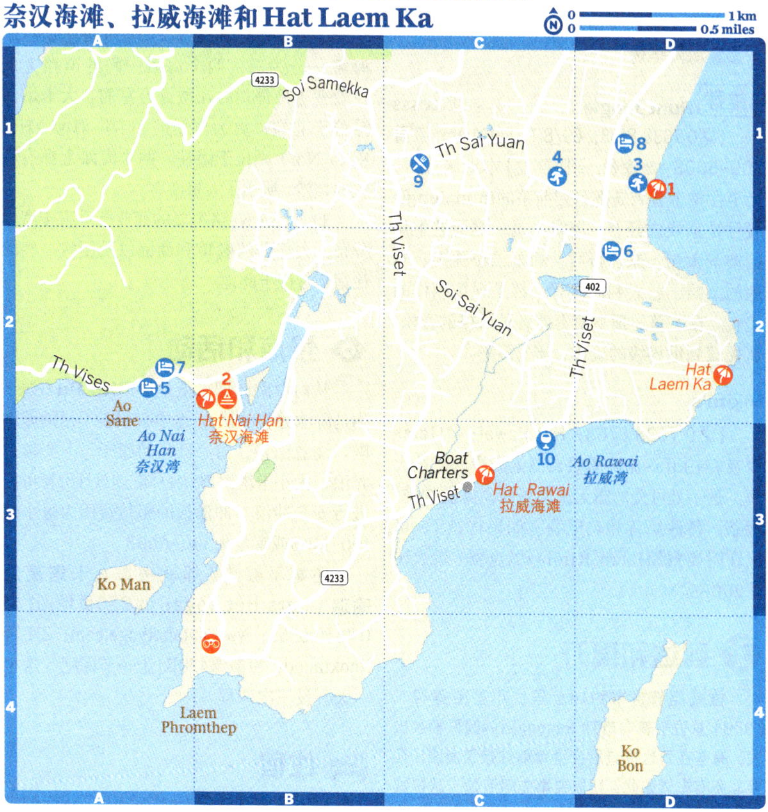

Hat Nai Han, Hat Rawai & Hat Laem Ka
奈汉海滩、拉威海滩和 Hat Laem Ka

景点
1 友谊海滩 D1
2 Wat Nai Han 寺 B2

活动、课程和团队游
3 Kite Zone D1
4 Rawai Muay Thai C1

住宿
5 Ao Sane Bungalows A2
6 Evason Phuket Resort D2
7 Royal Phuket Yacht Club A2
8 Vijitt D1

就餐
9 Rum Jungle C1

饮品
10 Nikita's C3

Ao Sane Bungalows 酒店 $

（☎0 7628 8306, 08 1326 1687; 11/2 Moo 1, Th Vises, Hat Nai Han; 平房600~850B）矗立在偏远海滩上摇摇欲坠的小木屋，只有冷水浴和风扇，但是却可将Ao Sane和Ao Nai Han的美景尽收眼底。海滩边有餐馆、潜水中心，还有旧时的嬉皮士氛围。

餐饮

除下文所列餐馆外，拉威海滩路旁还有十多家海鲜烧烤。

作者推荐 Rum Jungle 各国风味 $$$

（☎0 7638 8153；69/8 Th Sai Yuan；菜肴300~500B；⊙晚餐，周日歇业）本地区最好、乃至在整个普吉岛都名列前茅的Rum Jungle餐厅是家族式经营，当家人是一名厨艺上佳的澳洲大厨。来自新西兰的羊羔小腿肉、本地的蒸蛤、意大利面酱等，都是现场制作的美食。在茅草屋顶下演奏着各种风格的音乐，从摇滚到世界级的旋律，丰富多彩。

Nikita's 酒吧

（☎0 7628 8703；Hat Rawai；⊙11am~深夜）Nikita's俯瞰着普吉岛南海岸的茫茫大海，是一处可爱的露天聚会场所，提供咖啡、绿茶、各种奶昔和鸡尾酒。如果你饿了，可以在附属餐馆Baan Rimlay里点餐（炭火比萨200B起）。

到达和离开

拉威距普吉市约18公里。小型敞篷客车（30B）从位于普吉市Th Ranong路的圆形喷泉出发，有些在到达拉威后会继续前往奈汉海滩，但并非所有车皆如此，所以要事先问清楚。从拉威乘坐机动三轮车前往奈汉海滩的花费高达200B。

你也可以乘坐出租车（其实是包车）从拉威和奈汉海滩前往机场（700B）、芭东（500B）及普吉市（500B）。

在拉威海滩有长尾船和快艇出租。目的地包括Ko Bon（长尾船/快艇 800/2000B）、珊瑚岛（Coral Island）（长尾船/快艇 1200/3000B）以及Ko Kai（长尾船/快艇 4000/8000B）。最多可乘坐6名乘客。

卡塔海滩（Hat Kata）

หาดกะตะ

卡塔海滩以其购物环境、冲浪运动和美丽的沙滩吸引着各个年龄段的游客，而且这里没有芭东海滩那种特有的世俗与喧嚣。在这里，虽然你可能找不到什么僻静狭长的沙滩，但也有很多事可做，还能与很多随和的人一起举杯共度时光。

在卡塔海滩，平季可以冲浪，雨季可以享受美妙的水疗和美食。海滩实际上由一个海岬一分为二，两个海滩中间的道路上居住着普吉岛最初的几位百万富翁。大卡塔海滩位于北端，更为偏僻的小卡塔海滩（Hat Kata Noi）则位于南端。两个海滩上都有柔软的金沙，吸引了大量游客。

Th Thai Na路主要的商业街垂直于海岸分布，大部分的餐馆和商铺以及便宜一些的住宿地皆位于此地。

景点和活动

从海岸游泳即可抵达小岛**Ko Pu**（如果你是游泳健将的话），途中有很多不错的珊瑚礁。注意激浪，留心红色的旗子，不要越过碎浪。大小卡塔海滩从4月份到11月份皆可以进行安全冲浪。冲浪板的租赁费用为每小时100~150B或者全天300~600B。

还嫌不够热？那就考虑在**卡塔高温瑜珈**（Kata Hot Yoga；见276页地图；☎0 7660 5950；www.katahotyoga.com；217 Th Khoktanod；每节课420B）上一节课吧，这里一天开设三次课程。

住宿

以下是旅游旺季（5月至10月）住宿的平均价格。譬如在芭东，在旅游旺季想找到低于1000B的住处是越来越难了，但是一旦进入淡季，价格马上就会下跌。

作者推荐 Mom Tri's Villa Royale 酒店 $$$

（见276页地图；☎0 7633 3568；www.villaroyalephuket.com；套房含早餐12 500B起；❄@🛜≋）酒店地处偏远的小卡塔海滩深处，风景宜人，美食可口，极具浪漫情调。漂亮的房间如同从《建筑文摘》的书页上直接化身而来，让你沉浸于无边无际的愉悦中。如果你更倾向于追求地道的享受，附带的水疗中心和海水游泳池就在几步远的地方。

作者推荐 Caffe@Caffe 客栈 $$

（见276页地图；☎0 7628 4005；www.caffeatcaffe.com；100/60-61 Th Kata；房间1800B；❄🛜）瓦房内金色的墙纸和白色的墙交

相辉映，条纹羽绒被、迷你阳台、电冰箱、电视机，给人既时髦又温馨的感觉。宾馆位于一座三层小楼内，楼下是一家时尚的咖啡屋。

Sawasdee Village 酒店 $$$

（见276页地图；☎0 7633 0979；www.phuketsawasdee.com；38 Th Ked Kwan；平房6500~8500B；❄@📶🏊）这是一处别致的度假胜地，翠绿奢华的经典泰式风格，空间利用紧凑而不失宽敞。这家酒店拥有装饰豪华的尖屋顶、木制地板和吊顶天花板，对面是浓密的热带景观，游鱼嬉戏的小渠、飞流而下的瀑布点缀其间，更别提那艺术品般的佛教装饰。沉浸于酒店内的高品质温泉，你会感觉这个地方独一无二，每个方面都是那么地引人入胜，但是同时，在旺季时也是花销不菲。

Mom Tri's Boathouse 酒店 $$$

（见276页地图；☎0 7633 0015；www.boathousephuket.com；2/2 Th Kata [Patak West]；房间9600~25 000B；❄📶🏊）对于泰国的政客、明星、艺术家以及名流作家而言，私密的Mom Tri's Boathouse仍然是他们在普吉岛的不二之选。房间宽敞华丽，有些配有宽敞通风的阳台。挑剔者抱怨说Boathouse如今已然显得风格僵硬而陈旧，但是没人能够否认享受这里的美食是在此下榻的主要诱因。店内的餐厅Boathouse Wine & Grill（见276页）在普吉岛上名列前茅。Boathouse同样开设烹饪课程（见276页）。

Fantasy Hill Bungalow 酒店 $

（见276页地图；☎0 7633 0106；fantasyhill@hotmail.com；8/1 Th Patak；房间带风扇/空调 450/800B；❄）Fantasy Hill Bungalow坐落于山坡上一座葱翠的花园内，略显陈旧但维护良好的小屋极具价值。这里地处中心却平和宁静，员工也超级贴心。在这里寻找一个角落里带景观的空调房吧。

Katathani Resort & Spa 酒店 $$$

（见276页地图；☎0 7633 0124；www.katathani.com；14 Th Kata Noi；房间7800B起；❄📶🏊）Katathani Resort & Spa占据了葱翠却相对宁静的小卡塔海滩的绝大部分，这一闪耀的水疗胜地在极具风格的环境里提供所有常见的服务。这里有水疗中心、几个游泳池、美容院和宽敞的空间。淡季时常有绝佳折扣。

Sugar Palm Resort 酒店 $$$

（见276页地图；☎0 7628 4404；www.sugarpalmphuket.com；20/10 Th Kata；房间含早餐3700~5200B；❄@📶🏊）这家融合了迈阿密和泰国风格的度假村自诩为“别致的休闲世界”。房间饰有时髦的白色、褐色和淡紫色，极具价值，超级舒适，而且全部围绕一个黑底U形游泳池而建。你会有想在这里游泳的冲动，但是海滩离此并不远，并且你已经位于卡塔购物和餐饮的中心地带。

Kata Palm Resort 酒店 $$$

（见276页地图；☎0 7628 4334；www.katapalmresort.com；60 Th Kata；房间5500B起；❄📶🏊）看多了现代风格的楼房，在Kata Palm Resort见到一些经典的泰式作品是否让你眼前一亮呢？墙上是泰国的艺术品，床上铺的是丝绸，有精细的实木装饰，大厅里还有手绘的廊柱。在该度假村的主页上经常可以找到很优惠的折扣。

Honey Resort 酒店 $$

（见276页地图；☎0 7633 0938；www.honeyresort.com；100/69 Th Kata；房间3400~3900B；❄📶）宽敞崭新的房间用的是很有品位的木镶板，所有的房间内都有坐卧两用床，内置化妆台、书桌、浴缸和大理石盥洗池，可以免费使用Wi-Fi和观看平板电视。试运营期间的促销价为699B，绝对超值，而平时的门市价也在你的接受范围之内。

Baan Thai Homestay 客栈 $

（见276页地图；☎0 7633 0655；www.baanthaihomestay.com；23 Th Ketkwan；房间1000B起；❄📶）这里的建筑看上去光怪陆离，略显陈旧，公共区域装饰着雕刻的木制拱廊、石雕作品、牛车车轮、植物和藤蔓。房间略显阴暗，但是整洁舒适，配有空调、热水和优质床铺。

Kata Country Resort 酒店 $$

（见276页地图；☎0 7633 3210；www.

katacountryhouse.com；82 Th Kata；房间1600~2600B；❄☒）我们无法判别该度假村复古式的、20世纪六七十年代的装饰风格是刻意为之还是随意而为。你可以想象一下台阶旁汽车轮胎围成的栅栏，植有睡莲的池塘和波利尼西亚（Tiki-style）风格的休闲厅。它绝不奢华，但是它的个性却值得我们给它五星评价。

就餐

卡塔有许多让人意想不到的上好美食，当然了，你得舍得掏腰包。想找价格便宜的就餐地点，就去Th Thai Na路，或者去海滩附近Th Kata路（Patak West路）上实惠的休闲海鲜餐馆吧。

作者推荐 Boathouse Wine & Grill 地中海菜 $$$

（见276页地图；☎0 7633 0015；www.boathousephuket.com；Th Kotanod；主菜450~950B；⊙早餐、午餐和晚餐）此地是约会的绝佳地点，提供的大多数当地美食堪称精品。这里的空气或许有点不新鲜，但这是距普吉最近的可以品尝传统菜肴的地方。这里的地中海式创新菜式堪称一绝，酒水种类丰富，海景令人赞叹。

作者推荐 Capannina 意大利菜 $$

（见276页地图；☎0 7628 4318；capannina@fastmail.fm；30/9 Moo 2, Th Kata；主菜200~700B）这里的一切食品，从意大利面到酱汁，全都是现场制作，你不妨品尝一二。小方饺和面团风味极佳，令人回味；意大利调味饭值得高度推荐。此外，该店的比萨饼、烤乳酪馅饼（calzones）和米兰小牛肉（veal Milanese）也相当不错。在旅游旺季时，该店会非常拥挤，所以，你可能需要提前预订。

Oasis 创意菜 $$$

（见276页地图；☎0 7633 3423；Th Kotanod；菜肴350~600B）Oasis由两家餐厅合并而成。顶层是亚洲风格的餐前小吃吧，现场有爵士乐演奏。底层是烛光露台餐厅，在此，你可以一边品尝由晒干的香草包裹的新鲜生鱼片，一边欣赏树上悬挂的长方形纸灯笼。

Hat Karon & Hat Kata 卡伦海滩和卡塔海滩

Thai Kitchen 泰国菜 $

（见276页地图；Th Thai Na；菜肴80B；⊙早餐、午餐和晚餐）很好的一条经验法则：如果一家毫不起眼的路边餐厅挤满了泰国人，那么你可以确定这里的食物绝对一流。泰式厨房提供的绿咖喱（注意：吃了以后你可能会辣得流鼻涕）和米线超级美味。嗯，它就在前往Pussy Bar的路上。

饮品

卡塔的夜生活相当丰富。

Ska Bar 酒吧

（见276页地图；⊙至深夜）Ska Bar位于卡塔最南端的海湾，周围遍布岩石，看上去似乎与古老的大榕树树干交织在一起。Ska

Hat Karon & Hat Kata 卡伦海滩和卡塔海滩

活动、课程和团队游

1	恐龙公园	A2
2	Dive Asia	A1
3	Dive Asia	A3
4	卡塔高温瑜珈	B4
5	Kiteboarding Asia	A2
	Mom Tri's Boathouse	(见17)
6	Phuket Surf	B4
	Phuket Surfing	(见6)
	Sea Fun Divers	(见16)

住宿

7	Andaman Seaview Hotel	A2
8	Baan Thai Homestay	B3
9	Caffe@Caffe	B3
10	Fantasy Hill Bungalow	A2
11	Honey Resort	B3
12	Kangaroo Guesthouse	A2
13	Karon Beach Resort	A2
14	Kata Country Resort	B3
15	Kata Palm Resort	B3
16	Katathani Resort & Spa	B4
17	Mom Tri's Boathouse	B4
18	Mom Tri's Villa Royale	B4
19	Mövenpick	A1
20	Sawasdee Village	B3
21	Sugar Palm Resort	B3

就餐

22	Bai Toey	A1
	Boathouse Wine & Grill	(见17)
23	Capannina	B3
24	Oasis	B4
25	Pad Thai Shop	B2
26	Thai Kitchen	B2

饮品

27	Nakannoi	A2
28	Ratri Jazztaurant	B3
	Ska Bar	(见6)

Bar是我们在海边进行暮后小酌的不二之选。泰国调酒师增加了酒吧的拉斯特法里派（Rasta）的时尚风格。天棚上悬挂着浮标、纸灯笼和10个国家的旗帜。

Ratri Jazztaurant 酒吧

（见276页地图；☎0 7633 3538；Kata Hill；菜肴145~345B；⏲6pm至午夜）在山坡边的露台上，聆听现场爵士乐，看着夕阳慢慢西下，品尝美味的泰国美食——这才是你想要的假期。

实用信息

卡塔的主街道上有很多ATM取款机。

邮局（见276页地图；⏲周一至周五9am~4:30pm；周六9am至中午）在Rte 4028路上，Th Thai Na路的尽头。

到达和离开

至卡塔和卡伦的小型敞篷客车（每人25B）每天从上午7点至下午5点在普吉市拉廊路上的日间市场发车，每天有很多趟，主要停靠站点位于Kata Beach Resort（卡塔海滩度假村）前方。

从卡塔至普吉市的出租车费用为600B，至芭东600B，至卡伦200B。

到处都可以租到摩托车（每天300B）。

卡伦海滩（Hat Karon）

หาดกะรน

卡伦海滩就像是芭东海滩和卡塔海滩爱情的结晶：它从容、富有魅力，又像一个俊俏而又不修边幅的年轻人。卡伦海滩有两个大的景点，这里团体游客人数众多，但是旅客的人均沙滩面积仍然大于芭东或者卡塔。越往北走，海滩越漂亮，直至景色最为秀丽的最北端。有一条经过货摊和食品摊的小路可以通往此处，而这里的水面就像绿松石制成的玻璃。在岛内街道和广场织成的网络中，你可以发现当地的美食，比想象中更多的斯堪的纳维亚标识，各色的酒吧，卖T恤衫的货摊，还有人工湖和大山映衬其后的可爱的卡伦公园。越过这些纷杂的景象，前方则是一片一望无际的细沙滩。

住宿

Mövenpick 酒店 $$$

（见276页地图；☎0 7639 6139；www.moevenpick-hotels.com；509 Th Kata [Patak West] 房间5900B起，别墅7000B起；❄📶🏊）Mövenpick这座华丽的超现代酒店提供人迹罕至的别墅，你可以选择在瀑布下的水潭游泳或者享受室外的雨林淋浴，抑或在从地板到天花板都装有玻璃的、立方体般的房屋中

享受阵阵凉风。除了隔着街道可以欣赏到海滩的优越地理位置之外，该酒店充满艺术气息的装潢、高端的亚麻制品、附带池滨酒吧的大游泳池、水疗中心、露天餐馆以及提供各种碳烤比萨的餐吧都会让你耳目一新。

Karon Beach Resort 酒店 $$$

（见276页地图；☎0 7633 0006；www.katagroup.com；51 Th Kata [Patak West]；房间7500B起；❄📶🏊）位于卡伦海滩南端，有几处地方修饰得甚是雅致，充满茉莉香的大厅内摆放着佛教雕塑。此外，屋里还有皇冠模型、木制陈设品、陶瓦片和轻柔的羽绒被，阳台上可以欣赏大海的美景。

Andaman Seaview Hotel 酒店 $$$

（见276页地图；☎0 7639 8111；www.andamanphuket.com；1 Soi Karon, Th Kata [Patak West]；房间4800B起；❄@📶🏊👪）这里的设计融合了科德角风格和殖民时期的南太平洋风格，外部为天蓝色和白色相间，大厅里铺着制成棋盘图案的大理石地板，让人仿佛身处于微风徐来的种植园中，感到一种家庭式的氛围。房间是20世纪初期的美国式风格，有大理石桌子、陈旧的吊扇、艺术装饰般的浴室瓷砖、白色的百叶窗式橱柜门。酒店内设有儿童泡泡泳池和成人泳池。

In On the Beach 酒店 $$

（见276页地图箭头所示；☎0 7639 8220；www.karon-inonthebeach.com；695-697 Moo 1, Th Patak；房间3500B起；❄@📶🏊）这是一家位于卡伦公园内的亲切雅致的酒店，地理位置极好。至于房间内的装饰，你可以想象一下：大理石地面、Wi-Fi、空调、房顶，还有吊扇。这里设有马蹄形的泳池，酒店内可以观赏海景。淡季时会有较大折扣。这里也是海滩冲浪的极佳去处。

Kangaroo Guesthouse 客栈 $

（见276页地图；☎0 7639 6517；269/6-9 Karon Plaza；房间800B；❄📶）旅馆配置一般，但是非常洁净，还有能照进阳光的房间。房间内有热水、空调、一个非常漂亮的早餐角，阳台上可以俯瞰到狭长的、略为脏乱的土地。

餐饮

街心转盘旁有几家便宜的泰国餐馆和海鲜馆（包括位于转盘以北100米处的百叶板式屋顶下的几家海鲜摊），你也可以在卡伦海滩南端旁边的主路上发现一些类似的摊位。

Bai Toey 泰国菜 $$

（见276页地图；☎08 1691 6202；Soi Old Phuket；菜肴200B~250B）Bai Toey是一家富有魅力的泰国小酒馆，室外设有荫蔽的露台，室内有座位。该店内有传统的咖喱、爆炒菜和面条等，但是你如果想尝一下该店的泰式烤牛肉，也是不错的，将牛肉切成薄肉片，刷上蚝汁烤制完成后与糯米同食。

Pad Thai Shop 泰国菜 $

（见276页地图；Th Patak East；菜肴40B；⏲早餐、午餐和晚餐）这家负有盛名的餐馆位于卡伦海滩后面繁忙的主街道上，破旧的乒乓吧（Ping Pong Bar）正北处。在这里，你可以品尝到美味多汁的炖鸡（值得高度推荐），以及风味极佳的炒面。新鲜的芭蕉叶内包着满是明虾、豆腐、鸡蛋和花生的炒面，又辣又甜，品尝后你会感觉不虚此行。该店于晚上7点左右打烊。

Nakannoi 酒吧

（见276页地图；☎08 7898 5450；Karon Plaza；⏲5pm~1am）Nakannoi酒吧就像一座放荡不羁的艺术之家，墙上挂着原创油画，自然的艺术装饰（包括古董摩托车和自行车），内有混凝土浇筑成的岛状吧台和永久性的演奏台。几乎每晚的8点后，店主和他的同伴就会将这间酒吧塞得满满当当。

到达和离开

到达卡伦的交通方式详见277页。

芭东海滩（Hat Patong）

หาดป่าตอง

穿着粗劣假冒T恤衫的北欧游客，嗡嗡声响彻整个海滩的水上摩托，完全缺乏管理的开发，能将中年危机变为全面产业的诀窍（对不起，伟哥，芭东比你出现得早），这一切让芭东的无意识喜剧无时无刻不在上演。除了这些男女间的兜搭、道德与性别的扭曲，这个地方还是有一点真诚可言的。

芭东从不限制任何人进入。只要价格合适，小到星巴克的超大杯拿铁咖啡，大到晚间的伴侣都可以找到。尽管其他旅游地会或多或少地否认不光彩的事项，但芭东不会试图掩盖任何东西。芭东就是芭东，这一点反而令人感到爽快。

当然，这并不意味着你会喜欢芭东。但是，当你到达芭东时，放眼一望那宽阔的银色沙滩以及无垠的新月形海滩，你就会理解这一切因何而起。如今，芭东已经成为比普吉市更大的城，也是普吉岛的活动中心。

这里有大量的潜水地和水疗中心，以及高档的餐饮场所、街边的烤鱼摊、卡巴莱歌舞表演、泰拳和古董店，当然还有亚洲最酷的大型购物中心。

住宿

每年11月至次年4月期间（该期间房价参照本书中价格部分），想在芭东海滩找到低于1000B的住宿地点是非常困难的。在其他时间里，住宿价格则会下降40%~60%。

BYD Lofts

酒店 $$$

（0 7634 3024；www.bydlofts.com；5/28 Th Rat Uthit；公寓4900~11 500B；）如果相对海滩，你更在意住宿的风格和舒适度，那么BYD Lofts就是你的不二之选了（尽管这里离海滩步行几分钟就到了）。都市风格的公寓中有许多白色的（地板、墙壁、百叶窗）锐利线条，让人感觉身临纯洁之境，与芭东街道上的粗俗形成鲜明对比。酒店内设有日间水疗吧、屋顶游泳池和一个很棒的餐馆。

作者推荐 Burasari

酒店 $$$

（0 7629 2929；www.burasari.com；18/110 Th Ruamchai；房间2700~9300B；）酒店内遍布着许多迷人的游泳池和瀑布、蚀刻风格的柱子、垂着窗帘的酒吧间和吧台。房间布置简洁，却配置了时髦的平板电视、超大豪华双人床和竹藤家具。Naughty Radish咖啡屋供应的当地沙拉（180B起）会让你大饱口福，而其沙冰（120B）则可称为普吉岛最美的风味。

La Flora

酒店 $$$

（0 7634 4241；www.laflorapatong.com；39 Th Thawiwong；房间9500B起；）在这里，芭东海滩的洁净线条和抽象派艺术是主流风格。房间宽敞，配置着木制家具（可以尝试一下浮动办公桌）、平板电视、DVD播放器、浴缸和淋浴。迷你吧台上有赠送的饮料，此外，这里还有一个很大的健身游泳池。

作者推荐 Baipho, Baithong & Sala Dee

客栈 $$

（0 7629 2074, 0 7629 2738；www.baipho.com, www.baithong.com, www.saladee.com；205/12-13 & 205/14-15 Th Rat Uthit 200 Pee；房间1800~3300B；）这三家非常具有艺术气息的旅社位于同一个区域，管理友善且有条理。房间和公共区域摆满了佛像，禅宗水疗地点随处可见，融合了现代艺术和乡村气息。朦胧的灯光和鸟巢式房间别有一番风味。如果你有机会的话，一定要多看几间房。Baithong旅社楼下的吧台供应鸡尾酒、美味的意大利食品和泰国食品及零食。住宿者可以使用隔壁Montana Grand Phuket旅社的游泳池。

Newspaper

酒店 $$

（0 7634 6276；www.newspaperphuket.com；125/4-5 Th Paradise；房间2500~5000B；）芭东最经典的三星级酒店之一，位于对同性恋者较为友好的酒吧咖啡馆一条街上，自然成为最有个性、最为世故的酒店。客房内铺设高级瓷砖，并有深色木家具以及朴素的特色墙壁，床侧有灯饰。该酒店经常客满，所以需要提前预订。

Belle Resort

酒店 $$

（0 7629 2782；www.thebelleresort.com；104/31-33 Soi Prisanee；房间1800B起；）简约而高级的禅宗风格，铺设有木地板的灯光朦胧的房间，大量的玻璃装饰和柔软的床铺，让这家酒店成为特色之选。酒店位于海滩附近有几家意大利餐馆的安静街道上，是这条街的中心所在。

Patong 芭东

0 200 m
0 0.1 miles
去 Hat Kalim (2km);
Hat Kamala 卡马拉海滩 (5km);
Lim's (1.3km)
ANDAMAN SEA
安达曼海
Th Phra Barami
去 Phuket Town
普吉市 (10km)
Th Chaloem Phra Kiat
Th Kalim Beach
Th Hat Patong
Th Rat Uthit
Th Phisit Karani
Hat Patong
芭东海滩
Th Sawatdirak
Big Bike Company
Th Paradise
Ao Patong
芭东湾
亚洲航空
Th Bangla
Th Thawiwong
Soi Prisanee
Soi Wattana
Soi Kepsap
Bangkok International Hospital
曼谷国际医院
Th Phisit Karani
Th Ruamchai
Budget
去 Bliss酒店 (25m);
La Gritta (400m)
Sea Fun Divers (2km)
去普吉 Simon Cabaret (300m);
Karon 卡伦 (5km);
Kata 卡塔 (8km)

Patong 芭东

活动、课程和团队游

1 Pum Thai Cooking School B6

住宿

2 Baan Pronthateep B4
3 Baipho B6
Baithong (见 3)
4 Belle Resort B6
5 Burasari A7
6 BYD Lofts C3
7 Casa Jip B6
8 Impiana Phuket Cabana B4
9 La Flora B5
10 Merrison Inn C3
11 Newspaper C4
12 Patong Backpacker Hostel B5
Sala Dee (见 3)
13 Yorkshire Inn C5

就餐

14 Baan Rim Pa B1
Chicken Rice Briley (见 17)
15 Mengrai Seafood B5
16 Ninth Floor D3
17 Patong Food Park C3

饮品

JP's Restaurant & Bar (见 6)
18 Monte's D4
19 Two Black Sheep C5

娱乐

20 Bangla Boxing Stadium D5
21 Boat Bar C4
22 Jung Ceylon C5
23 Rock City C5
Sound Phuket (见 22)

Baan Pronphateep 酒店 $$

(☎0 7634 3037; www.baanpronphateep.com; 168/1 Th Thawiwong; 房间1600~2100B; ❄) 这家安静简洁的三星级酒店榕树成荫，处于幽静的小巷子，是不错的选择。客房宽敞，并配备了一个标准尺寸的冰箱和一个私人庭院。

Yorkshire Inn 酒店 $$

(☎0 7634 0904; www.theyorkshirehotel.com; 169/16 Soi Saen Sabai; 房间1800~2300B; ❄@📶) 尽管这里免不了有些泰国风味的痕迹，但是酒店内整套英伦风格的行头还是吸引了舒适至上的旅游者。这家酒店管理有方，住宿费内包含一顿简易英式早餐。房间内一尘不染，设有有线电视。

Merrison Inn 酒店 $$

(☎0 7634 0383; www.merrisoninn.com; 5/35 Th Hat Patong; 房间1300B; ❄📶) 抛光过的混凝土地面、水磨石浴室、壁挂式平面电视、超大豪华床和浓厚的亚洲风情，使这个地方成为一个真正的划算之选。

Casa Jip 客栈 $

(☎0 7634 3019; www.casajip.com; 207/10 Th Rat Uthi; 房间700B起; ❄) 由意大利人开设，风格简约大方，房间内有舒适的床铺和有线电视。菜品为泰式风格，还有早餐到屋的服务。

Patong Backpacker Hostel 青年旅舍 $

(☎0 7625 6680; www.phuketbackpacker.com; 167 Th Ranong; 铺300~450B, 房间1200B; ❄📶) 靠近海滩，地理位置优越，店主提供在普吉市内所有最好吃、最便宜的餐馆信息。多人间的费用根据房间内床铺的数量（每间房内有3~10个床位）而不同，顶层的房间最亮，但是低一点的楼层房间里都有独立卫生间。不要挑选那些定价过高的房间，还是挑选一些物有所值的多人间吧。

Bliss 酒店 $$$

(☎0 7629 2098; www.theblissphuket.com; 40 Th Thawiwong; 套15 000B起; ❄📶🏊) 时尚新颖的全套房酒店。套房为90平方米，有一个很大的客厅，主卧室铺有木地板，房间内有平面电视、一个游泳池、一个按摩浴缸，还有一个开满鲜花的花园露台。淡季时折扣较大，值得入住。

Impiana Phuket Cabana 酒店 $$$

(☎0 7634 0138; www.impiana.com; 41 Th Thawiwong; 房间7000B起; ❄📶🏊) 度假村位于海滩上的最佳位置，主打田园风，房间里硬件设施一流，便于所有的活动。

就餐

芭东的餐馆数不胜数，关键是要如何避

开那些不地道的泰国餐馆和糟糕的西餐厅。最有魅力的餐馆都在镇子北部边缘的悬崖上扎堆。

便宜的海产品和面馆在晚上就会涌现，可以去逛逛Th Bangla路及其附近的巷子，或者在太阳落山后前往**芭东美食公园**（Patong Food Park；Th Rat Uthit；⏲4pm至午夜）。

Baan Rim Pa

泰国菜 $$$

（☎0 7634 4079；Th Kalim Beach；菜肴215~475B）在这家餐馆内就餐，不仅可以品尝到令人惊叹的泰国菜，还可以附带欣赏下壮丽的风景。菜的标准很高，价格也不俗，但是餐馆内弥漫着浪漫气息，烛光和钢琴曲更是常见。需提前预订并穿戴齐整。

Lim's

泰国菜 $$$

（☎0 7634 4834；www.lim-thailand.com；28 Th Phrabaramee, Soi 7；菜肴300~600B；⏲6pm~午夜）Lim's位于海岸公路前往卡马拉500米处的上坡一带。这是一家现代的混凝土结构的餐厅和酒廊，提供高档的泰国美食。那些社会名流在普吉岛时，至少会有一晚在Lim's度过。

Mengrai Seafood

海鲜 $$

（☎08 7263 7070；Soi Tun；菜肴120~300B）位于Bangla路旁一条阴暗潮湿的小巷子中，提供新鲜美味的当地食品。巷尾的小摊提供每日新鲜的咖喱粉，是当地外国人的最爱。Mengrai Seafood专门提供非常新鲜的鱼类、虾类和贝类（比如青口）海鲜。

Chicken Rice Briley

泰国菜 $

（☎0 7634 4079；Patong Food Park, Th Rat Uthit；菜肴35~45B；⏲早餐和午餐）在早晨太阳升起时，Chicken Rice Briley是芭东美食公园中唯一提供早餐的餐馆。米饭上放置着蒸鸡胸肉，还有一碗鸡汤，里面夹杂着鸡肉和鸡骨的碎片，还有烤猪肉。蘸着美味的辣椒酱，品尝一下这里的美食吧，这家美食店总是挤满当地顾客，当然不会是徒有虚名的。

Ninth Floor

各国风味 $$$

（☎0 7634 4311；www.the9thfloor.com；47 Th Rat Uthit；主菜290~1990B；⏲晚餐）进入到天空酒店（Sky Inn Condotel）的9楼，你可以看到海洋般的灯光遍布于从地板到天花板的滑动玻璃大门前。这是普吉岛上最高的露天餐厅，其精心准备的极其柔嫩可口的牛排和排骨使之成为芭东一绝。

饮品

许多旅行者可能发现芭东的酒吧场面足以让他们远离泰国风情，不过如果你想大口喝啤酒，在闪烁的霓虹灯下寻找艳遇，那么芭东的酒吧绝对会让你不虚此行。

Th Bangla路是芭东的啤酒一条街，也是酒吧女郎最向往的地方，有极佳的时髦娱乐表演，你可以看到跳旋转舞的泰国女孩和醉醺醺的西方男子的混搭表演。音乐声音很大（可以听到高科技舞曲），舞者身上几乎是一丝不挂，店内装饰是典型的闹剧风格，有大量的男性生殖图案。这表明，这里的氛围更像是嘉年华，你可以看到很多西方女子挤过拥挤的人群前往酒吧。

Two Black Sheep

酒吧

（☎08 9592 1735；www.twoblacksheep.net；172 Th Rat Uthit；⏲11am~2am）店主是一对有趣的澳大利亚夫妇（丈夫是音乐家，妻子是大厨），这家老式酒吧是一个伟大的发现。夜间有美味的食品和现场音乐。从晚上8点到10点，酒吧会放一些背景音乐，随后酒吧里的乐队"辣椒酱"（Chilli Jam）就会开始表演摇滚乐，直至酒吧打烊。该酒吧严禁酒吧女郎，所以这里的一切都适合十三岁以上的人群。

JP's Restaurant & Bar

酒吧

（☎0 7634 3024；www.bydlofts.com；5/28 Th Hat Patong；⏲10:30am~11:30pm）这家时髦的酒吧肯定会给芭东带来一丝华丽风格。室内有一个低矮的吧台，户外有舒服的沙发。这里的Happy Hour（提供免费的餐前小吃）从每晚10点开始，每周都有音乐派对。

La Gritta

酒吧

（☎0 7634 0106；www.amari.com；2 Th Meun-ngern；⏲10:30am~11:30pm）或许一座壮观的、现代化的餐厅并不适合建在这个有一大把年纪的荣耀之地上，但谁在乎呢？看看这些分层的摊位、大量灯箱和刚刚高出岩石海滩几厘米的甲板吧，还有比这更好的地方举办日落鸡尾酒会吗？

Monte's

酒吧

（Th Phisit Karani；⌚11am至午夜）现在，为大家介绍一家热带酒吧。Monte's酒吧有一个茅草屋顶、一个原木吧台、数十种兰花和观看体育比赛用的平板电视。常客们周五会纷至沓来，品尝该酒吧著名的比利时式贻贝，参加周末的烧烤盛会。

☆ 娱乐

如果你已经跳过摇摆舞了，那么还有更多可以欣赏的东西，如卡巴莱舞表演和泰拳（moo•ay tai）等，那些更是这里的特色。

Phuket Simon Cabaret

卡巴莱舞表演

（⌚0 7634 2011；www.phuket-simoncabaret.com；Th Sirirach；门票700~800B；⌚演出每晚7:30pm和9:30pm）在芭东以南300米处，提供娱乐性异装展示。容纳600人的大剧院场地宽阔，戏装华丽，人妖也是令人叹为观止。这里经常座无虚席，需要提前预订。

Sound Phuket

夜总会

（⌚0 7636 6163；www.soundphuket.com；Jung Ceylon, Unit 2303, 193 Th Rat Uthit；票价不等；⌚10pm~次日4am）近年来，当国际知名的DJ前往普吉市巡回演出时，通常是在芭东最火的（或者最干净的）夜总会举行，譬如此地。当然如果这些知名的DJ正碰上资金短缺，那么你最少也得支付300B的门票才能进去。

Rock City

夜总会

（Th Rat Uthit；www.rockcityphuket.com；⌚9pm~深夜）让"垃圾"摇滚开始吧！这个黑暗的摇滚巢穴靠以翻唱AC/DC、Metallica以及枪炮玫瑰等乐队的歌曲为生。每周二、周五、周六时，摇滚歌手们将Red Hot Chili Peppers、the Rolling Stones、U2和Bon Jovi的歌串起来形成一个国际摇滚城市聚会（International Rock City Party；1000B）。晚上11点钟之前提供免费鸡尾酒和啤酒，所以，尽量早去，立刻开始摇滚吧！

Bangla Boxing Stadium

泰拳

（☎0 7282 2348；Th Phisit Karani；门票1000~1500B；⌚周二、周三、周五和周日9~11:30pm）老名字，新场馆，同样的比赛，一系列极富竞争力的泰拳选手的比赛在这里上演。

Jung Ceylon

电影院 $

（Th Rat Uthit）在这个购物中心的古朴圆形剧场中，你可以观赏到好莱坞新上映的影片。

普吉同性恋节

虽然在泰国的曼谷和芭堤雅也有大型的同性恋庆祝活动，但是**普吉同性恋节**（Phuket Gay Pride Festival）被公认为是泰国甚至是整个东南亚最好的同性恋庆祝活动。该节日的举办日期已数次更改，但是总体上是在2月份与4月份之间。节日期间，整个普吉岛——尤其以芭东为甚，挤满了来自世界各地的狂欢者（大部分是男性）。

为期四天的周末狂欢，其主要活动是巨大的沙滩排球赛，当然还包括大游行、特色漂游，还有欢呼的人群和芭东街道上漂亮的服饰。近年来，节日活动还包括针对儿童卖淫、滥用药物以及为提高人们防治艾滋病意识而举行的社会活动。

在一年当中的其他任何时候，连接皇家乐园酒店（Royal Paradise Hotel）和芭东Th Rat Uthit路之间的街道网是普吉岛上同性恋者的主要集中地。作为普吉岛上最早的同性恋夜总会，同时也是唯一的迪斯科舞厅，**Boat Bar**（⌚0 7634 2206; www.boatbar.com; 125/20 Th Rat Uthit）经常挤满了同性恋人群。要确保在午夜的卡巴莱歌舞表演之前抵达！如果你想了解更多未来节日的安排，或者了解总体的节日场面，请登录www.gaypatong.com。

实用信息

市内有网吧、带ATM机和提供货币兑换服务的银行。

邮政局（Th Thawiwong；⏲周一至周五9am~4:30pm，周六至中午）

旅游警察局（☎1699；Th Thawiwong）

到达和当地交通

亚洲航空公司（Air Asia；☎0 7634 1792；www.airasia.com；39 Th Thawiwong；⏲9am~9pm）在市内有办事处。

机动三轮车绕芭东一圈需要50~100B。有很多地方可以租赁到125cc的摩托车和吉普车。**Big Bike Company**（☎0 7634 5100；106 Th Rat Uthit）出租的摩托车较为合适（每天500~1000B）。请记住，在芭东，强制戴头盔的法律执行得很严格，而路障和检查站在得到通知后可以立刻设立。**Budge**（☎0 7629 2389；44 Th Thawiwong；⏲9am~4pm）在Patong Merlin Hotel设有办事处。

从普吉市前往芭东的小型敞篷客车从靠近日间市场和圆形喷泉的Th Ranong路出发，费用为25B。下班后的包车费用为500B。小型敞篷客车在到达目的地后在芭东海滩的南端让乘客上下车。在这里，你可以继续搭一辆摩的（每次20~30B），或者拦下一辆机动三轮车（价格迥异），不介意的话也可以一直走到脚疼。

卡马拉海滩（Hat Kamala）

หาดกมลา

卡马拉海滩是卡伦海滩和素林海滩（Hat Surin）的混合体，宁静却不失趣味，吸引了喜欢长期旅行和低调派对的客人，还有举家前来的北欧游客以及年轻的情侣们。海湾壮丽宏大，绿松石色的海面静谧而清澈，海边的碎浪让你想直接进入梦乡。棕榈树和菠萝树在岩石遍布、枝繁叶茂的海滩北端混杂生长，海水是翠绿色的，在岩石礁周围进行浮潜是件赏心悦目的事情。新的景点集中于南端陡峭的悬崖上，下边是长尾船的停靠地。整个海滩后边是遍布郁郁葱葱树木的小山，让人不禁产生孤身一人在此度过余生的遐想。卡马拉海滩是唯一设有步行街道的海滩，街道两旁是餐馆、景点和商店。停下你的摩托车，走进卡马拉海滩，享受这天赐的幸福吧。

景点和活动

当地的海滩研究员会告诉你卡马拉海滩正北方的**Laem Singh**是普吉岛上最美的海角。这里四面被悬崖峭壁所环抱，所以，并没有路可以直接进入。因此，你得把车停在陆岬旁，顺着一条狭窄的小路攀岩而下，或者在卡马拉海滩处直接租一条长尾船（费用为1000B）从海上到达。

普吉幻多奇 主题公园 $$

（Phuket Fantasea；见286页地图；☎0 7638 5000；www.phuket-fantasea.com；门票含/不含晚餐 1900/1500B；⏲周五至周三6~11:30pm）价值6000万美元的“文化主题公园”位于卡马拉海滩以东。公园目前收费，虽然并没有娱乐设施，但是有色彩华丽的泰国舞蹈表演，并结合以堪与拉斯维加斯相媲美的最先进的声光技术（想象一下30头大象表演）。一切都展现在一个以高棉寺庙为主体布景的舞台上，这座寺庙是按原型等大复制的。孩子们极易被这一奇观所吸引，但它确实有点过于俗套。此地不准携带照相机入内。

食宿

Layalina Hotel 酒店 $$$

（见286页地图；☎0 7638 5942；www.layalinahotel.com；房间含早餐5500~7700B；❄@📶🏊）在这家很小的精品酒店中，抢订错层套房中的一间吧！酒店套房带有非常私密的屋顶阳台，还可以在碧海银沙的背景下欣赏浪漫的落日景观。酒店的装修是非常简约的泰式风格，房间内有松软的白色羽绒被和蜜色调的实木家具。房费包括水疗中心的1小时的双人按摩。虽然游泳池非常小，但是蓝绿色的大海离此只有几步远。

Cape Sienna Hotel 酒店 $$$

（见286页地图；☎0 7633 7300；www.capesienna.com；房间8500~10 130B，平房4350~5600B；❄@📶🏊）这家华丽浪漫的酒店在南部岬角是首屈一指的，在酒店的大厅、游泳池和每一个房间内都可以欣赏到华丽的

蔚蓝色的海湾风光。房间非常具有现代化气息，轮廓清晰整洁，便利设施齐全。本酒店禁止儿童进入。

Clear House 酒店 $$

（见286页地图；☎0 7638 5401；www.clearhousephuket.com；房间1300B；❄📶）本酒店的风格是简约的别致与现代风格的杂糅，白色的房间内是粉红色墙壁、柔软的羽绒被、平面电视、Wi-Fi，还有巨大的铺满鹅卵石的浴池。总体给人的感觉就是一个字——好。

Beach Restaurants 泰国菜、各国风味 $

（见286页地图；Hat Kamala；菜肴50~250B；⌚午餐和晚餐）卡马拉的一大亮点就是其长条形的食品摊，你可以脚踩沙滩，身着泳衣进餐。从泰国菜到比萨饼，应有尽有，还有喝不完的冰啤。在海滩北部的**Ma Ma Fati Ma**是我们的最爱。

Rockfish 创意菜 $$

（见286页地图；☎0 7627 9732；www.rockfishrestaurant.com；33/6 Th Kamala Beac；菜肴150~1000B；⌚早餐、午餐和晚餐）餐厅位于河口处，长尾船在这里穿梭而过，海滩、海湾和群山的景观在此可尽收眼底，这是卡马拉最好的餐馆。其特色菜品是红烧鸭胸配羽衣甘蓝（braised duck breast with kale），还有意大利熏火腿包裹的扇贝（prosciutto-wrapped scallops）。

到达和离开

从卡马拉海滩搭乘普通的小型敞篷客车至芭东海滩的费用是50B每人，小型敞篷客车包租花费250B（从晚上开始）。

素林海滩（Hat Surin）

หาดสุรินทร์

素林海滩就像学校中的万人迷，有型、有思想、有个性，而且还是个富二代。是的，这就是素林海滩，一经邂逅，它就可以激起你身上的（旅游）欲望。宽广的金色沙滩，近滩绿松石色的海水，放眼望去的蔚蓝，还有两个郁郁葱葱、散布着巨石的海岬——单凭外观而言，素林海滩可以轻松地吸引游人的目光。此外，还有极好的画廊、五星级的水疗会所、美妙绝伦的海边餐饮等。所以，等你游完泳，晒完日光浴，在当地的烧烤摊上吃完烤鱼，在人们光着脚走来走去的海滩俱乐部呷完鸡尾酒，千万不要惊叹你已经爱上这个地方了。

住宿

素林海滩有很多普吉岛上最为经典的度假酒店，但是如果没有充足的资金，这些地方几乎是去不了的。

作者推荐 **Surin Phuket** 酒店 $$$

（见286页地图；☎0 7662 1579；www.thesurinphuket.com；房间17 000~58 000B；❄📶🏊）位于私人海滩上，宁静而迷人，几乎是顶级之选。特别是素林（以前称为"The Chedi"）的别墅小屋，天然原木的外观藏在山边的树叶中，朴实豪华的内饰让这里变得更为迷人。餐馆梦幻般的外观让人想起《鲁滨逊漂流记》，可以远眺海水，还有一个罕见的现代化六边形游泳池。如果想在景点附近闲逛，体格差一点还真不行，因为爬上山，穿过木栈道到达别墅小屋有一段不小的距离。在2011年年中，该酒店进行了大面积翻新，所以当你到达那里时，实际情况可能比现在描述的好得多。

作者推荐 **Twin Palms** 酒店 $$$

（见286页地图；☎0 7631 6500；www.twinpalms-phuket.com；房间6100~38 800B；❄@📶🏊）Twin Palms是普吉岛酒店界的奥黛丽•赫本，她是那样的经典，与你又是那样的毫无隔阂。酒店内到处弥漫着极简主义风格的空间感，随处可见具有艺术气息的游泳池，点缀着娇柔的白色缅栀子花。即使最简单的房间都相当地宽阔，有超大的浴室、豪华舒适的床铺，其宁静感令人印象深刻。到海滩只有几分钟的路程。星期天，来自普吉各地的外国人都涌来此地，吃岛上最受欢迎的**早午餐**（brunch；⌚中午至2pm；自助餐1300B）。

Chava 酒店 $$$

（见286页地图；☎0 7637 2600；www.thechavaresort.com；公寓14 000~18 000B；

Hat Kamala, Hat Surin & Ao Bang Thao
卡马拉海滩、素林海滩和Ao Bang Thao湾

❄@🏊）身在花藤中，周围是潺潺的喷泉和波光粼粼的泳池。该酒店是半酒店半公寓式管理，十分有型。空间宽阔的公寓有二、三、四卧室的房间可以选择，厨房里有摆满物品的个性十足的不锈钢冰箱，客厅里有完整的娱乐系统，主卧室内还有单独的平板电视。该酒店为私人所有，可以按夜、按周或者按月出租。如果带同伴一同入住，那么更是物超所值。

Benyada Lodge
酒店 $$

（见286页地图；☎0 7627 1261；www.benyadalodge-phuket.com；房间2800~3500B；❄@📶🏊）现代时髦的房间，带有黑色百叶门的壁橱，铺满赤陶的浴室，休息室的角落里散布着各色靠枕，Benyada Lodge在该地区算是相当廉价的酒店。服务一流。欣赏海边的落日，在屋顶的酒吧里小酌一杯，或者走一小段路到海滩上去，都是很美妙的事情。

Capri Hotel
酒店 $$

（见286页地图；☎0 7627 0597；www.phukethotelcapri.com；房间900~1500B；❄📶）

Hat Kamala, Hat Surin & Ao Bang Thao
卡马拉海滩、素林海滩和 Ao Bang Thao 湾

景点

1 普吉幻多奇 B5

活动、课程和团队游

2 Hideaway Day Spa D1

住宿

3 Amanpuri Resort A1
4 Andaman Bangtao Bay Resort B2
Benyada Lodge （见6）
5 Cape Sienna Hotel A5
6 Capri Hotel B3
Chava （见10）
7 Clear House A5
8 Layalina Hotel B5
9 Surin Phuket A2
10 Twin Palms B2

就餐

11 Babylon Beach Club C1
12 Beach Restaurants B4
13 Catch A3
Chaba （见18）
14 Rockfish A5
15 Siam Supper Club D1
16 Taste A3
17 Tatonka D1
18 Tawai Restaurant D1

饮品

19 Stereo Lab A3

意式风格，随处都是柱子，娇小明亮的房间内，浴室上方是地中海式风格涂刷的拱门。最好的房间内有粉刷成粉红色的镔铁栏杆围起的阳台，可以俯瞰不是那么欧式但却非常宁静的街道。在楼下的意大利小餐馆内就餐，是极为明智的选择。

Amanpuri Resort 酒店 $$$

（见286页地图；☎0 7632 4333；www.amanresorts.com；别墅US$925~8050；❄@≋）顶级奢华的Amanpuri Resort是普吉岛上最为高档的酒店之一，对社会名流很有吸引力。

餐饮

在素林群岛上及其周围有很多相当不错的餐馆。如果想吃便宜的海鲜，你的第一站应该是为数众多、美味有趣的海边餐厅。

作者推荐 **Taste** 创意菜 $$

（见286页地图；☎08 7886 6401；www.tastesurinbeach.com；tapas点心160~225B）Taste是海滩上新生代时髦餐厅的佼佼者。无论是大型沙拉，还是火候极佳的菲力牛排，或者是各种泰国—地中海式的开胃菜和主菜，都可以在室内或者室外尽情享用，同时享受一流服务。还有一个诱人的画廊出售西藏、尼泊尔及当地的珠宝和艺术品。

Catch 创意菜 $$$

（见286页地图；☎0 7631 6500；主菜250~450B）披上你最为轻薄的亚麻布披肩，到海滩上的这个小屋风格的餐馆用餐吧。这是Twin Palms酒店的一部分，即使它并不直接隶属于酒店，但在美食和氛围方面还是具有Twin Palms的特点。

Stereo Lab 酒吧、夜总会

（见286页地图；☎08 9218 0162；www.stereolabphuket.com；⊙11am~2am）这家酒吧有舞池，还可以欣赏到连绵的海景。许多国际知名的DJ都会来参加这里举办的活动。

实用信息

素林广场上有ATM机，位于海滩以东，Rte 4025路上。大多数酒店都有网络连接，每分钟1B。

到达和离开

从普吉市的Th Ranong路到素林海滩，定期发车的小型敞篷客车需要每人35B，机动三轮车或者小型敞篷客车包车需要450B。

Twin Palms酒店入口对面的**Andaman Car Rental**（见286页地图；☎0 7662 1600；www.andamancarrent.com；⊙9am~9pm）提供汽车出租，租赁费用为每天1400B起。

Ao Bang Thao 湾 อ่าวบางเทา

Ao Bang Thao湾几乎和芭东岛面积相差无几，但比芭东还要漂亮，一条8公里长

的银色沙滩将该地区各个分开的元素连接起来。该岛的南半部分是一些三星级的别墅度假区。更深入内陆的话，你会发现一个古老的渔村里面沟渠纵横，环绕着新贵们盖起的别墅。如果你看到一群水牛在距离一个巨大工地仅100米的地方吃草，不要惊慌，这正是Ao Bang Thao湾快速崛起的标志。

在Ao Bang Thao湾的正中心，是有点光怪陆离的普吉拉古纳（Laguna Phuket）开发区——5个四星级和五星级的度假村和一些年代久远的购物中心由一个人工湖连接交织在一起，有游客摆渡船往来其间，还有一条铺修过的天然小径。

但是在岛的北面，大自然母亲却又一次坚持了自己的主张——只有一片白色的细沙和热带的蓝色大海在经历了所有的喧嚣和变化后依然如故，传递给你一种宁静感，而这种感觉，恰恰是你在此次旅行之前所梦想的那样。

Hideaway Day Spa（见286页地图）享有盛誉。在潟湖边缘的一个安静的木屋中，你可以享受到该店提供的传统泰式按摩、桑拿和养生泥浴，服务费用从1500B起价。Hideaway同时拥有自己的水疗产品。见260页。

住宿

普吉拉古纳有5家豪华的度假村，一个18洞的高尔夫球场和30家餐厅，其中庞大的喜来登大酒店（Sheraton Grande）就拥有8个餐厅。任何度假村的客人都可以使用这些餐饮和娱乐设施。频繁发车的摆渡车穿行于所有的酒店之间，同时还有浮船（行驶于连接在一起的潟湖之间）。

作者推荐 Banyan Tree Phuket　　酒店 $$$

（普吉悦榕庄；见286页地图；☎0 7632 4374；www.banyantree.com；别墅25 000B起；❄@🛜🏊）悦榕庄当然是普吉岛最好的酒店之一，同时也是第一家将带有私人泳池的别墅度假村引入普吉岛的酒店。该酒店看上去稳重、奢华而又不张扬。住宿是在别墅区，你既然到了这里，就一定不要错过酒店的水疗。

Angsana Laguna Phuket　　酒店 $$$

（见286页地图；www.angsana.com；每日8310B起；❄@🛜🏊👪）远离普吉拉古纳的Angsana Laguna Phuket是对已经有些年头的Sheraton Grande Laguna的改造。这家大酒店于2011年末重装开业，吸引着活泼好动的人群。它拥有一个巨大的323米长的游泳池，水上运动设施一应俱全，还有超过400间客房。

Andaman Bangtao Bay Resort　　酒店 $$$

（见286页地图；☎0 7627 0246；www.andamanbangtaobayresort.com；平房3900~5900B；❄🏊👪）每间别墅平房都可欣赏到海景，而且这个令人愉快的度假胜地有一种夏令营的氛围。整体设计是泰式的，墙壁上有木制雕刻，屋顶上悬挂着椰子，但相对于它的价格，我们本应得到更豪华一点的享受。

就餐

许多普吉岛最好的餐馆都在拉古纳的正门之外，在普吉岛Banyan Tree Phuket以南，有更多以海产品为主的海滩餐馆。

Tatonka　　各国风味 $$$

（见286页地图；☎0 7632 4349；Th Srisoonthorn；菜肴250~300B；⏰周四至周二晚餐）这是“周游世界美食”的发源地，店主兼大厨哈罗德•施瓦茨（Harold Schwarz）将当地的新鲜食材与他在欧洲、美国科罗拉多和夏威夷学到的烹饪和摆盘技巧结合在了一起。小吃风格的菜品不拘一格，包括创意素食、海鲜菜肴、北京烤鸭比萨（220B）等美食。还有一个品尝菜单（每人750B，至少两个人），它可以给你尝试每一样菜品的机会。在旺季时，需要提前打电话预订。

Siam Supper Club　　各国风味 $$$

（见286页地图；☎0 7627 0936；Hat Bang Thao；菜肴180~450B）Siam Supper Club是普吉岛最时尚的地方之一，那些迷恋杯中物的人会来品尝鸡尾酒，聆听如清风般阵阵传来的爵士音乐，美美地吃上一顿。菜单主要是西式，菜品有美味的比萨饼、意大利式炖海鲜（cioppino）和丰盛的主菜，如牛脊肉野生蘑菇配松露泥等。千万不要错过风味极佳的乳酪蛋糕。

Babylon Beach Club 意大利菜、泰国菜 $$$

（见286页地图；☎08 1970 5302；Hat Bang Thao；菜肴120~850B；）位于海边的Babylon Beach Club精心修饰粉刷过，经过一条土路即可到达。在新的意大利团队管理下，午餐是更为随和的“海滩价”，如汉堡和沙拉，而晚餐的主菜变得更加豪华，如明虾和芦笋烩饭。

Tawai Restaurant 泰国菜 $$$

（见286页地图；☎0 7632 5381；Moo 1, Laguna Resort Entrance；主菜180~300B）Tawai Restaurant坐落于一座传统艺术风格的可爱的老房子里，是泰式厨房的典范，主要提供经典菜品，如咖喱烤鸭（roast duck curry）和猪肉辣沙拉（pork lâhp）等。这里免费提供班车往返拉古纳各个酒店。

Chaba 泰国菜 $$$

（见286页地图；☎0 7627 1580；Moo 1, Laguna Resort Entrance；菜肴400~800B）高档泰国菜餐馆，位于拉古纳大门外的潟湖上。餐馆提供蒸、烤、炸类食品。

到达和离开

来回于Ao Bang Thao湾和普吉市Th Ranong路之间的小型敞篷客车费用是每人25B。机动三轮车包车费用是700B。

西莉那国家公园（Sirinat National Park）

อุทยานแห่งชาติสิรินาถ

西莉那国家公园（☎0 7632 8226；www.dnp.go.th；门票200B；⏲8am~5pm）由奈通（Nai Thon）海滩、奈扬（Nai Yang）海滩、迈考（Mai Khao）海滩以及原奈扬国家公园和迈考野生动植物保护区（Mai Khao wildlife reserve）组成，海滩面积有22平方公里，海洋面积有68平方公里。

整个地区距离普吉国际机场只有15分钟左右的路程，游客在经历了漫长的飞机旅途后往往将其作为停靠的第一站。

住宿

奈通海滩（HAT NAI THON） หาดในทอน

如果你想远离普吉岛忙碌烦躁的喧嚣，寻找一弯可爱的金色沙滩，奈通海滩就是你的理想之选了。除雨季外，在这里游泳是相当不错的选择。两端海湾的海岬附近还有一些珊瑚。

Naithonburi 酒店 $$$

（☎0 7620 5500；www.naithonburi.com；Moo 4, Th Hat Nai Thon；房间3500~4500B；）如果说有一个成熟的超级度假村，那么就是这里了。Naithonburi有222间客房，但是极少会让人感觉太过拥挤。房间宽敞，铺设着陶瓷地板，床上铺着泰国丝绸，有私人阳台。巨大的泳池旁设有小酒廊和坐卧两用长椅。酒店内的**Chao Lay Bistro**（主菜180B起）和奈通海滩一样豪华。

Naithon Beach Resort 酒店 $$$

（☎0 7620 5379；www.phuket-naithon.com；23/31 Moo 4, Th Hat Nai Thon；小木屋3300B；⏲11月至次年5月；）这里是“木屋控”的天堂。小木屋里有抛过光的木质家具，小石板铺成的浴室位于奈通海滩的南端，距离沙滩只有10步远。

奈扬海滩和迈考海滩（HAT NAI YANG & HAT MAI KHAO）

หาดในยาง/หาดไม้ขาว

一个深入地表20米的倾斜海岬遮挡着**奈扬海滩**，这里既适合在旱季浮潜，又适合在雨季进行奇妙的冲浪。沿着最南端的土路望去，是一排似乎没有尽头的海鲜馆、海滩酒吧和怪异的裁缝店。海滩边缘那种原始的粗糙感令人眼前为之一亮。

奈扬海滩以北大约5公里的**迈考海滩**是普吉岛最长的海滩，海龟于每年的11月份至次年的2月份之间在这里产卵。在这里游泳的时候要小心，因为这里常年都有暗流存在。在周末和节假日以外的日子，你完全可以将这个地方占为己有。

Anantara Phuket 酒店 $$$

（☎0 7633 6100；www.phuket.anantara.com；888 Moo 3, Tumbon Mai Khao；别墅35 000B起；❄@📶🏊）这座全部由别墅组成的酒店通往一个宁静的潟湖，潟湖里种植着莲花，一直延伸到海滩。带有豪华经典的泰式泳池的别墅由一条旧木栈道连接到大堂、酒吧和餐馆。木板路蜿蜒曲折，两旁是随风摇摆的棕榈树。酒店还有**Bua Luang Spa**（详见260页），即使你不住在这里，酒店的**Sea Fire Salt Restaurant**也值得你去挥霍一把。

作者推荐 **Indigo Pearl** 酒店 $$$

（☎0 7632 7006；www.indigo-pearl.com；房间6800~26,250B；❄@📶🏊）作为普吉岛高端度假胜地中最独特和高端的一个，Indigo Pearl酒店的设计灵感来自岛上的锡矿开采历史。虽然这听起来很怪异，但这个产业主题在与热带的豪华融合后还是创造了一个令人相当舒心的住宿地。许多硬件，如老虎钳、标尺和其他挖掘工具，在装饰过程中都被应用到最微小的细节——连厕所里的纸辊都是大螺栓——而公共休息区则笼罩着靛蓝色的光。花园郁郁葱葱，极具现代气息，环绕着一个游泳池，看起来像一个绿洲和一个大瀑布。

Sala Resort & Spa 酒店 $$$

（☎0 7633 8888；www.salaphuket.com；333 Moo 3, Tambon MaiKhao；房间11 550B起，别墅15 750B起；❄@📶🏊）这个超级时尚的精品酒店融合了中葡混合式建筑和现代装饰艺术。即使是2楼的客房，也设有室外浴室。海滨的黑色花岗岩无边泳池华丽唯美，酒吧区包括圆形的沙发休息室，氛围轻松。这是一个让每个人都觉得自己是名人的地方。它还提供水疗服务。

Nai Yang Beach Resort 酒店 $$

（☎0 7632 8300；www.naiyangbeachresort.com；65/23-24 Th Hat Nai Yang；房间3600B起；❄@📶🏊👪）这家规模适中的度假村忙碌而不失整洁，耸立于绿树成荫的奈扬海滩上。最低端的客房使用风扇降温，而更高端的客房使用的是现代泰式风格的装饰，相当别致。

JW Marriott Phuket Resort & Spa 酒店 $$$

（☎0 7633 8000；www.marriott.com；房间6800B起；❄@📶🏊👪）酒店规模宏大，有免费的摆渡车专门接送客人。Marriott周围是陡峭的浅金色沙滩、游泳池和荷花池，到了晚上，燃烧的火把将这里的天空映照得极为明亮。客房优雅别致，有宽阔的浴室和硬木家具，在房间内可以欣赏海景。

西莉那国家公园 露营地 $$

（Sirinat National Park；☎0 7632 7152；www.dnp.go.th/parkreserve/nature.asp?lg=2, reserve@dnp.go.th；露营30B，平房1000~2000B）这里提供露营地（自己带帐篷），并在公园中心地带、绿树成荫的沙地悬崖上建有大型的混凝土平房。在游客中心办理入住或在网上预订，也可通过电子邮件预订。

Rimlay Bungalows 客栈 $

（☎08 9646 0239；andaman-car@hotmail.com；90 Moo 5 Nai Yang；平房500B，房间800~1800B）分成两类房间，竹平房体积小，装饰简单带电风扇；空调房则铺有瓷砖，安装了热水浴室，很超值。

ℹ 到达和离开

如果你从机场前来，乘出租车大概花费200B。没有小型敞篷客车到达这里，但是可以从普吉市包乘机动三轮车，大约需花费800B。

Khao Phra Thaew 皇家野生动植物和森林保护区（Khao Phra Thaew Royal Wildlife & Forest Reserve）

อุทยานสัตว์ป่าเขาพระแทว

普吉岛并非都是沙滩和海洋。在岛的北端，该公园保护着23平方公里热带处女雨林（常绿季雨林）。这里有一些越过山峰的徒步路线，令人感觉愉快，还有两条漂亮的瀑布：**通赛瀑布**（Nam Tok Ton Sai）和**Bang Pae瀑布**（Nam Tok Bang Pae）。在6~11月之间的雨季最适合观赏瀑布。在旱季，它们便没什么吸引力。公园的最高点位于**Khao Phara**（442米）。由于是皇家公园级别，这里比泰国一般的国家公园要更受重视和礼遇，也保护得更好。

大约50年前，一位德国植物学家在Khao Phra Thaew发现了一种独特而罕见的棕榈树品种，称之为白背棕榈（langkow palm），这种扇形的植物高3~5米，只在这里和考索国家公园（见302页）有发现。

老虎、马来熊、犀牛和大象曾经在这片森林里漫步，但现在居住在这里的哺乳动物仅限于人类、猪、猴、懒猴、叶猴、果子狸、狐蝠、松鼠、鼷鹿和其他小动物。留神眼镜蛇和野猪。

靠近Nam Tok Bang Pae的**普吉长臂猿康复中心**（Phuket Gibbon Rehabilitation Centre；见261页地图；☎0 7626 0492；www.gibbonproject.org；鼓励捐赠门票；⏲9am~4pm）对公众开放。中心的经费来自捐赠（1500B可以维持一只长臂猿一年的费用）。中心收养曾受到囚禁的长臂猿，希望它们可以被重新放归到野生环境中去。

如果远足者提出要求，公园护林员可以在公园内充当导游，费用面议。

从普吉市前往Khao Phra Thaew，先沿Thepkasatri路往北走20公里左右到达Thalang区，在十字路口右拐到前往通赛瀑布的路上，再沿路前行3公里左右即可到达。

Thalang区 อำเภอถลาง

在位于Thalang区Rte 4027路上的**珍珠姊妹纪念碑**（Heroines Monument；见261页地图）东北几百米处、普吉市西北大约11公里处，是**Thalang国家博物馆**（Thalang National Museum；见261页地图；☎0 7631 1426；门票30B；⏲8:30am~4pm）。博物馆包含5个展馆，按时间顺序记载南部地区的历史，如Thalang-普吉的历史和安达曼海岸的殖民时期。博物馆中还详细叙述了传说中的两位女英雄（在附近的纪念碑有记载）的故事，她们通过说服岛上的妇女装扮成男人，驱逐了18世纪缅甸的入侵力量。

此外，**Wat Phra Thong寺**（见261页地图；入场需要捐赠；⏲清晨~傍晚）也在Thalang区，就在Thalang镇附近的交叉路口以北，是普吉岛上的“金佛之庙”。佛像半埋在土中，只有头部和肩部可见。根据当地的传说，那些试图挖掘佛像的人都已重病缠身或者遭遇大难。该庙宇特别受华裔泰国人的尊重，他们当中的许多人相信这尊佛像来自中国。在中国的农历新年期间，朝圣者会从攀牙、达瓜巴（Takua Pa）和甲米到这里来拜佛。

拉廊府（RANONG PROVINCE）

拉廊（Ranong） ระนอง

人口 27 772

在浑浊的Sompaen河东岸，茶褐色的河口上矗立着边境城镇拉廊，与缅甸只有一渡之隔。在这个卓越的边境小镇（破旧、狂热、稍微有点脏乱），缅甸人口蓬勃发展（留意一下穿缅甸隆基的男人），温泉众多，街头食品品种丰富。

现在，这个小镇正热衷于经营前往帕延岛的旅游生意，而曾经很热门的签证生意却日益冷清（边境上的签证只有两周的有效期）。同时，越来越多潜水经营者开始在这里定居，从事前往素林群岛和缅甸礁群（Burma Banks）等地船宿旅游的生意，为这里增加了少许外籍人士的人气。

活动

Rakswarin Hot Springs 温泉

（Th Petchkasem；门票免费；⏲8am~5pm）拉廊缺乏典型温泉城镇的那种精致，但是你可以在此尝试一下稀有的室外温泉，这里的温泉水温高到可以煮熟鸡蛋（65° C），人们相信它具有神奇的治疗能力。

Siam Hot Spa 温泉

（☎0 7781 3551；www.siamhotsparanong.com；73/3 Th Petchkasem）在公共温泉对面，Siam Hot Spa为游客提供消毒的矿泉浴。你可以选择进入按摩浴缸（600B）或标准桶（300B），或者搭配盐巴去角质（550B），抑或按摩（200B）。

潜水

前往世界级的潜水目的地，包括缅甸礁群、素林群岛和锡米兰群岛等地的船宿潜水游（需要在船上过夜并生活几天），在拉廊府风靡一时。可以尝试一下公共汽车站附近的**A-One-Diving**（☎0 7783 2984；www.a-one-diving.com；256 Th Ruangrat；四晚游15 900B起）或者**安达曼国际潜水中心**（Andaman International Dive Center；☎0 7783 4824；www.aidcdive.com；Th Petchkasem）。

住宿

在城里住宿可以帮你安排签证以及前往

Ranong

0 500 m
0 0.25 miles

Ranong 拉廊

景点

暹罗高温水疗 ......（见3）

活动、课程和团队游

1 Andaman International Dive Center C4
2 A-One Diving B2
3 Rakswarin Hot Springs D3

住宿

4 Dhala House B2
5 Luang Poj B3
6 Springs Guest House D3
7 Suta House Bungalows B2

就餐

8 Appreski Resort D4
9 Day Market B3
10 Jammy Bar B2
11 Night Market D3
12 Sophon's Hideaway B1

各个岛屿的交通。在Th Petchkasem（Hwy 4公路）上及其附近的地点都可从镇上乘坐2路小型敞篷客车到达。

Luang Poj 客栈 $

（☎0 7783 3377, 08 7266 6333；luangpoj@gmail.com；225 Th Ruangrat；房间500B；❄📶）这一全新扩建的宾馆改造自20世纪20年代时期的建筑，曾经是拉廊的第一家酒店。客房没有窗户，旅客共享温水浴室，但每个客房都一尘不染，非常舒适，还有明亮的色彩和现代风格的装饰，如印度艺术、鸟笼、独一无二的灯具和复古摄影作品。

Dhala House 客栈 $

（☎0 7781 2959；http://dahla.siam2web.com；323/5 Th Ruangrat；房间400~500B；❄📶）娇小可爱的混凝土平房别墅里铺着瓷砖地板，设有鹅卵石瓷砖浴缸，最吸引人的是其花园式的洋房。这里有镇子上最友好的氛围，如果你正在办理签证，管理人员会很乐意安排延迟退房。

Suta House Bungalows 客栈 $

（☎0 7783 2707；Th Ruangrat；房间250~500B；❄）宾馆位于市中心，靠近路边，非常受欢迎。有一排年代已久的简单装修的平房，还有许多鲜花。床很硬，但是淋浴的热水很烫。

Springs Guest House 客栈 $

（☎0 7781 2818；Th Kamlangsap；房间带公用浴室250B）这家宾馆有古怪的复古风格的凉爽客房，在拉廊峡谷的出入口设有共用浴室。

在维多利亚角（VICOTORIA POINT）更新你的签证

在缅甸，那座充满灰尘、摇摇欲坠的最南端口岸被英国人称为“维多利亚角”，但泰国人却称其为“二岛”（Ko Song）。缅甸人对此的称谓“Kawthoung”极有可能是对泰国名字的讹误。大多数旅客到此的目的是更新签证，但是，此地仍不失为一日游的极好去处。

捕鱼业以及与泰国的贸易是这里的经济支柱，而此地也出现了一些缅甸最好的自由搏击选手。附近的岛屿居住的是游牧的海上吉普赛人。

更新签证最简便的方式就是选择一个由拉廊的旅行中介（如Pon's Place）推出的“签证游”（包含签证费在内每人费用为1000B起），但是自己跑腿相对来说比较简单。

当泰国—缅甸边境开放时，船只从离拉廊中心约5公里处的**Saphan Plaa**(见292页地图箭头所示; Pla Bridge)出发前往维多利亚角。从拉廊坐2路小型敞篷客车到达码头（20B），到了码头后，长尾船船长将你带到移民窗口，然后再回他们的船（每个人单程/往返为100/200B）。在议价时，要确认是单人还是多人，单程还是往返。在检查站，你必须通知当局，你是一个当天游客——在这种情况下，你将支付的费用为10美元（必须是干净的纸币，可以在港口的兜售员那里花500B买到）。唯一的大麻烦是来自缅甸的“乐于助人者”，他们愿意为你做任何事情，从帮你背包到搜集表格，然后向你索要巨额小费。

也可以在维多利亚角那灰暗的高价酒店过夜，但需注意，这是一个民风彪悍的城镇，特别是单身女子很可能会没有安全感。如果在你的护照上有个有效的缅甸签证，你会被允许在此逗留长达28天。

如果你只是来更新你的泰国签证，整个过程将需要至少两个小时。当你返回到泰国时，请记住，缅甸的时间比泰国要晚30分钟。这在以前曾经发生过问题，回程的旅行者在缅甸移民部门关门前办理好了手续，当其来到泰国移民局时发现**泰国移民局**(⏰8:30am~4:30pm)已经下班了。在离开缅甸时仔细检查泰国的出入境截止时间是个好主意——因为如果你没有得到盖章，你将不得不于第二天再次回到缅甸。

PON'S PLACE：拉廊旅游专家

Pon's Place（☎08 1597 4549; www.ponplace-ranong.com; Th Ruangrat; ⏲7:30am至午夜）提供拉廊旅游的所有信息，拉廊机票预订及巴士信息，西式早餐（40B起）。Pon本人工作效率很高，非常友好。他的电话随时开机，因为他很精心地经营着自己的旅游王国。如果你需要任何帮助，先到这里来吧。

餐饮

拉廊有一个充满活力、受年轻人欢迎的当地饮品店，这里还有许多卡拉OK。

在Th Kamlangsap路上，距离Hwy 4公路不远的地方有一个夜市，美味的泰式菜肴价格非常便宜。在Th Ruangrat路上的日间市场上可以品尝到价廉味美的泰国菜和缅甸菜。

Appreski Resort 斯堪的纳维亚餐馆 $

（☎08 7817 7033; 129/6 Moo 1, Th Petchkasem; 三明治45B; ⏲早餐、午餐和晚餐）餐馆建在拉廊峡谷内，隔着河流和对岸的温泉相望。涂满进口奶酪的丹麦口味单片三明治、猪肝酱或渍鲑鱼片都是餐馆的招牌菜。

Jammy Bar 泰国菜、各国风味 $$

（Th Ruangrat; 菜肴69B起; 📶）室内、室外的花园，抛光的水泥柱子，赤陶的瓦顶，隐约透着巴厘岛的气息，Jammy Bar餐馆是市内最漂亮的用餐地点。幸运的是，食物也很美味：泰国菜肴非常棒，游客的用餐选择一般包括烤鸵鸟肉（229B）、鳄鱼肉（177B）或当地牛肉（129B）。周末的晚上有现场音乐演奏。

Sophon's Hideaway 泰国菜、各国风味 $$

（☎0 7783 2730; Th Ruangrat; 主菜80~250B; ⏲10am至午夜; 📶）这家外国人最喜欢的餐厅面面俱到：互联网接入、免费的台球、比萨饼烤箱、一个完整的酒吧、庭院水景和藤制家具。

实用信息

Th Ruangrat路上可以找到上网的地方，每小时20B，Th Tha Meuang路和Th Ruangrat路的岔路口还有许多ATM机。

移民局

主要的泰国移民局位于去Saphan Plaa的路上，在主要码头和市中心的中间位置，泰国农民银行（Thai Farmer's Bank）对面。如果你从缅甸途经高东县（Kawthoung）进入泰国，那就需要到这个移民局去获得落地签证，但你只能在泰国停留15天。

在Tha Saphan Plaa附近还有一个小一些的移民站。如果你从缅甸的高东县进入泰国并只待一天的话，就可以去这个移民站办理手续。

邮政

邮政总局（Th Chonrau; ⏲周一至周五9am~4pm，周六至中午）

电话

泰国通信管理局（CAT; Th Tha Meuang; ⏲24小时）

到达和离开

飞机

拉廊航空公司（Ranong Air; ☎0 7783 2222; www.ranongair.com）每周有四趟航班往返于拉廊和曼谷（单程2800B）、拉廊和普吉（单程2300B）、拉廊和合艾（Hat Yai，单程2800B）。可以在Pon's Place订票（见294页）。

长途汽车

长途汽车总站位于Th Petchkasem路上，距拉廊市1公里。还有一些连接曼谷的长途汽车在主要市场停留。小型敞篷客车2路（蓝色的）会途经长途汽车总站。

另有小货车（见292页地图）发往素叻他尼（Surat Thani，250B，用时3.5小时，一天4班）和春蓬（Chumphon，120B，用时3小时，6am~5pm每小时1班）。

当地交通

在拉廊市，只需花费20B，你就可以乘坐

目的地	费用(B)	时长(小时)
曼谷	240～680	10
春蓬	100	3
合艾	410	5
蔻立	150	3.5
甲米	200～300	6
攀牙	150	5
普吉	240	5～6
素叻他尼	100～180	4～5

摩的到达市内的任何一处，花费25B可以到达Th Petchkasem路上的酒店，花费50B就可到达码头——这里有去昌岛(Ko Chang)、帕延岛(Ko Phayam)和缅甸的船只。Pon's Place可以帮助你租赁摩托车和汽车，还提供往返轮渡码头的敞篷车，费用为50B。

帕延岛(Ko Phayam)

เกาะพยาม

严格来讲，帕延岛是兰松国家公园(Laem Son National Park)的一部分。这是一个美丽的海滩岛屿，在努力融入主流的同时，仍不懈坚持自己的灵魂与特色。西北和西南海岸海滩上的洋房、凉风习习的餐厅和酒吧，以及繁茂的树木，混凝土铺就的街道点缀着壮观的海滩，这些正是它的魅力所在。该地区的动物包括野猪、猴子、蛇，还有大量的鸟类。

留意一下海雕、巨嘴鸟和犀鸟。岛上有一个“村庄”，你会发现主要码头和**Wat Phayam**寺庙内雄伟的金佛都在其内。这么做的主要目的是迎合游客，但是在节日期间(如4月的腰果节)游客就会苦不堪言。岛上居民仍然牢牢把握着自己的家园。摩托车道沿着岛屿的中间开辟而成，连接着岛上更窄的水泥道路与土路，有些地方已经损坏到了可以造成危险的程度，所以，请缓慢驾驶。

帕延岛的主要缺点是不太适合浮潜。但是素林群岛(Surin Islands)离这儿比任何地方都近，所以，你可以跳上潜水探险船或者快艇前往素林群岛。至于潜水旅行和国际专业潜水教练协会PADI教程，请联系**帕延岛潜水中心**(Phayam Divers; ☎08 6995 2598; www.phayamlodge.com; Ao Yai)。

住宿

通常情况下，日落后到晚上10点或11点后才会供电。许多度假村整年开放，配有餐厅，供应泰国食物。

AO KHAO KWAI湾和AO HIN-KHOW湾

Ao Khao Kwai湾唯一可以上网的地方是Mr Gao's，网速很慢，每分钟2B。

作者推荐 **PP Land** 酒店 $

(☎08 1678 4310; www.payampplandbeach.com; Ao Hin-Khow; 平房650B;) PP Land是一家令人惊叹的生态小屋，位于岛屿上码头以北少有人居住的迎风一侧的山坡上。时

帕延岛海滩

帕延岛上，有很多小海滩星罗棋布，不过，以下这两个绵长的沙滩最终获得了大多数人的青睐和光顾：

Ao Khao Kwai湾(Buffalo海湾)这个动人的小海湾有金色沙滩、丛林密布的峭壁和离岸岩礁——这是岛上最迷人的地方。喜欢宁静平和的人跟随一些嬉皮士和偶尔出现的德国旅行团来到这个海滩。海滩特别适合游泳，但退潮时会在南端留下淤泥滩。

又长又宽的**Ao Yai湾**始终保持着不温不火的人气，吸引着从间隔年背包旅行者到行头华丽的夫妇，从年轻的家庭到退休人员的各色人群。冲浪在旅游的淡季会兴起，你可以在海滩边上的宾馆租到冲浪板。其他时间里，在Ao Yai湾游泳是件很棒的事情，而浮潜的最佳地点是在Ao Yai湾最北边的Leam Rung旁(不要抱太高的期望)。

尚的混凝土平房经受着风吹日晒的洗礼，露台上可俯瞰大海。比利时裔的泰国老板在度假胜地的南部保留了大片的丛林，在餐馆的顶楼有良好的观鸟视野。他们有一个有机花园，使用自己制作的全天然洗衣精，并使用尖端的灰水系统处理污水。有些人只是嘴上说说，而这些人却实实在在过着绿色生活。

Chomjan Resort 酒店 $

（☎08 5678 4166；www.chomjanresort.com；Ao Khao Kwai；平房500~800B）Chomjan Resort是这片海滩上最为舒适的地方之一，整洁的水泥平房都坐落在海滩边的斜坡上，透过郁郁葱葱的树木可以欣赏海景。全部客房都设有阳台，上面摆放着可供休息的软垫，还有开放的露天浴室，除此之外，该酒店的装修一般。这里的餐厅提供一流的泰式美食。

作者推荐 **Buffalo Bay Vacation Club** 酒店 $$

（☎08 5107 9473；www.buffalobayclub.com；Ao Khao Kwai；平房600~1500B；❄@📶👪）由一个富有魅力的俄罗斯籍环游世界客经营，名叫迪米特里（Dimitri）。这里一尘不染，无懈可击，水泥盖成的洋房配上滑动玻璃门、热水和电视，按照帕延岛酒店的标准来看简直就是豪华，物超所值。更让人惊喜的是酒店的餐厅，其提供的国际食品在普吉岛以北的地区算得上是顶呱呱的，菜单上的食品几乎涵盖了从肉卷（极其美味）到正宗的泰国咖喱之间的所有菜品。

Starlight Bungalows 客栈 $

（☎08 1978 5301；http://sites.google.com/site /starlightbungalows；Ao Khao Kwai；平房500~650B）由美裔泰国人经营，客房有高顶天花板的宽敞木屋，也有树林深处的小一些的竹制小屋。这里的社交氛围相当好，一如这里的食物相当美味——这家宾馆的厨师波姆（Pom）经常赢得当地泰国餐品的烹饪大赛。

Jansom Bungalows 酒店 $

（☎08 9587 8252；Ao Khao Kwai；平房400~500B）木制的小屋装修简单，但是在露台上可以看到白色的沙滩、灰色的岩石和浅绿色的大海，这样的景色简直是美不胜收。带有景观的花园和石头铺就的小道也使这个地方看起来上了一个档次。酒店就在海滩旁边，餐厅也是相当不错。

Mr Gao 酒店 $

（☎0 7787 0222；www.mr-gao-phayam.com；Ao Khao Kwai；平房250B起；👪）涂过漆的木制或竹制小屋很受喜欢举办活动的夫妇或家庭的喜爱。本店24小时供电，有皮划艇出租，并可以安排交通和素林群岛多日游（见300页）。

AO YAI湾

我们在Ao Yai湾旅游时，已经有新的高档旅游点正在兴建，还有更多的项目也在跟进。大多数地方都有Wi-Fi或者网络服务，每分钟2B。

Bamboo Bungalows 客栈 $$

（☎0 7782 0012；www.bamboo-bungalows.com；平房550~1500B；❄📶）Bamboo Bungalows是一处非常受欢迎而热闹的海滨旅馆。有一个郁郁葱葱的花园和一个迷人的休息室兼餐厅，门前有吊床。客房有地基已经不稳的小竹屋，也有相当豪华的尖顶小竹屋，铺着瓷砖地板，有吊扇和室外花洒淋浴。24小时供电，还有免费的皮划艇。

Frog Beach House 酒店 $$

（☎08 3542 7559；frogbeach@gmail.com；平房800~1000B）泰国传统风格的硬木小屋，拥有木地板、室外浴室、玻璃洗手盆和蚊帐。这是一个可爱的地方，所有的客房在沙滩边上的一条小溪旁排成一排，等候你的到来。在这里，海滩是华丽而悠闲的，但是酒店的管理却是相当严格的，所以请注意你的言行。

Aow Yai Bungalows 客栈 $

（☎0 7787 0216，08 9819 8782；平房300~600B）24年前，Aow Yai Bungalows的茅草顶竹制小屋以开拓者的姿态在这片海滩上开始营业。这家法裔泰国人经营的宾馆是帕延岛上的第一家宾馆，如今仍旧是最好的宾馆之一。那么，在棕榈树林中的小木屋、小竹屋和Ao Yai南端沿海的房间之中进行挑

选吧！该宾馆出租潜水装备、皮划艇和身体冲浪板。

饮品

Hippy Bar 酒吧

（Ao Khao Kwai；⏲11月至次年4月11am~2am）这家酒吧是由捡来的浮木、酒瓶、贝壳和其他任何漂流上岸的东西造就而成的。酒吧的形状就像海盗船的船头，里面有兰花、瀑布喷泉，还有不错的背景音乐。

River Bar 酒吧

（Ao Yai；⏲11am~2am）坐落于Ao Yai河口，是一个值得高度推荐的酒吧。如果那里有聚会，就去吧！

到达和离开

在拉廊，可以在Th Ruangrat Market路乘坐小型敞篷客车（25B）或者乘坐摆渡车（50B）到达Saphan Plaa附近的帕延码头（Phayam Pier），这些摆渡车为大部分宾馆提供服务。如果你的旅行团有3个或者以上的人，那么更好的办法是包一辆车（100B）。

从拉廊到帕延岛的主要码头间，每天从早上9点和下午2点有轮渡（150B，需要1.5~2小时），早上10点钟和下午2点30分有快艇（350B，需要45分钟）。从帕延岛返回拉廊的船在早上9点和下午1点各有1班。包长尾船到昌岛（Ko Chang）的费用是1200B，或者你也可以乘坐出租船（150B，需要1小时），出租船会在工作日下午4点从主要码头出发。

当地交通

摩的为帕延岛周围提供交通运输，这里没有小汽车。摩的从码头到主要海滩单程每人需50~80B，价格取决于海滩的位置。走路去海滩也是可行的办法，但是距离很远，从码头到最近的Ao Khao Kwai湾走路需要45分钟。村庄里和大部分大一点的度假村有摩托车和自行车出租。

昌岛（Ko Chang） เกาะช้าง

昌岛这个少人问津的质朴小岛跟在达叻府的同名小岛相比，在每个方面都有很长的路要走，后者要比它受欢迎得多。可以花些时间探索一下岛上极小的村庄（在旱季，船只会搁浅在码头）或者在环岛的土路上蜿蜒前行。海雕、安达曼鸢和犀鸟都窝在这里，如果幸运的话，你会看到它们翱翔在红树林和东海岸的丛林上空。**Ao Yai湾**宽阔的西海岸的南端有华丽的大理石白砂和黑砂，掩盖了清水的面貌。有一条小路穿过悬崖到达**Ao Tadeng湾**，这是另外一个大理石色的海滩，上面散布着鹅卵石，在这里还能欣赏到岛上最美的落日景观。喜欢白沙的人在Ao Yai湾的南边是最快活的吧！

昌岛上没有银行或者汽车，但是在**Cashew Resort**（Ao Yai；每分钟2B）有网络可以使用。

岛上的宾馆可以安排前往帕延岛及其他附近岛屿的**乘船游**，如果组成6人或者以上的团，每人费用大约为200B（含午餐）。潜水旅行也可以安排，**阿拉丁冲浪游猎**（Aladdin Dive Safari；☎0 7782 0472；www.aladdindivecruise.de）开设了国际专业潜水教练协会PADI教程，提供一系列船宿潜水之旅。前往缅甸的船宿五日游需花费28 500B，前往素林群岛和锡米兰群岛的四日游花费20 400B。

从岛内的内陆村庄到东海岸的国家公园有小路通达。在国家公园里，你可以发现岛上保存最完好的丛林。在其他地方，一切都被开辟成了腰果果园和橡胶种植园。

食宿

在昌岛上，绝大多数住宿都是最朴实的竹棚屋，在大多数情况下，它们只是从11月至次年4月开放。岛上电力有限，有几个地方有太阳能和风力发电。

Ao Yai湾作为主海滩，有很多不同条件的住处可供选择，另外几个住宿点集中在南部的Ao Tadaeng湾，和Ao Yai湾通过很短的步行道连接在一起。岛屿的北部和最南部的海滩上可以找到更加与世隔绝的住宿点。

Crocodile Rock 客栈 $

（☎08 0533 4138；tonn1970@yahoo.com；Ao Yai；平房250~450B）显眼的竹平房矗立在Ao Yai湾宁静的南岬角上。虽然该宾馆并不“在”海滩上，但是透过树叶的间隙仍然能欣赏到绝佳的海岸景色。厨房提供自制酸奶、面包、饼干、浓咖啡以及各种蔬菜和海鲜菜肴。这个宾馆有自己的码头，所以你只要跟长尾船船长说一声，就可以直接在这里下船。

Sawasdee 客栈 $

（☎08 6906 0900, 08 1803 0946；www.sawadeekohchang.com；Ao Yai；平房350~600B）全新的A字形木平房，通风的墙保持室内凉爽，让这家宾馆脱颖而出。浴室刷成亮色，露台上有吊床。露天餐厅的菜肴既经典又美味，浮木制成的家具则摆放在一个吊着灯笼的巨树下边。

Sunset Bungalows 客栈 $

（☎08 4339 5224, 08 0693 8577；Ao Yai；平房250~400B）甜蜜的木平房铺着竹制甲板，泰式浴室掩映在树林中，描绘着Ao Yai海滩最美的风景。餐馆富有魅力，菜品有滋有味，员工欢快热情。

Mama's 客栈 $

（☎0 7782 0180, 08 0530 7066；mamasbungalows@yahoo.com；Ao Tadaeng；小屋250~300B）作为Ao Tadaeng三大最好的宾馆之一，Mama's位于一个岩石遍布、植满木槿花的山边美丽角落，宽敞的木屋都带有私人浴室。该宾馆提供的部分泰国菜式在当地可算是最为可口的了。

到达和离开

从拉廊坐小型敞篷客车（25B）从Th Ruangrat路的日间市场可到Saphan Plaa附近的Tha Ko Phayam。此外，拉廊大多数宾馆会安排出租车将客人送至码头，费用为50~100B。

每年从10月底到次年的4月份期间，每天都有2班发往Ao Yai的快艇（每人350B，45分钟，分别为10am和2:30pm），回程则在早上9点和下午1点出发前往拉廊。相对来讲，坐每天3班的长尾出租船与快艇一样方便（每人150B，两个小时，每天9:30am、中午、2pm共3班），还更为便宜，不过他们会在西海岸所有的海滩都停靠。出租船在早晨7点30分和下午1点30分返回拉廊。在季风季节，船只每周出海三天，在东北海岸的主要码头停留。

连通昌岛和帕延岛的出租船服务在工作日时只在Koh Chang Resort停留。出租船（每人每程150B，1小时）在工作日于早上10点钟离开昌岛，在下午4点钟返回。你也可以在Koh Chang Resort（1200B）或者Mama's（800B）包一辆长尾船前往帕延岛。

兰松国家公园（Laem Son National Park）

อุทยานแห่งชาติแหลมสน

兰松国家公园（☎0 7786 1431；www.dnp.go.th；成人/儿童200/100B）占地315平方公里，包括100公里长的安达曼海岸线（这是泰国最长的受保护海岸线）以及20多个岛屿。这里大部分的海岸边上都是红树林和潮汐通道，有各种鸟类、鱼类、鹿和猴子在这里安家，而海龟则栖息在Praphat海滩产卵。

最方便到达的海滩是3公里长的 **Hat Bang Ben**，国家公园的总部就位于这里。往南看，半岛就像手指一样往海中延伸，收藏着静谧的海湾，只有坐长尾船才能抵达。据说所有的海滩全年都适合游泳。从这里，你可以看到数个岛屿，包括附近的Ko Kam Yai、Ko Kam Noi、Mu Ko Yipun、Ko Khang Khao，还有北边的帕延岛。公园的工作人员可以安排你前往上述岛屿的任何一个，费用为1500~1800B，具体取决于目的地的远近。在北安达曼海或许有更为漂亮的日落野餐地点，但我们没有遇到。

食宿

以下推荐的地点都位于 Bang Ben海滩。在常绿乔木林中的任何地方露营都是允许的，费用为每人80B（在公园入口处的办公室交款），或者可以租一顶帐篷，每晚150B。

Wasana Resort 客栈 $

（☎0 7786 1434；平房400~750B；❄📶）Wasana Resort是家庭经营的温馨平房，就在多彩的餐厅旁边。宾馆的主人是一对德裔泰国夫妇，他们对于探索兰松有很多精彩绝伦的好点子（打听一下令人惊叹的10公里岬角徒步），还可以带你去各个岛屿一日游。

National Park Bungalows 酒店 $$

（☎0 2562 0760；reserve@dnp.go.th；平房带风扇1200B，房间带空调1600B；❄）从基本的带风扇的平房，到带空调的大房子，可以任意选择。酒店内的餐厅供应一日三餐。

到达和离开

兰松国家公园离拉廊有大约58公里，沿着Hwy 4公路（Petchkasem Hwy）从“Km657”和“Km658”标志牌之间的岔道驶入即到。从拉廊往南开的公共汽车可以在这里让你下车（询问一下Hat Bang Ben）。一旦离开公路，你必须拦下一辆前往公园的卡车搭载你一程。如果一直搭不到车，那么从Hwy 4公路到公园的入口处要走10公里。路况不错，你开车的话就是小菜一碟。

前往其他各个岛屿的船只可以在公园的游客中心处租赁，费用大体为每天1200~1500B。

攀牙府（Phang-Nga Province）

Khuraburi ครุระบุรี

一眨眼的功夫，你可能就会错过它。但如果你一直睁大眼睛，则会欣赏到这个尘土飞扬、生机勃勃的前往素林群岛（300页）的门户，并且不会错过南部最好的组团旅游机会（300页）。对当地人来说，攀牙府这个市场化城镇是成百上千渔民的依靠，他们住在村子摇摇欲坠的高脚屋里，或是公主资助修建的位于起伏青山上的村庄里。

可以在汽车站对面的**Tom & Am Tour**（☎08 6272 0588）咨询旅游信息。

食宿

不要错过Boon Piya Resort对面的**早市**（⏲6am~10am）。周二时，早市规模最大。

Greenview Resort 酒店 $$

（☎0 7640 1400；www.kuraburigreenviewresort.com；129 Moo 5 Bangwan；房间含早餐 1500~4000B；❄）一处可爱的带有丛林景观的酒店。石头、木材或者竹子制成的洋房的房间独一无二，配备了高端的设施，例如户外浴室中瀑布式淋浴和墙壁上的泰国艺术品。

Boon Piya Resort 客栈 $

（☎0 7649 1969, 08 1752 5457；175/1 Th Pekasem；平房600B；❄）这些又宽敞又光彩耀人的现代化混凝土洋房内铺设着瓷砖地板，设有热水浴室，外面还有一个花园。这

攀牙府的社区旅游

如果你待在旅游区，你会发现经历过海啸的攀牙府和以前没有什么两样。但多数游客不知道的是，许多捕鱼社区的生活方式要永远地改变了，有的失去了主要家庭成员或捕鱼设备被破坏，有的出于必要或恐惧而迁往内陆。现在的重建正以社区发展的形式进行，游客可以通过安达曼海岸的社区游体会这里“真实生活”，参加社区游也是对当地提供帮助的一个途径。

Andaman Discoveries（☎08 7917 7165; www.andamandiscoveries.com; Khuraburi）前身是北安达曼海啸救济委员会（Northern An daman Tsunami Relief）开设的一至七日团体游，受到高度评价，目的地包括**Ban Talae Nok**。这是附近一个历史悠久的渔村，周围环绕着热带雨林和红树林，就在距离无人居住的海滩的路上6公里处。有一个屡获殊荣的宾馆，其特长是文化和手工艺活动、钓鱼以及前往无人居住的岛屿进行浮潜之旅。与之相仿的是**兰松**。兰松居住着热心的居民，他们也提供手工业和农业的可持续发展示范。

Andaman Discoveries还管理着三个社区服务项目：一个为缅甸的外来务工人员的子女设立的学习中心；一所蔻立外的孤儿院；一所为普吉岛的残疾儿童设立的学校。欲了解更多关于志愿工作的信息，详见425页。

个镇上很好的住宿地就在公路旁。

到达和离开

任何前往拉廊或者普吉的汽车都会在Khuraburi停靠。坐上一辆前往普吉的车到Khuraburi以南约50公里处的达瓜巴（Takua Pa），可以在达瓜巴转车前往素叻他尼（Surat Thani，普通/空调80/100B，3小时）、甲米（Krabi，普通车120B，4小时）以及考索国家公园（60~80B，1小时）。

去往素林群岛的船只码头位于城镇以北9公里处。无论你在哪家旅行社预订了前往素林群岛的船，他们都会安排免费换乘。

素林群岛国家海洋公园（Surin Islands Marine National Park）

อุทยานแห่งชาติหมู่เกาะสุรินทร์

构成素林群岛国家海洋公园（www.dnp.go.th；门票400B；⊙11月中旬~次年5月中旬）的5个岛屿，距离海岸线有60公里，距离泰国—缅甸的海洋边境线只有5公里。茂盛的热带雨林，在大自然庇护的海湾里有一片片白色沙滩，还有延伸到海洋的岩石海岬，这些构成了这些花岗岩露头岛的主要景观。素林群岛一带海水清澈，水下能见度往往可达35米，特别适合海洋生物的生存。群岛的避风水域也吸引了海上吉普赛人（chow lair），他们在5~11月的季风季节中居住在岸边的村庄里。在这里，他们被称作“莫肯人”，源自当地的单词“oken”，意为“盐水”。

Ko Surin Neua（北）和Ko Surin Tai（南）是素林群岛两个最大的岛屿。素林海洋公园的总部以及所有的游客设施都在Ko Surin Neua的码头附近的Ao Chong Khad和Ao Mai Ngam。淡黄色的沙滩和波光粼粼的蓝绿色海湾美轮美奂，蔚为壮观。

Khuraburi是前往公园的起点，码头位于城镇以北9公里处，也是国家公园办公室（national park office；☎0 7649 1378；⊙8am~5pm）的所在地，这里信息灵通，有交通地图和热情助人的员工。

景点和活动

莫肯村（Ban Moken） 村庄

莫肯村位于南部岛屿的Ao Bon湾上，热烈欢迎旅游者前来。在经历过海啸之后，莫肯人在这片避风水域定居了下来，并在每年4月举行一个重要的祭祖仪式（Loi Reua）。国家公园安排了莫肯村庄游（每人300B）。你可以闲逛着经过村庄，在经过当地人的同意后徒步穿越800米长的Chok Madah trail，穿过布满丛林的山峰，进入一片空旷的海滩。旅程在上午9点15分启程，必须提前一天预订。你也可以参加从公园总部（每人100B）出发的骑车游。公园总部出售手工艺品以帮助支持当地经济的发展，还有一个为莫肯人设立的衣物捐助箱——这是个可以减轻你行李的好地方，有意义而且可靠。

潜水和浮潜

公园内的潜水点包括两大主岛之间的Ko Surin Tai和HQ Channel。黎希留岩（Richelieu Rock，公园东南14公里的一座海山）严格意义上讲也属于素林国家公园，而且拥有安达曼海岸名列前茅甚至是最好的潜水点。3~4月间，这里会发现鲸鲨的踪迹。目前公园没有潜水设备，所以潜水旅行（4日船宿游费用为20 000B）用的装备必须在陆上预订，详见“到达和离开”（见301页）、蔻立（Khao Lak，见305页）以及拉廊（见291页）部分。

近来由于对硬珊瑚的漂白（海洋升温导致珊瑚礁掉色），浮潜并没有以前那么惬意了，但你还是能够看到鱼类和软珊瑚。每天早上9点钟和下午2点钟，两个小时的浮潜游（每人80B，设备每天150B）会从公园总部出发。潜水游的同伴一般大多数是泰国人，他们都穿着衣服游泳。如果你想要更安静的浮潜体验，可以在国家公园自己包长尾船（每半天1000B）；更方便的是，从莫肯村的莫肯人那里直接租船。最好的海岬位于北部半岛的白色浮标间。在微小的Ko Pajumba边上有更多的鱼类，但是珊瑚的形状并不尽人意。

野生动植物和徒步旅行

在公园的总部附近，你可以探索森林边

缘，寻找一下食蟹猴和居住在这里的57种留鸟中的一部分，其中包括安达曼群岛特有的尼科巴鸽子（Nicobar pigeon）。沿着海岸，你很可能会看到展翅高飞的栗鸢（Brahminy kite）或者礁石上的岩鹭（reef heron）。这里住着12种蝙蝠，最引人注意的是居住在树上的果蝠（也被称为狐蝠）。

沿着海岸线有一条长约2公里的**步行小路**，路况较差，小路穿过树林后又回到**Ao Mai Ngam**。这里有宿营设备，还有自己的食堂。落潮时，在两个营地之间沿着海岸线行走是非常惬意的事情。

食宿

在公园，住宿服务相当好，但由于岛上海滩又短又狭窄，宾馆满员时会给人非常拥挤的感觉（约300人）。登录www.dnp.go.th在线订房或者向**素林国家公园办公室**（☎0 7649 1378；⏰8am~5pm）电话订房。住客大多数是泰国人，给这个地方带来一种生动活泼的度假营的感觉。你也可以在Ao Chong Khad和Ao Mae Ngam露营。前者的海滩更为秀丽；后者则更为隐蔽，窄窄的白色沙滩、浅水海湾，给人一种野性的感觉。

Ao Chong Khad湾上的**平房**（2000B）有木地板，还有私人的阳台，以及铺有瓷砖的私人浴室，还有运行良好的风扇。Ao Mae Ngam上则没有平房。两个海滩上都有**帐篷**可以出租（2人/4人 300/450B，寝具为每人60B），或者你也可以用自己帐篷**宿营**（每晚80B）。发电机提供的电力持续到晚上10点。

公园的**餐馆**（菜肴80B起，套餐170~200B）提供美味可口的泰国菜。

到达和离开

旅游经营者现在专门运营快艇（双程1600B，单程为1小时）。他们大约在早上9点钟搭载一些散客离开，返回的时间则会尊重乘客的意见。

一些旅游经营者也推出公园一日游（2900B，包括食品和公园住宿）项目。安全、服务和价格方面最好的是**Greenview**（☎0 7640 1400；Khuraburi 码头）。蔻立海滩（见307页）、普吉（见258页）和拉廊（见291页）的中介机构在潜水船宿游业务的订购上最为方便。预订价格都包含了从购买地至搭乘点的交通费。

金佛岛（Ko Phra Thong）和Ko Ra

เกาะพระทอง/เกาะระ

传说很久以前，一伙海盗来到这个岛上并在沙子下面埋下一尊纯金的佛像。传说中的宝藏从未被发现，但现今，金佛岛的宝藏是无尽的沙滩、红树林、大量的鸟类和罕见的兰花。

这个岛安静得像在大洋上的夜晚，平坦得像内蒙古草原。岛上的主要产业仍然是渔业（鱿鱼、明虾和海蜇）。当地的美味则是辛辣的发酵虾酱（gà•bì）。

金佛岛附近是Ko Ra岛，这里更为安静。小岛周围环绕着金色的沙滩和红树林。这座小岛是一片山区丛林，栖息着一些令人印象深刻的野生动物（豹猫、飞狐猴、多鳞食蚁兽和懒猴），还居住着热情的当地渔民。

住宿

作者推荐 **Golden Buddha Beach Resort** 酒店 $$$

（☎08 1892 2208；www.goldenbuddharesort.com；Ko Phra Thong；平房3100~14 000B）Golden Buddha Beach Resort是该地区最豪华的度假胜地，吸引了大批热衷精神之旅的瑜伽爱好者。私人的自然风格的木制房屋提供长期或短期出租，所有房间都有露天浴室，可欣赏大海和周围的森林美景。还有一个潜水中心。

Ko Ra Eco-Resort 酒店 $$

（☎08 9867 5288, 08 5280 5507；www.thaiecolodge.com；Ko Phra Thong；平房1100~1900B）Ko Ra Eco-Resort酒店坐落在私人海滩的树林中，这个古老的地方的经营理念新潮且以举办活动为主要导向。提供冥思修禅、至野生动物居住区的远足，以及到最原始的秘密海湾——或附近的素林群岛——潜水和浮潜等活动。平房光线昏暗，设备简单，餐厅提供精美的当地特色菜。

Mr Chuoi's 客栈 $

（☎08 4855 9886, 08 7898 4636；www.mrchuoibarandhut.com；Ko Phra Thong；平

房500B）看似简单得像草堆的棚屋，在扎马尾辫的Chuoi先生的艺术装饰下变得生动活泼。给他打电话，他会安排往返金佛岛和Khuraburi的交通工具，费用为1000B。

到达和离开

去金佛岛没有定期的船，但你可以从Khuraburi码头包租一条长尾船，单程费用为1500B——船工很难找。如果提前联系好住宿地帮你安排交通的话，会更方便便宜。

金佛岛南端Tung Dap村的村民请求游客们不要游览他们的水域，所以请尊重当地村民的意愿，绕开他们的水域。

考索国家公园（Khao Sok National Park）

อุทยานแห่งชาติเขาสก

如果在海滩放松了多日之后，你发现自己的腿部肌肉松弛了的话，就考虑到内陆的考索国家公园来冒险吧。许多人认为这片低地丛林——泰国最潮湿的地方——超过1.6亿岁，是地球上最古老的热带雨林之一。它有典型的石灰岩地貌和联级瀑布，这些瀑布带着雨水和清晨的露水穿越并滋润着郁郁葱葱的灌木丛。一条条泥土小径蜿蜒穿过宁静的公园，让游客可以观探许多当地生物。

最佳游览时间是12月至次年4月——旱季。6月至10月是雨季，公园内的小径非常湿滑，常有洪水和蚂蟥。然而正是雨季时节，动物都离开了他们的藏身所，所以你经常会忽然发现大量的动物出现在你的视野中。

景点和活动

考索地形广阔，使之非常利于大型哺乳动物的栖息生存。在雨季，你可能会看到熊、野牛、野猪、貘、长臂猿、鹿、野生大象，甚至是老虎。考索有300多种鸟类、38种蝙蝠，以及世界最大的花之一，稀有的克氏大王花Rafflesia kerrii，全泰国只有考索才有。这种巨花的直径可以达到80厘米。

美丽的**Chiaw Lan湖**位于游客中心的东部、约1小时车程（65公里）的地方。该湖建于1982年，由巨大的页岩粘土大坝围成，又被称为Ratchaprapha Dam（Kheuan Ratchaprapha）。从湖中突出的石灰岩高达960米，是攀牙地区岩石高度的三倍多。资深潜水员可以潜到碧绿的湖水深处，通过**Big Blue**（☎0 7745 6415；www.bigbluekhaosok.com）的高科技，可以窥到幽灵般的石笋。Big Blue潜水公司位于龟岛（Ko Tao）的海湾。

Tham Nam Thalu洞穴有引人注目的石灰岩地貌和地下河流，而**Tham Si Ru**有四个交汇通道，这些通道是1975年和1982年共产主义起义者的藏身之处。从湖的西南边可以步行到达洞穴。你可以租当地渔民的小船，来探索海湾、河道、洞穴和沿湖岸的cul-de-sacs（安静小道）。

骑大象旅行、划独木舟和漂流是流行的游园活动。徒步旅行也非常棒，你可以在任何一家宾馆安排公园旅游——当然要确保你有一个通过资格认证的导游带队（他们佩戴正式的徽章）。从游客中心出发，你可以在各种小径上徒步游览，到达**Sip-Et Chan**（4公里）、**Than Sawan**（9公里）和**Than Kloy**（9公里）的瀑布区，或其他目的地。公园办公室发放免费地图。

住宿

进入公园的道路两旁都是简单迷人的宾馆，提供各种各样的公园游览和导游服务。我们推荐前往Chiaw Lan的两天一夜之旅（每人2500B）。在Chiaw Lan，你可以睡在湖上的浮动小屋中，乘坐独木舟或者远足郊游。

Art's Riverview Jungle Lodge 客栈 $$

（☎08 6470 3234；http://krabidir.com/artsriver viewlodge；平房650B）宾馆与猴子活

> **考索旅游**
>
> 如果在公园附近的宾馆或旅行社预订，考索和周围地区的旅游费用最多可以便宜50%。在更远的地方如普吉岛或蔻立预订旅游的话，费用将包括价格较高的交通和旅游代理佣金。

动的丛林接壤，旁边是一条清澈的小河，河内有天然石灰岩悬崖构成的深潭，这是考索最漂亮的地方，木制平房设计简单却很宽敞，所有房间都可以看到河流的景色，从迷人的餐厅可以俯瞰深潭。

Cliff & River Jungle Resort 酒店 $$$

（☎08 7271 8787；www.thecliffandriver.com；平房含早餐1800B；❄📶）这座美丽的竹制平房坐落在参差不齐的悬崖下，价格在考索地区非常便宜。如果你需要带空调的房间，就来这里吧。这里的食物也很美味。

Morning Mist Resort 酒店 $$

（☎08 9971 8794；www.khaosokmorningmistresort.com；平房650~1000B；👪）Morning Mist Resort是最舒适的选择之一。平房干净整洁，配有电扇、露天阳台，大多数房间都可以俯瞰河流美景。

Jungle Huts 客栈 $

（☎0 7739 5160；www.khao-sok-junglehuts.com；小屋300~1200B）宾馆的木屋设施简单却价格划算，有些木屋位于河边的果树林中，还有一些坐落在山坡上，以令人眼花缭乱的走道相连接。

ℹ 实用信息

位于**公园总部**（☎0 7739 5025；www.khaosok.com；公园门票200B）的游客中心距离Rte 401路1.8公里，离"109km"的标牌很近。

在Morning Mist Mini-Mart的外面有一台ATM自动取款机，公园入口处可以上网，费用为每分钟2B。

ℹ 到达和离开

每天都有发往素叻他尼（Surat Thani，250B，1小时）、甲米（300B，2小时）及其他很多目的地的小型客车。或者，在素叻搭乘前往达瓜巴（Takua Pa）的汽车，在安达曼海滩乘坐前往素叻他尼的汽车。汽车沿着公路（Rte 401路）行驶，你可在离游客中心1.8公里的地方下车。如果没有宾馆的揽客员来接应，你就只能步行至你选定的宾馆（50米到2公里不等）。

如欲独自探索Chiaw Lan，可以在水坝的入口处包一条长尾船（每天2000B）。

Hat Pakarang和Hat Bang Sak หาดปะการัง/หาดบางสัก

Hat Pakarang和Hat Bang Sak海滩很长而且非常安静，吸引了日益增多的游客。但是2004年，海啸在瞬间冲垮了许多企业和酒店。Pakarang海滩和Bang Sak海滩上茂密的红树林、大量的流动牧场和橡胶树种植园形成了海岸和公路之间广阔的缓冲区，当你踏上这片海滩时，就会感觉自己已经逃离了一切尘嚣。

如果你一直在寻找一个可以在空旷海滩中享受持续的大波浪冲浪，而又几乎没有其他冲浪者的地方的话，**Hat Pakarang**将助你实现这一梦想。蔻立市的**Pakarang冲浪商店**（Pakarang Surf Shop；☎0 7648 5350；www.pakarangsurfshop.com；Th Petchkasem）出租冲浪板（每小时200B），提供冲浪课程（1000B，1.5小时）和当地的冲浪秘诀。

🛏 食宿

在这些美丽的海滩沿线只有几家酒店，就像浪漫的世外桃源一样。

Sarojin 酒店 $$$

（☎0 7642 7900-4；www.sarojin.com；Hat Pakarang；房间12,500~22,250B；❄@📶🏊）Sarojin是一处宁静的地带，日式和现代泰式风格相结合。这里的服务是一流的，设计也优雅亲切。在私人水疗中心（2300B）可以看见椰树风景，是安达曼海岸最好的水疗胜地之一。Takuapa河岸还开设烹饪班，在那里你可以看水牛漫步。酒店谢绝儿童进入。

Le Meridian 酒店 $$$

（☎0 7642 7500；www.lemeridian.com；Hat Bang Sak；房间5220B起，别墅11 200B起；❄@📶🏊）Le Meridian是四星级超大度假村，有243间客房和Bang Sak海滩上唯一的20幢别墅。它没有Sarojin的精致和五星级的服务，但它更便宜一些，当然也是雄伟宽敞的，酒店几乎从高速路一直延伸到大海。

White Sand Beach Bungalow 酒店 $$

（☎0 7648 7580；Hat Pakarang；小屋

1500B；❄）就在Sarojin酒店隔壁，这里有8座设计简单、干净、带空调的小木屋，屋内设有双人床、热水淋浴，外边还有五星级的沙滩。

到达和离开

从蔻立出发，在早上8点30分和下午5点之间可以搭乘频繁发车的小型敞篷客车（60B）。此外，你还可以乘坐往返于达瓜巴（Takua Pa）和普吉的长途汽车，但是长途汽车走高速路，这样下车时会离所有的住宿地都比较远。最好的办法是乘坐公共交通工具到蔻立，然后从那里包租一辆小型敞篷客车（500~700B）前来。

蔻立海滩（Hat Khao Lak） หาดเขาหลัก

如果你想要避开普吉岛这种大型度假城镇的浮华和喧嚣，可以选择蔻立海滩。这里舒适，购物便利，设施齐全。修长的白色沙滩背靠着树木丛生的小山，可以徘徊嬉戏于锡米兰群岛和素林群岛、考索和蔻立/Lam Ru国家公园乃至普吉岛之间，这里可以算是探寻北安达曼海岸的根据地。蔻立海滩向北约2.5公里处的**Hat Bang Niang**更为安静，细长的海滩上人更少。蔻立市（也被当地人称为蔻立镇）上有许多餐厅、旅游市场和灰色高速公路沿线的低层酒店。它并不是很抢眼，但是这里很方便，你或许想在这里待上几天，接着再去更远的地方。

大部分地区都能上网，银行和ATM自动柜员机随处可见。

景点

蔻立/Lam Ru国家公园 国家公园

（อุทยานแห่งชาติเขาหลัก-ลำรู；☎0 7642 0243；www.dnp.go.th；成人/儿童100/50B；⊙8am~4:30pm）紧挨着蔻立海滩以南的地方是蔻立/Lam Ru国家公园，占地125平方公里，紧邻海崖。公园有海拔1000米的高山、海滩、港湾、森林峡谷和红树林。野生动物有犀鸟、卷尾、貘、长臂猿、猕猴、亚洲黑熊。游客中心在Hwy 4公路上“Km56”和“Km57”的标志牌之间，在地图或其他旅游资料上并无过多的描述，但这里有一个非常好的露天餐厅，它坐落在一片有树荫的斜坡上，可以俯瞰大海。从餐厅出发，步行1.5公里左右，便可以到达海岬和空寂的Hat Lek海滩。

Khlong Thap Liang 自然保护区

城里的许多旅行社都能安排有导游的沿海或内陆徒步旅行，还提供乘坐长尾船前往风景秀丽的Khlong Thap Liang自然保护区的观光游。后一种旅行还能为游客提供机会，观赏红树林群落中的食蟹猴。在蔻立和Bang Sak之间有一个纵横交错的沙滩小径网络——其中一些小径能到达人迹罕至的海滩——在这里步行或骑摩托车游玩是非常有趣的。城里大部分的酒店都出租摩托车，费用为每天250B。

Boat 813 历史景点

Boat 813位于离海岸1公里的开放区域，这艘船是被2004年强大的“节礼日”海啸（Boxing Day tsunami）刮到现在的地点的。

海啸预警系统

2004年12月26日早晨，印尼苏门答腊岛海岸的地震引发了巨大的海浪，海浪冲击了泰国安达曼海岸大部分地区，夺去了8000条生命，给家庭和企业造成了巨额损失。泰国在2005年正式成立了国家灾害预警系统，该系统的成立是该国对2004年缺乏预警机制采取的措施。系统中心设在曼谷，现有国际系统检测到海啸后，预计在30分钟内能发布海啸预警。

市民将通过全国范围内的无线网络、军队电视网络第5频道、国营的电视直播和短信警告获知海啸预警。为了外国人的安全，该中心也在海啸高发的海滨地区安装了预警塔，将提供各种语言的广播公告，并伴随闪烁的灯光。**呼叫中心**（☎1860）也将处理与公众相关的潜在或已出现的灾害并给予提示。

5年后，它仍然是该地区最著名的灾难纪念地。附近有一个海啸预警信息亭，提供泰文和英文海啸时间表，出售一些有趣的照片和书籍。从蔻立到达这里的小型敞篷客车需花费50B。

活动

前往锡米兰群岛和素林群岛的潜水或浮潜一日游是非常受欢迎的，但如果可以的话，建议你选择船宿游。由于岛屿距离大陆约有60公里（约3小时的船程），选择船宿的话，你将能更轻松地旅行，也更能体验岛屿游的

Khao Lak 蔻立

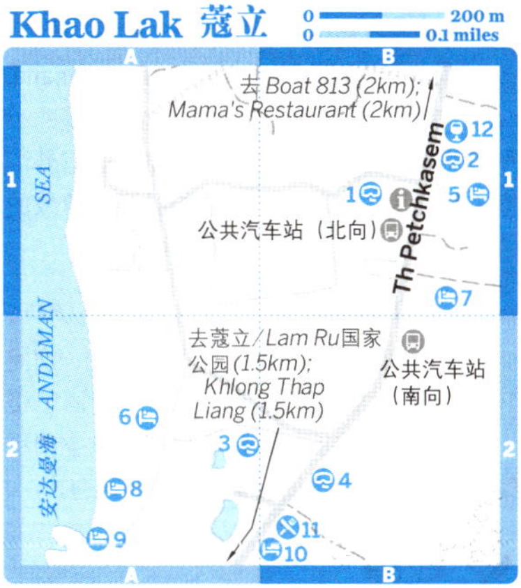

Khao Lak 蔻立

活动、课程和团队游

1 Big Blue B1
2 Sea Dragon Dive Center B1
3 Similan Diving Safaris A2
4 Wicked Diving B2

住宿

5 Fasai House B1
6 Greenbeach A2
7 Khaolak Banana B1
8 Nangthong Bay Resort A2
9 Nangthong Beach Resort A2
Tiffy's Café （见2）
10 Walker's Inn B2

就餐

11 Phu Khao Lak B2

饮品

12 Happy Snapper B1

乐趣。所有的潜水商店都提供船宿，费用大约为:3/5天,17 000/29 000B，还提供一日游，费用4900~6500B。

在这些两日、三日、四日或五日游中，你可以在拂晓时分醒来，每天在这个世界前十名的潜水王国中潜入大海四次。尽管最近锡米兰群岛和素林群岛都遭受“珊瑚漂白”（由于海水温度上升而导致的珊瑚礁褪色现象），但是**黎希留岩**（Richelieu Rock）仍然是该区域最佳的潜水地点，**Ko Bon**和**Ko Ta Chai**也是观赏到大鳐鱼的两处最佳位置。

尽管主要针对潜水者，但所有的潜水店都欢迎浮潜者参加指定的潜水旅行或船宿，并给予6折左右的优惠。另外，城镇周围的旅行社提供更便宜的锡米兰群岛周围的浮潜之旅，费用约为2700B。国际专业潜水教练协会开放水域认证课程（PADI Open Water）价格根据你的潜水区域，从10 000B至18 000B不等。你可以去体验锡米兰群岛的“水肺潜水”一日游，费用约为6000~6500B。

推荐以下潜水商店：

作者推荐 Wicked Diving 潜水

（☎0 7648 5868；www.wickeddiving.com）Wicked Diving经营得非常好，潜水装备体现了环保意识，提供潜水和浮潜过夜旅行及一系列的船宿旅行。旅行包括鲸鲨与魟鱼潜水（Whale Sharks & Mantas）、海龟与暗礁潜水（Turtle & Reefs）、鲨鱼与鳐鱼潜水（Sharks & Rays）等环保旅行。这些旅行都和**Ecocean**（www.whaleshark.org）相互配合。它还开设所有的国际专业潜水教练协会PADI潜水课程。

Similan Diving Safaris 潜水

（☎0 7648 5470；www.similan-diving-safaris.com）其特色是高质量的四日船宿旅行（通票18 800B），常能吸引回头客。经验丰富的工作人员和美味的食物让旅行变得更加美妙，而船宿旅行本身可能是你花钱的最好回报。同时也提供一日游。

Big Blue 潜水

（☎0 7648 5544；www.bigbluekhaolak.com）Big Blue潜水公司由日本人和瑞典人合资开设，它提供快艇旅游和船宿旅游，潜水

教练都是蔻立最顶级的教练。

Sea Dragon Dive Center 潜水

（☎0 7648 5420；www.seadragondivecenter.com；Th Phetkasem）蔻立最早的潜水中心之一，多年来一直提供高水准的服务。

住宿

拥挤的市中心提供的住宿大多是为背包客准备的，而海岸附近多为三星和四星级的度假酒店。

想要找市内最便宜的住宿，就去Sea Dragon Dive Center，在**Tiffy's Café**问一问床位的价格，费用大约是每晚180B。

La Flora Resort 酒店 $$$

（☎0 7642 8000；www.lafloraresort.com；房间5700~7700B，别墅9000~10 500B；）华丽的Hat Bang Niang既优雅又让人无比放松。小屋风格的别墅宽敞而现代，配有迷人的海滨无边泳池，还有为儿童准备的游泳池。客房内铺有大理石地板和陶瓷水池，还有吸引眼球的现代艺术品。

作者推荐 **Nangthong Beach Resort** 酒店 $$

（☎0 7648 5911；www.nangthong2.com；房间2000~2200B，平房2500~3000B；）这家酒店是蔻立的最佳选择。它的客房宽敞，设备齐全，还有更为宽敞的平房、瓷砖地板、深色木家具、鲜花盛开的花园、无可挑剔的服务和最舒适的沙滩。

Nangthong Bay Resort 酒店 $$

（☎0 7648 5088；www.nangthong.com；房间2000~3000B；）跟沙滩上同级别的酒店相比，Nangthong Bay Resort是最好的中档酒店。客房是黑白色别致的设计装饰，最便宜的房间位于海滩后，但非常划算。酒店内郁郁葱葱，且服务非常好。

Greenbeach 酒店 $$

（☎0 7648 5845；greenbeach_th@yahoo.com；平房1300~2300B；）面朝海滩，背后是花园，这个地方给人一种温馨的家庭感觉。木制的平房有玻璃门、冷气、风扇、凉爽的露台，还可以看见一棵古老的榕树。这家酒店中，连最便宜的房间都能看到海景。

Fasai House 客栈 $

（☎0 7648 5867；房间500~700B；）Fasai House宾馆是蔻立最省钱的住宿地点，提供整洁的汽车旅馆式房间，员工服务周到，脸上常常挂着羞涩的微笑。

Khao Lak/Lam Ru National Park Bungalows 平房 $

（☎0 2562 0760；reserve@dnp.go.th；平房800~2000B）蔻立/Lam Ru国家公园有许多4张床或6张床的平房。房间内设施简单，但适合生态体验者。

Khaolak Banana 客栈 $

（☎0 7648 5889；www.khaolakbanana.com；房间500~1200B；）这些可爱的小平房的水泥地板和充满阳光的室内、室外浴室中都画满了令人眼花缭乱的图画。精致的游泳池和躺椅让宾馆变得更为舒适。

Walker's Inn 客栈 $

（☎0 7648 5668；Th Petchkasem；房间400~750B；）这家宾馆位于一间酒吧楼上，房间宽敞陈旧，设计简单，提供空调冷气和热水淋浴。这里很受背包客的欢迎。

餐饮

虽然这里不是美食之都，但游客也可以在当地的几家餐馆和酒吧，回味白天的潜水之旅。想在清晨潜水的游客，很难在早上8点30分之前找到吃东西的地方。

作者推荐 **Mama's Restaurant** 海鲜 $$

（☎08 4850 7417；Th Petchkasem；菜肴60~300B；⊙午餐和晚餐）没有任何人，我们的意思是确实没有任何人做的海鲜胜过Mama餐馆。该餐馆位于Boat 813对面。这里的鱼饼绝对让你疯狂，黄咖喱梭鱼也是美味无比的。

Phu Khao Lak 各国风味、泰国菜 $$

（☎0 7648 5141；Th Petchkasem；菜肴80~240B；⊙早餐、午餐和晚餐）餐馆位于蔻立海滩的南端，铺着桌布的餐桌一直摆到草坪的边缘，让你很难错过。这里有许多美味的西餐和泰餐，每份菜肴都有详细的介绍，烹饪近乎完美。

Happy Snapper 酒吧

（☎0 7648 5500；Th Petchkasem）这个酒吧储藏了美酒，天花板上贴着世界地图，墙壁上画着生命树。在旅游旺季，每周6个夜晚都有一个摇滚乐队在表演，由酒吧的老板亲自牵头，他是来自曼谷的传奇贝斯手。

实用信息

遇到潜水紧急事件，请致电**SSS救护车**（SSS Ambulance；☎08 1081 9444），它会将伤者送至普吉市进行治疗。救护车也可以用于救治汽车或摩托车车祸中的伤者。Bang Niang还有一名从事潜水伤害治疗的护士。

有许多旅行社——最好的一家是**蔻立地理发现旅行社**（Khao Lak Land Discoveries；☎0 7648 5411；www.khaolaklanddicovery.com；Th Phetkasem）——提供摩托车租赁服务，每天约250B。

到达和离开

任何在Hwy 4公路上往返于达瓜巴（50B，45分钟）和普吉（100B，2小时）的公共汽车都会在蔻立海滩停靠（如果你要求司机停的话）。

蔻立地理发现旅行社每小时都有小巴发往普吉国际机场（600B，1小时15分钟）。另外，你可以乘坐出租车（1200B），或告诉普吉岛方向的汽车司机你要在"机场"下车——司机会停车让你在一个路口下车，这里有到机场的摩的（10分钟），费用为100B。

锡米兰群岛国家海洋公园（Similan Islands Marine National Park）

อุทยานแห่งชาติหมู่เกาะสิมิลัน

全世界的潜水者都知道这座美丽的**锡米兰群岛国家海洋公园**（www.dnp.go.th；门票400B；⏲11月至次年5月）。公园离海岸60公里，这里光滑的花岗岩岛屿、热带雨林、白色的沙滩和摇曳的珊瑚礁令人印象深刻。不幸的是，最近的"珊瑚漂白"杀死了许多的硬珊瑚，而软珊瑚则不受影响。公园内的动物群仍然在那儿，而且它依然是一个潜水胜地。

九座岛屿中的两座岛屿，4号岛屿（Ko Miang）和8号岛屿锡米兰岛（Ko Smilan））上有护岛站和住宿点；公园指挥部和大多数的游客活动中心都在4号岛屿上。"锡米兰"源自马来语词汇sembilan，意为"九"。尽管每座岛屿都有自己的名字，人们更喜欢用数字来称呼它们。近来，公园扩大了范围，纳入了Ko Bon和Ko Tachai这两处，它们都没有受到"珊瑚漂白"的影响，成为了潜水和浮潜的理想场所。

蔻立海滩是公园的起点。码头位于Thap Lamu，在城南10公里处。

景点和活动

潜水和浮潜

锡米兰群岛为不同层次的潜水者提供了一个绝佳的去处，潜水深度为2~30米。**7号岛屿**（Ko Payu）有岩石暗礁，**象头岛**（Hin Pousar）有深水区，海洋生物众多，小到微小的羽虫、软珊瑚，大到鱼群和鲸鲨。4号岛屿（Ko Miang）北部的六座岛屿都有潜水地点；公园的南部（1号、2号和3号岛屿）是海龟产卵的地点，禁止潜水。国家公园本身不提供任何潜水装备，所以你得参加潜水旅行团。蔻立海滩（见305页）和普吉岛（见258页）的旅行社提供潜水旅行预订（3天船宿游大约14 500B）。

在公园总部，你可以租用浮潜设备（每天100B）。一日浮潜通常包含三个或四个不同的浮潜地点。蔻立海滩的许多旅行社只提供纯浮潜旅行——日间/过夜旅行（约3000/5000B）。

野生动植物和徒步旅行

4号岛屿的公园总部周围的森林中有几条步行小道，还有许多野生动物。拥有灰绿色羽毛的尼科巴鸽子在这里很常见，这种鸽子是安达曼海岛屿本地特有的物种，也是公园中39种鸟类之一。毛足陆蟹和食果蝙蝠（狐蝠）及飞鼠都是森林里相对常见的动物。

有一条设有几处信息宣传板的**沙滩小道**（beach track），长400米，一直通往一个小而美的浮潜海湾。从小道绕行，**观景小径**（Viewpoint Trail）长约500米，或者通

Similan Islands 锡米兰群岛

过一片陡峭的攀岩点，在其顶部可以看到全景景观。穿越森林，步行500米可到**日落点**(Sunset Point)，这里设有一座朝西的光滑花岗岩观景平台。

锡米兰岛(8号岛屿)上，在森林中步行2.5公里，就可以到达一个**观景点**，在一个距离稍短的陡峭岩壁上攀岩，可以到达**船帆岩**(aka Balance Rock)。

食宿

公园内有各种档次的住宿。可以在www.dnp.go.th网站上预订，也可以在蔻立海滩的**国家公园办公室**(☎0 7645 3272)预订。蔻立海滩的旅行社还提供逗留一夜的游览方式或者多日的游览，包括公园内的交通、饮食和住宿——旅行团的花费比自助游稍微高些。

在4号岛屿有海景**平房**(房间2000B; ❄)，带阳台；两间黑色的带五个房间的木头和竹子结构的**长屋**(房间1000B; ❄)，带风扇；**帐篷**(2/4人300/450B)。傍晚6点至次日早上6点供电。

锡米兰岛(8号岛屿)上可以租到帐篷。你还可以在其他岛屿上支起你自己的帐篷**宿营**(每晚80B)。

公园总部附近的一家**餐馆**(菜肴100~150B)供应简单的泰国食品。

到达和离开

去公园没有正式的公共交通。在蔻立海滩上自助游旅客可以预订一艘快艇(往返1700B，用时1.5小时，单程)，和浮潜教练一起出游，虽然他们更希望你参加浮潜旅行团，不鼓励单独浮潜至锡米兰群岛。大多数的快艇会到普吉岛或蔻立海滩来接旅游者，但如果你通过国家公园预订(不管怎样，都会使用相同的旅游经营者的船），你必须自己找到他们的办公室，然后等待搭车到码头。

蔻立海滩和普吉市的旅行社可以预订日/夜间旅行团（花费约3000/5000B）和潜水旅行（三天船宿游花费约14 500B）。通常情况下，把餐饮、车票等因素考虑进去的话，旅行团的花费比自助游花费稍高。

攀牙湾和攀牙（Ao Phang-Nga & Phang-Nga）

อ่าวพังงา

人口 11 000

碧绿的海湾、多峭壁的石灰岩塔、耀眼的白色沙滩和萧条破败的渔村，攀牙湾无疑是该区域最壮观的风景之一。难怪詹姆斯•邦德的强劲对手Scaramanga——007系列电影《金枪人》（*The Man with the Golden Gun*）中的角色，选择在这里高耸的悬崖和雨燕的巢穴上设立自己的藏身处。今天，我们不会再推荐怀着统治世界抱负的、被悬赏的刺客们隐藏在这里，因为该地区现在几乎全年都挤满了装载游客的机动船和海上皮艇。大部分的海湾和一部分海岸线目前已被纳入攀牙湾国家海洋公园（Ao Phang-Nga National Marine Park）。

景点和活动

攀牙是一个落魄的城镇，背靠巨大的石灰岩峭壁。除了在9月底或10月举办一年一度的**素食节**（见267页），攀牙没有太多的景点和游玩活动。

Tha Dan位于攀牙镇中心以南8.5公里处。在这里，你可以租一条小船，去观赏被淹没了一半的**洞穴**，奇形怪状的海岛和**Ko Panyi**——一个穆斯林村庄。这里有去游客经常光顾的**Ko Phing Kan**（詹姆斯•邦德岛）和**攀牙湾国家海洋公园**（500B每人，2~3小时的游览时间）的旅行团。Takua Thung码头位于Tha Dan西部10公里处，这里也有私家船只出租，费用很便宜。攀牙湾国家海洋公园办公室也提供船舶旅行服务。

与船夫讨价还价非常费力，自己安排行程却是令人愉悦的。当然，在市内的旅行社报名参加旅行团更为简单（也更便宜）。**Sayan Tours**（☎0 7643 0348；www.sayantour.com）多年从事攀牙湾的旅游服务，一直深得游客好评。半天/全天游的费用每人700/1000B起，景点包括**Tham Lawt**（一个巨大的洞穴）、Ko Phing Kan、Ko Panyi和其他几个地方。如果再加300B，还可以增加一项皮划艇的活动。该旅行社还提供在攀牙市南部25公里处的Son Pat瀑布上的**漂流游**（每人1600B）及周边景点游，包括**Sa Nang Manora Forest Park**。

食宿

一日游的游客们不难在攀牙找到好的住宿地点和许多当地美食。攀牙主要街道上的几家大排档供应美味的咖喱鸡细面条（kà•nŏm jeen）、辣咖喱鱼（nám yah）或麻辣酱（nám prík）。早市的开放时间为每天早上5点到上午10点，夜市每周二、周三和周四晚上开业，市场位于Soi Lohakit的南边。

Phang-Nga Inn 酒店 $$

（☎0 7641 1963；2/2 Soi Lohakit, Phang-

Ao Phang-Nga
攀牙湾

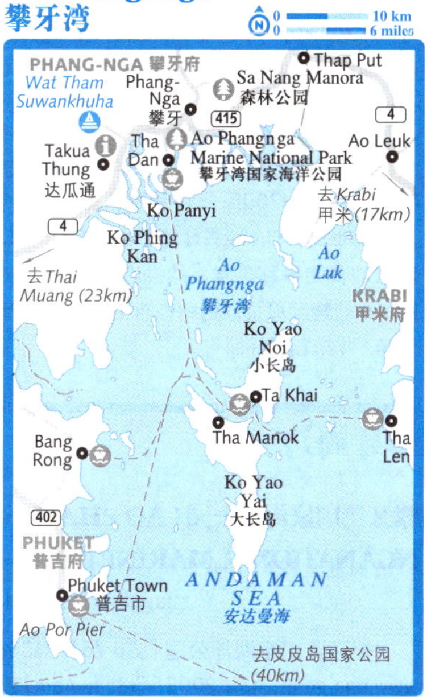

去攀牙的公共汽车

攀牙的公共汽车总站紧靠Soi Bamrung Rat主街。往返于曼谷和攀牙的公共汽车包括VIP贵宾车（912B，12小时，每天1班），一等车（552B，12~13小时，每天2班）和二等车（441B，12小时，每天3至4班）。

此外，还有其他的公共汽车服务：

目的地	费用(B)	时长(小时)	发车频率
合艾	300	6	每天2班
甲米	74	1.5	多班
普吉	85	1.5	多班
拉廊	170	5	每天4班
素叻他尼	150	3	多班
董里	240	3.5	多班

Nga；房间400~1500B；❄）这家经过改建的住宅别墅绝对是一个珍品。有厚重的木楼梯、百叶窗橱柜和宁静的花园，设备齐全。酒店有一个小餐馆，工作人员都很亲切。

Phang-Nga Guest House 客栈 $

（☎0 7641 1358；Th Petchkasem, Phang-Ng；房间250~380B；❄）没有值得称赞的地方。只是房间干净，还铺有樱桃图案的瓷砖。位于单调的镇中心。

作者推荐 **Kror Son Thong** 泰国菜 $

（☎08 4182 4684；29/1 Th Rongua, Phang-Nga；主菜70~200B；⏲午餐和晚餐）俯瞰河流，Kror Son Thong餐厅位于商业街的南部，他家的食物堪称美食。品尝店内的pla tod kamin、螃蟹煎蛋或烤鸭，再搭配一份甘蓝菜汤，味道相当好。

攀牙周边

攀牙湾国家海洋公园（AO PHANG-NGA NATIONAL MARINE PARK）

อุทยานแห่งชาติอ่าวพังงา

攀牙湾国家海洋公园（☎0 7641 1136；www.dnp.go.th；门票200B；⏲8am~4pm）建于1981年，占地面积400平方公里，因其独特的喀斯特景观而著名。公园内40多个岛屿上都有笔直的悬崖，在落潮的时候，人们可以进入一些岛屿上的洞穴，探寻隐秘的hôrngs（坚硬岩石围绕的环礁湖）。海湾由许多大大小小的潮汐通道构成，包括Khlong Ko Phanyi、Khlong Phang-Nga、Khlong Bang Toi和Khlong Bo Saen。这些通道呈南北向穿过大片的红树林，现在成为了渔民们和岛上居住者的水上通道。这里拥有的是泰国现存最大的红树林。

在旅游旺季，海湾就成了背包旅行者的天堂。然而，当你在清晨或傍晚出游时（最好在大长岛或小长岛），你将会发现这片海滩、这片海及这一喀斯特岛屿只属于你一个人。游览公园的最佳方式是乘坐游艇。

景点和活动

John Gray's Seacanoe 皮划艇

（☎0 7622 6077；www.johngray-seacanoe.com）约翰•格雷是海湾上第一个经营皮划艇生意的人，也是最有环保意识的人。他一直在当地国家公园巡守员和曼谷的管理者中呼吁保护他深爱的hôrngs。他提供的**Hong by Starlight daytrip**（每人3950B）活动避开了熙攘的人群，更多地是在夕阳下划着小船，在夜幕降临时观赏攀牙湾著名的生物荧光。

详见258页。

Ko Phing Kan 岛屿

公园里最大的旅游招牌点是“詹姆斯•邦德岛”，被泰国人称为Ko Phing Kan（字面意思是“自我倚靠之岛”），曾被选为007系列电影《金枪人》的拍摄地点。岛上有许多人贩卖本应该留在海中的珊瑚和贝壳。所以，去更远的地方探险是很明智的。

到达和当地交通

从攀牙湾城镇中心出发，沿着Hwy 4公路向南走约6公里，再左转驶入Rte 4144路（通往Tha Dan的路），行驶约2.6公里后到达公园区。如果你自己没有车，还可以乘坐前往Tha Dan的小型敞篷客车（30B）。

你可以在公园管理处包一艘船（1500B，最多乘坐4人），在周围的岛屿之间游览3个小时。

SUAN SOMDET PHRA SINAKHARIN公园

สวนสมเด็จพระศรีนครินทร์

这是一座向公众开放的公园（门票免费；⏲清晨~傍晚），有两个入口。最令人兴奋的是从Tha Dan的攀牙湾度假酒店（Phang-Nga Bay Resort Hotel）附近的石灰岩悬崖上的大洞中进入公园。这个入口处的风景比公园正门要好。公园位于攀牙湾的最南端，周围遍布着石灰岩悬崖和绝壁，还有许多洞穴和通道。一些有水的洞穴里铺有木栈道，以便游客欣赏水塘和石灰岩形态。其中一个稍大的洞穴，Tham Reusi Sawan中有reu•sěe（印度教圣人）的镀金雕像。另一个主要的洞穴是幼虎洞（Tham Luk Seua）。

天堂洞寺 วัดถ้ำสุวรรณคูหา

天堂洞寺（Wat Tham Suwankhuha；门票20B；⏲清晨~傍晚）是一座洞穴寺庙，内有许多佛像。寺庙包括两个主要的洞穴，大一点的洞穴内有一座15米高的斜卧佛，佛身画有lai•krahm和benjarong（两种陶器工艺中最常用的花纹图案）。小一点的洞穴内有一些旗帜和一座reu•sěe雕塑。洞内有许多猴子。

寺庙位于攀牙西南部10公里处。可以搭乘往返于攀牙和Takua Thung的小型敞篷客车（90B），然后沿着一条小路往下走即可到达寺庙。

长岛（Ko Yao） เกาะยาว

长岛上山脉纵横，海岸线未经破坏，有许多种类的鸟，居住着友好的穆斯林渔民。大长岛（Ko Yao Yai）和小长岛（Ko Yao Noi）是观赏攀牙湾美丽风景的有利地点。这两个岛屿是攀牙湾国家海洋公园（见310页）的一部分，然而从普吉市出发更方便到达。

请记住：要尊重当地穆斯林的信仰，在海滩之外的地方穿着要端庄。

景点和活动

小长岛（Ko Yao Noi） เกาะยาวน้อย

尽管在面积上，小长岛要比大长岛小很多，但是却是主要的人口居住地。岛上的居民靠渔业、椰子种植和旅游业维持生活。东部海岸的港湾在退潮后就变成了泥巴地，即使涨潮的时候，也不要期待能看到明信片上那迷人的白色沙滩和蓝绿色的潟湖。即便如此，Hat Pa Sai和天堂海滩（Hat Paradise）

攀牙湾的岩石艺术

攀牙湾的大多数石灰岩岛屿上的洞穴墙壁、岩棚、悬崖和岩石地块都呈现了史前岩石彩绘和雕刻艺术。特别是在铭文山（Khao Khian）、Ko Panyi、Ko Raya、Tham Nak和Ko Phra At Thao，你都可以看到岩石艺术。铭文山可能是游客最常去的地点。岩石艺术的图像包含人物、鱼、蟹、虾、蝙蝠、鸟类、大象，以及渔船与捕鱼设备，似乎是参照渔民集体捕鱼的场景绘成。岩画不拘泥于任何一种参照，有的正面朝上，有的上下颠倒或倾斜着。大多数的画是单色的，有一些则被涂上了橙黄色、蓝色、灰色和黑色。

仍然是风景秀丽的海滩。

骑车

如果你想探寻岛上数不清的山地泥路的话，带上你的山地自行车，或者租一辆（大部分宾馆的价格为每天200B），或者加入普吉的**惊奇自行车之旅**（Amazing Bike Tours；☎08 7263 2031；www.amazingbiketoursthailand.com；每日2900B）。如果你喜欢骑单车，但又认为这太费体力（太热）的话，就从**Eco Island Vehicles**（☎08 6476 1143）租一辆环保的电动自行车探寻岛上的柏油路吧，他们会去酒店接你，把你带到他们办公室；他们也出租山地自行车（200B）。

潜水和浮潜

Koh Yao Diver（☎08 7895 7551；www.kohyaodiver.com）在海湾附近和更远一点的地方开设潜水旅行。任何一家旅馆或海滩上的长尾船船长都能很轻松地组织攀牙湾的半天三岛浮潜旅行（1700B，最多6人）。

攀岩

The Mountain Shop Adventures（☎08 9971 0380，08 4841 1540；www.themountainshop.org；Tha Khao）提供全天候的攀岩旅行活动（2500B起），以及钓鱼、浮潜和游艇旅行等等。小长岛上有150多个攀岩场地，店主马克（Mark）亲自去过大部分场地——很多旅行路线中需乘船前往的偏僻的石灰岩悬崖地点。大多攀岩场所都配有钛合金螺栓，还提供初学者技能提升旅行。

大长岛（Ko Yao Yai） เกาะยาวใหญ่

大长岛远不如小长岛发达，却为游客们提供了更为偏远和原始的旅行路线。它的面积是小长岛的两倍，却开发得稍晚，这也能解释为什么当游客们踏着租赁的自行车或电动车熙熙攘攘地穿行在街道上时，当地村民仍然非常吃惊。如果你到岛上的山林中探寻的话，还可以看到野猪、猕猴、飞鼠或小赤麂。

Hat Lo Pa Red和**Hat Tiikut**是岛上最美的两个海滩。Hat Lo Pa Red的两旁是椰子树，Hat Tiikut上是木麻黄树。而从Thwison Beach Resort出发，最易到达的是**Hat Chonglard**，它比前两个海滩都值得一看。白色的沙子一直延伸到北部一个凸起的棕榈树成荫的半岛，远远望去，完美地融入了东方地平线上的石灰岩岛。

Ko Bele位于大小长岛的东部，以一个巨大的潮汐环礁湖而著称，有三片白沙海滩，游客能很轻松地到达海边洞穴和珊瑚暗礁。

大长岛西部海岸线上的**Elixir Divers**（☎08 7897 0076；www.elixirdivers.com）提供围绕攀牙湾及以外水域的双体船短途游。**Koh Yao Diver**（☎08 7895 7551；www.kohyaodiver.com）在大长岛和小长岛上都设有办事处。

食宿

小长岛

作者推荐 **Six Senses Hideaway** 酒店 $$$

（☎0 7641 8500；www.sixsenses.com/hideaway-yaonoi；房间32 000~40 000B；❄@≋）这家耀眼的五星级酒店拥有56座含泳池的山地别墅（以及别墅中的水疗点）。别墅设计像一个古旧的莫肯（也称chow lair）村庄，绝不会让你失望。从远处眺望，景色让人惊艳。酒店的泰式厨房非常诱人，它散发着懒散气息的吧台和白色沙滩都是时尚达人常选的拍照地点。此外，酒店还承诺可持续发展，这在全泰国的五星级酒店中都是无与伦比的。

Koyao Island Resort 酒店 $$$

（☎0 1606 1517；www.koyao.com；别墅7000~13 200B；❄@≋）Koyao Island Resort是开放式概念的茅草别墅。它有一个棕榈树成荫的花园和延伸到白色海滩的巨大泳池。设计优雅、狩猎风格的别墅中有配置风扇的庭院及室内/室外浴室。此外，还有一个豪华的餐厅酒吧，其服务是一流的。

Lom Lea 客栈 $$

（☎0 7659 7486；www.lomlae.com；平房2000~5500B；👪）这家现代风格、自然主义的木屋别墅前是一片迷人而隐秘的海滩，从这里可以看到攀牙有名的喀斯特岛屿。宾馆有一

家潜水中心和一家口味不错的餐馆，提供许多活动项目。我们觉得这家宾馆别墅的价格相对实惠，但是布置和服务还有待提高。

Paradise Hotel 酒店 $$$

（☎08 1892 4878；www.theparadise.biz；Hat Paradise；房间7500B起）坐落于北端的一个私人海湾内，只能通过长尾船或一条蜿蜒的土路才能到达。这里的风景分外美丽，远离尘嚣。陈旧一点的客房和别墅都建在一个布满鲜花的山坡上；金色的弧形沙滩后面是餐厅和游泳池，而沙滩的尽头是一个绿松石色的潟湖。

Sabai Corner Bungalows 客栈 $

（☎0 7659 7497；www.sabaicornerbungalows.com；平房500~2000B）这家木头和竹子结构的别墅位于一个岩石岬上，非常有特色，风景优美。餐厅的食物也很美味，是一个不错的选择。

Tha Khao Bungalow 客栈 $

（☎08 1676 7726；www.kohyaobungalow.com；平房700B）这家木屋别墅设计简单，但阳台很大，可以看到Tha Khao海滩的全景，远处到处都是喀斯特地貌。这里充满了当地的气息，主人的侄子阿恩（Ahn）是户外达人，组织户外攀岩、皮划艇或钓鱼等活动。

Pasai Cottage 客栈 $

（☎08 7238 9389；pasaicottage@hotmail.com；Hat Pasai；平房700~900B；@）充满活力的场所，有一个社交氛围浓厚的咖啡馆。该宾馆可提供许多活动，也提供皮划艇和自行车的租赁服务。街对面就是狭小的Pasai海滩，那里有些摊贩专营当地小吃。无论竹屋还是木屋都很宽敞，配有电扇和蚊帐。

Ko Yao Beach Bungalows 客栈 $$

（☎08 7896 3815；Hat Tha Khao；平房1500B；❄）宽敞的铺瓷砖的平房很吸引人，带热水和空调，马路对面是非常适合游泳的海滩，十分超值。

大长岛

Thiwson Beach Resort 客栈 $$

（☎08 1737 4420；www.thiwsonbeach.com；平房800~3000B；❄👪）这里有大长岛上最干净、最温馨的别墅。木屋别墅中有抛光的地板、户外浴池及面对最美丽海滩的露天阳台。海滨别墅是最大的，而风扇房非常物有所值。

Elixir 酒店 $$$

（☎08 7808 3838；www.elixirresort.com；平房8000~25 500B；❄@🏊）大长岛最早的两所四星级酒店之一，提供具有泰国风格的雅观海滨别墅和山坡尖顶别墅。它位于私人海滩，有公共游泳池、潜水中心、按摩中心，是观看普吉岛落日的最佳场所。

Fa Sai Beach Bungalows 客栈 $

（☎08 1691 3616；平房500B）Tha Lo Jak以南的红树林地区的水上别墅设计简单、布置整洁，别墅后面就是一片白色的沙滩。

ℹ 实用信息

Ta Khai是小长岛上最大的聚居地，这里有家7-Eleven便利店，并附有ATM，还有一个ATM在政府储蓄银行（Government Savings Bank）拐角附近。

大长岛上唯一的ATM机在Klong Hia码头附近的路边，很不好找，所以你最好带上足够的现金。

ℹ 到达和离开

从普吉岛出发

从普吉市前往小长岛，可以搭乘出租车（600~800B）前往Tha Bang Rong。这里每小时都有长尾船（150B，20分钟）前往小长岛，每天早上7点30分至下午5点40分有三趟快艇（200B，20分钟）前往小长岛。长尾船和快艇在到达小长岛之前都停靠在大长岛的Tha Klong Hia。早上6点30分就有回普吉市的船。从小长岛返回普吉市的出租车从Tha Bang Rong到达住宿地，约花费600~800B，此外，每天下午2点30分还有前往普吉市的小型敞篷客车（80B）。

从普吉市前往大长岛的最佳途径是在普吉市附近的Tha Rasada搭乘快艇或渡船。渡船的发船时间为上午8点30分、10点30分和下午2点（1小时，100B）。快艇（30分钟，150B）运营时间为下午4点和5点。周五运营时间会根据祷告时间稍作调整。

从甲米出发

每天有四趟“快”船（450，1.5小时）和两趟快艇（600B，45分钟）从甲米的Tha Len码头前往小长岛位于Tha Manok和Tha Khao的码头。

从攀牙出发

攀牙的Tha Sapan Yao，每天早上7点30分有去小长岛的渡船，随后从小长岛继续前往大长岛（200B，2小时）。通过这种方式游览攀牙很经济实惠。从小长岛回攀牙的渡船是下午1点开出。

当地交通

从小长岛到大长岛，可在Tha Manok搭乘摆渡船（100~150B，15分钟）前往Tha Klong Hia。在岛上，你可以搭乘机动三轮车（每趟大约150B），或者从宾馆租一辆摩托车（每天约250B）。搭乘机动三轮车去度假村大约需花费70~100B。

皮皮岛和南安达曼海岸

包括»

最佳餐饮

» 董里夜市（见352页）
» 甲米夜市（见318页）
» Sukorn Beach Bungalows（见360页）
» Daya Resort（见370页）
» Lanta Seafood （见347页）

最佳住宿

» Rayavadee（见331页）
» Costa Lanta（见343页）
» Relax Beach Resort（见338页）
» Sukorn Beach Bungalows（见360页）
» Chan Cha Lay（见317页）

为何去

对热爱岛屿的游客来说，这里会是你的梦想之地。南安达曼海岸稍显安静，即使是黄金旅游胜地皮皮岛也不能与普吉的喧哗和热闹相媲美。哪怕只是在白沙岛间徘徊，也能令人得到彻底放松，享受户外乐趣和海边酒吧的迷人夜晚。

有经验的探路者会喜爱如皮皮岛和兰塔岛这样已经完全开发的美景。在那里，你可以开派对直到凌晨，还可以在海滩与漫步者为伴，同时也能找到一片静谧之地。游客较少涉足的地方就在附近：往南穿过未经完全开发的董里群岛和更少人涉足的沙敦府（Satun Province），就能尽享洁白的沙滩、令人震撼的潜泳以及浓郁的泰国南部风情。

何时去

天气状况是来此地的游客非常关心的事情。比起海湾南部的府，安达曼海岸的雨水较丰沛，每年5月到10月其降雨量最大。在此期间，到一些岛屿，比如到达鲁岛的客轮将会暂停运营。如果你觉得安达曼海岸的天气不尽如人意，可以前往西南部海湾沿岸，那里将更有可能阳光灿烂。

年日间平均气温最高达到32℃，雨季湿度较大。

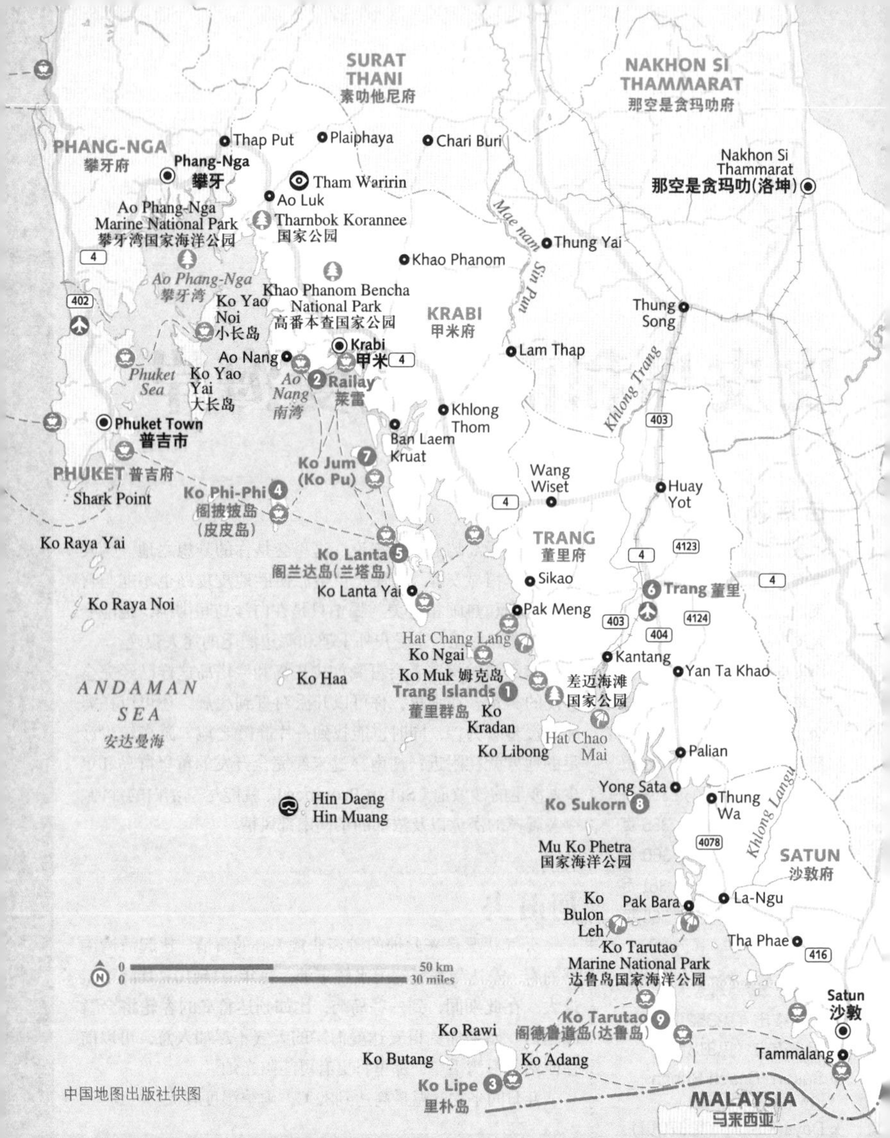

皮皮岛和南安达曼海岸游览亮点

❶乘坐当地的长尾船游览宁静的**董里群岛**（见353页）。

❷攀登石灰石岩层，然后在**莱雷**（见326页）似碧绿翡翠的海滩上徜徉。

❸在**里朴岛**（见368页）沙白细柔、星光灿烂的海滩尽情享用海鲜烧烤。

❹尝试比较**皮皮岛**（见332页）究竟是海上更美还是水下更美。

❺沿着**兰塔岛**（见340页）东海岸的天然丛林骑摩托。

❻在**董里夜市**（见352页）从辛辣的海鲜沙拉到油炸食物尝个遍。

❼在丛林岛屿**Ko Jum**（见349页）上有一大片你几乎可以完全独享的灰金色沙滩。

❽在**Ko Sukorn岛**（见360页），骑脚踏车从水牛边经过的时候，听见清真寺的诵经。

❾除了丛林骑牛、洞穴探险，你还可以在**达鲁岛**（见365页）上人迹罕至的小路上骑脚踏车。

甲米府（KRABI PROVINCE）

游客只要谈到令人称奇的安达曼海岸，就极有可能提到甲米。因为甲米拥有标志性的喀斯特地貌，如同巨大的石灰岩堡垒排布在蜿蜒的海岸线上。攀岩者将会在莱雷找到他们的极乐世界，而想体会荒岛余生的旅行者不妨前往兰塔岛、皮皮岛或是其他150座岛屿中的任何一个，在远离金色海岸的地方游泳。

甲米（Krabi） กระบี่

人口 30 882

甲米市不可思议地坐落于从红树林中突起的石灰岩悬崖中。但是向市中心进发，你很可能会吃惊这里有如此繁多的宾馆和旅行社，它们遍布这个紧凑而离奇的小城镇。西餐馆随处可见，礼品店也是，都在贩卖些相同的老旧小玩意儿。然而如果你出去转转，就会在细微之处发现很多有地方特色的景象。

景点和活动

有渡船往返于甲米和莱雷，为攀岩活动（见327页）提供了便利。更多活动信息，请参见323页。

Khao Khanap Nam 峭壁、洞穴

（ถ้ำเขาขนาบน้ำ）你可以去攀爬Khao Khanap Nam两座石灰岩中的一座，它们位于市中心以北。那里的洞穴里曾发现很多人骨，据说是古代一场洪涝灾害中被困在此地的人留下的。花400B从Khong Kha码头租长尾船就能到达。

Sea Kayak Krabi 皮划艇

（甲米海上皮划艇；☎0 7563 0270；www.seakayak-krabi.com；40 Th Ruen Rudee）这里提供各式各样的海上皮划艇之旅，包括到达Ao Thalane（半天/全天，900/1500B），在那里的海上悬崖处能看到海市蜃楼的美景，还能到红岛（Ko Hong，1800B），此地因翡翠湖而著名；另外，能到达Ban Bho Tho（全天1700B），那里有海蚀洞和2000~3000年前的壁画。所有的费用包括导游、午餐、水果和饮用水。

Blue Juice Divers 潜水

（☎0 7563 0679；www.bluejuicedivers.com；Th Chao Fah）位于城内，并且有到当地岛屿的两种潜水团之旅（2900B）。除此之外，还提供国际专业潜水教练协会开放水域（PADI Open Water）潜水证课程和家庭旅馆。

团队游

很多公司提供有当日往返空统（Khlong Thom）的短途游，沿Hwy 4公路大约在甲米东南方45公里处，沿途经过一些附近的温泉和淡水泳池。大约花费1000~2000B，包含车费、午餐费和饮品费。记得带上游泳装备和舒适的休闲鞋。另外，还有各式各样的“丛林游”线路可供游客选择。

住宿

甲米各地纷纷涌现出一些很有特色的宾馆，但是一些中高档宾馆不尽如人意（如果你渴望奢华的话就去南湾）。但是，这个地区发展迅速，在本书继续使用的期限里也许会有一些时尚宾馆开门营业。在淡季，宾馆的价格将低至150B。

作者推荐 **Chan Cha Lay** 客栈 $

（☎0 7562 0952；www.chanchalay.com；55 Th Utarakit；房间200~650B；❄）这里每个套房都用地中海蓝调融合白色装饰，同时还有以白色鹅卵石和抛光混凝土装饰的半户外浴室，既时尚又舒适。浴室是共用的，只提供风扇，但是一尘不染，并且有很好的床铺。

Pak-up Hostel 青年旅舍 $

（☎0 7561 1955；www.pakuphostel.com；87 Th Utarakit；铺180~200B,双600B；❄📶）这家旅馆是安达曼海岸最漂亮的，以抛光混凝土装饰的时髦房间为特色，房间内有十张床铺，配备有嵌入墙壁带有私人橱柜的木制铺位。这里只有一个双人间，样式与其他房间相仿。宽大又现代的共用浴室里配备有冷水小隔间以及热水淋浴设备。这里还有两个开放的酒吧（其中一个在夜晚现场播放音乐），既年轻、时尚又有俱乐部的氛围。

K Guesthouse 客栈 $

(☎0 7562 3166；kguesthouse@yahoo.com；15-25 Th Chao Fah；房间150~600B；❄@📶)这个地方有种西部狂野的风情，有涂漆的木制房间，从二层高的阳台可以俯瞰街道。墙壁上的牛头和楼下能随意交流的咖啡厅为它增添了现代的气息。

Krabi Maritime Park & Spa 酒店 $$$

(☎0 7562 0028；www.maritimeparkandspa.com；房间4200B起；❄@📶🏊)这家一度豪华而如今衰败的酒店位于距甲米2公里处的一个美丽的河边公园，周围都是很有特色的喀斯特岩层。它经营夜总会、游泳池、健身中心和温泉水疗，甚至还可以在湖上划天鹅形的船。这里有去往甲米和南湾的免费班车，去莱雷也有免费的往返船只。

Krabi River Hotel 酒店 $$

(☎0 7561 2321；krabiriver@hotmail.com；73/1 Th Khong Kha；房间700~1000B；❄)的确，它让人感觉像是回到了80年代初期，但是这里的房间有新铺瓷砖的浴室和大号床。你可以观赏到暗色的河流和雾蒙蒙的红树林这些美景。虽然是五星级的酒店，这里却很安静和朴实。

Greenery Hotel 酒店 $$

(☎0 7562 3648；http://krabidir.com/thegreeneryhotel/index.htm；167/2 Th Maharat；房间600~800B；❄@📶)这里的房间很有现代气息，所有的房间都配备有鲜亮的床板、有线电视和迷你冰箱。从半露天的走廊可以看到葱翠的小花园，更能让人感受到安宁的气息。这里距市中心大约5~10分钟的步行路程。

甲米交通

Utarakit是出入甲米的主要路径，而且大多数名胜都分布在它的沿线。前往皮皮岛、兰塔岛以及其他岛屿的渡船从甲米市西南大约4公里处Khlong Chilat起航（甲米游客码头），而到莱雷的长尾船则从Th Khlong Kha路的Khlong Kha（Chao Fa）码头起航。甲米公共汽车总站位于市中心北部的Talat Kao，靠近Utarakit的交叉路口。机场在Hwy 4公路东北方约17公里处。

就餐

夜市 泰国菜 $

(Night Market；Th Khong Kha；菜肴20~50B)最受欢迎和令人愉悦的吃晚餐的地方是在Khong Kha码头的夜市。菜单是英语的，但是食物既美味又原汁原味。摊位上出售有木瓜沙拉、炒面、đôm yam gûng（对虾搭配柠檬草汤)、烤肉、大锅中裹着蛋糊的油炸牡蛎，品种齐全的沙爹(satay)肉串，还有各式各样的烤肉和泰国奶茶甜品。

日市 泰国菜 $

(Day Market；Th Sukhon；菜肴20~60B)日市更加地正宗地道。鲜花簇拥，摊位上摆满热带水果，咖喱锅咕噜作响，一盘盘添加了炸鱿鱼、炒牛肉、芥末鸡蛋、炸鱼和煮玉米的面条热气腾腾。你就大胆地吃吧。虽然叫做日市，大多数晚上也会营业。

Good Steak House 西餐 $

(☎08 9724 7008；Th Utarakit；菜肴45B起；⏰早餐、午餐和晚餐)这家牛排餐馆既通风又亮堂，只有六张桌子和一个大的售货亭。菜单上包括牛排和熏灌肠，值得一提的是灌肠是用旺火煸出来的(45B起)。想象一下芝麻牛肉配上牡蛎汤、撒上热罗勒的鱿鱼和抹上辣椒酱的对虾。分量不是很大，但是价格绝对不会让你抱怨。

Cucina Italiana Viva 意大利菜 $$

(☎0 7563 0517；29 Th Phruksauthit；比萨200~260B)在这里你可以品尝到可口的薄皮比萨，配有各式各样的奶酪可供选择。还有半圆形烤馅饼、意大利葡萄酒、冰淇淋和咖啡，并且包配送。

实用信息

甲米的很多宾馆和饭店都提供网络接入，费用为每小时40~60B。这里更有很多银行和ATM。

移民局(☎0 7561 1350；Th Chamai Anuson；

⏲周一至周五8:30am~4pm）负责办理签证延期业务。

甲米医院（☎0 7561 1210；Th Utarakit）位于城北1公里处。

邮局（Th Utarakit）位于Khong Kha码头岔路的南边。

ℹ 到达和离开

飞机

泰国大多数国内航空公司都有曼谷和甲米国际机场之间的航班（单程约4400B，1.25小时）。**曼谷航空公司**（Bangkok Air；www.bangkokair.com）每天都有飞往苏梅岛的航班，费用约3800B。

船

前往皮皮岛和兰塔岛的船只从甲米西南大约4公里处的Khlong Chilat客运码头起航。如果你在旅行社购票，他们会为你安排免费换乘。

最大的船舶运营商是**PP Famlily Co**（☎0 7561 2463；www.phiphifamily.com；Th Khong Kha），在市里的码头边就有售票点。在旺季，每天上午9点和10点30分以及下午1点30分和3点都有到皮皮岛（300B，1.5小时）的船只；而在淡季，班次则减少到每天两班。

从11月到次年5月，每天只有一班船到兰塔岛（350B，2小时），上午11点30分从甲米出发。同时也在Ko Jum岛停靠（1小时），那里将有长尾船送

Krabi 甲米

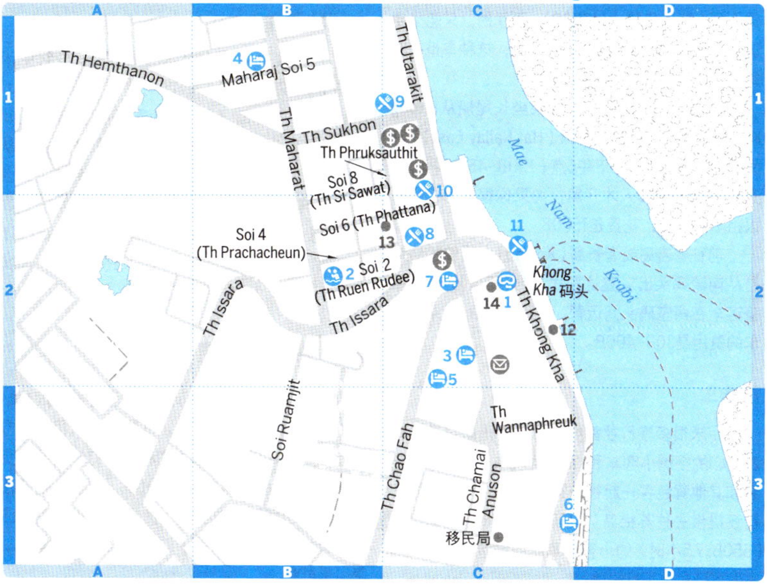

Krabi 甲米

活动、课程和团队游

1 Blue Juice Divers C2
2 Sea Kayak Krabi B2

住宿

3 Chan Cha Lay C2
4 Greenery Hotel B1
5 K Guesthouse C2
6 Krabi River Hotel C3
7 Pak-up Hostel C2

就餐

8 Cucina Italiana Viva C2
9 Day Market C1
10 Good Steak House C1
11 Night Market C2

交通

12 PP Family Co C2
13 小型敞篷客车 C2
14 Yellow House C2

往返甲米的长途汽车

比起搭乘拥挤的小客车，在距甲米4公里处Talat Kao附近的**甲米长途汽车总站**（Th Utarakit和Hwy 4交叉路口）搭乘政府长途汽车，总体上来说是一个更加轻松而且明智的选择。

目的地	价格（B）	时间（小时）	班次
曼谷	720~1080	12	每天4班
合艾	169	5	每小时1班
普吉	145	3.5	每小时1班
拉廊	200	6	每天2班
素叻	140	1.5	多班
董里	90~115	2	多班

你上岸（但你仍需支付350B）。雨季时，只能坐空调车前往兰塔岛（300B, 2.5小时），这种车也在旺季运营。

如果你想去莱雷，可以乘坐长尾船从Khong Kha码头出发到东莱雷海滩（Hat Railay East），时间是上午7点45分到下午6点（150B, 45分钟）。船夫会等到坐满10人才开船；如果你很着急，也可以租下整条船，花费是1500B。

前往普吉岛或者长岛（Ko Yao），最快的路线是从南湾码头出发直达那里（见325页）。小型敞篷客车在两座码头间运营，费用是50B, 而乘出租车的费用是300~400B。

小客车

甲米很多旅行社都经营前往泰国南部著名旅游中心的空调小客车和VIP公共汽车，但是你可能会和其他背包客一起被挤得脸贴脸。大多数旅行社还提供去往苏梅岛（500B，5.5小时）和帕岸岛（550B, 7.5小时）的小客车和船的联运票。从甲米出发可到达以下目的地：

目的地	价格（B）	时间（小时）
路克湾	80	1
合艾	350	3
兰塔岛	350	1.5
普吉	350	2~3
沙敦	550	5
董里	350	2

小型敞篷客车

小型敞篷客车负责从长途汽车站到甲米市中心的交通运输，可以到达诺帕拉塔（Hat Noppharat Thara，40B），南湾（60B）和Ao Nam Mao的贝壳公墓（Shell Cemetery，80B）。服务从早上6点持续到晚上6点30分。旺季直到晚上10点都有客车，但车次相对白天较少且要额外加收10B。去路克湾（Ao Luk，80B，1小时）要在Th Phattana和Th Phruksauthit的交叉路口搭车，车次频繁。末班车大约在下午3点出发。

ℹ 当地交通

甲米市中心适合步行游览，但是长途汽车站和机场距离市中心都较远。从机场乘出租车到市中心费用是400B。如果方向相反，打车需要花费350B，乘坐摩的需要花费300B。市里的旅行社可以安排机场巴士去机场，费用是120B。搭乘往返于公共汽车总站和甲米市中心的小型敞篷客车费用是40B。

要是想游览甲米附近的乡村，租车是一个不错的选择。大多数旅行社和宾馆都能租到雅马哈摩托车，每天大约花费200B。**Yellow House**（☎0 7562 2809；Th Chao Fah）有一支锃亮的雅马哈车队，还可提供头盔。Th Utarakit上的一些旅行社还出租小型的四轮驱动车，每天的花费是1200~1800B。

虎窟寺（Wat Tham Seua） วัดถ้ำเสือ

虎窟寺在甲米西北8公里，山丘、岩洞和寺庙相映成趣，非常值得从甲米市出发进行一场轻松愉快的一日游。虎窟寺的wí•hăhn（正殿）建在入口处一个长而浅的溶洞中，从bòht（中央圣殿）所处的山脊背后沿环形小路穿过森林峡谷，你可以看到正殿最经典的部分。你会看见几处溶洞，里面有佛像、佛雕和祭坛，还有僧侣们晾晒橙黄色僧袍的朴素棚屋，还能听到树上成群的猴子咯咯的笑声。

返回停车场入口处，你将来到异常陡峭的1237级台阶，这些台阶通往600米的喀斯特山峰（登上台阶后，你肯定能记住它的级数）。你的适应性和无所畏惧将得到嘉赏，山顶能看到佛像、镀金佛塔和周围迷人的景色。如果天气晴朗，还能看到出海口。

我们经过时，虎窟寺的停车场附近正在建一个崭新的巨塔，需要爬更多的台阶才能通向那里。

到达和离开

搭乘摩的或机动三轮车前往虎窟寺需花费100B。在甲米的Th Utarakit乘坐小型敞篷客车费用是50B，告诉司机要去虎窟寺。如果没有其他人去寺庙，司机就会从主干道开到寺庙入口处，大约300米，要额外收费。摩托车或机动三轮车大多在寺庙的停车场转悠，你可以招呼一辆驶上主干道。

寺庙着装

虎窟寺每天接待大量西方游客，大多数人都令人遗憾地穿着短裤、泳衣甚至赤膊上阵，仿佛刚从海边上岸。寺庙里到处都张贴着要求游客着装得体的标语，只是僧侣们自己和大多数泰国人一样都过于礼貌，以至于对漠视这种善意请求的游客们默不作声。寺庙是一个神圣之地，所以请着装得体以示尊重：裤子或裙子的长度要超过膝盖，上衣应遮住肩膀，并且不要穿着过于紧身。

Tharnbok Korannee 国家公园 อุทยานแห่งชาติธารโบกขรณี

Tharnbok Korannee 国家公园（Than Bok；成人/14岁以下儿童200/100B）位于甲米西北大约46公里的路克湾小镇附近，沿途风光迷人。公园里完好地保存了大面积的岛屿、红树林和石灰石洞穴。这里最重要的溶洞是Tham Pee Hua Toe（大头鬼窟），从路克湾以南7公里处的Ban Bho Tho码头乘坐长尾船或是海上皮划艇都能抵达这里。据说，在这个洞穴内发现过一个巨大的人类颅骨，但鬼故事更大程度上与洞穴墙壁上2000~3000年历史的装饰壁画有关系。坐船也可到达附近的Tham Lot（管洞）。这两个洞穴都是从甲米或南湾出发的海上皮划艇团队游的热门目的地。另外，你也可以在Bho Tho码头附近向当地导游租用皮划艇，而坐长尾船的费用是400B。

公园里至少还有另外七处洞穴，包括Tham Sa Yuan Thong——距离路克湾东南几公里处，那里的喷泉喷出的是天然泉水。国家公园还有一个无人居住的红岛（Ko Hong），岛上有迷人海滩、丛林覆盖的悬崖和景色宜人的隐蔽的潟湖。从南湾出发的海上皮划艇和长尾船可抵达这里。

公园总部就在路克湾镇的南部，那里是一个很受欢迎的野餐地点，有长达1800米的自然路径，连接起一条条潺潺的溪流和由小瀑布联接的翠绿池塘。平时，商贩们会出售拉面、炸鸡和sôm•đam（一种辛辣的番木瓜沙拉）。这里还有一个游客中心（⏲6am~6pm；公园门票200B），有泰文和英文介绍。

附近的Ao Them Lem也是一处极好的石灰岩和红树林全景画，其间是混凝土街道和多沙的小巷。一日游的游客们乘坐长尾船匆忙到来，参观hôrng（一半在水下的岛屿洞穴）和潟湖后返回。但其实，这里的村庄很有地方特色而且让人心旷神怡，还有一些价格合适的普通度假地。

Discovery Resort（☎08 1298 9533；500 Moo 1 Kao Tong；平房1300B；❄）的管理是最严格的。店主会说英语，她那招人喜爱的尖顶平房里配有几乎全新的有线电视。这里提供皮划艇出租，也有观看红树林和海市蜃楼般的喀斯特岩石的短途皮划艇团队游。摇摇晃晃的**Coconut Bungalows**（☎08 1537 0247；平房500B）的屋顶边缘已经泛黄，但是房间干净宽敞，背靠着迷人的椰树林，往海边走几步就能看到hôrng以及地平线上的岛屿。

到达和离开

公园总部位于路克湾小镇沿4039号公路以南1.5公里处，从甲米出发的长途汽车和小型敞篷客车在Hwy 4公路停靠。搭乘前往帕岸岛或普吉岛的政府长途汽车，在路克湾下车（80B，1小时），然后步行到公园总部或者花15B搭乘摩托车去。去往Tham Pee Hua Toe和Tham Lot最便捷的方式是从甲米或南湾选择海上皮划艇之旅。

从路克湾到Ban Bho Tho可以自驾车，也可以搭乘摩的（70B），或者乘坐Laem Sak小型敞篷客车（30B）到4039号公路的Tham Pee Hua Toe路口，从交叉路口沿左边第一条带路标的路到达Ban Bho Tho，大约2公里。

从甲米出发的小型敞篷客车也可直达Ao Them Lem（60B）。

南湾（Ao Nang） อ่าวนาง

人口 12 400

假如你不打算追求极致的风景，那么南湾仍然有很多招人喜爱的地方。这个海滨小镇毫不掩饰其发展旅游业的热情。一座座石灰岩海岬包围着海滩，连接起一片片狭长的金色沙滩。在旱季，海面泛着天蓝色的迷人微光；而在雨季，则是巨浪翻滚在咖啡色的浅滩上。假如你渴望在清澈的海里游泳，预订一次点缀在地平线上的海岸岛屿之旅也是非常容易的。

南湾布局紧凑、交通便利。随着有吸引力的中档酒店的迅速崛起，这里的住宿标准明显提高，有时会有较大折扣。虽然不如甲米市的住宿那么便宜，但比起普吉，这里的性价比则更高一些。而且房间更加干净，天气更多晴朗；由于在这里可以进行许多活动（参观红树林或去浮潜），并且距离甲米机场不过40分钟的路程，乘坐长尾船从风光旖旎的莱雷顺利抵达这里也只需20分钟。因此，南湾受到越来越多各类旅行者的欢迎便不足为奇了。

活动

南湾有很多娱乐活动，而且12岁以下的孩子一般都会半价。

海上皮划艇

至少有七家公司提供到南湾附近红树

绕道而行：高番本查国家公园（Khao Phanom Bencha National Park）

这个50平方公里的**公园**（☎0 7566 0716；成人/14岁以下儿童 200/100B）保护着甲米以北20公里处1350米高的高番本查山脊沿线巨大面积的原始雨林。公园里满是标记清晰的小径通往瀑布景观，其中包括距离公园总部500米处的11级的**Huay To瀑布**，附近还有同样壮观的Huay Sadeh瀑布和Khlong Haeng瀑布。在去公园的路上你还可以参观美丽的**Tham Pheung**，这个美丽的洞穴里有发着微光的矿物质钟乳石和石笋。这片区域有很多小径蜿蜒其中，因此非常适合徒步旅行。

公园是众多野生动物的家——但只有猴子比较常见。很多鸟类爱好者专程来这里观看白色头冠的犀鸟（hornbill）、大眼斑雉（argus pheasant）和罕见的八色鸫（Gurney's pitta）。考虑到小路标记清晰，不一定需要雇佣当地导游。但是雇用导游的游客们往往能够观看到更多野生动物，一般来说体验会更深刻。

这里没有到达公园的公共交通，但是从甲米租用摩托车很便利，从Hwy 4的路牌处转弯。把你的车停在公园总部，记得一定要用车锁。或者，你也可以租用机动三轮车（túk-túk），往返大约花费600B。

林和岛屿的皮划艇团队游。大受欢迎的目的地包括红岛景色优美的海边潟湖（1500B~1800B），在那里你可以观赏到海上燕窝（因燕窝汤需求大得以快速发展）的采集点。同时，你还可以到Ao Thalane高耸的海上悬崖和野生动物聚集地红树林（半天/全天，500/800B），也可观赏海上洞穴和位于Ban Bho Tho的有2000~3000年历史的壁画（半天/全天，700/900B）。价位稍有差别，但一般都包括午餐、水果、饮用水、海上皮划艇和导游。

潜水和浮潜

南湾有大量的潜水学校能提供到附近15个离岛的旅程，其中包括Ko Si、Ko Ha、Yava Bon和Yava Son。两次潜水花费约3200B。Ko Mae Urai是当地比较独特的潜水地之一，它有两条布满软、硬珊瑚的海底隧道。其他行程都较远，大概在国王号巡洋舰（3次潜水4700B）和皮皮岛（2次潜水3900B）附近。一个PADI开放水域培训课程将花费14 900~16 000B。值得信赖的潜水学校包括**Ao Nang Divers**（☎0 7563 7244；www.aonang-divers.com）和**Poseidon潜水中心**（Poseidon Dive Center；☎0 7563 7263；www.poseidon-diving.com）。大多数潜水公司还能安排这个地区的潜水之旅。

骑自行车旅行

在甲米，通过联系**甲米Eco Cycle公司**（☎0 7563 7250；www.krabiecocycle.com；41/2 Muu 5；半天/全天团队游，800/1700B）你可以骑自行车旅行。全天15.5公里的自行车之旅很值得推荐，途中会经过橡胶种植园、小村庄、温泉，最后你还可以在名副其实的“翡翠池”降降温。除了半天自行车团队游，其他行程午餐均包含在内。

课程

Krabi Thai Cookery School 烹饪

（甲米泰国美食学校；☎0 7569 5133；www.thaicookeryschool.net；269 Moo 2,Ao Nang,Rte 4204）位于Wat Sai Thai和Ao Nam Mao之间，距离南湾约10公里处。这个学校提供全天泰式烹饪课程，花费是1000B，其中包括交通费。

团队游

任何一家有能力的旅行社都可以预订到广受欢迎的4~5日海岛游，费用大约是2200B。**Ao Nang Long-tail Boat Service**（☎0 7569 5313；www.aonangboatco-op.com）能提供前往红岛（2500B）和竹岛（Bamboo Island）（3800B）多达6人的私人包租，当然是标准的海岛五日游。你也可以预订前往波达岛（Poda Island）和鸡岛（Chicken Island）最多4人的半天旅程（1700B，4小时）。

有些旅行社提供去**空统**（Khlong Thom）的旅行线路，包括参观淡水湖、温泉和**Wat Khlong Thom博物馆**，价格是成人1200B，儿童900B。所谓的“神秘之旅”指的是参观当地的养蛇场、农庄、淡水湖和橡胶、菠萝、香蕉和木瓜种植园，成人大约花费900B，儿童是半价。团队游旅行社还可提供攀牙湾附近有吸引力的旅行线路，能够观赏到很多惊险刺激的动物秀。

你还可乘坐**南湾公主号**（Ao Nang Princess；成人/儿童1400/1000B）前往皮皮岛进行一日游。游船上午9点从诺帕拉塔国家公园总部出发，途中可游览竹岛、大皮皮岛和小皮皮岛。从南湾到诺帕拉塔的转乘费用包含在内。

住宿

在淡季，所有这些地方的住宿费用都将下降50%。

Golden Beach Resort 酒店 $$$

（☎0 7563 7870-74；www.goldenbeach-resort.com；房间3900~6100B，平房5100~8100B；❄☒）这个巨大而朴实无华的度假村占据着最南端400米的海滨区域，这里是海滩上最美之地。它由大片的酒店建筑群和极具现代风格的平房区组成，用白色瓷砖铺设和木头镶边的平房位于一个花园中，环绕着一个大游泳池。虽然也许不是那么时尚，但是一定会让你觉得很惬意。你可以在网站上搜寻特价房。

Red Ginger Chic Resort 酒店 $$$

（☎0 7563 7777；www.redgingerkrabi.com；88 Moo 3；房间6300~10 900B；❄📶🏊）精美的瓷砖、大纸灯笼以及大厅里的毛玻璃吧台使得这个度假村既时尚又色彩缤纷。宽大的房间里装饰有极具特色的优雅墙纸、颇具现代感的家具以及能俯瞰下面宽阔游泳池的大阳台。

Somkiet Buri Resort 酒店 $$

（☎0 7563 7320；www.somkietburi.com；房间3000~10 500B；❄📶🏊）这个地方能让你情不自禁地做起瑜伽。繁茂的丛林里布满了蕨类植物和兰花，潟湖、小溪和蜿蜒曲折的木制过道会引领你到达26间宽大而又设计独特的房间。房子中间有一个漂亮的游泳池——房间的阳台要么朝向这个游泳池，要么面向另一个平静的水塘。这里的服务是一流的。

Ao Nang Cliff Resort 酒店 $$$

（☎0 7562 6888；www.aonangcliffbeach.com；房间4500~7500B；❄📶🏊）想象一下凹下的卧室、沙发、鸭绒垫和淋浴设备。在位置优越的房间还能看到峭壁和海景，大厅外的游泳池更是无比华美。要是你赶上淡季，花2500B就能抢订到这样的房间。

Ananta Burin 酒店 $$$

（☎0 7566 1551；www.anantaburinresort.com；166 Moo 3；房间4500~5500B；❄📶🏊）这是一个崭新的引人瞩目的精品度假村，那里有让人印象深刻的拱形屋顶的大厅，还有呈马蹄铁形的酒店建筑群环绕着游泳池。房间的主要特色便在于其精巧的设计元素，其中包括内嵌的深色木制家具。一层的房间正对着游泳池。

Verandah 酒店 $$

（☎0 7563 7454；www.anantaburinresort.com；房间含早餐1700~2300B；❄@）这里的房间朴素、宽敞而且干净，里面有瓷砖地板、迷你冰箱、热水、卫星电视和保险箱。游客也可以使用附近Peace Laguna度假村的游泳池。

Apasari 酒店 $$

（☎0 7563 7188；www.apasari.com；房间1800~5800B；❄@📶🏊）南湾的新式林荫大道上崭新时尚的中档宾馆，房间里有高档的瓷砖地板、内嵌桌椅和衣橱以及平板电视。所有房间的阳台都俯视着小游泳池。在淡季这里是物超所值的。

Dream Garden 酒店 $

（☎0 7563 7338；房间950~1200B；❄@）步行穿过旅行社的入口处，经过一个很有格调的由抛光水泥装饰的温泉疗养地，你能闻到它散发的柠檬草香味，然后到达这座两层的建筑，里面有朴素但是干净宽敞的并带有瓷砖、木制家具和小阳台的房间。

Phra Nang Inn 酒店 $$$

（☎0 7563 7130；www.phrananghotels.com；房间含早餐4000~9000B；❄@🏊）质朴的椰树风格、明亮的橘黄和紫色绘画以及大量精美的泰国瓷器——别致又富有艺术气息。这里有两个游泳池，路对面还有一家设计相似的分店。

Aonang Villa Resort 酒店 $$$

（☎0 7563 7270；www.aonangvillaresort.com；房间3600~5400B；❄🏊）Aonang Villa Resort是个令人愉悦、经济实惠、面向家庭的海滨娱乐场所，被高耸的石灰岩峭壁所包围。它位于街道对面的一大片风景宜人的海滩上。

J Hotel 酒店 $

（☎0 7563 7878；j_hotelo@hotmail.com；房间800B起；❄@）J Hotel 历史悠久而且值得信赖，深受背包客的喜爱。宽大又明亮的房间里有崭新的瓷砖地板、内嵌桌椅和衣橱，还配备有卫星电视，但是闻起来有种霉味。入住之前请深呼吸。

Bernie's Place 酒店 $

（☎0 7563 7093；房间300~700B；❄）这里的服务员工作时看起来像是在梦游，不过房间很大很明亮，屋顶有风扇，从共用的阳台上可以观赏海景。楼下的酒吧提供适合预算较少的背包客的自助餐（花250B可以随便吃）。

就餐

在南湾，普通的路边餐馆随处可见，他们

提供意大利菜、北欧菜、印度菜、泰国菜和快餐。价格上涨了一点，不过你绝不会挨饿。去甲米的途中会有一些夜市摊贩出售便宜的晚餐（麦当劳旁边）。你可以品尝到roti（薄煎饼）、gài tôrt（炸鸡）、汉堡和其他类似的食物。

作者推荐 **Soi Sunset** 海鲜 $$

（☎0 7569 5260；Soi Sunset；菜肴60~400B；⏰午餐和晚餐）在海滩的西端是日落街，这是条狭窄的小巷，只能供行人通行。这里有很多浪漫的海鲜餐厅，可以观赏到群岛点缀的美丽海景。门口还有模型船用来展示他们一天的捕获所得，喜气洋洋的店员还会招呼你坐下。这片海滩的尽头Krua Ao Nang是最好最受欢迎的去处之一。

Bamboo Food Huts 泰国菜 $

（菜肴35~90B）假如你有兴致去一个摇摇欲坠的当地餐厅，那就从海滩沿着去甲米的公路干线步行几分钟，你会发现一连串的海滩茅屋餐厅。不要吃西餐了，尽情享用一些美味辛辣又地道的食物吧，诸如撒上罗勒的煎鱿鱼、海鲜đŏm yam和咖喱。素食种类也很丰富。**Lucky Yim餐馆**的东西尤其好吃。

Coffee Arthit 咖啡馆 $

（☎0 7563 7847；早餐套餐120B起；⏰早餐、午餐和晚餐；📶）咖啡馆里的菜单让人印象深刻，全天提供可口的西式早餐（从欧洲大陆式到素食再到多肉的煎火腿煎鸡蛋）。另外还有美味的意式浓缩咖啡、特色茶、沙冰和蛋白质奶昔。

Jeanette's Restaurant 北欧菜、泰国菜 $$

（☎08 9474 6178；www.jeanettekrabi.com；菜肴120~450B；⏰早餐、午餐和晚餐）这里深受游客喜爱，它有着标志性的长凳座位和用墨水斑点装饰的墙壁，还提供传统泰国菜以及瑞典特色菜。

🍷 饮品和娱乐

Last Café 咖啡馆、酒吧 $

（⏰11am~7pm）南湾的最南端是一个海滩咖啡馆，在这里你可以赤脚行走，吹吹凉风喝喝冰啤酒。来这里尽情享受南湾的自然海风吧。

Amy's Bar 酒吧 $

（⏰11am~2am）这里用花装饰的嬉皮士复古设计令人称赞，还有台球、平板电视上直播的足球比赛、以及喜欢追逐这些的女士们。它是这片海滩上背靠悬崖的几个酒馆之一。

Aonang Krabi Muay Thai Stadium 泰拳 $$

（☎0 7562 1042；门票800B，前排位置1200B）如果你厌倦了海滩酒吧和那一带的电影，这里会带给你喧闹的泰拳比赛moo•ay tai（泰拳，常拼写为muay thai），时间是从晚上8点45分开始，一周两场。南湾有免费的小型敞篷客车，在比赛开始前搭载顾客前往那里。

ℹ 实用信息

这一带所有的信息中心，包括**南湾旅游中心**（Ao Nang Visitor Center；☎0 7562 8221），都属于私人旅行社，它们中的多数都能提供国际长途电话和网络接入，每分钟约1B。主街区上有ATM和外汇兑换窗口（营业时间是从10am~8pm）。

ℹ 到达和当地交通

船

前往西莱雷海滩（Hat Railay West）的船舶由**南湾长尾船服务中心**（Ao Nang Long-tail Boat Service；☎0 7569 5313；www.aonangboatco-op.com）运营，早上7点半到晚上6点的价位是每人80B，而下午6点到凌晨6点价格是每人150B。全程15分钟——至少凑够6人才会开船，你也可以按照6人的总价把船包下来。海面风大浪急的时候，船只从南湾西面200米处的安全港出发——你可以从南湾坐摩的（30B）、小型敞篷客车（18B）或步行到此处。

渡轮和快艇从附近的诺帕拉塔（见326页）的码头出发前往皮皮岛、兰塔岛、普吉岛和长岛。

小汽车、长途汽车和小客车

从甲米可以搭乘小型敞篷客车前往南湾（50B，20分钟）。班车从甲米长途汽车总站出发（加收10B），途径Th Maharat上的7-Eleven便利店和甲米的Khong Kha码头，然后抵达诺帕拉塔或者贝壳公墓。从南湾到诺帕拉塔或者贝壳公墓需花费20B。往返于南湾的机场巴士全天都有，费用是80~100B。私人出租车从机场出发费用约为

800B。还有小巴前往南方各目的地，其中包括普吉岛（350~400B，3~4小时），Pak Bara（300B，3.5小时）以及兰塔岛（400B，2小时）。

这一带有很多地方出租小摩托车，费用是150到200B。多数大型度假酒店都有租车公司的代理处，租用一辆小的铃木小四轮驱动车的收费大概是每天1600B。

南湾周边

诺帕拉塔（HAT NOPPHARAT THARA） หาดนพรัตน์ธารา

南湾北部的金色沙滩更加原生态，因为它环绕着一个连绵4公里未被完全开发的海岬，大海最终流入位于皮皮岛国家海洋公园总部的天然潟湖。这里有许多的长尾船、渔船和快艇穿梭其中，映衬着令人赞叹的石灰岩峭壁。此外，还有一个小型旅游中心，展示一些珊瑚礁和红树林的生态环境，标签有泰文也有英文。

一些度假村会刊登"南湾中心"的广告——如果你不喜欢看很小的字，多半就会在此留宿了（不过你也许更喜欢这样）。

食宿

Sala Talay Resort & Spa 酒店 $$$

（☎0 7581 0888；www.salatalay.com；房间10 000~29 000B；❄@≋）这里环绕着南湾的悬崖，酒店有混凝土、木制和石制房间，既漂亮又新颖。这里的建筑以拱形墙壁和磨砂玻璃雨棚为主要特色，并且与红树林毗邻。房间配备有抛光混凝土的地板、墙壁、洗脸池以及DVD播放器和平板电视。在淡季，网上预订的价格要便宜得多。

Sabai Resort 酒店 $$

（☎0 7563 7791；www.sabairesort.com；平房1300~2200B；❄@≋）Sabai Resort是这一片平房区里经营最专业的一个。瓦顶平房的房间内有电扇，还有鹅卵石铺成的混凝土露台，可以俯瞰下面棕榈树环抱的游泳池和一个花园。这里提供泰式按摩，可使用信用卡消费。

Government Bungalows 平房 $

（☎0 7563 7200；平房800~1000B）这里的木制平房都配备有风扇，面对着海滩。虽然位于乡村却保存得完好，因此从预算上来说是一个不错的选择。旺季时候价格不会上涨，但是你最好提前预订。你可以在海港附近的国家公园总部登记入住，但是不提供就餐。

餐馆 泰国菜、海鲜

国家公园总部周边有几家餐馆提供普通泰式点心，比如炸鸡和木瓜沙拉；这里还有为数不多的几个用餐摊位和海鲜餐馆。

到达和离开

甲米和南湾之间的小型敞篷客车在诺帕拉塔停靠，从甲米出发费用是40B，从南湾出发费用是10B。

11月至次年5月期间，南湾公主号提供皮皮岛国家海洋公园总部和皮皮岛之间（400B，2小时）的客运服务。船上午9点从国家公园码头起航，下午1点30分从皮皮岛返航，它还在西莱雷海滩停靠。在同样的旅游旺季，这里也有船去普吉岛（700B，4小时），上午10点30分和下午3点30分从同一码头起航，途经兰塔岛（470B，1.5小时）。

另外一种前往普吉比较快捷的方式是搭乘Green Planet快艇（950B，75分钟），从诺帕拉塔出发到位于普吉市以北的Bang Rong码头，中途经过小长岛和大长岛（450B，45分钟）。船舶在上午11点和下午4点从诺帕拉塔起航，带你抵达普吉，包住宿。

莱雷（Railay） ไร่เล

甲米童话般的石灰岩峭壁在莱雷（也拼作Rai Leh）达到登峰造极，这里是攀岩爱好者的终极攀登架。尽管距离南湾拥挤喧嚣的旅游区很近，但这里的空气都是悠闲懒散的，每个峭壁空隙之间的沙滩都是一片静谧的天堂。

景点

Tham Phra Nang（公主洞）位于帕囊海滩（Hat Phra Nang）东端，这里是当地渔民的朝拜圣地。相传，公元3世纪，在一场暴风雨中，一艘印度公主乘坐的驳船在此处沉没，公主的灵魂从此便栖息在此洞，赐福给那些朝拜者。当地渔民——穆斯林和佛教

值得一游

贝壳公墓

สุสานหอย

南湾以东9公里处，位于Ao Nam Mao西端的就是贝壳公墓，又被称为腹足类化石馆（Gastropod Fossil）或者Su-San Hoi。在这里，你可以看见由数以万计的有7500年历史的贝壳化石构成的巨大岩层。这里还有一个小型**游客中心**（门票50B；⏲8:30am~4:30pm），里面有地质展览和各种各样出售零食的摊位。从南湾乘坐小型敞篷客车到这里的费用是30B。

徒——在洞穴里供奉了很多木雕，希望公主的灵魂能保佑他们多捕些鱼。

从东莱雷海滩到帕囊海滩的半途中，一条未经开发、崎岖险峻（尤其在雨后）的小路通向丛林掩映的悬崖后那阴暗的潟湖，这里又被称为**Sa Phra Nang**（圣女池）。从附近的悬崖顶端，可以观赏到半岛令人难忘的景观。

在东莱雷海滩上面还有一个大洞穴叫**Tham Phra Nang Nai**（公主内洞；成人/儿童 40/20B；⏲5am~8pm），又被称为钻石洞（Diamond Cave）。木制小道通往一连串山洞，里面满是美观的石灰石地貌，不断变换着花样。水干后，光照的影响为它赢得了钻石洞的美名。就算只有黑白两色，也很值得一逛。

活动

攀岩

莱雷有无与伦比的悬崖顶端风景和将近500条攀岩路线，其中包括初学者路线和极具挑战性的高级攀岩路线，所以它成为世界顶级攀岩圣地也就不足为奇了。你可以花上几个月时间来攀爬和探索——许多人都这样做了。最新潮的做法是深海独攀，攀岩者可以徒手攀登海边悬崖——假使掉下去最多也只是弄湿自己而已，所以，即使是胆大无畏的初学者也可以尝试一下。

大多数攀岩者从东莱雷海滩东端的**Muay Thai Wall**或**One, Two, Three Wall**（1号、2号和3号墙）开始攀爬，至少有40条路线可供选择，以法国的攀岩标准计算大约在4~8b。壮观的**Thaiwand Wall**地处西莱雷海滩南端，那里有纯石灰岩峭壁和很多极具挑战性的攀岩线路。

其他一些最佳攀岩地包括**Hidden World**（适合中级水平者的经典路线）、**Wee's Present Wall**（可眺望四周，难度7c+）、**Diamond Cave**（初学者和中级水平者的最爱）和**Ao Nang Tower**（是一个三段攀岩墙，只能乘长尾船到达）。

攀岩训练课程半天收费800~1000B，全天费用是1500~1800B。三天的训练课程（6000B）包括学习先锋攀登，即在攀爬过程中如何在岩石表面迅速挂上快扣。

经验丰富的攀岩者花800B（半天）或者1300B（全天）就能从任何一所攀岩学校里租用攀岩装备。一套标准的攀岩装备包括一条60米长的绳子、两套安全带和登山鞋。如果你打算独立完成攀岩，最好带上自己的装备，确保带上足够多的吊带、快扣组、粉袋（在热带地区，手心出汗是不可避免的）和少量的有选择性的岩楔和机械塞，以便在一些保护设施薄弱的路线提供保障。如果你忘带了某样东西，一些攀岩学校出售少量进口攀岩装备，不过不一定有你需要的或是尺码适合的装备。一个编制的藤席（当地有售，大约100B到150B）能够让你的装备远离沙子。

一些当地出版的图书详细介绍了这个地区的攀岩地，但是由埃尔克•施米茨（Elke Schmitz）和Wee Changrua合著的《在泰国攀岩》（*Rock Climbing in Thailand*）（US$40）是更为全面的指导书之一。值得推荐的攀岩商店有：

Highland Rock Climbing 攀岩

（☎08 0693 0374；chaow_9@yahoo.com；Hat Railay East）如果你住在山上，就应该租用这个商店的设备，方显得有男子汉气概。

Hot Rock 攀岩

（☎0 7562 1771；www.railayadventure.com；Hat Railay West）声誉良好，由莱雷的登山鼻祖之一经营。

King Climbers 攀岩

（☎0 7563 7125；www.railay.com；Hat Railay East）这是最大、最资深、信誉最好的商业学校之一。

Wee's Climbing School 攀岩

（☎08 1149 9745；www.basecamptonsai.com；Hat Ton Sai）这里或可提供这一地区最专业的装备。

水上运动

莱雷的一些潜水运营中心提供去波达岛和其他潜水地的行程。在当地的偏远岛屿潜水2次费用约为2000B，而3~4天的PADI开放水域潜水课程收费是12000B。

任何一家度假村都可安排去波达岛和鸡岛以及更远处的多个岛屿的全天浮潜之旅，花费是1800B（最多6人）；或者，你还可以在西莱雷海滩租长尾船（半天/全天，1700/2200B）前往。如果你只是想在莱雷浮潜，大多数度假村都出租潜水面具和脚蹼，每个100~150B。

Flame Tree Restaurant（Hat Railay West）出租海上皮划艇，每小时200B或者每天800B。

当地船家也可为你安排到荒凉的岛屿过夜，但是你需要带上自己的露营装备和食物。

课程

Railay Thai Cookery School 烹饪

（莱雷泰国美食学校；Railay Headlands；☎08 4096 4994；课程1200B）正好位于Railay Phutawan Restaurant下方，它会在半露天场地提供5个小时令人愉悦的烹饪课程，时间是从每天上午8点半到下午2点半。

食宿

西莱雷海滩（HAT RAILAY WEST）

在这片海滩上，有非常多的中档和高级食宿场所可供选择（这里的日落极其壮美），在淡季费用通常会下降30%。所有的度假村都有不错的餐馆。

Railay Bay Resort & Spa 酒店 $$$

（莱雷湾度假水疗中心；☎0 7562 2570-2；www.railaybayresort.com；平房3700~17 800B；

Railay 莱雷

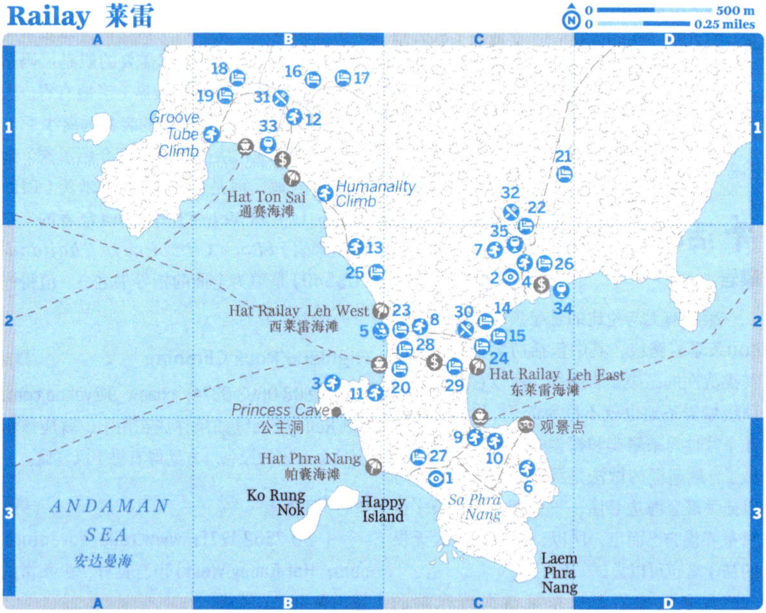

❄@☒）蓝色游泳池的外观采用了变形虫设计样式，正好面朝海滩最棒的部分，因此你可以在盐水和淡水之间随意转换。优雅的平房里有巨大的窗户、白色的墙壁和质朴别致的木制阶梯，这些阶梯正好穿越半岛郁郁葱葱的草坪和小池塘抵达东莱雷海滩。东面有着深色窗户的平房更古老些，也是最便宜的。水疗中心俯瞰着大海，提供一系列价格合理的理疗。

Railay Village Resort & Spa 酒店 $$$

（☎0 7563 7990；www.railayvillagekrabi.com；平房7500~10 500B；❄☒）相对崭新的别墅度假村以奢华的平房为特色，花园里遍布私人热水浴盆，还有繁盛的百合花、高大的棕榈树和咕咕作响的喷泉。露天餐厅提供美味可口的绿咖喱和相当地道的通心粉，这对于带孩子的旅行者来说是个相当大的福利。

Railei Beach Club 别墅租赁$$

（☎08 6685 9359；www.raileibeachclub.com；房屋2800B起）隐藏于海滩北端，被森林环抱。这里所有房屋都是泰式风格的，每一座在大小和设计上都是独一无二的。那些外国房东回国时都会把房屋对外出租。房屋内有楼台、厨房和便利设施，多住些日子也是相当舒服的。有一些房子最多能容纳8个人。因为住在这里非常合算，在旅游旺季时最好提早预订。

Sand Sea Resort 酒店 $$

（☎0 7562 2608；www.krabisandsea.com；平房含早餐1950~5950B；❄@☒）它是这片海滩上最廉价的度假村，它不但能提供古老的有风扇的房间，而且还有重新装修且设施一应俱全的房间。尽管地面不如隔壁那么奢华，但是房间足够舒适，你还能欣赏到喀斯特地貌和植物环绕的水池——如果你可以从令人叹为观止的海滩回过神来的话。这里的餐厅也提供自助早餐，费用包含在住宿费中。

东莱雷海滩（HAT RAILAY EAST）

东莱雷海滩，又被称作日出海滩（Sunrise Beach），落潮时会消退成滩涂。如果海风不朝你吹，你就会感觉热气蒸腾。这意味着，这里就是廉价餐馆和酒吧的聚集地，而只需步行5分钟便能到达更好的海滩。

Railay 莱雷

景点
1 公主洞 C3
2 公主内洞 C2

活动、课程和团队游
3 Ao Nang Tower B2
4 Diamond Cave C2
5 Flame Tree Restaurant B2
6 Hidden World C3
7 Highland Rock Climbing C2
8 Hot Rock C2
King Climbers （见15）
9 Muay Thai Wall C3
10 One,Two,ThreeWall C3
Railay Thai Cookery School （见32）
11 Thaiwand Wall B2
12 Wee's Climbing School B1
13 Wee's Present Wall B2

住宿
14 Anyavee C2
15 Bhu Nga Thani C2
16 Countryside Resort B1
17 Forest Resort B1
18 Mountain View Resort B1
19 Paasook B1
20 Railay Bay Resort & Spa C2
21 Railay Cabana C1
22 Railay Phutawan Resort C2
23 Railay Village Resort & Spa C2
24 Railay Ya Ya Resort C2
25 Railei Beach Club B2
26 Rapala Rockwood Resort C2
27 Rayavadee C3
28 Sand Sea Resort C2
29 Sunrise Tropical Resort C2

就餐
30 Mangrove Restaurant C2
31 Pyramid Bar & Restaurant B1
32 Railay Phutawan Resort Restaurant C1

饮品
33 Chillout Bar B1
34 Chok's Bar C2
Highland Rock Climbing （见7）
35 Ya-ya Bar C2

实用信息
ATM 机 （见5）
诊所 （见20）
Phra Nang Tours & Travel （见14）

住在莱雷

莱雷周围环绕着四片海滩，东莱雷海滩、西莱雷海滩和帕囊海滩到海岬只需步行5分钟，你可以选择留在海岬上过夜。通赛海滩（Hat Ton Sai）则更远，从这里去其他海滩你必须要搭乘长尾船（50B）或者徒步——从西莱雷海滩上的岩石攀爬到通赛大概需要20分钟。

东莱雷海滩是开发最为完善的海滩。泥泞的浅滩上遍布红树林，不适宜游泳。但是这里到处都是酒店和宾馆，还有神奇的海岬和石灰岩峭壁。

西莱雷海滩是几乎完美无瑕的白色奇观，也是游泳的最好去处，你可以参加下午的街头足球比赛，或者观看日落。海滩上遍布着设计高雅的中型度假村，有长尾船在这里停泊，搭载游客往返于南湾附近。

帕囊海滩极有可能是世界上最美的海滩之一，仿佛雕刻似的布满洞穴的喀斯特峭壁环抱着月牙形的浅金色沙滩。远处，注视着蔚蓝色大海的石灰岩小岛就是鸡岛（Ko Hua Khwan）和波达岛。Rayavadee是半岛上最高档的酒店，也是帕囊海滩上唯一一家酒店，但是任何人都可以来此光顾。

通赛海滩是勇敢的攀岩者的休憩处。这片海滩并不壮观，但大多数人并不介意，因为这里有很多很棒的攀岩地。海滩背后的丛林掩映着酒吧和平房区，活泼而不失趣味。

莱雷海岬是开发最晚的地方，在这里吹吹海风感觉像是来到了一片崭新的地域，这里有种植园、丛林和非常友好的当地居民。你不得不从西莱雷或是东莱雷海滩步行大约500米前往这里。从西莱雷海滩出发，则是沿着“步行街”左转到一条泥泞的小路，然后沿着标牌到Ya-Ya酒吧。从东莱雷海滩出发则是右转到附近的水泥路上，会途经海滨的Diamond Cave Restaurant。

以下场所的价格会在淡季减半。

Sunrise Tropical Resort
酒店 $$

（☎0 7562 2599；www.sunrisetropical.com；平房含早餐2500~5750B；❄@📶≋）这里的平房能与西莱雷海滩好一点的平房相媲美，但是价格与东莱雷海滩的相当——因此我们认为这是在莱雷住宿最明智的选择。房间里有硬木地板、泰式风格的家具、用水绿色瓷砖装饰的豪华浴室以及私人阳台或露台。

Bhu Nga Thani
酒店 $$$

（☎0 7581 9451；www.bhungathani.com；房间7500B起，别墅25 000B；❄@≋）这是东莱雷最新的、最受好评的和最便宜的酒店。入口处装有百叶桥板的桥梁优雅地横跨在倒影池上。房间设施齐备，内有高高的天花板、石灰岩地板和4星半级酒店的各类娱乐设施，还能够从宽大的露台观赏到壮观的喀斯特风貌。

Anyavee
酒店 $$

（☎0 7581 9437；www.anyavee.com；平房2800~7000B；❄@≋）这个度假村很奇特，但是与海滩的其他地方相比，这里呈现出更加多样化的风格。这里的平房有很多窗户，使它显得很亮，但是不够私密。内部是富有乡土气息的奶色和米黄色方格图案和很多硬木装饰。

Rapala Rockwood Resort
平房 $

（☎08 4191 5326；平房500~750B）摇摇欲坠的竹楼中有阳台、卫生间、蚊帐和风扇。位于山顶这个绝佳位置意味着你可以吹着海风观赏海景（还能看到邻居）。这里还有一个铺设坐垫的餐厅，完美得令人惊叹，它提供泰式和印度饮食，而且是由一位很有魅力的泰国老太太经营。

Railay Ya Ya Resort
酒店 $$

（☎0 7562 2593；www.railayyayaresort.com；房间1600~2000B；❄@）这里宽大的镶木房间有点暗淡，而且一些房间的楼梯似乎会颤动，然而这是由于存在树屋感应的缘故。带风扇的房间光线稍暗，空调房则被粉刷得很明亮，不仅干净而且物有所值。淡季的折扣（500B起）一直会持续到旺季前的一段时间，所以这里的住宿是相当便宜的。

Mangrove Restaurant 泰国菜 $$

（菜肴50B起）这个朴素的有当地特色的餐厅远离东海滩，能提供所有辛辣的泰式特色菜，而且价格便宜。其中包括炒米饭和炒米粉、咖喱和木瓜沙拉。店主受到了广泛赞誉，她比较重视生意，而她的丈夫也做得一手好菜。

莱雷高地（RAILAY HIGHLANDS）

莱雷海滩上的高地度假村是这片区域中最物有所值的。

作者推荐 **Railay Phutawan Resort** 酒店 $$

（☎08 4060 0550, 0 7581 9478；www.phuritvalleyresort.com；平房1140~1940B,房间1640B；@❄）这个度假村没有确切的名称（也叫做Railay Phurit Valley Resort和高原度假村），不如就把它叫做美妙之地吧。住宿的最佳选择便是超宽敞锃亮的水泥平房，非常显眼的奶黄色墙面，还有很大的带有淋浴设施的浴室以及高档度假村的所有设施。公寓式大楼的瓷砖房屋谈不上奢侈，但是却很舒适。带风扇的平房里有竹制天花板，虽然陈旧却很值。服务员也很讨人喜欢。

Railay Cabana 客栈 $

（☎0 7562 1733, 08 4057 7167；平房350~600B）Railay Cabana位于碗状喀斯特悬崖的高处山坡上，这是嬉皮士们的热带深山隐居地。这里茅草覆顶的竹制平房既朴实又整洁，周围都是芒果、山竹果、香蕉和番石榴果园。你只能听到鸟儿的啁啾和孩子的笑声。

作者推荐 **Railay Phutawan Resort Restaurant** 泰国菜、西餐 $

（菜肴80~180B；⏲早餐、午餐和晚餐）白天在这里进餐，可以欣赏到茂密丛林和岩溶峭壁的景致。但是这里的饮食（泰国菜和西餐）任何时候都是最棒的。不妨尝试一下在丛林边缘的阴凉小亭里吃点东西。

HAT THAM PHRA NANG 海滩 หาดถ้ำพระนาง

在这个瑰丽无比的海滩上只有一个地方值得停留，因此它是非常引人瞩目的。

作者推荐 **Rayavadee** 酒店 $$$

（☎0 7562 0740-3；www.rayavadee.com；阁楼22 300~39 900B,别墅72 000~128 000B；📶❄🏊）这家风格独特的度假村拥有种满榕树和鲜花的辽阔草地，蜿蜒曲折的小溪点缀其间，还有高尔夫球车在上面行驶着。这里或许是泰国海滨最经典的部分之一。两层高的圆弧形顶的阁楼里满是古色古香的家具和各式各样的现代化设备——偶尔还会有私人按摩浴缸、游泳池或者私人管家服务。这里也有为客人准备的瑜伽课程、豪华游艇提供的团队游和一流的水疗。两家餐厅使海滩增色不少（其中一个一半在发光的洞穴里），路过的客人也可以留下来享受一顿昂贵但却丰盛的泰国菜或地中海风味菜肴。

通赛海滩（HAT TON SAI）หาดต้นไทร

这里有很多服务供背包客选择，如果你很想攀岩，这就是你要去的海滩。想吃到便宜又美味的食物，那就去一排排的食品屋，从海滩通往内陆的沿边都有。

Countryside Resort 酒店 $

（☎08 5473 9648；countryside-resort.com；小屋850B；❄@📶）这家度假村是由英国人经营的，有两排迷人的带太阳能的小木屋，使得它成为莱雷最环保的度假地。房间里有高高的天花板、蕾丝窗帘和吊扇。从屋子的顶层可以观赏到喀斯特奇观，而且你一定会喜欢伊渥克造型的吉祥物Ollie。

Paasook 酒店 $

（☎08 9645 3013；平房300~800B）这里无疑是通赛最时尚最经济实惠的住处，木制平房很宽敞，有加长的落地玻璃窗和混凝土地板。这里位于海滩的西端，在Groove Tube的正下方。花园郁郁葱葱，这里的管理也很人性化，并且还有一个质朴别致的露天餐厅，在潮湿的夜晚住在这里还是比较舒适的。

Mountain View Resort 酒店 $$

（☎0 7562 2610-3；平房1300~1900B；❄）位于草屋区域，房间里有着薄荷绿色的墙壁，宽大、令人愉快而且很整洁，还有铺了瓷砖的地板和干净的床单。有些房间有点发霉，所以请在周围多呼吸点新鲜空气。

Forest Resort 酒店 $$

（☎08 0143 8261；平房1000B）一连串硕大的稻草房位于花香弥漫的山坡上，可以欣赏到令人惊叹的典型的石灰岩景观。这里还有一个绝妙的餐厅，用雕刻过的木材建成，除了其他菜肴还提供印度菜。

Pyramid Bar & Restaurant 各国菜味 $

（菜肴60B起，饮品30B起）这是通赛最受欢迎的场所，位于茅草树屋区域。这家餐厅制作鲜果拉昔、奶昔、自烤的面包和面包三明治，另外还有可口的意式浓缩咖啡。找一处吊床或是休息厅舒适地呆上一会吧。

饮品和娱乐

海滩上有多处地方可以使你心情放松而且不醉不归。

Chill Out Bar 酒吧 $

（Hat Ton Sai）这家酒吧正好在海滩上，多层甲板上散落着泰式躺垫。在城里的时候，著名的泰国和国际乐队会来到这里演奏。有时候，这里也是懒洋洋躺着喝啤酒的理想之地。

Highland Rock Climbing 咖啡馆 $

（☎08 0693 0374；Railay Headlands）这里既是攀岩学校又是用浮木搭成的咖啡馆，兰花悬垂着。店主Chaow从清莱（Chiang Rai）的可持续发展的农场里寻找到货源，提供了半岛上最优质的咖啡。

Ya-ya Bar 酒吧 $

（Railay Headlands）这里背靠着宽大且壮观的攀岩墙，周围丛林环绕，圆石顶上还有一个可以喝酒的露台。鲍勃•马利（Bob Marley）仿佛是守护神。莫吉托鸡尾酒（160B）慷慨地倒出来。还有一个泰拳比赛场地，如果有要求的话可以为你提供泰拳课程，每小时500B。

Chok's Bar 酒吧 $

（Hat Railay East；⏲7pm~2am）这个既现代又悠闲的竹木酒吧在夜晚常会播放音乐，这里有竹木靠垫和很多枕头可以倚靠。当我们经过时，有很多人在那里停留。

实用信息

网站www.railay.com提供了很多关于莱雷的信息。在东莱雷海滩沿岸有两个ATM。在通赛海滩，Ton Sai Bay Resort（通赛湾度假村）附近也有一个ATM。几家大型的度假村里可以兑换现金和旅行支票。Railay Bay Resort & Spa里有一个小诊所能治疗攀岩造成的轻伤。

能否无线上网取决于你住在哪里。如果你没有计算机，试试东海滩的**Phra Nang Tours & Travel**（每分钟网费是1B）。

到达和当地交通

从甲米的Khong Kha码头或是从南湾海滨，抑或是从Ao Nam Mao海滨，到达莱雷都是乘坐长尾船。从甲米到东莱雷海滩的船舶早晨7点45分开始运营，晚上6点结束。每1.5小时1班，每班坐6~10人就开船（150B，45分钟）。自己包船的话需要花费1500B。

前往西莱雷海滩或是通赛海滩的船从南湾的最东端起航，早7点30分到晚上6点费用80B（15分钟），其它时段费用150B，坐满6~8人才开船。包船需要花费800B。如果海上风浪较大，船舶会从南湾甲米度假村以西的安全港起航。你可以在帕囊海滩或通赛海滩下船，费用一样。

要是风浪过大，从南湾到甲米的船舶将会停运，但你仍可以从东莱雷海滩到Ao Nam Mao（100B，15分钟），然后再搭乘小型敞篷客车前往甲米或南湾。

每年10月到次年5月，南湾公主号都会在诺帕拉塔国家公园总部和皮皮岛之间运营，中途停靠西莱雷海滩。长尾船大约在早上9点15分在Sand Sea Resort（见329页）起航。从莱雷去皮皮岛的费用是350B。

大皮皮岛（Ko Phi-Phi Don） เกาะพีพีดอน

原来美丽也会成为负担。就像玛丽莲•梦露一样，大皮皮岛美丽的景色给它带来了灾难，每个人都想把它据为己有。尽管这里并不是真正的好莱坞，但却是泰国的香格里拉。

这里是享乐的天堂，游客们可以跃入蔚蓝的大海，随意拍摄那些穿梭于奇石峭壁间的长尾船。由于有着浮华弯曲的金色沙滩和令人神往的丛林，皮皮岛成了安达曼海岸毫无疑问的宠儿。就像任何一位明星一样，皮皮岛能够纵夜狂欢之后，第二天早晨依旧容光焕发。不幸的是，没有什么能够永远经受得住如此刺激的节奏，除非加以限制，否则这里的生态会面临崩溃的境地。

活动

要经过费力的攀爬才能到达**皮皮岛观光点**，不过这一段短途徒步还是很值得的。从观光村出发，沿着路标的指示向东前往Ao Lo Dalam。沿着上百级陡峭的台阶和狭窄曲折的小路垂直攀爬300米才能到达观光点。山顶风光无限，你可以看到国家海洋公园葱翠的山峦，那里蝶形花正开得绚烂。还可以从这里翻过山顶穿越丛林前往宁静的东部海滩来一次自助浮潜游。

Ao Lo Dalam非常适合探险。在Slinky Bar前面沙滩上的**kayak rental stall**停靠（见336页地图；每小时200B，全天600B），把船划到海岬然后进行潜水。

潜水

安达曼海清澈的海水和丰富的珊瑚礁使皮皮岛成为顶级潜水地。广受欢迎的潜水地包括**国王号巡洋舰残骸**（King Cruiser Wreck），它仅位于水面以下12米处；**海葵礁**（Anemone Reef）盛产硬珊瑚和小丑鱼；**Hin Bida**是水中的一个尖岬，吸引了大量海龟和大型深海鱼；**Ko Bida Nok**拥有标志性的喀斯特峭壁，吸引了大批虎鲨聚集于此。你还

Ko Phi-Phi Don 大皮皮岛

可以从皮皮岛往南前往红岩和紫岩（342页）潜水，费用有点高；从兰塔岛跟随潜水团出行会比较便宜。开放水域潜水课程的费用是12 900B，而标准的两次潜水费用是3200B。想去红岩或紫岩需要花费5500B。

Adventure Club 潜水

（冒险俱乐部；见336页地图；☎08 1970 0314；www.phi-phi-adventures.com）这是岛上我们最喜爱的潜水中心，该俱乐部组织各种教育性质的生态潜水、徒步以及浮潜旅行。你不会介意早上6点起床，去进行深受欢迎的能观看鲨鱼的浮潜之行，因为你一定会有和至少一个礁鲨嬉戏的机会。

Blue View Divers 潜水

（见333页地图；☎0 7581 9395；www.blueviewdivers.com）重视社区参与和海滩清理（最近清理了700吨垃圾），是唯一一个长尾船上提供潜水设备的商店。

浮潜

位于大皮皮岛北部的**Ko Mai Phai岛**（竹岛）是一个颇受游客欢迎的浮潜地点。在浅水区你还可能看到小虎鲨。潜水行程花费在600~2400B之间，取决于你是乘坐长尾船还是摩托艇。在皮皮岛的通赛湾（Ao Ton Sai）附近，**Ko Nok**东海岸沿线，以及**Ko Nai**东海岸沿线都是不错的浮潜地点。如果你想独自前往，大多数平房旅馆和度假村都出租通气管、面罩和脚蹼，每天的费用是150~200B。

攀岩

皮皮岛上的确有很多不错的石灰岩峭壁，悬崖顶端的景色也极为壮美。这里主要的攀岩区，一个是通赛海滩西部边缘的**Ton Sai Tower**（见333页地图），另一个是**Hin Taak**（见333页地图）——在通赛湾周边乘长尾船很快就能到达。岛上有一些很好的攀岩公司，大多对半天攀岩活动的收费是1000B，全天费用是1500~2000B，其中包含提供指导和装备。**Spider Monkey**（见336页地图；☎0 7581 9384；www.spidermonkeyclimbing.com）由Soley经营，他是皮皮岛上最著名的登山者之一。附近较大的登山公司之一是位于观光村的**Cat's Climbing Shop**（见336页地图；☎08 1787 5101；www.catclimbingshop.com），通过详尽的报告来保证攀岩的安全和优质的服务。

课程

Pum Restaurant & Cooking School 烹饪

（见336页地图；☎08 1521 8904；www.pumthaifoodchain.com；课程450~4650B）如

皮皮岛潜水地

皮皮岛附近的潜水地其中一些是泰国最好的，而且虎鲨和玳瑁海龟也很常见。在2月和3月，鲸鲨有时会在红岩、紫岩、Hin Bida以及Hin Bida Nok附近现身。皮皮岛最好的五个潜水地点是：

潜水地点	深度（米）	特点
海葵礁	17~26	硬珊瑚暗礁附近遍布海葵和小丑鱼
Hin Bida Phi-Phi	5~30	淹没在水下的山顶生活着硬珊瑚、海龟、虎鲨，有时会有鲸鲨和鳐鱼出现
紫岩	19~24	淹没在水下的山顶生活着虎鲨、鲶鱼、梭鱼、海鳗，偶尔有鲸鲨
Ko Bida Nok	18~22	喀斯特山丘，有柳珊瑚、虎鲨、梭鱼，有时会有鲸鲨
小皮皮岛	5~18	岛屿边缘被珊瑚和牡蛎所覆盖，还能看见海鳗、章鱼和海马，还可以在其间游泳

果你喜欢泰国菜，我们推荐你到观光村的Pum Reataurant & Cooking School学习烹饪课程。在这里你可以学会如何烹饪美味可口的菜肴，而这些菜肴都会出现在餐厅的菜单上。另外，你还能带回一本精美的菜谱。推荐！

团队游

自从亚历克斯•加兰执导的影片《海滩》里的主角Leo在岛上抽着大麻烟卷，小皮皮岛几乎变成了一个朝圣地。除了乘长尾船去小皮皮岛和Ko Mai Phai岛（竹岛）观光，旅行社还可以安排游客去猴湾（Monkey Bay）和Wang Long海滩（600B）观看日落。冒险俱乐部（见334页）是一个不错的选择。

住宿

在这个常年受欢迎的岛屿找到合适的住宿地点从来都不是件容易的事情，在旅游旺季你更应该预料到这里房间会严重短缺。尽管成群结队地朝着抵达船只招揽顾客的人有时令人讨厌，不过却能使你的行程轻松一些。

睡觉前一定要关好门窗，出门也得关上所有窗户，入室盗窃在这里是个问题。

通赛湾（AO TON SAI）和AO LO DALAM湾 อ่าวต้นไทร/อ่าวโละดาลัม

旺季，这里的步行街上熙熙攘攘，就好像穿行在摇滚音乐会上。委婉地说，通赛中心区被称作“观光村”。

Ao Dalam海滩是皮皮岛上风景最美的地方，一大片新月形的白沙滩背靠着喀斯特悬崖，如同电脑屏保画面般美丽。但是这里人满为患，长尾船也充斥其中。当地人抱怨说，海滩酒吧客人的烟头、游客们的防晒霜、小便和船舶燃料已经污染了这片水域。

拥有主要轮渡码头和滨海混凝土通道的通赛湾海岸则更加繁忙，但是你可以在海滩最西端找到一片安宁，那里已经被圈起来用于游泳场所。

作者推荐 Mama Beach Residence 酒店 $$

（见333页地图；☎08 8443 1363, 0 7560 1365；www.mama-beach.com；房间2500~3800B；❄@📶）这里很受法国游客的欢迎，它是一个异常雅致的街区风格的酒店，正好位于通赛湾海滩的黄金地带。拥有现代装备的房间里有大白瓷砖地板和海景阳台，阳台上放着供人放松的木质甲板家具。浴室里有石制水槽，淋浴设备则是用贝壳松散地镶边。海滨瑜伽课程（一节课75分钟，费用400B）在晚上6点开始，一周数次。

PP Viewpoint Resort 酒店 $$

（见333页地图；☎0 7560 1200, 0 7561 8111；www.phiphiviewpoint.com；平房1700~3 500B；❄≋）PP Viewpoint Resort在Ao Lo Dalam湾东北方的最远处，木制平房高耸在山顶，

皮皮岛的住宿

皮皮岛的噪声污染很严重，大多集中在通赛湾和Ao Dalam的中心区附近——在Hat Hin Khom你也同样别指望能早睡。作者调研时Ao Dalam的酒吧在凌晨2点打烊，通赛的酒吧在凌晨1点30分打烊——酒吧基本在这个时间前后打烊——但还是阻止不了醉酒狂欢的人们继续制造噪声（砰砰的关门声倒成了岛上深夜里的消遣）。

皮皮岛上最安静的住处有以下几个：

- 皮皮岛东海岸；
- 连结通赛湾东北端和Ao Lo Dalam的乡间小道上；
- 去往观光点路边的山上；
- 通赛湾最西的部分；
- 长滩。

当然，最好的选择也许是抓起酒杯，加入人群。

能观赏海景。这里有一个小游泳池，池水最终流入下面的海洋，还有一座玻璃墙塔楼，能360度观赏美景，在那里你可以享受泰式按摩来宠爱一下自己。这里能听到聚会的喧闹声，所以最好带上耳塞。

Chunut House
客栈 $$

（见336页地图；☎0 7560 1227；www.phiphichunuthouse.com；平房2500~3500B；📶❄）位于远离观光村集市的一条宁静的小道上，这个地方既清新又安宁。宽敞的木制和竹制平房挂满了自然主义风格的风铃、花架以及巧妙的点缀品，还有干净的铺有瓷砖的浴室。最近这里的价格大幅上涨，因此这仅是还不错的选择。

White
客栈 $$

（见336页地图；☎0 7560 1300；www.whitephiphi.com；房间1500~1800B；❄@📶）能够满足装备奢华的背包客的需求，它拥有通赛海滩上两个非常舒适和安静的住处——White 2比较不错，有几间屋顶带露台的套

Tonsai Village 通赛村

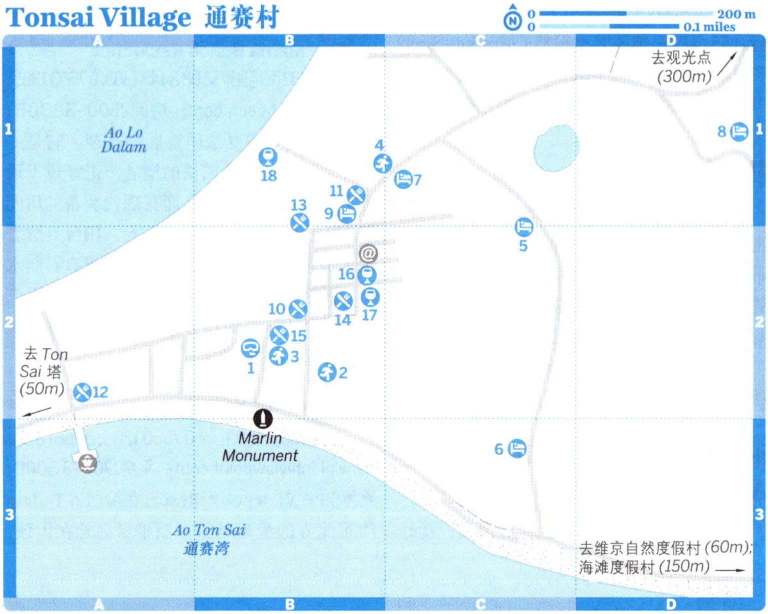

Tonsai Village 通赛村

活动、课程和团队游

1 Adventure Club B2
2 Cat's Climbing Shop B2
Kayak Rental Stall .... (见 18)
3 PumRestourant & Cooking School B2
4 Spider Monkey B1

住宿

5 Chunut House C2
6 Oasis Guesthouse C3
7 Rock Backpackers C1
8 Uphill Cottage D1
9 White B1

就餐

10 Cosmic B2
11 Garlic Restaurant B1
12 Le Grand Bleu A2
13 Local Food Market B1
14 Papaya Restaurant B2
15 Unni's B2

饮品

16 Breakers B2
17 Reggae Bar B2
18 Slinky Bar B1

房。非常干净洁白的房间里装有电视和保险箱，还装饰有黑白相间的铺瓷砖的小型热水浴室，很新潮。

Uphill Cottage 客栈 $

（见336页地图；☎0 7560 1124, 08 6553 2316；www.phiphiuphillcottage.com；房间700~1500B；❄📶）这里的房间很普通，不过很大很干净，你只能隐约听到游客中心聚会的吵闹声。这个宾馆名副其实地坐落于观光小径附近的山坡上（意外吧!）。房间里有可以俯瞰小镇风景的阳台，隐约还能看到大海。

Oasis Guest House 客栈 $

（见336页地图；☎0 7560 1207；房间900B；❄）从中心区东边的岔路步行前往可爱的Oasis Guest House是非常值得的，这里绿树环绕，还有木制百叶窗。旅店老板可能不那么友好，不过油漆的房间看起来很清新，浴室闪闪发光。这里不接受预订，只遵循先来后到的原则。

Rock Backpackers 青年旅舍 $

（见336页地图；☎08 1607 3897；铺300B，房间400~600B）这是一家建在山腰的漂亮旅馆，干净的宿舍里有一排排的床铺，还有小隔间和引人注目的餐厅酒吧以及凸凹不平、满是涂鸦的外墙。

HAT HIN KHOM海滩 หาดหินคม

实际上，这片岩湾里有一些小小的白色沙滩，其中一些相对较安静。从长滩和喧闹的通赛湾穿过丛林都只需要步行15分钟便可到达这里，不幸的是，你无论怎样都会听到DJ播放的嘈杂音乐。

作者推荐 **Viking Natures Resort** 酒店 $$

（见333页地图；☎08 3649 9492；www.vikingnaturesresort.com；平房1000~6500B；📶）从任何意义上来说它都是时髦的，如果你害怕丛林里的昆虫和动物，那这里不是适合你待的地方。这里的木制、茅草和竹制房屋都有梦幻般的创意，四周许多浮木、贝壳风铃和有吊床的休息厅增添了它的时尚气息，还可以欣赏到小皮皮岛美不胜收的景色。所有房间都有蚊帐和阳台，但是较便宜的房间没有独立的浴室。我们建议你在这里的木草屋挥霍一下。它迷人的露天阳台在老式灯笼下闪闪发亮，还有宽大的浴室和高高的天花板。

长滩（HAT YAO） หาดยาว

你可以穿过Hat Him Khom海滩从通赛步行到这里，只需要30分钟，或者你也可以从通赛码头乘坐长尾船到这里（100~150B）。这片狭长的纯白沙滩非常适合游泳而且值得漫步，但是你别指望一人独享——因为这里也很受家庭游客和排球爱好者们的欢迎。这里有一条徒步路径通向美丽的、与世隔绝的Ao Lo Mu Di。

Phi Phi Hill Resort 客栈 $$

（见333页地图；☎0 7561 8203；www.phiphihill.com；平房700~2000B；❄@）高高地坐落于一片安静的香蕉、芒果和缅栀子花树的种植园中，这个朴素的度假村横跨大皮皮岛南面的悬崖，因此你能观赏到东边日出和西边日落。最划算的要属它西边宽大干净的木制房间，里面有风扇和冷水。任何一种选择都能让你终生难忘，而且凉风习习的峭壁上还有一个不错的餐馆。从5月到10月，餐馆通常停止营业。

Beach Resort 酒店 $$$

（见333页地图；☎0 7561 8268；phiphithebeach.com；平房3450~5350B；❄🏊）这个迷人的度假村占地很广，有小游泳池和精致的酒吧。这里聚满了寻求舒适的背包族。泰式柚木房间既宽敞又优雅，建在修剪整齐的丛林山腰上，整齐有序，在房间里就可以俯瞰小皮皮岛秀美的景色。目前为止，这里是这个海滩上最吸引人和最有风格的地方。

The Paradise 酒店 $$

（见333页地图；☎08 1788 7868, 08 9077 7939；zer_zaa@hotmail.com, osopang@hotmail.com；平房1500B起；❄📶）这里是长滩最可爱的地方，舒适的蓝色混凝土房子建在花团锦簇的花园里。虽然它不如别的宾馆那样巨大、浮华或者昂贵，但是海滩是一样的美丽，房间也很干净而且带有空调。

HAT RANTEE海滩和AO TOH KO湾 หาดรันตี

这片偏僻的小海滩延续了相当低调的风格，坐落着几家家庭经营的中档平房旅馆（有些平房的价格600B起）。在美丽的灰金色沙滩上能看到露出地面的岩层，这里也是相当好的潜水地点。你可以从通赛码头乘长尾船抵达这里（300B——如果你预订的话大多数度假村会提供免费接乘，返程的费用是150B）或者也可以从观光点辛苦徒步45分钟来到这里。

作者推荐 Toh Ko Beach Resort 客栈 $$

（见333页地图；☎08 1537 0528；www.tohkobeachresort.com；平房1000~2800B；@📶）这里是洁白柔和的Ao Toh Ko湾上唯一的一家宾馆，这里有一个夏令营，居住着一些常客以及希望能长期停留的新客人。简单的木制或竹制的带电扇的房间建在山上（想象一下吊床和海景），还有石头浴室和蚊帐。另外，它还提供家庭房，沙滩上有一个餐厅，员工都很友善。在那里你可以租到皮划艇和浮潜装备。

Rantee Hut 客栈 $

（见333页地图；☎08 9741 4846；平房700~1000B）令人困惑的是它究竟有多大，因为普通的木制、水泥或竹制小屋坐落在山上，和另一端的其他房子（名称都以Rantee开头）一模一样。Rantee Hut因其壮观的海景餐厅而引人注目，餐厅里到处散落着躺垫，柔和的瑞格舞曲缓缓流淌。前往竹岛的浮潜行程需要花费600B。

HAT PHAK NAM海滩 อ่าวผักหนาม

这片美丽的白色海滩和一个小渔村位于同一海湾。想要来这，你可以花500B从通赛湾搭乘长尾船（返程时合租巴士船的费用是150B），或者你也可以从景区辛苦徒步1个小时到达这里。

作者推荐 Relax Beach Resort 酒店 $$

（见333页地图；☎08 1083 0194, 08 9475 6536；www.phiphirelaxresort.com；平房1400~4400B；❄@🏊）这里有47间泰国风情的平房，装饰简单但仍不失漂亮，房间里铺着木质地板，双层阳台上有靠垫，簇新的浴室里有拼花装饰。这里还有一个不错的餐馆和通风良好的酒吧，由极富魅力的管理人员经营，他们会像对待家人一样招待你。这个度假村是岛上的最佳选择之一，所以请提前预订。你也可以在退潮时步行抵达Hat Rantee海滩。

AO LO BAKAO湾 อ่าวโละบาเกา

这片优质海滩是皮皮岛最可爱的海滩之一，被令人惊叹的山丘环绕，到处是摇曳的棕榈树，越过这片令人欣喜的水域欣赏到的远处景观就是竹岛和蚊子岛（Mosquito Island）。你可以把它看做是一个相对便宜的博拉博拉岛（Bora Bora）。皮皮岛乡村宾馆能为客人们提供交通服务，若你自己从通赛湾租船来这里则需要花费800B。

Phi-Phi Island Village 酒店 $$$

（见333页地图；☎0 7636 3700；www.ppisland.com；平房7200~21 500B；❄📶🏊）这个地方本身就是一个村庄，庞大的100间房屋占据了海滨的大部分，棕榈树摇曳其间。家庭房和休闲房的设施有所差别，可以享受浪漫的用餐体验和令人放松的水疗。这里提供很多活动和游览。一望无际的泳池和大海连接得天衣无缝，整个度假村中鲜花的摆放也很艺术。如果有条件的话，不妨体验一下奢华讲究的旧式生活。

HAT LAEM THONG海滩 หาดแหลมทอง

这里的海滩绵长、洁白而且多沙。在海滩的最北端有一个小型的莫肯人居住区（海上吉普赛人），这里垃圾遍地，挤满了用皱巴巴的金属制成的棚屋。尽管这里面向高端消费者，但是沙滩上却真的很嘈杂，所有的酒店都挤在一起。倒是喧闹当中有很多当地特色的海鲜餐馆值得尝试。从通赛湾租长尾船到这里大概花费800B。运营商也可以安排换乘。

Zeavola 酒店 $$$

（见333页地图；☎0 7562 7000；www.zeavola.com；平房9900~26 900B；❄@📶🏊）

芙蓉掩映的小道通向绿荫覆盖的柚木平房，房屋是按照亚洲独特的室内外设计样式建造的。每个房间都有三面的落地玻璃窗（遥控的竹制百叶窗有助于保护隐私）还有20世纪40年代的陈设和家具、露台与无可挑剔的服务。有些房间还配备有私人游泳池和传说中的情侣水疗。

Holiday Inn Phi-Phi Island 酒店 $$$

（☎0 7562 7300；www.phiphi.holidayinn.com；平房8297~10 400B；❄📶🏊）这里是标准的泰国风情的度假酒店，也是很舒适的以黑色镶边，白色混凝土打造的时尚度假村，泳池周围全是风格活泼的沟槽。你会发现网球场、令人心动的吊床、水疗馆和潜水中心。这里的餐厅拥有极好的露天平台，可以观赏海景。

就餐

岛屿周围大多数度假村、酒店和平房旅馆都有自己的餐厅。通赛湾有一些价格合理的餐馆，但是别指望这里会有高级菜肴。

地方小吃市场 泰国菜 $

（Lccal Food Market；见336页地图；⏲早餐、午餐和晚餐）这是个食物最便宜也最地道的市场。一些当地的摊位围绕着最窄的地峡，提供可口的pàt tai、炒米、sôm•đam（辛辣的番木瓜沙拉）和烟熏鱼。墙壁上潦草地写着数以千计的游客留下的祝福。

Unni's 西餐 $$

（见336页地图；主菜约120B；⏲早餐、午餐和晚餐）来这里吃自家制作的面包做午餐，上层配料从烟熏鲑鱼肉到肉丸等应有尽有。这里还有很多沙拉、墨西哥菜、西班牙餐前小吃、鸡尾酒等。这是一个时尚又休闲的餐厅，屋顶有电扇降温，还会播放爵士情调的音乐。

Garlic Restaurant 泰国菜 $

（见336页地图；☎08 3502 1426；菜肴45~95B；⏲早餐、午餐和晚餐）这个类似棚屋的餐馆很明亮，总是挤满了游客，他们乐呵呵地享用着美味又不太辛辣的泰国菜。这里有各种常见食物，晚餐还有新鲜海产品。

Le Grand Bleu 融合菜 $

（见336页地图；☎08 1979 9739；主菜195~695B；⏲午餐和晚餐）这家餐厅融合了泰式和欧式风格，背后是远离码头中心的迷人的木制房屋。这里提供来自法国和澳大利亚的葡萄酒，你还可以在鸭肉中加入罗勒叶再用锅煎炸，或者放在烤炉中烘烤然后淋入芒果酱使之外焦里嫩。这家餐厅在下午2点至6点半停止营业。

Papaya Restaurant 泰国菜 $

（见336页地图；☎08 7280 1719；菜肴80~300B）这里的食物便宜、可口又辛辣，并提供很不错的泰国菜，而且分量很足，还有你可能会喜欢的罗勒叶、各种干辣椒和đŏm yam。

Cosmic 西餐、泰国菜 $$

（见336页地图；比萨160B起；⏲早餐、午餐和晚餐）这里历史悠久，备受喜爱，现在依然能制作出皮皮岛最好的比萨以及西餐和泰国菜。

饮品

皮皮岛喧闹的夜生活异常丰富。一桶桶廉价的威士忌、红牛饮料和黏腻的鸡尾酒使这里成为春假度假者和宿醉者的天堂。这里也是泰国唯一一个会有衣着单薄的fa•ràng（西方）女孩招呼你进酒吧的地方，这样她们便能免费地痛饮了——是的，皮皮岛正是这样的地方。如果你住在野外能听见喧闹声的地方，不妨享受这种热闹。

作者推荐 **Sunflower Bar** 酒吧 $

（见333页地图；Ao Lo Dalam）颇有诗意却又摇摇欲坠，这个用浮木建造的酒吧是皮皮岛上最寒冷的酒吧。2004年被海啸摧毁后，店主用回收的木材加以重建。长尾亭也是以他在洪水中失去的四位亲人命名的。

Reggae Bar 酒吧 $$

（见336页地图；观光村）直到你在这个喧嚣酒吧的泰拳比赛场地观看了游客海扁对方（有男有女），你才算真正地体验了皮皮岛的夜生活。参赛者都能得到一桶免费的啤酒，以此来缓解身体的疼痛。

Slinky Bar 俱乐部$$

（见336页地图；Ao Lo Dalam）我们到达这里时，这里变成了海滩舞池。你可以想象这样的场景：标准的篝火表演、一桶桶加糖果汁，还有一群群的泰国人、当地移民和游客混杂在一起，要么互献殷勤，要么在沙滩上随着令人悸动的低音拼命摇摆。

Breakers 酒吧$$

（见336页地图；观光村；汉堡200~240B；⏲11am~2am；📶）这里可供游客观看比赛，还提供美味可口的饭菜。这里的汉堡和牛排非常美味，而且开胃菜种类繁多，包括辣鸡翅、土豆皮等等，绝对可以满足喜欢大快朵颐的人们的食欲。

ℹ 实用信息

整个观光村密密麻麻地聚集着ATM和网吧（每分钟2B），但是较偏远的东部海滩没有这些设施。观光村中心区的**D's Bookshop**（⏲7am~10pm）可以使用无线网络。这里还出售新旧小说，还有美味的意式浓缩咖啡（50B）。

ℹ 到达和离开

从甲米、普吉、南湾、莱雷和兰塔岛都可以到达皮皮岛。大多数船舶都会在通赛湾停靠，然而一些从普吉来的船停靠在Laem Thong北部一个单独的码头。普吉和甲米的船舶全年运营，而兰塔岛和南湾的船只只在10月到次年4月的旺季运营。

从甲米到皮皮岛的船（300B，1.5小时）上午9点和下午3点30分起航，从南湾出发的船（350B，1.5小时）下午3点30分起航，每天只有一班。

从普吉出发的船上午9点、下午2点30分和3点起航，从皮皮岛返航的时间是上午9点、下午1点30分和3点（400B，1.75~2小时）。

到兰塔岛的船舶上午11点30分和下午2点从皮皮岛出发，而从皮皮岛返航的时间是上午8点和下午1点（300B，1.5小时）。

去莱雷（350B，1.25小时）需要搭乘开往南湾的渡轮。

ℹ 当地交通

大皮皮岛上没有路，因此外出基本靠步行。但你可以在通赛湾租长尾船绕大皮皮岛和小皮皮岛作短途游览。

长尾船从通赛湾码头出发，到达长滩（100~150B）、Laem Thong（800B）、Hat Rantee（500B）和维京洞（Viking Cave，500B）。租快艇6小时的费用大概是6500B，租长尾船3个小时费用1200B，一天费用是2500B。

小皮皮岛（Ko Phi-Phi Leh） เกาะพีพีเล

崎岖不平的小皮皮岛是两个岛屿中较小的一个，它四周被高耸的峭壁包围着。清澈透明的海水下，海洋生物遍布珊瑚礁，使其深受日间浮潜爱好者的欢迎。岛屿的中央有两个美丽动人的潟湖——一个是东海岸的**Pilah**，另一个是西海岸的**Ao Maya**。1999年，Ao Maya被当作根据亚历克斯•加兰所写的畅销小说改编而成的电影《海滩》的取景地，此举备受争议。但从此游客便络绎不绝。

岛屿的东北端的**维京洞**（Tham Phaya Naak）是一个巨大的燕窝收集地。敏捷的采集者通过攀爬竹制爬梯取得燕窝。在攀爬之前，采集者往往会祷告，并用烟草、香火和酒水供奉洞内的神灵。这个洞的别名取自400年前的涂鸦，这些涂鸦是经过此地的中国渔船上的渔夫留下的。

小皮皮岛上没有住宿的地方，大多数游客都是在游览完大皮皮岛后参加广受欢迎的一日游来到此地。游览大概需要半天，其中包括在岛屿周围不同的地点浮潜，绕行到维京洞和Ao Maya。搭乘长尾船游览的费用是800B，坐摩托艇则大约花费2400B。除此外，还要在上岸时支付400B的国家公园日间使用费。

通过**Maya Bay Camping**（☎08 6944 1623；www.mayabaycamping.com；每人2100B）可能能够在小皮皮岛露营。它还提供包含海上皮划艇、浮潜、午餐、晚餐和在星空下露营的一整套户外活动在内的过夜旅行项目。

兰塔岛（Ko Lanta） เกาะลันตา

人口 20 000

兰塔岛形状狭长且覆盖着浅金色的丛

林，它是甲米最性感的沙滩。作为当地50多个岛屿中最大的一个，它的西海岸有连绵不绝的灰白色沙滩——一处比一处漂亮，这个令人放松的天堂自然赢得了所有类型游客的欢迎。北部的海滩拥挤但有趣，你越往南走一切就会变得越发宁静。

和邻近的喀斯特地貌岛屿相比，兰塔岛相对平坦，因此在岛上骑摩托车观光是容易的。快速地转上一圈，你会发现这里是一个丰富多彩的文化熔炉——炸鸡摊摆放在细长光塔下面；莫肯人居住的房屋在岛屿一边随风不停地摇摆发出咯吱声；还有隐藏在连绵迂回的红树林里的小寺庙。

严格说来，兰塔岛应该叫做大兰塔岛（Ko Lanta Yai），它是群岛52个岛屿中最大的一个，属于兰塔岛国家海洋公园（Mu Ko Lanta Marine National Park）的保护范围。几乎所有船只都在Ban Sala Dan停靠，一个位于岛屿北端尘土飞扬，仅有两条街的小镇。

景点

阁兰达老镇（Ban Ko Lanta） 古镇

阁兰达老镇位于东部海岸往南的半路上，是岛屿上最原始的港口和商业中心，它为阿拉伯和中国之间的商船提供庇护，这些商船通常往来于普吉、槟榔屿（Penang）和新加坡。一些宽敞而且保存完好的精美木制房屋和商店都有上百年的历史。码头餐厅提供当天捕获的新鲜海产品，也是观赏海景的最佳场所。每逢周日下午都有一个小市场，如果你想要找到漂亮又耐用的手工皮制品，那就可以在**Lanta Leather**（☎08 5046 6410；⏲8am~8pm）稍作停留；若是想感受一下优质的吊床时光，那就不要错过**Hammock House**（☎0 4847 2012；www.jumbohammock.com；⏲10am~5pm），在那里你还可以轻易得到非常不错的《兰塔骑行地图》（*Lanta Biker's Map*），上面的推荐全都与众不同。

Chao Leh Museum 博物馆

（พิพิธภัณฑ์ชาวเกาะลันตา；Ban Sanghka-U）如果你渴望了解更多的泰国文化，可以在Chao Leh Museum停留，在那里你会看到传统的竹编庭院、迷人的油画和详述当地神话、音乐以及仪式的展览。只要你从海边跨过公路找到突出于山边的游艇，便可以找到博物馆。

兰塔岛国家海洋公园 国家公园

（อุทยานแห่งชาติเกาะลันตา；成人/儿童 400/200B）兰塔岛国家海洋公园成立于1990年，保护着兰塔岛上的15个岛屿，其中包括大兰塔岛的南端。但是，在兰塔岛西海岸，这个公园正日益受到无法控制的开发的威胁。其他岛屿的境况稍微好些——**Ko Rok Nai**还是很美丽，拥有新月形的海湾，背靠着悬崖峭壁，还有漂亮的珊瑚礁和闪闪发光的白沙滩。在Ko Rok Nok和附近的**Ko Haa**露营都是被允许的，但是需要得到国家公园总部的批准。在大兰塔岛的东面，**Ko Talabeng**有一些引人瞩目的石灰岩洞，你可以搭乘海上皮划艇到这里。如果你要游览这些岛屿，公园的门票是通用的。

国家海洋公园总部位于大兰塔岛南端的Laem Tanod，从Hat Nui穿过7公里长的崎岖不平的泥土小路就可以抵达。这里还有一些普通的徒步路线和一个**风景优美的灯塔**，你可以在淡季租长尾船来这里观光。

THAM KHAO MAIKAEO 洞穴

（ถ้ำเขาไม้แก้ว）季风季节时大雨不断冲刷着岩石，经过数百万年的侵蚀，石灰岩的缝隙逐渐演变成森林洞穴和地道。这里的石洞像教堂那么大，钟乳石和石笋遍布洞内，要依靠手和脚的配合才能勉强通过狭窄的通道。还有一个冰冷的地下游泳池可以供人游泳。合脚的鞋子也是必不可少的。几乎可以保证你会全身沾满泥土。

跟随导游艰难地穿越丛林可以到达Tham Khao Maikaeo。当地的一个家庭提供这种去洞穴的行程（拿着火把），费用大约为200B。前往那里最好的途径是租摩托车；或者，大多数的度假村都可以安排交通服务。

Tham Seua（虎穴）距离Tham Khao Maikaeo很近，沿着国家海洋公园总部一条泥泞的小路步行，然后再穿过一条单独的小径便可抵达。这里有非常好玩的地道可以探索；从Hat Nui海滩有到虎穴的象车。

活动

兰塔岛上的游客会惊喜地发现，泰国一些顶级旅游地触手可及。海下叫做紫岩和红岩的海底山峰是最好的潜水地点，45分钟便可到达。这些世界顶级的潜水基地海中央的珊瑚岩露出了海面，这些珊瑚岩是很多大型远洋鱼类的重要饲喂站，比如鲨鱼、金枪鱼，偶尔还有鲸鲨和鳐鱼。红岩是公认的继黎希留岩（见300页）之后的第二个优质潜水地点，黎希留岩位于缅甸边境。Ko Haa附近的潜水地点的天气一贯晴朗，水深一般在18~34米，海洋生物非常丰富，还有一个叫"大教堂（the Cathedral）"的海底洞穴。兰塔岛上的潜水商店还能提供前往国王巡洋舰残骸、海葵礁和皮皮岛的行程。

去红岩和紫岩的费用大概是5000~6000B，而去Ko Haa往往需要花费3500~4500B。参加PADI开放水域潜水课程的学费大约是14 000~17 000B。

海滨很多旅行社都能提供去Ko Rok Nok岛、皮皮岛和其他周边岛屿的浮潜行程。

Scubafish 潜水

（☎0 7566 5095；www.scuba-fish.com）Scubafish是岛上最好的潜水公司之一，位于Ao Kantiang湾的Baan Laanta Resort（见346页）；而且它在Narima度假村有一个分店（见346页）。与阁兰达老镇一些大型的非私人的潜水商店不同，Scubafish会根据顾客需要来安排既私密又讨喜的潜水活动，包括液体透镜的水下摄影课程。三天的潜水课程（9975B）非常受人欢迎。

其他值得信赖的潜水公司包括以下几个：

Blue Planet Divers 潜水

（☎0 7566 2724；www.blueplanetdivers.net；Ban Sala Dan）是唯一一家提供专业自由潜水指导的学校。

Lanta Diver 潜水

（☎0 7568 4208；www.lantadiver.com；Ban Sala Dan）

Dive & Relax 潜水

（☎08 4842 2191；www.diveandrelax.com；Hat Phra Ae）

课程

Time for Lime 烹饪

（☎0 7568 4590；www.timeforlime.net）位于Hat Khlong Dao，有很大很时髦的混凝土的专业厨房，还有很多房间可以横冲直撞。同泰国其他的烹饪学校相比，这里提供高品质的烹饪课程，菜肴的选择也激动人心。5个小时的课程费用是1800B，而如果你学习一门以上课程的话，会有很大的折扣。学校赚取的利润用于资助兰塔岛动物福利院（见342页）。

当 地 知 识

朱尼·科瓦克斯（Junie Kovacs）

朱尼·科瓦克斯是兰塔岛动物福利院（Lanta Animal Welfare）的创始人，这个福利组织主要开展拯救动物、组织消毒、接种疫苗以及提供情感教育等活动。

为什么有那么多的流浪动物？

由于游客们很喜欢小猫小狗，所以有很多客栈会在旅游旺季特地养许多小猫小狗供游客们逗乐，但当旺季过去之后，动物们都会被无情地遗弃。

如何救助

这里很需要可以短期或长期服务的志愿者帮忙遛狗、筹款、为动物检查身体，以及拾回流浪动物等工作。如果你喜爱某只小动物，他们可以帮你通过书面申请，把它带回家。Soi Dog（见263页）是普吉岛上另外一个你可以提供帮助的地方。

住宿

兰塔岛上有很多狭长而蜿蜒的漂亮海滩，同样有很多住宿的地方。在5月至10月的淡季，一些度假村停止营业；而另外一些降价50%甚至更多。度假村里一般都有自己的餐厅和团队游预订服务，可以安排在岛上浮潜、按摩、游览以及摩托车出租。

HAT KHLONG DAO 海滩 หาดคลองดาว

这是一片绵延2公里曲折美丽的白沙滩，这里没有岩石，使得它成为完美的游泳场所。可惜的是，退潮时沙滩上会积聚大量垃圾。当地人说垃圾来源于皮皮岛，他们说话的语气颇有蔑视。

作者推荐 Costa Lanta 酒店 $$$

（0 7566 8168；www.costalanta.com；房间6200B起；）坐落于一个椰树环绕的花园，禅宗式的独立房屋令人难以置信，Hat Khlong Dao北端潮水汹涌的运河从中穿过。所有的装饰包括地板、墙壁以及洗脸池都是用混凝土抛光打造，而且每间屋子都有两扇门，以使空气得到最好的流通。餐馆很引人注目，就像是沙滩边缘的黑色溢流潭一样。如果你在网站上预订还会有折扣。淡季的价格也很低。

Slow Down Villas 别墅租赁$$

（08 4999 6780；www.slowdownlanta.se,瑞典语；别墅每周25 000B；）这里有九栋时髦别墅，房间里通常有2~3个卧室，里面设计简单，在空地上可以进行非常舒适的适合家庭的假日活动。度假村网站使用瑞典语，但是所有人都会受到欢迎。别墅由移民私人所有，但是也会以星期或月来出租。

Maya Beach Resort 酒店 $$$

（0 7568 4267；mayalanta.com；房间4300B；）尽可能地忘记欧美最好的度假村，因为这里的楼上拥有迷人的宜家风格的大房间。露台上有装了百叶窗的栏杆，从露台可以俯瞰沙滩上的佛龛和与附近海域融为一体的泳池。

Ocean View Resort 酒店 $$

（0 7568 4089；www.oceanviewlanta.com；平房1300~2900B；）这里有着宽敞又漂亮的铺有瓷砖的房间，里面有超大号床、有线电视、门廊上的吊床和海滨游泳池，还能享受到Mrs Oh的贴心服务。

HAT PHRA AE海滩 หาดพระแอ

沿着绵长、多沙的Hat Phra Ae海滩（也叫“长滩”），一个大型游客村成长了起来，同时还有外来餐厅、海滩酒吧、网吧以及旅行社办事处。

Relax Bay 酒店 $$

（0 7568 4194；www.relaxbay.com；平房1200~2500B；）这个美丽的地方由法国人经营，散落在一个小海滩上树木环绕的岬角处。木制平房坐落在吊脚楼上，在前面很大的甲板上可以俯瞰整个海湾和壮美的日落。这里还有一个非常漂亮的露天酒吧和餐厅。

Sanctuary 客栈 $

（08 1891 3055；sanctuary_93@yahoo.com；平房 600~1200B）原本是Phra Ae度假村的Sanctuary仍然是一个令人愉快的地方。这里的木制和稻草房间设计得很有艺术气息，到处都是葱翠的草地，嬉皮士风格低调而又友好。餐厅提供印度菜、素食以及泰国常见菜肴。这里还开设有瑜伽课程。

Hutyee Boat 客栈 $

（08 3633 9723；平房350~400B）椰林和竹林掩映着Hutyee Boat，这里是嬉皮士的天堂，坚固的大型平房内配备有铺瓷砖的浴室和迷你冰箱。它位于Nautilus后面的海滩附近。穿着长袍戴着瓜皮帽的店主是世界上最快乐的老板。

Layana Resort 酒店 $$$

（0 7560 7100；www.layanaresort.com；平房11 900~17 700B；）的确，这里挤满了团队游客，但是它位于长滩上两片建筑较少的天然沙滩和美丽的棕榈树环绕的游泳池中间，因此地理位置很优越。这里有舒适的硬木房间，里面有可以舒缓身心的暗淡色调的装饰，这使得它更有魅力。费用有点高，不过网上预订会比较优惠。

Ko Lanta 阁兰达岛(兰塔岛)

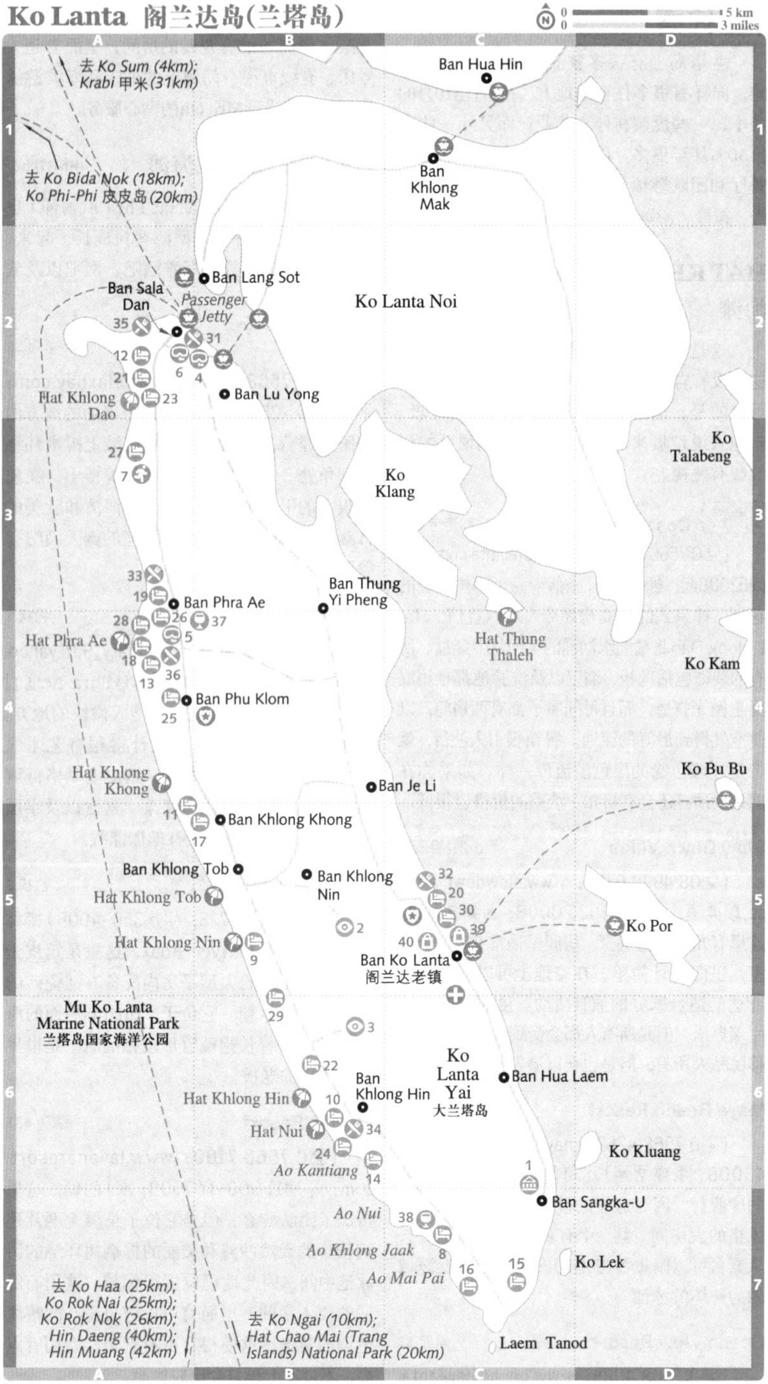

Ko Lanta 阁兰达岛（兰塔岛）

景点

1 Chao Leh Museum ……C6
Liquid Lense ……（见 10）
2 Tham Khao Mai Kaeo ……B5
3 虎穴 ……B6

活动、课程和团队游

4 Blue Planet Divers ……B2
5 Dive & Relax ……A4
6 Lanta Diver ……A2
Scubafish ……（见 10）
Scubafish ……（见 22）
7 Time for Lime ……A3

住宿

8 Andalanta Resort ……C7
9 Andalay Resort ……B5
10 Baan Laanta Resort & Spa ……B6
11 Bee Bee Bungalows ……A5
12 Costa Lanta ……A2
13 Hutyee Boat ……A4
14 Kantiang Bay View Resort ……B6
15 La Laanta ……C7
16 Lanta Darawadee ……B5
17 Lanta Marina ……A4
18 Layana Resort ……A3
19 Mango House ……C5
20 Maya Beach Resort ……A2
21 Mu Ko Lanta Marine National Park Headquarters ……C7
22 Narima ……B6
23 Ocean View Resort ……A2
24 Phra Nang Lanta ……B6
25 Relax Bay ……A4
26 Sanctuary ……A4
27 Slow Down Villas ……A3
28 Somewhere Else ……A4
29 Sri Lanta ……B6
30 Sriraya ……C5

就餐

31 Bai Fern ……B2
32 Beautiful Restaurant ……C5
33 Country Lao ……A3
34 Drunken Sailors ……B6
35 Lanta Seafood ……A2
36 Red Snapper ……A4

饮品

Moonwalk ……（见 26）
37 Opium ……B4
38 Same Same But Different ……C7

购物

39 Hammock House ……C5
40 Lanta Leather ……C5

Somewhere Else 客栈 $

（☎08 1536 0858；平房400~1000B；☎）八角形的大竹屋为多阴的草坪增色不少，草坪正好位于适宜社交和休息的海滩上。浴室很大很干净，海滨餐厅同样如此，餐厅能提供印度菜、泰国菜和欧式菜肴。这里不是那么私密，却很有意思。

Lanta Marina 客栈 $

（☎0 7568 4168；www.lantamarina.com；平房500~800B；⏲11月至4次年月；☎）这里真的很酷，不妨尝试住一下这么大的房间吧，就像一个高耸的带有宽大门廊的干草堆。这里给人一种部落的氛围，位于海滩比较美丽安静的一块区域。

HAT KHLONG KHONG 海滩 หาดคลองโขง

这里有茅草屋顶的塔法里（Rasta）风格的酒吧，有很多海滩排球比赛、月光派对，偶尔还有大肆宣传的蘑菇奶昔。然而，这里依然美丽低调，各个年龄层的人们都聚集在此。海滩向四周无限延伸。

作者推荐 Bee Bee Bungalows 客栈 $

（☎08 1537 9932；www.beebeebungalows.com；平房400~800B；）这个宾馆是岛上花费少的最好地点之一，一群非常友好的员工负责十二间颇有创意的竹制小屋——每间房屋都是独一无二的，而且个别房间以树为支柱建造。这里的餐馆里有很多破旧的平装书，可以让你在等候美味的泰国菜时不至于无事可做。

Lanta Darawadee 酒店 $$

（☎0 7566 7094；www.lantadarawadee.com；平房1000~1600B；）如果你想游览风景，却又不愿住在没有空调的房子里，那在沙滩上就有一个很好的选择。这里平淡无奇，但是房间崭新而干净，里面有柔软的床铺、露天平台、迷你冰箱和电视。水是经过太阳能加热的。早餐也包含在住宿费之内。

Hat Khlong Nin 海滩 หาดคลองนิน

过了Hat Khlong Tob海滩之后，主路往

南就有了分岔路：左转是通往内陆的道路，通向东海岸；右转，沿着环绕海岸14公里的乡村道路可以抵达兰塔岛的尽头。右边岔路口的第一个海滩是可爱洁白的Hat Khlong Nin海滩。在海滩北端有许多便宜的小宾馆，通常都带有自己的餐厅——在这里下船很方便，然后再去寻找一个花费少的地方住下来。

Sri Lanta 酒店 $$

（☎0 7566 2688；www.srilanta.com；小别墅3000B起；❄@≋）这个高雅的度假村位于海滩南端，里面的花园中有极简自然风格的木制别墅，花园从海滩一直延伸到美丽的丛林山坡。这里是一个带有餐厅的非常时尚的海滨地带，有大型游泳池和可以享受传统泰式按摩的私密地。这家度假村致力于减少环境破坏，因此它使用可降解的产品而且最大限度地减少能耗和浪费。

Andalay Resort 酒店 $$$

（☎0 7566 2699；www.andalay-lanta.com；平房5400B；❄wifi≋）这里的房间直通门廊，坐落在莲花池正上方，水池和游泳池与大海连成一体。往里走你会发现玫瑰色的混凝土地板、屋顶电扇、空调、嵌入式木制家具、卫星电视和无线网络。

Hat Nui 海滩 หาดนุ้ย

Hat Nui海滩周围有很多多岩石的小海滩，也有很多高档住处。

Narima 酒店 $$

（☎0 7566 2668；www.narima-lanta.com；平房2300~3700B；❄@≋）这个地方看起来非常荒芜，还算高档的竹制平房以木质地板、简朴的瓷砖浴室和宽大的阳台为特色。从阳台上可以俯瞰酒店前面那块白色沙滩，但是房子的质量不如你从价目表上期待的那样好。

Ao Kantiang 湾 อ่าวกันเตียง

这片优质的海滩背靠群山，同样也是一个配套设施齐全的村庄，里面有小超市、网吧、摩托出租商店和餐厅。虽然有大量的帆船和汽艇在这个海湾停泊，但是海滩的大多数地方还没有被开发。这里远离其他一切地方。如果你想在这儿靠岸，就别指望能走得更远。

作者推荐 **Phra Nang Lanta** 酒店 $$$

（☎0 7566 5025；lanta@vacation village.co.th；公寓6000B；❄@wifi≋）墨西哥风格的貌似土坯的美丽混凝土房屋，像是直接从建筑杂志的页面上移过来的一样。室内的硬木装饰线条简洁，鲜艳的亮色突出了白色的纯净。屋外鲜花和藤蔓植物爬满了竹格遮阳棚，游泳池和豪华的餐厅酒吧俯瞰着美丽的海滩。

Baan Laanta Resort & Spa 酒店 $$$

（☎0 7566 5091；www.baanlaanta.com；平房3500B起；❄@≋）风景如画的花园环绕着时尚的木制平房，一个池塘自然地向白色沙滩延伸开来。蒲团风格的床铺位于高耸的木制平台上，上面罩着薄纱式的蚊帐，这便是这里的房间最吸引人的部分。

Kantiang Bay View Resort 酒店 $$

（☎0 7566 5049；http://kantiangbay.net；平房500~2000B；❄@）在这里住宿，你可以选择便宜的、摇摇晃晃而且并非一尘不染的木制或竹制平房；或者，体验一下昂贵的、糖果色的铺有瓷砖房间，里面配备有迷你冰箱。竹屋餐厅能提供可口的fa•ràng这种"友好型"泰国菜肴。

AO KHLONG JAAK湾 อ่าวคลองจาก

在Ao Khlong Jaak湾有美丽宜人的海滩，与之同名的瀑布就在深入内陆之处。

Andalanta Resort 酒店 $$$

（☎0 7566 5018；www.andalanta.com；平房2600~6900B；❄@wifi）在这里你会发现海滩风格的现代空调房（有的带有阁楼）和简朴的带电扇的房间，所有房间都面朝大海。花园是个让人愉悦的地方，这里有一个令人身心轻松的餐厅，而且步行去瀑布只需30~40分钟。

Ao Mai Pai 湾 อ่าวไม้ไผ่

作者推荐 **La Laanta** 酒店 $$$

（☎0 7566 5066；www.lalaanta.com；平房2800~6200B；❄@wifi≋👪）在海滩，最美妙的莫过于赤脚行走的优雅。这家宾馆由一对时髦而且会说英语的年轻夫妇经营，他们是泰裔越南人。这里是整个岛上最迷人的地方。茅草平房里有抛光的混凝土地板、平台床、花朵装饰图案和能俯瞰沙滩的露天平台，沙滩与一个多岩石的钓鱼海滩融合在一起。

LAEM TANOD แหลมโตนด

通往国家海洋公园总部的途中要渡过Klong（运河），这条运河在雨季时水会很深。

兰塔岛国家海洋公园总部（☎曼谷0 2561 4292；自带帐篷露营每人30B，租用帐篷露营300~400B）这个地方偏僻宁静，是露营的绝佳场所。平坦的露营地被树荫覆盖，位于热带丛林的野外。在它前方是崎岖不平的露出地面的岩石，你还能听到海浪轻轻拍打海岸的声音。这里有卫生间和自来水，但是你需要自备食物。在这里你也能获得许可前往Ko Rok或者Ko Ha露营。国家海洋公园总部的门票都是通用的（见341页）。

阁兰达老镇（BAN KO LANTA） บ้านเกาะลันตา

阁兰达老镇曾经一度受到忽视，但它有着悠久的历史，是一个相当富裕的老镇。这里有很多小旅馆相继开业。

Mango House 客栈 $$

（☎0 7569 7181；www.mangohouses.com；套房2000B~2500B；⊙10月至4月）有着百年历史的中式柚木房子和过去的鸦片烟馆都建在海港的支柱之上。最初年深日久的木质地板依然完好如初，天花板很高，大房间里配备有卫星电视、影碟机和吊扇。餐厅就如同海上棚屋一样别致，供应泰国菜和浮华的西餐。

Sriraya 客栈 $

（☎0 7569 7045；房间500B）这里是朴素但是翻修得很漂亮的有粗横梁的中式店屋。墙壁漆黑，床单洁白，浴室是共用的。在这里，你可以找到临街带阳台的房间，从阳台上俯瞰氛围轻松的老镇中心区。

就餐

在Ban Sala Dan最北部一条小道两旁的海鲜餐厅有各式各样的美食。餐桌设在水上廊台，新鲜海鲜论重量计价（其中包含烹饪成本）。

Beautiful Restaurant 海鲜 $$

（☎0 7569 7062；Ban Ko Lanta；主菜100~200B）这里是老镇上最好的海鲜店。四个码头连绵入海，餐桌遍布其间。鱼很新鲜而且被精心烹制。

Lanta Seafood 海鲜 $$

（☎0 7566 8411；Ban Sala Dan）这里是以重量计价的最佳选择。点一道pla tod ka min菜——这道菜是在白鲷鱼上涂上一层新鲜的手工研磨的黄姜粉末和大蒜，然后用油炸。这道菜不油腻，但是有点烟熏味，而且辛辣多汁。餐厅里的蒸贻贝也是很不错的食物。

Country Lao 泰国菜 $

（☎08 5796 3024；Ban Phra Ae；主菜80~180B）在这里主要的道路上，竹制伞棚和茅草宝塔挤作一团。想要尝试这里的特色菜——松脆的番木瓜沙拉，你就要耐心听一听舒缓的爵士乐。做法是先把绿色番木瓜切片捣碎然后再煎炸至松脆的程度。这道沙拉通常成堆摆放，旁边搭配一碗黄绿色的调味品，里面伴有花生、绿豆和樱桃番茄汁。你要做的就是：把它们搅拌在一起，然后尽情享用。

Red Snapper 创意菜 $$

（☎0 7885 6965；www.redsnapper-lanta.com；Ao Phra Ae；餐前小吃/主菜 70/235B起；⊙晚餐）这是一家由荷兰人经营的供应tapas（西班牙餐前小吃）的餐厅，位于Ao Phra Ae的路旁。这家餐厅背靠花园，非常浪漫，鸭胸肉拌香菇很值得推荐。

Drunken Sailors 创意菜 $$

（☎0 7566 5076；菜肴100~200B；Hat Nui；⊙早餐、午餐和晚餐）这里的八角垫用了很多小布袋来装饰，充满了时尚休闲的风格。这里有一流的咖啡，搭配完美，口感独特，就像品尝绿咖喱鸡三明治的感觉一样。

Bai Fern 泰国菜 $

(☎0 7566 8173；Ban Sala Dan；主菜40~100B；⏰早餐、午餐和晚餐）这里能提供既便宜又美味的正宗泰国沙拉、面条和咖喱，水上餐厅用木桩支撑。

饮品和娱乐

在旅游旺季，兰塔岛上的夜生活相当丰富，在西部海岸，漂流木风格的瑞格酒吧随处可见。但是在淡季，这里就非常安静了。

Same Same But Different 酒吧 $$

(☎08 1787 8670；Ao Kantiang；鸡尾酒200B；⏰8am~11pm）位于一个完美的海滩边，你可以品尝到辛辣的泰国料理，还可以在大树环抱、茅草覆盖的佛塔下，或者躺在沙滩的竹椅上，啜饮最好喝的鸡尾酒。

Moonwalk 酒吧 $$

(Hat Phra Ae；鸡尾酒180B；⏰7am~11pm）这个巨大的茅屋酒吧和餐馆使它所在的岛屿成为越来越引人注目、精心规划的国际性岛屿。在旅游旺季，你可以品尝美味的鸡尾酒，聆听立体声音乐，还可以享用海鲜烧烤。

Opium 夜总会 $$

(Hat Phra Ae；⏰6pm开始营业）这个时尚的夜总会晚上时常会有现场音乐表演，还会有特邀DJ，并且有一个巨大的舞池。

实用信息

Ban Sala Dan有很多餐馆、小超市、网吧（每分钟1B）、旅行社、潜水商店和摩托出租商店。有5家7-Eleven店沿着岛屿的西海岸分布——每一个都有ATM。

兰塔岛医院（Ko Lanta Hospital；☎0 7569 7085）位于Ban Ko Lanta（老镇）以南1公里处。

警察局（☎0 7569 7017）

到达和离开

大多数人都是乘船或者坐空调小客车前往兰塔岛的。如果你想要自驾游，你就需要在Ban Hua Hin和Ban Khlong Mak（小兰塔岛）之间搭乘班次频繁的汽车轮渡（摩托车20B；小汽车/4WD 75/150B；⏰7am~8pm），然后再去大兰塔岛。

船

Ban Sala Dan有两个码头。客运码头距离主要商业区大概300米，而汽车轮渡则从以东几公里处的第二个码头起航。

有一个载客渡船在甲米的Khlong Chilat码头和兰塔岛之间运营。渡船在上午8点从兰塔岛出发（400B，2小时），从甲米返航的时间是上午11点。船同样会在Ko Jum停靠（全程400B）。

严格说来，兰塔岛和皮皮岛之间的船舶全年运营，但是在淡季，如果游客太少的话，服务也会相应减少。渡船通常上午8点和下午1点（300B，1.5小时）从兰塔岛出发前往皮皮岛；另一边则是在上午11点30分和下午2点离开皮皮岛前往兰塔岛。在皮皮岛，你可以转乘轮渡去普吉。

大概从10月21日到次年5月，你可以参加前往董里岛的四岛潜水行程，可以随意选择落脚点（350B）——记得带上泳衣。渡船会在Ko Ngai（2小时）、姆克岛（Ko Muk）（3小时）和克雷登岛（4小时）停靠。

在兰塔岛和董里岛之间同样有几艘高速渡船运营，最快的是**沙敦Pak Bara快艇俱乐部**（Satun-Pak Bara Speedboat Club；☎0 7475 0389,08 2433 0114；www.tarutaolipeisland.com）提供的服务，渡船在Ko Ngai（650B,30分钟）、姆克岛（900B,1小时）和Ko Bulone Leh（1600B,2小时）停靠，然后继续开往里朴岛（1900B,3小时）。

Tigerline（☎08 1092 8800；www.tigerlinetravel.com）提供在兰塔岛上的Ban Sala Dan和里朴岛（1400B，4小时）间运营的高速渡船，中途在Ko Ngai（500B,30分钟）、克雷登岛（750B, 1.5小时）和姆克岛（750B，2小时）停靠。第二天同一艘船从里朴岛返航，上午9点出发，中午12点抵达Ban Sala Dan。

小客车

小客车常年运营，是进出兰塔岛的最佳选择。抵达甲米机场（280B, 1.5小时）和甲米市（250B, 1.5小时）的小客车上午7点和下午3点30分出发，每小时一班。从甲米返回的车则是从上午8点到下午4点之间每小时一班。去普吉（350B,4小时）的小客车大约2小时一班，但是在旺季时车次相对频繁。每天都有几辆空调小客车前往董里（250B, 2.5小时）。而前往蔻立（650B，6小时）、苏梅岛

（650B，包含船票）和其他受欢迎的目的地的车次较少。

当地交通

大多数度假村都会派车去接船，所以你可以免费搭车到达你入住的度假村。但如果你要去轮渡，则需要支付80~150B。或者，你可以在Ban Sala Dan的7-Eleven便利店对面搭乘摩的，费用是50~250B不等，主要取决于路程的长短。

到处都可以租到摩托车（250B每天），可惜很少有地方能提供头盔，也几乎没有一家店提供保险服务。所以，当你在崎岖不平的路上行驶时，一定要多加小心。

有些商店出租小型四轮驱动车，费用大概是每天1600B，其中包含保险费。

Ko Jum和 Ko Si Boya

เกาะจำ/เกาะศรีบอยา

Ko Jum和它的邻居Ko Si Boya位于兰塔岛的北部，令人惊讶的是，这里几乎鲜有开发的痕迹。这里完全被树林所包围，使得它们看上去一片荒芜。尽管严格说来这里是一个岛屿，但当地人只把南部较平坦的部分称为Ko Jum，而将北部山丘地带称作Ko Pu。

Ko Jum曾经一度是兰塔岛上莫肯人的专属领地，但是在20世纪50年代以后，中国的少数民族来到了这里。当时这里几乎没有泰国人居住，但是最终三种文化融合为一体，这在温暖的**Ban Ko Jum**（岛上的一个渔村）的诗歌中得到很好地证实。这里有一些餐馆、一个**网吧**（每分钟3B）和一些潜水商店，包括**Blue Juice Divers**（☎甲米0 7563 0679；www.bluejuicedivers.com）。

食宿

KO JUM

有20多家宾馆分布于岛屿西部海岸。一些宾馆出租海上皮划艇，大多数都自带餐厅。在旅游淡季时，通往Ko Jum和Ko Si Boya的公共交通相对有限，所以大多数度假村在5月到10月期间都停止营业。

作者推荐 **Koh Jum Beach Villas** 别墅租赁 $$$

（☎08 6184 0505；www.kohjumbeachvillas.com；Hat Yao；别墅6000~16 000B；）这里有宽敞的铺瓷砖的木制客房，住宿空间充足。长滩美丽的白色沙滩上到处都可见到豪华平台，平台上有带坐垫的座椅，还能观赏海景。这里的房屋为私人所有，在夜晚出租。而社区致力于尽可能地做到保护环境和维持治安（注意：这里没有空调，不过房间的结构能让你沐浴海风）。这里的员工非常友好，而且餐厅和酒吧也很令人愉悦。

作者推荐 **Woodland Lodge** 客栈 $

（☎08 1893 5330；www.woodland-koh-jum.com；Hat Yao；平房800~1000B）别致的竹制棚屋屋顶被茅草覆盖，木制地板和阳台也经过抛光处理，闪闪发亮。这里的主人是泰籍英国人，他们非常友好，常会组织出海和钓鱼活动。这里还有一个很棒的适合交际的餐厅。的确是物超所值和放松的好地方。

Koh Jum Lodge 酒店 $$$

（☎0 7561 8275；www.kohjumlodge.com；Hat Yao；平房4500~5500B；）生态型旅店风格：想象一下吧，这里有很多硬木、竹子和薄纱似的蚊帐，还有兰花盆栽、泰国雕刻、修剪整齐的草坪和遍布吊床的蜿蜒曲折的白沙滩。它打动人的是——很难在真实和舒适之间达到完美平衡。这里简直就是神的恩赐！

Oon Lee Bungalows 客栈 $$

（☎08 7200 8053；www.koh-jum-resort.com；平房500~3800B）这是一家有着鲁滨逊雅致风格的法籍泰国人经营的度假村，坐落于Ko Jum的Ko Pu部分一个与世隔绝的白沙滩上。木制吊脚楼位于树荫掩映的花园中，这里提供很多活动，其中包括岛屿上最值得体验的徒步旅行线路。这里自带的迷人餐厅也值得体验，里面提供各种料理。

Koh Jum Resort 酒店 $$

（☎08 0221 4040；www.kohjumresort.com；Ko Pu；平房1700~5500B；）五栋两层高的牧场风格的小木屋是用弯曲的木头经过抛光建造的，还设计有圆柱形的塔楼。五间竹制棚屋里附带有宽敞的露天阳台，高耸于大海之上。房屋从价格上来说有点过于朴素，但是能很容易欣赏到绝美的景色。

Ting Rai Bay Resort 酒店 $$

（☎08 7277 7379；www.tingrai.com；Ko Pu；平房600~2800B；⊙5月至次年3月；❄🏊）位于大受欢迎的Koh Jum Resort附近，这家宾馆生气勃勃，提供不同程度宽敞舒适的房屋，建在一个马蹄形的风景秀丽的山坡上，在所有的房间里都能观赏到海景。

Joy Bungalow 客栈 $

（☎0 7561 8199，08 9875 2221；www.kohjum-joybungalow.com；Hat Yao；平房500~2500B）Joy Bungalow位于Ko Jum的西南海岸，有很多迷人的木制吊脚楼和抛光木头建成的茅屋，它们都建在一大片辽阔的海滩上。它是Ko Jum岛上第一个度假村，现在仍然很受欢迎。

Ko Jum Seafood 海鲜$$

（☎08 1893 6380；Ban Ko Jum；菜肴100~400B）人人都说这是岛上最好的鱼类厨房。餐桌位于高高的露天平台上，上面摆放着新鲜海鲜，而且从这里还能一窥狭长的兰塔岛海峡的美景。

Ko Si Boya

Ko Si Boya岛地势低洼，很有田园气息，但是却尚未从每年的旅游产业中分一杯羹。这也许对于这里的常客来说是非常惬意的——他们几乎都能独享非常棒的房屋。

Siboya Resort 酒店 $

（☎0 7561 8026，08 1979 3344；www.siboyabungalows.com；平房200~1200B；@📶）这里的海滩并不壮观，不过它背后的红树林虽然貌似荒凉却也生机勃勃。木制平房宽敞、精致而且价格不高。房屋偶尔摇晃，但网速很快。难怪大概50人的永远笑容满面的欧洲和加拿大团队聚集在此，好像这里是亚历克斯•加兰编剧的电影《海滩》的另一个版本。

ℹ 到达和离开

每年11月至次年5月，在甲米和兰塔岛之间的穿梭的船只都能带你抵达Ko Jum靠岸，但是你仍然得支付全额费用（400B，1小时）——见319页。在11月至次年5月的头尾几个月里，只有早班船在这里停靠。抵达Ko Jum的小船还有一些是从甲米东南30公里处一个叫Ban Laem Kruat的村庄出发的，到达Rte 4036路尽头，离4号公路不远。船只（100B）在下午3点出发，第二天上午7点45分返回。

如果你打算经由Laem Kruat到达Ko Jum，你所在的宾馆就能安排换乘。Ban Ko Jum的主干道沿线有很多商店出租自行车（100B）、山地车（130~150B）和摩托车（250B），价格公道。

前往Ko Si Boya的船（50B）可以在Ban Laem Kruat正北停靠10分钟，私人租船费用是150B。你也可打电话联系Siboya Resort为你安排码头换乘。

董里府（TRANG PROVINCE）

安达曼海岸的董里府位于甲米府以南，这里有令人终身难忘的石灰岩覆盖的海岸和很多美不胜收的岛屿。对于探险者来说，董里府葱翠的内陆地区有很多自然景点值得探寻，其中包括许多美丽的瀑布和石灰石洞穴。此地没有一个地方像甲米那么大受欢迎，也就意味着你能看到高大的橡胶种植园而不是一排排售卖胸前背后印着"同中有异（same same but different）"T恤的商贩。这里的交通状况每年都在改善，如今在旅游旺季，极有可能从这里跳岛旅行直达马来西亚。

董里（Trang） ตรัง

人口77 200

很多到董里的游客把这里作为去其他岛屿的中转站，但是如果你对文化、泰国食品和购物有狂热渴求的话，那么不妨在这里呆上一天或更久。这是个随和的城市，白天你可以逛逛湿漉漉的市场，夜晚你可能会在小贩市场和中国咖啡馆之间迷失自己。几乎在全年的任何时候，这里都有一些具有当地特色的小节日。

大多数旅游服务机构都分布在位于钟塔和火车站之间的主干道Th Praram VI之间。

👁 景点

与其说董里是个旅游城市，不如说它是个商业中心。在**Wat Tantayaphirom**（Th Tha Klang）有个巨大的白色佛塔（chedi），有趣的是，这里供奉着佛祖的脚印。位于1号路（Soi 1）和3号路（Soi 3）之间的中国**Meunram寺**（Meunram Temple）有时会举行南泰皮影戏表演。另外，去Th Ratchadamnoen路和Th Sathani路的**湿货和干货市场**（wet & dry markets）闲逛一圈也是值得的。

活动

火车站周边和Th Praram VI沿线的很多旅行社能提供各种去董里的行程。到差迈海滩国家公园和董里岛的**乘船游**起价是750B，其中包括国家公园的游览费用。而且还可以乘坐**海上皮划艇**前往迷人的Tham Chao Mai红树林（650B）。

大多数旅行社都能为你安排坐私人长尾船去Ko Rok的**潜泳**之旅（3500B，最多4人），和前往当地的**洞穴和瀑布**的小客车之旅（1800B，最多3人）。如果你想了解当地文化，可以花上一天时间去Khao Banthat山进行**徒步旅行**（2500B，最多2人），并且拜访Sa Kai村落的山居人。

节日和活动

在每年的10月，董里的华人都会庆祝伟大的**素食节**，同时，普吉也有一个类似的节日。要想了解近期的节日情况，请参见267页。

食宿

董里因mŏo yâhng（香酥烤肉）和ráhn goh•Ъêe（咖啡馆）而闻名，那里提供纯正的滴滤咖啡。在早上，你可以在一些咖啡馆或是Th Ratchadamnoen的湿货市场按重量

Trang Province 董里府

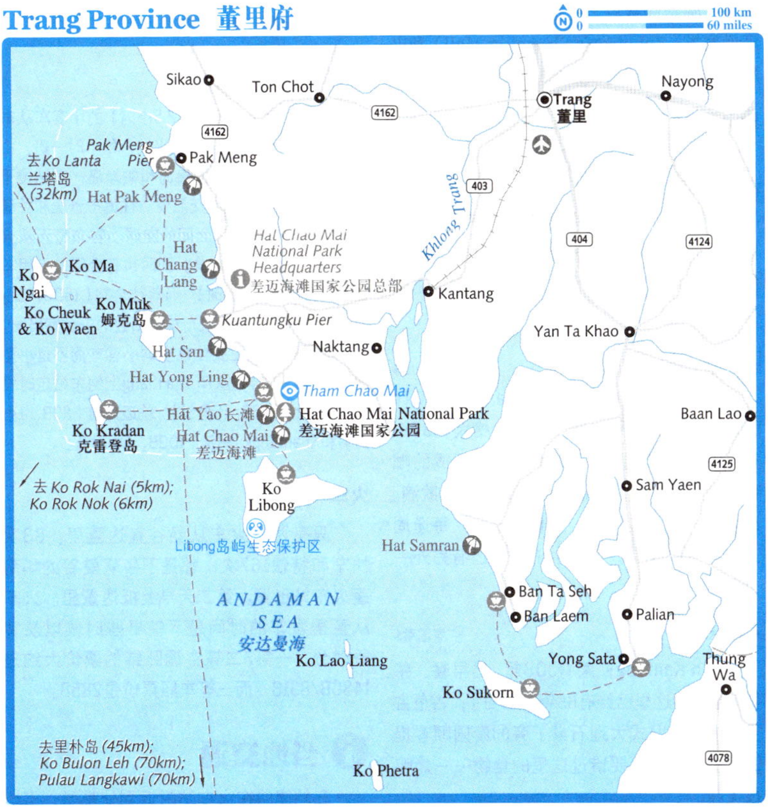

买mŏo yâhng。要是你想真正融入当地氛围的话，那么你不妨一大早吃点点心，然后去Th Ratsada沿街的咖啡馆盘桓到夜深。

Sri Trang Hotel 酒店 $

（☎0 7521 8122；www.sritrang.com；22-26 Th Praram VI；房间450~690B；❄📶）这个有近60年历史的宾馆进行了翻新，有带电扇的房间，也有空调房间。房间里有高高的天花板、迂回的木制楼梯、迷人的油漆墙壁和遍布的无线网络。楼下还有一个令人心旷神怡的咖啡馆。

Rua Rasada Hotel 酒店 $$$

（☎0 7521 4230；www.ruarasadahotel.com；188 Th Pattalung；房间包括早餐2700B起；❄📶🏊）这个董里最明智的选择，从火车站乘坐机动三轮车只需10分钟（25B）便能到达。时尚的房间里有大块瓷砖和舒适的床铺，深蓝、暗紫和灰色三色搭配装饰。步行到鲁滨逊商场（Robinson's Shopping Mall）和电影城（Cinema City）只需5分钟。

Koh Teng Hotel 酒店 $

（☎0 7521 8148；77-79 Th Praram VI；房间180~380B；❄）毫无疑问，这里是来董里的背包客的天堂。如果你乐观一点的话，这里靠窗户透光的巨大房间其破旧的魅力会给你一种冒险的感觉；反之，这里难看的东西会让你失望。

作者推荐 **夜市** 市场$

（Night Market；Th Praram VI路和Th Ratchadamnoen路之间；菜肴价格大约30B）安达曼海岸最好的夜市将使你对滚烫的咖喱、炸鸡和炸鱼、米饭和泰国甜点垂涎欲滴。最好带一点冒险精神，饿着肚子去。每逢周五和周六的晚上，火车站正前方还有另外一个夜市。

Asia Ocha 泰国菜$

（Th Kantang；菜肴30B起；⏰早餐、午餐和晚餐）这里已经有65年的历史了，古色古香，为坐在旧式大理石桌子旁的泰国顾客提供滴滤咖啡。不要错过这里的食物——烤鸭很美味。

实用信息

在Th Praram VI沿线你会找到网吧和很多有ATM的银行以及外币兑换处。

My Friend（☎0 7522 5984；25/17-20 Th Sathani；每小时30B）这里有镇上最好的24小时营业的网吧。

邮局（Th Praram VI和Th Kantang交叉路口）这里出售国际长途的CAT卡。

到达和离开

飞机

飞鸟航空公司（Nok Air；www.nokair.com）和**泰国东方航空公司**（Orient Thai Airlines；www.orient-thai.com）运营从曼谷（廊曼）到董里的航班（单程费用大概是1500B），每天一班。但是，请注意在雨季航班可能会取消。机场在董里以南4公里处；小客车从机场接机开往镇里费用是60B。从城里去往机场的话，搭乘出租车或是三轮摩的需要花费80~100B。

小客车和合乘出租车

去素叻他尼（180B，2.5小时）的小客车从**车站**（depot，Th Tha Klang）出发，每小时一班，由素叻他尼可以中转去苏梅岛和帕岸岛，车站位于Th Tha Klang和铁路的交汇处。往返于董里和兰塔岛（250B，2.5小时）之间的空调小客车每天从火车站对面的旅行社出发。同时也有合乘的出租车去甲米（180B，2小时），而前往合艾（160B，2小时）的空调车从董里汽车总站西边的办公室出发。

当地的交通主要依靠空调小客车而不是小型敞篷客车。小客车从Th Tha Klang上的车站定时发往Pak Meng（70B，45分钟）、差迈海滩（80B，1小时）和Kuantungku码头（100B，1小时）。

火车

只有两班火车从曼谷直达董里：83次快车和特快167次，都是下午从曼谷的华南蓬火车站出发，第二天早上抵达董里。火车从董里发车的时间是下午早些时候以及黄昏时分，一等/二等空调卧铺的票价大约是1480B/831B，而三等车厢票价是285B。

当地交通

三轮摩的在火车站附近到处都是，当地

的旅程收费是30B，或者每小时250B。乘坐摩的也是同样价格。你可以在旅行社租摩托车，大约每天200B。大多数旅行社都可帮你安排租汽车，每天大约1400B。

董里的海滩和岛屿

想象一下吧：石灰石悬崖高耸，棕榈树覆盖的朦胧峡谷，还有旋动的大海。董里的海滩多半距离岛屿较远，如果你时间充足，那么不妨稍作停留来欣赏这里的迷人景色。

在神话般的董里岛，安达曼海岸上标志性的石灰岩山峰终于到了尽头，伸向大海；这里也是流浪的海上吉普赛人的家园。

HAT PAK MENG海滩和HAT CHANG LANG海滩 หาดปากเมง/หาดฉางหลาง

Hat Pak Meng海滩距离Sikao Amphoe地区的董里39公里，是到附近的Ko Ngai岛的必由之路。但是海滩不太干净，粗犷的海岸线连绵伸展，四面背靠的高耸石灰岩悬崖十分壮观，可与莱雷和皮皮岛最壮观的峭壁相媲美。主要的码头建在了海滩最北端，那里有几个海鲜餐厅，常绿乔木下摆着轻便的折叠躺椅，Rte 4162路和海岸在那里交会。

码头的旅行社组织去姆克岛、Ko Cheuk、Ko Ma和克雷登岛的乘船一日游，每人900~1000B（最少3人），包括午餐和饮品。同样也有去Ko Ngai（750B）和Ko Rok（1200~1400B，外加国家公园的门票）的浮潜之旅。面罩、通气管和脚蹼都能在码头租到，费用是每件50B。

Hat Chang Lang海滩是Hat Pak Meng海滩往南的第一个海滩，其延续了常绿乔木装饰的沙滩主题。在Hat Chang Lang南端，即海滨路和内陆交界处，就是**差迈海滩国家公园**（Hat Chao Mai National Park；☎0 7521 3260；成人/14岁以下儿童200/100B；⏲6am~6pm）的总部。

这个公园面积为231平方公里，覆盖了从Hat Pak Meng海滩到Laem Chao Mai的海岸线，包括姆克岛、克雷登岛、Ko Cheuk以及其他很多小岛。在公园的很多地方，你都能看到濒临灭绝的海牛和珍稀的黑颈鹳以及比较常见的物种，比如海獭、猕猴、叶猴、野猪、穿山甲、小鹭、太平洋礁白鹭、白腹海鹰和巨蜥。

住宿

Anantara Sikao 酒店 $$$

（☎0 7520 5888；www.sikao.anantara.com；房间5400~15 400B；❄📶🏊）踏上Hat Chang Lang海滩，Anantara里迷人且时尚的氛围令人驻足。豪华的海滨房间里有木制地板、浮动椅子和平板高清电视，还可以看到Pak Meng标志性喀斯特奇观。大厅里有引人注目的木柱和巴厘岛风格的木制家具，Acqua餐馆的风景令人印象深刻。你可以乘坐免费车到它在克雷登岛上只面向客人的海滩俱乐部。

国家公园总部 露营地 $

（National Park Headquarters；☎0 7521 3260；www.dnp.go.th/index_eng.asp；自带帐篷露营免费，租用帐篷露营300B，小屋800~1000B）简朴的小屋最多可以容纳6个人，还有电扇。你还可以在常绿乔木下露营。在这里有一个餐厅和一个小商店。

到达和离开

可以乘船从Pak Meng海滩到Ko Ngai，每天有好几班。船在上午9点从Ko Ngai离开前往Pak Meng（400B），上午10点返回。租长尾船的费用是1200B。

空调小客车从董里的Th Kha Klang定时发往Hat Pak Meng海滩（80B，45分钟）和差迈（100B，1小时）。或者，你可以在董里乘出租车，费用约是800B。

差迈国家公园总部位于主干道大约1公里处，一条路标清楚的公路以南。

KO NGAI岛 เกาะไหง（ไห）

这里狭长、狂风怒吼的金色沙滩沿着Ko Ngai（Ko Hai）岛发达的东海岸一直延伸到湛蓝的大海中，它多沙的底部（适合儿童）在一个暗礁处终止，那里是个绝佳的潜水地点。这个岛屿被繁茂的森林所覆盖，珊瑚和清澈的海水也环绕着它，令人啧啧称奇。岛

Trang 董里

Trang 董里

景点

1 Meunram 寺 C3
2 Wat Tantayaphirom A2
3 湿货和干货市场 B3
4 湿货和干货市场 A3

住宿

5 Koh Teng Hotel B3
6 Sri Trang Hotel A3

就餐

7 Asia Ocha B3
8 Night Market C2

饮品

9 Coffee Shops D3

上没有当地居民，一些高档度假村完全占据了这里。这里有两个潜水中心（潜水1500B起）。你可以在度假村租到面罩、通气管和脚蹼，每件60B，海上皮划艇的费用是每小时约150B，或者你可以去附近岛屿进行半天的潜泳（每人850B）。大型度假村的网速很慢，每小时100~150B。

尽管严格说来这个岛屿是甲米府的一部分，但是它的内陆主要与Pak Meng毗邻。

食宿

大多数地方都是正宗的中档宾馆，一般都自带餐厅和24小时供电。码头在Koh Ngai度假村，但是如果你提前预订，那么其他海滩的度假村就会安排换乘服务。

Coco Cottages 酒店 $$

（☎08 1693 6457, 08 9724 9225; www.coco-cottage.com; 平房1650~4700B; ❄📶）顾名思义，这里是椰子树的天地。房子有茅草屋顶、椰木的墙壁和椰子壳灯笼。在露台上和

屋内通风效果很棒，所以不需要空调。如果可能的话，一定要抢订一间有电扇的海景平房。沙滩上摆着竹制躺椅、按摩垫，还有一个很不错的餐馆和海滨酒吧。

Thanya Beach Resort 酒店 $$$

(☎0 7520 6967;www.kohngaithanyaresort.com；平房3500~7600B；❄@)这里是Ko Ngai岛上有巴厘岛风情的时尚度假村，里面有宽大的深色柚木平房，室内有热水，室外是乡村风格的水桶淋浴（尝试之前不要撞翻它）。沐浴后用精细的亚麻毛巾擦干身体，然后踱到海滨阳台，凝视一路延伸至海边的草坪，而且有棕榈树点缀其间。

Ko Hai Seafood 客栈 $$

(☎08 1367 8497；房间1200B；❄@🏖)这家宾馆是海滩上较便宜的一个，坚固的竹制平房无疑是最富魅力的。店主开朗、有趣而且悠闲自在，这里的厨房是岛上最好的之一。椰子汁蟹肉咖喱配上大块的新鲜蟹肉实在是梦幻般的味觉享受。

Mayalay Resort 酒店 $$

(☎08 3530 7523；www.mayalaybeachresort.com；房间2000~3500B；❄@🏖)这个迷人的度假村有巨大的平房，房间内有靠窗的双人床，上面挂有蚊帐。泰式和西方风格相融合的海滩露天餐馆价格有点高，但是那里的风景令人叹为观止，而且食物分量很大也很可口。

Fantasy Resort & Spa 酒店 $$$

(☎0 7520 6960；www.kohhai.com；房间2500~7500B；❄@📶🏖)这家酒店是吴哥寺庙风情与豪放的水上风情的融合，它从海滩一直延伸到山坡。平房很舒适，但是有点华而不实（花墙纸与大红的中国艺术完美结合）。在山坡上，还有简朴的宾馆风格的房间。

Ko Hai Camping 露营地$

(☎08 1970 9804；seamoth2004@yahoo.com；帐篷600B)沙滩上宽大整洁的帐篷，里面有电扇和共用浴室。这里是由待人友善的Tu经营的，他同样还经营着附近的Sea Moth潜水中心。

ℹ 到达和离开

Ko Ngai Villa每天上午9点有一班渡船从Ko Ngai开往Hat Pak Meng海滩，上午10点返回Ko Ngai。交通换乘需要花费400B（1.5小时）。或者你可以自己租用长尾船往返于Pak Meng，费用是1200B；同样可以到姆克岛（1200B）和克雷登岛（1500B）。

在旅游旺季，**Tigerline**（☎08 1092 8800；www.tigerlinetravel.com）公司的高速轮渡在兰塔岛上的Ban Sala Dan（750B，30分钟）和里朴岛（1400B，4小时）之间运营，停靠在姆克岛的码头上。**Satun Pakbara Speedboat Club**（☎0 7475 0389, 08 2433 0114；www.tarutaolipeisland.com）可以为你提供从兰塔岛出发的更便利舒适的行程

往返董里的长途汽车

公共汽车从董里**汽车总站**（Th Huay Yot）出发。从董里到曼谷的空调长途汽车费用是600~680B（12小时，早晨和下午发车）。还有更舒服的24座VIP长途汽车，它在下午5点和5点30分出发（1050B）。VIP和空调车在下午6点30分和7点从曼谷出发。

其他服务见下面表格：

目的地	价格（B）	时间（小时）	班次
合艾	110	3	多班
甲米	115	2	多班
攀牙	180	3.5	1小时1班
普吉	240	5	1小时1班
沙敦	120	3	多班

（650B，30分钟）。你还可以租长尾船前往兰塔岛，费用是2000B。

姆克岛（Ko Muk）

เกาะมุก

开车驶入姆克岛，无论你在洁白的Hat Sivalai的沙滩酒吧还是在美丽的Hat Farang海滩（亦称Hat Sai Yao或者Charlie's Beach）停留，都将会终身难忘。Hat Farang海滩上，你会看到碧水亲吻着完美的沙滩。可惜的是，那里住宿地点并不多，源源不断地有跟团的游客漫步在沙滩，而更多的人则乘游艇从兰塔岛奔往Tham Morakot（翡翠洞）。但是，西海岸的日落还是蔚为壮观的，从这里前往董里府其他岛屿也非常方便。也许你会发现，姆克岛的美景会激发你灵魂深处狂野的激情。

景点和活动

翡翠洞（Tham Morakot）是一条美丽的石灰石隧道，长达80米，一直通往hôrng。难怪很久之前有海盗把宝藏埋藏在这里。你必须游过去或是划船通过，其中有一段非常黑暗，然后你可以看到一个被高耸的石灰石所包围的白色沙滩；大约正午的时候，刺眼的阳光照耀着整个沙滩。大多数团队游线路中都会安排参观这个洞穴，因此在旅游旺季时那里拥挤不堪。在黎明或者傍晚，你最好租一艘长尾船（300B）或者租用海上皮划艇（每小时150B/每天500B）快速前往洞穴，因为这个时候你可以完全独享它——值得注意的是，涨潮时不能进入洞内。

姆克岛和Ko Ngai岛之间是喀斯特小岛Ko Cheuk和Ko Waen，两个岛上都有很好的潜水地点和小型的沙滩。

Princess Divers（☎08 6270 9174）位于Charlie Beach Resort，而独立经营的Chill Out Divers正好就在度假村后面。我们推荐的就是这两个商店，它们提供两次潜水的费用是1800B/2600B，而PADI开放水域潜水课程的费用是10 900B。Chill Out Divers还能提供沙滩上的瑜伽课程（250~400B）。

Koh Muk Nature Resort（姆克岛自然度假村）出租山地自行车（每天150B），带上地图你便可以进行自助岛屿之旅。或许，你还可以花上几个小时漫步于橡胶种植园和岛上地道的海上铁皮棚屋（请把自己裹起来）。

食宿

HAT SIVALAI海滩和 HAT LODUNG海滩 หาดสีวลัย

从码头的两边步行到下面的地点路程并不远。如果你面向大海，朴素又具有当地风情的Hat Lodung海滩就在你的左边，它位于吊脚楼村庄和红树林的后面；右边则是令人称奇的Hat Sivalai海滩，围绕着半岛。

Sivalai 酒店 $$$

（☎08 9723 3355；www.komooksivalai.com；Hat Sivalai；平房包括早餐5000~8000B；❄）横跨箭形的白沙半岛，周边是喀斯特岛屿和内陆的景色，这个度假村优越的地理位置令人难以置信。拥有精致茅草屋顶的小屋几乎被玻璃门环绕，因此你能够欣赏尽可能多的风景。这里的天气有点凉，游泳池也不尽人意，但是你可以在浅滩处游泳。

Pawapi Resort 客栈 $$

（☎08 9669 1980；www.pawapi.com；Hat Sivalai；平房包括早餐2600B）高档竹制平房坐落于高出地面1.5米的柱子上，房间四面通风，你可以观赏到180度的美不胜收的景色。这家度假村是由英裔泰国人经营的，他们为人友善，拥有一个供应西餐和泰式饮食的餐厅，饭菜美味可口，而且早餐分量很大。

Koh Muk Nature Resort 客栈 $$

（姆克岛自然度假村；☎08 1894 6936；www.trangsea.com；Hat Sivalai；平房1500~1800B；❄）这里有简朴的蓝白相间的小平房，房前有两排整齐有序的椰子树，距离美丽的海滩只有几米远。度假村内种植有机香草和蔬菜，循环利用；这里还能提供岛屿自助自行车游。

Ko Mook Garden Resort 客栈 $

（☎08 1798 7805；Hat Lodung；平房300B，房间500B）这里的木制房间很大，而竹制平房很小也会朴素。待在这里意味着你将会和一户当地人家相处，他们提供浮潜之

旅、出租自行车而且会分发所有隐秘岛屿的详尽地图。

HAT FARANG海滩 หาดฝรั่ง

这里是很多活动的中心——既有自助旅行者，也有跟团游客，这些游客更愿意享受平静而不是聚会狂欢。越来越多的地方从海滩开放到内陆，所以四处购物也是很值得的。大多数的船只都在这里载客和停泊，但是如果没有船，你也可以搭乘摩托车往返于码头之间，只需要十分钟。

Charlie Beach Resort 酒店 $$

（☎0 7520 3281/3；www.kohmook.com；平房1200~3100B；❄@）这个度假村里有许多不同的房间供你选择，从普通的窝棚到三星级带空调的小屋，这些小屋遍布海滩，由多沙的小路连接起来。且不说它的餐厅了。工作人员虽然不那么乐于助人，却也能组织去Tham Morakot和其他岛屿的浮潜之旅，费用大约是1000B。这个度假村全年对外开放。

Sawasdee Resort 客栈 $

（☎08 1508 0432；www.kohmook-sawadeeresort.com；平房800B）寻常的带天台的木制平房正好位于Farang海滩宁静隐蔽的北端。在这里住宿，也是一个很不错的选择。

Rubber Tree Bungalow 客栈 $$

（☎08 1968 0332；www.mookrubbertree.com；平房包括早餐800~1990B；❄@📶）这里位于海滩向内陆延伸的地方，这里有可爱的带空调的桃红色小屋；竹制平房比较便宜，一个大型餐厅就高高地坐落于橡胶树之间。

作者推荐 Ko Yao Restaurant 海鲜 $

（菜肴100~200B；⏲早餐、午餐和晚餐）这个餐馆坐落在悬崖上，一排排的灯光下到处都是木制桌子。这个露天餐馆由一个家庭经营，风景极好。这里还有冰爽的啤酒，以焖烧的辣椒和酸橙为底料的汤蒸出的鱼也很鲜美。

ℹ 到达和离开

船只从Kuantungku的码头离开姆克岛。每天的上午8点、10点、中午和下午3点（100~300B，30分钟）有4班船从这里起航，一个小时后返回内陆；早班的渡船是最便宜的。有往返于董里的小型公共汽车（200B，1小时）前来接船。

租用长尾船从Kuantungku到姆克岛（600B，30分钟）外加去Pak Meng或者长滩都需要花费大约1200B（45分钟到1小时）。在码头、Rubber Tree Bungalow或者Hat Farang海滩的Ko Yao Restaurant可以很容易租到长尾船前往克雷登岛（600B，30分钟）和Ko Ngai（1000B，1小时）。

从11月到次年5月，姆克岛是往返于兰塔岛和里朴岛之间的快艇停靠的地点，详细资料见372页。

引人注目的橡胶树

如果你曾经很好奇橡胶是从哪里来的，那么来到这里你不会再困惑了：与钞票不同，橡胶是长在树上的。在董里的各个地方，尤其是一些岛屿地势平坦的海岸沿线，很可能你会走进橡胶种植园。

橡胶树上出产一种类似于牛奶一样的橡浆，它生长在树干的导管里。人们沿着胶乳纹路平行的方向在树干上割出切口（注意胶乳不是树液）。胶乳顺着树流下的时候，就用一个小杯来收集胶乳。每天都有新的采集刻痕——在这一地区你能看到很多有凹口的树和用来采集的杯子。

胶乳从多颗树上采集来，然后把它倒入一个扁平的盘子里，再与酸性物质相混合，这种酸性物质用作凝结剂。几个小时过后，很湿的橡胶片就凝结了，再把它压扁。然后悬挂晒干。只要有橡胶生长的地方，你便能看到竹竿上一些大的饼状胶片正在晾晒。这些椭圆形的粘性物质就被运送到加工厂，在加工厂变成了我们熟悉的橡胶。

克雷登岛 (Ko Kradan)

เกาะกระดาน

克雷登岛上遍布着狭长的绸缎般的白沙滩、浴缸一般温暖的浅滩和石灰岩喀斯特景观。南部海岸拥有原始的软、硬珊瑚和一小片茂密杂乱的内陆丛林。这里发展很快，除了几个价格过高没什么人住的地方以外，还是有很多地方可以停留的。

如果你想上网或是购买船票，那么你可以去Kradan Beach Resort（克雷登海滩度假村），它是主海滩上中档平房的最大集中地。

食宿

Seven Seas Resort 酒店 $$$

（☎08 2490 2442；www.sevenseasresorts.com；房间6600~7600B，平房11 750~15 600B；❄@🛜🏊）这个奢华的小型度假村里有超级光滑的大号床，足以睡四个人（若你喜欢的话）。在海滩闲逛的人会很喜爱这片沙滩，那里有棉质吊床，连接着蜿蜒曲折的红树林。餐馆通风很好，环抱着墨黑色的硕大游泳池。餐厅提供西餐和南部风味优质咖喱搭配的饭菜。虽然有点贵，但是工作人员的热情友好弥补了这一点。

Paradise Lost 客栈 $$

（☎08 9587 2409；www.koradan.wordpress.com；平房700~1600B，铺250B）这里是岛上最早建成的宾馆，也是其中最好的之一。它由美国人经营，地处内陆，从这里前往其他偏远海滩非常便利。竹制小屋里有坚固的木制地板和共用浴室。大一点的平房都是木头的，而且配备有私人设施，床铺被安放在露台上。厨师（菜肴120B~1800B）也是岛上最好的。

Kalumé Village 客栈 $$

（☎08 6905 5034；www.kalumekradan.com；平房900~1500B）普通竹制或木制小屋位于多沙的花园中，距离大海很近。它是意大利人经营的，这里正在努力减少对生态环境的影响（比如限制用电和使用可持续材料等），实在令人心生敬佩。唯一让人不满的是价格上涨得过快。

值得一游

水中婚礼美妙的一天

每个情人节，克雷登岛都会举行一场很不寻常的结婚典礼。大约有35对新婚夫妇会带上水下呼吸器潜到水中满是珊瑚礁的圣坛上，在董里地区的长官面前交换誓词。这些新人究竟怎样在水下说出“我愿意”至今也没有详尽的解释，但是这场典礼因其水下结婚人数最多而入选《吉尼斯世界纪录》。在潜水前后，这些新人都会乘坐小型汽艇船沿着海岸游览。如果你觉得这正好就是你期待的特殊日子，可以访问www.trangonline.com/underwaterwedding。

Ao Niang Beach Resort 客栈 $

（☎08 1891 7379；平房800B）从Paradise Lost的丛林小道或是退潮时从主海滩拐角处绕行可以抵达这家度假村，这个地方既干净又简单，走一段路便可到达一些很棒的浮潜胜地。店主Sam Song是比较胖，但是他是个乐天派。当我们经过的时候，他正在建造崭新的大型平房。你还可以在这儿露营（300B，包含帐篷）。

到达和离开

每天上午9点和中午都有船前往Kuantungku；费用已经包括一路去董里（450B）的小巴的车费。从Kuantungku租用长尾船单程花费在800B左右（45分钟至1小时）；也可以从克雷登岛租船去其他岛屿。

Tigerline（☎08 1092 8800；www.tigerlinetravel.com）公司运营着克雷登岛和兰塔岛（750B，1.5小时）以及长滩（750B，1小时）间的航线。Patpailin轮渡先抵达姆克岛和Ko Ngai岛（500B）然后继续前往兰塔岛。

长滩 (Hat Yao)

หาดยาว

长滩地处Hat Yong Ling南边茂密的红树林河口，位于大海和壮观的石灰石峭壁之

间，是一个随海潮摇摆的杂乱渔村。

长滩南端岩石隆起的海岬上布满了密密麻麻的洞穴，岛屿周边非常适合浮潜。这一地区最好的海滩便是小**Hat Apo**，隐藏在悬崖峭壁间。**Tham Chao Mai**是一个巨大的洞穴，里面满是水晶般透明的小瀑布和令人印象深刻的钟乳石和石笋，你可以乘船前往探索。

长滩码头位于海岬的正南方向，是前往Ko Libong岛的主要出发港，地处往返于里朴岛和兰塔岛之间的Tigerline轮渡线路的中点上。

食宿

Haad Yao Nature Resort 客栈 $

(☎08 1894 6936; www.trangsea.com; 房间500~1200B, 平房800B; ❄@) 位于港湾内，是由终身学习基金会（Lifelong Learning Foundation）经营的，这个基金会是一个狂热的自然主义者领导的生态型和教育型的非政府组织。这家度假村提供在长滩上各式各样的以环境为主题的团队游。这里有宽大的带阳台的小茅屋，内部配备有电视和影碟机，还有简朴的汽车旅馆风格的房间和一些水上平房。

餐厅 泰国菜、海鲜

沿着沙滩直到海岬的北边有很多木制海鲜餐厅，那里出售便宜的泰国菜。这里还有一些港湾餐厅，那里的饭菜很美味可口。

到达和当地交通

你可以从这里搭乘长尾船去Ko Libong岛（50B, 20分钟），这样的长尾船按点发车。你还可以租长尾船前往Ko Libong岛（800B, 20分钟）或者姆克岛（1500B, 1小时）。从码头出发开往董里的小型敞篷客车客满发车，前去接应抵达的船只。**Tigerline**（☎08 1092 8800; www.tigerlinetravel.com）是这个地区能提供轮渡服务的公司，往返于兰塔岛（750B, 2.5小时）和里朴岛（750B, 2.5小时）间的轮渡会在长滩停靠，让乘客吃午餐。

Ko Libong岛 เกาะลิบง

从长滩乘坐长尾船去董里最大的岛屿只需要20分钟。与其他邻近的小岛相比，Ko Libong岛的游客较少。这个岛屿有尖顶的、巨大的红树林珍品，它的植物群和动物群与其狭长的红褐色海滩一样著名。这里是一个小小的穆斯林渔村，在西海岸上有一些度假酒店。

景点

Libong岛屿生态保护区 自然保护区

(☎0 7525 1932) 位于**Laem Ju Hoi**的Ko Libong岛的东海岸，有一大片被植物部门保护起来的红树林。这里绿草茵茵的海峡是海牛的最后栖息地之一，大约有40头海牛依靠吃海草为生，而港湾里的海草生长茂盛。Hat Yaho的Haad Yao Nature Resort（见359页）和Ko Libong岛上的度假村（保护区距离Libong Beach Resort不远）都可以提供乘坐海上皮划艇观赏海牛的团队游，由接受过培训的环保人士带领，大概花费1000B。你也可以在大多数度假村租用海上皮划艇，每小时200B。

住宿

Libong Beach Resort 酒店 $

(☎0 7522 5205; www.libongbeachresort.com; 平房500~800B; ❄@) 这是整个岛屿上唯一一家全年开放的度假村——淡季时价格大幅下降。这里的选择很丰富，从水质不洁的小溪后面的讲究棚屋到海滩上非常舒适的涂漆的木制和茅草农舍。这里提供各种各样的旅行装备和摩托车租赁（300B）和网络服务（每小时100B）。在旅游旺季，这里还有一个潜水中心（两次潜水3500B）。

Le Dugong Resort 酒店 $

(☎08 7972 7228; www.libongresort.com; 平房400~900B) 这里最好的住处是时尚的具有田园风情的木制和竹制平房，房间内有陶瓦水池、竹编的墙壁和百叶窗大门，打开门，大海和日落一览无余。但是，低档竹制棚屋有点令人讨厌，因为它的浴室是共用的。

Libong Sunset Resort 酒店 $

(☎08 9766 3341; www.libongsunsetresort.

com；平房200~800B；❄）崭新的度假村里有一个顾客不多的餐厅，设计精巧。这里提供普通的竹制小平房或者简朴的木制和水泥平房，它们都位于海滩上一个草木稀疏的花园中。

ℹ 到达和离开

在白天，长尾船从长滩按时开往Ko Libong岛东海岸的Ban Ma Phrao（20分钟），费用是每人50B；长滩的长尾船码头就在新码头的西边。在Ko Libong岛上，摩的在西部海岸的度假村之间运营，费用是100B。而单程租用长尾船直达度假村需要花费800B。

Ko Lao Liang岛 เกาะเหลาเลียง

实际上，Ko Lao Liang岛是两个相互毗邻的岛屿；Ko Laoliang Nong是其中较小的一个，只有在那里可以找到度假酒店，而大一些的Ko Laoliang Pi则是个小渔村。这个岛屿有令人称奇的喀斯特石灰岩垂直峭壁，还有白色小海滩、清澈的海水和大量近海珊瑚礁。

这里唯一的住处是以攀岩为主要业务的**Laoliang Island Resort**（☎08 4304 4077；www.laoliangresort.com；每人1500B）。你可以在舒适帐篷里住宿，里面有床垫和风扇，正好位于海滩上，这里提供各式各样的活动，包括浮潜、攀爬石灰岩峭壁和海上皮划艇之旅等。到了晚上，这里有一个小酒吧和餐厅会定期来做海鲜烧烤——像是成年人的夏令营（尽管孩子们在这里也很开心）。费用包括所有饭菜、潜水装备和海上皮划艇。

Tigerline（☎08 1092 8800；www.tigerlinetravel.com）的渡轮在兰塔岛（1400B，2.5小时）和里朴岛（750B，2.5小时）间运营，中途正好在Ko Lao Liang岛停靠。

Ko Sukorn岛 เกาะสุกร

Sukorn岛是一个文化天堂，这里有黄褐色的海滩、浅绿色的大海和被丛林覆盖的黑色岩石海岬。岛屿附近的吊脚楼是约2800名穆斯林渔民的居住地——他们的稻田、西瓜地和橡胶园散布在狭窄的混凝土道路两边。不论是骑着自行车穿过偶尔能够见到水牛的葱翠田野，或是经过那些水彩画般的村庄（那里的村民非常淳朴，见到你都会由衷的高兴的），抑或在沉静的夜晚安然入眠，这里田园牧歌般简单的生活让人神往。它的自然淳朴必将滋润你旅途上疲惫不堪的心灵。

游览岛屿的最好方式便是租一辆山地自行车（150B）。因为这里地势平坦，有非常壮观的风景可以欣赏，不但可以看到繁茂的树林，而且还有很多机会遇见当地人。为了表示对穆斯林的尊重，在你离开海滩前往岛屿时，必须全身上下裹得严严实实。

🛏 住宿

作者推荐 Sukorn Beach Bungalows 酒店 $$

（☎0 7520 7707, 08 1647 5550；www.sukorn-island-trang.com；平房1000~2500B；❄📶）这里是这个岛屿上经营得最专业的一家住所，混凝土和木制平房里有很舒适的阳台，还有一个狭长的海滨游泳场，你可以从那里观赏到远处岛屿上的日落。主人是很友好的荷兰人和泰国人，他们见识广博，可以为你安排优质的跨岛之旅和带导游的团队游（每人350B）。哇！这里的食物（180~300B）是董里岛上最好吃的。

Sukorn Cabana 酒店 $$

（☎08 9724 2326；www.sukorncabana.com；平房800~1300B；❄@）景色宜人的倾斜地面上点缀着番木瓜树、鸡蛋花树和叶子花树，这里有宽敞干净的茅草屋顶的平房，里面有漆木内饰和豪华的阳台。在这片迷人的海滩上可以看到Ko Petra岛外美不胜收的景色。

ℹ 到达和离开

到达最便利的方式是从董里乘坐私人交通工具，酒店可以帮你安排，费用是每人1750B。而最便宜的方式就是搭乘小型敞篷客车从董里到Yan Ta Khao（40分钟，60B），然后再转乘到Ban Ta Seh（45分钟，40B），那里的码头有长尾船（50B），客满就发。

或者换一种方式，从董里租用私人出租车或小型敞篷客车去Ban Ta Seh（800B），在那里你可以租用长尾船去Ban Saimai（200B）——Sukorn岛上最主要的村庄。从度假村到Ban Saimai步行需要20分钟，而坐摩的需要花费50B。你还可以租长尾船直接去海滩度假村（750B）。

你可以在克雷登岛租长尾船前往Ko Lao Liang岛（1750B），在那里你可以乘坐快速**Tigerline**（☎08 1092 8800；www.tigerlinetravel.com）渡轮，这种渡轮往返于兰塔岛和里朴岛之间，而且能为很多岛屿间的旅行提供交通服务——其中包括克雷登岛、Ko Ngai和姆克岛（1400B）。

沙敦府（SATUN PROVINCE）

沙敦曾经几乎被忽视，直到近年来由于里朴岛上充满活力的白沙滩，这里的状况完全改变了，这里从原来背包客的秘密基地，变成了主流度假胜地。除了里朴岛之外，沙敦府的其他地方仍然很难吸引到游客的眼球，这些游客都匆匆前往北部的兰塔岛或是南面马来西亚的Pulau Langkawi。当然，这也意味着他们将会错过达鲁岛上无拘无束的海滩和洞穴；错过Ko Adang上崎岖不平的小道和如同缎带般的瀑布；错过Ko Bulon Leh的质朴之美。

沙敦府的人口主要由穆斯林组成，很少出现政治动荡，然而与其相邻的也拉、北大年和那拉提瓦（见252页框内文字）则饱受政治骚乱之苦。这里约有60%的人以亚威语或马来语作为第一语言。这一地区的寺庙很少，相当简陋，而且大多数都是清真寺。

沙敦（Satun） สตูล

人口 33 720

沙敦位于雾重潮湿的丛林峡谷中，四面都是石灰石悬崖，一条浑浊的河流绕行其中。孤立的沙敦是个让人轻松的海滨城镇，来这里旅游只能乘坐有签证的交通工具，往返于两边。马来西亚的快艇会在路过沙敦受人欢迎的船坞时停靠，因为那里修理船只很便宜，同时送来来此地闲逛的唯一一群游客。如果你在这里漫步，可以看到很多有趣的宗教建筑、很多友善的笑脸和一种坚韧不拔的魅力。

景点和活动

Ku Den Museum 博物馆

（Satun National Museum，沙敦国家博物馆，Soi 5, Th Satun Thanee；门票20B；⏰周三至周日8:30am~4:30pm）位于一座漂亮的的中葡混合式古老大厦中。这个出色的博物馆原本是为了国王拉玛五世进行王室访问而修建的，然而国王并没有在这里出现，当地的长官于是把它用作私人官邸。这栋建筑保存完好，里面的展览以立体模型来展示并配上解说，内容涵盖了南方穆斯林生活的各个方面。

Monkey Mountain 徒步游览

这里是热带丛林里的石灰石土丘，环绕着**Spirit Rock**，生活着大量灵长类动物。Spirit Rock是一个俗气但却为当地人热爱的佛教圣地。或者，你可以跨过一座桥然后漫步到一个水上渔村，渔村距离镇上只有一公里。

Mangrove Walk 徒步游览

从足球场后面的小河边沿着浮桥步行——日落时分有大量游客。

团队游

On's（见362页）可以提供为期一天的**沙敦探索之旅**（每人990B）。上午8点30分有船来接你，然后抵达Tham Phu Pha Pet，在那里你会情不自禁地划一划海上皮划艇，穿过长达7公里的小激流，然后在Wang Sai Thong瀑布前得到放松。你还可以在丛林的屋子里过夜，俯瞰下面的河流（1500B）。费用包括饭菜、点心和交通费用。

住宿

On's Guesthouse 客栈 $

（☎0 7473 0469, 08 1097 9783；1 Soi 1, Th Khuhaprawat；房间200B）这家宾馆的木制房间很大、通风好，步行十分钟便可到达沙敦中心，给人一种民宿的感觉。房间只有基础的设施，但是很干净，楼下是混凝土地板而楼上则是木制地板。这里无疑是沙敦极少的选择中最好的一家。

Satun 沙敦

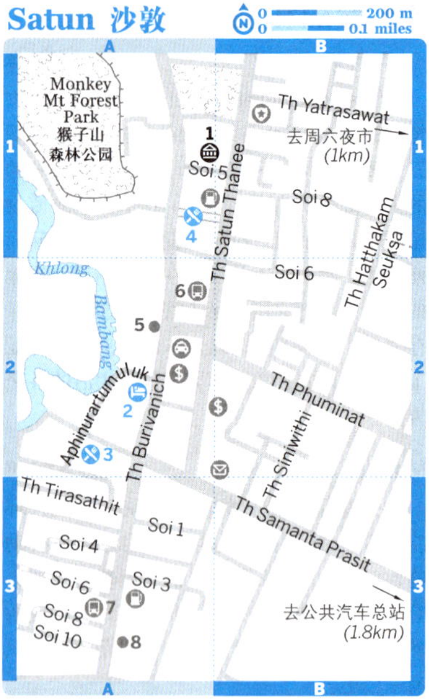

Satun 沙敦

景点

1 沙敦国家博物馆 A1

住宿

2 Sinkiat Thani Hotel A2

就餐

3 Chinese Food Stalls & Muslim Restaurants A2
4 Night Market A1
On's （见2）

实用信息

5 移民局 A2

交通

6 开往董里和合艾的公共汽车 A2
7 开往合艾的小客车 A3
8 小型敞篷客车 A3

Sinkiat Thani Hotel 酒店 $

（☎0 7472 1055；www.sinkiathotel.thport.com；50 Th Burivanich；房间680B；❄@）位于沙敦中心位置，虽然有点破旧却很干净。这个日渐陈旧的宾馆拥有所有现代化的生活设备，透过顶楼污迹斑斑的窗户可以看到壮观的城市和丛林风光。另外，它恰好在On's餐厅的旁边。

餐饮

在Th Burivanich和Th Samanta Prasit上，你可以找到既高效又价格低廉的中餐馆和穆斯林餐厅。中国餐厅的特色在于kôw mŏo daang（腊肠米饭），而穆斯林餐厅则主要提供南部风味的烤咖喱鸡（每只大约50B）。

夜市 市场 $

（Night Market；Th Satun Thanee）沙敦有一些很不错的夜市。这个夜市位于Satun Tanee Hotel以北，下午5点左右开始营业，提供可口的炸鱼、鱿鱼串和辛辣的具有南方风味的咖喱。在Th Burivanich每逢礼拜六有一个更大的夜市，而在Th Yatrasawat周一的夜市距离镇上一公里。

On's 泰国菜、西餐 $

（☎0 7473 0469，08 1097 9783；48 Th Burivanich；菜肴80~150B；⏰8am~深夜；@📶）这里有竹制的罩有桌布的桌子，门前树木繁茂。这里能提供好吃的泰国菜和西餐，其中包括墨西哥辣味牛肉和鸡肉蘑菇馅饼——这是沙敦很值得一去的餐馆（也就解释了为什么游艇主人匆匆忙忙）。这里有一些镇上最好的旅游信息。

实用信息

曼谷银行（Th Burivanich）这里有外汇交易柜台和ATM机。

CAT办事处（Th Satun Thanee）和邮局在同一位置。

移民局办事处（☎0 7471 1080；Th Burivanich；⏰周一至周五8:30am~4:30pm）办理签证和签证延期事宜。离开泰国比较方便和便宜的方式是通过Tammalang码头的边防检查站，然后重新返回这里取得新的为期15天的旅游签证。在返回之前，你需要坐船并进入马来西亚。如果你有汽车，那就可以取道Thale Ban国家公园（Thale Ban National Park）开车去马来西亚。

邮局（Th Satun Thanee和Th Samanta Prasit交叉路口）

暹罗商业银行（Th Satun Thanee）这里也有外汇交易柜台和一个ATM机。

到达和离开

船

船从Tammalang码头开往马来西亚，码头位于沙敦以南7公里处的Th Sulakanukoon沿线。大型长尾船每天上午9点30分和下午4点30分开往马来西亚的Kuala Perlis（单程300B，1小时）。从马来西亚方向过来的费用是M$30。

到达马来西亚Pulau Langkawi的船只每天上午9点30分、下午1点30分和4点（300B, 1.5小时）从Tammalang码头起航。从马来西亚方向返回时，船只每天上午8点30分、中午12点30分和下午3点从Pulau Langkawi出发，费用是M$27。请记住泰国和马来西亚之间有一个小时的时差。你可以在沙敦码头购买这些行程的船票。

在旅游旺季，去里朴岛的船只每天上午11点30分起航（650B, 1.5小时；12月到次年5月）。你可以在码头或者On's咨询船票信息（见362页）。

长途汽车

长途汽车从市中心以东2公里处的**汽车总站**（Th Samanta Prasit）出发。开往曼谷的空调车（800~1200B，14小时）在上午7点、7点30分、下午3点和4点出发。开往董里（110B, 1.5小时）的空调长途汽车每小时一班。也有车每天开往甲米（220B，4小时）和普吉（360B，7小时）。开往合艾（70B，2小时）的长途汽车和开往董里（90B，2小时）的当地无空调长途汽车中途会在Th Satun Thanee停靠载客，它们都是一路往北行。

小客车和合乘出租车

在Th Sulakanukoon大街Wat Chanathipchaloem寺南面的一个车站，有多班定时发往合艾火车站的小客车（80B, 1小时）。有时小客车也开往董里，但是公共汽车车次相对频繁一些。如果你乘船到Tammalang码头，那里有直达合艾和合艾机场的空调小客车（90B）。

当地交通

开往Tammalang码头（乘船到马来西亚）的橘黄色小型敞篷客车的费用是40B，在渡轮起航前40分钟从Th Sulakanukoon大街的7-Eleven便利店前出发。从同一地点出发乘摩托的费用是60B。

沙敦周边

PAK BARA ปากบารา

小渔村Pak Bara是前往Mu Ko Phetra和达鲁岛国家海洋公园（Ko Tarutao Marine National Park）内岛屿的最重要的中转站。

随着游客们逐渐挖掘Pak Bara这个令人惊叹不已的小岛，这里变得日渐热闹，旅游设施也随之逐步发展。在这个安宁的小镇上有一些很不错的住处和美味的海鲜，但是除非你的目的地是这里，否则便没有非留不可的理由。

这里的主干道从码头上的La-Ngu终点站起始，沿街有一些旅行社、网吧、便宜的餐馆和出售海滩用具的商店。码头后面是崭新的达鲁岛国家海洋公园的大型**游客中心**（☎0 7478 3485）（我们去的时候正在建设中），你可以在那里预订住宿并得到宿营的许可。这里的旅行社能够安排前往国家公园内各个岛屿的团队游。

团队游

码头附近有几家旅行社，他们在安排顾客的交通服务方面竞争激烈。**Adang Seatours**（☎0 7478 3338；www.adangseatour.com）是一个比较值得信赖的旅行社，那里还有ATM自动取款机。你可以在周边购物，然后乘坐海上皮划艇参观令人印象深刻的**Tham Chet Khok**的洞穴（每人1800B，含午餐）。

在旅游旺季，**沙敦Pakbara快艇俱乐部**（the Satun Pakbara Speedboat Club；☎0 7478 3643；www.tarutaolipeisland.com）运营开往达鲁岛、Ko Bulon Leh和里朴岛的快艇——想了解最新详情，请访问该网站。

食宿

Best House Resort 酒店 $

（☎0 7478 3058；平房600B；❄）这里位于从码头向内陆延伸的100米处，浑浊的池塘周围是干净整洁的混凝土房间。主人超级友好，也很乐于提供旅行小贴士。

Red Boat 泰国菜、西餐$

（☎0 7478 3498；菜肴60~150B；⏲7am~11pm）当你在等渡轮时，可以在这里

享用西式早餐、浓咖啡、鸡尾酒和蘸了罗望子酱的大炸虾。

Pak Bara码头附近有很多普通餐馆和小吃摊，他们提供美味可口的马来西亚穆斯林食物，费用是20~50B。小镇以南的海滨沿岸还有很多海鲜摊位，在日落前开始营业。

到达和离开

公共汽车在上午7点和下午4点之间，有从合艾开往Pak Bara（90B, 2.5小时）码头的公共汽车。在沙敦，你可以搭乘普通公共汽车前往董里，然后在La-Ngu下车（60B，30分钟），紧接着坐小型敞篷客车到达Pak Bara（20B, 15分钟）。

小客车空调车小客车从Pak Bara码头附近的旅行社开往合艾（150B，2小时），每小时一班。也有开往董里（200B, 1.5小时）的小客车，往返于比如甲米（450B, 4小时）和普吉（650B, 6小时）等很多目的地。

船从10月21日到次年5月底，有一些快艇开往达鲁岛的Ao Pante Malacca和里朴岛。船只上午10点、11点和中午12点30分从Pak Bara出发（往返1200B，1.5小时）；而船在上午9点30分和10点、中午12点30分和下午1点30分从里朴岛起航。从11月16号起，船只也在Ko Adang停泊，费用一样。开往的Ko Bulon Leh船只中午12点30分出发，一个小时后抵达Ko Bulon Leh（往返800B）。要是你没赶上开往Ko Bulon Leh的船，轻易就可以在当地渔民那里租到长尾船（1500~2000B, 1.5小时）。在雨季，开往里朴岛的船只班次由天气原因和需求决定，但是通常都减少到每周三次。

Ko Bulon Leh　เกาะบุโหลนเล

这个美丽的岛屿位于Pak Bara以西23公里处，周围被安达曼海岸标志性的清澈海水所环绕，这里拥有洁白无瑕的沙滩和随风摇曳的常绿乔木。吸引人的Ko Bulon Leh正在被逐步开发，已经可以提供各种舒适的旅游设施。这里尽管不是很热门的目的地，但是如果你想享受沙滩时光还是需要提前预订。

迷人的白沙**海滩**从东北角的Bulone度假村沿着东海岸一直延伸到Pansand。有一部分沙滩会变窄，尤其是那些被许多多节的红树保护着，并且散布着被太阳晒得褪色的粗大原木的地方。但是，在这些隐蔽处和树林的缝隙里，你可以很容易找到一处阴凉的地方，观赏梦幻般的美景。

Bulon树木葱翠，有很多有趣的纵横交错的小径和小道值得探索——尽管它的西面是茂密的带岩石的丛林，而且那里徒步无法到达。但在可以徒步到达的**Ao Panka Yai**南岸，你可以欣赏到Bulon野性的魅力。那里一片湛蓝，布满了珊瑚碎石。而在西海岬有不错的浮潜地点，如果你沿着小径紧接着穿越丛林和橡胶种植园，你可以辗转抵达**Ao Muang**（芒果湾），在那里你会找到真正的海上吉普赛人钓鱿鱼的营地。从观光度假酒店往南走可以抵达**Ao Panka Noi**，它也是一个渔村，细碎的砾石沙滩上有长尾船停靠的码头。在这里，你可以观赏到喀斯特景观和一座座简朴但食物却不错的餐厅。

酒店可以帮你安排去Ko Bulon其他岛屿的浮潜之旅（1500B，4小时），最多6人组团。海上钓鱼之旅则是每小时300B。这些行程通常都包括游览**Ko Gai**和**Ko Ma**岛屿周边透明的碧绿色海域，那里的岩石在经受长期的风力侵蚀后变得凹凸不平。但是，最令人印象深刻的莫过于**白岩**（White Rock）——有神鸟庇佑的尖塔，高耸于辽阔的海上。塔下是一个岩石礁，外围有贻贝缠绕，布满了色彩缤纷的鱼类。退潮时进行浮潜是最好的选择。这个地区最好的珊瑚礁紧挨着Bulone度假村附近的兰松（Laem Son）。你可以在那里租用潜水面具、通气管（100B）、脚蹼（70B）以及海上皮划艇（150B）。

Bulone度假村也提供网络（每分钟3B）、便携电脑充电服务（50B）以及数码照相机充电服务（10B）。

食宿

在旅游淡季，大多数地方都是关门的，而继续营业的宾馆以折扣价出租平房。仅是为了吃喝，也值得徒步到Ao Panka Noi。

Marina Resort　酒店 $$

（☎08 1598 2420, 08 5078 1552；平房500~1000B）粗糙的木制房间带有生硬的平台、百叶窗似的地板和高高的天花板，茅草做的屋顶看上去和感觉上都很一般。一个

迷人的露天餐厅带有很不错的厨房，餐厅里有带坐垫的座位。永远亲切的主人Max将会让你觉得这是一个明智的选择。度假村可以安排快艇购票和浮潜之旅。它正好位于Pansand Resort的内陆地带。

Bulone Resort 酒店 $$

（☎08 6960 0468；www.bulone-resort.com；平房1250~1650B）这家度假村位于东北角，附近是两片美丽的白沙滩，那些可爱的木制平房在Bulon有着绝佳的位置。大号的铁艺双人床伴随着海风。一整夜都会供电，提供大份的掺了蜂蜜、酸橙和新鲜优格的芒果冰沙。

Chaolae Homestay 客栈 $

（平房300B）这里有极好的上等平房，房间有漆木内饰、茅草屋顶和抛光水泥浴室（蹲式厕所）。这里安宁又让人感觉幸福，是由一个友好的海上吉普赛家庭经营的，距离Ao Panka Yai优质潜水地只有一步之遥。

Pansand Resort 酒店 $$

（☎0 7521 1010；www.pansand-resort.com；小屋1200~1500B；@）Pansand位于岛屿南面的美丽的白沙滩上。砖造和竹制平房里带有电扇，可以看到海景。实际上，这里的住处并不比岛屿上任何一处更好——然而这里的地理位置优越，还有一个组织完善的大型度假村。树林里可以找到便宜的木制平房。

Jungle Resort 客栈 $

（平房150B）在安达曼海岸你再也找不到这样理想的住处了：可爱的整洁的带露台的平房里附带有浴室（蹲式厕所），平房位于一个阴凉的内陆花园，花园时常有受人欢迎的海上吉普赛人家庭打理。告诉船夫让你在Ao Panka Yai下船，步行穿过Chaolae Homestay后右转，就可以到达。

这里有很多当地特色的餐馆，在穆斯林人村庄还有个小商店，位于Bulon Viewpoint附近。

ℹ 到达和离开

从Pak Bara开往Ko Bulon Leh（400B）的船只每天客满后中午12点30分出发。坐长尾船到岸后，再转乘至各海滩的费用是50B——这样可以少费些精力，你可以在距离你住的度假村最近的地方下船。从相反的方向，大概上午9点左右船只会停靠在Pansand度假村前面的海湾中。同样你也可以在Pak Bara租长尾船，费用是1500~2000B不等。

从11月到次年5月，这里有两艘快艇从Ko Bulon Leh开往达鲁岛国家海洋公园的里朴岛（600B，1小时），每天都有班次。从兰塔岛途经董里群岛的船只在Pansand度假村前出发，时间是下午1点和3点。

达鲁岛国家海洋公园（Ko Tarutao Marine National Park）

อุทยานแห่งชาติหมู่เกาะตะรุเตา

达鲁岛国家海洋公园（☎0 7478 1285；www.dnp.go.th/parkreserve；成人/14岁以下儿童200/100B）包括51座岛屿，全部都被保存完好的热带原始森林所覆盖，到处能看到野生动物，还有大量珊瑚礁和魅力四射的海滩环绕四周。

这个公园是泰国最早建立的一批公园之一，这里唯一的住处就是政府修建的生态友好型小屋和长屋。尽管在2001年录制美国真人秀《幸存者》时作了让步，但大开发商强行修建度假村的要求还是被驳回了。关于在Ko Adang上的私人钓鱼度假村面临一个小问题：那里原本对开发商应该是没有限制的，这个度假村原定于2010年开放，但是当地环保主义者已经向泰国法院提起诉讼，因此它迄今没有开张。

而岛屿上的垃圾是个大问题——清除海滩垃圾和游客制造的垃圾的工作偶尔才进行。所以尽自己的一份力吧，把垃圾随身带走。在公园内，你可以看到毛色灰暗的叶猴、食蟹猴、小鼠鹿、野猪、海獭、捕鱼猫、树蟒、巨蜥、栗鸢、海雕、犀鸟和翠鸟。

达鲁岛是这些岛屿中最大的最受欢迎的观光岛屿，同时又是公园总部和政府机关所在地。很多游客选择在里朴岛住宿，因为这个岛想规避国家公园的保护，并且正在迅速成长为旅游设施齐备和平房数量充足的大众度假村。沙敦或Pak Bara的旅行社可以通过达鲁岛国家公园总部或是里朴岛的度假村和长

Ko Tarutao Marine National Park & Around 达鲁岛国家海洋公园及周边

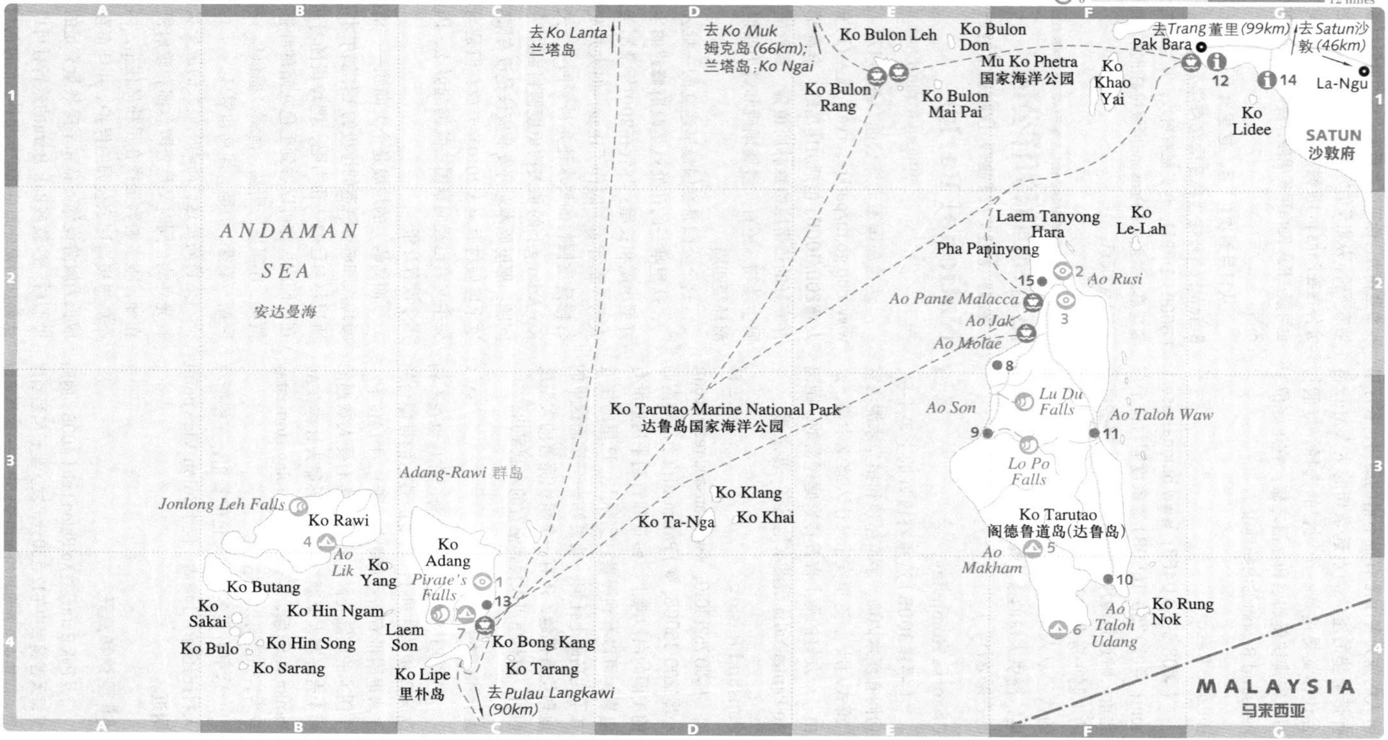

Ko Tarutao Marine National Park & Around
达鲁岛国家海洋公园及周边

景点

1 Chado 悬崖 C4
2 鳄鱼洞 F2
3 Toe-Boo 悬崖 F2

住宿

4 Ao Lik Camp Site B3
5 Ao Makham Camp Sites F3
Ao Molae Bungalows & Camp Sites（见 8）
Ao Pante Malacca Bungalows & Camp Sites （见 15）
6 Ao Son Camp Sites F4
Ao Taloh Waw Camp Sites （见 11）
7 Ko Adang Camp Sites C4

就餐

Canteen （见 15）
Canteen （见 13）
Canteen （见 8）

实用信息

8 Ao Molae 护林站 F2
9 Ao Son 护林站 E3
10 Ao Taloh Udang 护林站 F4
11 Ao Taloh Waw 护林站 F3
12 达鲁岛国家海洋公园总部 G1
13 兰松护林站 C4
14 Mu Ko Phetra 国家海洋公园总部 G1
15 公园总部 F2

尾船运营商，安排开往偏远岛屿的长尾船之旅。请注意，达鲁岛上没有外汇兑换设施——你可以在Pak Bara的旅行社兑换现金和旅行支票，而在La-Ngu有ATM自动取款机。

达鲁岛（KO TARUTAO） เกาะตะรุเตา

达鲁岛面积达152平方公里，大部分被古老的丛林覆盖，这些森林高高矗立直达公园713米的最高处。这里被红树林所覆盖，大部分地区环绕着令人印象深刻的石灰石悬崖，西部海岸是一片宁静的白沙滩，遍布密密麻麻的洞穴。

达鲁岛悲惨的历史部分解释了它受到保护的原因。1938~1948年间，3000多名泰国刑事犯和政治犯被囚禁在这里，其中包括一些很有意思的囚犯，比如Setabutra，他在被关押期间编纂了第一本泰英词典，还有拉玛七世的儿子Sittiporn Gridagon。二战期间，从大陆运来的食物和药材非常匮乏，导致成百上千的囚犯死于痢疾。后来囚犯和守卫联合叛变，在附近的马六甲海峡进行海上抢劫，直到1944年被英国军队镇压。

在Ao Pante Malacca信息中心（Ao Pante Malacca Information Centre）有网络（每小时80B）和Wi-Fi（每小时50B）。

景点和活动

穿越一片杂乱的草丛，你还可以在岛屿东南部的**Ao Taloh Udang**看到政治犯营地杂草丛生的遗址。而平民犯人的关押地是在东海岸的**Ao Taloh Waw**，那里如今是从沙敦的Tammalang码头过来的船只停泊的地点。

在公园总部附近的Ao Pante Malacca，有一条崎岖不平的小径穿过丛林直到**Toe-Boo悬崖**，它是一个巨大的高耸的岩层，在那里可以观赏到Ko Adang和周围岛屿的美丽景色。

Ao Pante Malacca有一片可爱的白沙滩，被露兜树和常绿乔木所遮蔽。如果你跟随人流经过这里涌向内陆，就可以到达**Tham Jara-Khe**（鳄鱼洞），这里曾经是杀人魔王咸水鳄鱼的栖息地。这个洞穴退潮时只有1公里的距离可以通航，你可以在Ao Pante Malacca码头乘坐长尾船游览这里。

Ao Pante Malacca以南正好是**Ao Jak**，那里有一个精致的沙滩；**Ao Molae**也有不错的沙滩和一个有平房和露营地的护林站。乘船30分钟或者往南步行8公里便可抵达**Ao Son**，这是一个与世隔绝的岛屿，在9月到次年4月之间还有海龟在这里筑巢。你可以在这里露营，但是这里没有露营设施。Ao Son和更南边的**Ao Makham**都有不错的潜水地点。从Ao Son的小护林站出发，你可以朝内陆步行到**Lu Du瀑布**（大约1.5小时）和**Lo Po瀑布**（大约2.5小时）。

食宿

在Ao Pante Malacca和Ao Molae都有住宿的地方，开放时间是11月中旬到次年5月中旬。这里的水限量供应，垃圾偶尔运回大陆，照明用的是节能灯，只在晚上6点到早7点供电。

在Ao Pante Malacca，住宿选择范围最为广泛，附近的设施使用非常方便。那里有平房（800~1000B）、简朴的带共用浴室的长形房间（550B，最多容纳4人）和露营地（含帐篷出租150B或375B）。

Ao Molae更加安静和孤立——无疑也是最漂亮的。近来得以重新翻新，海滩上有非常豪华的一人间和双人间（房间600~1000B）。你可以通过Pak Bara公园办事处（☎0 7478 3485）预订房间。国家公园的门票可以在Ao Pante Malacca或Ao Taloh Waw购买。

Ao Pante Malacca和Ao Taloh Waw的常绿乔木下都允许露营，那里有卫生间和淋浴房间；而在Ao Son、Ao Makham和Ao Taloh Udang，你就需要自己做好充分准备了。自带帐篷每人的费用是30B，或者你可以租用帐篷，费用是225B。在Ko Adang和公园的其他岛屿也是允许露营的。请注意，当地猴子有进帐篷搞破坏或者找东西吃的习惯——所以一定要保持帐篷紧闭。

公园管理机构在Ao Pante Malacca和Ao Molae经营有餐厅（菜肴40~120B；⏲7am~2pm和5~9pm）。餐厅的食物很可口且令人满意，但是只有在Ao Molae能喝到啤酒。

ℹ 到达和当地交通

从Pak Bara开往里朴岛的船只中途在达鲁岛停靠；详情见364页。根据规定，岛屿从5月底到9月15号停止营业。从10月21号到次年5月底有定时运营的船只；如果船只停止运营，你就得从Pak Bara租长尾船前往，费用是1500B。在旅游旺季，你可以在Pak Bara乘坐快艇来到这里，费用是2000B，其中包括国家公园的门票、午餐、饮品和潜泳费用。

这里有可通航的河流和长长的铺砖的道路，可见岛的发展非常好。租一艘海上皮划艇（每小时/天 100/300B）或是山地车（50/200B）——或者如果实在太热的话，你可以租一辆车（每天600B）。还可以租长尾船去Ao Taloh Udang（2000B）、Ao Taloh Waw（1500B）、Tham Jara-Khe或Ao Son（约800B）。

要是你住在Ao Molae，就从Ao Pante Malacca码头坐公园小巴（每人60B）。

里朴岛（KO LIPE） เกาะหลีเป๊ะ

近十年来，里朴岛是泰国所有岛屿中开发最少保留野性的典范。由于这里有两片被丛林山丘分隔开来宽广的白沙滩，距离被保护的珊瑚礁只有一步之遥。就在几年前，这个岛屿还是在游客中口耳相传，人迹罕至。但渐渐地这里变成游客们最流行的话题，伴随着轰鸣的推土机声，700多名海上吉普赛村民成了最大的输家——这里被卖给了泰国的旅游开发商。

尽管发生过动荡，里朴岛仍然有很多让人喜爱的地方。南部海岸美丽的月牙形芭堤雅海滩（Hat Pattaya）上有很多不错的酒吧和海鲜摊位。在旅游旺季，这里有非常浓郁的狂欢气氛。大风肆掠的日出海滩（Sunrise Beach）是一片狭长的美丽沙滩，从北面突出的位置可以欣赏到Adang的风景。这两个繁忙的海滩不足之处便在于长尾船数量庞大，把游泳的人挤得没地方。日落海滩（Sunset Beach）拥有金色沙滩和平缓的山丘，还有宁静的海湾延伸到Ko Adang海峡，有与众不同的感觉，保留了里朴岛的野性灵魂。在两个沙滩之间，更多混凝土迷宫正在扩张，咖啡座、商店、发廊等旅游设施正在兴建，越来越多的度假酒店开始全年营业。

岛上没有银行和ATM自动取款机，然而在几个大的度假村里有兑换支票和现金或者信用卡预借现金服务——要收高昂的手续费。在大多数岛屿的交叉路上都可以上网，费用是每分钟3B，而日出海滩后面有些地方的收费是每分钟2B。

⊙ 景点和活动

在南部海岸沿线和Ko Kra周围都有美丽的珊瑚礁，**Ko Kra**是日出海滩正对面的一个小岛。大多数度假村都出租面罩、潜泳装备和脚蹼，每件收费是50B，还能安排到Ko Adang和其他珊瑚礁环绕的岛屿的长尾船之旅，费用大概是1500B。游览岛屿最好的方式是雇一位当地海上吉普赛人船长。芭堤雅海滩上的**Islander Sea Sports**（☎08 7294 9770；每小时/天 100/600B）提供海上皮划艇出租服务。

说这里是世界级的潜水地有些夸张，但是它的确很棒，这里有趣味漂流潜水和两个

Ko Lipe 里朴岛

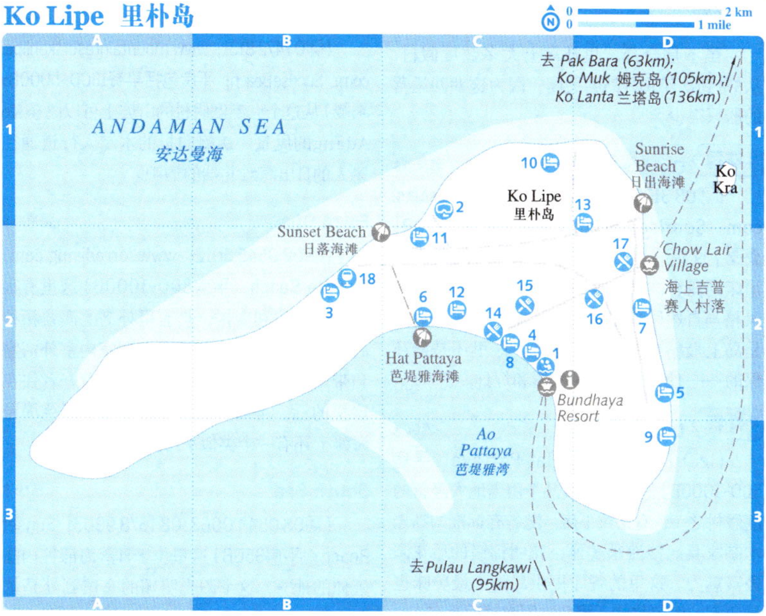

Ko Lipe 里朴岛

活动、课程和团队游

- Castaway Divers ……（见5）
- Forra Dive ……（见7）
- Forra Dive ……（见8）
- 1 Islander Sea Sports …… C2
- 2 Sabaye Divers …… C1

住宿

- 3 Bila Beach …… B2
- 4 Blue Tribes …… C2
- 5 Castaway Resort …… D2
- 6 Daya Resort …… C2
- 7 Forra Dive …… D2
- 8 Forra Dive2 …… C2
- 9 Idyllic …… D3
- 10 Mountain Resort …… C1
- 11 Porn Resort …… C2
- 12 Sita Beach Resort …… C2
- 13 South Sea …… D1

就餐

- 14 Nong Bank Restaurant …… C2
- 15 Pee Pee Bakery …… C2
- 16 Pooh's Bar …… D2
- 17 Som Tam …… D2

饮品

- 18 Mia Luna …… B2

著名的潜水胜地。**Eight Mile Rock**是珊瑚环绕的天然卵石，吸引了大量鳗鳎和鲸鲨在此聚集。**Stonehenge**深受游客欢迎，那里有漂亮的软珊瑚、不迁徙的海马和罕见的海豹和鲸鲨，而且它看起来像矗立的怪兽，正是这个怪兽激发了Spinal Tap创作出伟大作品的灵感。法国人经营的**Forra Dive**（☎08 1479 5691, 08 4407 5691；www.forradiving.com）位于日出海滩和芭堤雅海滩上，它是里朴岛上最便宜的地方。同样位于日出海滩的**Castaway Divers**（☎08 7478 1516；www.kohlipedivers.com）可以提供PADI开放水域和SDI课程培训和更多远离长尾船的私人潜水之旅（两次潜水2800B）。**Sabaye Divers**（☎08 9464 5884；www.sabaye-sports.com）位于日落海滩，是由一个常驻外籍人士经营的具有绿色脚蹼认证的小商店。

尽管看起来很诱人，但是在任何时候都不要尝试在里朴岛和Ko Adang之间的狭窄的海峡游泳。这里湍急的水流是致命的。

住宿

虽不是全部，里朴岛上大多数度假村，从5月到次年10月都会关闭，因为这期间运营的船只很少。

作者推荐 Castaway Resort 酒店 $$

（08 3138 7472；www.castaway-resorts.com；Sunrise Beach；平房3500~5000B；）这里有宽敞的木制平房，房间里有带吊床的露台，到处摆满坐垫、吊扇，和现代风格与自然风情相结合的浴室，所有一切都是岛上最精致的所在。同样，这里还是最环保的——使用太阳能热水器和灯具。

作者推荐 Daya Resort 酒店 $

（0 7472 8030；Hat Pattaya；平房500~1000B）这里是少数几个由当地人经营的度假村之一，有条纹平房，配备有标准的高档木制家具。沙滩很美丽，花团锦簇的后花园极富魅力。这里的餐厅提供岛屿上最美味也最便宜的海鲜烧烤，因此它因海鲜而著名。

Idyllic 酒店 $$$

（08 1802 5453；www.idyllicresort.com；Sunrise Beach；平房6300~15 000B；）这里是里朴岛上设计比较复杂的宾馆。这里有倾斜的屋顶，混凝土玻璃墙、平板电视、木瓦板的外墙，门前有飘台。这里的房子与其说是沙滩平房，倒不如说像未来派风格的吊舱。

Blue Tribes 酒店 $$

（08 6285 2153；www.bluetribeslipe.com；Hat Pattaya；平房1200~1700B；）这里是芭堤雅海滩上迷人的小度假村之一，最佳住宿是两层的茅草屋顶的木制平房，楼下是客厅，楼顶有卧室，卧室里有可以看到海景的推拉门。

Bila Beach 酒店 $$

（08 0589 2056；www.bilabeach.com；Sunset Beach；平房1500B）这个地方有非常迷人的雷鬼风格的竹制酒吧和海滨餐厅，餐厅的平房背靠着绝美的峭壁，在一个小小的隐秘的白沙海湾上，那里遍布着卵石，而且和日落海滩相连。这里是时尚蜜月的完美选择，从芭堤雅海滩翻越一座山丘走到这里并不远。

Mountain Resort 酒店 $$

（0 7472 8131；www.mountainresortkohlipe.com；Sunrise Beach；平房包括早餐1300~5000B；）从这个大型度假村的山坡上可以眺望Ko Adang的风景。蜿蜒曲折的木制人行道通往迷人的日出海滩北端的酒吧。

Forra Dive 酒店 $$

（08 0545 5012；www.forradiving.com；Sunrise Beach；平房800~1000B）这里有很多竹制平房和阁楼，具有里朴岛上海盗精神的特色。最好的住宿是有大型室内室外浴室和带吊床的阳台的大房间。潜水爱好者住在这里的话，可以享受25%的折扣。而芭堤雅海滩上还有一个类似平房的住处。

South Sea 客栈 $

（08 0544 0063, 08 1678 9903；Sunset Beach；平房350B）这里位于日落海滩往内陆延伸的地方，这个阳光明媚的宾馆到处是鲜花和贝壳风铃，有木制小屋，屋里有小小的躺垫和半露天的泰式浴室。

Porn Resort 酒店 $

（08 9464 5765；Sunset Beach；平房500~750B）这里是不尽完美但却适合游泳的金色日落海滩上唯一的一家度假村，有很多长期被风吹日晒的带硬床的平房。这里比较简朴，却是里朴岛上很划算的选择，因为它位于幽静的海滨，房间还带有阳台。

Sita Beach Resort 酒店 $$$

（0 7478 3664；www.sitabeachresort.com；Hat Pattaya；平房6500~9000B；）这里是芭堤雅海滩上最高档的住处，感觉有点像南加州的公寓楼。房间很舒适，从海滩一直延伸到高高的山坡上。

餐饮

芭堤雅海滩的度假村在夜晚提供新鲜海鲜烧烤，而Daya's无疑是最佳选择。你可以在烤肉摊和步行街沿线的泰式咖啡馆找到最好的便宜美食，步行街是铺了砖石的大街。

想喝一杯的话，在海滩沿岸有很多塔法里风格的酒吧。至少很多东西永不会变。

里朴岛环境的改变 亚当·斯考尼克（Adam Skolnick）

大概五年前，穿越全岛的沙土路改用混凝土铺设的时候，里朴岛才真正开始改变。但是，在十多年前，当皮皮岛的开发商Ko Kyiet与当地海上吉普赛人（chow lair，也拼作chao leh）商谈土地事宜时，改变的种子就已经埋下了。尽管双方达成了协议，但是自始至终没有得到履行。

一个沙敦本地人Ko Pi Tong来到了这里。“Pi Tong就像是罗宾汉（Robin Hood）”，Kun Pooh说，他经营着Pooh's酒吧和Pooh's小屋。此外，他还是一个地道的当地人，也是发展里朴岛旅游业的先驱之一。“他连本带利支付了Kyiet所欠的款项。

Tong的确返回到了海上吉普赛人家里（他们中的大多数都不能提供相关的土地文件），并且给他们提供大量资金。他们最终接受了，也就意味着后来的开发是合法的，是他们自己使家乡陷入困境。但是，事实并非那样简单。

起初当Kyiet商谈交易时，他允许海上吉普赛人保留一部分他们祖先留下的土地。但是，Tong买下了一切。老人Kun Pan提供了有关当时情景的记录，他居住在新的被隔离的海上吉普赛人村庄，这个村庄位于日落海滩的山坡上。

“以前，我们拥有整个岛屿，我们都住在这里的沙滩上”，渔民Pan说，他头发灰白，坚毅的额头上皱纹深陷。“我和我妈妈并不愿意卖掉这里。后来警察来了把我们带到沙敦，他们说我们没有土地所有权。”

Pooh不同意Pan的观点。他认为是pan搞混了，因为正是Tong同意“当地人”在他向他们买来的土地上居住了好几年。就在不久前Tong依法驱逐了他们。

据Pooh所说，Tong正在以数倍的价钱出售这块土地。很明显，Tong给这个泰国南部曾经的闭塞之地带来了商业、工作机会、基础设施和财富。此外，一些海上吉普赛人坚持在这里不妥协，守护着这片土地，生意做得也很成功，比如Daya Resort——这一切似乎和Pan的故事相矛盾。但是，你很难不注意到一点，绝大多数的海上吉普赛人并没有分享到繁荣的果实。

Som Tam 咖啡馆 $

（Sunrise Beach；菜肴20~50B）我们经过的时候，这里还没有固定名称，但是在这个位于步行街和日出海滩路交叉口的小咖啡馆里，你可以吃到sôm•đam和让人垂涎欲滴的炸鸡——完美的午餐。

Nong Bank Restaurant 餐厅 $$

（Hat Pattaya；菜肴80~120B；⏲早餐、午餐和晚餐）白沙滩的树下散放着六张餐桌，提供海鲜烧烤和超级美味的黄咖喱蟹（120B）。

Pooh's Bar 餐厅&酒吧 $$

（☎0 7472 8019；www.poohlipe.com）这个巨大的酒吧是一位里朴岛的开发者建造的，这里有平房、潜水商店和几家餐厅。这是当地外籍人士常去的地方，尤其在旅游淡季。每到晚上，这里都在大屏幕上放映电影。

Pee Pee Bakery 面包房 $

（Hat Pattaya；菜肴80B起；⏲早餐、午餐和晚餐）这里提供里朴岛上最好的早餐，包括自制面包和油酥糕点，就餐时还有人旁观。一份美式套餐费用是240B。

Mia Luna 酒吧 $

（Hat Pattaya）这里是真正的海盗酒吧，有悬垂的涂漆航标、浮木座位和吊床。这家酒吧地处偏远，坐落于Bila海滩（Bila Beach）附近的白沙滩上，越过芭堤雅海滩的山丘步行到这里并不远。当白天聚会狂欢的人睡去，这里很安静，适合休憩。

ℹ 到达和离开

从10月21日到次年5月底，这里有从Pak Bara（见364页）出发途经达鲁岛或Ko Bulon Leh到里朴岛的快艇，起航时间是上午9点30分、11点、中午12点30分和下午2点（550~650B，1.5小时）；而返程的时间是上午9点30分、10点和下午1点30分。在旅游淡季，交通取决于天气状况，但是通常每周都会有三个班次直达船只。租船从Pak Bara去里朴岛的单程费用高达4000B。

Tigerline（☎08 1092 8800；www.tigerlinetravel.com）提供前往兰塔岛最便宜的渡轮服务（1500B，5.5小时），中途在姆克岛（1400B，3.5小时），克雷登岛（1400B，4小时）和Ko Ngai（1400B，4.5小时）停靠。渡轮在上午9点30分从里朴岛出发。

现在有一种更加舒适的高速游艇，它是由**沙敦Pak Bara快艇俱乐部**（Satun-Pak Bara Speedboat Club；☎0 7475 0389，08 2433 0114；www.tarutaolipeisland.com）负责运营的，每天上午9点从里朴岛开往兰塔岛（1900B，3小时），中途停靠在Ko Bulon Leh（600B，1小时）、姆克岛（1400B，2小时）和Ko Ngai（1600B，2.5小时）。同一班船在下午1点从兰塔岛返航。

这些渡轮还提供每天前往马来西亚Pulau Langkawi（1200B，1小时）的旅行，出发时间是上午7点30分、10点30分和下午4点。记住提早到移民办事处门前上车。反过来，从Pulau Langkawi返回里朴岛的船只在马来时间的上午7点30分、9点30分和下午2点30分起航。

不论你最终决定坐哪一班船，你都得搭乘长尾船（每人50B），往返于海湾边缘的浮码头。

KO ADANG和KO RAWI

เกาะอาดัง/เกาะราวี

Ko Adang位于里朴岛以北，它拥有茂密森林覆盖的令人压抑的山丘、白沙滩和大量的珊瑚礁。多数潜水行程都会在这里停留，这里栓有泊浮筒可以保证船只安全抛锚。内陆有一些丛林小径和弯弯曲曲的瀑布，其中包括可以沿其漫步的**海盗瀑布**（Pirate's Falls），据说以前是海盗们的淡水来源（更像是河流而非瀑布）。在主海滩上的**Chado悬崖**能眺望美景，9月到12月期间，绿海龟还会在这里产卵。

Ko Rawi是一个椭圆形的多岩石的丛林岛，位于Ko Adang以西11公里处。这里有一流的海滩和大片近海珊瑚礁。只要你得到国家公园管理部门的批准，便能在Ao Lik露营。在**Ko Yang**和**Ko Hin Ngam**北面有很不错的潜水地点，那里有水下巨蚌的栖息地、生机勃勃的海葵和条纹型鹅卵石海滩。据说这里的石头都是被诅咒的，无论谁带走了这里的石头都会大难临头，直到把石头放归原处才能转运。这里有个小餐厅，但是最好从里朴岛自带午餐，因为相对便宜而且可口。甚至在岛上作短暂停留，也需要购买公园门票（成人/儿童 200/100B）。

Ko Adang上的公园住所在兰松的护林站附近。这里有崭新而迷人的**平房**（3~9人，600~1800B）、破旧的带浴室的**长屋**（带三张床的房间300B）和**露营**（每人30B，租用帐篷250B）设施。还有一家小餐厅提供好吃的泰式菜肴。

从里朴岛开来的长尾船可以载你去Ko Adang和Ko Rawi，砍砍价每人50B可以成交。

了解泰国岛屿和海滩

每平方公里人口数

今日泰国岛屿和海滩

性产业

- 人口：6670万
- 国内生产总值：5803亿美元
- 人均国内生产总值：8700美元
- 失业率：1.2%
- 教育开销：国内生产总值的4.1%

不管你认同与否，泰国最让人神往的休闲地——岛屿和海滩，都支持着这个国家蓬勃发展的性产业。虽然经常会碰到妓女和皮条客，而且性产业在这个微笑之国比在其他国家开放，但是请了解这样的事实：泰国的性产业历史悠久而且复杂。

如今，泰国作为国际性产业基地而蜚声世界，这起始于越南战争期间。外国士兵公然在曼谷、普吉和芭堤雅的红灯区寻欢作乐，在边境小镇更有隐秘的性产业和无数秘密的性交易渠道。

20世纪60年代，在联合国的压力下，一项法律得以颁布并规定卖淫属于违法行为，但是有单行法对娱乐场所（例如戈戈舞酒吧和按摩院）做出规定，准许其进行非性交易。一些分析家认为，性服务的高需求使削减性产业的可能性降低，但限制剥削的性交易成为多数社会运动分子和政府机构的目标所在。

据国际劳工组织（The International Labor Organisation）估计，泰国性工作者的薪水相当于泰国服务业工作者或是中级公务员的平均水平。这促使那些没有技能、未受过教育的村民——特别是那些有经济负担的人——投入性工作。

泰国社会大多数人都很重视家庭，因此很多人包括性工作者，都会把他们的大部分薪水寄回家。而家人们为了炫耀自己孩子的成功，便会用到手的钱购买生活所需。这种做法带来的不幸后果便是，它将进一步刺激性工作者一朝致富的欲望。

谨记

- 进入房屋或寺庙要脱鞋。不要把脚指向任何人（这在泰国被认为是极度无礼的）。
- 不要争辩或者愤怒，这会使你非常窘迫。
- 起立对国歌表示敬意。
- 不要批评君主制。
- 谨记微笑会让泰国人放松下来。
- 拜访寺庙或与王室有关的建筑物时要穿着得体（衣服长度足以覆盖手肘和脚踝）。

推荐阅读

- **《真正的泰国》**（***Very Thai***）菲利普·康韦尔-史密斯（Philip Cornwell-Smith）著，关于泰国奇事，有丰富的图片和随笔。
- **《泰国编年史》**（***Chronicle of Thailand***）威廉·沃伦（William Warren）著，泰国过去50年的历史。

信仰体系
(占人口百分比)

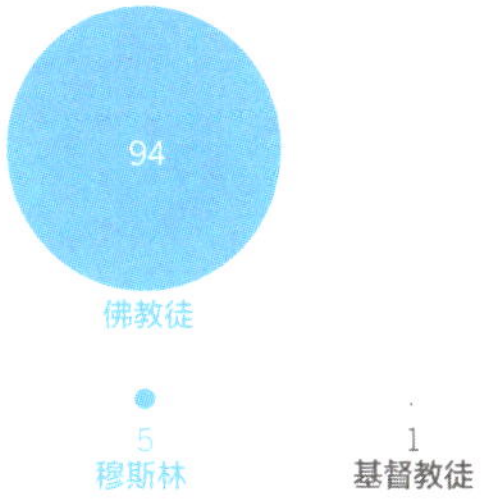

每100个泰国人中

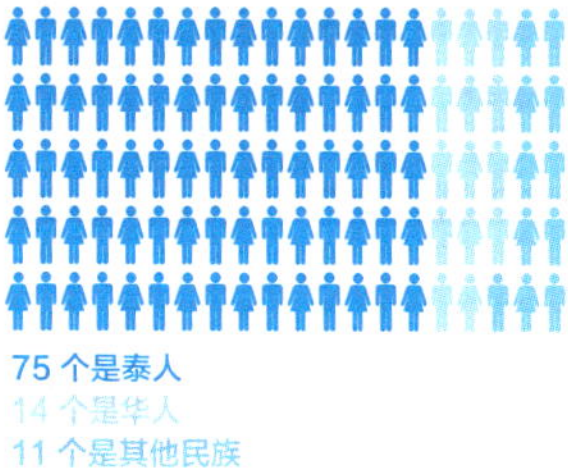

南方分裂主义

通常，泰国南方是金色沙滩和高耸的棕榈树的代名词，但是在与马来西亚毗邻的南方腹地，生活却远不安宁。泰国最南的三个省包括也拉（Yala）、北大年（Pattani）和那拉提瓦（Narathiwat）曾是北大年的伊斯兰领地，从15世纪开始统治这一地区，直到20世纪之初由佛教徒主导的暹罗国占领这一地区。然而，这里的人从未真正融入泰国社会，而深藏的分离情绪一直蔓延到今天。

20世纪30年代，泰国政府关闭了这一地区的Qu'rantic伊斯兰教法法院和伊斯兰学校。而当地人说的一种名为亚威语（Yawi）的马来方言，后来也在学校里被明令禁止。据当地人说，这种对人们权利的压制最终导致叛乱汹涌而来，这些叛乱被一些评论家称作较小规模的内战。

北大年的穆斯林游击队网络由以村庄为基地的叛乱组织组成，他们各自独立活动以求达到共同的目标。据称，这个组织大约有8000名分裂分子，他们的显著特征是极少声称对袭击负责和不把目标放在南部腹地以外。因此，尽管冲突给当地旅游业带来巨大的损失，但它受到的国际关注依然不足。

全球恐怖主义分析网（www.jamestown.org/terrorism）上登载了一些关于南方叛乱的文章。

推荐电影

» **《能召回前世的汶密叔叔》（*Uncle Boonmee Who Can Recall His Past Lives*）**：（Apichatpong Weerasethakul; 2010）获得2010戛纳电影节金棕榈奖。

» **《轻轨恋曲》（*Bangkok Traffic Love Story*）**：（Adisorn Tresirikasem; 2009）带有公共交通广告的浪漫喜剧。

» **《海滩》（*The Beach*）**（2000）：美丽的好莱坞乌托邦，改编自小说，因把泰国海滩的背包客变成了有奢华装备的背包客而常受赞誉。

» **《滚入红尘》（*OK Baytong*）**（2007）：影片涉及泰国政府与穆斯林的冲突。

历史和政治

历史

泰国的历史始于移民们奔赴边疆的故事，当时遥远的帝国通过贸易、劳役和资助统治着这一地区。最终，这个新生国家发展了强大的实体经济，并联合起积怨已深的地区逐渐形成有自己的语言、宗教和政治的国家实体。国王们试图抵制西方势力在边境的殖民扩张，结果却因内部叛变被迫放弃国内绝对控制权。自从1932年转变成君主立宪制以来，军队在泰国占据了优势统治地位，间或涌现一些争取民主的运动。揭开20世纪泰国的历史，将能帮助我们更全面地了解如今上演的政治闹剧。

古代史

公元500年之前的泰国文化遗迹很少。在泰国南部南邦府（Lampang）发掘的直立人(Homo erectus)化石可以追溯到至少50万年前，而乌隆府（Udon Thani）的班清（Ban Chiang）是最重要的一个考古发掘点，它为世界上最古老的一个农耕氏族提供了研究依据。人们相信，湄公河谷（Mekong River Valley）和呵叻高原（Khorat Plateau）早在1万年前就有农耕者和制青铜的工人居住。而乌汶附近的Pha Taem国家公园里留下的洞穴壁画可以追溯到大约3000年前。

帝国早期

在公元后的最初1000年里，泰人就开始从中国南部迁往东南亚地区，

泰国最佳历史读物

» 《泰国简史》（*Thailand: A Short History*）（2003），作者大卫·怀亚特（David K Wyatt）。

» 《泰国历史》（*A History of Thailand*）（2009），作者克里斯·贝克（Chris Baker）和Pasuk Phongpaichit。

» 《泰国编年史：1946年至今提要》（*Chronicle of Thailand: Headlines Since 1946*）（2010），作者威廉·沃伦（William Warren）。

时间表

公元前4000～前2500年

泰国人在史前就开始在泰国东北部制作陶器、耕作稻米、冶炼青铜。

6～11世纪

陀罗钵地王国在泰国中部建立城邦。

9～13世纪

吴哥扩大了在泰国的统治区域。

他们被认为是当代泰国的祖先。这些移民一批批地不断涌入，他们说一种单音节带声调的语言，被认为是东南亚最重要的民族语言体系。一些移民在今天泰国的河谷定居，而另外一些人则选择在老挝和缅甸的掸邦（Shan state）生活。

他们在村庄定居下来从事农耕、狩猎活动或者做生意，在贵族的统治下自行组成叫做meu·ang的行政单位，这也成为了泰邦形成的基础。久而久之，泰人居住地从北部山谷扩展到中部平原和东北高原地区，当时那里有几个本土和外来帝国统治下的重点贸易中心，包括孟-陀罗钵地（Mon-Dvaravati）、高棉（Khmer）王国和室利佛逝（Srivijaya）王国。

吴哥窟（Angkor Wat）里的浮雕木刻，描画了泰国雇佣兵在高棉军队里服役的情形。高棉人称呼他们为“Syam”，1592年英国商人詹姆斯·兰卡斯特（James Lancaster）把“Syam”音译成“Siam”（暹罗）。

陀罗钵地（Dvaravati）

孟人控制着缅甸和泰国西部的大部分地区以及中部平原。公元6至9世纪，陀罗钵地文化作为一种独特的佛教文化出现，与当地人的生活息息相关。虽然人们对这一时期的历史知之甚少，但是有理由相信Nakhon Pathom可能是陆上贸易线和贸易站的中心，向西延伸到缅甸，东到柬埔寨，北至清迈和老挝。被发现的独具特色的陀罗钵地佛像、寺庙和刻有孟语的石雕证实了这一点。

陀罗钵地形成于当时的东南亚地区，是受印度文化影响的众多文化之一。因为陀罗钵地的文化艺术遗产和贸易线路为现代泰国中心的形成奠定了基础，因此被学者们单独划分出来。

高棉王国（Khmer）

如果说陀罗钵地王国是一个历史之谜，那么高棉就是东南亚煊赫的“罗马帝国”。高棉王国以奢华的雕塑和建筑著称，对这一地区的艺术和建筑产生了深远的影响。高棉王国建立于9世纪，以吴哥（现在的柬埔寨）作为都城，向西扩展到现在的泰国中部和东北部。当时的行政中心也拥有不少高棉风格的寺庙，建在华富里（Lopburi，当时称为Lavo）、素可泰（Sukhothai）和披迈（Phimai）（呵叻附近），并以公路连通直达吴哥窟。

高棉巨型的建筑工程是其王室势力的象征，也是当时最先进的科技典范。高棉建筑元素—包括印度教、婆罗门教、小乘佛教和大乘佛教，是泰国这一时期文化产物的标志。

10世纪

泰人迁至泰国。

1240~1438年

素可泰王国大概存在于这一时期。

PAUL BEINSSEN/LONELY PLANET IMAGES ©

» 素可泰历史遗迹公园（Sukhothai Historical Park）

著名的宗教地标

» 三百峰国家公园的帕亚那空山洞

» 芭堤雅的真理寺

» 洛坤的玛哈泰寺

» 碧武里的高棉寺庙

» 普吉岛的大佛

室利佛逝(Srivijaya)

泰国大陆受到北部和西部势力的影响，而马来半岛在经济上和文化上已经和更远的南部融为一体。从8世纪到13世纪，马来半岛都受室利佛逝联邦统治，室利佛逝还控制着中国南海和印度洋的海上贸易。人们认为苏门答腊的巨港(Palembang)曾经是室利佛逝的都城。

在沿着马来半岛崛起的一连串室利佛逝城邦中，Tambralinga把都城建在现今洛坤(Nakhon Si Thammarat)附近。而最南边的城邦受伊斯兰教的影响，形成了一道宗教边界留存至今天。猜亚和洛坤周围仍然有室利佛逝遗迹。室利佛逝王国的许多艺术形式，如nǎng dà·lung(皮影戏)和lá·kon(古典舞台剧)，一直保存至今。

泰王国的兴起

13世纪高棉帝国走向衰落，而繁荣发展的泰城邦凭借局部势力和武装力量逐渐兴起。相互冲突的几个城邦最终联合形成多个王国，直至建立真正的泰王国。学者们认为当时泰联合王国包括兰纳(Lanna)、素可泰(Sukhothai)和大城(Ayuthaya)。

兰纳王国(Lanna)

兰纳王国位于泰国北部，由孟莱王(King Mengrai)于12世纪中叶建立于湄公河上游清盛(Chiang Saen)的一个小镇上。孟莱王征服了两个相邻的城镇并解决了争端，然后于1292年南迁至清迈(意为新城)建立都城。国王是一位高明的外交家，当时的王国与它的潜在对手建立了重要的同盟关系，比如帕尧(Phayao)的Ngam Muang国王和素可泰的兰甘亨国王(King Ramkhamhaeng)。如今，一尊青铜雕像矗立在清迈，用以纪念三国同盟。同时，14世纪时孟莱王成功击退了蒙古人的入侵，并与之建立外交关系，从而避免了可能的侵略，为人称颂。

兰纳王国因给予了小乘佛教的僧伽罗传统极大的资助而获得认可，小乘佛教目前在泰国被广泛奉行。因为饱受王朝叛乱的侵扰，还有与素可泰及大城的战争，兰纳王国从未广阔地拓展过其疆域。

素可泰(Sukhothai)

13世纪，中部平原的几个泰公国联合起来，从衰落的高棉手中夺取了泰国中部的控制权，并将他们的首都设在素可泰(快乐升起之地)。许

1283年
素可泰的兰甘亨国王发明了泰国早期书写体铅字。

1292年
清迈成为兰纳王国的都城。

1351~1767年
大城统治时期。

1688年
那莱国王过世，宫廷革命随即发生。泰国将法国殖民者驱逐出境。

多泰人把素可泰视为第一个真正的泰王国，而且把这一时期视为艺术和文化的觉醒期。

最受尊崇的素可泰国王是兰甘亨国王，他在印第安语、孟语和高棉语的基础上开创了现代泰语的拼写体系，因此备受称颂。他也确立了小乘佛教为官方宗教。

在全盛时期，素可泰王国将其领土向南扩展至洛坤、湄公河谷上游的老挝境内以及缅甸南部的勃固（Bago/Pegu）。不久之后（1448~1486年），素可泰的都城迁到彭世洛（Phitsanulok）。而此时，泰王国的另一颗新星—大城王国正在崛起。

大城（Ayuthaya）

14世纪中期，高棉王国快走到尽头，大城王国开始统治昭披耶河（Chao Phraya River）流域。大城存在了416年，是暹罗（Siam）最重要的早期王国。它影响范围广阔（包括前高棉帝国的大部分），在构建现代泰国及其社会结构方面发挥了根本性的作用。

凭着河流环绕的优越战略位置，大城在17世纪的贸易时代通过国际贸易迅速致富，依靠葡萄牙人提供的军火和雇佣兵不断发展壮大。整个河网与泰国湾及内陆地区紧密相连。

这一时期，西方商人发现了东南亚，并吸引了外国人前来大城居住，外国游客曾在文字中提到了大城国际化的市场及朝廷。1690年，伦敦人Engelbert Campfer宣称，“在所有亚洲国家中，暹罗王国是最伟大的”。

大城沿袭了高棉宫廷的风俗、敬语以及君主统治。君主自称高棉devaraja（天神）而非素可泰的dhammaraja（正直之王）。大城继续颂扬中国的皇帝，而皇帝也用丰盛的礼物和商业特权作为对这种表面臣服的奖赏。

大城的辉煌最终被缅甸的扩张打破。1569年，大城落入缅甸王Bayinnaung之手，后来在纳黎萱国王的领导下重新获得独立。1765年，野心勃勃的缅甸贡榜王朝向东扩张，企图消灭这个他们政治上和经济上的对手。缅甸人围攻都城长达一年，终于在1767年摧毁大城。城池尽毁，城中的建筑和人也被毁灭殆尽，周遭一片荒凉。泰国人对于大城被掠夺并夷为平地的历史感到痛恨，以至于直到今天他们仍然坚持认为缅甸人是他们冷酷无情的仇敌和侵略者。

纳黎萱国王（King Naresuan）在泰国人心中是一位民族英雄也是被人崇拜的偶像，尤其受到军队的崇拜。他的传奇故事激发了导演查崔查勒姆·尧克尔（Chatrichalerm Yukol）的灵感，由此拍摄了高成本的电影大片三部曲，而政府为此影片提供了部分资金。

1511年

葡萄牙人效仿其他欧洲国家在大城成立外交使团。

1767年

大城遭缅甸人洗劫。

1768年

塔可辛国王建都吞武里。

1782年

查克里王朝建立，定曼谷为新都城。

国王的朋友

17世纪80年代，因为醉心于得到外来物品、吸收外国文化和思想观念，那莱国王（King Narai）邀请了很多外国使者来到大城。宫廷会订购小望远镜、沙漏、纸张、胡桃树、奶酪、葡萄酒以及大理石喷泉。他还加入了法国耶稣会，在自己的宫殿观察日食，并且收到法国国王路易十四赠送的地球仪。

17世纪80年代，那莱征募希腊冒险家Constantine Phaaulkon服役，后来这位冒险家因阴谋策划推翻生病的国王的统治而受到控告。结果，检举人发动政变然后处死了Constantine.

曼谷时代

曼谷时代的地标

» 郑王寺

» Wat Phra Kaew寺和大皇宫

» 都实宫公园

大城遭毁，王位继承中断，动乱接踵而至。曾是将军的塔可辛（Taksin）轻易击败了潜在的对手，宣称对泰国施行统治。他把大城的河流下游便于贸易的吞武里（Thonburi）设为新的首都。为了巩固政权，塔可辛国王，这位一半中国血统、一半泰国血统的将军，大力推动了对华贸易的发展。

塔可辛国王在1782年被军队废黜。政变组织者之一Chao Phraya Chakri被加冕为Phraphutthayotfa Chulalok（1782~1809年；死后称作拉玛一世），建立了查克里（Chakri）王朝，其统治一直持续到今天。新王朝迁都至昭披耶河对岸的曼谷。

曼谷前100年主要是进行重建，恢复大城被洗劫时失去的领土。残存下来的知识和惯例得以保存或被吸收纳入新法、政府管理手册以及宗教和历史作品。同时，新政府不再实施防御政策，而是通过发动战争来扩张领土，以扩大自身各方面的影响力。泰国不仅摧毁了老挝和柬埔寨的都城，而且牵制了缅甸的入侵，从而使清迈沦为附属地。战败的人们重新定居，他们在暹罗的粮食增产中发挥了重要作用，这些粮食大部分都出口到了中国。

和信奉印度教主神毗湿奴（Vishnu）的大城统治者不同，查克里国王是佛教的拥护者。他们着手汇编和翻译佛经的精华，修建了大量王室寺庙。

同时在19世纪中叶，一种新的社会秩序和市场经济开始形成。暹罗吸收了西方现代科技理念，并且进行了教育、基础设施建设以及法律体系

1851~1868年	1855年	1868~1910年	1874年
蒙库特国王（拉玛四世）统治时期，也是广受西方文化影响的时期。	暹罗和英国缔结了刺激经济发展的《鲍宁条约》（*Bowring Treaty*），暹罗的英属地获得治外法权。	朱拉隆功国王（拉玛五世）统治时期，欧洲列强在其邻国的霸权得到加强。	奴隶制被废除。

的变革。伟大的现代主义者之一，蒙库特国王（Mongkut，拉玛四世）从未料想过会当国王。继位前的27年间他一直在寺院修行，建立了基于他所信奉的蒙镇僧侣教义的教派。修行期间，他熟练掌握了巴利文、梵文、拉丁文和英文，并学习了西方科学。

拉玛四世执政期间，暹罗与西方大国缔结了条约，努力使泰国融入到世界经济体系中去。他放弃了君主专制，给予了英属地治外法权。

蒙库特国王的儿子朱拉隆功国王（Chulalongkorn，拉玛五世）在用单一民族国家的模式取代旧政治模式上采取了更多有力的措施。他废止了奴隶制和徭役（国家劳役），而两者从大城时期就一直存在弊端。朱拉隆功统治时期建立了发薪水的官僚机构、警察机关和常备军，他的改革使法典、法庭和税务署达成统一。由于灌溉技术的进步和务农人数的增加，暹罗的农业产值得到提高。他还在欧洲殖民地势力边界沿线建起了学校。并且通过全民征兵和人头税，全部臣民都成为国王的士兵。

在开化本国人民方面，朱拉隆功极大地依赖外国顾问，主要是英国顾问。宫廷内大多数历史悠久的礼仪被抛弃，取而代之的是西方的仪式。国内的建筑和视觉艺术，比如新的王室大厅，也是由意大利艺术家设计的。

和他的父亲一样，朱拉隆功被认为是一个高明的外交家，因为成功地使欧洲列强们彼此争斗以免于被殖民而受到拥戴。然而，作为独立的代价，泰国被迫放弃法属印度支那（1893年老挝割让，1907年柬埔寨割让）和英属殖民地（1909年马来的三个州割让）。1902年，从前的北大年（Pattani）被割让给英国，后来被马来西亚控制，五年后又回归泰国（今天南方腹地的人们仍然认为它是被泰国政府强占的）。

暹罗正逐渐成为一个在现代地理上有明显界定的国家。到1902年，暹罗改名为Prathet Thai（泰人的国家）或是Ratcha-anachak（泰王国）。而到了1913年，所有生活在这片疆域以内的都被称为泰人。

民主与军队

1932年，一群年轻的军官和官僚自称为Khana Ratsadon（人民党），成功发动了一场不流血的政变，从而结束了暹罗的极权君主政体，采用了君主立宪制政体。政变的领导者正是在留学欧洲时受到了民主意识的启迪。

政变后的几年间，各大派系（保皇派、军人、平民）都在争夺新政

1868年，蒙库特国王（拉玛四世）废除了丈夫违背妻子意愿贩卖妻子和孩子的权利。而旧的条款被人认为，像对待水牛一样对待妇女。

朱拉隆功（拉玛五世）享有人民宗教崇拜一样的爱戴，某种程度上是因为他那些身穿欧洲服饰、普通泰国农夫的衣服或气派军装的讨人喜欢的照片。他公然挑战传统，公开在臣民面前亮相，而且允许人们广泛散播他的照片。

1890年

暹罗修建了第一条连接曼谷和呵叻的铁路。

1893年

法国封锁昭披耶河受争议的印度支那领土，加强了殖民威胁。

» 曼谷昭披耶河的郑王寺（见59页）

1939年，披汶把国名由暹罗改为“Prathet Thai”；人们认为这是一场鲜明的民族主义行动，它试图把所有讲泰语的人们都统一起来。

权中的主导权。即便人民党自身也没有在建立一个民主泰国的远景上获得共识，而军方则在大选之前已经控制了政府。1933年，平民派系的领导人比里·帕侬荣（Pridi Phanomyong），一位在法国接受教育的律师，因为提出一个倾向于社会主义的经济计划激怒了军方上将而遭流放。披汶·颂堪（Phibul Songkhram）上将，人民党军方派系的领导之一，就任首相总理，执政时间从1938年持续到1944年，后又从1948年执政到1957年。

披汶统治时期正赶上二战，当时大泰族民族主义倾向鲜明而强烈。他与日本人合作，允许日军把泰国作为入侵东南亚的补给站。披汶政府支持日本，希望重获国际影响力并且收回法国入侵印度支那时丢失的领土。二战期间，泰国本打算对美国和英国宣战。但是，Seni Pramoj，泰国驻华盛顿的大使，同时也是Seri Thai（“自由泰国”运动）成员之一，拒绝递交开战宣言，从而使泰国免于承担战败国的惨痛后果。1944年披汶被迫下台，后因犯战争罪而接受审判。

1935年，因为镇压保皇派有功，退位国王的侄子阿南达·玛希敦（Ananda Mahidol）加冕成为国王拉玛八世，当时他只有10岁，而且大部分时间留学国外。然而在1946年，拉玛八世却被神秘地射杀在他的卧室中。同年，他的兄弟普密蓬·阿杜德（Bhumibol Adulyadej）被指定为查克里王朝的第九位国王。他一直执政到今天，成为泰国乃至世界上执政时间最长的国王。

自由博弈

比里·帕侬荣（1900~1983年）既是一位在法国受过教育的律师，也是1932年革命和人民党的平民领导人之一。他依据宪法进行民主改革，试图用法律约束军方参与政治。他支持土地和劳动国有化，支持国家引导的工业化和劳工保护。1934年，他又建立了国立政法大学（Thammasat University）。另外，他也是Seri Thai（“自由泰国”运动）的傀儡，于1946年就任总理。

尽管被认为是资深的政治家，比里也是披汶和军方的头号仇敌，因而颇受争议。批评家指控他是共产党，因为被怀疑弑君而流放国外。冷战缓和以后，比里的遗产得以重新查验，而他也因为争取民主和平衡了军方利益得到认可。因此，2000年他还被提名为20世纪联合国教科文组织的杰出人物。

1902年

暹罗吞并了前北大年联邦的也拉、北大年和那拉提瓦。

1909年

盎格鲁—暹罗协议划定了暹罗的疆域。

1913年

Vajiravudh国王要求所有国民采用姓氏。

1916年

泰国第一所大学朱拉隆功大学建立。

战后不久，民主政治逐渐兴起：举行全民选举，1946年的宪法试图削弱军队的力量并赋予人民更多的民主权利。这些政策一直持续到阿南达去世，军队以此为借口重新恢复了披汶政权。

军事独裁

1957年，披汶的继承者沙立·他那叻（Sarit Thanarat）将军使全国陷入了军事独裁统治之下：废除宪法，解散议会，禁止所有的政党。20世纪50年代，美国直接插手东南亚以遏制共产党势力在这一地区继续扩大。冷战时期，美国为Sarit政府提供了经济和军事援助，这一政策一直持续到后继军队独裁者的统治，包括1964~1973年执政的他侬·吉滴卡宗（Thanom Kittikachorn）和Praphat Charusathien。他们与美国签订了一系列经济协议，作为交换，泰国允许美国在其境内设立军事基地，以支持越战。

1973年，左翼分子团体，主要是知识分子、学生、农民、工人和部分中产阶级，组织了一场政治集会要求恢复宪法。同年10月14号，军队对在曼谷举行的一场大型示威进行了残酷的镇压，杀死77名学生，伤者逾800人。曼谷的民主纪念碑旁边树立起另一座碑，以此来纪念此次运动。国王普密蓬介入，制止进一步的流血冲突，迫使他侬和Phaphat离开泰国。

随后几年间，左翼学生运动越来越激进，给泰国共产党中的工人阶级和中产阶级带来恐慌。1976年，他侬以僧侣的身份回国，并受到了泰国王室的欢迎。反对者再次在国立政法大学举行示威活动来对抗10月14日大屠杀的凶手。右翼分子、反共民间团体与学生发生激烈冲突，导致了血腥暴力事件的发生。此后，泰国的很多学生和知识分子被迫转入地下，加入了泰国人民解放军（People's Liberation Army of Thailand，简称PLAT）。这些共产党武装起义者以泰国北部和南部群山为活动基地。

军队统治贯穿泰国的20世纪80年代。“政治士兵”普瑞姆政府促进了政治和经济稳定。普瑞姆通过军事行动和大赦计划解除了共产党武装起义。随着国家新经济时代的到来，一些杰出的商业领袖成为极具挑战性的对手。他们抱怨军队的冷战思维和对政治的干预，坚持认为共产党应该是政府的商业伙伴而非敌人。

泰国有17部宪法修订案，而宪法在18（这一数字仍有争议）场政变中屡遭改写。每一次的重生都是政府不同派系间重新划分势力范围，而这种瓜分倾向于维护统治者的利益（包括军方、保皇党人和平民）而损害其政治仇敌。

1917年

暹罗派遣军队加入一战同盟。

1932年

不流血政变结束了君主专制制度。

1939年

国家的名称由暹罗正式更改为泰国。

1941年

二战中日军进驻泰国。

普瑞姆·廷素拉暖(Prem Tinsulanonda)终身担任着普密蓬国王的枢密院院长职务，被认为是2006年政变的策划者。

这只是商业

1988年大选中，普瑞姆被差猜·春哈旺(Chatichai Choonhavan)取代，后者是泰国党领袖。差猜组建了一个由商业专家所构成的政府。差猜政府转移了官僚主义者手中的权力，并努力使泰国在经济上向“亚洲四小龙”看齐。但是，政治就像商品一样经常被贩卖，由于极端腐败，差猜政府最终被军队推翻。这次政变标志着泰国政治的新趋势正在显现：曼谷商业团体和知识阶层连同军队对抗差猜政府以及他的商业政治和金钱政治。

1992年恢复大选以后，未当选的军队领袖自命为总理。这一做法遭到了广泛抵制，随后的平民与军队的冲突被称为“黑色五月”。在曼谷前市长占隆·西蒙(Chamlong Srimuang)的领导下，20万抗议者(被称作“mobile phone mob，手机暴徒”，代表新兴的城市富人)在曼谷发动了大规模的示威游行，导致其与军方的暴力冲突持续了三天三夜。5月20日晚上，普密隆国王介入，结束了这场冲突。

“黑色五月”过后，新一波倡导宪法改革的民主浪潮席卷而来。20世纪90年代的较长一段时期，议会受民主党支配，而民主党代表着城市中产阶级和商人的利益。它主要得到了泰国南部中心城市的支持，过去曾是港口城镇，那里的旅游和出口业(橡胶、锡和鱼)占据着重要地位。另一方面，过去支持军队的政客在中部平原建立基地，而新的州镇东北部的农民主要依靠政府的财政分配。这些政治分界线一直延续到今天。

1997年，快速发展的时期结束了，亚洲经济危机爆发。泰国的经济受外债困扰，房地产领域过度膨胀，货币贬值。危机出现的几个月里，泰铢对美元的汇率从25泰铢跌到56泰铢。国际货币基金组织介入，通过施行财政、法制改革以及经济自由化计划，为泰国提供了170亿美元的贷款，以此来稳定泰铢的汇率。

危机过后，民主党毫无争议地重掌政权。但是，由于经济形势恶化，人民认为民主党的政策毫无成效。

普密蓬国王并没有无上的权力，所以只好另谋途径帮助辛苦挣扎的农民们。1969年，他成立了皇家工程基金会。这个基金会最为人称赞的成就便是根除了北部山地部落的鸦片培植。

他信时代

2000年，泰国经济形势好转，商界使泰国政治中的主要力量——军队黯然失色。电信亿万富翁和前警员他信·西那瓦(Thaksin Shinawatra)借助泰爱泰党(Thai Rak Thai，简称TRT)，利用农民日渐增长的民族主

1945年

二战结束，泰国割让被占领地，包括老挝、柬埔寨和马来地区。

1946年

普密蓬·阿杜德(拉玛九世)继位，泰国加入联合国。

1957年

沙立·他那叻发动政变，军队统治时期开始，并一直持续到1973年。

1959年

第一个旅游管理局建立。

义情绪，在2001年大选中以绝对优势胜出。他信自称首席政治家，很快便履行了关于农村发展的诺言，包括免除农业债、推行村庄资本储备以及经济的卫生保健。

1997年的宪法改革巩固了总理的地位，他信政府成为泰国历史上最稳定的当选政府之一。快速发展的经济加上他信大胆的高压领导使得他在2005年大选中获得全面胜利。

2006年，他信因滥用权力和违背公众利益而受到指控，尤其是他的家庭成员把家族西那瓦集团的控股权出售给了新加坡政府，获得了免税的730亿泰铢（约18.8亿美元）利润，而这一结果要归功于他信在有关电信法规上巧施手段。曼谷举行多次示威要求罢黜他信，而在2006年9月19日，军队发动了一场不流血的政变，迫使他信流亡国外。法院解散了泰爱泰党，原党内执行委员5年内不得参政。按照承诺，过渡政府于12月举行大选，使泰国回归平民统治时代。他信的政治同盟在大选中取得了议会多数席位并组建了沙马·顺达卫（Samak Sundaravej）领导的政府，而军队和曼谷的上层和中产阶级对这一结果非常不满。

占隆·西蒙（“黑色五月”暴动领袖，前曼谷市长）和颂提·林通恭（Sondhi Limthongkul）（他信商业和政治宿敌）领导了反他信政府示威游行。他们自称人民民主同盟（People's Alliance for Democracy，简称PAD），为了表示对国王的效忠，他们通常身穿黄色衣服，因此被叫做“黄衫军”（Yellow Shirts）。反政府组织认为他信在位期间成功地巩固了政权，而且企图夺取王位或者至少想打破王位继承制度。

2008年9月，沙马被宪法法院撤职。执政期间，沙马举办了一场电视烹饪秀，而法院认为此举违背了公共利益。黄衫军依然对政治不满，2008年11月他们控制了泰国的主要机场长达一周，直到军队秘密操纵了这场政变，法院作出有利于黄衫军的裁决，而后这一裁决削弱了他信的政治代理人力量。最后通过构建同盟，民主党人阿披实·维乍集瓦（Abhisit Vejjajiva）在议会选举中当选为泰国的第27任总理。

他信的支持者组织了反对运动，作为民主对抗独裁的统一战线，被叫做“红衫军”（Red Shirts）。这些支持者大多来自北部和东北部，包括反对政变、支持民主的激进分子以及他信的心腹。一些红衫军对贵族表现出夸张的敌意，这也是一定程度的阶级斗争。2010年，泰国最高法院因发现他信滥用总理职权而下令没收其460亿美元资产，红衫军因此爆发了最激烈的示威游行。红衫军占领曼谷市中心长达两个月，要求解散政府并

他信是泰国历史上第一位完成四年任期的总理。

1965年

泰国成为美国对越战争的军事基地。

1968年

泰国成为东南亚国家联盟（Association of Southeast Asian Nations，简称 ASEAN）的创始国之一。

1973年

泰国学生联合工人、农民举行示威活动要求建立民主政府。

1976年

军队对学生运动进行暴力镇压。

边境古庙之争

2008年，柬埔寨成功地向联合国教科文组织申请将古代高棉寺庙——柏威夏（Phra Wihan，柬埔寨语为“Preah Vihear”）神庙正式列入世界文化遗产。虽然地处偏远，看似微不足道，但是柏威夏神庙长期以来都是柬埔寨和泰国的必争之地。1969年国际法庭将柏威夏神庙判归柬埔寨所有，但两国均声称对神庙周围4.6平方公里的地方拥有主权。被列入世界遗产后，柬埔寨士兵就驻守在边境地区而且定期开火。直到2011年大选，由于两国政治立场对立，边境冲突加剧。柬埔寨首相洪森（Hun Sen）一向被视为他信的同盟者。他被指责利用此次争端使当时执政的阿披实政府（Abhiset Government）显得软弱无力。与此同时，泰国的反他信派被指控利用争议挑拨离间，致使他信支持者名誉扫地。不过在为泰党（Pura Thai）赢得选举，以及2011年泰柬双方边境会晤发表未来共同合作声明后，争端似乎渐渐淡化了。

且恢复选举。因为运动领袖无法同政府达成妥协，2010年5月，军队动用武力驱逐抗议者，最终导致流血冲突，造成91人死亡。整个市中心浓烟滚滚，镇压过程中因纵火造成的损失估计达150亿美元。

2011年，泰国举行大选，他信的政治同盟为泰党取得议会多数席位。

南方腹地冲突

从2001年开始，穆斯林武装叛乱者在泰国南部的北大年、那拉提瓦（Narathiwat）和也拉（Yala）不断发动小规模的反政府战争。过去这三个省构成历史上的北大年王国，直到这一王国被查克里国王征服。在朱拉隆功国王的统治下，传统的掌权者被中央政府官员和官僚主义者取代。二战期间，一项民族塑造政策开始实施，旨在把多种族的泰国转变成统一的、同质型的佛教国家。这一政策遭到南方腹地人民的抵制，引起一场北大年争取独立的激烈的分离运动。20世纪80年代和90年代，继任总理普瑞姆放弃了同化政策，承诺支持穆斯林的文化权利和宗教自由。他还对武装起义者实施大赦，在因历史原因而极端贫困的地区施行经济发展计划。

他信政府以另外一种方式治理南方，被视为历史上在经济和教育方面压制最严苛的。他信施行严格的中央控制，被认为是赤裸裸地破坏民主党的根据地。这项政策成功削弱了当地掌权者、南方选民和民主党的

1979年	1980年	1988年	1991~1992年
三年军队统治之后，选举和议会得以重新恢复。	普瑞姆政府极力削弱共产党武装运动，最终以政治手段终止了运动。	差猜·春哈旺当选自1976年以来泰国第一任总理；泰国同印度支那地区开始通商。	颂猜（Suchinda）将军企图夺取政权；普密蓬国王介入，结束了“黑色五月”抗议活动的一系列骚乱。

议会代表之间的联系。然而，它忽视了南方腹地穆斯林敏感而虔诚的文化信仰。2002年，政府解散了长期存在的管辖局——军队运营的警民军联合边境安全委员会。安全委员会维护了边境的和平稳定并且加强了政府和南方穆斯林之间的联系。取代安全委员会以维持当地治安的泰国州警，缺乏精神上的权威，也没有得到当地人的支持。2004年，他信政府残酷镇压了示威游行，导致柯瑟清真寺（Krue Se Mosque）事件和达拜（Tak Bai）事件的发生，这两起事件至少造成共180名穆斯林死亡。2005年，这一地区宣布戒严。

人们普遍认为，2006年泰国穆斯林将军领导的政变很有可能解决南部暴力冲突，但是实际上并没有奏效。爆炸和枪击仍然在南方持续发生，而这一地区也成为禁止通行的地区。

民主党（Phak Prachathipat）成立于1946年，如今是泰国存在时间最长的政党。

政治

政府

2006年政变发生后，大多数的政治闹剧都牵涉到关于构建泰国立法机关的长期争论，而立法机关取得了更多控制权。目前泰国议会有630位议员，分成下议院和参议院，席位包括普选和党内选举席位。普选席位的比例会随每一次宪法的修订而发生变化。1997年的宪法修订案，被称为人民宪法，要求两院都实行普选。赋予人民选举权的做法为他信及其政党泰爱泰党获得选举的全面胜利铺平了道路。军方及其掌权者废除了这一受欢迎的机制，经常抱怨说民主普选在泰国行不通。

选举者投票时，他们会把票投给议员和支持的政党。依据投票结果可以确定获胜者和党内选举席位中代表的比例。

总理是政府首脑，通过获胜党合法投票选举产生。根据最新的宪法修订案，总理必须是现任议员，然而事实往往并非如此。

在泰国，所有年满18周岁的选民都要参加强制性选举，但是僧伽并没有选举权。21世纪以来，选民人数稳步上升，2007年参加投票的登记选民达到总人口的78%。

而伴随选举的一个典型特征便是贿选指控。据坊间传言，当地政党领导去到各个村落花钱买取选票。有些时候，村民会接受各竞争党派的贿赂，在投票箱前一点也不忠诚。

如果选民不愿意支持任何一个政党，就可以投反对票。在选票上乱

JACQUSE LANGEVIN SYGMA/CORBIS ©

» 1992年骚乱后的曼谷

1997年

亚洲经济危机爆发；泰国通过了具有历史意义的人民宪法。

2001年

他信·西那瓦当选总理。

选举标语

大选之前，泰国候选人会在道路的电线杆上张贴政治广告和标语。在传统海报上，候选人身着正式制服颇显庄严。但是近年来，类似广告的印有诱人标语和煽动性形象的宣传手段越来越流行。

Chuvit Kamolvisit曾经经营妓院，而且一直擅长标新立异。后来，他转投政治界，2011年利用"愤怒的人"竞选宣传赢得选民的支持。广告中他用一张因愤怒而扭曲的脸来表达对政府的不满和愤怒（顺便提一句，他就职后的第一次行动便是曝光了由高层警官在曼谷经营的一个非法赌场）。

民众抱怨说广告牌造成了交通堵塞，但是制作者却乐意看到生意红火的场面。所有的竞选海报都很容易遭到破坏或是盗窃，因为塑料海报特别实用，可以用作遮阳伞或是修补屋顶。

涂乱画或者损坏选票的事情也很常见。在2005年的大选中，绝大多数的不合格选票上都包含反他信的信息。

大学教授Somsak Jiamteerasaku，长期以来不断地对冒犯君主罪（lèse majesté）提出批评，在发表了关于提议改革王室机构的演讲后遭到逮捕。这种政治伎俩竟然被用于对付知识分子，泰国学界为此感到震惊。

媒体

东南亚国家通常都不喜欢未经审查的媒体，但是20世纪90年代的泰国却支持新闻自由。尽管存在很多漏洞，泰国1997年的宪法修订案规定了保护新闻自由。21世纪之初，电信大亨他信·西那瓦上台以后，新闻自由便终止了。随着他信就任总理，其政党也占据了压倒性优势，新闻界遭遇了资格审查和法律恐吓，而这在20世纪70年代的军事独裁时期是不可能存在的。但凡有任何个人、出版物或者媒体印发揭露他信政府丑闻的，政府便会对其进行一连串的诽谤和控告。

2006年他信下台后，新宪法成功恢复了对媒体新闻自由的保证。然而这一纸承诺并未使新闻界免除被恐吓、指控和遭受人身攻击。

由于"冒犯君主罪"的实施，泰国新闻界经常遭到恐吓。犯下"冒犯君主罪"的人会被判处3~15年监禁。通常情况下，在有关王室的报道中，出于敬重，媒体会进行自我审查，但是他们依然对有可能的指控感到恐惧。

自从2006年以来，"冒犯君主罪"指控案件不断增多，主要是针对政治对手，有时也针对记者和普通民众。一位泰国脸书（Facebook）用户因

2004年

印度洋海啸造成5000人死亡，旅游业和捕鱼业遭受损失；泰国南方腹地的穆斯林叛乱时期开始。

2006年

普密蓬国王举行在位60周年庆典；政变中他信政府被推翻，总理他信被迫流亡海外。

GAMMA-RAPHO VIA GETTY IMAGES ©

» 普密蓬国王登基60周年庆典

上传了关于国王的负面言论而遭控告，另一位海外泰人因在博客上传关于国王的禁书面临指控。

如果政府认为某一出版物有损王室形象，那么就会禁止其出版。2006年以来，《经济学人》（*The Economist*）杂志上刊登的几篇评论都遭到禁令。随着互联网审查制度的兴起，以东北部为基地的所谓亲他信的红衫军广播站被政府关闭。

2008年

柬埔寨成功向联合国教科文组织申请将柏威夏神庙列入世界文化遗产，而这一神庙造成两国长期存在边境冲突。

2008年

保皇派黄衫军占领曼谷国际机场，导致机场关闭数周。

2010年

亲他信的激进分子红衫军占领曼谷市中心长达两个月；军队镇压导致91人死亡。

2011年

为泰党赢得大选；英拉·西那瓦（Yingluck Shinawatra）成为泰国首位女总理。

民族与社会

泰国人口统计

- 人口：6670万
- 出生率：1.6
- 65岁以上人口比例：9.2%
- 城市化比例：34%
- 平均寿命：73岁

在与不同民族建立地理亲缘关系以及历史迁移的演变过程中，尽管存在民族和区域差异，泰国这个有着很强凝聚力的国家始终团结统一。

民族构成

75%的泰国国民是泰族，因此从表面看泰国人都是一样的，然而泰国的确存在着细微的区域差异。在中部平原（湄南河三角洲），历史上的暹罗人通过建立自己的王国实现了统一，并且努力宣扬自己的文化和语言。今天，泰国中部的方言是国家标准语言，首都曼谷通过大众传媒和标准化教育来输出其统一的文化。

东北部的伊森（Isan）一直以来都远离全国的其他地方，其与老挝人和泰裔老挝人在文化上建立了亲密的民族关系。伊森方言不同于中部方言，他们的民间信仰也不同，甚至是sôm·đam（香辣青木瓜沙拉）里的配料也反映了文化上的变迁：老挝的sôm·đam含有田蟹，而正宗的sôm·đam含有花生。毗邻柬埔寨的东北部省份则明显受到了高棉人的影响，因为在历史上的动乱时期很多家庭越境移民至此。少数族群Suay部落居住在素林和呵叻附近，Suay人是传统的驯象师。随着大象旅游业的不断发展，很多人为寻求工作机会在全国各地重新定居。

南部泰人彰显了泰国南部的典型特征，南部方言比标准的泰语语速快一点。由于在地理上接近马来西亚和历史上的穆斯林，更多穆斯林民间信仰融入了当地文化。

看不见的缅甸人

由于缅甸城邦的机能不断失调，越来越多的缅甸人奔赴泰国。大约15万人因为政治或者种族因素来到泰国，但是绝大多数人是为了生活来此避难（估计有2到3百万，有记载的不到一半）。他们遍布各个基层行业，例如鱼品加工、建筑、家务以及工厂，而这些工厂过去常常雇佣缺乏技能的泰国东北部工人。因为人口老龄化速度加快，很多泰国人认为泰国需要这种输入的劳动力。

但是，泰国政府并没有像业内一样，迅速地处理出现的移民潮。由于多数缅甸移民在泰国非法地居住和工作，他们不得不受雇主的剥削，而这被一些激进分子看作是现代奴隶制。这些移民在本国军队统治的迫害下无法回国，在工作上受到虐待也不能求助于泰国当局，否则便会被驱逐出境。

留面子

泰国人非常重视“留面子”的观念，即避免面对面的冲突，尽量不使自己或他人感到尴尬（除非是sà·nùk——开玩笑）。理想的留面子的情况是在谈话中不涉及负面话题，不表达坚定的信仰或观点，也不说自己有某一专长。维持一致性与和谐性被认为是最重要的社交魅力。

西方人可能会认为热烈的讨论是一种有益身心的运动，但是泰国人则会避免这类冲突，他们认为大声说话的人是粗鲁而且可能是情绪无常的。

像被绊倒或跌跤这类较小的尴尬事可能会引来泰国人群的笑声。这种情况下，他们不是拿你的不幸取乐，而是想通过欢愉的笑声帮你挽回面子。

如果要根据种族渊源和文化习俗重划泰国边界，泰国北部将会与中国南部和缅甸北部联接起来。当地的泰国人被认为是来自中国云南地区的傣族人。泰国还有很多子群种族，包括掸人(居住在缅甸高原的泰人)和居住在难府（Nan)、清莱府（Chiang Rai）以及越南高原的Tai Lü。

泰国华人大多为第二代或第三代的客家人、潮汕人、海南人、广东人等，他们占泰国总人口的14%。20世纪初期至中期，大批中国移民前往曼谷和附近海滨地区谋生。泰国北部也有相当多的华裔回族穆斯林居住，他们于19世纪末由云南移民至泰国。

中国和泰国很早就因通商、移民和文化的相似性建立了联系。很多华人与泰国人通婚，中国传统文化从而融入了泰国主流文化。在历史上，富裕的华人把自己的女儿嫁给王室成员做妻子，由此建立了和王室的联系，而皇室的华裔血统一直延续到现任国王。泰国大多数城镇的商业中心都是由华裔泰人经营的，泰国很多地方也会庆祝中国节日，比如一年一度的素食节。

泰国第二大少数民族文化群体是马来族（4.6%），他们大部分聚居在南方省份。其余的由人口较少的非泰语族群构成，比如越南族、高棉族、孟族、莫肯人（即海上吉普赛人）、Htin族、Mabri族、Khamu族和各种山地部落。还有少量欧洲人和其他非亚裔人居住在曼谷和周边省份。

区域认同

宗教、王室和传统是泰国社会的最主要特征。泰国是东南亚唯一一个从未被欧洲列强殖民的国家，泰国人为此感到由衷的自豪。然而，整个泰国并没有表现出同一特质。在泰国南部，另一种强烈的文化特质占据主流地位，而这种文化与附近的马来群岛的伊斯兰文化更加协调。

在现代政治边界将马来半岛一分为二之前，半岛的城邦、伊斯兰教君主领地和村庄是以印尼为根基的室利佛逝帝国的一部分，文化习俗和语言彼此混合。各方都极力争夺对航运路线的控制权。泰国南部的许多城镇和地理名称带有印尼语（Bahasa）的特征，一些传统能够立即被苏门答腊人（而非泰国北方人）认同。中国文化在泰国南部很突出，这一点在许多寺庙和会馆中可以看出来。将本国文化和外来文化融为一体，便形成了泰国南方文化。

绰号游戏

泰国婴儿出生后，父母往往给他取一个吉祥的名字，通常由本族族长或者女家长赐名。这样诗意的名字到后来写在姓名卡上就会变得非常繁琐，而介绍给大家的时候只使用一个单音节词。泰国人的绰号一般很有趣，可以按照孩子的相貌来取（如“Moo”，意思是猪，如果孩子胖乎乎的话），或者按照爱好取名（如“Toon”，“cartoon”的简写，给喜欢看电视的孩子）。女孩一般叫做Lek或Noi（都是小的意思）。甚至有一些父母会根据自己的兴趣爱好给孩子取名，比如“高尔夫”（运动）和“奔驰”（汽车）。

生活方式

泰国南部普通人的生活可以分为两类：乡村生活和城市生活。

乡村的人多从事橡胶种植或渔业，尽管稻米种植和畜牧业也非常普遍。种植橡胶的农民一般住在内陆的狭小房子里，房前屋后是一排排笔直的橡胶树，还有一片片苍白色的风干乳胶。传统的穆斯林村庄直接建在水上，是一排排彼此相连的高脚屋。因为安达曼海一直以来都风平浪静，所以人们并不担心有一天海洋会怒吼，然而这种想法被2004年的海啸痛苦地摧毁了。

城市生活和全国的其他地方一样（忙碌而现代），然而中国和印度商人的存在使得泰国南方城市具有鲜明的特色。在这里商业中心也是集市，色彩鲜艳的渔船缓慢悠闲地驶入海港，卸下捕获的鱼，码头上便弥漫着鱼的气味。

问候

泰国传统的问候方式不是握手而是wâi，一种双手合十类似祷告的手势。

家庭价值观

对于见过许多家庭自主经营的商铺的游客来说，家庭单位在泰国社会的重要性是显而易见的。现在仍然能常常见到一家三代一起经营家庭旅馆，或住在同一座房子中。老人每天忙碌，向邻家孩子卖糖果，向游客出租摩托车，诸如此类。旅游业极大地改变了海岛上人们传统的生活方式，它提供的工作机会让许多雄心勃勃的年轻人放弃去内陆地区找工作。

甚至泰语里的人称代词也反映了强烈的家庭感。泰国人把自己的同辈人称为大（pêe）或小（nórng）兄弟姐妹，却不论是否有血缘关系。有时泰国人也会把这种习惯带到英语中，称呼非家庭成员为“sister”（姐妹）或“brother”（兄弟），让不知内情的老外对泰国人的大家庭感到吃惊。

经济

由于发达的旅游业、渔业、养虾业和橡胶种植业，泰国南方成为最富裕的地区。橡胶业工人大多出生在这里，子承父业。养虾业和养鱼业相对来说是新产业，这一经济发展项目使许多农村社团为发展商业养鱼业出让了土地。这项风险投资最终获利颇多，泰国成为最大的人工养殖虾的出口国之一。但是，直到最近大多数渔场仍大肆扩张，引发一系列环境问题，比如水污染和红树林的破坏。

毫无疑问，旅游业对当地经济的影响是最实际的，它把许多小村庄变成了使用双语的集团公司。原本在集市上卖东西的妇女学习了泰国传统按摩后，在海滩上四处招揽顾客。原本为当地人服务的传统商铺也开始“转型”去迎合游客的需求：海滨大道两旁的店面里出售防晒霜和明信片，而不是威士忌和烤鱼；四处走动的商贩兜售的是纱笼和henna文身，而不是掸帚和扫帚；就连渔夫有时也会放下渔网去捕更大的“鱼”——潜泳的旅行者。

连续十几年以来，泰国中产阶层一直在增多，从而缩小了贫富差距。泰国人没有生存的担忧，即使是最穷的泰国人也会有住所和食物。然而，泰国的下层阶级穷困潦倒：他们没有钱接受高等教育，不能拥有更好的物质条件和医疗条件。从人均收入看，这一点非常明显：泰国的人均年收入约为2000美元，而许多农业省份的人均年收入只有570美元。

生活方式统计

» 泰国男性和女性平均结婚年龄：27/24岁

» 曼谷日最低工资：206B

» 初级政府官员工资：每月9000B

宗教

佛教

大约95%的泰国人信仰小乘佛教（Theravada Buddhism）。小乘佛教相信每个人对自身的教化负责，与之相对的大乘佛教则相信社会可以通过共同努力以实现对所有人的教化。

二者的终极目标都是达到涅槃（nibbana），字面意思是“释放”或者消灭所有欲望，借以消除所有的苦难（dukkha）。达到涅槃后，个人就脱离生死轮回，进入精神层面。实际上，大多数泰国佛教徒的目标在于来世能生在一个“更好”的环境中而非努力达到涅槃。为了实现这一目标，佛教徒们会积一些功德（tam bun），比如供养僧侣、向寺庙捐款、定期到当地寺庙（wát）拜佛。佛教的因果论在泰国的一句谚语中有很好的体现：tam dee, dâi dee; tam chôo·a, dâi chôo·a（好人有好报，坏人有坏报）。

泰国佛教没有特定的拜佛日期，虔诚的佛教徒们除了会在特定的宗教节日前往寺庙外，方便时或为了纪念一个特殊的家庭事件，也会去寺庙拜佛。拜访寺庙大都是在吉日（wan prá），也就是每个满月或新月之日。其他活动还包括向寺庙僧众（sangha，包括和尚、尼姑和住在寺内的修行

海上吉卜赛人(chow lair)

泰国南部是泰国最小的民族——海上吉卜赛人的家园。chow lair字面意思是“大海中的人”，也被称为Moken（莫肯人）。海上吉卜赛人的祖先来自马来，他们跨越安达曼海岸，从最南端的婆罗洲（Borneo）来到最北端的缅甸。传统上，他们都是采猎者，主要依靠海洋生活。尽管近年来，很多人迁往一些岛屿上的铁皮棚屋生活，他们依然因其是为数不多的主要依靠海洋生活的民族而著称。也许是因为这种世世代代的海洋生活，许多海上吉卜赛人可以屏住呼吸很长时间，而且还有在水下看东西的奇异本领。海上生活还在其他方面帮助了他们：2004年海啸发生时，由于世代相传的民间故事警告了他们迅速后退的潮水有危险，他们因此能够逃到更高的地方，实际上没有一个海上吉卜赛人丧生。

海上吉卜赛人一直受到忽视，直到商人看上他们岛屿的旅游发展潜力。企业家们买下了海滨的大片地方，迫使海上吉卜赛人迁往不那么有价值的小岛上。在种种压力之下，海上吉卜赛文化的逐渐消失便不可避免了。很多海上吉卜赛人靠着摆渡游客或捕鱼卖给旅游胜地的海鲜自助餐馆谋生。你可以看到每年5月和11月的浮船仪式（人们让精心制作的模型船随海浪漂走，意味着带走霉运），那是海上吉卜赛人传统生活的遗迹。

者）提供食物、冥想、听僧侣诵经（suttas）、参加关于善行（dhamma）的讨论。

和尚和尼姑

泰国大约有32 000座寺庙和200 000名僧侣，其中很多是法定终身僧侣。根据传统，每个泰国男子都会做一段时间的和尚，通常是在学校毕业后，结婚或者开始工作前，甚至普密蓬国王也曾经在曼谷邦兰普的Wat Bowonniwet寺修行过。男孩应当花费一年或更多的时间用在僧侣修行上，但如今大多数人会在佛教大斋期（pan·sǎh）前往sangha（寺庙）里度过两个星期到三个月不等的时间，这段时间正好赶上雨季。

妇女可以做八规尼姑（mâa chee），然而这一身份被认为比和尚的地位稍低，因为大多数泰国人相信女性只有转世为男性才能达到涅槃。和尚和尼姑都剃光头、穿长袍（男子穿橘黄色，女子穿白色），放弃大部分私人财物，靠捐赠过活。泰国人对当地寺庙的捐赠很慷慨，因此和尚和尼姑们的生活相当舒适。

越来越多的外国人来到泰国受戒成为和尚或尼姑。想了解更多信息，请访问佛教网（Buddha Net，www.buddhanet.net）。

只要你穿着得体并且遵守正确的礼节（见374页），就会受到大多数寺庙的欢迎。但是，和尚用餐或冥想时，注意不要打扰他们——再没有比拍照更打扰僧侣静修的了。

伊斯兰教

泰国有160万穆斯林（约占其总人口的4%），主要集中在泰国南部。大多数穆斯林是马来人，一般信奉逊尼派和伊斯兰教传入前的万物有灵论混合的理论。

持续十年的复兴运动使得人们对伊斯兰习俗更加虔诚，并对外界影响具有抗拒心理，对伊斯兰教义的诠释也越来越保守，很多民间习俗被剔除在日常宗教活动之外。当地民众认为以佛教徒为主的政府和教育系统对他们的生活方式不宽容。在以穆斯林为主的南方，学校和基础设施经常资金不足；与曼谷政府斗争的挫败有时也被认为是宗教上而不是政治上的。

泰国南部到处都是清真寺，然而很少有让人感兴趣的建筑，而且大多数不对妇女开放。如果你要拜访一座清真寺，记得蒙上头巾并脱下鞋子。

其他宗教

泰国人口有0.5%是基督徒，其中主要是越南移民和被传教士转化的山地部落，还有0.5%是儒教徒、道教徒、大乘佛教徒和印度教徒。中式寺庙在泰国南部和曼谷的唐人街很常见；曼谷市内还有一座规模宏大、色彩缤纷的印度教寺庙。

艺术

传统上，泰国的创造力大多被投入到宗教及相关仪式的创作上。绘画、雕塑、音乐和戏剧依旧在泰国人的宗教仪式生活中占据重要地位，而宗教艺术依旧十分蓬勃。

文学

经典泰国文学中最受欢迎也最有影响力的作品是*Ramakian*，它是依据印度教圣经《罗摩衍那》(*Ramayana*)创作的。印度商人把它带到东南亚，大约900年前高棉人将其传入泰国。尽管主题保持不变，泰国人却给反面主角罗波那(Ravana)(*Ramakian*里写作Thótsàkan)和他的妻子Montho添加了更多详细的生平介绍，从而使*Ramayana*锦上添花。猴王哈奴曼(Hanuman)也变成一个花花公子。

史诗*Phra Aphaimani*的作者是诗人顺通·蒲(Sunthorn Phu，1786~1855年)，故事发生在沙美岛。*Phra Aphaimani*是泰国最著名的文学经典，讲述的是一个被放逐的王子史诗般的故事。

现代泰国文学作品一般使用泰语，因此不说泰语的人看不太懂。作品被翻译过的现代作家包括社尼·骚瓦蓬(Seni Saowaphong)，其最著名的作品是《比萨，恶灵》(*Pisat, Evil Spirits*)，讲述的是新老两代人的冲突。前总理克立·巴莫(Kukrit Pramoj)也是一位受人敬重的作家，他的短篇小说集《许多人》(*Lai Chiwit*)和基于拉玛五世时代的史诗小说《四王朝》(*Si Phandin*)已经被译成英文。

著名当代作家Pira Sudham出生在泰国东北部的一个贫困家庭。Sudham数部以英文写作的作品之一《季风国家》(*Monsoon Country*)，对这一地区与自然和环境的斗争描述得非常精彩。

Chart Korbjitti两次获得“东南亚作家奖”(SEA Write)：1982年的《审判》(*The Judgement*)，讲述一个年轻村民被错误地判罪；1994年写作《时代》(*Time*)是一部“多媒体”小说。

S.P. 桑塔(SP Somtow)被称为“泰国的J.D. 塞林格(JD Salinger)”。《茉莉花之夜》(*Jasmine Nights*)是桑塔励志的成长小说，融合了传统观念和泰国现代流行文学，受到了世界各地读者的追捧。

在《嫁给魔王》(*Married to the Demon King*)中，作家Sri Daoruang将《罗摩衍那》融合进了现代的曼谷。《繁花中的雄狮》收录了现代泰国女作家的短篇小说，由苏珊·凯普纳翻译。

泰国后现代作家的先锋人物是Prabda Yoon，他的短篇小说《可能性》(*Probability*)获得2002年东南亚作家奖。尽管他的作品还没有被译成其他语言，我们还是可以看到他为《宇宙中的最后生命》(*Last Life in the Universe*)和其他Pen-ek Ratanaruang执导的电影撰写的剧本。

另外一位值得一提的作家是Siriworn Kaewkan，最近他的小说《Tok Imam Storpa Karde谋杀案》(*The Murder Case of Tok Imam Storpa Karde*)和《一个散落的世界》(*A Scattered World*)已经被法国人Marcel Barang译成英语。实际上，他也正在着手《四王朝》修订版的翻译，目前他是将泰国小说翻译成英文的杰出译者。此外，他还翻译了其他几部作品，其中包括Chart Korbjtti和东南亚作家奖的两次得主Win Lyovarin的作品，而这些译作的电子书可以在网站上下载(www.thaifiction.com)。

小说推荐

- 《繁花中的雄狮：泰国现代女性小说》(*The Lioness in Bloom: Modern Thai Fiction about Women*)译者苏珊·富勒普·凯普纳(Susan Fulop Kepner)
- 《四王朝》(*Four Reigns*)克立·巴莫(Kukrit Pramoj)
- 《曼谷八区》(*Bangkok 8*)约翰·伯德特(John Burdett)
- 《实地考察：小说》(*Fieldwork: A Novel*)米莎·贝尔林斯基(Mischa Berlinski)

电影

泰国拥有蓬勃的本土电影工业，造就了一批风格迥异的佳片。泰国史上造价最高也是最卖座的电影，是查崔查勒姆·尧克尔(Chatrichalerm Yukol)执导的史诗巨作《暹罗女王》(*Legend of Suriyothai*，2003)，关于16世纪的一位公主的故事。然而让泰国观众放弃好莱坞进口大片的多是动作片，比如《拳霸》（*Ong Bak: Thai Warrior*）及其续集*Tom Yum Goong*，导演是Prachya Pinkaew。

多年以来，泰国电影一直不断出现在外国电影节上，包括几部评价很高的小众电影。Pen-ek Ratanaruang的富于智慧、令人难忘的电影，比如《宇宙中的最后生命》（*Last Life in the Universe*）和《69》（*6ixty9ine*）在电影节上非常引人注目。Apichatpong Weerasethakul是先锋派的代表人物，他的《热带病》（*Tropical Malady*）和《极乐森林》（*Blissfully Yours*）获得过戛纳电影节的奖项。

泰国政府正大力推销泰国，使之成为外国电影制作者的拍摄地。近年来，在泰国拍摄的最著名影片是《海滩》。影片改编自亚历克斯·加兰的小说，拍摄地为皮皮岛的Maya海湾，以及甲米和考艾国家公园附近的几处丛林。此片因为涉嫌破坏Maya海湾环境而备受争议。Maya海湾也是声名狼藉的盗版片《杀人岛》（*Cutthroat Island*, 1995）的拍摄地。其他著名影片还包括拍摄于南湾的《金枪人》（詹姆斯·邦德的动作片，1974）、《早安越南》（*Good Morning Vietnam*，1987）、《战火屠城》（*The Killing Fields*, 1984）、《猎鹿人》（*The Deer Hunter*, 1978）以及《宿醉2》（*The Hangover II*, 2011）。

语言

泰语英译并没有一种被人们普遍接受的方式，因此一些单词和地名拼写的方式多种多样。

音乐

泰国传统音乐在游客听来可能有点奇怪，因为泰式的八度音阶的位置和与欧式的相比有所不同。泰国音乐的乐谱最早由泰德混血的作曲家Phra Chen Duryanga（彼得·费特[Peter Feit]）改编，他还在1932年创作了泰国国歌。

泰国古典管弦乐队被称为Ъèe·pâht，可以使用各种乐器，包括5到

阻止泰国的童妓旅游

令人难过的是，泰国成为很多外国人寻求对当地儿童进行性剥削的目的地。许多社会经济因素使得儿童很容易受到这种虐待，而一些道德败坏的人似乎很乐于利用这种弱点进行性掠夺。

对儿童的性虐待和性剥削会造成一些严重的、持续一生的甚至威胁到生命的后果。童妓旅游是非法的，也是对儿童权利的侵犯，泰国有严厉的法律控告犯罪者。很多国家都有关于治外法权的立法，允许对在本国实施这种犯罪的外国公民进行起诉。

有责任感的旅行者可以检举可疑行为，借以帮助阻止这种带来灾难的童妓旅游。可别忽视它！你的行为也许可以对帮助那些儿童免受可能的性虐待和性剥削起到关键作用。

在泰国，旅行者可以使用专线电话：☎1300。如果知道其国籍，可以直接向大使馆报告。

ECPAT（国际终止童妓组织，End Child Prostitution & Trafficking；☎曼谷0 2215 3388；www.ecpat.net）是一个全球网络，与全球70多个会员组织共同关注这些问题，其总部位于曼谷。ECPAT在泰国和世界各地积极努力地同童妓旅游作斗争。

Child Wise（儿童智慧，www.childwise.net）是ECPAT在澳大利亚的会员组织，致力于为泰国的旅游业提供培训，以对抗童妓旅游。

20位音乐家。最流行的弦乐器是ja·kêh，一种类似吉他的细长乐器，演奏时平放在地上，它可能是从印度的vina演变而来。木管乐器有khlùi，一种简单的木制长笛，还有类似竖笛的Ъèe，它有一个簧片吹口，源自印度的shennai。如果你去观看泰拳比赛，就会听到Ъèe演奏的声音。其他流行乐器还有saw，一种三弦无间片的乐器，类似于日本的shamisen，还有rá·nâht èhk，一种用木制小锤演奏的竹键木琴。

也许最为人熟知的泰国乐器便是kĭm或者洋琴，你可以在世界上的任何一家泰国餐馆听到这种叮铃悦耳的声音。它就像平放的竖琴，用两根很轻的竹杆演奏，有一种奇特的共鸣声。另一种独特的乐器是kórng wong yài，它是把一些半圆形的谐音铜锣排列在一个木架子上，而双头的đà·pohn鼓则为整个演奏定下拍子。

当代泰国音乐风格强劲而呈现多样化。最流行的音乐流派无疑是lôok tûng，它的风格接近美国乡村和西部音乐，倾向于表达泰国劳动人民的诉求。20世纪70年代出现了一种新的音乐风格，被称作pleng pêu·a chee·wít（字面意思是"生活音乐"），它受到美国和欧洲具有政治意识的大众摇滚乐的影响。三个最受追捧的泰国现代音乐偶像是摇滚乐手Carabao、流行歌星Thongchai 'Bird' MacIntyre和lôok tûng女王Pumpuang Duangchan，后者于1995年不幸去世。

今天，数以百计的面向年轻人的泰国乐队，从活泼的男孩、女孩乐队到金属摇滚乐手，他们创作的音乐容易上口又狂热得令人难忘。

20世纪90年代，一种新的流行风格——pleng tâi din（地下音乐）在曼谷盛行起来。现代狗（Modern Dog），一支受英国流行音乐影响的乐队，因为把独立的泰国音乐融入主流音乐而受到了广泛赞誉，他们的成功也为更多的主流音乐形式开辟了道路，诸如Apartmentkunpha、Futon、Chou Chou和Calories Blah Blah。能让大型音乐会座无虚席的泰国音乐大腕还包括乐坛常青树Loso，以及Big Ass、Potato和Bodyslam。

建筑

最传统的泰国建筑本质上都是宗教建筑。泰国寺庙正如其佛教一样，很好地吸收融合了各种外来文化，从古代高棉王国传入的玉米状佛塔到斯里兰卡的钟状塔。尽管外来文化盛行，然而泰国所有寺庙的屋檐都模仿naga（神话中的毒蛇）的形状。据说这种蛇保护过冥想中的佛祖，因此被视为生命的象征。绿色和金色的瓷砖代表了等级，而飞檐模仿的是naga头部。

传统的柚木房子在泰国北部随处可见，在曼谷也可以见到。首都最精美的柚木建筑要属柚木宫（见63页），据说它是世界上最大的柚木建筑。柚木房子一般建于支柱上面，以最大程度地减小洪水损害，还可用来圈养牲畜。整个结构用木钉钉在一起，用巨大的屋檐作顶，两端还有特色鲜明的突起的山墙。传统上，房子用釉面瓦或木瓦作屋顶。

在南方，传统房屋结构更简单点，大部分都用竹竿和竹制编织物作材料。你还可以看到马来风格的房子，它们采用高高的石制基底而不是木制柱子。

过去100年以来，泰国建筑艺术受到世界各地不同文化的影响。在南方，你仍然能看到中葡混合的hôrng tăa·ou（店屋）——粉刷过的中式石料房子，下面是商店，上面是住家。这种风格的典范是普吉岛的主要城市

艺术读物推荐

» 《泰屋：历史和演变》（*The Thai House: History and Evolution*）（2002），Ruethai-Chaichongrak

» 《泰国艺术》（*The Arts of Thailand*）（1998），史蒂夫·范·贝克（Steve Van Beek）

» 《泰国当地艺术概述》（*Flavours: Thai Contemporary Art*）（2005），史蒂文·佩蒂弗（Steven Pettifor）

» 《泰国曼谷纺织和家具设计理念》（*Bangkok Design: Thai Ideas in Textiles & Furniture*）（2006），布赖恩·默腾斯（Brian Mertens）

» 《泰国寺庙：40座历史最悠久寺庙的视觉旅程》（*Buddhist Temples of Thailand: A Visual Journey Through Thailand's 40 Most Historic Wats*）（2010），乔·卡明斯（Joe Cummings）

普吉市（见266页）。二战以来，因受到欧洲包豪斯（Bauhaus）建筑学派运动的影响，泰国建筑逐渐由重视形式转向重视功能。因此，你能轻易看见那些线条简单的房子，它们看起来像鸡蛋盒的反面。在前面那种房子的旁边出现了形似鸡蛋箱的简朴的房子。

20世纪80年代中叶，泰国建筑开始了新的尝试，创造了很有创意的样式，诸如由Sumet Jumsai设计、位于曼谷Th Sathon Tai、形似机器人的著名亚洲银行大厦（Bank of Asia），还有曼谷北部Th Phaholyothin的大象大厦（Elephant Building）。

绘画

除了在泰国南部发现的史前和史后洞穴壁画外，泰国古代正式绘画留存下来的并不多，部分是由1767年缅甸人毁灭性的侵略造成的。现存的绝大部分壁画是宗教性质的，其中很多都是寺庙壁画形式，呈现了佛祖的各种生活。

自从20世纪80年代走向繁荣以来，泰国的世俗雕塑和绘画开始受到国际上越来越多的认可，其中一些早期受印象派影响的艺术家也达到了令人引以为豪的地位。随后又有“火球派”艺术家，比如Manit Sriwanichpoom，他致力于涉及政治的多媒体艺术形式。近年来，泰国艺术家逐渐脱离传统影响和政治评论，进而转向当代艺术，把重点放在了个人主题上，比如Pinaree Sanpitak的性别探索作品，以及Maitree Siriboon的关于身份认同的作品。

戏剧和舞蹈

传统上，泰国戏剧有四种主要形式：kǒhn是一种正式的蒙面舞蹈，传统上只向王室表演，表现来自*Ramakian*的故事；lá·kon是面向普通群众的舞蹈剧；lí·gair是半即兴、常带有性幽默、面向大众的舞蹈，它融合了舞蹈、喜剧、情节剧和音乐元素；hùn lǒo·ang（lá·kon lék）是传统木偶戏，表现宗教传说或者民间故事。

这些艺术形式大部分都可以在曼谷欣赏到：有针对游客的餐馆表演和正式的剧院表演。另外还有一些南方特色的戏剧形式，表现当时伊斯兰教传到马来半岛的情景。最著名的是má·noh·rah，它是最古老的历险舞剧，讲的是Suthon王子营救遭绑架的gin·ná·ree（人鸟）公主Mánohraa的故事。就像在lí·gair中一样，表演者会即兴加上滑稽好笑的押韵的台词。董里也有独特的lí·gair故事情节，说的是印度商人们带着他们的泰国妻子回到印度旅游的故事。

南方另外一种古老的戏剧形式便是皮影戏（在印尼和马来西亚也能见到）。在这种戏剧里，水牛皮雕刻的二维角色被放在灯光照射的布屏上操纵。今天，皮影戏的中心是洛坤，这里每逢节日都会有表演。皮影戏包含两种不同风格的传统：Nǎng đà·lung使用精致的木偶，由一位皮影表演者操纵，取材自*Ramakian*；nǎng yài（字面意思是“大皮）则是由几位表演者操纵更大的木偶，但不幸的是，这种艺术正在逐渐消亡。两种木偶都是游客很喜爱的纪念品。

餐饮

当你摆脱了“泰式炒面”和绿咖喱的魔咒后，你就会发现当地美食其实比你想象中的还要精彩和多元。很多游客就是冲着美食才来泰国的。然而，更让人惊讶的是本地人对泰餐的喜爱：当面对一碗香喷喷的面条或者坐在小有名气的小吃摊前时，泰国人看起来居然像游客一样兴奋。休要提那丰富迷人的作料，单单是这份对饮食毫不掩饰的热情，就足以让这里成为全球最有趣、种类最多的美食圣地。

下文粗略介绍了泰国美食，想要了解更多曼谷和泰国南部当地泰餐，以及如何更地道地享用泰餐，见40页。

大卫·汤普森(David Thompson)编著的《泰国美食》(*Thai Food*)被公认为最权威的英文泰式烹饪书籍。汤普森的新书《泰国街头美食》(*Thai Street Food*)主要聚焦于上不了台面的街头小吃。

泰国四大味

简而言之，甜、酸、咸、辣是泰餐最基本的元素。虽然很多菜里都含有多种香料，但是基本上每道菜都力求在这四种味道中取得平衡。而泰国人通常用一点酸橙汁、少许鱼露，或者是一汤匙豆酱和少许醋就能调和这些味道。在许多泰国菜中，苦味也是一大元素，通常来源于加入菜中的蔬菜或香草。不管味道的来源是什么，目的只有一个，就是让这四种味道能够更好地调和在一起，使菜肴的味道清爽新鲜。

主要食品与特产

米饭和米线

大米在泰餐文化中占据重要的位置，在泰国，最常见的关于“吃”的词汇就是gin kôw（字面意思就是“吃米饭”），而打招呼时最常用的就是Gin kôw rěu yang?（你吃米饭了没？）用餐就是吃米饭，对于泰国多数人

泰国是全球大米主要输出国，2010年出口了903万吨的粮食。

鱼味佳肴

在泰国烹饪中，鱼露可不仅仅是众多调味料中的普通一员：它就是泰餐的关键所在。

鱼露通常是通过腌制发酵过的鱼肉产生的液体，又因地域不同而形式各异。在泰国东北部，内行的人比较喜欢吃一种浓稠糊状的腌制淡水鱼露，有时配着米饭食用。在其他渔业发达的地方，鱼露通常是盐渍凤尾鱼产生的一种较稀薄的液体。鱼露味道较“臭”，吃起来偏咸，它的用法就像中国人使用酱油一样普遍。

米线调汁

如果你的餐桌上放着一个钢架，里面有四个带盖的玻璃碗或罐子，说明这家餐馆供应米线汤（gǒo·ay děe·o）。这些容器中一般有四种调料：切片醋浸绿辣椒（nám sôm prík）、鱼露（nám Ƅlah）、片状或粉状干红辣椒（prík Ƅòn）和白糖（nám·đahn）。

在泰国，用这些调味品使汤更辣的经典搭配有三种——酸辣、咸辣和纯辣，而只有一种方法使汤更甜。

吃米线的行家都喜欢往米线汤里每种调料加一茶匙，糖除外，因为喜好甜食的曼谷人都会加一大勺。在习惯这些味道浓烈的调味品之前，推荐你一次少加一点，然后再尝尝汤的味道，以防一次加得太多。

而言，一顿饭若没有米饭这种主食就太不像话了。

米饭通常和咖喱、炒菜或者汤等主菜搭配食用，放在一起称为gàp kôw（配饭食品）。若要在餐馆点白饭，应该用kôw Ƅlòw（白饭）或者是kôw sŏ oay（美丽的米饭）这种词汇。

泰国主要有四种米线。鉴于泰国人对大米的执着，sên gŏo·ay děe·o在泰国各地流行就不足为奇了。这种食物是一种米线，用米粉与水混合成团，蒸熟，做成宽扁的薄片，然后叠在一起切成宽度各异的条状米线。

kà·nŏm jeen，也由大米制成，用筛子将米粉糊过滤到开水中，像意大利面一样的米线就做好了。kà·nŏm jeen是早市上很常见的食物，蘸上各种辣咖喱、配上自选的新鲜腌菜和香草一起吃。

第三种米线bà·mèe是用小麦粉和鸡蛋做成的，呈黄色，成捆卖。

最后要介绍的是wún·sên，一种几乎透明的米线，用绿豆粉和水制作而成，通常晾干成捆卖。wún·sên（字面意思是果冻条）在热水中浸泡数分钟后就能食用。最常用于yam wún sên中，它是一种辛辣刺激的沙拉，用酸橙汁、新鲜的小辣椒切片（prík kêe nŏo）、虾、猪肉糜和各种作料制成。

咖喱和汤类

泰语中的gaang（听起来有点像英语中的“gang”）一般被翻译成“咖喱”，但是事实上指的就是有许多汤汁的菜肴，所以一般而言就是汤类（例如gaang jèut），以及泰国菜肴中著名的泰式辣酱咖喱。准备咖喱的过程由krê·uang gaang开始，用石臼和研钵将新鲜的调味料捣碎研磨成一种散发着香味又极其辛辣的稠糊。krê·uang gaang中的调料一般有干辣椒、高良姜、香茅、卡菲尔酸橙、青葱、蒜、虾酱和盐。

另一种汤类美食是冬阴功汤（đôm yam），著名的泰式酸辣汤。冬阴功汤柔和表面下的辣味归功于新鲜的prík kêe nŏo（小辣椒）或者半茶匙nám prík pŏw（烤辣酱）。香茅、卡菲尔酸橙叶和酸橙汁让冬阴功汤的味道更加强烈。

《吃在泰国》（*Eating Thai Food*, www.eatingthaifood.com）的作者用了88页带插图的PDF帮助旅行者识别泰餐，并点买街头美食。

炒菜和油炸食品

泰国烹饪艺术中最简单的要数炒菜（pàt）了，由中国人传到泰国。中国人以能用简单的炒锅搞定整个宴席而世界闻名。

炒菜单上的菜肴种类是无穷无尽的。许多都来自于中国菜，比如常见的辣椒蒜炒通菜（pàt pàk bûng fai daang），有些则是中泰混合菜，例如pàt pèt（字面意思就是“热炒”），其中的主要材料一般是肉和鱼，是一种佐以红咖喱酱的炒菜。

Tôrt（油炸食品）一般出现在小吃里，比如glôo·ay tôrt（炸香蕉）或者是þò·þée·a（蛋卷）。但也有例外，鱼的常见做法就是þlah tôrt（油炸鱼）。

由本章作者通过文字、照片等进行介绍，想了解关于曼谷和泰国各省的食物与餐饮的详细信息请登录www.austin-bushphotography.com/blog。

辛辣刺激的沙拉

可以和咖喱齐名的泰式特色就数无处不在的yam了，这是一种辛辣刺激的“沙拉”，一般由海鲜、肉类和蔬菜制成。

其浓烈的味道来源于酸橙汁，而大量新鲜的辣椒让其更辣。多数yam都是在室温条件下使用的，或者因加入一些煮熟的食材而稍微变热。Yam作为一顿饭的配菜，或者是晚上喝酒时的佐餐小吃（gàp glâam）都很不错。

Nám Prík

nám prík，一种辣椒蘸料，虽然比起饭店的食物家常，但是至少对当地人而言，最能代表泰国菜。典型的吃法是与米饭、蒸熟的或者新鲜的蔬菜、草药搭配。在泰国菜里，它是最能反映地方特色的，只要看看当地卖的nám prík什么样，大概就能知道自己在哪个省。

水果

作为一个热带国家，泰国在水果方面可是得天独厚的。光是芒果（Má·môo·ang）就有十几种，不同的成熟度有不同的吃法。其他常见水果有菠萝（sàp·þà·rót）、木瓜（má·lá·gor）和西瓜（đaang moh），到处都能见到卖这些水果的货车，水果还可佐以盐、糖、辣椒粉一起吃。

甜点

英语泰国菜单一般会有“甜点”一栏，但是在泰国有两种稍微不同

融合（混合）式料理

kôw pàt à·me·rí·gan，即“美式炒饭”，是一道遍布泰国餐厅的菜。用番茄酱、葡萄干、豌豆、火腿段、炸热狗与米饭一起炒制而成，上面再加一个煎蛋。好吧，这道菜就跟它的名字一样不那么讨喜。但是它有一段有趣的历史：据说美式炒饭起源于越南战争，那时成千上万的美国士兵驻扎在泰国东北部。一个当地厨子通过把各种材料和米饭炒在一起，将当时那里常见的“美式早餐”（亦称为ABF：煎蛋和火腿、热狗、白面包，一般会蘸番茄酱）“米饭化”了。

这种混合菜肴仅仅是泰国美食发展趋势的一个例子，泰国厨师随意从各种烹饪技术中学习并进行融合。其他更美味的例子还有gaang mát·sà·màn，即“穆斯林咖喱”（Muslim curry），是泰式与中东烹饪风格的经典融合，而著名的pàt tai实质上就是中式烹调方法与食材（炒、米线）和泰式调味品（鱼露、辣椒、罗望子）的融合。

非常感谢葡萄牙人的贡献

如果泰国咖喱里没有辣椒，pàt tai里没有花生，或者木瓜沙拉里面没有木瓜，那会是什么样子？泰国人每天会用到的许多食材都是近代欧洲贸易商和传教士引进的。在16世纪早期，西班牙和葡萄牙的探险家第一次踏上东南亚之滨时，他们也在美洲迅速扩张。葡萄牙人迅速掌握了来自新大陆的产品，并在东方贩卖，因此当今在亚洲生长着的许多作物很有可能是在这个时期引进的，如番茄、土豆、玉米、莴笋、卷心菜、辣椒、木瓜、番石榴、菠萝、南瓜、番薯、花生和烟草。

辣椒貌似最受泰国人喜欢，一般认为是在约1550年由葡萄牙人引进大城王国的。在辣椒引进之前，当地人都是通过苦辣的草药，以及姜和胡椒的根来得到辣味的。

葡萄牙人不仅将重要的调味料引入了泰国人的厨房，同时到来的还有不朽的烹调技术，特别是甜点方面。你在许多泰国市场上看到的亮黄色的鸭蛋和糖浆食物就是由葡萄牙人的甜点fios de ovos（“蛋丝”）和ovos moles传承演化而来的。在曼谷圣克鲁斯教堂（见63页）周围的一块前葡萄牙殖民地上，你还能找到kà·nŏm fa·ràng的身影，它是一种在煤上烘烤的小圆面包。

肯尼·伊（Kenny Yee）和凯瑟琳·戈登（Catherine Gordon）的《泰国小吃》（Thai Hawker Food）是一本插图指南，教你认识泰国街边食物，并列出了排行榜。

的形式。一种是Kŏrng wăhn，即“甜味食物”，比较小，有一种咸味在里面。kŏrng wăhn最主要的成分是椰蓉、椰奶、米粉（由大米或者糯米制成）、熟糯米、木薯粉、绿豆粉、煮熟的芋头以及各种水果。

与欧式“油酥点心”类似的泰式甜点叫做kà·nŏm。泰国最普遍的kà·nŏm可能就数用香蕉叶裹着的那种一口大的点心了，特别是kôw đôm gà·tí和kôw đôm mát。这两种点心都用香蕉叶把糯米粒和椰奶（gà·tí）裹结实，然后蒸熟，很像太妃糖那样的糖块。

虽然外国人不会立即爱上泰式甜点，但是有两种甜点几乎人人皆宜，一种是rođi，背包客们的最爱，叫做“香蕉薄饼”，用糖和炼乳涂得满满的，另一种是ai·đim gà·tí，泰式椰子冰淇淋。在很多传统的店铺，还会有芸豆或者糯米浇头，让这种冰淇淋看起来更诱人。在泰国闷热的下午，这种小吃可称得上是解暑圣品。

泰国主妇烹饪经网（She Simmers，www.shesimmers.com）由一位居住在美国的泰国女性创建，涵盖了泰式烹饪的基本要素，是非常不错的食谱大荟萃。

地区差异

泰餐的一个独特方面就是它的区域多样性。虽然泰国烹饪就在这么一小片地区内发展演化，却绝不单一，不同省的食物在形式上就会有些许变化。要了解曼谷和泰国南部食物的地区特产，见42页和43页。

饮品

咖啡、茶和水果饮料

泰国人喜欢喝咖啡，泰国北部和南部的丘陵地带种植着大量优质的阿拉伯咖啡和罗布斯塔咖啡。在泰国，传统的过滤器只不过是一个固定在钢制手柄上的窄布袋。这种咖啡通常用玻璃杯盛着，加上糖和炼乳让咖啡变甜，如果你不想加这两种东西，请在点黑咖啡（gah·faa dam）的时候说明不加糖（mâi sài nám·đahn）。

在出售黑咖啡的地方也能买到当地或者进口的红茶。泰国茶Chah tai

标志性的橘红色得自于加工后添加的罗望子的种子。

水果饮料在泰国随处可见，不想喝水时，水果饮料就是补充水分的最好方式。大部分果汁（nám pŏn·lá·mái）里都会加上一点糖、盐和很多冰块。很多外国人不喜欢加盐，但是盐会非常有助于你的身体更好地适应热带的炎热天气。

啤酒和烈酒

泰国的啤酒，从国内品牌（Singha、Chang和Leo）到国外许多品牌（喜力、朝日和生力啤酒），应有尽有，在味道和质感上都没什么分别。想要了解泰国人如何喝啤酒，见403页。

当地米酒和朗姆酒相对啤酒更为便宜，因此是工薪阶层、穷学生和家庭聚会的最爱。要是非要打开腰包的话，泰国人首选就是进口威士忌。这种威士忌通常配上许多冰块，与苏打水和一点可乐一起饮用。在晚上玩乐时买上一整瓶威士忌在泰国非常常见，要是没喝完，酒吧还会帮你保存着等你下次光顾时再享用。

就餐地点

快餐在泰国随处都能买到，所以本地人经常在外面吃饭就不足为奇了，这对游客而言却是正合适。

最受泰国人欢迎的就餐地点是露天市场和大排档。早上，兜售咖啡和油条的小摊会涌到繁忙的通勤道路上。中午，食客们可以来到另一家小摊拽过一把塑料椅坐下，吃上一份炒菜，或者在办公室对着一份外卖面条狼吞虎咽。在大多数小城镇中，镇中心都会有夜市，很多小贩聚集于此，摆出金属桌椅，还有不少售卖小商品的摊贩，餐后能顺便逛逛买点东西。

当然，泰国还有很多大大小小的餐馆（ráhn ah·hăhn），有简简单单的街边摊，也有正式的饭店。午饭可以在米饭咖喱店（ráhn kôw gaang）用餐，这种饭店汇集了预先做好的菜品，通过“指指点点”，小贩就知道你想吃什么。另外你也能到坐下来点餐的餐馆（ráhn ah·hăhn đahm sàng）吃饭，这些餐馆很好辨认，都会将原材料摆出来，有芥蓝、番茄、猪肉糜、鲜鱼或鱼干、面条、茄子、葱，这些都是泰国菜和中国菜的必备

参考网站

请参考CNNGo曼谷页面的饮食部分和曼谷餐馆部分来了解曼谷千变万化的食物。（http://bk.asia-city.com/restaurants）

泰国啤酒饮用小贴士

倘若女招待在你的啤酒里随意地丢几块冰块，不用感到愕然。请不要对这种做法妄加评断，因为我们和泰国人一样喜欢给啤酒加冰块是有原因的。

首先，不论酒瓶上有多少赞美之辞，泰国啤酒并不像其他国家的啤酒那样有着最醇美的酒香，而且越是冰镇越好喝。泰国的天气总是酷热难耐，这也是为什么要让啤酒尽可能凉一点。最后，当地啤酒的酒精度数通常都比较高，冰块能稀释酒精，防止脱水，也能防止饮用过多Chang牌啤酒之后引起的宿醉。泰国的一些地方将上述做法发挥到极致，会出售一种叫做beea wún的“果冻啤酒”，这是将近结冰、更像是冰沙的啤酒。

然而，还要小警告一下：如果你连豪格登生啤（draught Hoegaarden）里都要加冰，那么你在泰国待的时间实在是太长了。

食材。顾名思义，这里的厨师希望能准备好所有你能叫得上名字的菜品，不过如果你不会说泰语，那么就有点麻烦了。

一位久居泰国的外国人在其所建的"泰国美食大师"(Thai Food Master, www.thaifoodmaster.com)网站里有很多照片，按部就班地向你介绍很多泰国菜的做法。

素食者和绝对素食主义者

泰国并不崇尚素食主义，但许多针对游客的餐馆会迎合素食主义者，在曼谷和一些省会城市有些专门的素食餐厅(ráhn ah·hăhn mang·sà·wí·rát)，但是那里的食物都是自助形式的，而且比较便宜。素食餐厅的菜品通常都是百分百素食，就是说，没有肉，没有家禽、鱼或鱼露，也没有蛋奶制品。

当地华人佛教徒会过10月的素食节，在曼谷、普吉岛和多数泰国市镇的中国商业区里，很多餐馆和街边小摊都会提供一个月的素食。

"我是素食者"这句话翻译成泰国话就是pŏm gin jair(男性)或者dì·chăn gin jair(女性)，大致意思是"我仅吃素食"，包括不吃鸡蛋和奶制品，也就是说，绝对素食主义者。

风俗习惯

与泰国文化一样，饮食习惯看起来并不严格，也不正式，但却暗含着许多规则。

查瓦迪·怒尔克海尔(Chawadee Nualkhair)的《曼谷街边食物Top 50》(*Bangkok's Top 50 Street Food Stalls*)可以作为一本很不错的非正式泰国饮食的介绍和指南。

不管是在家还是在餐馆，泰国菜都会弄得比较像家常便饭，就是说都用大盘子上菜，而且上菜顺序也不固定。从大盘子里为自己取菜时，一次请不要取多于一勺的量，否则会显得很贪吃。泰国用餐的另一个重要方面是注重味道和食材的和谐。依传统说，宴席上会有一道咖喱、清蒸或者煎炸的鱼类菜、一道炒制的蔬菜和一道汤，非常注重在冷热、酸甜和咸淡中的平衡。

泰国人用餐最初是用手抓的，现在在泰国的某些地区仍然如此。在19世纪早期，叉子和勺子走上了泰国人的餐桌，是一种尊贵的象征，没有多久，这种就餐方式就成为了曼谷的主流，之后传遍了全国。在泰国用这些工具的方法是用公用匙(或者自己的也行)，从主菜中取走一口食物，放在你的米饭上。然后用叉子将浇上菜的米饭拨到自己的勺子上，再入口。

吃饭工具

如果没给你筷子，那就不用要求。泰餐是用叉子和勺子的，而不是筷子。若是用筷子来吃泰餐，只会让店主感到很奇怪。

筷子一般在吃用碗盛的中餐时，或者在中餐馆就餐时才会用到。你不需要提出要求，侍者都会给你的。

环境

土地

泰国的版图很奇特——北部面积辽阔，南方垂下一支长长的臂膀——因此常常被比作一个象头。其面积与法国差不多，大约517 000平方公里，沿着南北轴线跨越了惊人的1650公里，故而其气候迥异，西南部和西北部有两种不同的季风气候。泰国北部地势较高，是覆盖着森林的巍峨群山，南部是长长的石灰岩山脉，覆盖着热带雨林。

东南部毗邻浅浅的泰国湾，西南部是延伸自印度洋的安达曼海。泰国拥有全世界最迷人的海岸线，水上有美轮美奂的石灰岩，水下有丰富的珊瑚礁。数百个形状大小各异的热带岛屿装点着这条海岸，既有平坦的红树林沙洲岛，也有湛蓝的海水轻拍着由白色的海滩环绕着的若隐若现的喀斯特山丘。这两条海岸线都有广阔的珊瑚礁，特别是安达曼海的花岗岩素林群岛和锡米兰群岛附近的珊瑚礁数量更是惊人。最多的珊瑚礁和泰国最吸引人的石灰岩岛屿位于普吉岛附近的攀牙湾，而拥有清澈的海水和丰富的海洋生物的西南部海岸更是深深吸引着潜水者的来访。

野生动植物

由于泰国气候和地貌的多样化，泰国拥有种类繁多的动植物也就不足为奇了。真正让人惊叹的是，泰国的环境一直保护得很好，尤其是整个国家一直在迅猛发展。当然，即便如此，仍然还是有问题存在的：见406页的濒危物种和410页的海洋环境问题。

动物

生活在泰国海岸和岛上的动物必须适应潮涨潮落和千变万化的海水与淡水。在这里不用过多关注大象和老虎，你应该留意的是小型物种，例如奇异的小小的弹涂鱼，这种鱼在退潮时离开水面爬上海滨的泥沼地，还有巨大的泽巨蜥，一种350厘米长的可怕蜥蜴，善于爬行、游泳、猎食小动物。

在这里你一定会见到一些当地的珍禽——泰国拥有全世界10%的鸟类物种——特别是生活在泥沼中的鹬和珩，以及沼泽中的苍鹭和白鹭。抬头仰望能看到棕白色相间的栗鸢，在低洼地上还能见到许多当地色彩艳丽的翠鸟。还有可能观赏到一群吵吵嚷嚷的群居食蟹猕猴，看到它们游离海滩也不必惊奇。如果你够走运的话，可能还能瞥见一只狸猫（一种有着复杂的大理石花纹的猫科动物），或者一头鬣羚（一种无畏地跳跃在人类难以企及的石灰岩峭壁上的隐居羚羊）。

泰国半岛两边的海域都是千百种珊瑚虫的家园，而珊瑚礁就是这小小的物种创造的，为这里不计其数的鱼类、甲壳类和无脊椎动物提供了优越的生存条件。在这里你可以找到世界上最小的鱼（10毫米长的刺鳍鱼），最大的鱼（10米长的鲸鲨），还有许多珊瑚礁居民，例如小丑鱼、鹦嘴鱼、濑鱼、扁鲨、引金鱼和狮子鱼。更深一点的水域是较大物种的家园，例如石斑鱼、梭鱼、鲨鱼、鳐鱼、枪鱼和金枪鱼。说不定还能看到海龟、鲸鱼和海豚。

白象

如果有人在泰国遇到了白象，那么肯定会被上报至泰国皇家内务府，国王会裁定是否符合皇家白象的标准。

濒危物种

泰国是《联合国濒危物种野生动植物国际贸易公约》的签约国，但是这些贸易禁令的执行力度之弱也是众人皆知。沿着曼谷加都加周末市场里的动物交易市场转一圈，你就会明白这些规定是如何公然受到藐视的。由于丧失栖息地、污染和偷猎，泰国大量的哺乳类、爬行类、鱼类和鸟类动物都濒临灭绝，而即使是之前常见的物种，现在也以惊人的速度锐减。稀有哺乳动物、鸟类、爬行类、昆虫、贝类和热带恒温鱼被不断走私出境，卖给世界各地的买家，或者被捕杀后做成纪念品卖给游客。

泰国的许多海洋动物也处于威胁当中，其中就有鲸鲨（虽然近年来好像在泰国常常能够看到它们）和海龟（由于人们猎取它们的卵、肉和龟壳，现在也已濒临灭绝）。还有很多种鲨鱼遭到大量捕杀，用它们的鱼鳍做成鱼翅汤。

珍稀动物儒艮（亦称海牛）一度被认为已在泰国绝迹，而现在得知还有少量存活，多在泰国南部的董里，但是由于栖息地越来越少，还有游船螺旋桨的致命威胁，也日益濒危。

泰国政府逐渐意识到了保护动物和环境的重要性，这很可能归功于诗丽吉（Sirikit）王后所作出的努力和英明的领导。现在许多国家动物园都在积极进行着动物繁殖与环境保护工程。包括普吉长臂猿康复中心（见291页）在内的野生动植物组织也在积极努力向公众普及国家野生动植物保护的知识，并且启动了许多野生动植物救援与康复工程。

植物

由于受到两种季风的影响，泰国南部覆盖着繁茂的植物。远离海岸的森林主要是常绿雨林，而海边和石灰岩上的树木则由于缺乏淡水、暴露在恶劣的矿物上而较为矮小。

最美的沿海树木要数泰国多种多样的棕榈树，有很多都是泰国独有的。这些棕榈树小小的叶子都很结实，像扇子或者羽毛一样，有助于散热和蓄水。石灰岩峭壁上生长着优雅的苏铁棕榈，尽管一点土壤都没有，这种Ƅlông (山地椰树)还是坚强地扎根在石灰岩裂缝中。由于外形优美，适合观赏，现在它在野生环境中已经逐渐消失了，变成了平时常见的观赏植物。

泰国也是将近75种耐盐红树林的家园。这种矮小的树木高度适应海水边的生活环境。它的树根却很高大，活像是人在踮着脚尖。正是这种植物，能够稳固住沉积物和营养盐，抵挡着侵蚀海岸的季风，为生态平衡发挥重要的作用。这个栖息地为不计其数的海洋生物的卵和幼仔提供了温床，但是泰国却破坏了至少50%的红木沼泽来为养虾场和大型酒店开路。

越来越多的海外旅游公司都声称与之合作的泰国旅游业者贯彻落实了环保政策。

国家公园

泰国的国家公园对海滩游客们来说有着巨大的吸引力。深受欢迎的世外桃源昌岛和沙美岛就坐落在东部海湾大陆的不远处。达鲁岛国家海洋公园位置偏僻，还未开发，是返璞归真的度假胜地。普吉岛北部的攀牙湾国家海洋公园的石灰岩峭壁突出到蔚蓝的海面上，而红树林多节的根部紧紧扎在泥沼地里，这里到处都是上镜的美景。浮在安达曼海上的锡米兰群岛国家海洋公园和素林群岛国家海洋公园拥有全球最佳的潜水点。

泰国112个国家公园和44个野生动物保护区占据了大约13%的泰国国土，这在国际标准上是相当高的。在泰国的众多保护区中，有18个保护着岛屿和红树林生态环境。泰国的国家公园和保护区有着超过850种常驻和迁徙的鸟类，和数量正在减少的老虎、云豹、林牛、大象、貘、长臂猿、亚洲黑熊以及其他很多物种。

尽管做出了承诺，但官方指定的国家公园或保护区并不能保证野生动植物的栖息地免受破坏。当地的农民、有钱的开发商和其他利益集团，不管是合法的还是违法的，都凌越于泰国国家公园的环境保护之上。本不允许开发的岛屿通常不能免受其害，而在贯彻规定上政府又缺乏强硬态度。昌岛、沙美岛和皮皮岛国家公园都面临着开发问题。

公园对外国游客收费是成人400B，14岁以下儿童200B。不过最近几年门票翻番了，现在又变为自定门票价格了，所以可能每个公园的门票都是不一样的。有时候泰国皇家林务署 (Royal Forestry Department; ☎0 2561 4292/3; 61 Th Phahonyothin, Chatuchak, Bangkok 10900) 会提供住宿，可以提前预订，因为这在当地人中很受欢迎。所有的公园都是在旱季游览最佳，特别是海洋公园，因为在季风来的时候，水下能见度会降低。

环境问题

与许多西方国家不同，泰国是发展中国家，这一点不仅会影响环境问题，也会影响人们对环境问题的反应。比起邻国，泰国还算比较富饶，发展得也比较好，受教育程度比较高，所以比起环境意识缺乏的柬埔寨和缅甸等国家，泰国更关注环境问题。不过这种环境意识通常比较狭隘，虽然正在慢慢改变，但是却不会像欧洲、北美或者澳大利亚那样演变成高调普遍的环境运动。

除了能发现最明显的问题，比如说污染、过度开发和规划不足，游客很难看到那些隐蔽的问题。然而只要看得深入一些，你就会发现由于只考虑短期的利益，泰国的环境深受迅猛的现代化所害。几乎没有几个泰国人能认识到砍掉红树林改成养虾场，或者用老挝水坝和缅甸的天然气产生的能量来加速发展有什么问题。

泰国出台了很多初衷良好的法律，似乎预示着泰国的生态意识正在变强。但是政治决心的缺乏和贪污腐败严重阻碍了这些环保法律的实施效果。泰国政府内政意见不合的鸿沟无法填平，政府为了执政也不得不

泰国国家公园

公园	特色	活动	页码
昌岛国家海洋公园	群岛海洋公园，有原始雨林、瀑布、海滩和珊瑚礁	浮潜、潜水、骑大象、徒步旅行	见128页
Khao Laem Ya/沙美岛国家公园	海洋公园，有海滩和近海珊瑚礁	浮潜、潜水、乘船旅行、冲浪	见115页
岗卡章国家公园	大陆公园，有瀑布和雨林；大量的鸟类和丛林哺乳动物	观鸟	见152页
三百峰国家公园	滨海公园，有溶洞、山岳、峭壁和海滩；鬣羚、短吻海豚和300种鸟类	溶洞游、观鸟、皮划艇	见168页
红统国家海洋公园	40处风景优美的热带岛屿，有珊瑚礁、潟湖和石灰岩峭壁	海上皮划艇、徒步旅行、浮潜	见232页
銮山国家公园	大陆公园，有森林覆盖的山峰、河流和瀑布；丛林哺乳动物、鸟类和兰花	徒步旅行	见246页
攀牙湾国家海洋公园	有着石灰岩峭壁、岛屿和溶洞，以及珊瑚礁和红树林的海湾	海上皮划艇、浮潜、潜水	见310页
蔻立/Lam Ru国家公园	滨海公园，有峭壁和海滩；犀鸟、猴子和熊	徒步旅行、乘船旅行	见304页
考索国家公园	大陆公园，有茂密的雨林、瀑布和河流；老虎、猴子、大王花和180种鸟类	徒步旅行、骑大象、轮胎漂流	见302页
兰松国家公园	滨海海洋公园，有100公里长的红树林；丛林和候鸟	观鸟、乘船旅行	见298页

做出各种让步，所以贯彻这些法律的政治意志貌似还有很长的路要走。然而，讽刺的是，动荡的政局同时还吓跑了很多投资者。

陆地环境

亚洲在环境破坏方面超过西方国家的主要行为就是森林采伐，虽然当前估计泰国仍有大约25%的森林覆盖率，大大超过英国少得可怜的5%。泰国政府1985年颁布的国家森林法建议国家应有40%的森林覆盖率，而1989年颁发的一个完整采伐禁令又向着正确方向迈出了一大步。根据法律规定，泰国的陆地面积必须保有25%覆盖率的“保护林”。但是，可以预见到该禁令只是改变了对其他区域自然资源的索取。虽然规模下降了，但是不法采伐仍然存在于泰国。相比之下，邻国柬埔寨、老挝和缅甸的采伐规模从1989年禁令的实施开始一直居高不下。大量的木材从这些国家运到泰国。

虽然泰国是公约签约国，但是各种各样的物种还是被偷运出国，有的是活体，也有的是动植物身上的某些部分，可以作为中医药材。虽然受到泰国法律保护，但是泰国却是全球最大的对华老虎器官输出国（虎鞭和

公园	特色	活动	页码
锡米兰群岛国家海洋公园	海洋公园，有花岗岩岛；珊瑚礁和海鸟；水下溶洞	浮潜、潜水	见307页
西莉那国家公园	滨海公园，有常绿乔木海滩；海龟和珊瑚礁	散步、浮潜、潜水	见289页
素林群岛国家海洋公园	花岗岩岛屿；珊瑚礁、鲸鲨和鳐鱼	浮潜、潜水	见300页
差迈海滩国家公园	滨海公园，有沙滩、红树林、潟湖、珊瑚礁、儒艮和栖息在红树林中的鸟类	海上皮划艇、浮潜、潜水	见353页
高番本查国家公园	大陆山林，有翻腾的瀑布；猴子	徒步旅行	见322页
皮皮岛国家海洋公园	群岛海洋公园，有海滩、潟湖和海蚀崖；珊瑚礁和鲸鲨	海上皮划艇、浮潜、潜水	见332页
达鲁岛国家海洋公园	群岛海洋公园，有偏僻的丛林岛和热带海滩；猴子、丛林哺乳动物和鸟类	浮潜、徒步旅行、潜水	见365页
兰塔岛国家海洋公园	群岛海洋公园，有美丽的海滩；珊瑚礁和礁鲨	海上皮划艇、骑大象、徒步旅行、浮潜、潜水	见340页
Mu Ko Phetra国家海洋公园	人迹罕见的群岛海洋公园；有儒艮、鸟类和珊瑚礁	海上皮划艇、浮潜	见363页
Tharnbok Koranee国家公园	滨海公园，有红树林和石灰岩溶洞；猴子、兰花和海鸟	海上皮划艇	见321页

虎骨据信有医疗效果，可以提升性欲）。其他动物种群被猎杀（通常是非法猎杀）做成卖给游客的纪念品，例如大象、丛林蜘蛛、巨型昆虫和蝴蝶，还有海里的蛤蜊、贝壳和河鲀。

政府已经对供应野味（ah·hăhn Ъàh）的餐馆进行了制裁，包括鹿、熊、穿山甲、长臂猿、麝猫和野牛在内的濒危野生动植物。事实上，国家公园的官员报酬太低，训练不足，却要与有钱有势的豪门大户资助的武装偷猎者和雇佣兵对抗，这显然存在很大问题。

泰国现在正在实验一种广为流传的理念，就是生态旅行可以为生态保护发挥积极作用，产生改变。

在一些情况中，旅游业确实发挥了积极的作用。泰国国家公园由于旅游业而得到了扩大。所有的酒店和高尔夫设施都迁出了Khao Yai国家公园，以减少对公园环境的损害。由于政府和民间私人部门对渔业施加的压力，炸毁珊瑚的行为几乎在锡米兰和素林群岛销声匿迹了，而将这片地域留给了旅游者。

然而，就像一把双刃剑，旅游业也会带来致命的危害。国家公园里随处频繁的大规模开发践踏着当地的环境，平房、豪华酒店、海滩酒吧和游船设施被修建起来，做起了旅游生意。皮皮岛和沙美岛这两座国家公园对经济利益的追逐远胜过了环境保护。在这两个公园里，开发甚至向chow lair（亦写作chao leh，海上吉普赛人，沿着海岸线迁移的半游牧人群）的保留地伸出了魔爪。达鲁岛国家海洋公园内的里朴岛和差迈海滩国家公园内的姆克岛似乎也在朝着相同的趋势发展。

在所有的居民区，垃圾和污水问题都日益突出，在游客如潮的地方更是如此，当地的基础设施不堪重负。1992年《环境法》的通过是一个令人鼓舞的进步，其中设定了环境质量标准，指定了保护区和污染控制区，还拨出了政府清洁资金。2000年，芭堤雅修建了其第一座公共污水处理厂，自那以后，情况一直在好转。

虽然很多泰国人仍不愿参加环保活动，但是老百姓的环保意识已经在日益增强了，特别是在自己的生活受到影响的情况下。虽然很少成功，但是当地人长年来一直抵制着大坝的修建。在皮皮岛国家海洋公园里拍摄的影片《海滩》严重破坏了一片美丽的海滩，这引发了全国范围的示威游行，而在达鲁岛国家海洋公园进行拍摄的美国电视节目《幸存者》同样遭到了强烈抗议。因此，为了避免以后发生类似问题，严格的制作与拍摄禁令得到了落实。2002年通向宋卡的石油管路建设引起了普通村民的一致反对，其力量不容小觑。

人称“泰国生态和尚”的一群致力于生态保护的僧侣勇敢地站出来，以和平的方式鼓励当地社区与庞大的开发项目作斗争。

泰国著名的白色沙滩实际上是以珊瑚为食的鱼类排出的粪便形成的小片珊瑚。

海洋环境

泰国的珊瑚礁生态系统，包括从拉廊到普吉岛、素林群岛和锡米兰群岛北部的安达曼海岸在内，是全球最具物种多样化的珊瑚礁生态系统。这条海岸线是600种珊瑚鱼、濒危海龟和其他珍稀物种的家园。

2004年发生的海啸对安达曼大约13%的珊瑚礁造成了严重的破坏。然而，海啸造成的破坏远不及工业化带来的环境恶化。据估计，泰国25%的珊瑚礁由于工业污染而死亡，而健康的珊瑚礁每年也在迅速减少。甚至在普吉岛潜水中心附近的北部海岸也能发现死去的珊瑚礁。对珊瑚最大的威胁来自海岸开发，例如新的公寓楼、酒店、道路和房屋等造成的沉降。海中沉积物的积累阻碍了珊瑚的生长。还有其他常见问题构成的威胁，例如游船停泊和其他海上行为造成的污染，垃圾和污水直接排入海里，还有农业和工业废物的影响。甚至是人们在游泳时的小便也会夺取敏感的珊瑚礁的生命。

海啸敲响了环保的警钟，让人们意识到了红树林的重要，因为它们能够缓冲到来的风暴。之前人们一直都将红树林看成是荒地而肆意砍伐。据估计，沿着海湾大约80%都覆盖着红树林，而这其中在安达曼海岸上的20%都已经被毁坏，不是建成鱼虾养殖场，就是进行旅游开发或者被加工成木炭。养虾场是对环境最大的威胁，因为泰国是全球最大的黑虎虾生产国，这些养虾场建在之前的红树林沼泽上，经营时间很短，却污染严重，严重耗费着环境和社会成本。养虾场的经营是笔大买卖（在过去十年间，泰国的年产量从900吨飙升到了277 000吨），大型的虾场运营常常根本不顾及环境保护法，而对它的抗议也很少见诸报端。

泰国及其邻国的大规模渔业也是使海洋环境总体恶化的凶手之一，常被称之为“海洋压榨机”。在过去25年里，亚太地区的捕鱼量下降了高达33%，而泰国湾的北部几乎已经无鱼可捕了。捕到的鱼大部分都出口海外市场了，在泰国晚餐中倒是难得一见。而泰国售卖的海鲜一般都是来自养鱼场，这又是泰国的一大沿海工业。

从自己做起

泰国的环境问题看起来非常棘手，但是实际上旅行者们还是能够尽力降低自己的来访所造成的影响，甚至能够带来积极影响。你在泰国的消费方式对该国的经济和个体企业的收益都有很大的影响。消费前可以先问一问，如果不满意就换别家消费。比方说，许多大型度假村没有公路，都是用拖拉机穿梭在很容易遭到破坏的泥沼地来接送客人，而这是非常具有破坏性的行为，所以订房间前请先询问一下到酒店的交通情况。在这里无数的潜水用品店中，有些店家会非常尽心地尽可能减少客人对珊瑚礁的影响；然而，还有些店家不是让没有经验的潜水者在泳池里训练和考试，而是在活的珊瑚礁里完成这些活动，这种行为会对当地的生态系统造成无法弥补的损害。一般而言，请不要碰到珊瑚，或在珊瑚上行走，注意自己的动作，不要扫掠到珊瑚，也请不要惊扰海洋生物（在海滩上见到的死河鲀很有可能就是因为潜水者的戳逗而胀气致死的）。

如果想为泰国尽一己之力，请与该国众多环保社会团体中的任何一家联系。如果在启程前进行了些许研究并作出了安排，你可以与适合你的组织联系。在开始之前，以下是一些特别推荐：

泰国野生动物救助基金会（Wild Animal Rescue Foundation of Thailand；简称WAR；☎0 2712 9715；www.warthai.org；65/1 3rd fl, Soi 55, Th Sukhumvit, Bangkok 10110）是泰国自然保护的主要倡导者，现在经营着四家野生动物保护区，有志愿者在这里救治并训练那些一度被作为家庭宠物的野生动物，让它们重返自然。

泰国鸟类保护协会（Bird Conservation Society of Thailand；☎0 2691 4816；www.bcst.or.th），提供泰国鸟类信息、实地考察报告、珍稀鸟类观赏、赏鸟节、鸟类调查和一个鸟类在线论坛。

如果想提供更多帮助，请联系**Sanithirakoses-Nagapateepa基金会**（Sanithirakoses-Nagapateepa Foundation；www.sulak-sivaraksa.org），由1995年诺贝尔奖的并列获得者萧素乐（Sulak Sivaraksa）创办。这个伞型集团与泰国众多环保与社会正义团体有联系，有儿童基金会（Foundation for Children）、贫困者论坛（Forum of the Poor）、泰国-西藏中心（Thai-Tibet Centre），以及Pun Pun（一个有机农场和绿色生活中心）。这些团体会提供很多机会来帮助当地社区，并参与与泰国人民息息相关的各种事物。它们还创办了一所名为“教育活动精神”（Spirit in Education Movement）的学会，提供与主流教育相比更基于生态和精神的教育。

泰国推动环保事业的团体还包括：

泰国环境协会（Thailand Environment Institute；☎0 2503 3333；www.tei.or.th）

普吉岛Dulwich国际学院（Dulwich International College）的学生一天就在海滩上收集了5000公斤的垃圾。请伸出你的援手，随时捡起地上的垃圾。

泰国野生动植物之友 (Wildlife Friends Foundation Thailand; ☎0 3245 8135; www.wfft.org)

泰国世界自然基金会 (WWF Thailand; ☎0 2524 6168; www.wwfthai.org)

生存指南

出行指南

签证

泰国外交部(Ministry of Foreign Affairs；www.mfa.go.th)负责移民和签证事宜。登录官网或到离你最近的泰国大使馆、领事馆查询申请程序和费用。

旅游签证及落地签证

中国护照持有者从空路进入泰国可以获得落地签证，逗留时间不超过15天。从2014年1月起，只要持有来回程机票（须打印出来），中国边检予以放行。注意，陆路进入泰国无法确保获得落地签证，即便从第三国入境，当地的泰国领事馆通常也不受理中国护照的签证申请。

如果希望在出发前就办好旅行签证，费用为230元人民币，有效期3个月，允许逗留60天。泰国大使馆或领事馆申请旅行签证具体程序如下：

填写旅游签证申请表一式一份，申请表必须本人签名；半年内2寸彩色照片一张；申请者本人国内工作单位或街道办事处的英文担保信原件（内容包括：申请者姓名，赴泰目的，在泰停留期。该信必须担保申请者按期返回中国，使用印有该单位抬头的信纸打印，并附有该单位的地址及电话，加盖单位公章，有负责人签字及签字人的姓名和职务）；出示确认往返时间的机票(含机票票号)，并递交该票的复印件一份；护照和护照复印件一份，且护照有效期在半年以上。（小孩未满16周岁需提供中英文出生证或者中英文的关系公证书原件及复印件）。所有签证须本人申请，办理签证需三个工作日。

如果所在城市没有泰国领事馆或者不希望提供照片以外的资料，可以通过旅行社代办，一般代办费在30至100元之间，只需提供照片和护照。淘宝网上也有不少代办泰国签证的卖家，收费更具竞争力。

具体签证信息以泰国大使馆或领事馆官方公布为准。

泰国驻华使领馆信息：

泰国驻华大使馆（☎010 6532 1749；www.thaiembbeij.org；北京市朝阳区光华路40号，邮编100600；⏰周一至周五8:30~12:00，14:00~17:30；签证处☎010 6566 1149；北京市朝阳区建国门外大街双子座大厦西座15层，邮编：100600）

泰国驻上海总领事馆（☎021 6288 3030，6323 4095；www.thaishanghai.com；上海市静安区威海路567号晶采世纪大厦15楼，邮编200041）

泰国驻广州总领事馆（☎020 8385 8988，8384 9927；www.thaiembassy.org/guangzhou/；广东省广州市环市东路368号花园酒店M07房，邮编510064）

泰国驻昆明总领事馆（☎0871 6316 8916，6314 9296；www.thaiembassy.org/kunming；云南省昆明市东风东路昆明宾馆南大楼1楼145号，邮编650051）

泰国驻成都总领事馆（☎028 6689 7861，6689 7862；www.thaichengdu.com；四川省成都市武侯区航空路6号丰德国际广场3号楼第12层，邮编610041）

泰国驻南宁总领事馆（☎0771 552 6945-47；www.thaiembassy.org/nanning；广西南宁市金湖路52-1号东方曼哈顿大厦1楼，邮编530022）

泰国驻西安总领事馆（☎029 8730 6726；www.thaixian.com；陕西省西安市高新区丈八一路1号汇鑫(IBC) B座704-706室，邮编710065）

泰国驻厦门总领事馆（☎0592 202 7980-101，202 7982-102；www.thaiembassy.org/xiamen；福建省厦门市虎园路16号厦门宾馆3号楼别墅，邮编361003)

泰国驻香港总领事馆（☎852

2521 6481-5；www.thai-consulate.org.hk；香港中环红棉路8号东昌大厦8楼)

非移民签证

非移民签证的有效期为90天，为入境从商、学习、养老和探亲的外国人设立。这一级的签证中包含多次入境签证。如果你在欧洲、美国或澳大利亚的泰国领事馆申请该签证，成功的几率要高于在其他国家申请。如果你想要申请泰国的工作签证，你需要首先持有非移民签证。

签证延期及更新

如果你决定签证到期之后继续留在泰国，可以到泰国的移民部门申请延期签证。延期签证的费用通常是1900B。之前如果申请的是标准的15天或30天停留时间，（根据移民部门的判定）签证可延长7～10天，但必须在原签证到期之前办理。60天的旅行签证可以最多延长30天，一切由泰国移民局作出判定。

另一种签证更新方式是出境再入境。当你从别国再次返回泰国时，会得到15天的新签证。许多短期游客因为“签证有效期”的缘故，会选择出境去别国玩一天再返回泰国。请参考目的地章节，查询更多出入境信息和相关要求。

如果你逗留的时间超过了签证规定时间，一般的罚款金额为每天500B，罚款上限为20 000B。可以在机场缴付罚款或提前到移民部门交罚款。如果你逗留的时间只超过一天，则不用交罚款。14岁以下儿童在家长的陪同下无需支付罚款。

泰国的外国公民须在国境内距其最近的移民部门办理签证延期。

保险

购买旅行保险是明智之举，它可以为因被窃和丢失造成的损失提供赔偿并为医疗提供保障。保单提供不同的医疗费用补偿套餐，有各种保险套餐供你选择，注意查看细则里的小字。确保你购买的保险可以提供救护车或飞机转运回国的服务。

许多保险明确规定将“危险活动”排除在保障范围之外。这些活动包括潜水、摩托运动甚至是徒步旅行。本国颁发的摩托车驾驶执照在某些保险条例中并不适用。在没有潜水保险的情况下请勿潜水。

比起当场支付医疗费用，事后再要求保险公司理赔，你或许更青睐那种保险公司直接向医生或医院支付医疗费用的服务。如果你不得不事后要求保险公司理赔，请务必保留所有的理赔材料。

www.lonelyplanet.com/travel_services网站提供全球范围内的旅行保险。你可以在这里购买、延期及申请理赔。即使已在旅行途中，你仍可通过网络享受以上服务。美亚保险推出的“万国游踪”和“乐悠游”险种包含24小时全球紧急医疗救援，也承保潜水等户外运动项目。

货币

泰国的基本货币单位是泰铢（baht）。1泰铢包含100萨当（satang）；硬币发行的面值包括25萨当、50萨当、1B、2B、5B和10B。旧版的硬币上面只有泰国数字，新版硬币上面有泰国数字和阿拉伯数字。2B硬币在大小上类似1B硬币，但前者的颜色是金色。2萨当硬币通常只在超级市场流通，超市收款时不会将款项四舍五入到泰铢。

纸币发行的面值包括：20B（绿色）、50B（蓝色）、100B（红色）、500B（紫色）以及1000B（米黄色）。

ATM自动柜员机、信用卡和借记卡

大部分泰国自动柜员机支持银联卡取款，可以直接从你自己的账户里提取现金（只能提取泰铢）。ATM机在泰国分布广泛，当你需要支付大量现金时，它们绝对靠谱。你也可以在一些银行将货币兑换成泰铢。

泰国的ATM机现在会收取最高150B的外汇交易费（无论是何种货币兑换）以及你本国银行收取的网络外费用（根据银行不同，费用在10至20元人民币不等，部分银行有免手续费优惠政策）。这意味着ATM机现在使用起来的成本要比从前高。在离开家之前，对银行账户要进行对比，寻找可以免费使用国际ATM机的账户。一些银行的ATM机还支持退款业务。

Aeon银行是我们所知在泰国唯一对外国账户不收取150B服务费的泰国银行，但是该行的ATM机数量有限，其中很多分布在Big C商店。

信用卡以及借记卡可以

在部分商店、酒店和饭馆消费。最为广泛接受的是Visa卡和MasterCard卡，部分接受银联，但使用不广泛。美国运通卡通常只在高级酒店和餐馆可以使用。

信用卡、借记卡的挂失和报案，可以拨打曼谷的以下热线电话：

美国运通卡(☎0 2273 5544)

万事达卡(☎001 800 11887 0663)

维萨卡(☎001 800 441 3485)

中国银联(☎001 800 800 95516)

货币兑换

银行或相对罕见的私人货币兑换商提供最诱人的外汇兑换价格。在兑换泰铢时，美元是最为广泛接受的货币，英镑和欧元次之。多数银行对兑现的旅行支票收取佣金和税金。

每日最新的货币兑换汇率印制在《曼谷邮报》和《民族报》。你也可以去泰国当地的银行，通过每日更新的汇率表一探究竟。

更多泰国旅游花费信息，详见18页。

外汇

从2008年起，游客持超过2万美元入境或出境必须申报。对于外国人入境泰国，还有其他货币规定；签证类型不同，资金证明的要求也不同，但通常不会超过游客预估的旅行预算。

你很少会被要求提供类似的资金证据，但请注意，相关法律确实存在。泰国外交部(Ministry of Foreign Affairs；www.mfa.go.th)可以提供更多相关信息。

在泰国任何商业银行开设外币账户属合法行为。只要账户资金源于泰国之外的其他国家，账户维护和提款没有任何限制。

小费

小费在泰国并不盛行。然而，在高档餐厅付账时的找零算是个例外。如果一顿饭花费488B，而你付的是500B，一些泰国服务员会留下这12B的找零。其实这算不上小费，更像是在说“我不是那么抠门儿的人，一分钱都不能少”。

在许多酒店餐厅或高级餐厅，结账时会收取10%的服务费。如果是这样的话，你就不用付小费。曼谷采用了标准的小费收取标准，特别是在那些经常有外国人光顾的餐厅。

电源

泰国使用220V交流电；电源插座通常是两插头的圆插座或扁插座。

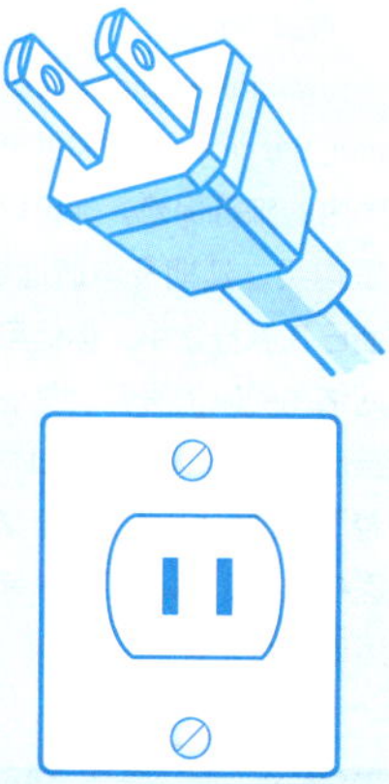

220V/50Hz

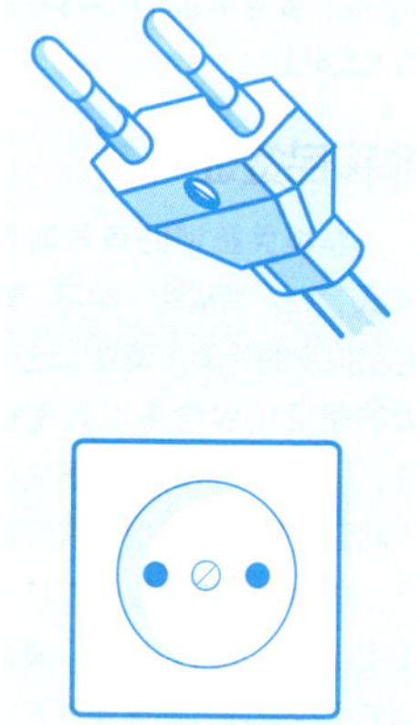

220V/50Hz

使领馆

位于曼谷的外国大使馆：

中国(☎0 2245 7044；www.chinaembassy.or.th；57 Th Ratchadaphisek)

澳大利亚(见76页地图；☎0 2344 6300；www.thailand.embassy.gov.au；37 Th Sathon Tai)

柬埔寨(☎0 2957 5851-2；518/4 Pracha Uthit/Soi Ramkamhaeng 39)

加拿大(☎0 2636 0540；www.thailand.gc.ca；15th fl, Abdulrahim Bldg, 990 Th Phra Ram IV)

丹麦(☎0 2343 1100；www.ambbangkok.um.dk；10 Soi 1, Th Sathon Tai)领事馆位于普吉岛和芭堤雅。

法国大使馆(☎0 2657 5100；www.ambafrance-th.org；35 Soi 36, Th Charoen Krung)；曼谷签证和文化处(☎0 2627 2150；29 Th Sathon Tai)领事馆位于普吉岛和素叻他尼。

德国(☎0 2287 9000；www.bangkok.diplo.de；9 Th Sathon Tai)

印度大使馆(见82页地图；☎0 2258 0300-6; indianembassy.in.th; 46 Soi Prasanmit/Soi 23, Th Sukhumvit)；印度签证申请中心(见82页地图；☎02 6652 9681; www.ivac-th.com; Suite 1503, Glass Haus Bldg, 15th fl, Th Sukhumvit)；

印度尼西亚(见72页地图；☎0 2252 3135; www.kemlu.go.id/bangkok; 600-602 Th Phetchaburi)

爱尔兰(见76页地图；☎0 2677 7500; www.irelandinthailand.com; 28th fl, Q House, Th Sathon Tai)只有领事馆；最近的爱尔兰大使馆在吉隆坡（Kuala Lumpur）。

以色列(见82页地图；☎0 2204 9200; bangkok.mfa.gov.il; Ocean Tower 2, 25th fl, 25 Soi 19, Th Sukhumvit)

日本(☎0 2207 8500; www.th.emb-japan.go.jp; 177 Th Withayu/Wireless Rd)

老挝(☎0 2539 6678; www.bkklaoembassy.com; 502/1-3 Soi Sahakarnpramoon, Pracha Uthit/Soi 39, Th Ramkamhaeng)

马来西亚(☎0 2629 6800; 35 Th Sathon Tai, Bangkok)领事馆位于宋卡。

缅甸(见72页地图；☎0 2233 2237; www.mofa.gov.mm; 132 Th Sathon Neua)

尼泊尔(☎0 2391 7240; www.immi.gov.np; 189 Soi 71, Th Sukhumvit)

荷兰(见72页地图；☎0 2309 5200; www.netherlands embassy.in.th; 15 Soi Tonson, Th Ploenchit, Bangkok)

新西兰(见72页地图；☎0 2254 2530; www.nzembassy.com; 14th fl, M Thai Tower, All Seasons Pl, 87 Th Withayu/Wireless Rd)

菲律宾(见82页地图；☎0 2259 0139; www.philembassy-bangkok.net; 760 Th Sukhumvit)

俄罗斯(见72页地图；☎0 2234 9824 www.thailand.mid.ru; 78 Soi Sap, Th Surawong, Bangkok)领事馆位于芭堤雅和普吉。

新加坡(☎0 2286 2111; www.mfa.gov.sg/bangkok; 129 Th Sathon Tai, Bangkok)

南非(见72页地图；☎0 2659 2900; www.saembbangkok.com; 12A fl, M Thai Tower, All Seasons Place, 87 Th Withayu/Wireless Rd)

西班牙(见82页地图；☎0 2661 8284; 23 fl, Lake Ratchada Office Complex, 193 Th Ratchadaphisek)

瑞士(☎0 2674 6900; www.eda.admin.ch/bangkok; 35 Th Withayu/Wireless Rd)

英国(见72页地图；☎0 2305 8333; ukinthailand.fco.gov.uk; 14 Th Withayu/Wireless Rd)领事馆位于芭堤雅。

美国(见72页地图；☎0 2205 4049; http://bangkok.usembassy.gov; 95 Th Withayu/Wireless Rd)

越南(见72页地图；☎0 2251 5836-8; www.vietnamembassy-thailand.org; 83/1 Th Withayu/Wireless Rd, Bangkok)

实用信息

- 《曼谷邮报》（*Bangkok Post*）和《民族报》（*Nation*）是每日发行的英语报纸。
- 泰国有400多个调频AM和调频FM的广播电台；短波电台可以接收英国广播公司（BBC）、美国之音（VOA）、澳洲电台（Radio Australia）、德国之声（Deutsche Welle）和法国国际广播电台（Radio France International）等电台的节目。
- 六家VHF电视网络提供泰语节目；True-vision有线电视提供国际节目。
- 主要视频格式是PAL。
- 泰国采用国际公制系统。金银以bàat（15克）为单位。

海关条例

泰国海关局(customs department; www.customsclinic.org)提供实用的网站，内含海关规定等具体信息。在泰国，以下项目免税入关：

- 适量的私人物品（衣物以及化妆品）
- 与职业相关的物品
- 200根香烟
- 1升葡萄酒或烈酒

泰国禁止进口以下项目：

- 火器及弹药（不包括预先在警察局注册的）
- 违禁药物
- 色情音像制品

如果携带古玩、复制品或新制的佛像（除私人护身符）离开泰国，必须持有出境许可。提交两张该件（批）物品的正面照和你的护照复印件，以及购买收据和物品实物到**泰国国家艺术厅**(Department of Fine Arts; ☎0 2628 5032)提交申请。从申请到通过审查通常历时四天。

恼人的回扣

在人气旺盛的旅游景点，经常有司机或拉客的上前跟你搭话，有时还是一窝蜂涌上来。他们靠着把你带到某家宾馆而从中收取回扣。尽管游客对此感到厌烦，但泰国的小本生意以这种方式招揽客人也是不成文的规矩。只要你了解这其中的猫腻，就不会吃大亏。拉客的会为了吃回扣而把你带到某家宾馆或酒店（不论你是否入住），但如果旅店不愿支付回扣，那么拉客的就会劝游客放弃这家旅店（声称旅店关门或烧毁了）。有时，他们会含糊其辞地告诉你某家旅店就是你要找的那家，实则是为给他们回扣的旅店拉生意。如果你前往旅店时遇到麻烦，可以打电话给旅店派人接你。他们一般对这类强卖伎俩了如指掌。欲了解更多详细信息，请见423页。

旅游信息

游客中心及其推广服务是由政府主办的。成立于1960年的**泰国旅游局**(Tourism Authority of Thailand，简称TAT；www.tourismthailand.org)制作了精致的宣传手册，介绍景点、住宿和交通。TAT的总部位于曼谷，在全国有22家办事处。请在目的地章节里查询你所要游览城市的TAT办事处信息。

以下是TAT在海外设立的咨询办事处信息。登录TAT网站，可查询首尔、东京、大阪、福冈、斯德哥尔摩以及罗马等地的相关联系方式。

北京(☎0086 10 8518 3526；www.tatbjs.org.cn；北京市东城区东长安街1号东方广场E1办公楼九层2室)

上海(☎0086 21 3366 3409；www.tatshanghai.cn；上海市黄浦区南京西路288号创兴金融中心2703室)

台湾(☎ 886 2 2502 1600；www.tattpe.org.tw；台北市104松江路111号东家大楼13楼)

香港(☎ 852 2868 0732；tourismthailand.org/hk；香港中环皇后大道中39号丰盛创建大厦21楼2101室)

澳大利亚(☎02 9247 7549；www.thailand.net.au；Level 2, 75 Pitt St, Sydney, NSW 2000)

马来西亚(☎603 216 23480；www.thaitourism.com.my；Suite 22.01, Level 22, Menara Lion, 165 Jalan Ampang, Kuala Lumpur, 50450)

新加坡(☎65 6235 7901；c/o Royal Thai Embassy, 370 Orchard Rd, 238870)

英国(☎020 7925 2511；www.tourismthailand.co.uk；3rd fl, Brook House, 98-99 Jermyn St, London SW1Y 6EE)

美国(☎323 461 9814；1st fl, 611 North Larchmont Blvd, Los Angeles, CA 90004)

营业时间

以下是泰国各商业机构标准的工作时间。本书中的评论只列举以下标准之外的特殊情况。所有政府部门和银行在公共假期不办公（见418页）。

银行周一到周五，9:30am～3:30pm；ATM自动取款机24小时可用。

酒吧6pm至午夜（官方规定）；关门时间因各地区宵禁规定差异而各不相同；酒吧在竞选和特定宗教国定假日时关门。

夜总会（迪斯科）8pm～次日2am；关门时间因各地区宵禁规定差异而各不相同；夜总会在竞选和特定宗教国定假日时关门。

政府机关 周一到周五，8:30am～4:30pm；有些部门午餐时间关闭（中午至1pm），有些部门在周六办公（9am～3pm）。

音乐演出场馆6pm～次日1am；关门时间因各地区宵禁规定差异而各不相同；场馆在竞选和特定宗教国定假日时关门。

餐厅10am～10pm；一些专营早餐的餐厅下午3点关门。

店铺地区商铺：每日10am～6pm；百货商店：每日10am～8pm。在一些小城镇，当地商铺周日关闭。

节假日

政府部门和银行在以下日期不办公：

1月1日新年

2月（具体日期不定）万佛节，佛教节日

4月6日查克里王朝开国纪念日，纪念查克里王朝的创建者拉玛一世

4月13～14日宋干节，泰国传统新年和泼水节

5月5日加冕日，纪念1946年普密蓬国王和皇后的加冕

5月1日劳动节

5月/6月（具体日期不定）卫塞节，佛教节日

7月（日期不定）守夏节，佛教节日

8月12日皇后诞辰

10月23日五世皇纪念日

10月/11月（具体日期不定）解夏节，守夏节结束

12月5日国王诞辰

12月10日行宪纪念日

12月31日新年前夕

住宿

泰国的住宿条件从廉价型、基本型到高档型乃至奢华型，种类繁多。

本书所列住宿价格均为旺季价格。网络接入、无线网络、游泳池或空调设备等均以图示标注。若空调标志未出现在住宿评价中，通常来说，应该只会提供一台风扇。

本书还采用了三层阶梯式价位以区分预算种类（廉价类、中档类、高档类）。房间价格在1000B以内的属于廉价类，3000B以内的属中档类，超过3000B的则属于高档类。

如果当地人不说英语，那么学会以下说法会对你有所帮助：hôrng pát lom（配备风扇的房间）和hôrng aa（配备空调的房间）。

上网预订住宿

欲了解更多Lonely Planet作者对住宿的评价，请登录http://hotels.lonelyplanet.com。在这里，你会找到各类独家见解及住宿地点推荐。最酷的是，你还可以网上预订住宿。

客栈

客栈（Guest Houses）是泰国最廉价的住处，背包客踏足的地方，一般都会发现该类住处。在偏远地区，比如东部海滨地区，这类客栈（以及游客）则相对稀少。泰国住宿价格依据硬件设施和地理位置而各不相同。在各府郡地区，最便宜的房间从150～200B不等，通常配有公厕和摇摇晃晃的电风扇。房间里还可以配备私人设备、空调，有时还有电视机，价格在600～800B之间。但是，海滩度假村的住宿价格远高于此。一间配电扇的房间定价就达700～800B。许多客栈的内部餐厅提供背包客们的经典食品（香蕉薄饼和水果奶昔），并以此谋利。虽然在这些餐厅吃饭快捷方便，还可广结四海游客，但切莫因这里的菜品而对泰国菜妄下定论。

许多客栈的服务员热情周到，有问必答，客人还可在此交换图书。然而，部分客栈也不乏态度恶劣、郁郁寡欢的服务员。他们对工作的深恶痛绝写在了脸上。

近些年来，支持提前预订的客栈与日俱增。但鉴于客房环境和服务质量参差不齐，强烈建议你在入住之前实地考察。在度假胜地，如果你心仪的地方客满，附近常有替代的酒店供你选择。客栈一般只接受现金支付。

酒店

在泰国各府中心城市和小城镇，泰国华人开设的老式酒店往往是你唯一的选择，也曾是泰国酒店的标杆风格。顾客群多为泰国本土客人，酒店会说英语的人有限。

这些酒店是多层建筑，提供各类房型供你选择，如配备独立卫生间、空调、电视机的中档客房和配备公共卫浴、电扇的廉价客房。一些历史更久远的酒店里，厕所配备的是蹲便器，而淋浴是klong（从盆里面舀水洗澡）。诚然，这些泰中酒店彰显着迷人的复古范儿，但我们也发现，若不将其整修一新，多数环境破旧不堪，品质一般，与宾馆相去甚远。

近些年来，许多年长的背包客和手头宽裕的年轻游客旅行预算充足，希望所住的地方可以融合宾馆的温馨以及星级酒店的舒适。这促使酒店业作出调整以满足市场。在旅行热点地区，为“富有背包客”打造的酒店焕然一新，以风格化的装饰和更为舒适的环境来装点实用主义的传统。

国际连锁酒店在曼谷、普吉等高端海滨度假胜地均设分店。这些酒店将泰国传统建筑风格与现代极简主义相融合。

多数高档酒店和部分中档酒店在价格上加入了7%的政府税(增值税，VAT)以及额外10%的服务费。附加的收费经常被称为“额外之外的费用”。一套自助早餐通常会纳入房

费。如果酒店提供西式早餐，通常称为“ABF”，是“美式早餐（American breakfast）”的意思。

中档酒店和连锁酒店，特别是位于主要旅游目的地的酒店，可提前预订，有些还通过官网或网络代理商提供网上订购优惠。多数信用卡可以在这里使用，但是只有一些高档酒店接受美国运通（American Express）信用卡。

国家公园住宿

多数国家公园有平房或营地供在这里过夜的游客使用。平房通常可以容纳10人，价格依据公园和平房大小从800~2000B不等。这些平房和营地颇受一大家子出游的泰国人青睐，他们携带的生活用品十分充足，熬过世界末日都没问题。一些公园还配备了reu·an tăa·ou（长屋）。

许多国家公园是可以露营的，每晚收费60~90B。有些公园还租赁帐篷等宿营工具，但是设备的质量可能并不尽如人意。

公园住宿必须提前通过**中央预订系统**(central booking system; ☎0 2561 0777; http://web3.dnp.go.th/parkreserve/reservation.asp)在网上预订。请注意，网上露营和平房的预订所在页面不同。

气候

曼谷

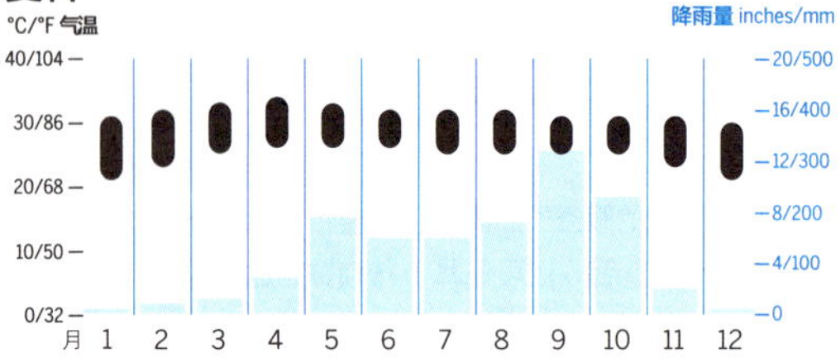

普吉

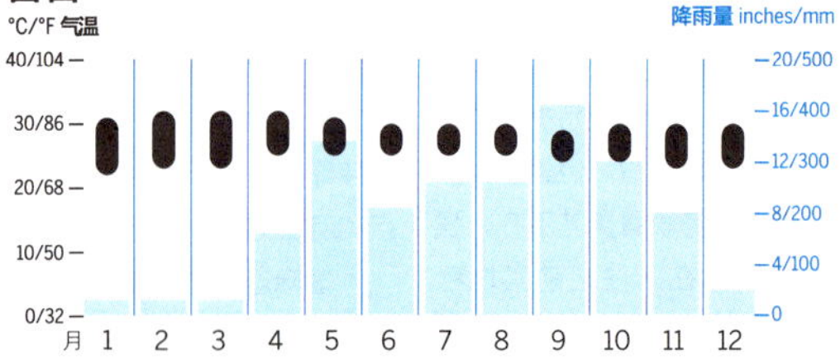

素叻他尼

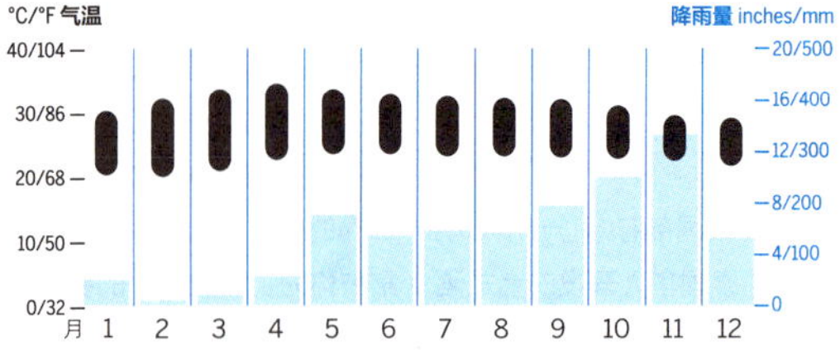

地图

ThinkNet公司(www.thinknet.co.th)提供高质量的、双语城市地图和国家地图，包括互动地图CD。对于在泰国使用全球定位系统的用户来说，他们大多青睐佳明（Garmin）出品的导航系统及其附带地图，因其精确并可以实现全面导航。

邮局

泰国的邮政服务十分高效，当地邮资也很便宜。府郡常见邮局的工作时间是周一到周五，早上8点30分开门，下午4点30分关门；周六早上9点开门，中午12点关门。各府中心城市的邮政总局在周日上午也会办公。

多数府郡邮局出售自助打包盒。不要邮寄现金或其他贵重物品。

泰国的邮件留存服务比较可靠，不过现在少有游客使用。当你收到信件时，必须出示你的护照并填写相关文件。

购物

在泰国购物时，你尽可享受讨价还价的乐趣，但千万不要和拉客的人、导游或者友好的陌生人一起购物，因为他们免不了从你购买的商品里获得回扣，因而造成价格上扬，超过合理界限，让以后的游客对此心生厌恶。

古玩

货真价实的泰国古玩愈发

稀少。如今市面上售卖的多是赝品或是从缅甸倒来的。曼谷是古玩和古玩复制品的交易中心。

未经允许，真品不得被带出泰国。未经泰国国家艺术厅准许，佛像，无论新旧，都不得出口。更多相关信息，详见417页。

服装

泰国的服装价格普遍低廉。市场每天销售廉价衣物，所以当衣服都脏了、没什么可穿的时候，顺手就可以去买一件。至于时装，曼谷和苏梅岛是引领泰国国内时尚潮流的地方。泰国很多服装店不提供退换服务，所以务必在离店前确保一切合意。

泰国服装剪裁有着悠久传统，有很多是泰国印度锡克教教徒家族开创的裁缝店。但是，行业里也存在滥竽充数和欺骗佣金的现象。小心那些24小时速成的裁缝店。他们经常使用次等布料，且工艺拙劣。最好先向常住的外国人征询意见，然后再挑出两三家比较合意的。

假货

在曼谷等旅游城市，街头巷尾假名牌的交易热闹非凡。没有人会假装那些衣物是真的，至少卖家不会这么做。理论上来说，制作和销售这些假名牌是违法的。知识产权机构也经常向泰国施压，敦促取缔此类黑市贸易。但是警方的取缔行动往往只是昙花一现。商家们也找到了更隐秘的倒卖方式，更加显示出其非法买卖的特性。在帕蓬（Patpong）市场，商家可能会向你展示一款仿冒手表的照片。你先付款，他们就会去某个街角取货。他们通常会回来，但你可能要忧心忡忡地等上好久。

家具

藤蔓和硬木家具值得一买，且可以定制。清迈是泰国主要的家具产地，多数零售商则位于曼谷。泰国禁止采伐柚木，可回收柚木也随之资源枯竭。因此，70%的出口家具是硬木所制。这种硬木属于橡胶树的加工产品，不能再用于制作乳胶。

宝石及珠宝

泰国是宝石和饰品的主要出口国，可与其匹敌的竞争对手唯有印度和斯里兰卡。然而，泰国的宝石原料急剧减少，现在多从缅甸、斯里兰卡等国进口，然后切割、打磨及交易。

泰国的宝石和珠宝商店不计其数，但骗子也随处可见。暗箭难防，这让泰国不再成为购买这些珠宝类商品的安全和理想地点。在橱窗外饱饱眼福即可。

漆器

传统的漆器家具和装饰品由竹子和柚木做成。但现在，芒果木也可以用来打底。如果是高档漆器制品，只有外框是竹制的，再用马毛或驴毛将其环绕。而低档的漆器，整个物件均由竹子制成。然后，在框架上加一层漆，晾干。若干天后，用稻壳粉进行打磨，然后再上一层漆。高档的漆器制品可能会包含七层漆。最后将上漆的制品进行雕刻、喷涂、打磨，保留雕刻里的喷涂，去除其余喷涂。多色漆器须经多道重复工序制成。

一件高档漆器的整个制作过程历时5~6个月，颜色可能多达5种。柔韧性是优秀漆器的特点之一：一个精致的碗可以将其边缘挤在一起，直到各边相会，却不会损坏。高质量和精准的雕刻是高档漆器的另一项特点。

纺织品

在曼谷的加都加周末市场（见93页），以及岛上或海滩上许多人气旺盛、适宜游客前往的市场里，你能找到大量来自全国各地的传统纺织品，包括北部文化中心地区的产品。

制作精良的*bah·dé*（蜡染布）在南部地区存在，印花的风格更近于马来西亚的蜡染布，与印度尼西亚的相比则差别较大。

电话

泰国的国家代码是☎66，从国外给泰国打电话时，需先拨此代码。所有的泰国电话号码前需加拨0（在海外拨打电话时，不用拨“0”）。拨完“0”之后，后三位数字代表府郡代码，现在这三位已包含在电话号码里。如果拨“0”之后的下一位数字是“8”，那么说明你拨打的是手机号码。

国际长途

如果你想在泰国拨打国际

更多议价信息

如果商品没有一个明确的价签，则价格是可以商量的。在街市上、个体商店里，对非食品讨价还价是很常见的。在购物中心、小超市或7-Eleven便利店等类似购物场所，价格是固定的。

泰国人尊重会砍价的人。务必先让卖家给出价格，然后才问价格能否再低一些。卖家很可能会给你打折。轮到你还价时，一定要将价格杀低，但是如果你根本无心购买，就别砍价了。

在轻松友好的氛围里砍价会事半功倍，切记保持微笑。不要发脾气或提高嗓门儿，它们不是你砍价的筹码。

长途，你必须首先拨打国际代码，然后拨打国家代码，之后是对方的电话号码。

在泰国，国际接入代码多种多样，每种代码每分钟收费也不尽相同。标准直拨前缀是☎001。它由泰国通信管理局（CAT）运作，被认为具备最佳音质；它与绝大多数国家相连，但也是价格最高的。☎007次之。这一前缀由泰国电信运营商TOT运作，质量可靠，价格较泰国通信管理局也稍低一些。相对价廉的前缀是☎008和☎009；这两个代码使用网络电话（VoIP），声音质量不稳定，但足以顺畅通话。

以下是一些通用的国家代码：☎86代表中国，☎61代表澳大利亚，☎44代表英国，☎1代表美国。

许多外籍人士使用**DeeDial**(www.deedial.com)这一直拨服务，需要通过网络创建一个预支账户。其所提供的最便宜的服务是“回拨”服务，规避了当地话费。

泰国通信管理局(Communications Authority of Thailand，简称CAT，www.cthai.com)还提供了丰富多样的国际电话卡，许多卡种推出促销活动，打电话每分钟低于1B。

拨打☎100，通过接线员转接拨打国际长途或受话人付费（或对方付费）电话。此外，免费拨打你的长途电信运营商，咨询海外代码，或尝试在CAT的电话上拨打☎001 9991 2001或使用电信运营商TOT提供的电话，拨打☎1 800 000 120。

手机

在泰国，购买当地通用的SIM卡，使用手机打电话最方便。

泰国使用GSM网络，移动手机供应商包括AIS公司、DTAC公司以及True Move公司。

中国手机可以在泰国使用。从网络运营商（AIS公司和DTAC公司最受欢迎）那里购买SIM卡，会附赠一个绑定的手机号。如果你的手机激活了SIM卡，你可以用预支的电话卡购买分钟数。SIM卡和充值卡（通常售价从300～500B不等）可以从全国各地的7-Eleven便利店购买。

促销的手段多种多样，但是泰国各处的通讯价格基本徘徊在每分钟1～2B之间，国际长途的价格在5～9B之间。手机短信息通常每条3B，使之成为最便宜的“通话”方式。

如果你不能使用个人手机，你可以用一种老式的办法拨打国际长途——一种叫本国直拨（Home Country Direct）的服务。该服务可在泰国部分邮局和泰国通信管理局各服务中心获得。

使用酒店房间里的电话拨打国际长途通常会收取附加费用（额度有时超过50%，超过泰国通信管理局的价格）；然而，有时拨打市内电话可能免费或者收取标准话费。一些宾馆配备了手机或地面通讯线，客人可以用它来拨打按分钟计费的国际长途。

街上还有很多公用电话，你可以使用预付费的电话卡拨打电话（国际国内皆可）。此外，投币电话虽然相对少见，也可以用来拨打市内电话。打公用电话有时候会让人头疼：它们通常被置于喧闹的马路旁，噪音会影响通话。

上网

你会发现这里到处是网吧。价格依据所处地区的竞争激烈程度而定，每小时从20～120B不等。网络连接速度快，设备维护得当。多数酒店和宾馆提供无线网络（Wi-Fi），但是那里的工作人员可能不善于解决出现的网络问题，比如网络无法接入等。在高层建筑里，无线网络信号会因楼层的升高而变弱，所以请注意查看你所在的楼层附近是否设置了无线路由器。

时间

泰国的时区比格林尼治标准时间/协调世界时（GMT/UTC，伦敦）要快7个小时。在政府部门和当地影院，时间通常用24小时制表达。比如，晚上11点写成“23:00”。

厕所

亚洲风格的蹲便器正在泰国逐渐消失，偶见于乡村、郡县的公交站、老式建筑和小饭馆。西方坐便器愈发普遍，出现在外国游客经常出现的地方。

但是，即使安装了坐便器，整个系统也很有可能无法处理厕纸。这时，通常旁边会有一个废纸篓，你可以将用过的厕纸或女性卫生用品扔到里面。一些现代化的厕所也安装了小型的喷水装置。

旅行安全

虽然泰国并非是一个危险的国家，但有备无患。尤其是在与陌生人打交道或独自旅行时，应该多留个心眼儿。事实上，你很有可能被欺诈或个人物品被窃，人身安全的威胁相对小一些。

攻击

攻击游客在泰国很少发生，但也确有其事。让泰国人“丢面子”有时会导致他们的强烈反应，甚至暴力回应。酗酒经常让人做出错误的选择，甚至酿成大错。

女性，尤其是单独旅行的女性游客，在与异性打交道时，不论对方是泰国人还是fa·ràng（泰国人对“老外”的称呼），都需要留个心眼儿，保持清醒。爱占便宜的人饮酒过量时，很可能会趁火打劫。还要注意的是，说者无心，听者有意。你的打趣可能让对方误以为是强烈的性暗示，因为对方并不了解你的文化。

边境问题与热点问题

泰国一向睦邻友好，多数边界地区成为交通运输通道。然而，南部地区如火如荼的暴力运动（见252页）使泰国双溪哥乐地区通往马来西亚的要道成为军事禁区。穆斯林聚集区（也拉、北大年和那拉提瓦）也不宜游客前往。

泰缅边界关系趋于正常化，但边界随时可能在没有预警的情况下关闭。新闻事件常常会造成边界关闭，比如缅甸2010年大选。所以，在出发前往边界之前，注意了解时事新闻。

长期饱受争议的考菩维安寺（Khao Phra Wihan）——柬埔寨称之为“柏威夏寺”（Preah Vihear）——以及泰柬边界仍然是军事冲突的多发地，在建立稳定的和平关系之前，避免踏足此地。

通过外交部查询最新的旅行预警信息。

私藏毒品

购买、销售或私藏鸦片、海洛因、安非他命、致幻真菌以及大麻在泰国是违法的。私藏毒品以及毒品走私会受到严厉处罚且同样适用于外国人，所以，不要幻想在泰国可以为所欲为。私藏毒品可招致至少一年甚至更长时间的牢狱之灾。毒品走私（定义为试图携带毒品跨越边界）会受到更重的惩罚，甚至是死刑。

欺诈

泰国人非常友好、低调，这让一些游客麻痹大意，放松了对欺诈行为的警惕。“放长线钓大鱼”的欺诈行为常见于曼谷，让游客误以为结交了好友，帮自己低价买到了价值连城的宝石（但其实只不过是金玉其外的玻璃）。

听取泰国旅游局给游客的头条建议：“不要接受陌生人提供的任何免费购物或免费观赏游览的邀请。”

盗窃及诈骗

对于个人物品须加倍小心。确保房门锁好，随身携带个人贵重物品（护照、钱、信用卡）。将贵重物品留在酒店保险箱时须留意。

旅行时也要注意以上问题。在长途车上，仅仅将箱包上锁并不等于万事大吉。

使用信用卡刷卡时，不要让卖家将信用卡拿离你的视线去刷卡。寡廉鲜耻的商家惯用的伎俩是让你为一次购物多次买单。他们经常会每隔数周甚至数月向银行提交一次欠费收据，你根本记不得你是否已经向同一商家支付过费用。

为避免一次性丢失你旅行的全部资金，最好使用一张并非直接链接你本国银行账户的信用卡，这样操作员不能立即进入你的账户。

如果遇到任何消费欺诈行为，请及时联系**旅游警察**(☎1155)。

拉客及回扣

拉客是亚洲长久以来的传统。虽然泰国拉客的现象并不像印度那么多，但是也不乏这样的现象存在。在曼谷，机动三轮车司机、酒店员工和酒吧女郎经常会带初来乍到的游客游览这座城市，最终带你来到丝绸、珠宝或手工商店，强迫购物。

拉客的人还会引导游客前往某些指定的宾馆，以此获得回扣（见418页）。旅行社最臭名昭著的伎俩是先把初到此地的游客说晕，再让他们住进地理位置偏僻却价格颇高的酒店。

一些旅行社经常冒充TAT——政府资助的游客咨询部门。他们可能会让员工佩戴假冒的TAT徽章，或设立标志，上面用硕大的字体写着TAT，以吸引旅客到这里来咨询，这样他们就可以向旅客销售长途车票和火车票，收取回扣。请注意，官方的TAT咨询部门不会为你预订酒店或交通工具。如果提供了这些服务，那么它就是旅行社，而不是什么游客信息咨询部门。

安排交通的时候，要多咨询几家旅行社以获取合适的价格，因为回扣的比例在各个旅行社之间大相径庭。同时，拒绝任何打包销售的旅行社，他们试图为你包揽一切：飞机票、酒店以及旅行路线等。最诚实的泰国人通常是非常低调、不善销售的人。

法律事宜

总的来说，泰国警察不会为难外国人，特别是外国游客。他们一般会有意避免与外国人说英语，尤其是涉及一些鸡毛蒜皮的交通问题。

但如果涉及毒品，则完全另当别论。多数泰国警察视此为对法律条文的公然挑衅，或者把此视为收受贿赂、赚取不义之财的好机会。

如果你因为任何违法行为遭到逮捕，泰国警方允许你给国家驻泰大使馆或领事馆打电话，或致电亲友求助。泰国的法律程序规定了被扣押人在正式被控告或受审之前扣留的时长和方式，但是警方自由裁量的空间很大，对外国人极有可能从轻处理。然而，就像全世界的警察一样，如果你不尊重他们，只会让事态变得更严重。

泰国法律不会假设未被判决的扣留人是"有罪"或"无罪"，而是将其归为"犯罪嫌疑人"。犯罪嫌疑人是否有罪有待法庭审理判决。审判速度通常很快。

若你被逮捕，**旅游警察**(☎1155)或许会帮到你。虽然此类案件有普通警察处理，他们没有管辖权，但是他们可以帮你翻译或者联系你的大使馆。你可以拨打24小时热线针对个人安全投诉或者提出服务请求。

残障旅行者

行动不便的残障人士在泰国生活多有不便。这一问题普遍存在，并且尚未得到解决。在曼谷，高高的马路牙、不平整的人行道和飞驶的车流，为残疾人的出行制造了重重困难。许多马路只能经由楼梯陡峭的过街天桥通过。公交车和船只为人留下的上车或上船时间，即便对于强壮健康的人而言也很紧张。供轮椅行走的斜坡或相关设施寥寥无几。

许多昂贵高端的酒店一直在设计上追求为残障人士提供方便。一些员工顾客比高的奢华酒店也善于照顾残障人士，并为其提供帮助，弥补酒店在设计之初的失败。其他的酒店则在这方面比较欠缺。

与一般潮流不同，**世界潜水和航海**(Worldwide Dive & Sail；www.worldwidediveandsail.com)为聋人或听力有障碍的人士提供潜水项目。

一些提供全球旅行建议的组织和出版公司列举如下：

Accessible Journeys (www.disabilitytravel.com)

美国残疾人通行国际 (Mobility International USA；www.miusa.org)

Society for Accessible Travel & Hospitality (www.sath.org)

同性恋旅行者

泰国文化对于男性和女性同性恋者比较包容。在曼谷、普吉岛和芭堤雅有很多著名的同性恋者聚集地。同性恋者的着装和特殊癖好基本不会被指指点点。然而，在公共场合亲热（无论是同性恋还是异性恋）都会引起旁人侧目。**乌托邦**(Utopia, www.utopia-asia.com)网站经常为来泰国旅行的同性恋游客发布大量信息，并出版相关指南为同性恋者介绍这一国度。

女性旅行者

女性在泰国面临的问题不算多。社会提高了对女性的尊重，但一些问题也相伴而生。

泰国女性，尤其是年轻一代的女性，比过去更多地露出自己的皮肤。这意味着几乎每一个女生都穿得像酒吧女郎。你可以上身穿着吊带装和露脐装（只要这种服装还在流行），而不用担心冒犯当地习俗。但是，出于保险起见，如果前往农村地区，还是遮掩一下比较好。

袭击和强奸在泰国并不多，但偶有发生，尤其是当袭击者盯上了易受攻击的目标时：酩酊大醉或只身一人的女性。如果你独自从酒吧回家，请务必保持清醒。避免晚上搭乘陌生人的车或独自一人前往人烟稀少的地方。这些本来是基本常识，但身处异乡，遇到热情好客的当地人，你或许会放松警惕。

有些人或许将曼谷视为男人的天堂。但对于外国女性来说，海滩才是她们寻觅罗密欧的理想地点。随着越来越多的情侣出双入对，越来越多的泰国男人也做好了交往的准备。那些对这种浪漫邂逅不感兴趣的女性不应理所当然地认为泰国男人对她们仅仅是柏拉图式的友谊。如果一个泰国男人发现你在与他轻佻地调情之后，转身又跟别的男人做了同样的事情，他不会想到你是无心的，而是觉得丢了面子。如果这个被藐视的泰国男人还喝了酒，那他很可能制造不愉快，甚至大打出手。

摄影

泰国人喜欢鼓捣小玩意儿，会用照相机或可拍照手机记录精彩瞬间。数码照相机使用的记忆卡在多数购物中心的数码专区均可找到。旅游景点的很多网络商店提供刻录CD的软件，你可以把照片存储在光盘中。此外，许多地方还可以连接互联网，你可以迅速地将数码照片上传到远程存储空间。

对当地人拍照时要注意礼貌。请学习如何礼貌地用泰语提出拍照请求，并等待对方略带腼腆地点头。

志愿服务

泰国有很多志愿者组织提供有意义的工作和文化交流。**泰国志愿者网站**(Volunteer Work Thailand；www.volunteerworkthailand.org)列举了大量的工作机会。

交通指南

到达和离开

航班、旅游和火车票都可以上网预订，网址为lonelyplanet.com/bookings。

入境

无论是坐飞机还是坐汽车进入泰国，手续都很简单：你需要出示护照（有关签证要求的信息请见414页）及出入境卡。出入境卡在飞往泰国的飞机上有。如果是坐汽车，则可在入境柜台处领取。

除非你有物品申报，否则无需填写海关申报单。如果有，你可以在入口处的泰国海关人员那里领取表格。有关泰国海关最低申报额的信息请见417页。

飞机

机场

曼谷是泰国主要的国际和国内门户，国内也有一些小型机场承担国内和区域间的运输任务。

素万那普国际机场(BKK; ☎0 2132 1888)接待几乎所有国际航班和大部分国内航班。它位于北榄——曼谷以东30公里，距离芭堤雅110公里。机场名字的发音为sù·wan·ná·poom。

廊曼机场(DMK; ☎0 2535 1111)曼谷的第二大机场，廉航航站楼所在地，主要供廉价航空（包括国际国内航线）使用，有亚洲航空（Air Asia）、一二走航空（One-Two-Go）和飞鸟航空（Nok Air）提供的航班服务。预订转接航班时要注意一下。

普吉国际机场(HKT; ☎0 7632 7230)有亚洲航空运营的飞往香港、新加坡和巴厘岛的班机，也接待欧洲的直航包机。

苏梅岛机场(USM; www.samuiairportonline.com)有飞往香港、新加坡和吉隆坡的航班。

航空公司

下列航空公司提供的航班可以到达及离开曼谷。

中国国际航空公司(Air China; ☎0 2634 8991; www.fly-airchina.com)

国泰航空公司(Cathay Pacific Airways; ☎0 2263 0606; www.cathaypacific.com)

中华航空公司(China Airlines; ☎0 2250 9898; www.china-airlines.com)

亚洲航空公司(Air Asia; ☎0 2515 9999; www.airasia.com)

天气变化及旅行

每种依靠碳基燃料的交通形式都会产生二氧化碳，它是人类影响气候变化的主要原因。现代交通主要依靠飞机，飞机每人每千米消耗的燃油量要比大部分汽车少，却能行驶更远的距离。飞机排放气体（包括二氧化碳）和微粒的高度也导致了对气候变化的影响。许多网站都提供了“碳计算器”，以便人们估算旅行所排放的碳，并在全世界范围内为那些关心气候的人提供捐赠服务，以控制和减少温室气体的产生。Lonely Planet尽量减少所有职员和作者旅行中的碳排放量。

捷星航空公司(Jetstar Airways; ☎0 2267 5125; www.jetstar.com)

新加坡航空公司(Singapore Airlines; ☎0 2353 6000; www.singaporeair.com)

泰国国际航空公司(Thai Airways International; ☎0 2288 7000; www.thaiair.com)

泰国东方航空公司(Orient Thai Airlines; ☎1126; www.flyorientthai.com)

曼谷航空公司(Bangkok Airways; ☎1771; www.bangkokair.com)

柏林航空公司(Air Berlin; ☎0 2236 9779; www.airberlin.com)

加拿大航空公司(Air Canada; ☎0 2670 0400; www.aircanada.com)

法国航空公司(Air France; ☎0 2610 0808; www.airfrance.fr)

新西兰航空公司(Air New Zealand; ☎0 2235 8280; www.airnewzealand.com)

英国航空公司(British Airways; ☎0 2627 1701; www.britishairways.com)

达美航空公司(Delta Airlines; ☎0 2660 6900; www.delta.com)

阿联酋航空公司(Emirates; ☎0 2664 1040; www.emirates.com)

长荣航空公司(Eva Air; ☎0 2269 6288; www.evaair.com)

印度尼西亚航空公司(Garuda Indonesia; ☎0 2679 7371;www.garuda-indonesia.com)

海湾航空公司(Gulf Air; ☎0 2254 7931; www.gulfairco.com)

日本航空公司(Japan Airlines; ☎0 2649 9520; www.jal.co.jp)

荷兰皇家航空公司(KLM-Royal Dutch Airlines; ☎0 2610 0800; www.klm.com)

大韩航空公司(Korean Air; ☎0 2620 6900; www.koreanair.com)

老挝航空公司(Lao Airlines; ☎0 2236 9822; www.laoairlines.com)

汉莎航空公司(Lufthansa Airlines; ☎0 2264 2400; www.lufthansa.com)

马来西亚航空公司(Malaysia Airlines; ☎0 2263 0565; www.mas.com.my)

缅甸国际航空公司(Myanmar Airways International; ☎0 2261 5060; www.maiair.com)

尼泊尔航空公司(Nepal Airlines; ☎0 2266 7146; www.nepalairlines.com.np)

菲律宾航空公司(Philippine Airlines; ☎0 2263 0565; www.philippineairlines.com)

澳大利亚航空公司(Qantas Airways; ☎0 2236 2800; www.qantas.com.au)

文莱皇家航空公司(Royal Brunei Airlines; ☎0 2637 5151; www.bruneiair.com)

北欧航空公司(Scand-inavian Airlines; ☎0 2645 8200; www.flysas.com)

南非航空公司(South African Airways; ☎0 2635 1410; www.flysaa.com)

美国联合航空公司(United Airlines; ☎0 2353 3939; www.ual.com)

越南国际航空公司(Vietnam Airlines; ☎0 2655 4137; www.vietnamair.com.vn)

机票

在某些情况下，到邻国或国内景点旅游，旅行社还是很方便的。旅行社收取不同的佣金，以赚取差价。信用卡付款通常会受到保护，因为如果可以证明你没有得到你所购买的机票，大部分发卡行都会退款。只收现金的旅行社会当场出票，无需第二天再来取票。预订或预付定金后，要打电话到航空公司确认预订成功。

旺季（12月至次年3月）的机票通常很贵。

陆路

泰国陆地上与老挝、马来西亚、柬埔寨及缅甸接壤。经由许可的边境口岸，可以由陆路在这些国家旅游。随着高速公路的日益改善，从泰国到中国也更加容易了。详细的过境移民信息及交通总结请见428页。

公共汽车、小汽车及摩托车

泰国与所有邻国之间都有陆路联系，游客可以乘坐公共汽车、出租车和私家车在这些地方旅行。在某些情况下，你可以乘坐公共汽车到达边境，办理过境手续，然后换乘另一方的公共汽车或出租车。在另一些情况下，尤其是穿越马来西亚边境时，公共汽车会停车办理过境手续，然后继续穿越边境。

火车

泰国和马来西亚的国家铁路在北海（Butterworth）交汇（泰国—马来西亚边境以南93公里），这是到槟榔屿（乘船）、吉隆坡及新加坡（乘坐马来西亚的火车）的中转站。

乘船到达和离开泰国

你可以从安达曼海岸乘坐公共船只进入泰国或者入境马来西亚兰卡威岛。

所有外国注册的私人船只、船长和船员必须一进入泰国水域就向有关泰国机构登记。尽管泰国许多港口都提供港口登记，但是大多数休闲游艇游客都在普吉、甲米、苏梅岛、攀武里或芭堤雅登记。乘船离开泰国前，你还必须向移民、海关及港务部门注销登记。

泰国有几个过境处，在这里你可以乘坐火车到达边境，然后换乘汽车过境。如：由亚兰到波贝的泰国—柬埔寨过境处和廊开（Nong Khai）到万象（Vientiane）的泰国—老挝过境处。

另一条铁路可以通往马来西亚的东海岸边境城镇双溪哥乐，但是因为泰国南方腹地的持续暴力，我们不推荐这条线路。

过境

中国

随着基础设施建设的发展，中国南方内陆同老挝和泰国北部联系起来，这使得两国间直接旅游成为可能。

两条主要的边境穿越路线是清孔（Chiang Khong）至勐腊以及清盛（Chiang Saen）至景洪。从前也可以从泰国的湄赛（Mae Sai）经缅甸穿过孟拉（Mong La）附近边境，由陆路到达中国的打洛，但是自2005年起，这处边境已经关闭。

柬埔寨

柬埔寨的旅行签证可以在边境购买，价格为20美元，尽管一些边境收费1200B。带一张护照照片，尽量避免同兜售健康证明或其他医学文件的小孩接触。

Hat Lek到戈公市（见129页）：这里是来去昌岛与西哈努克的沿海边境。

Pong Nam Ron到拜林（见123页）：这是从昌岛（通过尖竹汶）到马德望和吴哥窟的一条秘密线路。

曼谷和吴哥窟之间最直接的陆上通道就是从亚兰到波贝。几个较远的边境有Chong Chom（由于考菩维安寺的战争而定期关闭）到奥斯玛（O Smach）及Chong Sa-Ngam到Choam，但是这些地方都不是很方便，你不得不在柬埔寨边境租用私人交通工具（代替合乘出租车）。

老挝

从泰国北部和东北部入境老挝是非常容易的。可以在到达后领取老挝签证（30~42美元），但是要准备一张护照照片。

到老挝的主要通道就是廊开到万象的第一个泰—老友谊大桥。其他的边境有清孔至会晒（Huay Xai），莫拉限（Mukdahan）至沙湾拿吉（Savannakhet），Hakhon Phanom至砂凯克（Tha Khaek），以及Chong Mek至Vangtao。

偏远的边境有汶干（Bueng Kan）至Paksan，塔利（Tha Li）至Kaen Thao，以及Ban Huay Kon至Muang Ngeun。

马来西亚

乘公共汽车、火车或船可以很容易到达马来西亚西海岸。

合艾至北海（见249页）：以曼谷为起点的西部火车线路，以北海为终点，内陆中转站到槟榔屿。该线路近期由于南方腹地的动乱而不那么受欢迎了。

里朴岛至兰卡威（见372页）：船是旺季里连接这两个安达曼岛屿最方便的交通工具。

沙敦至兰卡威/瓜拉玻璃（Kuala Perlis）（见363页）船只在这个大陆港口与兰卡威岛/瓜拉玻璃市之间穿梭。

其他边境有合艾至巴丹勿刹（Padang Besar）以及双溪哥乐至哥打巴鲁（Kota Bharu）（见254页），但是因为南方腹地的暴力现象，我们不推荐你选择这些路线。

缅甸

大多数陆地边境进入缅甸都有限制，不是所有人都能进入缅甸。边境有时没有通知就关闭了，时间可能持续一天或数年。

拉廊至高东（Kawthoung）（见293页）：这是泰国南部续签签证的地点。

尽管旅行受限，还有大量的规定，湄赛至Tachileik仍是外国游客穿越边境的唯一路线。许多游客在这里续签泰国签证，因为可以很方便地到达清迈和清莱。其他边境有湄索（Mae Sot）至Myawadi及三塔山口（Three Pagodas Pass），但是这两条线在本书作者调研时就关闭了。

当地交通

飞机

坐飞机游泰国还是能承受得起的。大部分航线是从曼谷出发，但是苏梅岛和普吉也有到泰国其他城市的航班。航班及价目表见426页；有关航空公司的联系信息，请见相关的城市章节。

泰国国际航空公司经营着许多曼谷到省会城市的国内航线。曼谷航空公司是另一个国内航空运营商。泰国东方航空和飞鸟航空是国内廉价的航空公司。

船

真正的泰国河运是靠*reu·a hăhng yow*（长尾船），因其螺旋桨安装在发动机延伸出来的长驱动轴末端而得名。长尾船是泰国河流、曼谷运河以及邻近省份的主要运输工具。

在陆地和泰国湾或安达曼海的岛屿之间，标准的船只是8～10米长的木船，带有一个内侧发动机、一个舵手室和一个简易棚顶，为乘客和货物遮风挡雨。旅游区也有更快、更贵的气垫船或喷气水翼船。

长途汽车和小客车

泰国的长途汽车网络十分发达可靠，车上本地人较多。

机票价格与铁路路线图

坐长途汽车还可以很好地欣赏乡村风光。泰国政府资助的运输公司（*bò·rí·sàt kŏn sòng*）通常缩写为Baw Khaw Saw（BKS）。泰国每个城镇都有BKS站，有的就在路边。

到目前为止，泰国最可信的长途汽车公司就是政府经营的BKS。在某些情况下，公交公司是完全国有的，也有的是私人的。

我们不推荐你乘坐由游客集散地直接出发的汽车，比如曼谷的高山路（Th Khao San），因为车上有很多窃贼，而且还会为了寻找乘客而停车。要阅读相关章节的危险和麻烦部分，注意公共汽车诈骗和相关问题。

越来越多的小客车成为中产阶级的选择。小客车是由私人企业经营的。因为车型较小，所以可以直接从市场出发（不用去汽车站）并将旅客直接送往宾馆。因为是坐在后面，所以你可以对司机那不要命的驾驶技术"眼不见为净"。

骑自行车在泰国旅行

在曼谷以外的其他任何地方旅行，骑自行车都是非常理想的一种当地交通形式——便宜、环保、速度慢，游客可以尽情欣赏美景。许多地方都可以租到自行车，尤其是在宾馆。虽然质量不是很好，但是价格也不贵，大约为每天50B，而且通常无需押金。

自行车旅行是一种很受欢迎的观光形式，而且大多数公路都有封闭的自行车道。因为进口自行车的关税很高，所以在大多数情况下，最好还是带上你自己的自行车，而不是在那买一辆。尽管海关可能会登记，但是带自行车进入泰国无需特别许可——这意味着如果你不能把自行车留在国内，就要付一定的关税。建议你最好带一个维修工具包。

长途汽车等级

最便宜也最慢的就是*rót tam·má·dah*（普通风扇车），它几乎在每个小镇都有站，而且在公路上招手就停。只有在乡村或区内才有少量这样的普通公共汽车，因为它们差不多已经被空调车替代了。

大部分的公共汽车服务是更快更舒适的空调公共汽车，称为rót aa（空调巴士）。长途旅行通常有两种空调公共汽车：二等车和一等车。一等车有洗手间。VIP以及顶级VIP公共汽车座位较少，且座位间距较远，有时也被称为rót norn（卧铺客车）。

长途旅行时，最好随手带件外套，因为空调会吹得很凉。

这些公共汽车上的服务通常都非常好，某些线路有时会有饮料和视频，还会有身穿制服的年轻女士作为"巴士小姐"为你服务。

通宵旅行的公共汽车通常会在途中某地停下来度过"午夜*kôw đôm*"，这时，乘客可以下车免费喝点白米粥。

预订

你可以在任何一个BKS终点预订空调公共汽车。普通（风扇）车不能提前预订。大部分酒店和所有旅行社都可以预订私营长途汽车，但是最好直接去公交公司预订，以确保你得到你想要的车票。

小汽车和摩托车

驾照

短期游客如果想在泰国驾驶汽车（包括摩托车），须持有国际驾照。

燃料

泰国马路两边都有现代化加油站。在一些偏远的道路以外地区，小路边或村里通常有*ben·sin / nám·man rót yon*（含有苯的汽油）。泰国所有的汽油都是无铅的，卡车和一些客车使用柴油。2007年，泰国引进了几种替代燃料，包括乙醇汽油（一种辛烷标准为91%或95%的乙醇与汽油的混合物）和压缩天然气，出租车一般使用双燃料。有关燃料选择和其他车辆的最新信息，请见BKK Auto（www.bkkautos.com）。

租车

大多数大城市和机场都有当地公司和国际连锁企业提供小汽车、吉普车以及面包车租赁服务。当地公司的价格比国际连锁企业的要便宜一些，但是车比较旧，保养也不是很好。租车之前要查看机动车的轮胎面和大概的保养情况。

在一些主要城镇和许多小型旅游中心，游客可以从宾馆及一些小夫妻店租到摩托车。在泰国租摩托车相对简单，而且这也是独自游览乡村风光的好方法。如果是日租，大部分商家会让你留下护照作为保证金。租车之前，要检查车况并且索要头盔（这是法律要求的）。

许多游客在泰国骑摩托车时都受过伤，这是因为他们不知道如何操控摩托车以及对交通规则和路况不熟。驾驶时要放慢速度，尤其是路面很滑时，避免伤到自己和车，同时要确保购买了适当的健康保险。如果你之前没有驾驶过摩托车，速度最好不要超过100cc带自动离合装置的自行车。记住尽可能均匀地将力量分配在车上，以改善操控性。

保险

泰国路上行驶的所有登记的车辆都需要交纳最低的责任保险。较好的租车公司会为汽车交纳综合保险。签订租赁合同之前要确认汽车已经交纳了责任险，你还应当要求查看注有日期的保险单据。如果你驾驶一辆未上保险的汽车而出了事故，那你就有大麻烦了。

交通规则和路况

泰国是沿路左侧驾驶（大部分时间）。除此之外，尽管有路标和速度限制，但是任何事情都有可能发生。

要注意的主要规则是要给大车让路。泰国的交通法律没有此项规定，但是现实中大家都这样做。城市限速50公里/小时，而大多数高速公路限速80~100公里/小时——不过有些地方的车可能以30公里/小时或150公里/小时的速度行驶。Hwy 4公路沿线，车速监视区很普遍。

指示灯通常用来警告司机当前的行驶状况。左转指示灯意味着可以通过，而右转指示灯意味着有人正从另一个方向驶来。喇叭是用来告诉其他车辆，司机即将通过。当司机打灯时，是在告诉你：不要通行。

曼谷的交通很糟，路上很少有路标，摩托车和逆向车流意味着你会突然发现自己面对着从对面来的很多车。

除了对交通法规不熟悉，在泰国首都以外地方驾驶的主要危险就是许多不同类型的车——卡车、自行车、机动三轮车（发音为*dúk dúk*）和摩托车都行驶在一条路上，而且通常没有指示灯。乡村地区车辆不多，但是你还得和鸡、狗、水牛在一条路上行驶。

搭便车

搭便车在任何一个国家都不是十分安全，所以我们不推荐你这样做。决定搭便车的游客要明白自己在冒险，风险可能很严重。现在在泰国很少能看到搭便车的了，绝大多数驾驶员都不会理解站在路边的外国人伸出拇指的含义。泰国人不伸拇指，当他们想乘车时，通常是手掌向下招手。在过去打车或拦公共汽车也是用相同的手势，这也是一些驾驶员可能会停车指出附近的公交车站的原因。

一些国家公园没有公共交通设施，所以泰国人通常会搭上站在路边等车的乘客。

当地交通工具

城市公共汽车和小型敞篷客车

曼谷有泰国最大的城市公交系统。乘坐公交的礼仪是在公交站等车，在车来时手掌向下摇动，示意汽车停下。上车坐下后就要买票，有的时候也可以下车时再买。

在其他地方，公共交通多是由小型敞篷客车（sǒrng·tăa ou，一种有两排面对面座椅的小型卡车）提供的。它们通常像公交车一样走固定线路，但是如果车上的乘客去的方向相同，它们也提供合租出租服务。在旅游中心，小型敞篷客车的作用跟出租车一样，但是你必须提前谈好价钱。你通常可以在任何地方拦到小型敞篷客车，并且在下车时再付费。

根据不同的区域，小型敞篷客车也运营一条固定线路，从城镇中心到偏远地区，甚至省内的某些地方。有时，这些车也可能是6个轮子的大型车（称为rót hòk lór）。

公共交通

曼谷是泰国唯一拥有地上和地下轻轨公共交通体系的城市。空中列车和地铁都有助于缓解首都的交通拥堵。

人力三轮车和机动三轮车

人力三轮车（Săhm·lór）是交通不太发达的小城镇里的一种老式交通工具。

人力三轮车的现代版本是机动三轮车。机动三轮车是小型多用途车，由刺耳的发动机驱动（通常使用LPG）。

无论选择哪种交通方式，出发前都要谈好价格。在旅游中心，机动三轮车司机通常会向外国游客多收钱，所以要在乘车前了解一下价格。宾馆的服务员一般都愿意告诉你合理的价格。

对三轮车知识和设计有兴趣的读者可以看一下Lonely Planet的创始人托尼·惠勒所著的精装画册《追逐人力车》（*Chasing Rickshaws*）。

摩的

泰国许多城市都有mor·đeu·sai ráp jâhng（100cc ~125cc的摩托车）可供租用，司机可以带你进行短途旅行。如果你空着手或者就拿一个小包，紧要关头时，这还真是不错的交通工具。

在大多数城市，你会发现摩的聚集于附近街口，而不是在路上乱转寻找乘客。司机通常穿着带有编号的运动衫。根据距离的远近，价格从10~50B不等，你要事先谈好价格。曼谷例外，这里的摩的都是标准价，10B。

出租车

曼谷有最正规的计价出租车系统。其他城市中，出租车都是私家的，而且可以议价。如果在城市之间搭乘出租车，上车前最好先谈好价钱，因为很少有司机会打开计价器。

火车

泰国的火车系统连接起这个国家的东南西北。它是北上清迈，南下素叻他尼进行长途旅行时，替代长途汽车的最便捷的交通工具。

4500公里长的铁路网络是由**泰国铁路局**(State Railway of Thailand; 简称SRT; ☎1690; www.railway.co.th)经营的，主要有四条线路：北线、南线、东北线和东线。所有的长途列车都从曼谷的华南蓬火车站始发。

等级

泰国铁路将旅客列车分为3个等级——一等、二等和三等，但是不同等级的变化很大程度上取决于你乘坐的是普通、快速还是高速列车。

一等：一等列车有私人房间，这只在快速、高速和专用列车上才有。

二等：二等车的座位安排：非卧铺车厢同公共汽车类似，两排软座，椅背通常可以调节，全部座位面向车头。二等车的卧铺车厢里，两排软座是对着的，放下来就是一张床。下铺空间要比上铺大，所以价格也贵一些。孩子们一般都会选择在下铺。二等车厢有空调和风扇。这种车厢只在快速和高速列车上才有。

三等：典型的三等车厢有两排面对面的长条座椅组成。每条长椅可以坐两或三位乘客，但是在拥挤的乡村线路上，没人管这些。高速列车上没有三等车厢。曼谷地区的通勤列车上都是三等车厢。

价格

火车票价格由基本价加上附加费构成，附加费是由距离、等级和车型（专列、高速、快速、普通）决定的。如果车厢内有空调或卧铺（无论上铺或下铺），还要另加费用。

预订

你可以提前1~60天在任何车站预订车票。旅行社也可以买到火车票，但是通常会加收一定的手续费。如果你计划从国外坐火车来泰国进行长途旅行，应该在出发前至少两周发送邮件到**泰国铁路局**(passenger-ser@railway.co.th)。之后你会收到预订确认邮件，然后在离开前一小时在预订的出发站凭邮件付款。

如果你要预订曼谷到素叻他尼的长途卧铺票，尤其是在4月泼水节以及12月至次年3月的旅游旺季时，最好提前预订。

如果是短途旅行，你只需要一个座位（不是卧铺），则只需提前一天预订即可。

如果退票，根据你距离出发时间的天数来决定退票的费用。退票可在车站的车票预订处办理。

车站服务

你会发现泰国所有的火车站都有行李保管服务（或行李寄放处）。大多数车站都有一个售票窗口，火车到达前15～30分钟开放，也有报刊亭和小商贩，但是没有昼夜服务的餐馆。

大多数火车站都有英文打印的列车时刻表，小一点的车站可能没有。曼谷的华南蓬车站是收集列车时刻表的好地方。

健康指南

健康风险大小以及医疗设备质量的优劣，很大程度上取决于你在泰国游玩的地点和方式。泰国各大城市和知名旅游区都具备完备优秀的医疗服务。但是，如果是到偏远农村旅行，那么健康风险就会相对较大，而医疗服务也不那么完善。

在热带旅行，游客们往往会担心患上传染病，其实这种传染病的危害还不如本身的健康问题严重，比如患有心脏病或者受到意外伤害（尤其是交通事故中的伤害）。

生病倒是相当普遍的。在泰国，呼吸道感染、腹泻和登革热都是典型的疾病。不过多数常见病都可以避免或者很容易治愈。

以下建议仅是一个通用指南，不能代替旅游医学专科医生的指导建议。

出发前的准备

请将药物保存在标注明确的原装药瓶中。请向医生出具描述你身体状况、在服药物、所需针头和注射器的医嘱，要有医生署名并标注日期。如果你心脏不好，请带上旅行前夕的心电图（ECG）复印件。

若你需要定期服用药物，请携带双倍分量以防丢失。虽然在泰国，不需要处方就可以买到很多药物，但是并不一定能准确买到你所服用的那种药物。

保险

即使你身体健康，在旅行时也应该有医疗保险，因为事故随时可能发生。可要求增加针对冒险活动的保险范围，例如攀岩、潜水、踏板车和摩托车骑行运动。如果你的医疗保险不包括国外医疗费用，请确保办理了专门的旅游保险。大部分医院在接收病人入院前都会向你或你的保险公司索要付款保证金。在开始你的旅行前请务必查询了解医疗收费支付情况，并保存好医学报告、发票等索赔文件。

接种疫苗

旅行医疗专科门诊将向你提供所需接种疫苗的最全信息。你应在出发前6～8周去医院检查，即使晚于这个时间也胜于不进行身体检查。向你的医生索要国际接种预防证书（也叫黄册子），里面列有所有你已经接种的疫苗。疾病控制中心（Centers for Disease Control，简称CDC；www.cdc.gov）拥有游客的健康状况版块，里面有推荐接种的疫苗。国际规定唯一要求接种的是黄热病疫苗。只有在你入境泰国前六天曾在黄热病地区逗留时，才需要出示接种证明，例如从非洲或南美入境泰国，那么你很可能要留心是否需要此接种证明。

常备药物清单

私人医药箱推荐名目：

» 抗真菌药膏，如克霉唑（Clotrimazole）
» 抗菌药膏，如莫匹罗星（Muciprocin）
» 皮肤感染用抗生素，如阿莫西林/克拉维酸（Amoxicillin/Clavulanate）或头孢氨苄（Cephalexin）
» 腹泻用抗生素，如诺氟沙星（Norfloxacin）、环丙沙星（Ciprofloxacin），或细菌性腹泻用抗生素，如阿奇霉素（Azithromycin），以及贾第虫病或阿米巴痢疾用抗生素，如替硝唑（Tinidazole）

» 抗组胺药。有多种选择，如日服西替利嗪（Cetrizine）和夜服异丙嗪（Promethazine）
» 抗菌剂，如碘伏（Betadine）
» 抗胃痉挛药物，如东莨菪碱（Buscopan）
» 避孕药
» 解充血药
» 驱蚊胺基驱虫药
» 腹泻用口服液，如电解质替代物（Gastrolyte），止泻药，如洛哌丁胺（Loperamide），以及抗呕吐药物，如丙氯拉嗪（Prochlorperazine）
» 急救用品，如剪刀、弹性黏膏、绷带、纱布、体温计（非水银体温计）、安全别针和镊子
» （含乙醇）手凝胶或含乙醇湿纸巾
» 布洛芬（ibuprofen）或其他消炎药
» 助消化药物，如Quick Eze或Mylanta
» 轻泻药，如多库酯（Coloxyl）
» 偏头痛药物
» 扑热息痛（Paracetamol）
» 在高危情况下浸渍衣物和蚊帐用的苄氯菊酯（Permethrin）
» 过敏或皮疹用类固醇软膏，如浓度在1%~2%的氢化可的松（hydrocortisone）
» 防晒霜、帽子及太阳镜
» 喉糖
» 治疗鹅口疮（阴道感染）药物，如克霉唑阴道栓或大扶康（Diflucan）片
» 若容易患尿路感染，还需准备Ural或类似药物

在途中

深度静脉血栓

当在长途旅行中，例如飞行期间由于长时间不活动在腿部形成血栓的情况下，容易发生深度静脉血栓（DVT）。旅程越长，越容易形成血栓。虽然多数情况下血栓会自行吸收而无不适，但是还是会有一些脱离原发部位，经血管流至肺部，从而引起攸关性命的并发症。

DVT的主要症状通常表现为脚部、脚踝或小腿肿胀或疼痛，通常发生在一侧，但并不绝对。当血栓流至肺部后，可能造成胸部疼痛和呼吸困难。其中任何一个症状出现时都应立即求医。

要防止在长途飞行中形成DVT，应在机舱中不时走动，让腿部肌肉进行等长收缩（即就座时收缩腿部肌肉），饮用大量非酒精饮品。高危人群应向医生咨询更多预防措施。

时差反应与晕车（机）

跨越超过五个时区时就很容易出现时差反应，通常会引起失眠、疲劳、萎靡或恶心。通过饮用大量非酒精饮品，进食清淡食品可避免时差反应。旅程结束后，请尽快接触自然光，调整作息时间。有人觉得褪黑激素会有所帮助，但并非在所有国家都易于获得该激素。

抗组胺药物，例如乘晕宁（dimenhydrinate/Dramamine）和丙氯拉嗪（异

参考阅读

» 《世界旅行与健康》(*International Travel & Health*; www.who.int/ith)，一本由世界卫生组织（WHO）出版的健康指南。
» 疾病预防控制中心(Centers for Disease Control & Prevention；www.cdc.gov)，提供针对各国的卫生建议。
» 你国家的外交部或类似机构登记注册你的旅行，将向你预警可能发生的自然灾害。
» 《健康之旅——亚洲与印度》(*Healthy Travel – Asia & India*)，Lonely Planet出版，包含了行前规划、急救措施、免疫与疾病信息。
» 《旅行者健康：如何在国外保持健康》(*Traveller's Health: How to Stay Healthy Abroad*)，理查德·达乌德博士（Richard Dawood)著，是全球度假的权威书刊。
» 《健康旅行》(*Travelling Well*)，德博拉·米尔斯博士(Deborah Mills）著，一本健康指南手册，网站是www.travellingwell.com.au。
» 《健康生活在泰国》(*Healthy Living in Thailand*)，泰国红十字会出版，向长期旅行者推荐此书。

丙嗪）通常是治疗晕车（机）的首选。它们的主要副作用是嗜睡。其实还可以用姜来治疗。而东莨菪碱贴片最为有效。

在泰国

医疗服务与成本

对许多国家而言，曼谷俨然成为东南亚最近的优秀医疗中心。尽管如此，泰国的医疗成本相比多数西方国家还是较低的。虽然比其他医疗服务昂贵很多，但是私立医院拥有一流的护理服务和会说英语的员工。这些医疗设施在所在城市信息和本书其他章节有所罗列。

如果你的问题不大，还带着适用药，又不能赶到推荐的诊所或医院，那么自我诊疗即可（例如旅行者容易出现的腹泻情况）。

不推荐柜台买药，因为泰国有很多假药、保存不当或过期药物。

传染病

皮肤幼虫移行症

这种由犬猫钩虫引起的疾病在泰国海岸非常常见。这种皮疹起初只是起小疙瘩，之后呈曲线状在皮肤上蔓延。这种皮疹会引起瘙痒感，在晚上尤其严重。这种病用药物即可治愈，无需采用切除或冰冻法治疗。

登革热

这种通过蚊虫传播的疾病在东南亚，特别是城市中愈演愈烈。因为没有疫苗，所以只能通过防止蚊虫叮咬来预防。携带登革热病毒的蚊子不分昼夜，四处叮咬，所以始终要采用防虫措施。登革热的症状有高烧、剧烈头痛（尤其在眼后部位）、恶心和全身疼痛，登革热也因此在过去被称为“断骨热”。部分人还伴有瘙痒无比的皮疹和腹泻。泰国南部岛屿是高发区。没有专门的治疗方法，只能休息和服用扑热息痛。请勿服用阿司匹林，可能会造成出血。请去看医生接受诊断和监护。

登革热病毒还可能演变成更加威胁生命的登革出血热，但这种情况在旅游者中很少出现。这种情况通常是由于你感染了登革热之后又感染了另一种血清造成的。

甲型肝炎

曼谷甲型肝炎的风险已有所减少，但是在泰国多数地区还是风险显著。这种通过食物和饮水传染的病毒会感染肝脏，引起黄疸（皮肤和眼睛颜色变黄）、恶心和嗜睡。还没有治疗甲型肝炎的专门方法。在一些罕见的例子中，其对超过四十岁的人群可能是致命的。来泰国的旅行者都应接种甲型肝炎疫苗。

乙型肝炎

乙型肝炎是一种唯一可通过疫苗来预防的性传播疾病（STD），它通过体液，包括性接触进行传播。在泰国某些地区，高达20%的人口是乙型肝炎携带者，而他们却对此一无所知。这种病的长期后果可能会有肝癌、肝硬化甚至死亡。

艾滋病病毒（HIV）

艾滋病病毒是泰国50岁以下死亡人群的最常见死因。请进行安全性行为，请勿文身或使用不洁注射器。

流感

流感在热带地区全年肆虐，症状有高热、肌肉疼痛、流涕、咳嗽和咽喉痛，是旅行者们感染的最常见疫苗可预防疾病，人人都应接种流感疫苗。对流感并无专门疗法，休息并服用扑热息痛即可。但是由此引起的支气管炎或中耳炎等并发症可能需要抗生素治疗。

细螺旋体病

细螺旋体病是通过接触含菌水而感染的，通常是在漂流或溪降运动后感染的。早期症状类似流感，包括头痛和发热。但是可能由看似温和的小病变成致命的疾病。通过验血即可诊断，使用强力霉素（Doxycycline）很容易治愈。

疟疾

关于疟疾有着大量的误诊信息。疟疾是被感染的蚊虫叮咬后，由其传播的寄生虫所引起的。最主要的征兆是发热，但是也可能出现如头痛、腹泻、咳嗽或战栗的一般征兆，与许多其他传染病类似。只有采血才能确诊。

旅行者们在泰国去到的大部分地区，特别是城市和旅游胜地，几乎没有疟疾风险，而服用抗疟片（antimalarial tablets）的副作用很可能超过疾病本身的危险。如果要去高危农村地区（大部分旅行者不会如此），请遵医嘱使用正确的药物和剂量。

建议旅行者们采取以下步骤防止蚊虫叮咬：

- 在裸露皮肤涂抹含避蚊胺的驱虫剂。天然驱虫剂如香茅（citronella）也是有效的，但是必须重复多次使用。
- 在蚊帐中睡觉，蚊帐最好浸渍苄氯菊酯。
- 选择有纱窗和电扇的住处。
- 在高危区，用苄氯菊酯浸渍衣物。
- 着浅色长袖上衣和长裤。
- 请使用蚊香。
- 外出晚餐前请在房间内喷洒驱虫剂。

麻疹

这种高度接触性病毒传染病通过咳嗽和喷嚏传播。在年幼时已感染过的人们对此病免疫。麻疹通常以高热和皮疹开始，可能伴随有肺炎和脑部疾病。对该病并无专门疗法。请确保你完全接种过疫苗。

狂犬病

这种无药可救的致命疾病通过已感染动物的舔咬传播，通常是犬类或猴子。在被动物咬伤后应立即寻求医疗指导并进行暴露后治疗。在旅行前接种疫苗可大大简化被咬后的治疗。

若被动物咬伤，请用肥皂和水小心地冲洗伤口并使用含碘抗菌剂。若之前未接种疫苗，你需要尽快接种狂犬病免疫球蛋白，28天内再接种五次。若之前接种过疫苗，你只需接种两次疫苗，每隔三天一次。

性传播疾病

泰国常见性传播疾病包括疱疹、疣、梅毒、淋病和衣原体。患有此等疾病的人群并无感染症状。避孕套可预防淋病和衣原体，但是对疣和疱疹无效。若你在性行为后出现皮疹、肿块、溢液或在小便时有痛感，请立即就医。若在你的旅途中发生过性活动，请在归途后进行性传播疾病检查。

伤寒

这种严重的细菌感染疾病通过食物和水进行传播。会出现缓慢持续的高热，剧烈头痛，可能伴随有干咳和胃痛。其通过验血确诊，可使用抗生素治疗。推荐所有将在泰国逗留一个星期以上，或不只在主要城市逗留的旅行者接种疫苗。但是，疫苗并非100%有效，所以请注意饮食卫生。

旅途腹泻

目前旅途腹泻是对旅行者

少见但需警惕的疾病

禽流感 大部分感染人群都与病禽或死禽有过近距离接触。

丝虫病 在当地人群中常见的一种通过蚊虫传播的疾病。请采用防虫措施。

戊型肝炎 通过污染的事物和水进行传播，与甲型肝炎症状相似，对怀孕女性有很大威胁。请遵循安全饮食指南。

流行性乙型脑炎 一种通过蚊子传播的病毒性疾病，通常在农村地区出现。对于在城市外逗留超过一个月的游客或长期旅居国外的人士，推荐使用疫苗。

类鼻疽 通过皮肤接触土壤感染。在泰国东北部，高达30%的当地人感染此病。症状与结核病相似。没有疫苗，但是可通过药物治愈。

类圆线虫属 通过皮肤与土壤接触传播的寄生虫。在本地人中很普遍。特征是出现一种罕见皮疹，在身体躯干起一种线性皮疹，时有时无，之后可能会产生爆发性感染。可通过药物治疗。

结核病 与当地人有明显接触的医生、救援人员和旅行者应采取预防措施。推荐在泰国逗留超过三个月的儿童接种疫苗。主要症状为发热、咳嗽、消瘦、盗汗和疲劳。采用多种药物长期联合使用的疗法。

斑疹伤寒 鼠型斑疹伤寒通过跳蚤叮咬传播；恙虫病通过小虫传播。症状有发热、肌肉疼痛和皮疹。请遵循一般防虫措施。也可通过强力霉素预防。

产生影响的最常见问题，高达50%的人们都会在旅途的前两个星期以各种方式经历腹泻。在80%的情况中，旅途腹泻都是由细菌引起的（存在大量可能的罪魁祸首），都很快用抗生素进行了治疗。

我们将旅途腹泻界定为24小时内进行三次以上较稀的排便，并且至少还有一个其他症状，如呕吐、发热、腹部绞痛、恶心或感觉不适。

治疗方法包括：保持体内水分；补水溶液如电解质替代物是不错的选择；抗生素如诺氟沙星、环丙沙星或阿奇霉素杀菌效果都很显著。

洛哌丁胺只能用于止泻，并不能根治腹泻。但是如若必须搭乘长途公共汽车，它会有所帮助。若有发热或便血现象，请勿服用洛哌丁胺。若合理抗生素对病情无效，请尽快就医。

贾第虫病是相对较普遍的一种寄生虫。感染后，症状有恶心、肿胀、气胀、疲劳和间歇性腹泻。打嗝通常被认为是贾第虫病的典型特征。治疗药物首先是替硝唑，其次为甲硝唑（Metronidazole）。

阿米巴痢疾在旅行者中很罕见，但经常被质量低劣的实验室误诊。其症状与细菌性腹泻类似。若你出现便血，请寻求可信的医疗服务。治疗方法包含两种药物：替硝唑或甲硝唑，用来杀死肠道中的寄生虫，然后再用一种药物杀死囊孢。如果不进行治疗，可能会产生肝脓肿等并发症。

环境引发的疾病和危害

食物危害

在餐馆就餐是引起旅途腹泻的最大危险因素。避免方法包括：仅进食新鲜烹制的食物，避免进食在柜台已放置许久的食物；水果要削皮，蔬菜要经过烹制；到客流量较高的餐馆进食。

高温危害

泰国的许多地区都是全年高温湿热的气候。大部分人至少两个星期才能适应炎热的气候。通过避免脱水和避免在一天中最热的时段进行过多运动，来防止因出汗过多而造成的脚部、脚踝肿胀和肌肉痉挛。

中暑是一种严重的急症，需要紧急治疗。其症状发生突然，包括虚弱、恶心、全身干热、体温超过41℃、眩晕、神志不清、协调障碍、痉挛，最终可能会休克并丧失意志。

蚊虫叮咬

臭虫白天在家具和墙壁的缝隙中，晚上出来活动，叮咬人群。可以用抗组胺剂治疗瘙痒。虱子栖居在人体的不同部位，通常在头上和阴部，通过与已感染的人密切接触来传播，难以根治，可能需要重复多次使用抗虱洗发液，如苄氯菊酯。阴部的虱子通常是通过性接触传染的。

在农村有可能会感染扁虱。它们通常寄居在耳后、腹上或腋下。若被扁虱叮咬，并在叮咬处或其他部位出现皮疹、发热或肌肉疼痛，你应该去就医。强力霉素可以预防扁虱传播的疾病。

在潮湿的雨林中经常会出现水蛭。它并不会传播疾病，但是被它叮咬后会经历数周的瘙痒，而且很容易感染。在水蛭叮咬处涂抹含碘抗菌剂可以防止感染。

蜜蜂和黄蜂的蛰咬通常给对它们过敏的人群造成问题。严重过敏的人可能要注射肾上腺素（例如Epipen）来急救。对其他人而言主要是疼痛，冰敷蛰咬处并服用止痛药即可。

寄生虫

很多寄生虫普遍存在于泰国当地人群中。但多数寄生虫在旅行者中较为罕见。请遵循两条规则以防止感染寄生虫：穿鞋并避免进食未经烹煮的食物，特别是鱼、猪肉和蔬菜。许多寄生虫都是通过赤脚走路而经皮肤传播的，例如类圆线虫属、钩虫和导致皮肤幼虫移行症的寄生虫。

皮肤问题

痱子在热带是很普遍的皮疹，是由于汗困在皮肤里不能发出来引起的。冲凉水澡并使用爽身粉可以治疗。

有两种真菌性皮疹通常会影响旅行者。第一种经常出现在腹股沟、腋下和脚趾间。开始时就是一个红斑，逐渐扩散，通常很痒。可通过保持皮肤干燥、避免摩擦并使用克霉唑或疗霉舒（Lamisil）等抗真菌药膏治疗。花斑癣会引起小而淡的斑，通常在背部、胸部和肩部。请向医生咨询。

割伤和擦伤在潮湿气候下都很容易感染。请立即用净水冲洗伤口并涂抹抗菌剂。若发现有感染迹象，请立即就医。珊瑚割伤也很容易感染。

蛇

虽然蛇咬伤在旅行者中很少见，但是在泰国有超过85种毒蛇。请在可能有蛇出现的地区行走时穿着鞋和长裤。针对蛇咬伤的急救是将弹性绷带稳固地缠绕在咬伤肢体上，进行“压力固定”，绷带应从咬伤处开始向胸部缠绕。绷带不能缠得过紧，以防阻碍血液循环，手指脚趾应能自由活动，以便查看血液循环状况。用夹板固定受害者肢体并带其去就医。一定要保持受害者稳固。不要使用止血带或试图吸出毒液。

泰国红十字会生产了针对泰国许多毒蛇的抗蛇毒血清。

晒伤

在泰国，即使是多云天气，也有可能很快晒伤。请使用强力防晒霜（防晒指数至少为30），游泳后请务必重复涂抹，在户外请佩戴宽檐帽和太阳镜。当太阳最高时，请勿躺在太阳底下（上午10点到下午2点之间）。如果你被晒伤，在恢复前请避免太阳照射，进行冷敷并服用止痛药来缓解不适。每天涂抹两次浓度为1%的氢化可的松药膏也会有所帮助。

带儿童旅行

从健康角度而言，泰国对于儿童相对安全。在出发前，最好向旅行医学专业的医生咨询，为你的孩子做好充分准备。专为儿童设计的医药箱通常包括治疗发热用的扑热息痛和泰诺糖浆，抗组胺药、止痒膏、急救用品、尿疹用品、防晒霜和驱虫药。带上一种通用抗生素也是不错的选择，但是要遵医嘱使用。阿奇霉素就是一款治疗细菌性腹泻、耳喉胸感染的理想的儿童药品。

可参考Lonely Planet出版的《带儿童旅行》（*Travel with Children*）；旅途较长的则可参考简·威尔逊-豪沃思（Jane Wilson-Howarth）的《国外旅行儿童健康》（*Your Child's Health Abroad*）。

水母蜇伤

箱型水母的叮咬造成的伤害可能微乎其微，但是也可能致死。所以在证实之前，最好将箱型水母视为危险性动物。箱型水母主要有两种类型：多触手型和单触手型。

多触手箱型水母在泰国海域中时有出现，它们的潜在危险性最大，其毒液能够在两分钟内就结束一个成人的性命。通常会在河口附近的沙滩上和天气温暖时节的红树林中发现这种箱型水母。

单触手箱型水母有很多种类，有些能引起称为伊鲁坎吉综合症（Irukandji syndrome）的重度症状。最初的叮咬看起来很不起眼，但是在5～40分钟后，背痛、恶心、呕吐、发汗、呼吸困难，并有高血压等重度症状接踵而至。由于高血压会导致中风或心脏病，所以有关此症状致死的报道偶有发生。

在泰国还有许多其他水母，能对人造成刺激性叮咬，但是没有严重危害。避免这些叮咬的唯一方法是穿着防护服，在你的皮肤与水母之间产生一道屏障。

对严重叮咬情况的急救措施

对于严重威胁生命的毒液蜇伤，首要的就是要保持受害人的生机。派人留守受害人，找人打电话寻求医疗帮助，如果受害人失去意识要立即做心肺复苏术（CPR）。若受害人还有意识，将被叮咬的皮肤用醋充分浸泡30秒钟，厨房用醋即可。对于单触手箱型水母的叮伤，同上，将醋倒在叮咬区域上；早期急救就会有很大的帮助。请尽快就医，以防40分钟后产生其他症状。

澳大利亚和泰国紧密合作，努力分辨泰国海域的水母种类和生态，希望能够对水母的出现作出更好的预警和探测。

感谢彼得·芬纳博士（Peter Fenner）为本节文字提供的信息

女性健康

孕期女性在旅行前应进行专业妇科咨询。孕中期最适合旅行（16~28周），此时与怀孕有关的风险最低。请避免到交通及医疗设施不发达的地区进行乡村旅行。其中最重要的是，请确保旅行险囊括所有与怀孕相关的情况，包括早产等问题。

疟疾对孕妇而言是高危疾病。WHO建议孕妇不要到那些有抗氯喹疟疾的地区旅行。对于孕期女性而言，任何高效抗疟药都不是绝对安全的。

旅途腹泻会使身体很快脱水，并造成胎盘供血不足。许多用于治疗各种腹泻的药物都不建议孕妇使用。阿奇霉素相对安全。

卫生用品在泰国城市地区都很容易购得。但是可能没有私人计生用品，所以请带足避孕用品。炎热、潮湿和抗生素都可能造成鹅口疮，可用抗真菌药膏和阴道栓如克霉唑治疗，用氟康唑（大扶康）片也可治疗。脱水、长时间乘车旅行而不上厕所，都可能会导致尿路感染，应携带合适的抗生素。

语言

想要了解更多？

想要了解更多语言信息和常用短语，请查阅Lonely Planet出品的《泰国短语手册》(*Thai Phrasebook*)。该书可登录**shop.lonelyplanet.com**找到，也可通过苹果应用商店购买Lonely Planet的iPhone短语手册。

泰国的官方语言实际上是泰国中部地区使用的语言，现已成为所有泰国人，包括泰国国内非泰族族群的通用语。

泰语中单音节的意思可能会根据不同的音调有所变化。在标准泰语中有五种音调：低音、中音、降调、高音和升调。这五个音调的范围与说话者本人的音域有关，所以泰语里没有固定的音高。

- **低音**——和中音一样是平的，但在音域底部发音。低音低沉、平缓，没有音调变化，例如bàht(baht——泰铢)。
- **中音**——发音平缓，在音域中部发音，例如dee(好的)。不需要用音调标记。
- **降调**——发音从高迅速降低，这个音调有点像在英语中强调一个词或在远处叫某人名字时的音高变化，例如mâi(不/不是)。
- **高音**——对于非泰语母语的人来说是最难的音调。在接近音域顶部发音，而且极尽平缓，例如máh(马)。
- **升调**——发音从低渐高，类似英语中提问“是吗？”时的音调变化，例如săhm(三)。

泰国政府创立了皇家泰语转写通用系统(RTGS)作为泰语的罗马字母书写标准，用在官方文件、道路标示和地图中。然而，地方的标示、菜单等都会有些变化。一般而言，本书中采用的名词都符合惯例。

在下一页的发音指南内容中，连字符标示单词中的音节断音，有些音节还用点分开来帮助你发出复杂的元音，例如mêu·a-rai(何时)。

元音a的发音同“about”中“a”的发音，aa的发音同“bad”中“a”的发音，ah的发音同“father”中“a”的发音，ai的发音同“aisle”中“ai”的发音，air的发音同“flair”中“ai”的发音(不含r的音)，eu的发音同“her”中“er”的发音(不含r的音)，ew的发音同“new”中“ew”的发音(双唇要收圆)，oh的发音同“toe”中“o”的发音，or的发音同“torn”中“or”的发音(不含r的音)，ow的发音同“now”中“ow”的发音。

大部分辅音都与英语中的对应。以下除外：ɓ，是“p”的浊化，几乎和“b”的发音一样，例如在“hip-bag”中的发音；đ，是“t”的浊化，像比较干脆的“d”的发音，例如“mid-tone”中的发音；ng，与“singing”中的“ng”发音一样，但在泰语中可能出现在一个单词的开头；r，与“run”中的“r”音相同，但是含有颚音，在日常会话中常发成“l”的音。

基础

由于泰国的社会结构，你需要根据你的谈话对象来选择不同的用语。为了简化问题，我们采用符合短语上下文的会话形式。

男性以kráp结束自己的话，而女性则用kâ，以示礼貌。说话人的性别在这里就能表现出来。肯定回答或表示同意通常也可以用“yes”。

本章中短语的阳性与阴性形式用“m/f”表示。

你好。	สวัสดี	sà-wàt-dee
再见。	ลาก่อน	lah gòrn
是。	ใช่	châi
不是。	ไม่	mâi
请。	ขอ	kŏr
谢谢你。	ขอบคุณ	kòrp kun
不用谢。	ยินดี	yin dee
抱歉，打扰了。	ขออภัย	kŏr à-pai
对不起。	ขอโทษ	kŏr tôht

你好吗？
สบายดีไหม　sà-bai dee măi

我很好，你呢？
สบายดีครับ/ค่ะ แล้วคุณล่ะ　sà-bai dee kráp/kâ láa·ou kun lâ (m/f)

你叫什么名字？
คุณชื่ออะไร　kun chêu à-rai

我叫……
ผม/ดิฉันชื่อ……　pŏm/dì-chăn chêu……(m/f)

你说英语吗？
คุณพูดภาษาอังกฤษได้ไหม　kun pôot pah-săh ang-grìt dâi măi

我不明白。
ผม/ดิฉันไม่เข้าใจ　pŏm/dì-chăn mâi kôw jai (m/f)

住宿

……在哪？	……อยู่ที่ไหน	……yòo têe năi
营地	ค่ายพักแรม	kâi pák raam
宾馆	บ้านพัก	bâhn pák

疑问词

什么？	อะไร	à-rai
何时？	เมื่อไร	mêu·a-rai
何地？	ที่ไหน	têe năi
谁？	ใคร	krai

酒店	โรงแรม	rohng raam
青年旅舍	บ้านเยาวชน	bâhn yow-wá-chon

有……房间么？	มีห้อง ... ไหม	mee hôrng …… măi
单人	เดี่ยว	dèe·o
双人	เตียงคู่	đee·ang kôo
标准	สองเตียง	sŏrng đee·ang

空调	แอร์	aa
浴室	ห้องน้ำ	hôrng nám
洗衣房	ห้องซักผ้า	hôrng sák pâh
蚊帐	มุ้ง	múng
窗户	หน้าต่าง	nâh đàhng

方位

……在哪？
…… อยู่ที่ไหน　……yòo têe năi

地址是什么？
ที่อยู่คืออะไร　têe yòo keu à-rai

你能写下来么？
เขียนลงให้ได้ไหม　kĕe·an long hâi dâi măi

你能帮我（在地图上）指出来吗？
ให้ดู (ในแผนที่) ได้ไหม　hâi doo (nai păan têe) dâi măi

左转/右转。
เลี้ยวซ้าย/ขวา　lée·o sái/kwăh

它在……	อยู่……	yòo ……
后面	ที่หลัง	têe lăng

前面	ตรงหน้า	đrong nâh
附近	ใกล้ๆ	glâi glâi
旁边	ข้างๆ	kâhng kâhng
一直向前走	ตรงไป	đrong bai

餐饮

我想要（菜单）……

ขอ (รายการ	kŏr (rai gahn
อาหาร) หน่อย	ah-hăhn) nòy

有什么推荐的吗？

คุณแนะนำอะไรบ้าง	kun náa-nam à-rai bâhng

真好吃！	อร่อยมาก	à-ròy mâhk
干杯！	ไชโย	chai-yoh
请把账单拿来。	ขอบิลหน่อย	kŏr bin nòy

我不吃……	ผม/ดิฉัน	pŏm/dì-chăn
	ไม่กิน......	mâi gin……(m/f)
鸡蛋	ไข่	kài
鱼	ปลา	ƀlah
牛羊肉	เนื้อแดง	néu·a daang
坚果	ถั่ว	tòo·a

关键词

酒吧	บาร์	bah
瓶	ขวด	kòo·at
碗	ชาม	chahm
早餐	อาหารเช้า	ah-hăhn chow
咖啡	ร้านกาแฟ	ráhn gah-faa
筷子	ไม้ตะเกียบ	mái đà-gèe·ap
冰镇	เย็น	yen
杯	ถ้วย	tôo·ay
甜点	ของหวาน	kŏrng wăhn
晚餐	อาหารเย็น	ah-hăhn yen
酒水单	รายการ	rai gahn
	เครื่องดื่ม	krêu·ang dèum
叉	ส้อม	sôrm
杯	แก้ว	gâa·ou

标志

ทางเข้า	入口
ทางออก	出口
เปิด	营业中
ปิด	停止营业
ที่ติดต่อสอบถาม	信息
ห้าม	禁止入内
ห้องสุขา	洗手间
ชาย	男
หญิง	女

辣	ร้อน	rórn
刀	มีด	mêet
午餐	อาหาร	ah-hăhn
	กลางวัน	glahng wan
市场	ตลาด	đà-làht
菜单	รายการ	rai gahn
	อาหาร	ah-hăhn
碟	จาน	jahn
餐馆	ร้านอาหาร	ráhn ah-hăhn
辛辣	เผ็ด	pèt
勺子	ช้อน	chórn
素食的，素食者	คนกินเจ	kon gin jair
加	มี	mee
不加	ไม่มี	mâi mee

肉类和鱼类

牛肉	เนื้อ	néu·a
鸡肉	ไก่	gài
蟹肉	ปู	ƀoo
鸭肉	เป็ด	ƀèt
鱼类	ปลา	ƀlah
肉类	เนื้อ	néu·a
猪肉	หมู	mŏo
海鲜	อาหารทะเล	ah-hăhn tá-lair
鱿鱼	ปลาหมึก	ƀlah mèuk

水果与蔬菜

香蕉	กล้วย	glôo·ay
豆类	ถั่ว	tòo·a
椰子	มะพร้าว	má-prów
茄子	มะเขือ	má-kĕu·a
水果	ผลไม้	pŏn-lá-mái
番石榴	ฝรั่ง	fa-ràng
酸橙	มะนาว	má-now
芒果	มะม่วง	má-môo·ang
山竹	มังคุด	mang-kút
蘑菇	เห็ด	hèt
坚果	ถั่ว	tòo·a
木瓜	มะละกอ	má-lá-gor
土豆	มันฝรั่ง	man fa-ràng
红毛丹	เงาะ	ngó
罗望子	มะขาม	má-kăhm
番茄	มะเขือเทศ	má-kĕu·a têt
蔬菜	ผัก	pàk
西瓜	แตงโม	đaang moh

其他

红辣椒	พริก	prík
鸡蛋	ไข่	kài
鱼露	น้ำปลา	nám ɓlah
冰	น้ำแข็ง	nám kăang
面条	เส้น	sên
油	น้ำมัน	nám man
胡椒	พริกไทย	prík tai
米饭	ข้าว	kôw
沙拉	ผักสด	pàk sòt
盐	เกลือ	gleu·a
汤	น้ำซุป	nám súp
酱油	น้ำซีอิ๊ว	nám see-éw
糖	น้ำตาล	nám đahn
豆腐	เต้าหู้	đôw hôo

饮品

啤酒	เบียร์	bee·a
咖啡	กาแฟ	gah-faa
牛奶	นมจืด	nom jèut
橘子汁	น้ำส้ม	nám sôm
豆浆	น้ำเต้าหู้	nám đôw hôo
甘蔗（汁）	น้ำอ้อย	nám ôy
茶	ชา	chah
水	น้ำดื่ม	nám dèum

紧急事件

救命！ ช่วยด้วย chôo·ay dôo·ay

走开！ ไปให้พ้น ɓai hâi pón

去找医生！

เรียกหมอหน่อย rêe·ak mŏr nòy

去找警察！

เรียกตำรวจหน่อย rêe·ak đam·ròo·at nòy

我病了。

ผม/ดิฉันป่วย pŏm/dì-chăn ɓòo·ay (m/f)

我迷路了。

ผม/ดิฉัน pŏm/dì-chăn
หลงทาง lŏng tahng (m/f)

洗手间在哪？

ห้องน้ำอยู่ที่ไหน hôrng nám yòo têe năi

购物与服务

我想要买……

อยากจะซื้อ …… yàhk jà séu……

我只是随便看看。

ดูเฉย ๆ doo chĕu·i chĕu·i

我可以看看它么？

ขอดูได้ไหม kŏr doo dâi măi

这个多少钱？ เท่าไร tôw-rai

太贵了。 แพงไป paang ɓai

能再便宜点吗？

ลดราคาได้ไหม lót rah-kah dâi măi

账单有误。 บิลใบนี้ผิด bin bai née pìt ná
นะครับ/ค่ะ kráp/kâ (m/f)

时间与日期

几点了	กี่โมงแล้ว	gèe mohng láa·ou
上午	เช้า	chow
下午	บ่าย	bài
晚上	เย็น	yen
昨天	เมื่อวาน	mêu·a wahn
今天	วันนี้	wan née
明天	พรุ่งนี้	prûng née

星期一	วันจันทร์	wan jan
星期二	วันอังคาร	wan ang-kahn
星期三	วันพุธ	wan pút
星期四	วันพฤหัสฯ	wan pá-réu-hàt
星期五	วันศุกร	wan sùk
星期六	วันเสาร์	wan sŏw
星期日	วันอาทิตย์	wan ah-tít

交通

公共交通

自行车	สามล้อ	săhm lór
船	เรือ	reu·a
公共汽车	รถเมล์	rót mair
小汽车	รถเก๋ง	rót gĕng
摩托车	มอร์เตอร์ไซค์	mor-đeu-sai
出租车	รับจ้าง	ráp jâhng
飞机	เครื่องบิน	krêu·ang bin
火车	รถไฟ	rót fai
机动三轮车	ตุ๊ก ๆ	đúk đúk

……什么时候到？

รถเมล์คัน…… rót mair kan⋯ ⋯
公共汽车
มาเมื่อไร mah mêu·a rai

第一班	แรก	râak
最后一班	สุดท้าย	sùt tái
下一班	ต่อไป	đòr ɓai

数字

1	หนึ่ง	nèung
2	สอง	sŏrng
3	สาม	săhm
4	สี่	sèe
5	ห้า	hâh
6	หก	hòk
7	เจ็ด	jèt
8	แปด	ɓàat
9	เก้า	gôw
10	สิบ	sìp
11	สิบเอ็ด	sìp-èt
20	ยี่สิบ	yêe-sìp
21	ยี่สิบเอ็ด	yêe-sìp-èt
30	สามสิบ	săhm-sìp
40	สี่สิบ	sèe-sìp
50	ห้าสิบ	hâh-sìp
60	หกสิบ	hòk-sìp
70	เจ็ดสิบ	jèt-sìp
80	แปดสิบ	ɓàat-sìp
90	เก้าสิบ	gôw-sìp
100	หนึ่งร้อย	nèung róy
1000	หนึ่งพัน	nèung pan
10 000	หนึ่งหมื่น	nèung mèun
100 000	หนึ่งแสน	nèung săan
1 000 000	หนึ่งล้าน	nèung láhn

我想买一张……票

ขอตั๋ว ... kŏr đŏo·a ⋯

单程	เที่ยวเดียว	têe·o dee·o
往返	ไปกลับ	ɓai glàp
我想要	ต้องการ	đôrng gahn

一个……的座位。

ที่นั่ง ... têe nâng⋯ ⋯

靠走廊	ติดทางเดิน	đìt tahng deun
靠窗	ติดหน้าต่าง	đìt nâh đàhng

站台	ชานชาลา	chan-chah-lah
售票窗口	ช่องขายตั๋ว	chôrng kăi đŏo·a
时刻表	ตารางเวลา	đah-rahng wair-lah

几点到达（清迈）？
ถึง (เชียงใหม่) กี่โมง
tĕung (chee·ang mài) gèe mohng

在（北标府）停吗？
รถจอดที่ (สระบุรี) ไหม
rót jòrt têe (sà-rà-bù-ree) măi

能否告诉我几点到达（清迈）。
เมื่อถึง (เชียงใหม่) กรุณาบอกด้วย
mêu·a tĕung (chee·ang mài) gà-rú-nah bòrk dôo·ay

我想在（北标府）下车
ขอลงที่(สระบุรี)
kŏr long têe (sà-rà-bù-ree)

私人交通

我想要	อยากจะ	yàhk jà
租辆……	เช่า……	chôw……
四轮驱动车	รถโฟร์วีล	rót foh ween
小汽车	รถเก๋ง	rót gĕng
摩托车	รถมอร์เตอร์ไซค์	rót mor-đeu-sai

我想……	ต้องการ……	đôrng gahn……
修修我的自行车	ซ่อมรถจักรยาน	sôrm rót jàk-gà-yahn
租辆	เช่ารถ	chôw rót
自行车	จักรยาน	jàk-gà-yahn

这条路到（Ban Bung Wai）吗？
ทางนี้ไป (บ้านบุ่งหวาย) ไหม
tahng née bai (bâhn bùng wăi) măi

加油站在哪？
ปั๊มน้ำมันอยู่ที่ไหน
bâm nám man yòo têe năi

我能在这停车多久呢？
จอดที่นี่ได้นานเท่าไร
jòrt têe née dâi nahn tôw-rai

我需要一个维修工。
ต้องการช่างรถ
đôrng gahn châhng rót

我的车胎没气了。	ยางแบน	yahng baan
我的车没油了。	หมดน้ำมัน	mòt nám man

术语表

ah·hăhn——食物

ah·hăhn ɓàh——"野味"；通常指用野生动物做的菜品

ah·hăhn ɓàk đâi/ah·hăhn pàk tâi——泰国南部食品

ao/ow——海湾或海峡

bâhn/ban——房屋或村庄

bàht——传统金银计量单位，等于15g

bòht——泰式寺庙中的中央圣坛或小礼拜堂

BTS——曼谷轻轨（空中列车）

CAT——泰国通信管理局

chedi——佛塔；用于保存佛舍利的建筑

chow lair/chao leh/chow nám——海上吉普赛人

đa·làht/tàlàat——市场

dhamma——佛法中的正业和真理

đròrk——见tràwk

đrùđ jeen/Trùt Jiin——中国新年

fa·ràng——有欧洲血统的外国人；番石榴

ga·teu·i/kàthoey——"人妖"；异装癖者或变性人

gò——见ko

hàht/hat——海滩

hôrng/hâwng/hong——房间或会所；岛上半没在海里的洞

ìsan/ìsăhn——对泰国东北部的总称

jataka——佛陀前世的故事

jeen/jiin——中国人

kàthoey——见ga·teu·i

khao/kŏw——丘陵，山

klong/khlong/khlawng——运河

ko/koh/gò——岛屿

Kun/Khun——用在姓前的敬语

laem/lăam——地理词汇，岬

lá·kon——经典泰式舞剧

lí·gair ɓàh/lí·keh pàa/lí·gair bòk——泰式民间舞蹈

longyi——缅甸布裙

masjid/mátsàyít——清真寺

meu·ang/muang——城市

moo·ay tai/muay·thai——泰拳

MRT——城市高速轨道系统（地铁）；曼谷地下铁路

nám——水或果汁

nám đòk/náam tòk——瀑布

nãng đà·lung——泰式皮影戏；电影

nibbana——天堂；所有的欲望和痛苦消失

nóy/noi——小的

ow——见ao

pàk tâi/ɓàk đâi——泰国南部

Pali——写佛经所用的梵文演化而来的语言

pìi-phâat——见ɓèe·pâht

prá/phrà——僧侣或佛像

prang/ɓrang——寺庙中高棉风格的塔

ɓàk đâi——见pàk tâi

ɓèe·pâht/pìi-phâat——泰国经典乐队

ɓrang——见prang

ráhn goh·ɓêe/ráhn ko-píi——咖啡店(泰国南部)

râi——土地面积测量单位，等于1600平方米

Ramakian——印度史诗《罗摩衍那》的泰文版本

reu·a hăhng yow/reua hăang yao——长尾出租船

reu·an tăa·ou——长屋

reu·sĕe/reusĭi——印度圣人或贤人

rót aa——蓝白色空调公共汽车

rót tam·má·dah——普通公共汽车（无空调）和普通列车（非特快）

săh·lah/sala/saalaa——侧面敞开，有顶的会议室或休息室

săhm·lór/săamláw——三轮车

săhn jôw/săan jâo——中国神社或神龛

sangha——僧侣；居住在寺庙里的人（和尚、尼姑以及俗世的房客）

sà·nùk——乐趣

soi——小巷或小街

Songkhran——泰国新年，四月中旬

sŏrng·tăa·ou/săwngthăew——

后面带有两个长凳的敞篷小型载货卡车，用作公共汽车/出租车

SRT——泰国铁路局

stupa/chedi——存放佛舍利的穹顶建筑

suttas——佛教讲经

tàlàat——见đa·làht

TAT——泰国旅游局

tha/tâh/thâa——码头、登陆点

Thai Ɓàk đâi——亦写作Thai pàk tâi；南部泰国人

thâm/tâm——山洞

thànŏn——街、路、大街（本书中缩写为“Th”）

tràwk/trok/đròrk——小巷，小路，比soi要小

Trùt Jiin——见đrùđ jeen

túk-túk——机动化sǎhm·lór（机动三轮车）

vipassana——内观，佛教冥想

wâi——泰式合掌问候

wan prá——佛教节日，根据每个月月亮的主要变化而定（满月、新月和半月）

wang——宫殿

wát——寺庙、修道院

wí·hǎhn/wihan/viharn——泰式寺庙中与bòht（圣坛）对应，里面有佛像，但是没用石头标界

yài——大的

幕后

说出你的想法

我们很重视旅行者的反馈——你的评价将鼓励我们前行，把书做得更好。我们同样热爱旅行的团队会认真阅读你的来信，无论表扬还是批评都非常欢迎。虽然很难一一回复，但我们保证将你的反馈信息及时交到相关作者手中，使下一版更完美。我们也会在下一版特别鸣谢来信读者。

请把你的想法发送到**china@lonelyplanet.com.au**，谢谢！

请注意：我们可能会将你的意见编辑、复制并整合到Lonely Planet的系列产品中，例如旅行指南、网站和数字产品。如果不希望书中出现自己的意见或不希望提及你的名字，请提前告知。请访问lonelyplanet.com/privacy了解我们的隐私政策。

声明

气候图表数据引用自Peel MC, Finlayson BL & McMahon TA (2007) ‘Updated World Map of the Köppen-Geiger Climate Classification’, *Hydrology and Earth System Sciences*, 11, 163344.

封面图片：甲米小皮皮岛 Ao Maya湾的长尾船，Glenn van der Knijff/LPI ©.

本书部分地图由中国地图出版社提供，其他系原书地图，审图号GS（2013）757号。

关于本书

这是Lonely Planet《泰国岛屿和海滩》第八版，协调作者为Brandon Presser，他撰写了“计划你的行程”(“和当地人吃喝”除外)、“了解泰国岛屿和海滩”(“餐饮”除外)以及“生存指南”。Brandon还调研撰写了“苏梅岛与海湾下部”章节。Brandon还接受了两个泰国迷的帮助，他们是Celeste Brash(“普吉岛和北安达曼海岸”、“皮皮岛和南安达曼海岸”)和Austin Bush(“曼谷”、“和当地人吃喝”以及“餐饮”)。“健康指南”一节主要由Trish Batchelor整理，“环境”一节由David Lukas整理。Maher Sattar在最后整理编写了“昌岛和东海岸”一节中有关柬埔寨南海岸的内容。

本书为中文第三版，由以下人员制作完成：

项目负责
李小坚

内容统筹
叶孝忠

翻译统筹
肖斌斌　史阳

翻译
郑锐　张晓华　罗春丽　高婉婉
朱涛　刘峰　杨云珍　李博闻

内容策划
谭川遥　郑凯锋（本土化内容）

视觉设计
李小棠　陈斌

协调调度
崔晓丽　丁立松

责任编辑
朱萌

编辑
喻乐　刘翔　孙经纬　杨帆

地图编辑
马珊

终审
石忠献

流程
张澜

排版
北京锋尚制版有限公司

感谢陈宇、曹巧丽、徐丽娟、周涛、范毅、崔群、胡圳、钱晓艳、何佳明对本书的帮助。

索引

A

B

000 地图页码
000 图片页码

C

D

000 地图页码
000 图片页码

E

F

G

H

I

J

K

000 地图页码
000 图片页码

L

M

000 地图页码
000 图片页码

N

O

P

R

S

000 地图页码
000 图片页码

T

V

W

Y

Z

如何使用本书

以下符号能够帮助你找到所需内容：

景点
海滩
活动
课程
团队游
节日和活动
住宿
就餐
饮品
娱乐
购物
实用信息/交通

下列符号所代表的都是重要信息：

电话号码
营业时间
停车场
禁止抽烟
空调
网络接入
无线网络
游泳池
素食菜品
英语菜单
适合家庭
允许携带宠物
公共汽车
轮渡
地铁
城铁
轻轨
铁路

请留心如下标志：

推荐 作者的大力推荐

免费 不需要任何费用

绿色或环保选择

本书作者恪守可持续发展的承诺，推荐本书中的旅游地点，例如支持本地社区和生产商，贯彻环保和友善的旅行方式，支持保护项目。

地图图例

景点
海滩
佛教场所
城堡
基督教场所
印度教场所
伊斯兰教场所
犹太教场所
纪念碑
博物馆/美术馆
历史遗址
酒庄/葡萄园
动物园
其他景点

活动、课程和团队游
潜水/浮潜
划艇
滑雪
冲浪
游泳/游泳池
徒步
帆板
其他活动/课程/团队游

住宿
住宿场所
露营地

就餐
餐馆

饮品
酒吧
咖啡馆

娱乐
娱乐场所

购物
购物场所

实用信息
银行
使领馆
医院/医疗机构
网吧
警察局
邮局
电话
公厕
旅游信息
其他信息

交通
机场
过境处
公共汽车
缆车/索道
自行车路线
轮渡
地铁
单轨铁路
停车场
加油站
出租车
铁路/火车站
有轨电车
其他交通方式

路线
收费公路
高速公路
一级公路
二级公路
三级公路
小路
未封闭道路
购物中心/商业街
台阶
隧道
步行天桥
步行游览路
步行游览支路
小路

地理
棚屋/栖身所
灯塔
瞭望台
山峰/火山
绿洲
公园
关隘
野餐区
瀑布

人口
首都、首府
一级行政中心
城市/大型城镇
镇/村

境界
国界
州界/省界
未定国界
地区界/郊区界
海洋公园
悬崖
墙

水文
河流、小溪
间歇河
沼泽/红树林
暗礁
运河
水域
干/盐/间歇湖
冰川

地区特征
海滩/沙漠
基督教墓地
其他墓地
公园/森林
运动场
一般景点(建筑物)
重要景点(建筑物)

我们的故事

一辆破旧的老汽车，一点点钱，一份冒险的感觉——1972年，当托尼（Tony Wheeler）和莫琳（Maureen Wheeler）夫妇踏上那趟决定他们人生的旅程时，这就是全部的行头。他们穿越欧亚大陆，历时数月到达澳大利亚。旅途结束时，风尘仆仆的两个人灵机一闪，在厨房的餐桌上制作完成了他们的第一本旅行指南——《便宜走亚洲》（*Across Asia on the Cheap*）。仅仅一周时间，销量就达到了1500本。Lonely Planet从此诞生。

现在，Lonely Planet在墨尔本、伦敦、奥克兰、德里和北京都设有公司，有超过600名员工和作者。在中国，Lonely Planet 被称为“孤独星球”。我们恪守托尼的信条：“一本好的旅行指南应该做好三件事：有用、有意义和有趣。”

我们的作者

布兰登·普雷瑟（Brandon Presser）

“苏梅岛和海湾下部”的统筹作者。布兰登出生在一片热情的土地上。这个酷爱旅游的加拿大人一直都憧憬着摇曳的棕榈树和金色的沙滩。十几岁时在东南亚的徒步旅行把他的魂勾没了，他年年跑去那里潜水，晒成黝黑色，品尝辛辣的sôm-đam（木瓜沙拉）。他辞去了在卢浮宫的工作，加入了长期流浪的队伍，成为一个全职旅游撰稿人，至今已参与了35本以上Lonely Planet旅行指南书籍的合著，从冰岛到泰国，以及其间的许多“土地”。更多了解布兰登请访问www.brandonpresser.com。

赛莱斯特·布拉什（Celeste Brash）

“普吉岛和北安达曼海岸”，“皮皮岛和南安达曼海岸”。赛莱斯特最初来泰国时还是个学生，在清迈大学学习泰国的语言、历史和文化。之后她又多次回到泰国，对这里有着全方位的体验，从帕岸岛的狂野之夜，到在Wat Suanmok寺静修数周。她的旅行作品出现在包括《旅行家故事》（*Travelers' Tales*）、《洛杉矶时报》（*LA Times*）和《岛屿》（*Islands*）杂志在内的多家出版物上。她参与制作了大约30部Lonely Planet旅行指南，但内心仍是牢系东南亚。不在国外时，她和家人就住在俄勒冈的波特兰。登录www.celestebrash.com可以了解她的更多情况。

奥斯汀·布什（Austin Bush）

“曼谷”。奥斯汀·布什获得清迈大学的语言专业奖学金，于1998年首次来到泰国。对城市生活的向往、职业需要及辛辣食物的诱惑等种种因素把他带到了曼谷。也正是为此，最终他留在了那里。奥斯汀原籍俄勒冈，是一名关注美食的作家兼摄影师。奥斯汀的作品可在www.austinbushphotography.com上看到。

泰国岛屿和海滩

中文第三版

书名原文：*Thailand's Islands & Beaches*
(8th edition, July 2012)

图书在版编目（CIP）数据

泰国岛屿和海滩 / 澳大利亚 LonelyPlanet 公司编；郑锐等译. -- 北京：中国地图出版社，2013.6（2014.6 重印）
书名原文：Thailand' s islands & beaches
ISBN 978-7-5031-7847-4

Ⅰ. ①泰… Ⅱ. ①澳… ②郑… Ⅲ. ①旅游指南－泰国 Ⅳ. ① K933.69

中国版本图书馆 CIP 数据核字（2013）第 106495 号

出版发行	中国地图出版社
社　　址	北京市白纸坊西街 3 号
邮政编码	100054
网　　址	www.sinomaps.com
印　　刷	北京华联印刷有限公司
经　　销	新华书店
成品规格	197mm × 128mm
印　　张	15.125
字　　数	796 千字
版　　次	2013 年 6 月第 1 版
印　　次	2014 年 6 月北京第 4 次印刷
定　　价	68.00 元
书　　号	ISBN 978-7-5031-7847-4/Z·102
审 图 号	GS（2013）757 号
图　　字	01-2013-2218

如有印装质量问题，请与我社发行部（010-83543956）联系

Lonely Planet
（公司总部）ABN 36 005 607 983
Locked Bag 1, Footscray, Victoria 3011, Australia
电话：+61 3 8379 8000
传真：+61 3 8379 8111
联系：lonelyplanet.com/contact